中国古代名著全本译注丛书

仪礼

译注

杨天宇　译注

图书在版编目(CIP)数据

仪礼译注／杨天宇译注. —上海：上海古籍出版
社，2016.11（2022.8重印）
（中国古代名著全本译注丛书）
ISBN 978-7-5325-8223-5

Ⅰ.①仪… Ⅱ.①杨… Ⅲ.①礼仪—中国—古代②
《仪礼》—译文③《仪礼》—注释 Ⅳ.①K892.9

中国版本图书馆 CIP 数据核字(2016)第 225917 号

中国古代名著全本译注丛书
仪礼译注
杨天宇 译注
上海世纪出版股份有限公司
上海 古 籍 出 版 社 出版
（上海市闵行区号景路 159 弄 1-5 号 A 座 5F 邮政编码 201101）
(1)网址：www.guji.com.cn
(2)E-mail：guji1@guji.com.cn
(3)易文网网址：www.ewen.co
上海世纪出版股份有限公司发行中心发行经销
江阴市机关印刷服务有限公司印刷
开本 890×1240 1/32 印张 18.625 插页 5 字数 358,000
2016 年 11 月第 1 版 2022 年 8 月第 3 次印刷
印数 4,151—5,250
ISBN 978-7-5325-8223-5
K·2249 定价：48.00 元
如有质量问题,请与承印公司联系

前　言

一、关于《仪礼》书名

《仪礼》这个书名是后起的。先秦时期，《仪礼》只单称《礼》。如《礼记·经解》曰："恭俭庄敬，《礼》教也。"《庄子·天运篇》记孔子曰："丘治《诗》《书》《易》《礼》《乐》《春秋》六经。"以上引文中的《礼》，都是指的《仪礼》。

汉代《仪礼》亦单称《礼》，又称《士礼》，又称《礼经》。如《史记·儒林列传》曰：

> 言《礼》自鲁高堂生。

> 诸学者多言《礼》，而鲁高堂生最本。《礼》固自孔子时而其经不具，及至秦焚书，书散亡益多，于今独有《士礼》，高堂生能言之。

> 鲁徐生善为容，……传子至孙徐延、徐襄。襄，其天姿善为容，不能通《礼经》。

《仪礼》在汉代还有《礼记》的名称(非同于大、小戴之《礼记》)。阮元曰："按《礼经》在汉只称为《礼》，亦曰《礼记》；《熹平石经》有《仪礼》，载洪适《隶释》，而戴延之谓之《礼记》是也。无称《仪礼》者。"(《仪礼注疏》卷一《校勘记》)洪业先生亦持此说，其主要根据是，司马迁在《史记·孔子世家》中既曰"《礼记》出自孔氏"，在《儒林列传》中又曰"于今独有《士礼》"，是《世家》之《礼记》即《儒林》之《士礼》无疑(见《仪礼引得序》)。阮、洪二氏之说都不错。我们还可以找出一些证据来。如郑玄注《诗经·采蘩》引《仪礼·少牢》经文,而曰"《礼记》:'主妇髲鬄。'"郭璞注《尔雅·释言》引《仪礼·有司》经文,而曰"《礼记》曰:'扉用席。'"郭璞是晋人,盖袭用汉时书名。

汉代无《仪礼》之名,对此,古今学者皆无疑义。陈梦家说,两《汉书》中,"从未出现《仪礼》的名目",并由此推断武威出土汉简本《仪礼》,"若有大题应是《礼》"(《武威汉简》,文物出版社1964年版,第13页)。

《仪礼》之名究竟是什么时候出现的,今已很难确考。《晋书·荀崧传》记载荀崧上疏请求增立博士,其中有"郑《仪礼》博士一人"。这说明最迟在东晋元帝时,已经有《仪礼》之名了。

二、《仪礼》的来源与孔子定《礼》

今本《仪礼》凡十七篇,其中第十三篇《既夕礼》是第十二篇《士丧礼》的下篇,第十七篇《有司》是第十六篇《少牢馈食礼》的下篇,所以实际上只记载了古代的十五种礼仪。但是中国古代的礼仪却远远不止此十五种。

中国上古的人类从原始社会进入阶级社会以后,便逐渐建立起森严的等级制度。为了维护这种等级制度,使高高在上的贵族与庶民和奴隶相区别,并使贵族中的不同等级相区别,便制定出许许多多的礼,诸如朝觐、盟会、锡命、军旅、蒐阅、巡狩、聘问、射御、宾客、祭祀、婚嫁、冠笄、丧葬等,后人把这些礼概括成吉、凶、宾、军、嘉五大类(始见于《周礼·大宗伯》)。不同等级的贵族,行用不同的礼。即使在同一种典礼活动中,贵族的等级不同,其所使用的器物、所穿的衣服、所行的仪式等也各不相同。贵族统治者通过这许多的礼，来贯彻其政治意图，维护其建立在等级制度基础上的社会秩序，这就是所谓"礼以体政"（《左传》桓公二年）。然而，这许许多多的礼究竟是怎样产生的呢？据杨宽先生研究，有一些礼是从氏族社会时期沿袭下来的礼俗演变而来的。如籍礼来源于氏族社会时期由族长或长老所组织的鼓励成员们进行集体劳动的仪式，蒐礼来源于军事民主制时期的武装"民众大会"，冠礼来源于氏族社会的成丁礼，乡饮酒礼来源于氏族社会的会食制度等（参见《古史新探》）。

　　然而由氏族社会的礼俗演变而来的礼，还只是很小的一部分。为适应贵族统治者从各个方面维护其特权和统治秩序的需要，这些礼是远远不够的，还需制定许多新的礼。邵懿辰说："礼本非一时一世而成，积久服习，渐次修整而臻于大备。"（《礼经通论·论孔子定礼乐》）这话是说得很对的。但是我们也不能否认个人在制礼过程中的作用。中国古代有所谓"周公制礼"的传说，说周礼都是周公制定出来的。如《左传》鲁文公十八年记鲁国季文子的话说："先君周公制礼。"《尚书大传》说得更具体，曰：

　　周公摄政，四年建侯卫，五年营成周，六年制礼作乐，七年致政成王（《四库全书》本，卷三）。

　　这种说法在春秋战国时期很盛行，并不是没有道理的。《论语·为政》说："周因于殷礼，其损益可知也。"周公作为周初的最高行政长官，根据当时的情况，拿了殷礼来斟酌取舍，做一番"损益"的工作，从而制定出一套适合新兴的周王朝需要的礼，是完全有可能的。只是不应该把这件事情加以神化，或者说把周公对于制定周礼所起的作用过于夸大。正如顾颉刚所说："周公制礼这件事是应该肯定的，因为在开国的时候哪能不定出许多的制度和仪节来？……不过一件事情经过了长期的传说，往往变成了过分的夸大。周公制礼这件事常常说在人们的口头，就好像周代的一切制度和礼仪都由他一手而定，而周公所定的礼是最高超的，因此在三千年来的封建社会里，只有小改而无大变化，甚至说男女婚姻制度也是由他创立，那显然违反了历史的真实。"（《"周公制礼"的传说和〈周官〉一书的出现》，载《文史》第六辑）

既然周公可以制礼，周公以后的执政者就也可以制礼。他们或者根据当时的需要对周初的礼作一些必要的调整和修订，或者再制定出一些新的礼来；他们可能亲自做这件事，也可能命令当时统治阶级中有关这方面的专家（相当于后来的礼家）来做这件事，就像后世朝廷的统治者经常命其大臣们议礼、制礼一样。这样一来，礼的数量就不断地增多，礼仪也随之而日益繁缛起来。故《礼记·礼器》有所谓"经礼三百，曲礼三千"之说，是极言其多而繁。这些不断增多和日益繁缛起来的礼，统称之为周礼。

这许许多多的周礼在当时是否形诸文字，或者说，在西周时代是否有类似后来的礼书一类的东西，因无确切的证据，尚不敢断言。但以情理推之，周统治者既然如此重视礼，那么他们把所制定的礼用文字记载下来，以便贵族及其子弟们去学习和实践，也就是理所当然的事。《论语·八佾》记孔子曰："夏礼，吾能言之，杞不足征也；殷礼，吾能言之，宋不足征也。文献不足故也。足，则吾能征之矣。"这里的"文献"二字，据朱熹《集注》的解释，"文"指典籍，"献"指熟悉历史典故的贤者。孔子说"文献不足"，是可见夏殷之礼，在当时还是多少有一些文字记载的（尽管可能出于传说或后人的追记）。在《论语》的同一篇中孔子又说："周监于二代，郁郁乎文哉！"难道这"郁郁乎文哉"的周礼，反倒没有文字的记载吗？孔子又何从知其"郁郁乎文"呢？《庄子·天运》记老子曰："夫六经，先王之陈迹也。"此所谓"陈迹"，即指周的先王们遗留下来的文献，当然也包括记载礼的文献（参见《周予同经学论著选集》，上海人民出版社1983年版，第800页）。我们再看看下面的材料。

《孟子·万章下》曰："北宫锜问曰：'周室班爵禄也，如之何？'孟子曰：'其详不可得闻也，诸侯恶其害己而皆去其籍。'"（班爵禄，既是周的一种行政制度，同时也是一种礼。周王室在给贵族功臣班爵禄时，无不举行隆重的典礼）

《汉书·礼乐志》曰："及其衰也，诸侯逾越法度，恶礼制之害己也，去其篇籍。"

《汉书·艺文志》曰："帝王质文，世有损益。至周，曲为之防，事为之制，故曰：'礼经三百，曲礼三千。'及周之衰，诸侯将逾法度，恶其害己，皆灭去其籍。"

上面这些说法如果可信（其实我们今天也很难找到确切的证据来证明它们不可信），那就正可以说明，周礼原本是有"籍"的。这些记载周礼的"籍"，便是后来《仪礼》的源。

到了春秋时期，随着生产力的发展，新的阶级力量开始崛起。与此同时，周王室衰落了，诸侯强大起来；公室衰落了，私门强大起来。这样，旧的等级制度和等级关系开始动摇了，而维护旧的等级关系的一系列的礼，自然也就遭到破坏，于是就出现了诸如"八佾舞于庭"、"三家者以《雍》彻"（皆见《论语·八佾》）等"僭越"行为和所谓"礼崩乐坏"的局面。与此同时，强凌弱，大侵小，诸侯之间战争不断，整个社会动荡不安，人民深受其害。于是就有儒家出来，以拯救现实社会为己任，其最初的代表人物就是孔子。

孔子所提出的救世学说，核心就是仁和礼。仁以止杀伐，礼以救衰乱。"克己复礼为仁"（《论语·颜渊》）这句话，概括了他全部的政治纲领。他的最高政治理想，就是回复到西周时期那种和谐安定的礼制社会，也就是他所谓的"郁郁乎文哉！吾从周"。

孔子既然幻想建立一个礼制的社会，所以他就以维护和恢复周礼为己任。他对各种违反礼和破坏礼的行为都加以批评和斥责。

如他指责鲁国的季氏用"八佾舞于庭"说:"是可忍也,孰不可忍也!"对于鲁国的仲孙、叔孙、季孙三家祭祀时"以《雍》彻",他批评说:"'相维辟公,天子穆穆',奚取于三家之堂?"对于季氏行祭泰山之礼,他批评说:"曾谓泰山不如林放乎?"对于鲁国的国君行禘祭之礼,他说:"自既灌而往者,吾不欲观之矣。"对于子贡"欲去告朔之饩羊",他说:"尔爱其羊,我爱其礼。"(皆见《论语·八佾》)与此同时,他积极地宣传礼、实践礼,并把礼作为他教育学生的科目之一。在《论语》一书中,记载孔子关于礼的言论,占了很大比重,仅"礼"字就用了七十二次之多,此外还有许多虽未用"礼"字而实际是讲礼的言论,如上举《八佾》诸条,除批评子贡一条外,就都没有用"礼"字。

孔子关于周礼的知识,其来源盖有二途。一是勤问。如《论语·八佾》篇曰:"子入太庙,每事问。或曰:'孰谓鄹人之子知礼乎?入太庙,每事问。'子闻之,曰:'是礼也。'"二是阅读有关周礼的文献记载。尽管春秋时期诸侯因"恶其害己"而"去其籍",但各国的情况不一样。例如鲁国在当时就是保存有关周礼文献较多的一个诸侯国,因此晋国的韩宣子在鲁国"观书"之后,有"周礼尽在鲁矣"之赞叹(《左传》昭公二年)。孔子是鲁国人,又曾仕鲁,做过"能自通于国君"的官(崔述《洙泗考信录》卷一);大约在他五十二岁时,还做过鲁国的司寇(同上卷二),因此他完全有条件、有可能读到鲁国的文献,从中学习和研究周礼。他还曾周游列国,因此也可能接触到其他一些诸侯国中所保存的文献。勤问加上勤学,就使他成为当时最知名的有关周礼的专家,并且要拿周礼来拯救当时的社会。

孔子既然如此热衷于周礼,那么他对周礼作一些加工修订的工作,按照他的理想使之更加严密和完善,并把他认为重要的礼用文字记载下来,作为教育弟子的教材,就是很自然的事。《孔子世家》载晏婴批评孔子说:"孔子盛容饰,繁登降之礼,趋详之节，累世不能殚其学，当年不能究其礼。"可见周礼到了孔子手里，是被加工得更加细密繁琐了。这里说"殚其学"，"究其礼"，可见孔子已经有了一套自成体系的礼学。《史记·儒林列传》曰："孔子闵王路废而邪道兴，于是论次《诗》《书》，修起《礼》《乐》。"有学者认为，这里上文用的是"论"，下文用的是"修"，措辞不同，说明所做的工作也不一样。其实，这里的"论"和"修"，是用的"参互见义"的书例（参见江藩《经解入门·古书疑例》），都说的是修订编次的意思。《孔子世家》说："孔子不仕，退而修《诗》《书》《礼》《乐》。"司马迁在这里只用了一个"修"字，就是明证。我们再看《礼记·杂记下》中的一条材料：

> 恤由之丧，哀公使孺悲之孔子学士丧礼，《士丧礼》于是乎书。

孺悲所"书"的《士丧礼》，其内容不只限于今本《仪礼》的《士丧礼》，而是包括全部有关士的丧礼。据沈文倬先生说，它应该包括《仪礼》中《士丧礼》、《既夕礼》、《士虞礼》和《丧服》四篇的内容（《略论礼典的实行和〈仪礼〉书本的撰作》下，载《文史》第十六辑），这是说得很正确的。可见孺悲所书的这四篇丧礼是直接来自孔子。《杂记下》的这条材料可以说明以下几点。一、孔子确曾用他关于礼的学问来教育学生，不过孺悲奉鲁哀公之命只跟孔子学了士丧礼。二、礼是很容易被忘记的，所以孺悲要乘学习的同时，或刚学之后印象深刻的时候，赶快把所学的内容"书"下来，以备遗忘。"三年不为礼，礼必坏"（《论语·阳货》）。丧礼不可能三年内必有行用的机会，如果不用文字记载下来，那就必坏无疑了。三、古代的书写条件差，不像现在，学生学习都有教材。关于礼的教材，孔子那里只能有一份自编的底本，孔子给学生讲授时，要靠学生用心记，再通过演习来加以巩固，最后再整理记录下来，就像孺悲那样。这种情况，直到汉朝经师们传经还是如此。所以这里说"《士丧礼》于是乎书"，决不能反证孔子那里就没有书。

孔子所编定的用作教材的《礼》，就是《仪礼》的初本。至于当初孔子究竟选定了哪些礼来用作教材，今已不可得知。但可以肯定，它必包括今本《仪礼》而又远不止今本《仪礼》的十七篇。

据《孔子世家》说，孔子在离开鲁国十四年之后，又返回到鲁国，然后"追迹三代之礼"，从事"编次"的工作，"故《书传》、《礼记》自孔氏"。此处所谓《礼记》，就是指的《礼》，也就是《仪礼》，前已言之。这就是说，孔子最后编定《礼》，应当是在返鲁之后、去世之前的这段时间里。据《左传》记载，孔子返鲁是在鲁哀公十一年（前484），而去世是在哀公十六年（前479）。这个时候，正当春秋末期。

说今本《仪礼》最初是由孔子在春秋末期编定的，这个成书时间，我们还可从《仪礼》中找到一个内证。

今本《仪礼》中所载器物名称，有敦，也有簋。但是《仪礼》中的"敦"、"簋"二字是不分的，即都是指的敦。《聘礼》、《公食大夫礼》有"簋"而无"敦"；《士昏礼》、《士丧礼》、《既夕礼》、《士虞礼》、《少牢馈食礼》有"敦"而无"簋"；《特牲馈食礼》"敦"字七见而"簋"字一见。《特牲馈食礼》曰：

> 主妇设两敦黍稷于俎南，西上。及两铏，芼，设于豆南，南陈（见第7节）。

又曰：

> 筵对席。佐食分簋、铏（见第20节）。

此处所分之簋，即前所设之两敦。故郑《注》曰："分簋者，分敦黍于会为对也。"关于这个问题，容庚在其所著《商周彝器通论》中，还做过专门的考证，并得出《仪礼》中"'敦''簋'为一字"的结论(见台湾通大书局1983年版，第32—34页)。

为什么会出现这种"敦""簋"不分的情形呢？这就与这两种器物本身的兴衰有关了。簋的出现较早，主要盛行于西周，到春秋中晚期已经不大行用了，到战国时期，已基本退出了青铜礼器的系列。而敦的出现较晚，主要盛行于春秋晚期到战国时期(参见《商周彝器通论》第439、441页，及马承源主编《中国青铜器》第二章第四节)。簋和敦都是食器，用以盛黍稷等。春秋晚期，正是这两种器物兴衰交替的时期：簋已基本不见行用，而敦却正盛行。如前所说，孔子修订礼，是要用它来救世的，是要人们去实行的，所以行礼中所用的器物，即所谓礼器，必须是当时盛行之物。西周时期盛行的簋在当时既已不甚行用，而敦正盛行，那么孔子在修订礼的时候，把原来礼仪中规定用簋的地方改换成敦，就是很自然的事。但器物改了，而器物名称的用字则可能改之未尽(《仪礼》中"敦"字凡二十三见，而"簋"字八见)。然而这种改之未尽的情况，却正好留下了《礼》最初编定成书的时代的痕迹。

簋与敦虽然都是食器，但器形不同。敦之形如两个半球相合而成，盖与器造型全同，皆各有三足，故盖可仰置于地。敦盖在《仪礼》中叫做会，所以《仪礼》中凡设敦，皆有"启会"(揭开敦盖)而仰置于地的仪节，《特牲馈食礼》中更有用所启之会来分取敦黍(即上所引"佐食分簋")的仪节。簋的盖则浅而无足，不可用以盛食物。可见在簋盛行而敦尚未出现的西周，是不可能有启会、分簋(敦)之类的仪节。由此也可以证明，《仪礼》中凡有关敦的使用的仪节，都是孔子修订礼的时候增加进去的，此孔子修礼之可考者也。

三、《仪礼》在汉代的流传与郑玄注《仪礼》

由孔子编定的《礼》，经其弟子和后学者递相传授，经战国、秦，至汉，已非其原貌。这是因为：一、如前所说，孔子所传授的《礼》，弟子们是靠记忆整理记录下来的。这种整理记录的工作有可能当时就做，也可能时隔很久才做，又由于各自记忆力的差异，他们所整理记录的《礼》，在文字和仪节上，就必然会出现差异，所以虽得于同一孔子之传，经弟子记录下来却可能不一样，这样就可能有不同本子的《礼》流传下来。二、孔子的弟子和后学者，也可能对孔子所传的《礼》又不断有所修订和变动（把孔子神圣化，认为孔子说过的话就句句是真理，千古不可改易，否则就是"非圣无法"，罪莫大焉，那是到了汉代以后的事）。由于以上原因所造成的《礼》书的变动，我们从先秦文献所引《礼》文与今本的不同就可以看出来。兹举数例如下（今本文在上，先秦文献所引《礼》文在下）：

《士相见礼》：宅者在邦则曰市井之臣，在野则曰草茅之臣（第13节）。

《孟子·万章下》：在国曰市井之臣，在野曰草莽之臣。

《士冠礼》：（冠者）北面见于母。母拜受。子拜送。母又拜（第12节）。冠者见于兄弟。兄弟再拜，冠者答拜（第15节）。

《礼记·冠义》：见于母，母拜之；见于兄弟，兄弟拜之：成人而与为礼也。

《士相见礼》：凡侍坐于君子，君子欠伸，问日之早晏，以食具告。改居,则请退可也(第 10 节)。

《礼记·少仪》:侍坐于君子,君子欠伸,运笏,泽剑首,还屦,问日之蚤莫,虽请退可也。

《士丧礼》:复者一人,以爵弁服,簪裳于衣,左何之,扱领于带。升自前东荣,中屋,北面,招以衣,曰:"皋某复。"三,降衣于前。受用篋,升自阼阶,以衣尸。复者降自后,西荣(第 1 节)。

《礼记·丧大记》:小臣复,复者朝服。……士以爵弁,……皆升自东荣,中屋履危,北面三号,卷衣投于前。司服受之。降自西北荣。

《士丧礼》:瞀笄用桑,长四寸,缥中。布巾环幅不凿。掩练帛广终幅,长五尺,析其末。填用白纩。幎目用缁,方尺二寸,赪里,著,组系(第 9 节)。

《荀子·礼论》:充耳而设瑱。……设掩面,儇目,鬠而不冠笄矣。

这样的例子还可以举出许多。这就说明,孔子所传的《礼》,在其后学者手中,确实每每有所改易。既可改其文字、仪节,连篇目也可能有所删并或析分。如今本关于士丧礼的四篇,在孺悲那里就只是一篇(已见前述),到底是孺悲合并了孔子原书的篇目,还是后世学者析分了孔子原书的篇目,已无从考知了。

孔子所编定的《礼》流传到汉,其间还遭受了秦火之灾。《史记·儒林列传》曰:"及至秦之季世,焚《诗》《书》,坑术士,《六艺》从此缺焉。"这是符合历史事实的记载。《礼》书经秦火有两大损失。其一是本子减少。如上所说,孔子所传授的《礼》在战国时期演变出了许多不同的本子,但许多本子都因未能逃脱秦火而灭绝了，流传到汉代而立于学官的，只有高堂生所传本。其二是篇目减少，即侥幸流传下来的本子，也因秦火而残缺不全，所以在汉代立于学官的《礼》，就只有十七篇。关于这一点，《逸礼》的发现就是明证。但邵懿辰在其所著《礼经通论》中却说《仪礼》十七篇并没有残缺，而所谓《逸礼》三十九篇，全是刘歆伪造的，这不过是从极端今文学家的立场来立论，并不可取。

本文的开头曾引《史记·儒林列传》，既曰"言《礼》自鲁高堂生"，又曰"于今独有《士礼》，高堂生能言之"，是知先秦时期的《礼》传到汉初，只有高堂生的《士礼》。《汉书·艺文志》亦曰："汉兴，鲁高堂生传《士礼》十七篇。"但高堂生所传的《士礼》源于何人，又传给何人，就都不清楚了。《史记·儒林列传》又曰：

> 而鲁徐生善为容。孝文帝时，徐生以容为礼官大夫，传子至孙徐延、徐襄。襄，其天姿善为容，不能通《礼经》；延颇能，未善也。

此所谓襄不能通而延颇能而未善的《礼经》，大概就是传自高堂生的《士礼》。因为徐生与高堂生都是鲁人，而徐氏家学本为礼容而无《礼经》。然徐延、徐襄已是孙辈，可能已是高堂生的再传或三传弟子了。《儒林列传》又曰：

> 襄以容为汉礼官大夫，至广陵内史。延及徐氏弟子公户满意、桓生、单次，皆尝为汉礼官大夫，而瑕丘萧奋以《礼》为淮阳太守。是后能言《礼》为容者，由徐氏焉。

由此看来，萧奋也是徐氏弟子，他和徐襄、徐延一样，也同是高堂生的再传或三传弟子。正因为他们既从徐氏家学而善为容，又受有传自高堂生的《礼经》，所以说"是后能言《礼》为容者，由徐氏焉"。

据《汉书·儒林传》，萧奋生所受的《礼经》，又授给了东海人孟卿，孟卿授后仓，后仓授闻人通汉子方，以及戴德、戴圣和庆普。戴德当时号为大戴，戴圣号为小戴。至此，《礼》学分而为三家："有大戴、小戴、庆氏之学"。据《汉书·艺文志》，三家在汉宣帝时都立了学官（但据《后汉书·儒林传》，今文学十四家博士不数《礼》庆氏，而数《易》京氏，是庆氏《礼》在西汉是否立学官，还是个疑问）。

据《汉书·儒林传》，大戴之《礼》学授给了徐良，于是大戴《礼》又分化出了徐氏学。小戴之《礼》学授给了桥仁和杨荣，于是小戴《礼》又分化出了桥氏学和杨氏学。庆氏之《礼》学授给了夏侯敬，以及族子庆咸。

到了东汉，大、小戴之《礼》学衰微了，朝廷所立二戴博士官虽相传不绝，但影响已不大。只有庆氏《礼》较盛行。据《后汉书·儒林传》，曹充习庆氏《礼》，传其子曹褒。曹褒撰《汉礼》，有名当时。又有董钧，亦习庆氏《礼》，甚受朝廷信用。但总的说来，东汉《礼》学已渐衰落。故《隋书·经籍一》说："三家虽存并微。"

三家所传《礼》都已亡佚。1959年7月，甘肃武威县出土了比较完整的九篇《仪礼》，据陈梦家考证，可能就是失传了的庆氏《礼》（见陈著《武威汉简》）。

以上所述，是《礼》的今文学派。

《汉书·艺文志》又记载有《礼古经》五十六卷（篇）。据班固说，"《礼古经》出于鲁淹中（里名）及孔氏（孔壁），与十七篇文相似，多三十九篇"。这多出的三十九篇，就是所谓《逸礼》。刘歆在《移让太常博士书》中说的"《逸礼》有三十九篇"，即指此。古文《礼》没有流传下来，什么时候亡佚的，亦无可确考。

到了东汉末年，郑玄给《仪礼》作《注》。郑玄在经学上是一位混淆今古学派的通学者。他在给《仪礼》作《注》时，对《仪礼》原文也作了一番整理的工作。其整理的方法，就是把今古文两个本子拿来互相参照，每逢两个本子用字不同时，他就要作一番选择，或采今文，或采古文，"取其义长者"（《后汉书·儒林传》）。用今文字则必于《注》中注明古文该字作某，用古文字则必于《注》中注明今文该字作某，即《士丧礼》贾《疏》所说，从今文，则"于《注》内叠出古文"，从古文，则"于《注》内叠出今文"。这样经郑玄杂采今古文并为之作《注》的《仪礼》，就是今本《仪礼》，也就是所谓《仪礼》郑氏学。所以今本《仪礼》，已经是一部混淆了今古文的《仪礼》。

郑玄除给《仪礼》作《注》，还给《周礼》和《礼记》两书作了《注》，于是《周礼》、《仪礼》、《礼记》，始"通为《三礼》焉"（《后汉书·儒林传》）。这就是《三礼》名目的由来。

四、关于《仪礼》的篇次

郑《注》本《仪礼》（即今本《仪礼》）的篇次是：《士冠礼》第一，《士昏礼》第二，《士相见礼》第三，《乡饮酒礼》第四，《乡射礼》第五，《燕礼》第六，《大射》第七，《聘礼》第八，《公食大夫礼》第九，《觐礼》第十，《丧服》第十一，《士丧礼》第十二，《既夕礼》第十三，《士虞礼》第十四，《特牲馈食礼》第十五，《少牢馈食礼》第十六，《有司》第十七。据贾《疏》引郑玄《仪礼目录》说，这个篇次，是根据的刘向《别录》本。

此外，还有大戴（戴德）本和小戴（戴圣）本两种不同的篇目编次（皆见于今本《仪礼》各篇题下贾《疏》所引郑玄《仪礼目录》），兹列之如下。

大戴本篇目编次是：《士冠礼》第一，《士昏礼》第二，《士相见礼》第三，《士丧礼》第四，《既夕礼》第五，《士虞礼》第六，《特牲馈食礼》第七，《少牢馈食礼》第八，《有司》第九，《乡饮酒礼》第十，《乡射礼》第十一，《燕礼》第十二，《大射》第十三，《聘礼》第十四，《公食大夫礼》第十五，《觐礼》第十六，《丧服》第十七。

小戴本篇目编次是：《士冠礼》第一，《士昏礼》第二，《士相见礼》第三，《乡饮酒礼》第四，《乡射礼》第五，《燕礼》第六，《大射》第七，《士虞礼》第八，《丧服》第九，《特牲馈食礼》第十，《少牢馈食礼》第十一，《有司》第十二，《士丧礼》第十三，《既夕礼》第十四，《聘礼》第十五，《公食大夫礼》第十六，《觐礼》第十七。

这三种篇目编次，前三篇都相同，以后的十四篇，则编次互异。对于这三种篇目编次的优劣，自来就有不同的看法。但大多数学者认为，小戴本的编次较杂乱，最无可取，因此争议的焦点在于大戴本与刘向《别录》本的优劣上。如清代今文学家即以为大戴本的编次最优，详可参看邵懿辰《礼经通论》之首节《论礼十七篇当从大戴之次》。但因为郑《注》本采用了《别录》本的编次，而郑《注》本又盛行于世，所以学者大多还是认为《别录》本最优。贾公彦于《士冠礼》题下《疏》曰："其刘向《别录》，即此十七篇之次是也。皆尊卑吉凶次第伦叙，故郑用之。至于大戴……小戴……皆尊卑吉凶杂乱，故郑玄皆不从之矣。"其实，贾《疏》的说法也较牵强。如按吉凶之次说，《少牢馈食礼》与《有司》属吉礼，当置于《丧服》之前，却置于篇次之末；若依尊卑之次说，则《觐礼》（朝天子礼）之后不当再出现士之丧礼，而士之丧礼之后，又不当再出现卿大夫之礼（《少牢馈食礼》属卿大夫庙祭之礼）。总之，三种本子的编次皆各有其不足处。不过相对来说，我以为还是《别录》本的编次较优一些，即它大体上是按先吉礼而后凶礼的次序编的，而排在前边的十篇吉礼，也大体上是按照从士到大夫、到诸侯、再到天子的顺序排列的。这种编次方式要比其他的编次较有助于对《礼》文的理解。

除了以上三种本子的编次外，又有武威简本《仪礼》的编次。武威出土的汉简本《仪礼》有甲、乙、丙三种。其中乙本只有一篇《服传》，丙本只有一篇《丧服》，无所谓编次。甲本有七篇，其每篇之首皆题记篇题和篇次，由此可以推知全书的编次。据陈梦家考证，武威甲本的编次如下（加有六角括号者，为甲本篇目所无）：〔《士冠礼》第一〕、〔《士昏礼》第二〕、《士相见礼》第三、〔《乡饮酒礼》第四〕、〔《乡射礼》第五〕、〔《士丧礼》第六〕、〔《既夕礼》第七〕、《服传》第八、〔《士虞礼》第九〕、《特牲》第十、《少牢》第十一、《有司》第十二、《燕礼》第十三、《泰射》第十四、〔《聘礼》第十五〕、〔《公食大夫礼》第十六〕、〔《觐礼》第十七〕。陈梦家说："武威甲本，既不同于两戴，和《别录》亦异，而近于小戴本。两者的篇次，仅在《士丧》、《既夕》与《燕礼》、《大射》对调而已。"（《武威汉简》第 11 页）据此，则武威甲本的编次也不能优于其他三家。

五、《仪礼》非士礼

《仪礼》在汉代因为有《士礼》之名，故有人即以为《仪礼》是专记士礼的。其实这是一种误解。《仪礼》中所记载的，不仅有士礼，还有卿大夫、诸侯（公）和天子之礼。尽管《仪礼》只有十七篇，而且实际上只记载了十五种礼（已如前述），但这些礼已经涉及到了中国古代贵族的各个等级。下面我们就来具体分析一下。

《士冠礼》、《士昏礼》、《乡射礼》、《士丧礼》、《既夕礼》、《士虞礼》、《特牲馈食礼》，这七篇记了六种礼（《既夕礼》是

《士丧礼》的下篇），这六种礼无疑都是士礼。

《乡饮酒礼》是记载诸侯的乡大夫主持的饮酒礼。《少牢馈食礼》及其下篇《有司》，是记诸侯的卿大夫庙祭之礼。所以这三篇所记的两种礼，属于卿大夫之礼。

《燕礼》是记诸侯（即公）宴享臣下之礼。《大射》是记诸侯与其臣下举行的射箭比赛之礼。《聘礼》是记诸侯国之间的聘问之礼。《公食大夫礼》则是记诸侯国君款待来聘的大夫之礼。这四种礼，应该属于诸侯礼。

《觐礼》是记诸侯觐见天子和天子接待来觐的诸侯之礼。所以这一篇可以视为天子礼，也可以视为诸侯礼。

《士相见礼》的内容较杂，既记了士与士相见之礼，又记了其他各级贵族互相访见之礼，还记了其他一些礼仪。《丧服》记中国古代的丧服制度，据说这篇所记的服制，上从天子，下到庶民都适用。所以我们可以把这两篇所记的礼称为通礼。

由上可见，把《仪礼》说成是士礼是没有道理的。那么古人为什么给它取个《士礼》的名称呢？至今还没有令人满意的解释。有人认为可能因为《仪礼》中记士礼较多，因此举其多者而名之。蒋伯潜先生则认为"《士礼》以首篇得名"，即因"此书首篇为《士冠礼》，遂通称全书为《士礼》"（《十三经概论》，上海古籍出版社1983年版，第325页）。蒋氏的说法我以为倒是较为可信。但如果把蒋氏的说法稍作修正，我以为就更加合理了，即《士礼》不是以首篇得名，而是以首二字得名。古人有以诗文的首一二字或若干字来给诗文命名的习惯，如《诗经》中的大部分篇名都是这样。《仪礼》中的《既夕礼》和《有司》也都是取篇首二字命名的。对全书的命名，也可能采用同一种命名法。《仪礼》全书的开头就是篇名"士冠礼"三个字，若保留"冠"字，则于义太狭，因此去"冠"而仅用其"士""礼"二字，这样就造出了《士礼》的书名来。所以这个书名并没有什么实际含意，只不过是用作书的代号而已。

六、汉以后的《仪礼》学

自郑玄注《仪礼》,大、小戴及庆氏三家学衰亡,汉魏之际,形成了郑学独盛的局面。

魏、西晋时期,王肃力反郑学,而独标新帜。王肃曾习今文经学,又治贾逵、马融所传古文经学,也是一位通儒。他作《仪礼注》及《仪礼·丧服经传注》,处处与郑玄立异:郑《注》用今文说,他就以古文说驳之;郑《注》用古文说,他就用今文说驳之。所以《礼》学到了王肃手里,混淆今古文家法更甚。至此,《仪礼》原本的今文经学面目已不复存在。又有蜀国李谯,亦注《三礼》,而依准于贾、马古文学,虽与王肃殊隔而不相谋,然其《礼》说之意归多同,是亦足为王学张目。王肃又因托姻于司马氏,借助于政治上的力量,得使其《礼》学列于学官。因此在魏、西晋时期,王学几夺郑学之席。但西晋灭亡,王学亦随之衰微。东晋建立后,《三礼》唯郑氏学。元帝初年立郑氏《周礼》、《礼记》博士,元帝末年,又增立郑氏《仪礼》博士。

南北朝时期,国家分为南北,经学亦分为南学、北学。然《北史·儒林传》曰:"《礼》则同遵于郑氏。"南朝通《三礼》学者甚众,据《南史·儒林传》,何佟之、司马筠、崔灵恩、孔佥、沈峻、皇侃、沈洙、戚衮等皆通《三礼》。而雷次宗《三礼》之学最有名,时人将其与郑玄并称为"雷郑"。治《仪礼》则专家尤众,明山宾、严植之、贺玚等皆精《仪礼》,而鲍泉"于《仪礼》尤明"(见《南史》本传)。当时南朝社会划分为士庶两大阶级,故治《仪礼》者,多偏究《丧服》。而王学的影响,也依然存在,学者每兼采之以为说,并非专遵郑氏学。

北朝治经学，号为大儒者，首推北魏徐遵明。徐遵明兼通诸经，《三礼》则宗郑氏学。据《北史·儒林传》，北朝“《三礼》并出遵明之门”。徐遵明传李铉等，李铉撰《三礼义疏》。李铉传熊安生等。熊安生传孙灵晖、郭仲坚、丁恃等，“其后能通《礼经》者，多是安生门人”。又有北周沈重，为当世儒宗，撰有《仪礼义》三十五卷。

隋平陈而统一天下，经学之南、北学亦随之统一。皮锡瑞曰：“天下统一，南并于北；而经学统一，北学反并于南。”（《经学历史》第七节）然于《仪礼》，仍以郑学为本。《隋书·经籍一》曰：“唯郑《注》立于国学。”当时治礼学最著名的，要数张文诩，史称“特精《三礼》”，“每好郑玄注解”（《隋书》本传），唯不闻有著作传世。

唐朝初年，太宗诏颜师古考定五经文字，撰成《五经定本》，颁布天下。又诏孔颖达等撰《五经正义》，亦颁布天下，并作为明经取士的依据，实现了真正的经学大一统。但唐初不重《仪礼》，所诏定的五经中，《三礼》只有《礼记》。唐高宗永徽年间，太学博士贾公彦撰《仪礼义疏》四十卷（即今《十三经注疏》中的《仪礼注疏》），专门对郑《注》进行疏解，遂使郑氏《仪礼》学得以保存下来。据两《唐书·儒学传》，贾公彦之《礼》学受自张士衡，张士衡受自刘轨思、熊安生，是亦郑学之渊源有自。开元八年，国子司业李元瓘上疏请立《仪礼》博士，朝廷从其议，于是《仪礼》始立学官。但所立之《仪礼》是否用的贾《疏》本，就不可确知了。《仪礼》虽立学官，仍然传习者不多，因此到了开元十六年国子祭酒杨玚上奏说：“《周礼》、《仪礼》及《公羊》、《穀梁》殆将废绝，若无甄异，恐后代便弃。”（《旧唐书》本传）杨玚本传还说：“玚常叹《仪礼》废绝，虽士大夫不能行之。”是可知唐代《仪礼》学虽相续不绝，但已衰微。

宋初经学仍然袭唐人之旧，将《三礼》、《三传》、《易》、

《诗》、《书》九经列于学官，并用以取士，且将这九经的《注疏》本都镂版附印。宋又增《论语》、《孝经》、《尔雅》、《孟子》四种《注疏》，皆立学官，于是《十三经》与《十三经注疏》之名始立。然宋自庆历以后，经学为之一变。唐以前经学，多笃守古义，学者各承师传，无取新奇，渊源于汉学。庆历以后，始兴疑古之风，不信前人《注》《疏》，务出新义。《仪礼》学本实学，所以受宋学风气影响不甚深。然北宋于《仪礼》学无可称者，神宗熙宁年间王安石又废罢《仪礼》学官，于是学者鲜治其经。至南宋，孝宗乾道八年两浙转运判官曾隶刊郑氏所注《仪礼》十七卷，张淳为之校定，参照多种版本，订正经注中的误字，撰成《仪礼识误》一书，"最为详审"（《四库提要》）。李如圭撰成《仪礼集释》十七卷（今本分为三十卷），全录郑玄之《注》，又旁征博引以为之释，多发贾《疏》所未发。魏了翁撰《仪礼要义》五十卷，盖因郑《注》古奥，而贾《疏》文繁，于是取《注》《疏》之精华，撰成此书，"其梳剔爬抉，于学者最为有功"（《四库提要》）。其后朱熹及其弟子黄榦撰《仪礼经传通解》，以《仪礼》为经，而取《周礼》、《礼记》及诸经史杂书所载有及于礼者，皆以附经之下，具列《注》《疏》及诸儒之说，以成是书，是其学未免宋学风气，而混合《三礼》以谈《礼》，则比郑玄更甚。又有朱熹弟子杨复撰《仪礼图》十七卷，亦颇有益于学者。由上可见，宋代《仪礼》学虽微，然较之唐代，则为可观。

　　元明经学，仍未脱宋学风气。元代取士不用《仪礼》，罕有治其学者。唯当时名儒吴澄颇研习《仪礼》，并做过校订工作。吴澄撰《仪礼逸经传》二卷，杂采诸书，指为《仪礼》逸文。其书编纂体例，盖仿朱熹《仪礼经传通解》。又有敖继公撰《仪礼集说》十七卷，以为郑《注》疵多而醇少，于是删其以为郑说之不合于经者，而更为之说，亦是宋学风气所使然。

　　明代《仪礼》几成绝学，郝敬竟谓《仪礼》不可为经，其所撰《仪礼节解》，几尽弃《注》《疏》而更为己说。张凤翔撰《礼经集注》，主朱熹以《仪礼》为经之说，然其大旨则以郑《注》为主。其后有朱朝瑛撰《读仪礼略记》，于经文不全录，而所采多敖继公、郝敬之说。可见明代《仪礼》学最无可称者。

清代号称经学复盛时代，然清初犹未脱宋学遗风。至乾隆以后，汉学大著。乾隆年间，特刊《十三经注疏》分布学宫。乾隆十三年，又钦定《三礼义疏》，其中《仪礼义疏》四十八卷，多宗敖继公说，而兼用郑《注》。此后《仪礼》之研究和著述渐盛，著名的学者和著作甚多。如张尔岐《仪礼郑注句读》十七卷，全录郑《注》，摘取贾《疏》，而略以己意断之，并定其句读而疏其章节，该书最具家法，颇为学者所称道。万斯大尤精《三礼》，其所著《仪礼商》二卷，取《仪礼》十七篇，篇为之说，颇有新意。方苞晚年自谓治《仪礼》十一次，用力最勤，所著《仪礼析疑》十七卷，举《仪礼》之可疑者而辨之，亦创获颇多。福建海防同知吴廷华，去官后隐居萧寺，"穿穴贾孔，著二礼《疑义》数十卷"。其《周礼疑义》今存，《仪礼疑义》或即今所传《仪礼章句》十七卷(参见《四库提要》)。该书于篇内划分章节，析其句读，训释多本郑贾，亦兼采他说，附"案"以发明其义，行文至简约，颇有补于《礼》学。蔡德晋《礼经本义》十七卷，引宋元明以来诸家之说，与《注》《疏》互相参证以发明其义，于名物制度考辨颇悉，亦兼出新义。盛世佐《仪礼集编》四十卷，搜辑古今说《仪礼》者一百九十七家，而断以己意，持论严谨，无浅学空疏之谈，于诸家谬误，辨证尤详，是研究《仪礼》的一部很好的参考书。他如沈彤的《仪礼小疏》、褚寅亮的《仪礼管见》、胡匡衷的《仪礼释官》、江永的《仪礼释宫增注》、程瑶田的《仪礼丧服足征记》等，都是一时的名著。而其中最有名、也最有功于《仪礼》学的，要数胡培翚的《仪礼正义》、张惠言的《仪礼图》和凌廷堪的《礼经释例》三部著作了。胡氏的《仪礼正义》四十卷，约有四例：一曰疏经以补《注》，二曰通《疏》以申《注》，三曰汇各家之说以附《注》，四曰采他说以订《注》，是亦《仪礼》之新《疏》，是一部《仪礼》学集大成的著作，后世研究《仪礼》者，皆不可舍其书。张氏《仪礼图》六卷，按照《仪礼》各篇礼仪的演进，每一重要的仪节皆绘制一图，每图皆详其宫室建制、礼器人物的位置以及行礼过程中人与物处所方位的变化等，使难明的礼文，视其图即可一目了然，甚便于学者。凌氏《礼经释例》十三卷，把《仪礼》中的礼例分类归纳为二百四十六例，他在《序》中自称是"矻矻十余年，稿凡数易"而成，又说《仪礼》之"节文威仪，委曲繁重。骤阅之，如治丝而棼，细绎之，皆有经纬可分也；乍睹之，如入山而迷，徐历之，皆有途径可跻也。是故不得其经纬途径，虽上哲亦苦其难；苟其得之，中材固可以勉而赴焉"。他撰此书的目的，就在于"聊借为治丝登山之一助"。凌氏此书对于读《仪礼》，可收到触类旁通的效果，是我们今天理解《仪礼》的一把很好的钥匙。

由上可见，《仪礼》学到了清代，堪称蔚为大观矣。

七、《仪礼》对于今天的意义

《仪礼》中所记载的各种繁缛的礼仪，早被古人视为不切时用。例如韩愈就曾经说："余尝苦《仪礼》难读，又其行于今者盖寡，沿袭不同，复之无由考，于今诚无所用之。"（《韩昌黎集》卷十一《读仪礼》）朱熹也曾多次说："古礼于今实难行。"又说："'礼，时为大'。有圣人者作，必将因今之礼而裁酌其中，取其简易易晓而可行，必不至复取古人繁缛之礼而施之于今也。古礼如此零碎繁冗，今岂可行！"（《朱子语类》卷八十四《论考礼纲领》）

随着封建社会的覆灭，《仪礼》所记载的各种礼仪制度，已经失去了社会凭借，成了历史遗迹。但《仪礼》作为一部重要的传统文化典籍，仍具有十分宝贵的价值。

中国古代社会，从奴隶社会到封建社会，都是实行礼制的社会，这正是《仪礼》一书得以产生和流传的根本原因。通过《仪礼》一书，我们就可以清楚地看到中国古代的统治阶级是怎样利用礼来为维护和巩固他们的等级制度服务的。尽管《仪礼》中所记载的礼仪，封建统治阶级也因其过于繁缛而感到不切实用，但一直把它尊为经，作为议礼、制礼的重要依据。这一点，我们只要略翻《二十四史》中的《礼志》，或《通典》、《文献通考》等书，就可以找出大量的例子。如果不依《仪礼》的礼例，或不参照其中的仪则，就会受到批评。如朱熹就曾批评说："横渠（张载）所制礼，多不本诸《仪礼》，有自杜撰处。"相反，他对于遵循《仪礼》者则加以肯定，说："如温公（司马光），却是本诸《仪礼》，最为适古今之宜。"（《朱子语类》卷八十四《论后世礼书》）所以，《仪礼》一书对于我们今天认识和研究中国古代社会的历史，特别对于认识和研究中国古代社会所实行的礼制，具有重要意义。

礼学与仁学相辅相成，是中国古代儒家学说的核心。《仪礼》则是儒家礼学最早、也是最基本的文献。要研究中国古代的儒家思想，特别是儒家的礼学思想，《仪礼》是必读的文献。同时我们还应该看到，在中国古代社会里，儒家的礼学思想已经成为国家统治思想的重要组成部分，已渗透到人们日常生活的各个方面，成为指导人们思想和言行的准则，以及伦理道德的规范，即孔子所谓"非礼勿视，非礼勿听，非礼勿言，非礼勿动"（《论语·颜渊》）。这些准则和规范不是空洞的、抽象的，而是通过一系列礼仪和礼容的具体要求来体现的，而《仪礼》就是统治阶级提出和确定这些要求的重要依据。例如我们只要读一读《士相见礼》，就可以看到中国古代社会中某些礼仪和礼容要求的根据所在。所以《仪礼》一书不仅对于研究儒家的礼学，而且对于研究古代社会中人们的思想、生活和伦理道德观念等，都有重要意义。

《仪礼》一书还具有十分重要的史料价值。由于《仪礼》中记载最多的是士礼，因此《仪礼》一书集中而大量地提供了有关中国古代士的阶级地位、士内部的等级关系、士所担任的职官、士的生活和经济状况等方面的材料，为现今所知其他任何一种文献所难以比拟。《仪礼》中所记载的从天子到诸侯、到卿大夫、到士的不同的礼仪，以及通过这些礼仪所体现的他们相互之间的关系，则是我们研究中国古代阶级关系的重要资料。《仪礼》中还保留了许多有关中国古代职官的材料，是我们今天研究中国古代官制的宝贵资料。清人胡匡衷曾作《仪礼释官》，已在这方面为我们提供了可资借鉴的先例。又如《仪礼》中所记载的中国古代的宫室制度、服饰制度、饮食制度以及大量的礼器的应用制度等，对于我们今天研究古史，以及在考古学上，都有重要价值。

我们还要指出，读懂《仪礼》，对于我们读懂许多其他古代文献，是十分重要的。因为中国古代文献中有许多关于礼的记载，或者说许多记载都涉及到礼，没有读过《仪礼》的人，对于有关记载就很难真正理解。例如，没有读过《仪礼》，就很难读懂《礼记》和《周礼》的有关篇章，也一定很难理解《荀子》的《礼论》篇。又如，《左传》宣公十八年记鲁公孙归父受宣公之命聘于晋，回来时，宣公已死，于是"子家（公孙归父的字）还，及笙（地名），坛帷，复命于介。既复命，袒，括发，即位哭，三踊而出"。没有读过《仪礼》的《聘礼》和《丧服》，对于《左传》这段记载中所涉及到的礼，就不可能真正理解。再如，《论语·八佾》篇记孔子曰："射不主皮。"如果没有读过《乡射礼》，也就很难理解这句话的意思。这样的例子举不胜举，如果你细心读过《仪礼》，自然就有体会了。

最后，我想说明几点：一、本书的《仪礼》原文部分，依据的是中华书局 1980 年影印阮校《十三经注疏》本，《注疏》本偶有讹误，则予以订正。二、本书 1994 年曾出过繁体字版，凡六十余万字，并附有图。这次改为简体字再版，篇幅亦压缩了约三分之一以上。为节省篇幅，注释中凡用前人之说，一律未标明出处。读者如欲作深入探讨，则可参考繁体字版及本书末所附《主要参考书目》。三、本书的白话译文部分，由于《仪礼》原文至为简约，如果尽依原文直译，很难完全达意，或很难知其所以然，因此不得不在译文中增加一些字词，力求贯通其意。凡所增加的字词，本当加方括号标出，但因增加字词的地方较多，译文中过多出现方括号，既影响书面的美观，亦影响读者阅读，故干脆一律不加，而所增加的字词，细心的读者自能够辨识。四、对于《仪礼》中的字词、名物概念和礼例等，为节省篇幅，只在第一次出现时加以注释，除极少数十分重要者外，以后重复出现，一般不再注。因此希望初学者要想读懂此书，最好从第一篇读起，并细心地看注解。否则，即使有白话译文，也不一定能真正明白原文的意思。如果能够从头细心地去读，渐渐熟悉了书中的各种名物概念和礼例以及各种习惯用语、习惯表达方式等，你就会觉得《仪礼》这部书也不是那么难读了。

又，本书系河南省高等学校人文社会科学重点研究基地——郑州大学中原文化资源与发展研究中心科研项目，暨郑州大学"十五""211 工程"重点学科——中国古代文明与考古学建设项目。特此说明。

杨天宇

目　　录

士冠礼第一

1. 士冠礼[1]。筮于庙门[2]。主人玄冠、朝服、缁带、素韠[3]，即位于门东，西面[4]。有司如主人服[5]，即位于西方，东面，北上[6]。筮与席、所卦者[7]，具馔于西塾[8]。布席于门中阃西、阈外[9]，西面。筮人执策抽上韇兼执之[10]，进受命于主人[11]。宰自右少退[12]，赞命。筮人许诺，右还即席坐[13]，西面。卦者在左[14]。卒筮，书卦，执以示主人。主人受视反之。筮人还，东面。旅占卒[15]，进告吉[16]。若不吉，则筮远日[17]，如初仪。彻筮席，宗人告事毕[18]。

【注释】

〔1〕士冠礼：首句标明此篇所记礼名。以下各篇皆仿此。

〔2〕筮于庙门：筮，指用蓍草进行占筮，这里是用占筮来决定举行冠礼的日期。庙，指父庙，即祢庙。

〔3〕主人玄冠、朝服、缁带、素韠：主人，将冠者的父兄。玄冠，玄色(略带赤的黑色)的冠。朝服，是朝见国君或在比较庄重的场合穿的一种服装：头戴玄冠，上穿缁衣，下着素裳(一种白色的裙)。缁带，是用黑缯制成的衣带。素韠，韠，音 bì，古代的一种蔽膝，上窄下宽而较长，可遮住大腿至膝部。素韠是用白韦(白色的熟牛皮)制成，以与裳色相配。

〔4〕西面：面朝西。下凡曰某面，皆谓面朝某方。

〔5〕有司：主人的属吏，包括宰、筮人、卦者、宗人、摈者、赞者等。

〔6〕北上：以北边的位置为上位。下凡曰某上，皆谓以某方为上位。

〔7〕筮与席、所卦者：筮，在此是指占筮用的蓍草。席，占筮时筮

人的坐席。所卦者，是记卦爻的木版。

〔8〕具馔于西塾：具，通俱。馔，陈。塾，古时大门东西两侧的堂屋。

〔9〕闑西、阈外：闑，音 niè，古代门中央所竖的短木，车入门，车轴可越其上而过。阈，音 yù，即门坎。

〔10〕执策抽上韇兼执之：策，蓍草的一根叫做一策，故即以代指蓍草。韇，音 dú，盛蓍草器。兼，并。是说筮人将上韇交左手一并拿着。

〔11〕进受命：进，前。命，指命筮辞，即说明所要占筮的事项之辞。

〔12〕宰自右少退：宰，家臣之长。少，稍。有司中只有宰站在庙门东、主人的右边。

〔13〕还：音 xuán，转。

〔14〕卦者：负责记卦的人。

〔15〕旅：众，指众筮人。

〔16〕进告吉：进告吉者，是众筮人中的长者，即前之筮卦者。

〔17〕远日：本旬之外的某一天。如现在是上旬，远日即指中旬的某日。

〔18〕宗人：是为主人掌管礼事和宗庙事务的家臣。

【译文】

士冠礼。在庙门前占筮。主人头戴玄冠，身穿朝服，束着缁带，系着白色的蔽膝，在庙门外东边就位，面朝西而立。有司们穿着和主人同样的服装，在庙门外西边就位，面朝东而立，以北边为上位。蓍草和席、用来记卦爻的木版，都陈放在西塾。在门中闑西、阈外的地方设席，席面朝西。筮人左手拿着盛蓍草的下韇，右手抽开上韇，又将上韇交由左手与下韇一并拿着，进前向主人请示命筮辞。宰从主人的右边稍后退一些，代主人发布命筮辞。筮人答应了，从主人的右边转到门中的席上坐下，面朝西。记卦的人在筮人的左边。占卦完毕，记卦者记下所得的卦，再由筮人拿给主人看。主人接过卦看后，又交还给筮人。筮人回到庙门西边原来的位置，面朝东而立。众筮人都根据所得卦以占问吉凶，占毕，进前向主人报告占筮的结果：所选择的举行冠礼的日期吉利。如果不吉，那就要选下一旬的某日以至再下一旬的某日，再行占筮，占筮的礼仪如前。最后，收起蓍草，撤去筮席，由宗人向主人报告筮日的礼仪完毕。

2. 主人戒宾[1]，宾礼辞许[2]。主人再拜，宾答拜。主人退，宾拜送。

【注释】

〔1〕戒宾：戒，告。宾，指主人的僚友。
〔2〕礼辞许：礼辞，一辞而许。再辞而许叫固辞；三辞叫终辞，终辞则不许。

【译文】

主人到宾家去把举行冠礼的日期告诉宾，请宾到时来参加。宾推辞了一下，就答应了。主人向宾行再拜礼致谢，宾回礼答拜。主人退去，宾行拜礼相送。

3. 前期三日，筮宾[1]，如求日之仪。乃宿宾[2]。宾如主人服[3]，出门左[4]，西面再拜。主人东面答拜，乃宿宾。宾许。主人再拜，宾答拜。主人退，宾拜送。宿赞冠者一人[5]，亦如之。

【注释】

〔1〕筮宾：通过占筮从主人的僚友（即众宾）中选定一位可使为其子（或弟）加冠的宾，这是冠礼上的正宾。
〔2〕宿：通速，谓预招使来，即约请、邀请。
〔3〕宾如主人服：案此时主人仍穿朝服，宾服亦如之。
〔4〕出门左：有两层意思：一谓从门的左侧（即门闑之左）出门，二谓出门后向左行或立于门左。门朝南，出门以东为左。
〔5〕赞冠者：即宾赞者，这是宾的助手，佐宾行冠礼事者。

【译文】

举行冠礼前的第三天，要通过占筮选择一位可使为子弟加冠的宾。筮宾的礼仪也同筮日一样。宾选定后，主人便前往约请宾。宾穿着和主人同样的服装，从门左侧出来，面朝西向主人行再拜礼，主人站在门的西边，面朝东向宾回礼答拜，于是约请宾为自己的子弟行加冠礼。宾答应了。主人向宾行再拜礼致谢，宾回礼答拜。主人退去，宾行拜礼相送。主人又为宾约请一位赞冠者，礼仪也同约请宾一样。

4. 厥明夕[1]，为期于庙门之外[2]。主人立于门东。兄弟在其南，少退，西面，北上。有司皆如宿服[3]，立于西方，东面，北上。摈者请期[4]。宰曰："质明行事[5]。"告兄弟及有司。告事毕。摈者告期于宾之家。

【注释】

〔1〕厥：其，在此指代筮宾、宿宾。
〔2〕为期：约定举行冠礼的具体时间。
〔3〕如宿服：如主人宿宾时所穿之朝服（见上节）。
〔4〕摈者：有司中佐助主人行礼事的人。
〔5〕质明：天亮的时候。

【译文】

主人约请宾的第二天黄昏，在庙门外约定明日举行冠礼的具体时间。主人站在庙门东边。将冠者的兄弟们站在主人的南边，比主人稍退后一些，面朝西，以北边为上位。有司们穿着如同主人约请宾时穿的朝服，站在庙门西边，面朝东，以北边为上位。摈者向主人请示举行冠礼的具体时间。宰传达主人的指示说："明天天亮的时候开始举行冠礼。"由摈者把这时间告诉兄弟和有司们。最后，宗人向主人报告为期的礼仪完毕。摈者又把举行冠礼的时间告诉宾家。

5. 夙兴，设洗直于东荣[1]，南北以堂深[2]。水在洗东[3]。陈服于房中西墉下[4]，东领，北上[5]。爵弁服[6]：纁裳[7]，纯衣[8]，缁带，韎韐[9]。皮弁服[10]：素积[11]，缁带，素韠。玄端[12]：玄裳、黄裳、杂裳可也[13]，缁带，爵韠。缁布冠缺项[14]，青组缨属于缺[15]；缁纚广终幅[16]，长六尺；皮弁笄、爵弁笄[17]；缁组纮纁边[18]：同箧[19]。栉实于箪[20]。蒲筵二[21]。在南[22]。侧尊一瓶醴[23]，在服北。有篚实勺、觯、角柶[24]。脯醢[25]。南上[26]。爵弁、皮弁、缁布冠[27]，各一匴[28]，执以待于西坫南[29]，南面，东上[30]；宾升则东面。

【注释】

〔1〕设洗直于东荣：洗，盛水器，形似今之洗脸盆，用以承接盥洗时下注的弃水。直，当。荣，屋檐两端翘起的部分，又叫屋翼。

〔2〕南北以堂深：是说洗所放的位置，在堂的南边，与堂南北之间的距离等同于堂深。如堂深三丈，洗就放在堂南边三丈处。

〔3〕水：指备盥洗用的水。贮水用罍。

〔4〕陈服于房中西墉下：服，指将冠者加冠后将要穿的服装，即下文所说爵弁服、皮弁服、玄端三种服装。房，指东房。下凡曰房，皆指东房。墉，墙。

〔5〕北上：案三种服装有尊卑的不同：爵弁服最尊，其次是皮弁服，又其次玄端。服尊者放在北边。

〔6〕爵弁服：爵弁，古代冠冕的一种，其形似冕而前无旒。爵通"雀"，是说这种弁的颜色赤而微黑，如雀头的颜色，故名爵弁。爵弁服，是指配合爵弁穿的服装，即下文所说的纁裳、纯衣、缁带、韎韐。

〔7〕纁：浅绛色。

〔8〕纯衣：丝衣。此纯衣为缁色。

〔9〕韎韐：韎，音 mèi，赤黄色。韐，音 gě，即韠。韎韐即赤黄色的蔽膝。

〔10〕皮弁服：皮弁，用兽皮制成，形略似后世的瓜皮帽。皮弁服，是指配合皮弁所穿的服装，即下文所说的素积、缁带、素韠。

〔11〕素积：积即襞积，指裙子腰间的褶皱。素积是一种白色而腰间有褶皱的裙。

〔12〕玄端：在此指玄端服，即配合戴缁布冠穿的服装：其上衣同朝服一样，而下裳不同，见下注。

〔13〕玄裳、黄裳、杂裳可也：这是说玄端服的裳，用这三种颜色的都可以。所谓杂裳，就是前玄而后黄。

〔14〕缺项：是缁布冠的附属物，它可在戴缁布冠后起固冠作用。缺项的两端各有一结，结中各穿一小绳，用时将缺项围绕发际，在后项正中处将小绳系紧，这样就固定在头上了。缺项的两侧有缨，可系于颔下；四隅有四缀，加缁布冠后将四缀系于冠武上，这样便可起固冠作用。

〔15〕青组缨属于缺：组，丝带。青组缨，青色丝带做的缨。属，连缀。缺，缺项。

〔16〕缁纚广终幅：纚，音 xǐ。缁纚，是缠发髻用的黑缯。终幅，是说纚的宽度等同于缯的幅宽。

〔17〕笄：音 jī，即簪子。加皮弁或爵弁后，用笄横贯之而通于发髻中，可起固冠作用。

〔18〕缁组纮纁边：纮，系弁的丝带，它的一头系于笄左端，另一头下垂绕颐下屈而向上系于笄之右端，剩余部分则垂而为饰。纁边，浅绛色的镶边。

〔19〕同箧：箧，音 qiè，一种竹箱。同箧，指上述六物，即缁布冠的缺项连同青组缨、缁纚、皮弁笄、爵弁笄、缁组纮纁边二（皮弁、爵弁各一），同盛于一箧之中。

〔20〕栉实于箪：栉，梳与篦的统称。箪，竹制圆形盛物器。

〔21〕筵：即席。

〔22〕在南：这是说上述箧、箪、筵依次放在服装的南边。

〔23〕侧尊一瓾醴：侧，独。瓾，音 wǔ，陶制盛酒器。醴，音 lǐ，是一种酿造一宿即成的甜酒。

〔24〕有篚实勺、觯、角柶：篚，竹制盛物器。勺，舀酒用的小斗。觯，音 zhì，古代饮酒器。柶，音 sì，类今小汤匙，用角制成，故名角柶。

〔25〕脯醢：脯，干肉。醢，音 hǎi，肉酱。脯、醢分别盛于笾（竹制盛物器）、豆（形似高足盘）中，故《仪礼》中每用笾豆来指代脯醢。

〔26〕南上：是说上述尊（即瓾）、篚、笾豆（脯醢）所放的位置都在

服装的北边，而按其尊卑的不同，依次从南向北陈列，尊者在南。

〔27〕缁布冠：这是行冠礼始加之冠，因用缁（黑）布制成，故名。其形制似玄冠而无缕。

〔28〕匴：音 suǎn，竹制的冠箱。

〔29〕坫：音 diàn，指堂前的东西两角。

〔30〕东上：案三种冠以爵弁最尊，故执爵弁匴者站在最东边上位。

【译文】

第二天清早起来，把洗放在北当堂屋的东荣、与堂南北之间的距离等同于堂深的地方。水放在洗的东边。服装放在东房中的西墙下，使衣领朝东，尊贵的服装放在北边。服装共有三套：爵弁服，包括纁裳、丝衣、缁带和赤黄色的蔽膝；皮弁服，包括白色而腰间有褶皱的裳、缁带和白色的蔽膝；玄端服，裳用玄裳、黄裳或杂裳都可以，还包括缁带和赤而微黑色的蔽膝。缁布冠的缺项，有用青色丝带做的缨连缀在它上面；缠发髻用的缁纚，宽度与用作缁纚的缯幅相等，长六尺；还有固定皮弁用的笄，固定爵弁用的笄；用黑色而有浅绛色镶边的丝带做的系弁的纮：以上几样东西同放在一只篚中。梳和篦放在箪中。蒲席二领。上述篚、箪和席，陈放在服装的南边。独设一甒醴，放在服装的北边。一只篚，装着勺、觯和角柶。还有脯醢。上述甒、篚和脯醢放在服装的北边，而以南边靠近服装的位置为上位。爵弁、皮弁、缁布冠各放在一只匴中，分别由三位有司拿着，面朝南站在西坫南边堂下以待用，以站在东边为上位；当宾到来升堂后，就转向面朝东。

6. 主人玄端，爵韠，立于阼阶下〔1〕，直东序〔2〕，西面。兄弟毕袗玄〔3〕，立于洗东，西面，北上。摈者玄端，负东塾。将冠者采衣，紒〔4〕，在房中，南面。

【注释】

〔1〕阼阶：即东阶，是主人升降之阶。

〔2〕序：堂上东西两侧各有一道墙，叫做序。

〔3〕袗玄：袗，音 zhěn，同也。袗玄，是说衣、裳、带、韠同为玄色。

〔4〕采衣，紒：采衣，是未冠者所服童子衣，用缁布做成，而镶以朱锦边，所以叫做采（彩）衣。紒，音 jì，束发为髻。这里是用朱锦束发。

【译文】

主人穿着玄端服，系着赤而微黑的蔽膝，站在阼阶下，正当堂上东序的地方，面朝西。将冠者的兄弟们都穿着通体一色的黑衣裳，站在洗的东边，面朝西，以北边为上位。摈者穿着玄端服，背对着东塾而立。将冠者身着彩衣，束着发髻，在东房中面朝南而立。

7. 宾如主人服，赞者玄端从之，立于外门之外[1]。摈者告。主人迎出门左，西面再拜。宾答拜。主人揖赞者[2]，与宾揖，先入[3]。每曲揖[4]，至于庙门，揖入。三揖至于阶[5]，三让。主人升，立于序端[6]，西面。宾西序，东面。赞者盥于洗西[7]，升，立于房中，西面，南上[8]。

【注释】

〔1〕外门：即大门。

〔2〕揖：行揖礼，即拱手为礼。

〔3〕先入：主人先入大门，意在为宾导行。

〔4〕每曲揖：曲，拐弯处。每行至拐弯处，主人皆与宾行揖礼。案庙门在大门内东边，入大门后将向东拐，揖，行至庙门前将向北拐入庙门，又揖。

〔5〕三揖至于阶：这是说主人与宾入庙门后，行进中又互揖了三次，分别行至东西阶前。案主人与宾进庙门至庭前，揖，然后分别向左右行，此一揖；左、右行至对应着北边堂的东西阶处，揖，然后分别向北行，

此二揖；北行至庭三分之二当碑处，又揖，然后分别行至东西阶前，此即所谓三揖。

〔6〕序端：此指东序南端。

〔7〕赞者：指宾赞者。案此篇除第17节，凡言赞者，皆指宾赞者。若是主人赞者，则必标明"主人"二字。

〔8〕南上：案主人赞者先已在房中面朝西而立，宾赞者入房后，在主人赞者的南边，也面朝西而立，以宾赞者所在南边的位置为上位。

【译文】

宾穿着和主人同样的服装，赞者穿着玄端服跟随着宾，二人来到主人家，站在大门外。摈者向主人报告宾到来。主人从大门左侧出来迎接，面朝西向宾行再拜礼。宾回礼答拜。主人向赞者行揖礼，又揖请宾入门，然后自己先入为宾做前导。每行至拐弯处，主人与宾都要互行揖礼。行至庙门前，主人与宾又互揖而后进入庙门。进庙后，主人与宾在行进中又先后互揖了三次，分别来到东、西阶前。将要升阶时，主人与宾又互相谦让了三次。主人升堂，站在东序南端，面朝西。宾升堂后站在西序南端，面朝东。赞者到洗的西边就洗盥手，然后从西阶升堂，进入东房中，面朝西，站在主人赞者南边上位。

8. 主人之赞者筵于东序，少北，西面。将冠者出房，南面。赞者奠缅、笄、栉于筵南端。宾揖将冠者[1]，将冠者即筵坐。赞者坐，栉，设缅。宾降[2]。主人降[3]。宾辞，主人对。宾盥卒，壹揖，壹让，升。主人升，复初位。宾筵前坐，正缅，兴，降西阶一等。执冠者升一等[4]，东面授宾。宾右手执项，左手执前，进，容，乃祝，坐如初[5]，乃冠。兴，复位。赞者卒[6]。冠者兴。宾揖之适房。服玄端、爵鞸，出房，南面。

【注释】

〔1〕宾揖将冠者：这是揖请将冠者就席。此时将冠者在东房门外。

〔2〕宾降：这是宾为盥手而下堂。

〔3〕主人降：主人见宾为己事下堂，不敢安处其位，也跟着下堂。

〔4〕执冠者：此指执缁布匵者。

〔5〕如初：谓如当初为将冠者正缅时那样。

〔6〕赞者卒：意思是最后由赞者为冠者将缁布冠系好，完成加冠的礼仪。

【译文】

　　主人赞者在东序前稍靠北的地方布席，席面朝西。将冠者出房，面朝南而立。宾赞者把缅、笄、栉放在席的南端。宾揖请将冠者就席，将冠者就席坐下。宾赞者也坐下，为将冠者梳理头发，用缅缅缠发髻。宾下堂。主人也随着下堂。宾向主人辞降，主人回答了一番话。宾盥手毕，与主人行一揖、一让之礼，然后升堂。主人升堂，回到东序南端原位。宾来到将冠者席前坐下，为将冠者扶正一下头上缠发髻的缅，然后起身，走到西阶，下阶一级。执缁布冠的有司升西阶一级，面朝东把冠授给宾。宾右手握着冠的后项，左手握着冠的前部，进到将冠者席前，端正自己的容仪，向将冠者致祝辞，然后如同为将冠者正缅时那样在席前坐下，为将冠者加上缁布冠。加冠毕，宾起身，回到西序南端。最后由宾赞者为冠者系好冠，完成加冠的礼仪。冠者起身。宾揖请冠者回房。冠者回到房中，换上玄端服，系上赤而微黑色的蔽膝，再出房，面朝南而立。

　　9. 宾揖之，即筵坐。栉，设笄。宾盥，正缅如初，降二等，受皮弁，右执项，左执前，进，祝，加之如初，复位。赞者卒纮。兴。宾揖之适房。服素积、素韠，容，出房，南面。

【译文】

　　宾揖请冠者就席，冠者就席坐下。宾赞者去掉冠者的缁布冠，为他重新梳理头发，并在发髻中插上笄。宾盥手，为冠者扶正缠发髻的缅，礼仪都和加缁布冠时一样。宾下西阶两级，从有司手中接过皮弁，右手握着弁的后部，左手握着弁的前部，进到冠者席前，致祝辞，为冠者加上皮弁，如同加缁布冠的礼仪一样，然后回到西序南端。最后由宾赞者为冠者系好皮弁下的纮。冠者起身。宾揖请他回房。冠者回到房中，换上白色而腰间有褶皱的裳，系上白色蔽膝，端正自己的容仪，然后出房，面朝南而立。

10. 宾降三等[1]，受爵弁加之。服纁裳，韎韐。其他如加皮弁之仪。彻皮弁、冠、栉、筵，入于房。

【注释】

〔1〕降三等：案士阶三等，降三等即下至地了。

【译文】

宾下西阶三级至地，从有司手中接过爵弁，给冠者加上。冠者又回房换上纁裳，系上赤黄色的蔽膝。其他礼仪都和加皮弁时一样。三次加冠完毕，由宾赞者和主人赞者把皮弁、缁布冠、梳和篦，以及席，都撤回东房。

11. 筵于户西[1]，南面。赞者洗于房中[2]，侧酌醴，加柶覆之[3]，面叶[4]。宾揖冠者就筵。筵西，南面。宾受醴于户东[5]，加柶面枋[6]，筵前，北面。冠者筵西拜受觯。宾东面答拜[7]。荐脯醢[8]。冠者即筵坐[9]，左执觯，右祭脯醢[10]，以柶祭醴三[11]，兴，筵末坐[12]，啐醴[13]，建柶[14]。兴，降筵坐，奠觯拜[15]，执觯兴。宾答拜。

【注释】

〔1〕户西：指室户之西，实指室的户牖（窗）之间的位置，即堂的正中位。下凡曰户西，义同此。

〔2〕洗于房中：案房中亦设有洗，其位置，在东房的西北角。

〔3〕加栖覆之：把栖反扣在觯上。

〔4〕面叶：面，前。叶，指栖可用以舀取醴的一端。

〔5〕宾受醴于户东：户，室门。案醴是由宾赞者从东房中送出，故宾受醴实际是在室门与东房门之间的地方。

〔6〕枋：同"柄"。

〔7〕宾东面答拜：案宾授觯后又回到西序南端面朝东而立，故东面答拜。这是表示冠者已成人，向他行成人之礼。

〔8〕荐：进。

〔9〕冠者即筵坐：案冠者受荐时立于筵西，此时则就筵正中而坐，因为将要行祭礼。

〔10〕祭脯醢：即以脯醢祭先人造此食者，这是食前祭，以示不忘本。其祭法，不过是将所要祭的食物掐取少许，放在笾豆之间的地方以示祭而已。

〔11〕以栖祭醴三：祭醴，即以醴祭先人，亦属食前祭。其祭法，用栖从觯中掐取醴，始把之醴祭一次，又把之醴分祭两次，总共三次。盖以醴浇于地以示祭。

〔12〕筵末：指筵的西端。

〔13〕啐：音 cuì，尝也。凡醴不饮，仅尝一尝以示成礼。

〔14〕建栖：建，插也，将栖插于觯中。

〔15〕奠觯拜：这是礼成而拜谢宾。案手中有觯不便拜，故须奠觯而后拜。

【译文】

　　主人赞者在室门西边、堂的正中位布席，席面朝南。宾赞者在房中盥手洗觯，斟上一觯醴，并把角栖反扣在觯上，使栖的大端朝前。宾揖请冠者就席。冠者来到席西端，面朝南而立。宾在室门东边从赞者手中接过觯，使加在觯上的栖的柄朝前，来到冠者席前，面朝北向冠者授觯。冠者在席西端行拜礼，而后从宾手中接过觯。宾回到西序南端面朝东回礼答拜。宾赞者为冠者进上脯醢。冠者就席正中的位置坐下，左手拿着觯，右手取脯醢祭先人，又用柶从觯中舀取醴祭先人三次，祭毕站起身，在席西端坐下，尝了尝醴，把柶插入觯中，再起身，下席就地而坐，把觯放在地上，行拜礼向宾致谢，然后拿觯站起来。宾回礼答拜。

12. 冠者奠觯于荐东[1]，降筵，北面坐，取脯，降自西阶，适东壁[2]，北面见于母。母拜受。子拜送[3]。母又拜。

【注释】

〔1〕荐：指脯醢。

〔2〕适东壁：东壁，庙的东院墙。适东壁的目的，是为了从东壁北头的闱门出去见母，因冠者之母在闱门外。

〔3〕子拜送：案《仪礼》之例，皆先拜受，后拜送。因送者手有所执，既授才便于拜。而受者则必先拜，因受物之后就不便拜了。凡受物前先行拜礼，叫做拜受礼。凡授物而后行拜礼，叫做拜送礼。

【译文】

冠者把觯放在席前脯醢的东边，下席，到席的南边面朝北坐下，取脯，然后从西阶下堂，到东墙那边，从北头的闱门出去，面朝北见母，把脯送给母。母行拜受礼，而后接受脯。子授脯而后向母行拜送礼。母又回拜礼。

13. 宾降，直西序，东面。主人降，复初位。冠者立于西阶东，南面。宾字之[1]。冠者对。

【注释】

〔1〕字之：谓为冠者取字。

【译文】

　　宾下堂，站在北当堂上西序的地方，面朝东。主人也下堂，回到在当初迎宾来到堂下时与宾让升的位置。冠者见过母回来后站在西阶东边，面朝南。宾为冠者取字，并说了一番祝福的话。冠者回答了一番话。

　　14. 宾出，主人送于庙门外，请醴宾[1]**。宾礼辞许。宾就次**[2]**。**

【注释】

　　〔1〕醴宾：用醴酬敬宾。
　　〔2〕次：舍，即设于庙门外、西塾南边的更衣处，用布帷或苇席围成。

【译文】

　　宾出庙门，主人送到庙门外，并请宾接受醴礼。宾推辞了一下，就答应了。宾进入更衣处。

　　15. 冠者见于兄弟[1]**。兄弟再拜，冠者答拜。见赞者**[2]**，西面拜，亦如之。入见姑姊**[3]**，如见母。**

【注释】

　　〔1〕冠者见于兄弟：兄弟站在洗东，冠当于洗东见之。
　　〔2〕见赞者：案赞者后宾出，故冠者得于宾出后见赞者。
　　〔3〕入见姑姊：谓入寝门见之。

【译文】

　　冠者见兄弟。兄弟向冠者行再拜礼，冠者回礼答拜。冠者见宾赞者，面朝西行拜礼，礼仪也同见兄弟一样。冠者出庙门入寝门见姑姊，礼仪如同见母。

16. 乃易服，服玄冠、玄端、爵韠。奠挚见于君[1]，遂以挚见于乡大夫、乡先生[2]。

【注释】

〔1〕奠挚：挚，同"贽"，是古人去拜访别人时所拿的见面礼物。此处的挚是雉，即野鸡。奠挚，把挚摆在地上。案凡卑者见尊者皆当奠挚，以示不敢亲授。

〔2〕乡大夫、乡先生：乡大夫的"乡"，是"卿"字之误。乡先生，曾做卿大夫而现已退休的老人。先生是尊称。

【译文】

于是冠者改换服装：脱去爵弁服，戴上玄冠，穿上玄端服，系上赤而微黑色的蔽膝。冠者拿着挚去见国君，把挚摆在地上，接着又拿挚去见卿大夫和乡先生。

17. 乃醴宾以壹献之礼[1]。主人酬宾，束帛、俪皮[2]。赞者皆与[3]。赞冠者为介[4]。

【注释】

〔1〕壹献之礼：是主人与宾所行一献、一酢、一酬之礼。案主人先敬宾酒叫做献；宾又回敬主人酒叫做酢；主人先自饮，然后再给宾斟酒以劝宾饮叫做酬；宾则奠爵而不举，即把酬酒之爵放在一边不再饮，以示礼成：此即一献之礼的全过程。

〔2〕束帛、俪皮：束帛，物十曰束；帛，缯也。束帛为十端帛，每端一丈八尺，束帛则为十八丈帛。俪，两；皮，鹿皮。

〔3〕赞者：此处泛指主人的下属参加这次冠礼、并为冠礼服务的人员。

〔4〕赞冠者为介：介，是宾之副，辅宾行礼事，其尊仅次于宾。这

里说赞冠者(即宾赞者)在主人醴宾时,为宾作介。

【译文】

于是主人用醴酬敬宾,向宾行一献之礼。主人又酬谢宾,赠给宾一束帛和两张鹿皮。主人的下属凡为这次冠礼服务的都参加饮酒。宾赞者做宾的介。

18. 宾出,主人送于外门外,再拜。归宾俎[1]。

【注释】

〔1〕归宾俎:俎,盛牲器,形似几。案主人醴宾时向宾进献有俎,俎上载有牲肉。归,馈。

【译文】

宾出大门,主人送到大门外,向宾行再拜礼。主人又派人把醴宾用的牲肉送到宾家。

19. 若不醴则醮[1],用酒。尊于房户之间[2],两甒[3],有禁[4],玄酒在西[5],加勺,南枋。洗有篚在西,南顺[6]。始加,醮[7],用脯醢。宾降,取爵于篚[8]。辞降如初[9]。卒洗,升,酌。冠者拜受。宾答拜如初[10]。冠者升筵坐,左执爵,右祭脯醢,祭酒,兴,筵末坐,啐酒,降筵拜。宾答拜。冠者奠爵于荐东,立于筵西。彻荐、爵[11],筵、尊不彻。加皮弁如初仪[12],再醮摄酒[13]。其他皆如初。加爵弁如初仪。三醮,有干肉折俎[14],嚌之[15]。其他如初。北面取脯见于母[16]。

【注释】

　　〔1〕若不醴则醮：醴，谓加冠后宾向冠者行醴礼，行醴礼用醴，其具体仪节详见第 11 节。醮，音 jiào，谓行醮礼，行醮礼用酒。冠礼之正礼用醴，但若国之旧俗有用酒行醮礼者，亦可沿而不改，故记醮礼于此。醮礼饮酒的礼仪较醴礼稍简。

　　〔2〕房户之间：房指东房，户指室户。房户之间，指室门与东房门之间。

　　〔3〕两瓶：酒一瓶，玄酒一瓶，见下文。

　　〔4〕禁：承尊（此指瓶）器，形如方案。

　　〔5〕玄酒：案古人以水当酒，称为玄酒。

　　〔6〕南顺：谓篚首朝北而尾顺向南。篚上有刻饰可分首尾。

　　〔7〕始加，醮：案始加即醮，三加则三醮。

　　〔8〕宾降，取爵于篚：案醮礼篚在堂下庭东，而酒在堂上，宾当亲洗爵酌酒，因此降而取爵。

　　〔9〕辞降如初：如初，谓如将加冠时。案将加冠时宾下堂盥手，主人随之下堂，宾则向主人辞降（参见第 8 节）。现在宾下堂取爵，主人亦随之下堂，宾亦辞降，故曰"辞降如初"。

　　〔10〕宾答拜如初：谓宾授爵亦至西序端东面答拜。

　　〔11〕彻荐、爵：案彻荐（脯醢）和爵的目的，是为了给再次行醮礼时荐食物腾出位置来。

　　〔12〕加皮弁如初仪：谓如前行醴礼加皮弁的礼仪（参见第 9 节）。下"加爵弁如初仪"仿此。

　　〔13〕再醮摄酒：再醮，谓加皮弁后再次行醮礼（即宾再次向冠者献酒）。摄酒，把酒搅和一下，以示整理一新。

　　〔14〕干肉折俎：载有按骨节折解成块的牲体干肉的俎。

　　〔15〕啐之：啐，音 jì，尝。谓尝俎上的干肉。

　　〔16〕北面取脯见于母：案冠者取脯后亦适东壁出闱门见母，同醴礼（参见第 12 节）。

【译文】

　　如果不行醴礼就行醮礼，行醮礼用酒。在东房门与室门之间的地方设置两瓶，瓶放在禁上，盛玄酒的瓶放在酒瓶的西边，瓶上加放勺，勺柄朝南。在庭东洗的西边放有篚，篚的首端朝北而尾顺向南。第一次加缁布冠后即向冠者行醮礼，由赞冠者进上脯醴。宾下堂，准备从筐中取爵来洗。主人也随着下堂。宾向主人辞降，也同将加冠下堂盥手时向主人辞降的礼仪一样。宾取爵洗毕，升堂，酌酒授给冠者。冠者行拜礼而后受爵，从宾手中接过爵。宾如同行醴礼时一样回到西序南端，面朝东回礼答拜。冠者升席，就席正中的位置坐下，左手拿爵，右手取脯醢祭先人，又用酒祭先人，祭毕起身，移到席西端坐下，尝了尝酒，尝毕下席向宾行拜礼致谢。宾回礼答拜。冠者把爵放在脯醢的东边，在席西端站立。宾赞者撤下脯醢和爵，席和瓶不撤。加皮弁的礼仪同行醴礼时一样，加皮弁后要再次行醮礼，为此，要将瓶中的酒搅和一下，以示整理一新。其他礼仪都和初醮时一样。加爵弁的礼仪也同行醴礼时一样。加爵弁后第三次行醮礼，有干肉折俎进到冠者席前，冠者尝了尝俎上的牲肉。其他礼仪都和初醮、再醮时一样。三次醮礼完毕，冠者要来到席的南边面朝北坐下取脯，到东墙那边出闱门去见母。

20. 若杀[1]，则特豚[2]，载合升[3]，离肺实于鼎[4]。设扃鼏[5]。始醮如初。再醮，两豆：葵菹、蠃醢[6]；两笾：栗、脯。三醮，摄酒如再醮[7]，加俎[8]，哜之皆如初[9]，哜肺。卒醮，取笾脯以降，如初。

【注释】

〔1〕杀：谓杀牲。案以上所记醮礼是用干肉，不杀牲，自此以下记杀牲醮礼。

〔2〕特豚：特，一。豚，小猪。

〔3〕载合升：案凡杀牲皆剖为两胖，在镬中煮后盛入鼎中叫做升（即升鼎），再从鼎中取出放到俎上叫做载。合，谓合左右两胖。载合升，意思是从升于鼎到置于俎，都是合用左右胖。

〔4〕离肺：离，割。离肺是一种切割肺的方式，即割肺而又不使所割部分与肺体绝离，使其与中央部分稍系连。离肺又叫做举肺，是用于食的肺，与用于祭的肺有别。

〔5〕扃鼏：扃，音 jiōng，鼎上贯通两耳的横杠，抬鼎所用。鼏，音

mì，鼎上的覆盖物。此处是以茅覆鼎。

〔6〕葵菹、蠃醢：葵，菜名。菹，音 zū，是一种用醋腌渍成的菜。葵菹，即用葵菜做成的菹。蠃，即蜗牛。蠃醢即用蜗牛肉做成的酱。

〔7〕三醮，摄酒如再醮：案由此可知杀牲之再醮亦当摄酒，因省文而未言。

〔8〕俎：谓牲俎，牲即所杀之特豚，合其两胖载之于俎。

〔9〕哜之皆如初：此处"哜"是"祭"字之误也。祭俎如初，即如祭脯醢之礼。此处是用俎上的肺（即离肺）行祭先人之礼。《仪礼》中凡祭俎实皆祭肺，祭毕才"哜肺"。

【译文】

如果行醮礼而杀牲的话，就杀一头小猪，猪牲体剖为两半，从升于鼎烹煮到载于俎都是两半合用，还有离肺，也放入鼎中。鼎的两耳贯以横杠，并用茅草覆盖鼎上。第一次加缁布冠后行醮礼，礼仪和当初一样。第二次加皮弁后行醮礼，要进上两豆：一豆盛葵菹，一豆盛蠃醢；进上两笾：一笾盛栗，一笾盛脯。第三次行醮礼，要重新整酒，如同第二次行醮礼时一样，还要进上俎牲，冠者要用俎上的肺祭先人，如同用脯醢祭先人一样，然后尝一尝肺。三醮完毕，冠者要取笾中的脯下堂到东墙那边出闱门去见母，也同上面所记三醮毕见母的礼仪一样。

21. 若孤子[1]，则父兄戒、宿[2]。冠之日，主人纚而迎宾[3]，拜，揖，让，立于序端，皆如冠主[4]。礼于阼[5]。凡拜，北面于阼阶上[6]。宾亦北面于西阶上答拜。若杀[7]，则举鼎陈于门外，直东塾，北面。

【注释】

〔1〕孤子：此指嫡子而父早亡者。

〔2〕父兄：是指诸伯父、叔父及诸从兄之。

〔3〕主人：谓将冠之孤子自为主人。

〔4〕冠主：将冠者的父兄，因主持冠礼，故称冠主。

〔5〕礼于阼：礼，谓向冠者行醴礼。于阼，此指阼阶上东序稍北的位置。

〔6〕凡拜，北面于阼阶上：案主人在阼阶上北面拜，宾则在西阶上北面拜，这是堂上宾主相拜之正位，非如今之二人相向而拜。

〔7〕杀：谓杀牲，这是为孤子冠之变礼。

【译文】

如果是孤子行冠礼，那么戒宾、约请宾的事就由伯父、叔父或从兄来做。到举行冠礼那天，孤子自己做主人，头上束着发髻迎接宾的到来，向宾行拜礼，又与宾三揖、三让而升堂，然后分别立在东、西序端，这一系列礼仪，都同父为冠主时一样。三次加冠后，在阼阶上东序稍北的地方向孤子行醴礼。凡行拜礼，孤子都在阼阶上面朝北而拜，宾在西阶上面朝北答拜。如果孤子行冠礼而杀牲的话，就把盛牲肉的鼎抬到庙门外，放在北当东塾的地方，使鼎面朝北。

22. 若庶子[1]，则冠于房外[2]，南面，遂醮焉[3]。

【注释】

〔1〕庶子：妾所生子。

〔2〕房外：指在房外尊的东边。案上文说"尊于房户之间"（第19节），此则在尊（即两瓶）的东边。

〔3〕遂醮焉：案上节记孤子冠言"礼"（行醴礼），此节记庶子冠言"醮"，是互文，不是说孤子只能行醴礼而不得行醮礼，庶子只能行醮礼而不得行醴礼。

【译文】

如果是庶子行冠礼，就在东房外、面朝南进行，接着就在这里向庶子行醮礼。

23. 冠者母不在[1]，则使人受脯于西阶下。

【注释】

〔1〕母不在：谓母归宁（回娘家探视父母），或有疾病。

【译文】

如果冠者之母因故而不在，就使人代母在西阶下接受子所馈送的脯。

24. 戒宾曰："某有子某〔1〕，将加布于其首〔2〕，愿吾子之教之也〔3〕。"宾对曰："某不敏〔4〕，恐不能共事〔5〕，以病吾子〔6〕，敢辞。"主人曰："某犹愿吾子之终教之也。"宾对曰："吾子重有命，某敢不从！"

【注释】

〔1〕某有子某：上"某"，主人名。下"某"，子名。
〔2〕加布：即加冠。
〔3〕吾子：子是男子美称，前加"吾"，表示亲切。
〔4〕某不敏：某，宾名。不敏，自谦愚钝。
〔5〕共事：谓供冠事。
〔6〕病：谦辞，犹辱。

【译文】

主人戒宾时说："某有子某，将行加冠礼，望您来教他行冠礼。"宾回答说："某很愚钝，恐怕不能胜任冠礼的事，以有辱于您，不敢不推辞。"主人说："某仍然希望最终由您来教导我的儿子。"宾回答说："您再一次发出命令，某敢不听从！"

25. 宿曰："某将加布于某之首，吾子将莅之，敢宿。"宾对曰："某敢不夙兴！"

【译文】

　　主人约请宾时说:"某将为某举行冠礼,您将光临,我冒昧地前来约请您。"宾回答说:"某敢不早起前往!"

　　26. 始加,祝曰:"令月吉日[1],始加元服[2]。弃尔幼志,顺尔成德[3]。寿考惟祺[4],介尔景福[5]。"

【注释】

　　[1] 令、吉:都是美好的意思。
　　[2] 元服:元,首也。古人称冠为元服。此处指缁布冠。
　　[3] 顺:通"慎"。
　　[4] 寿考惟祺:寿考,犹言高寿。祺,祥。
　　[5] 介、景:都是大的意思。

【译文】

　　第一次加冠时,宾致祝辞说:"在这良月吉日,第一次给你加冠。望你从此抛弃童心,谨慎地修养成人之德。这样你就可以高寿吉祥,大增洪福。"

　　27. 再加曰:"吉月令辰[1],乃申尔服[2]。敬尔威仪[3],淑慎尔德[4]。眉寿万年[5],永受胡福[6]。"

【注释】

　　[1] 辰:日辰,如子日、丑日等。
　　[2] 乃申尔服:申,犹重、再。服,元服,此指皮弁。
　　[3] 敬:谓不懈怠。
　　[4] 淑:善。
　　[5] 眉寿:犹言长寿。老人有豪眉,是寿征。
　　[6] 胡:犹遐,远,无穷。

【译文】

第二次加冠时，宾致祝辞说："在这良月吉日，再次给你加冠。望你保持成人的威仪而不懈怠，善于谨慎地修养你的德行。这样你就可以长寿万年，永享无穷之福。"

28. 三加曰："以岁之正[1]，以月之令，咸加尔服[2]。兄弟具在，以成厥德[3]。黄耇无疆[4]，受天之庆[5]。"

【注释】

〔1〕正：犹善。

〔2〕咸加尔服：谓缁布冠、皮弁、爵弁都已依次给冠者加上。

〔3〕厥德：谓冠者的成人之德。

〔4〕黄耇：黄，黄发。耇，音 gǒu，冻梨。此指老年人面上出现的冻梨色。黄发与冻梨色都是寿征。

〔5〕庆：福。

【译文】

第三次加冠时，宾致祝辞说："在这美好的岁月，三种冠都依次给你加上。兄弟们都来参加冠礼，以成就你的成人之德。祝你长寿无疆，享受天赐的福庆。"

29. 醴辞曰："甘醴惟厚，嘉荐令芳[1]。拜受祭之[2]，以定尔祥。承天之休[3]，寿考不忘！"

【注释】

〔1〕嘉：美。

〔2〕拜受祭之：谓拜受觯、祭脯醢、祭醴。这是宾教冠者行礼。

〔3〕休：美。

【译文】

　　宾向冠者授醴时，致祝辞说："甘甜的醴是多么醇厚，嘉美的脯醢多么芳香。你要拜受觯并祭先人，这样来奠定你终生的吉祥。你承受天赐的美福，一直到老，永生不忘！"

　　30. 醮辞曰："旨酒既清[1]，嘉荐亶时[2]。始加元服，兄弟具来。孝友时格[3]，永乃保之[4]。"

【注释】

　　[1] 旨：犹美。
　　[2] 嘉荐亶时：荐，谓脯醢。亶，诚，确实。时，谓适时。
　　[3] 孝友时格：善待父母为孝，善待兄弟为友。时，是。格，致。
　　[4] 永乃保之：乃，才。保，安。

【译文】

　　宾第一次向冠者行醮礼时致祝辞说："美酒已很清澄，嘉美的脯醢适时进上。第一次给你加冠，兄弟们都来参加。要孝敬父母，友善兄弟，这样才能永远平安。"

　　31. 再醮曰："旨酒既湑[1]，嘉荐伊脯[2]。乃申尔服，礼仪有序。祭此嘉爵[3]，承天之祜[4]。"

【注释】

　　[1] 湑：音 xǔ，清。
　　[2] 伊脯：伊，语助词。脯，此单言脯，实亦兼醢。
　　[3] 嘉爵：即美酒。
　　[4] 祜：音 hù，福。

【译文】

　　宾再次向冠者行醮礼时致祝辞说："美酒已很清澄，脯醢多么

嘉美。再次给你加冠，加冠的礼仪先后有序。用这美酒祭先人，
承受天赐之福。"

32. 三醮曰："旨酒令芳，笾豆有楚[1]。咸加尔服，
肴升折俎[2]。承天之庆，受福无疆。"

【注释】

〔1〕楚：陈列有序的样子。

〔2〕肴升折俎：肴，鱼肉等荤菜。升，进上。"肴升折俎"实兼不
杀牲之干肉折俎和杀牲之豚俎言。可见，行醮礼不论杀牲或不杀牲，都
同用此醮辞。

【译文】

宾第三次向冠者行醮礼时致祝辞说："美酒多么芳香，笾豆陈
列有序。三种冠都依次给你加上，还有干肉折俎（或豚俎）进上。
承受天赐的福庆，享受幸福无疆。"

33. 字辞曰："礼仪既备[1]，令月吉日，昭告尔字。
爰字孔嘉[2]，髦士攸宜[3]。宜之于假[4]，永受保之，
曰伯某甫[5]。"仲叔季，唯其所当。

【注释】

〔1〕礼仪既备：谓三次加冠已毕。

〔2〕爰字孔嘉：爰，于。孔，很，甚。

〔3〕髦士攸宜：髦，俊。攸，所。

〔4〕于假：于犹为。假，同"嘏"，福。

〔5〕伯某甫："伯"和下"仲叔季"，都是表示兄弟排行的词：老大
为伯，下依次为仲、叔、季。某，代所取字。甫，男子美称，或作
"父"。"伯（或仲、叔、季）某甫（或父）"，构成古代男子字的全称。如
伯禽父、仲山甫、叔兴父，等等。

【译文】

宾为冠者取字时，致祝辞说："三次加冠已毕，正是良月吉日，现在明告你字。这个字很美好，正是俊士所宜。字取得适宜就是福，你要永远受用保持。你的字就叫做伯某甫。"伯字或作仲、叔、季，根据冠者的排行选择适当的。

34. 屦[1]，夏用葛。玄端黑屦[2]，青绚、繶、纯[3]，纯博寸。素积白屦，以魁柎之[4]，缁绚、繶、纯，纯博寸。爵弁纁屦，黑绚、繶、纯，纯博寸。冬，皮屦可也。不屦繐屦[5]。

【注释】

〔1〕屦：音 jù，鞋。

〔2〕玄端黑屦：谓与玄端服配合穿黑屦。下"素积白屦"、"爵弁纁屦"意仿此。

〔3〕青绚、繶、纯：绚，音 qú，鞋头上的装饰，有孔，可以穿系鞋带。繶，音 yì，是鞋帮与鞋底相接处的缝里装饰的丝绦。纯，音 zhǔn，沿鞋口的镶边。

〔4〕以魁柎之：魁，大蛤，其壳研成灰，可以涂物使色白。柎，通"附"。

〔5〕繐屦：繐，音 suì，是古代丧服所用的一种疏而细的布。繐屦即丧屦。

【译文】

举行冠礼所穿的屦，夏天穿葛屦。如果穿玄端服，就穿黑色的屦，屦的绚、繶、纯都是青色的，纯宽一寸。如果穿腰间有褶皱的白裳，就穿白色的屦，屦用大蛤壳研成的灰涂附而使色白，屦的绚、繶、纯都是黑色的，纯宽一寸。如果穿爵弁服，就穿纁色的屦，屦的绚、繶、纯也都是黑色的，纯宽一寸。冬天举行冠礼，可以穿皮屦。冠礼不得穿繐屦。

35.《记》^[1]。冠义：始冠，缁布之冠也。大古冠布^[2]，齐则缁之^[3]。其緌也^[4]，孔子曰："吾未之闻也。冠而敝之可也^[5]。"

【注释】

〔1〕《记》：这是后人所作，用以解释经义，或补充经所不备的文字。

〔2〕冠布：冠，谓戴冠。布，指白布冠。

〔3〕齐则缁之：齐，通"斋"，谓斋戒。因古人举行盛大的祭祀，都须先斋戒，故此处即以"齐"指代祭祀。这说明始加之缁布冠，是上古人们斋戒时才戴的冠，有反本尚朴之意。

〔4〕緌：缨饰。

〔5〕敝之：敝，弃，谓弃之而不用。

【译文】

《记》。冠礼的意义：第一次加冠，是加缁布冠。上古时候人们用白布做冠，只有在祭祀的时候，才把白布冠染黑而成缁布冠。至于说上古的冠是否有緌饰，孔子说："我没有听说过有这种东西。"又说："缁布冠在第一次加冠戴过之后，就可以弃之而不用了。"

36. 嫡子冠于阼^[1]，以著代也^[2]。醮于客位^[3]，加有成也^[4]。

【注释】

〔1〕嫡子冠于阼：阼，指阼阶上、东序前稍北的位置，主人之位在其南，二者甚近。嫡子三次加冠皆在此。

〔2〕著代：著，明。代，谓父子传代。

〔3〕醮于客位：客位，即室户之西、堂的正中位。案嫡子醮于客位，醴亦于客位，因第 11 节已专记嫡子醴于客位之事，故此处省文而未言。

〔4〕加：犹尚、尊。

【译文】

嫡子在阼阶上近于主人的位置加冠，是为了表明父子传代之义。在客位上行醮礼，是表示尊尚冠者已有成人的德行。

37. 三加弥尊^[1]，谕其志也^[2]。冠而字之，敬其名也^[3]。

【注释】

〔1〕弥：愈益。

〔2〕谕：教谕。

〔3〕敬其名：案名是初生时父母所取，到行冠礼成人，则取字以代名。若非君父，皆讳而不得呼其名，故曰"敬其名"。

【译文】

三次加冠，一次比一次加的冠尊贵，这是为了教谕冠者树立努力上进的志向。加冠后给冠者取字，用字来称呼他而不再称名，这是为了表示敬重他的父母给他取的名。

38. 委貌，周道也^[1]；章甫，殷道也；毋追，夏后氏之道也。周弁^[2]，殷冔，夏收。三王共皮弁、素积。

【注释】

〔1〕委貌，周道也：案委貌及下章甫、毋（音 móu）追，是三代常戴之冠名。

〔2〕弁：案此弁及下冔（音 xū）、收，是三代斋戒、祭祀的时候所戴冠名。

【译文】

三代冠制各不相同：周制常戴委貌，殷制常戴章甫，夏制常戴毋追；斋戒和祭祀时所戴的冠，周代戴弁，殷代戴冔，夏代戴收。至于皮弁和腰间有褶皱的素裳，则是三代所共服的。

39. 无大夫冠礼，而有其昏礼。古者五十而后爵，何大夫冠礼之有[1]？公侯之有冠礼也，夏之末造也[2]。天子之元子犹士也[3]，天下无生而贵者也。继世以立诸侯，象贤也。以官爵人，德之杀也[4]。

【注释】

〔1〕"古者"至"之有"：这两句是解释"无大夫冠礼，而有其昏（婚）礼"的原因。因为古时候年五十以后才可受爵为大夫，而冠礼是在二十岁的时候举行的，二十岁以前不得为大夫，所以也就不可能有大夫冠礼。

〔2〕夏之末造也：此承上句，意思说，在夏末以前，无诸侯冠礼，也像没有大夫冠礼一样；到夏末的时候，才造作出诸侯冠礼来。其原因，据说因为夏末衰乱，未成人而继位为诸侯者，多见篡弑，于是即位则爵命之，以正君臣，便有了诸侯冠礼。

〔3〕天子之元子犹士也：元子，即世子。犹士，谓加冠也用士礼。

〔4〕杀：音 shài，在此是等差的意思。

【译文】

没有大夫冠礼，而有大夫婚礼。因为古时候年五十以后才可受爵做大夫，怎么可能有大夫冠礼呢？诸侯有冠礼，是到了夏末衰世才造作出来的。天子的世子行冠礼也用士礼，这说明天下没有生来就尊贵的人。之所以让诸侯的子孙继位为诸侯，是为了让他们效法自己祖宗的贤德，而不是说他们生来就尊贵。至于说以官爵授人，也是按照受封者功德的大小来决定所授官爵的大小，而不是看他出身是否尊贵。

40. 死而谥[1]，今也[2]。古者生无爵，死无谥。

【注释】

〔1〕死而谥：谥，古代人死后按其生前行事评定褒贬所给予的称号。这里只说"死而谥"，意思说不论什么样的人，也不论其生前有无功德爵位，死了都可以加谥号。

〔2〕今：指作《记》之时。

【译文】

如今不论什么样的人，死后都可以加谥号。古时候，人活着没有建立功德而受爵位，死后就不给他加谥号。

士昏礼第二

1. 昏礼。下达[1]。纳采用雁[2]。主人筵于户西[3]，西上[4]，右几[5]。使者玄端至[6]。摈者出请事[7]，入告。主人如宾服迎于门外，再拜。宾不答拜[8]。揖入。至于庙门，揖入。三揖至于阶，三让，主人以宾升，西面。宾升西阶，当阿[9]，东面致命[10]。主人阼阶上北面再拜。授于楹间，南面[11]。宾降，出。主人降，授老雁[12]。

【注释】

〔1〕下达：谓男家先遣媒人到女家提亲。

〔2〕纳采用雁：纳，入。采，择。纳采，谓纳其采择之礼。因男家择此女为婚姻，使媒人下达其意而女家许之，故又遣媒人前往女家纳采礼。雁，即挚，也就是见面礼。

〔3〕主人筵于户西：主人，女父。筵于户西，这是为神布席。户西，指祢庙的室门之西，实即堂的正中位。案纳采之礼是在祢庙中进行的。

〔4〕西上：使席的首端朝西。案人道以东为上，神道以西为上。

〔5〕右几：右，西。几，类今长方形的炕桌，可供坐于席上时凭依。此几是为供神凭依。

〔6〕使者玄端至：使者，即男家所遣媒人。玄端，即玄端服。

〔7〕摈者出请事：摈者，佐助女家主人行礼事者。请，犹问。请事，问使者今来何事。虽知犹问之，礼重慎。

〔8〕宾不答拜：案凡为人使者不答拜，为不敢当其盛礼。

〔9〕阿：即栋，指屋的中脊。古代制五架之屋，正中曰栋，次曰楣，前曰庋，犹今农村之屋所谓脊檩、二檩、檐檩。

〔10〕命：辞。案《仪礼》中凡曰"致命"，皆谓致辞。

〔11〕授于楹间，南面：授，谓授雁。楹间，即东西两楹之间。楹即

堂前的立柱。南面，谓说宾主都面朝南，并排站立而授受。

〔12〕老：即主人的家臣之长。

【译文】

婚礼。男家遣使者到女家提亲。女家许亲后，男家又遣使者到女家去行纳采礼，使者用雁作见面礼。女家主人在祢庙的室门西边为神布席，使席的首端朝西，供神凭依的几放在席的西端。男家的使者穿着玄端服到来。女家主人的摈者出大门询问使者因何事而来，然后入内向主人报告。主人穿着和宾同样的服装出大门迎接，向宾行再拜礼。宾不回礼。主人与宾行揖礼，而后与宾进入大门。到达庙门前，又与宾行揖礼而后入庙门。进庙门后，主人与宾又先后行三次揖礼而到达东西阶前。升阶之前，主人与宾又互相谦让了三次，然后与宾升阶上堂。主人升堂后面朝西站立。宾从西阶升堂，在上当屋栋处站立，面朝东向主人致辞，说明自己受命前来纳采之意。主人在阼阶上面朝北行再拜礼表示感谢。宾在两楹之间把雁授给主人，授雁时宾和主人都面朝南而立。宾下堂，出庙。主人也下堂，把雁交给老。

2. 摈者出请[1]。宾执雁[2]，请问名[3]。主人许。宾入，授，如初礼。

【注释】

〔1〕摈者出请：案纳采后宾出庙门而未离去，故主人又使摈者出来请问还有何事。

〔2〕宾执雁：此又一雁。案宾有随从人员为宾拿雁，待于庙门外。

〔3〕问名：问女名。问名的目的，是为回去占卜吉凶。

【译文】

摈者出庙请问宾还有什么事。宾又拿一只雁作礼物，告诉摈者，想询问主人之女叫什么名字。摈者向主人转告宾的请求后，主人表示愿意回答宾的询问。宾入庙，向主人授雁，礼仪同纳采时一样。

3. 傧者出请[1]，宾告事毕[2]。入告，出请醴宾[3]。宾礼辞许。主人彻几、改筵[4]，东上，侧尊甒醴于房中。主人迎宾于庙门外，揖、让如初，升。主人北面再拜。宾西阶上北面答拜。主人拂几，授校[5]，拜送。宾以几辞，北面设于坐左[6]，之西阶上答拜。赞者酌醴，加角柶面叶，出于房。主人受醴，面枋，筵前西北面[7]。宾拜受醴，复位。主人阼阶上拜送。赞者荐脯醢。宾即筵坐，左执觯，祭脯醢，以柶祭醴三，西阶上北面坐，啐醴，建柶，兴；坐，奠觯，遂拜。主人答拜。宾即筵，奠于荐左，降筵，北面坐，取脯[8]。主人辞[9]。宾降，授人脯[10]，出。主人送于门外，再拜。

【注释】

〔1〕傧者出请：案宾问名后亦出庙门，故傧者又出请。

〔2〕宾告事毕：案宾告事毕，即欲离去，而为傧者所挽留，因为女家主人将醴宾。

〔3〕醴宾：即向宾行醴礼。

〔4〕彻几、改筵：案向所设几筵皆为神，下面将醴宾，为人，故须彻而改之。

〔5〕主人拂几，授校：拂，拭。拂几，谓主人左手执几，用右手衣袖向外拂拭三下，以去尘示新，以表对宾的尊重。校，几足。

〔6〕坐左：坐，此指席。左，席面朝南，以东为左也。

〔7〕筵前西北面：筵前，宾席的南边。西北面，案此时宾在西阶上，故主人执觯西北面以待宾，表示一种请宾进前受觯的意向。

〔8〕取脯：这是表示珍贵主人的赐予，将带回去向主人报告。

〔9〕主人辞：这是主人表示谦虚，说一些"礼薄，不值得珍贵"之类的话。

〔10〕人：使者的随从。

【译文】

　　擯者出庙门请问宾还有什么事，宾告诉他事已完毕。擯者入内向主人报告，然后出来请宾接受醴礼。宾推辞了一下，就答应了。主人命赞者彻下供神凭依的几，同时另换一领席，改变方向，使席的首端朝东铺设，又在东房中独设一瓶醴。主人到庙门外迎接宾，进庙后与宾行揖、让之礼，都和纳采时一样，然后升阶上堂。主人在东阶上面朝北行再拜礼。宾在西阶上面朝北回礼答拜。主人拂去几上的灰尘，两手握着几的中间，把几足的一端授给宾，授毕行拜送礼。宾手中拿着几避让着主人的拜礼，然后面朝北把几放在坐席的左端，再回到西阶上回礼答拜。赞者在东房中用觯酌醴，在觯上加放一只角柶，使柶的大端朝前，送出房来。主人从赞者手中接过觯，使觯上的柶柄朝前，然后来到宾席前面朝西北以等待授给宾。宾先在西阶上行拜受礼，然后进到席前受醴，再回到西阶上原位。主人回到阼阶上行拜送礼。赞者进脯醢到宾席前。宾就席而坐，左手拿觯，右手取脯醢祭先人，又用柶舀取醴祭先人三次，然后回到西阶上面朝北坐下，尝一尝醴，把柶插入觯中，起身，又坐下，把觯放在地上，于是行拜礼向主人致谢。主人回礼答拜。宾就席，把觯放在脯醢的左边，下席，在席的南边面朝北而坐，取脯。主人说了一番谦虚的话。宾下堂，把脯交给自己的随从，出大门。主人送宾到大门外，向宾行再拜礼。

4. 纳吉[1]，用雁，如纳采礼。

【注释】

　　[1] 纳吉：使者问名回去后，男家主人在祢庙中对女名进行占卜，得吉兆，又遣使者到女家来告吉，谓之纳吉。

【译文】

　　使者到女家来纳吉，仍用雁作见面礼，礼仪和纳采一样。

5. 纳征[1]，玄纁束帛、俪皮[2]，如纳吉礼。

【注释】

〔1〕纳征：征，聘。纳征，即向女家送聘礼。

〔2〕玄纁束帛、俪皮：玄纁，黑色和浅绛色。束帛，婚礼所用帛，以二丈为一端，二端相向卷之而为一两，五两（也就是十端）为一束，束帛为二十丈帛。五两中玄色的三两，纁色的二两。俪皮，两张鹿皮。

【译文】

男家遣使者去女家行纳征礼，所带的礼物有玄色和纁色的帛一束，鹿皮两张。纳征的礼仪和纳吉一样。

6. 请期[1]，用雁。主人辞，宾许告期，如纳征礼。

【注释】

〔1〕请期：期，指婚期。请期，请女家主人确定婚期。案此时男家主人已经通过占卜确定了婚期，又向女家请期，是表示谦虚不敢自专之意。

【译文】

男家遣使者到女家来请示婚期，使者仍用雁作见面礼。女家主人推辞，使者才答应把男家主人确定的婚期告诉女家主人，请期的礼仪同纳征一样。

7. 期初昏[1]，陈三鼎于寝门外东方[2]，北面，北上[3]。其实：特豚，合升[4]，去蹄[5]，举肺、脊二，祭肺二[6]；鱼十有四；腊一肫[7]，髀不升[8]。皆饪[9]。设扃鼏。设洗于阼阶东南。馔于房中：醯酱二豆[10]，菹、醢四豆[11]，兼巾之[12]；黍、稷四敦[13]，皆盖。大羹湆在爨[14]，尊于室中北墉下[15]，有禁，玄酒在西，绤幂[16]，加勺，皆南枋。尊于房户之东，无玄酒。筐

在南，实四爵，合卺[17]。

【注释】

〔1〕期初昏：期，娶妻之日。昏，黄昏。因士娶妻之礼是在黄昏时候进行的，故名为昏礼。

〔2〕陈三鼎于寝门外：三鼎，一实豚，一实鱼，一实腊，详下文。寝，指夫寝，在庙西。

〔3〕北上：案鼎依所盛食物的尊卑区分尊卑，尊者放在北边：豚鼎在北，次鱼，次腊。

〔4〕合升：合左右两胖升于鼎。

〔5〕去蹄：因嫌蹄践地污秽，故去而不用。

〔6〕举肺、脊二，祭肺二：举肺，即离肺，是用于食的肺；祭肺，是用于祭的肺。案肺根据切割方式和用途的不同，分为两种。一种割而留少许不与肺的中央绝离，这叫离肺，又叫举肺，这是用于食的肺，但食前亦须先祭，割时留少许不与肺体绝离，正便于食前掐取而祭之。所谓食，也就是尝一尝而已，所以又叫哜肺。另一种肺则割离肺体，叫做祭肺，又名刌肺、切肺，这是专用于祭的肺。又豚只有一肺，此有四者，是一肺分割为四。脊二，也是分豚脊为二。

〔7〕腊一肫：腊，音 xī，干肉，此为兔腊，即一只风干的全兔。

〔8〕髀不升：髀，牲体后胫骨最上端的部分，因接近肛门，故贱之。

〔9〕饪：熟食。

〔10〕醯酱：醯，音 xī，醋。醯酱，是以醯和酱。

〔11〕菹、醢四豆：菹即葵菹，醢即蜗醢。

〔12〕兼巾之：谓六豆共一巾。

〔13〕黍、稷四敦：黍，即今黍子，也叫黄米，状似小米，色黄而粘。稷，即今小米。敦，古代食器，青铜制，上盖与器身皆作半球形，各有三足，故盖可仰置于地，盖与身合则为球形。

〔14〕大羹湆在爨：湆，音 qì，大羹湆，即煮猪肉为羹。这是一种不加盐、菜等佐料的肉羹。爨，灶。爨设在寝门外鼎的东边。案爨上有镬，用以煮牲肉和肉羹。

〔15〕尊：谓设尊，此尊亦瓬。

〔16〕绤幂：绤，音 xì，粗葛布。幂，覆盖。

〔17〕卺：音 jǐn，一瓠所分之两瓢，是古代婚礼所用的酒器。合卺，一瓠分为二，合之仍为一。

【译文】

　　到了娶妻那天的黄昏，将三只鼎陈放在夫家寝门外东边，鼎面朝北，以北边为上位。三鼎所盛的食物分别是：一只杀死的小猪，将猪牲体的左右两半合在一起，去掉猪的四只蹄甲，还有两片举肺，两截脊骨，两片祭肺，都盛在最北边的鼎中；鱼十四条，盛在豚鼎南边的鼎中；一只风干的全兔，盛在最南边的鼎中，但脾部不用。三只鼎中的食物都已煮熟。鼎耳中贯以横杠，鼎上用茅草覆盖。洗放在阼阶东南边。东房中陈放的食物有：醯酱，分盛在两只豆中；葵菹和蠃醢，分盛在四只豆中；这六只豆用一条巾覆盖着；黍、稷分盛在四只敦中，这四只敦都盖着盖。在灶上煮肉羹。在室中北墙下设两瓺酒，两瓺都放在禁上，盛玄酒的瓺放在酒瓺的西边，瓺上用粗葛布覆盖，并加放勺，勺柄都朝南。在房门的东边设一瓺酒，不设玄酒。篚放在这只瓺的南边，里面放有四只爵，还有合在一起的两只卺。

　　8. 主人爵弁[1]，纁裳缁袘[2]。从者毕玄端[3]。乘墨车[4]。从车二乘[5]。执烛前马[6]。妇车亦如之[7]，有裧[8]。至于门外。主人筵于户西[9]，西上，右几。女次[10]，纯衣纁袡[11]，立于房中南面。姆纚、笄、宵衣[12]，在其右。女从者毕袗玄[13]，纚、笄、被颎黼[14]，在其后。主人玄端迎于门外，西面再拜。宾东面答拜。主人揖入，宾执雁从。至于庙门，揖入。三揖，至于阶。三让，主人升，西面。宾升，北面奠雁，再拜稽首[15]，降，出。妇从降自西阶。主人不降送。婿御妇车[16]，授绥[17]，姆辞不受[18]。妇乘以几[19]。姆加景[20]。乃驱[21]，御者代。乘其车，先，俟于门外。

【注释】

〔1〕主人：主人，指婿（婿）。

〔2〕袣：音 yì，裳的下缘。

〔3〕从者：指婿的仆隶。

〔4〕墨车：漆成黑色的车。案墨车本为大夫车，士应乘栈车；此士而乘墨车，是假大夫之盛礼而用之，这叫做“摄盛”。

〔5〕从车：从者所乘之车。

〔6〕烛：指火把，非今所谓烛。

〔7〕妇车：为妇准备的车。

〔8〕襢：音 chān，车裳帏。

〔9〕筵于户西：这是在祢庙中为神布席。

〔10〕次：即假发。

〔11〕纯衣纁袡：纯衣，黑色丝衣。袡，音 rán，衣裳的下缘。

〔12〕姆缅、笄、宵衣：姆，女之傅姆。宵，通“绡”，生丝。宵衣即用黑色生丝绡制的衣。

〔13〕女从者毕袗玄：女从者，即下节所谓媵，是待嫁女的随嫁者侄和娣（侄是妻兄之女，娣是妻之妹），随嫁来为妾。

〔14〕被颎黼：颎，音 jiǒng，通“褧”，盖类今无衬里的单披肩。黼，音 fǔ，古代礼服上所绣白与黑相间的花纹。颎黼，谓单披肩上刺有黼纹。

〔15〕稽首：古代的一种最重的跪拜礼：以手据地，头先拜至手，复伸至地，由此成一拜之礼。案婿这时候是在东房门口处，北面向妇而拜。

〔16〕婿御妇车：这是婿为表示对妇的亲爱之情而做的一种姿态，即故意做本当由仆人做的事。

〔17〕授绥：绥，车上的绳子，可用手抓住它上车。授绥，把绥交给妇，这本是仆人请主人上车之礼。

〔18〕姆辞不受：这是姆代妇推辞。案姆推辞后，婿即松开绥，而由姆接过绥来授给妇。

〔19〕几：助妇登车所用。

〔20〕景：丝织的绉纱所制成的一种单罩衣，加在衣外，行道中可以御风尘。

〔21〕乃驱：这是由夫为妇驾车而行，向妇表示亲情的一种礼仪。待车轮转够三周，即由御者代婿驾车。

【译文】

　　婿头戴爵弁，穿着下缘镶有黑边的缥裳。随从们都穿着玄端服。婿乘坐墨车。随从们分乘两辆车。有徒役手持火把在马前照路。给妇准备的车也和婿车一样，车上加有帷裳。婿车来到女家大门外。女家主人在祢庙的室门西边为神布席，席的首端朝西，供神凭依的几放在席的西端。待嫁女头上装饰着假发，穿着下缘镶有缥边的丝衣，在东房中当门处面朝南站立。傅母头上用缁䌰缠发髻，发髻中插着笄，穿着黑色生丝缯制的衣，站在待嫁女右边。随嫁者都穿着通体黑色的衣裳，头上用缁䌰缠发髻，发髻中插着笄，披着刺有黼纹的单披肩，站在待嫁女的身后。主人穿着玄端服到大门外迎接宾（即婿），面朝西向宾行再拜礼。宾面朝东回礼答拜。主人揖请宾进大门，宾拿着雁跟随主人进入大门。走到庙门前，主人与宾行揖礼而入。入庙后主人与宾又行了三次揖礼，来到阶前。升阶前主人与宾又互相谦让了三次，然后主人升阶上堂，面朝西而立。宾升阶上堂，来到东房门口面朝北把雁放在地上，行再拜稽首礼，然后下堂，出门去。妇跟从婿从西阶下堂。主人不下堂相送。婿准备为妇驾车，将车上的绥递给妇，傅姆代妇推辞，并接过绥来递给妇。妇登几上车。傅姆给妇的衣上又加了一件绉纱的单罩衣。婿于是为妇驾车，待车轮转够三周后，再由御者代婿驾车。婿乘坐他的墨车，在前先行，到家后便在大门外等待妇车的到来。

　　9. 妇至，主人揖妇以入。及寝门，揖入，升自西阶[1]。媵布席于奥[2]。夫入于室即席。妇尊西[3]，南面。媵、御沃盥交[4]。赞者彻尊幂[5]。举者盥出[6]，除幂，举鼎入，陈于阼阶南，西面，北上。匕俎从设[7]。北面载，执而俟[8]。匕者逆退[9]，复位于门东[10]，北面，西上。赞者设酱于席前，菹、醢在其北。俎入设于豆东[11]，鱼次[12]，腊特于俎北[13]。赞设黍于酱东，稷在其东[14]，设涪于酱南。设对酱于东[15]，菹、醢在其南[16]，北上[17]。设黍于腊北，其西稷[18]，设溲于酱北。御布对席[19]。赞启会却于敦南[20]，对敦于北。赞告具。揖妇即对筵。皆坐。皆祭，祭荐、黍、稷、肺[21]。赞尔黍[22]，授肺脊[23]，皆食以溲、酱[24]，皆祭举、食举也[25]。三饭卒食[26]。赞洗爵，酌，酳主人[27]，主人拜受。赞户内北面答拜。酳妇亦如之。皆祭[28]。赞以肝从[29]。皆振祭[30]，哜肝，皆实于菹豆。卒爵皆拜。赞答拜，受爵。再酳如初，无从[31]。三酳用卺，亦如之[32]。赞洗爵酌于户外尊，入户，西，北面奠爵拜。皆答拜。坐祭，卒爵，拜。皆答拜。兴[33]。主人出，妇复位[34]。乃彻于房中[35]，如设于室。尊否。主人脱服于房[36]，媵受。妇说服于室[37]，御受。姆授巾[38]。御衽于奥[39]，媵衽良席在东[40]，皆有枕，北止[41]。主人入，亲说妇之缨[42]。烛出。媵馂主人之余[43]，御馂妇余。赞酌外尊酳之[44]。媵待于户外[45]，呼则闻。

【注释】

〔1〕升自西阶：案主人本当由东阶升，此升自西阶，是导妇之义。

〔2〕媵布席于奥：媵，音 yìng，随嫁者，即妇的侄娣。奥，室西南隅。

〔3〕尊：指设于室中北墙下的瓶。

〔4〕媵、御沃盥交：御，婿的随从，也是妇女也。沃，浇水。盥，浇水以洗手。此句谓媵与御交互沃盥，即由媵浇水而御盥手，再由御浇水而媵盥手。

〔5〕尊幂：即瓶上所覆盖的绤幂。

〔6〕举者：抬鼎人。

〔7〕匕俎从设：匕，古代取食器，曲柄浅斗，形如柶而大。匕俎从

设，是说三鼎各有一人，拿着一匕一俎，分随其鼎入而设之，设毕即退。

〔8〕北面载，执而俟：这是抬鼎人做的事。抬鼎人每鼎左右各一，左边的人（即所谓左人）站在所设俎的南边，面朝北，准备用俎载牲；右边的人（即所谓右人）站在鼎的东边，面朝西，用匕取牲加于俎上。执而俟，谓左人执牲俎等待进上。

〔9〕匕者逆退：匕者，即右人。逆退，案匕者将牲取出后即事毕而退，退出的次序是先入者后退，故曰逆退。

〔10〕复位于门东：谓复寝门外东边之位，经省文而未言。

〔11〕俎入设于豆东：俎，此谓豚俎。豆东，即菹、醢的东边。

〔12〕鱼次：谓鱼俎又在豚俎东边。

〔13〕腊特于俎北：俎北，谓豚俎北。特，谓单独横设于豚俎北头。

〔14〕赞设黍于酱东，稷在其东：案黍、稷皆盛于敦，故赞者设黍、稷，实即设敦。

〔15〕设对酱于东：谓在夫席对面妇席前相对应的位置上为妇设酱。

〔16〕菹、醢在其南：即在酱南；夫馔则"菹、醢在其（酱）北"，此亦相对应而设。

〔17〕北上：案所陈食物有尊卑的不同：酱尊于菹，菹尊于醢，故依次由北向南排列，尊者在北。夫席则正相反，以南为尊。

〔18〕设黍于腊北，其西稷：这两句实际是说，在腊俎的北边，东设黍，西设稷。案稷当南与豚俎为列，黍则南与鱼俎为列，此亦正与夫之黍、稷相对应。

〔19〕对席：即妇席，在夫席东边，与夫席正相对。

〔20〕赞启会却于敦南：启，开。会，敦盖。却，仰，谓仰置于地。案此所启为夫敦，下"对敦"则妇敦。

〔21〕祭荐、黍、稷、肺：祭，谓食前祭礼。荐，谓菹醢，即葵菹与蠃醢。肺，指祭肺。

〔22〕尔黍：尔，移，移黍于席上以便食。

〔23〕肺：此指举肺，即为食而设之肺。

〔24〕皆食以湆、酱：食，吃饭，此饭谓黍。其吃法，吃一口饭，喝一口湆，再用手指蘸酱尝一口。

〔25〕皆祭举、食举：举，指肺、脊。因为肺、脊在食前皆先举而祭之，故以"举"名。案举肺虽为食而设，有别于祭肺，但食前亦必先祭。

〔26〕三饭卒食：三饭，吃了三口黍。卒食，谓食礼成。案夫妇同牢共食，是表示夫妻相亲的一种礼仪，意不在食，故三饭而成礼。

〔27〕酳：音 yìn，饮酒以洁口，兼有颐安所食之义。

〔28〕皆祭：谓祭酒。

〔29〕以肝从：此肝指烤熟的肝。肝从，谓肝从酒进上。一豚只有一肝，分之为二，夫妇各进其一。

〔30〕振祭：也是古代食前祭法之一：将肝擩于盐中，取出后在手中振动几下，以表祭祀，同时也可将肝上所擩过多的盐振去，以便哜肝。

〔31〕无从：谓无从肝。

〔32〕亦如之：亦无从肝。

〔33〕“赞洗爵酌”至“兴”：此数句记赞者酌酒自酢之礼，以象征夫妇向他酢酒。案赞者向夫妇进酒后，夫妇当酢赞者，因赞者位卑，不敢与主人、主妇抗礼，故行自酢之礼，以代主人、主妇酢己，借以伸达主人、主妇之意。兴，谓夫妇及赞者皆兴。

〔34〕妇复位：复于始入室时立于尊西、南面之位。

〔35〕彻于房：彻室中之馔而设之于房中，这是为媵、御食馂做准备（见下）。

〔36〕说服：说，通“脱”，下同。服，谓礼服，即爵弁服。

〔37〕妇说：亦脱去礼服，即纯衣纁袡。

〔38〕姆授巾：巾，即帨巾。因巾与服俱脱，故傅姆又执以授妇。

〔39〕衽：音 rèn，卧席。

〔40〕良：妇人称夫为良。

〔41〕止：同“趾”，足。

〔42〕缨：佩属，其形制不明。

〔43〕馂：音 jùn，食之余，此指吃剩余的食物。

〔44〕外尊：设于房外户东的甒(参见第 7 节)。

〔45〕待：原误作“侍”。

【译文】

妇来到夫家大门外，夫揖请妇进大门。夫妇来到寝门前，夫揖请妇进寝门，然后从西阶上堂。媵在室的西南隅为夫布席。夫进入室中就席前而立。妇入室后站在甒的西边，面朝南。媵和御在北洗交替浇水盥手。赞者彻下盖在尊上的葛布。抬鼎人盥手而后出寝门，去掉盖在鼎上的茅草，把鼎抬入寝门，陈放在阼阶南边，鼎面朝西，以北边为上位。匕和俎也分设于三鼎。执俎的人面朝北用俎载鼎中取出的牲肉，以等待进上。用匕从鼎中往俎上取牲肉的人事毕之后，按照和进来时的先后相反的顺序退出寝门，又回到寝门东边原位，面朝北而立，年长者站在西边上位。赞者在夫席前设酱，葵菹和蠃醢放在酱的北边。豚俎送入室中，放在菹、醢二豆的东边；鱼俎又放在豚俎的东边；腊俎单独横放在豚俎和鱼俎的北头。赞者把黍敦放在酱的东边，稷敦又放在黍敦的东边，肉羹放在酱的南边。在夫席东边相反的位置上为妇设酱，葵菹和蠃醢放在酱的南边，以放在北边为上位。在腊俎的北边为妇设黍敦，黍敦的西边放稷敦，肉羹放在酱的北边。御在东边与夫席相对的位置为妇布席。赞者为夫揭开敦盖，将敦盖仰放在敦的南边；妇敦的盖则仰放在敦的北边。赞者向主人报告食物都陈放完毕。于是夫揖请妇就席。夫妇都在各自的席上坐下。二人都用葵菹、蠃醢、黍、稷和祭肺祭先人。赞者把黍敦移到席上以便取食，又把举肺和脊分别授给夫妇二人。二人先用举肺和脊祭先人，然后尝了尝举肺和脊，接着吃一口饭，喝一口肉羹，又用手指蘸酱尝了尝。夫妇二人吃过三口饭，食礼完毕，赞者洗爵酌酒，送给夫漱口。夫行拜礼而后接过爵。赞者授爵后在室门内面朝北回礼答拜。赞者又送酒给妇漱口，礼仪也同前一样。夫妇都用酒祭先人而后漱口。赞者给夫妇送酒时，将两块烤熟的肝也随酒送上。夫妇都用肝振祭，祭毕尝了尝肝，再将肝放入盛葵菹的豆中。夫妇饮干爵中酒后，都行拜礼向赞者致谢。赞者回礼答拜，然后接过夫妇用过的爵。第二次送酒给夫妇漱口的礼仪也和第一次一样，但不再随酒送肝。第三次送酒漱口不用爵而用卺，也没有肝。赞者洗爵，在室门外的瓶中酌酒，进入室门，往西拐，面朝北把爵放在地上，行拜礼。夫妇都回礼答拜。赞者坐下，用酒祭先人，祭毕饮干爵中酒，然后行拜礼。夫妇都回礼答拜。夫妇和赞者都站起来。夫出室。妇回到刚入室时在瓶的西边面朝南站立的位置。于是赞者把夫妇所吃的食物彻到东房中，像在室中那样陈设起来。室中的瓶不彻。主人在东房中脱去礼服，媵接过礼服。妇在室中脱去礼服，御接过礼服。傅姆把帨巾交给妇。御在室的西南隅为妇铺卧席，媵把夫的卧席铺在妇席的东边，夫和妇的卧席上都放有枕头，都是头朝南而脚朝北。夫入室，亲自为妇解下缨。烛从室中彻出。在东房中，媵吃夫剩下的食物，御吃妇剩下的食物。

赞者从房外瓬中酌酒给媵、御漱口。媵在室门外等待，夫一有呼唤就可以听见。

10. 夙兴，妇沐浴[1]，纚、笄、宵衣以俟见[2]。质明，赞见妇于舅姑[3]。席于阼，舅即席。席于房外，南面，姑即席。妇执笲枣[4]、栗，自门入，升自西阶，进拜，奠于席。舅坐抚之[5]，兴，答拜。妇还[6]，又拜。降阶，受笲腶修[7]，升，进，北面拜，奠于席。姑坐，举以兴，拜，授人[8]。

【注释】

〔1〕沐浴：沐，洗头。浴，洗澡。

〔2〕俟：谓侍于舅姑的寝门外。案舅姑即公婆，公婆与儿媳异室。

〔3〕赞：谓舅姑之赞者。

〔4〕笲：音 fán，盛物竹器，其形制不详。

〔5〕抚之：抚摸一下枣栗以示受。

〔6〕还：通“旋”。

〔7〕受笲腶修：受，是从随者手中而受。腶，音 duàn。腶修，切成薄片、加姜桂再经捶捣而成的干肉。

〔8〕授人：谓授予主人的属吏。

【译文】

第二天清早起来，妇洗头洗澡，用纚缠发髻，发髻中插上笄，穿上黑色生丝缯制的衣，到舅姑的寝门外等待见舅姑。到天亮的时候，赞者向舅姑报告妇到来。赞者在阼阶上布席，舅就席。赞者又在东房门外布席，席面朝西，姑就席。妇拿着笲，笲中盛着枣和栗，从寝门进入，从西阶升堂，进到舅席前行拜礼，然后把笲放在席上。舅在席上坐下，用手抚摸了一下笲中的枣栗，起身，向妇回礼答拜。妇转动身体避让着舅的拜礼，并又一次向舅行拜礼。妇下阶，从随从者手中接过盛有腶修的笲，再升堂，进到姑席前，面朝北向姑行拜礼，把笲放在姑席上。姑在席上坐下，拿着笲站起来，向妇回拜礼，然后把笲交给有司彻下去。

11. 赞醴妇[1]，席于户牖间[2]，侧尊甒醴于房中。妇疑立于席西[3]。赞者酌醴，加柶面枋，出房，席前北面。妇东面拜，受。赞西阶上北面拜送。妇又拜。荐脯醢。妇升席[4]，左执觯，右祭脯醢，以柶祭醴三，降席，东面坐，啐醴，建柶，兴，拜。赞答拜。妇又拜，奠于荐东，北面坐，取脯，降，出，授人于门外[5]。

【注释】

〔1〕赞醴妇：这是赞者代舅姑向妇行醴礼。
〔2〕户牖间：即堂的正中位。
〔3〕疑立：正身而立。
〔4〕妇升席：谓升席而坐。
〔5〕授人：此人谓送嫁的娘家人，授之带回去给娘家父母看，以示得礼。

【译文】

赞者代舅姑向妇行醴礼，在堂上室的门窗之间为妇布席，又在东房中独设一甒醴。妇在席的西边正身而立。赞者在房中给觯斟满醴，在觯上加放柶，使柶柄朝前，出房，来到妇席前，面朝北把觯授给妇。妇面朝东行拜受礼，而后接受觯。赞者授觯后到西阶上面朝北行拜送礼。妇又行拜礼。赞者为妇进上脯醢。妇升席而坐，左手拿觯，右手取脯醢祭先人，又用柶舀取醴祭先人三次，祭毕下席，在席的西边面朝东而坐，用柶舀醴尝了尝，把柶插入觯中，起身，行拜礼。赞者回礼答拜。妇又行拜礼，然后把觯放在脯醢的东边，到席的南边面朝北而坐，取脯，下堂，出寝门，在门外把脯交给了送嫁的娘家人。

12. 舅姑入于室。妇盥，馈[1]。特豚合升，侧载[2]。无鱼、腊，无稷，并南上[3]。其他如取女礼[4]。妇赞成祭[5]。卒食一酳，无从[6]。席于北墉下[7]，妇彻，设席前，如初，西上[8]。妇馂，舅辞易酱[9]。妇馂姑之馔。御赞祭豆、黍、肺、举肺、脊[10]。乃食，卒，姑酳之。妇拜受。姑拜送。坐祭，卒爵。姑受奠之[11]。妇彻于房中，媵、御馂，姑酳之。虽无娣，媵先[12]。于是与始饭之错[13]。

【注释】

〔1〕妇盥，馈：案妇出寝门把脯交给娘家人后，又回寝就北洗盥手（参见下节），准备向舅姑行馈食礼。馈，进食予人。

〔2〕侧载：侧，独，一。谓舅姑之俎，各载豚牲体之一半。

〔3〕并南上：馈食礼是舅姑共席，席设于室的西南隅，舅坐于南，姑坐于北，二人面朝东并排而坐。舅姑席前的食物都分器陈设，人各一份，所陈食物都以南边为上位，故曰"并南上"。

〔4〕其他如取女礼：谓酱、湆、菹、醢的陈设，都与夫妇同牢共食时的陈设法一样，都是醢在最上位，下依次为菹、酱、湆。

〔5〕妇赞成祭：祭，谓祭菹、醢、肺、黍，皆食前祭。是由妇取祭物以授姑，又帮助姑把祭物放在笾豆之间以祭，故曰"妇赞成祭"。

〔6〕无从：无从肝。

〔7〕席于北墉下：这是为妇将馂（吃舅姑剩下的食物）而布席。

〔8〕西上：因妇席面朝南，而舅姑在室中西边，故以西为上。

〔9〕舅辞易酱：辞，谓劝妇先不要吃。易酱，为妇另换一酱。这是舅嫌自己吃过的酱已滓污，故要为妇换之。

〔10〕御赞祭豆、黍、肺、举肺、脊：谓御赞妇行祭礼，取祭物授妇以祭。

〔11〕奠之：谓奠爵于筐。

〔12〕虽无娣，媵先：古时嫁女，必侄娣媵（随嫁），侄尊于娣。但女家不一定都有娣，若无娣则媵唯有侄。媵与御馂时，当由媵先，即使媵中无娣，也由媵先馂。这是因为御是夫的从者，而媵是妇的从者，对媵

当以客礼相待。所谓先，即今所谓先动筷子的意思。

〔13〕与始饭之错：始饭，谓舅姑始用之馔。错，交错，谓媵与御交错而馂舅姑之余：媵馂舅之余，御馂姑之余。

【译文】

舅姑进入室中。妇盥手，向舅姑进食。一只小猪熟后将左右两半合盛在一只鼎中，再用两俎各载一胖，分别给舅姑进上。没有鱼俎和兔腊俎，有黍而没有稷，给舅姑席前陈放的食物都以放在南边的为上位。其他的食物在席前的陈设方式，都同娶女成婚夫妇共食时陈设的那样。妇帮助舅姑完成食前祭礼。舅姑吃了三口饭，食礼完毕之后，妇又先后给舅姑各送一爵酒，让舅姑漱口，但不随酒进肝。妇在室中北墙下布席，然后彻下舅姑席前的食物，陈设在北墙下的席前，陈设的方式如前，以陈放在西边为上位。妇将要吃舅姑余下的食物。舅劝她先不要吃，而为她另换一豆酱。妇吃姑余下的食物。食前，由御帮助妇用菹、醢、黍、祭肺、举肺和脊祭先人。祭毕妇开始吃，食礼完毕后，姑用爵送酒给妇漱口。妇行拜礼而后受爵。姑授爵后行拜送礼。妇在席上坐下用酒祭先人，然后饮干爵中酒。姑接过妇的空爵放回到筐中。妇把食物彻到东房中，让媵、御继续吃剩下的食物，由姑送酒给他们漱口。媵中即使只有侄而没有娣，也由媵先开始吃。接着媵和御便交错吃舅姑余下的食物。

13. 舅姑共飨妇以一献之礼〔1〕。舅洗于南洗〔2〕，姑洗于北洗〔3〕。奠酬〔4〕。舅姑先降自西阶，妇降自阼阶〔5〕。归妇俎于妇氏人〔6〕。

【注释】

〔1〕舅姑共飨妇以一献之礼：飨，谓以酒食酬劳人。一献之礼，即一献、一酢、一酬之礼。

〔2〕舅洗于南洗：谓舅盥手洗爵，为将酌酒献妇。南洗，设于阼阶东南之洗。

〔3〕北洗：是指设在北堂的洗。

〔4〕奠酬：酬，谓姑授给妇的酬酒。奠酬，即将酬酒置于脯醢东边不再饮，以示礼成。

〔5〕舅姑先降自西阶，妇降自阼阶：案据《礼记·曲礼上》说，子事父母，"升降不由阼阶"，因阼阶是主人尊者升降之处。然此处相反者，是表示将由妇代己掌管室事，也就是主持务事的意思。

〔6〕归妇俎：谓使有司归（馈）妇俎，以返命于女之父母，表明妇受到了夫家舅姑的礼遇。

【译文】

舅姑共同用一献之礼酬劳妇。舅在南洗盥手洗爵，姑在北洗盥手洗爵。最后妇将姑酬己的酒放在脯醢的左边不再饮。舅姑先从西阶下堂，妇再从阼阶下堂。舅的有司把飨妇的俎上的牲肉送给妇娘家的送嫁人。

14. 舅飨送者以一献之礼[1]，酬以束锦[2]。姑飨妇人送者[3]，酬以束锦。若异邦，则赠丈夫送者以束锦[4]。

【注释】

〔1〕送者：此指女家主人的属吏（即有司）。

〔2〕束锦：十端锦，即二十丈锦。

〔3〕妇人送者：妇家的女奴仆。

〔4〕赠丈夫送者以束锦：丈夫送者，谓妇娘家送嫁的男子。

【译文】

舅用一献之礼酬劳妇娘家送嫁的有司，又赠送一束锦表示酬谢。姑用一献之礼酬劳妇娘家送嫁的女奴仆，也赠送一束锦表示酬谢。如果妇娶自异国，还要另外再赠送一束锦给送嫁的男子。

15. 若舅姑既没，则妇入三月，乃奠菜[1]。席于庙奥[2]，东面，右几[3]。席于北方[4]，南面。祝盥[5]。妇盥于门外[6]。妇执笲菜。祝帅妇以入。祝告，称妇之姓曰："某氏来妇[7]，敢奠嘉菜于皇舅某子[8]。"妇拜扱地[9]，坐，奠菜于几东席上，还，又拜如初[10]。妇降堂[11]，取笲菜入[12]，祝曰："某氏来妇，敢告于皇姑某氏。"奠菜于席，如初礼。妇出。祝阖牖户。老醴妇于房中[13]，南面，如舅姑醴妇之礼[14]。壻飨妇送者丈夫、妇人，如舅姑飨礼[15]。

【注释】

〔1〕奠菜：奠，祭，祭之以菜。所用何菜，不详。

〔2〕席于庙奥：庙，祢庙。奥，室奥。席于奥，这是为舅的神灵布席。

〔3〕右几：谓设几于席的南端。席面朝东，以南为上。

〔4〕席于北方：布席于北墉下，这是为姑的神灵设席。

〔5〕祝盥：祝，接神之官。祝盥于阼阶东南之洗。

〔6〕妇盥于门外：门外，庙门外。庙门外设有洗，设在东塾之南。

〔7〕某氏：犹言姬氏、姜氏等。

〔8〕敢奠嘉菜于皇舅某子：敢，表冒昧之辞。嘉，美。皇，对死者的敬称。某，舅姓。某子，犹言张子、李子等。

〔9〕妇拜扱地：扱，音 yì，谓拜手至地。扱地拜为妇人之重拜。

〔10〕还，又拜如初：还，谓还于扱地拜之位。如初，如扱地拜。

〔11〕降堂：这是从堂降至阶而未下地。此为西阶。

〔12〕取笲菜：案有执笲菜者在西阶下以待妇取。

〔13〕老：家臣之长。

〔14〕如舅姑醴妇之礼：舅姑醴妇详第 11 节。

〔15〕壻飨妇送者丈夫、妇人：案这句在此甚可疑，可能是错简，因为送者无在夫家留住三个月之理。

【译文】

如果舅姑已死，那就在妇入夫家三个月的时候，在祢庙中用菜祭祀舅姑。祝先在庙室的西南隅为舅的神灵布席，席面朝东，供神凭依的几设在南端。又在室的北墙下为姑的神灵布席，席面朝南。祝盥手。妇在庙门外盥手。妇拿着盛有菜的筥，由祝引导进庙入室。祝向舅的神灵报告，称妇的姓说："某氏来做妇，现在冒昧地前来向您报告，并奉上美菜祭奠皇舅某子。"妇向舅的神灵行挖地拜礼，然后进前坐下，把菜放在几东边席上，退回到原位，又行挖地拜礼。妇从堂上下到西阶上，从阶下执筥菜的人手中接过筥菜，进入室中。祝向姑的神灵报告说："某氏来做妇，现在冒昧地前来向您报告，并奉上美菜祭奠皇姑某氏。"妇将菜放在姑席上，礼仪和祭舅时一样。妇出室。祝关上室的窗和门。老在东房中为妇行醴礼，妇面朝南而坐，礼仪同舅姑向妇行醴礼时一样。婿用酒食酬劳妇娘家送嫁的男子和妇女，如同舅姑酬劳他们的礼仪一样。

16.《记》。士昏礼。凡行事必用昏昕[1]，受诸祢庙[2]。辞无"不腆"、无"辱"[3]。挚不用死[4]。皮帛必可制[5]。腊必用鲜[6]，鱼用鲋[7]，必殽全[8]。

【注释】

〔1〕用昏昕：昕，黎明。使者即媒人用昕时，婿迎妇用昏时。

〔2〕受诸祢庙：谓在祢庙中通过占卜受命于先父之神灵而后行事。

〔3〕辞无"不腆"、无"辱"：腆，丰厚。辱，玷污。"不腆"、"辱"，都是一些客套话。这句意思是不说这一类的客套话，目的在于教女以正直、诚信事人。

〔4〕挚：此指雁。

〔5〕皮帛必可制：皮，俪皮。帛，束帛。可制，可制为衣物，此亦是教妇以诚信之义。

〔6〕腊必用鲜：鲜，新，取夫妇日新之义。

〔7〕鱼用鲋：鲋，即鲫鱼，取夫妇相依附之义。

〔8〕必殽全：谓豚俎的骨体全而不折，取夫妇全节无亏之义。

【译文】

《记》。士婚礼。凡是有关婚礼的事，一定要在黄昏或黎明的时候进行，一定要在祢庙中通过占卜向先父请示、接受了先父的命令才敢去做。男家派使者向女家赠送聘礼的时候，不说"礼物不丰厚"等表示谦虚的话；女家主人接待男家来宾，也不说"有辱大驾"之类的客套话。使者和婿到女家去用作见面礼的雁不能是死的。作为礼物赠送的俪皮和束帛，一定要可用来制作衣服。兔腊一定要用新鲜的，鱼要用鲋鱼，豚俎的骨体必须全而不折。

17. 女子许嫁，笄而醴之称字[1]。祖庙未毁[2]，教于公宫三月[3]。若祖庙已毁[4]，则教于宗室[5]。

【注释】

〔1〕笄：谓行加笄礼，标志女子已成人，犹男子冠礼。

〔2〕祖庙未毁：祖，此指许嫁女的上数四世以内曾做国君之祖。祖庙未毁，即未迁，这样许嫁女尚属国君的五服内的亲属。

〔3〕教于公宫：谓教以妇德、妇言、妇容、妇功，可参看《礼记·昏义》。公宫，即指上文的"祖庙"。公是对诸侯国君的通称。

〔4〕祖庙已毁：谓许嫁女的四世祖以内（即高祖以内）已经没有做国君的了，此女已在当世国君五服亲之外，成了支族中人。

〔5〕宗室：谓大宗之家，也就是卿大夫之家。

【译文】

女子许嫁之后，要举行加笄礼，加笄之后要向她行醴礼并为她取字，从此就用她的字称呼她。如果许嫁女的曾做国君之祖在四世以内、其庙尚未迁毁，那么该女出嫁前就要先在这国君的庙中教育三个月。如果许嫁女的曾做国君之祖在四世以上、其庙已迁毁，那就在族中大宗的家里对该女进行教育。

18. 问名，主人受雁，还，西面对[1]。宾受命乃降[2]。

【注释】

〔1〕对：回答。

〔2〕命：名。

【译文】

问名的礼仪，主人接受宾所授的雁之后，回到阼阶上，面朝西把女名告诉宾。宾得知女名后才下堂。

19. 祭醴，始扱壹祭，又扱再祭[1]。宾右取脯，左奉之，乃归，执以反命。

【注释】

〔1〕扱：谓用柶从觯中舀取醴。

【译文】

用醴祭先人之法：先用柶从觯中舀醴祭一次，又用柶舀醴而分祭两次。宾用右手取脯，然后用左手捧着，拿回去向男家主人报告。

20. 纳征，执皮，摄之内文[1]，兼执足[2]，左首。随入，西上[3]，参分庭一在南[4]。宾致命，释外足见文[5]。主人受币[6]。士受皮者自东出于后[7]，自左受，遂坐，摄皮，逆退，适东壁。

【注释】

〔1〕摄之内文：摄，折叠。文，皮毛上的花纹。

〔2〕兼执足：谓并用两手，以分别抓住鹿皮的前后足部。

〔3〕上：指鹿皮的头部。

〔4〕参分庭一在南：意思是若将庭南北三分，在当南部参分之一处。

〔5〕释外足见文：意谓松开鹿皮的两只朝外的足，使皮的毛纹展现出来。

〔6〕币：即玄纁束帛。

〔7〕士：主人的属吏，主人为上士，此为中士或下士。

【译文】

男家派使者到女家纳征时，鹿皮的拿法是，把它从中脊处对折起来，将毛纹折在里边，两手分别抓住鹿皮的前后足部，使鹿皮的头部朝左。拿鹿皮的两个人前后相随进入庙门，使鹿皮的头部朝西，入庙后在当庭南部三分之一的地方并排而立。宾向主人致辞后，执皮人将鹿皮朝外的两只足松开，将皮的毛纹展现出来。与此同时主人接受了宾所赠送的束帛。负责接受鹿皮的士从东边过来，从执皮者的身后来到执皮者左边接过鹿皮，接着就地坐下，将鹿皮折叠起来，然后按照与来时的先后相反的顺序，退回到东墙那边。

21. 父醴女而俟迎者〔1〕。母南面于房外，女出于母左。父西面戒之〔2〕，必有正焉〔3〕，若衣若笄〔4〕。母戒诸西阶上〔5〕，不降。

【注释】

〔1〕父醴女：这是在亲迎那天，女打扮完毕后在东房中进行的。

〔2〕父西面戒之：此时女已行至西阶上，而父在阼阶上，故西面戒之。

〔3〕正：指托戒之物，可用以提醒女不忘所戒。

〔4〕若衣若笄：衣、笄即托戒之物。

〔5〕母戒诸西阶上：此时母亦行至西阶上，故于此戒之。

【译文】

亲迎那天，女打扮完毕后，父要向女行醴礼，同时等待婿来迎亲。母先从房中出来，面朝南，站在房外，然后女出房，从母的左边往西走到西阶上。父在阼阶上面朝西对女进行告诫，告诫时一定要有托戒之物，譬如说要像衣或笄常在身一样，对父的告诫永记不忘。母在西阶上对女进行告诫，但不下阶送女。

22. 妇乘以几，从者二人[1]，坐持几相对[2]。

【注释】

〔1〕从者：指夫家的随从。

〔2〕坐：案古代坐如今之跪。

【译文】

妇登几上车时，夫家有随从二人，在几两边相对而跪，为妇扶持几。

23. 妇入寝门，赞者彻尊幂，酌玄酒三属于尊[1]，弃余水于堂下阶间[2]，加勺。

【注释】

〔1〕酌玄酒三属于尊：玄酒，以水为酒，所用是一种用灰过滤过的洁净的水，叫做涗水。涗水在用作玄酒之前，先盛于另一容器中。酌玄酒，即用勺从盛涗水的容器中舀取涗水以为玄酒。实际上妇到来前，玄酒尊是空着的，妇入寝门后，赞者才注入涗水以为玄酒，以取贵新之义。

〔2〕余水：指酌取玄酒后剩下的涗水。

【译文】

妇进入夫家寝门后，赞者彻去盖在尊上的葛布，用勺三次酌取涗水注入尊中用作玄酒，然后将剩余的涗水倒在堂下东西阶之间的地方，并将勺加放在尊上。

24. 笄，缁被纁里加于桥[1]。舅答拜，宰彻笄。妇席、荐馔于房[2]。飨妇，姑荐焉。妇洗在北堂，直室东隅[3]。篚在东。北面盥。妇酢舅，更爵自荐[4]。不敢辞洗[5]；舅降，则辟于房[6]；不敢拜洗[7]。凡妇人相飨无降[8]。

【注释】

〔1〕缁被纁里加于桥：缁被纁里，即笄衣。被，表。桥，指笄盖。

〔2〕妇席、荐馔于房：此处补记舅姑醴妇和舅姑飨妇时，所用的席和荐（脯醢）的陈放处。

〔3〕妇洗在北堂，直室东隅：此处补记妇馈舅姑时盥于何处。

〔4〕妇酢舅，更爵自荐：这是说舅姑飨妇，妇酌酒回敬舅时，不敢用舅向己献酒所用的爵，而更换一爵。荐，进。

〔5〕不敢辞洗：这是说舅向妇献酒，先要洗爵，如果宾主地位相当，则宾应辞洗，但妇位卑，不敢与尊者为礼，故不敢辞洗。

〔6〕舅降，则辟于房：是说舅下堂为妇洗爵时，妇亦不敢随降，又不敢安处堂上之位，只好"辟（避）于房"。

〔7〕不敢拜洗：案如果宾主地位相当，主人为宾洗爵后，宾当行拜礼致谢，即所谓"拜洗"，然妇位卑，故不敢拜洗。

〔8〕妇人相飨无降：案因洗在北堂，故无须降。

【译文】

妇见舅姑时所拿的笄，要用一块缁表纁里的缯覆盖在笄桥上作为装饰。当舅接受了妇的礼物、并向妇回拜礼后，由宰将笄彻下。为妇准备的席和脯醢都预先陈放在东房中。飨妇的时候，由姑进上脯醢。妇盥手的洗设在北堂上、正当室东北角的地方。篚放在洗的东边。妇盥手的时候面朝北。妇向舅进酢酒，不能用舅向自己献酒所用的爵，而要另换一爵，斟满酒后亲自向舅进上。舅向妇献酒前先要洗爵，妇不敢辞洗。当舅下堂洗爵时，妇要到房中回避。舅为妇洗爵后，妇也不敢拜洗。凡妇人用酒食酬劳人，都不下堂盥手洗爵。

25. 妇入三月，然后祭行[1]。

【注释】

〔1〕祭行：谓助夫行宗庙祭祀之礼。

【译文】

妇入夫家三个月之后，遇有祭祀才可助夫行祭礼。

26. 庶妇则使人醮之[1]。妇不馈[2]。

【注释】

〔1〕庶妇则使人醮之：庶妇，庶子所娶的妇。醮，谓行醮礼（参见《士冠礼》第 19 节）。

〔2〕妇不馈：谓不向舅姑行馈食礼。

【译文】

如果是庶妇来见舅姑，舅姑就使人代己向庶妇行醮礼。庶妇不向舅姑行馈食礼。

27. 昏辞曰[1]："吾子有惠贶室某也[2]，某有先人之礼[3]，使某也[4]，请纳采。"对曰："某之子惷愚[5]，又弗能教。吾子命之[6]，某不敢辞。"致命曰[7]："敢纳采。"

【注释】

〔1〕昏辞：使者前来纳采时所致辞。

〔2〕吾子有惠贶室某：吾子，女父。贶，音 kuàng，赐。室，妻。某，婿名。

〔3〕某：婿父名。

〔4〕某：使者名。

〔5〕某之子惷愚：某，女父名。子，即女。惷，同"蠢"。

〔6〕吾子命之：吾子，指使者。命之，指使者请纳采。

〔7〕致命：致纳采之辞。

【译文】

　　使者向女家主人致婚辞说："您施惠赐妻予某，某有先人遗留下来的礼物，派某来赠送给您，请您接受采礼。"女父回答说："某之女很愚蠢，某又未能很好教导她。现在您下达了命令，某不敢推辞。"使者入庙上堂后，向女父致纳采之辞说："谨向您赠送采礼。"

　　28. 问名曰："某既受命〔1〕，将加诸卜，敢请女为谁氏〔2〕？"对曰："吾子有命〔3〕，且以备数而择之〔4〕。某不敢辞〔5〕。"

【注释】

　　〔1〕某既受命：某，男父名。受命，男父的谦辞。下"贶命"、"嘉命"、"赐命"等义同。此处指前纳采为女家主人所接受。

　　〔2〕谁氏：这是问女名的一种谦虚委婉的说法，含有不敢高攀而一定要娶该主人之女的意思。

　　〔3〕吾子有命：吾子，指使者。有命，谓问名。

　　〔4〕且以备数而择之：这是女父的谦辞，意谓己女不过备数供选择而已。

　　〔5〕某：女父名。

【译文】

　　男家使者向女父问女名时致辞说："某既已承蒙您接受采礼，还将对女名进行占卜，因此冒昧地向您请问女名叫什么？"女父回答说："您既已下达了命令，那就姑且用某之女备数以供选择，某不敢推辞。"

29. 醴曰:"子为事故,至于某之室[1]。某有先人之礼,请醴从者[2]。"对曰:"某既得将事矣[3],敢辞。""先人之礼,敢固以请。""某辞不得命,敢不从也!"[4]

【注释】

〔1〕某之室:某,女父名。室,即宫,亦即祢庙。

〔2〕从者:主人谦而不敢直称使者,故假称其从者。

〔3〕某既得将事:某,使者名。将,犹行。

〔4〕某辞不得命,敢不从:某,使者名。命,允命,即允许。

【译文】

女家主人请使者接受醴礼时说:"您为了我们两姓婚事的缘故,来到某的祢庙。某有先人传下来的礼仪,请您接受醴礼。"使者回答说:"某的事情都已经办完了,不敢再打扰您了。"主人说:"这是先人传下来的礼仪,不敢不坚持请您接受。"使者回答说:"某推辞既然不得允许,敢不从命!"

30. 纳吉曰:"吾子有贶命[1],某加诸卜[2],占曰吉,使某也敢告[3]。"对曰:"某子之不教[4],唯恐弗堪。子有吉[5],我与在[6],某不敢辞。"

【注释】

〔1〕吾子有贶命:吾子,指女父。贶命,谦辞,指前问名而女父告以女名。

〔2〕某:男父名。

〔3〕某:使者名。

〔4〕某：女父名。
〔5〕子：谓使者。
〔6〕与：参与，在其中。

【译文】

男家主人派使者到女家纳吉时说："承蒙您赐告女名，某对女名进行占卜，占卜的结果很吉利，因此使某前来谨向您报告。"女父回答说："某之女教导得不好，唯恐她经受不起占卜。现在您来报告占卜得了吉兆，某也就在吉利之中了，某不敢不接受您带来的好消息。"

31. 纳征曰："吾子有嘉命〔1〕，贶室某也〔2〕。某有先人之礼〔3〕，俪皮束帛，使某也〔4〕，请纳征。"致命曰："某敢纳征〔5〕。"对曰〔6〕："吾子顺先典〔7〕，贶某重礼〔8〕，某不敢辞，敢不承命！"

【注释】

〔1〕吾子：指女父。
〔2〕某：婿名。
〔3〕某：男父名。
〔4〕某：使者名。
〔5〕某：男父名。
〔6〕对曰：案此"对曰"云云，与上"致命曰"云云，盖错简，当据婚辞例正之(参见第27节)。
〔7〕吾子顺先典：吾子，指男父。顺，循。典，法，即礼法制度。
〔8〕某：女父名。下"某"同。

【译文】

男家主人派使者到女家来纳征时说："您有美命，赐妻予某。某有先人遗留下来的礼物，两张鹿皮和一束帛，派某前来赠送给您，请您接受聘礼。"使者入庙上堂，向女家主人转致男家主人纳征之辞说："某冒昧地向您赠送聘礼。"女家主人回答说："您遵循先人的制度，赐某重礼，某不敢推辞，敢不奉命！"

32. 请期曰："吾子有赐命[1]，某既申受命矣[2]。惟是三族之不虞[3]，使某也[4]，请吉日。"对曰："某既前受命矣[5]，唯命是听。"曰："某命某听命于吾子[6]。"对曰："某固唯命是听[7]。"使者曰："某使某受命吾子，不许，某敢不告[8]！期曰某日[9]。"对曰："某敢不敬须！"

【注释】
〔1〕吾子有赐命：吾子，指女父。赐命，谦辞，指前纳征为女父所接受。
〔2〕某既申受命：某，女父名。申，重，再度。
〔3〕惟是三族之不虞：惟，思。三族，谓父之昆弟，己之昆弟，子之昆弟。虞，臆度，料想。不虞，此特指三族中可能有死丧的事发生。
〔4〕某：使者名。
〔5〕某既前受命：某，女父名。前受命，谓自纳采以来皆遵男家之命行事。
〔6〕某命某听命于吾子：前"某"，男家主人名。后"某"，使者名。吾子，指女父。
〔7〕某：女父名。
〔8〕某：使者名。
〔9〕某：代干支，如甲子、乙丑之类。

【译文】
男家主人派使者到女家请期时说："承蒙您接受聘礼，赐命许婚，某已经一再地接受了您的赐命。考虑到三族中可能会有难以预料的事情发生，因此乘着现在这好时机，派某前来，请您选定个吉日做婚期。"女父回答说:"某前已遵命行事了,现在仍然唯命是听。"使者说:"某命某前来听取您的命令。"女父回答说:"某一定唯命是听。"使者说:"某命某前来接受您的命令,您既然不允许,某也就不敢不把某所选择的日子告诉您:婚期定在某日。"女父说:"某敢不敬待吉日到来!"

33. 凡使者归[1],反命曰:"某既得将事矣,敢以礼告[2]。"主人曰:"闻命矣。"

【注释】

〔1〕凡使者:泛指为主人所使者,不仅指婚礼之使者。
〔2〕以礼告:即以所执脯说明自己受到了礼遇而不辱使命。

【译文】

凡使者出使归来,向主人报告都要说:"某已经把事情办完了,现在谨以所拿的脯来向您报告。"主人说:"知道了。"

34. 父醮子[1],命之曰:"往迎尔相[2],承我宗事[3]。勖帅以敬[4],先妣之嗣[5]。若则有常[6]。"子曰:"诺。唯恐弗堪,不敢忘命。"

【注释】

〔1〕父醮子:子,指婿。父醮子,谓婿亲迎前,父酌酒献子。
〔2〕相:谓妇。妇为夫之助,故名。
〔3〕宗事:宗庙祭祀之事。
〔4〕勖帅:勖,勉也。帅,导也。
〔5〕先妣之嗣:先妣,指已故之母或祖母。嗣,继。
〔6〕若:汝(你)。

【译文】

父为子行醮礼时告诫子说："前往迎接你妇,来继承我宗庙祭祀的事。你要以恭敬之德努力帅导妇,使她继承先姒的德行。你对妇的帅导要坚持有常。"子说："是。唯恐不能胜任己责,不敢忘记父命。"

35. 宾至[1],摈者请[2],对曰[3]:"吾子命某以兹初昏[4],使某将请承命[5]。"对曰[6]:"某固敬具以须[7]。"

【注释】

〔1〕宾:指婿。
〔2〕请:请问宾来何事。虽知犹问,礼重慎。
〔3〕对曰:案这以下是摈者入庙向主人转告婿的话。
〔4〕吾子命某:吾子,指女父。某,婿父名。
〔5〕使某将请承命:某,婿名。将,行也。承,奉。
〔6〕对曰:案以下是摈者向婿转告女父的话。
〔7〕某:女父名。

【译文】

婿亲迎来到女家大门外,女家摈者请问宾来何事,然后入内向主人转告婿的话说:"您命某在今天这黄昏的时候,使某奉您的命令行婚礼前来迎亲。"摈者又出来向婿转告主人的话说:"某本来就已恭敬地备准好了一切,等待您的到来。"

36. 父送女命之曰:"戒之敬之,夙夜毋违命。"母施衿结帨曰[1]:"勉之敬之,夙夜无违宫事[2]。"庶母及门内施鞶[3],申之以父母之命,命之曰:"敬恭听宗尔父母之言,夙夜无愆[4],视诸衿鞶[5]。"

【注释】

〔1〕母施衿结帨曰：衿，不详何物。帨，佩巾。

〔2〕宫事：即室事，犹今所谓家务事。

〔3〕庶母及门内施鞶：庶母，父之妾。门内，庙门之内。鞶，音pán，即囊也。男鞶革，女鞶丝。

〔4〕愆：音qiān，过失。

〔5〕视诸衿鞶：视，示也。诸，同"之"，代父母之命。

【译文】

父送女时告诫女说："要谨慎、恭敬，早晚不违舅姑的教导。"母给女系上衿，结上帨，告诫女说："要勤勉、恭敬，早晚不违舅姑教给你的家务事。"庶母送女到庙门口而不出门，为女系上鞶囊，向女重申父母的教导，告诫女说："恭敬地听从和遵奉你父母的教导，早晚注意不要有过失，用衿和鞶囊来提示你记住父母的话。"

37. 婿授绥，姆辞曰："未教，不足与为礼也。"

【译文】

婿把车上的绥递给妇的时候，傅姆替妇推辞说："女未受过教育，不值得和她讲究礼节。"

38. 宗子无父[1]，母命之[2]。亲皆没，己躬命之。支子则称其宗[3]。弟称其兄[4]。

【注释】

〔1〕宗子：谓嫡长子。

〔2〕命之：谓命使者，即派遣媒人。

〔3〕支子则称其宗：支子，宗子的庶兄弟。称其宗，谓支子亦自命使者，但为表示对宗子的尊重，应假称宗子的名义说话。

〔4〕弟称其兄：弟，谓宗子的同母弟。兄，嫡长兄，即宗子。

【译文】

宗子如果父已死，就由母派遣使者。如果双亲皆亡，就亲自派遣使者。如果支子双亲皆亡，也亲自派遣使者，但出使时要假称宗子的名义说话。如果是双亲皆亡的宗子的同母弟派遣使者，那就要假称其嫡长兄的名义。

39. 若不亲迎[1]，则妇入三月，然后婿见[2]，曰[3]："某以得为外昏姻[4]，请觌[5]。"主人对曰[6]："某以得为外昏姻之数[7]，某之子未得濯溉于祭祀[8]，是以未敢见[9]。今吾子辱，请吾子之就宫[10]，某将走见。"对曰："某以非他故[11]，不足以辱命[12]，请终赐见。"对曰："某得以为昏姻之故[13]，不敢固辞[14]。敢不从！"主人出门左，西面。婿入门，东面奠挚[15]，再拜，出。摈者以挚出[16]，请受。婿礼辞许，受挚，入。主人再拜受。婿再拜送，出。见主妇[17]。主妇阖扉立于其内[18]。婿立于门外，东面。主妇一拜。婿答再拜。主妇又拜。婿出[19]，主人请醴[20]。及揖让入。醴以一献之礼。主妇荐。奠酬。无币[21]。婿出，主人送，再拜。

【注释】

〔1〕若不亲迎：谓婿因故（如疾病）而不能亲迎。
〔2〕婿见：谓见妇之父母，即所谓外舅姑。
〔3〕曰：案自此以下至"敢不从"，皆摈者居间往复传言之辞。此时婿在大门外，而女父在寝。

〔4〕某以得为外昏姻：某，婿名。外昏姻，即外为昏姻之族。

〔5〕觌：音 dí，见。

〔6〕主人：女父。

〔7〕某以得为外昏姻之数：某，女父名。此句是女父的谦辞。

〔8〕某之子未得濯溉于祭祀：子，女。濯溉，谓祭祀之前洗涤祭器，即谓其女尚未参加过夫家的祭祀。

〔9〕未敢见：女父谦言尚未敢去见婿。

〔10〕之就宫：之，往。意思是不敢当婿之来见，而当由己往婿家就见。

〔11〕某以非他故：某，婿名。非他，非他人，犹今言不是外人。

〔12〕不足以辱命：命，"将走见"之言。不足辱，犹言不敢当。

〔13〕某：女父名。

〔14〕固辞：再次推辞。

〔15〕东面奠挚：这是在寝门外奠挚。婿见女父之礼是在寝门外进行的。

〔16〕摈者以挚出：这是为了把挚交还给婿，因为主人谦虚不敢当婿奠挚相见之礼，想让婿重新以宾礼相见。

〔17〕见主妇：主妇即女母。案婿见主妇亦在寝门外，而主妇则立于寝门内，详下。

〔18〕阖扉：谓阖左扉（即寝的东门）。

〔19〕堨出：这是将出大门而实尚未出。

〔20〕请醴：案此"醴"及下文"醴以一献之礼"的"醴"，皆当作"礼"。因为这是主人用酒飨婿，而非行醴礼。

〔21〕无币：谓礼婿之后不再赠送束帛，以体现不同于一般宾客。

【译文】

如果婿因故而不能亲迎，那就要在妇入夫家三个月后，婿前往拜见妇的父母。婿到妇娘家大门外，经摈者向主人传言说："某因为能与您为婚姻之族，因此请求拜见您。"主人回答说："某得以充数做您的婚姻之族，但某之女尚未参加过您的宗庙祭祀，因此还未敢前往见您。现在您屈驾前来，还是请您先回家，某将急速前往见您。"婿回答说："某又不是外人，您这样说，实在不敢当。请您一定赐见。"主人说："某因为能和您结为婚姻之族，所以不敢再推辞。敢不从命！"主人从寝门左侧出来，面朝西站在寝

门外东边。婿进入大门，到寝门前，面朝东把挚摆在地上，向主
人行再拜礼，然后出大门。摈者拿着挚出大门，请婿把挚收回，
重新以宾客之礼相见。婿推辞了一下，就答应了，从摈者手中接
受了挚，进入大门。主人向婿行再拜礼，接受了婿赠送的挚。婿
授挚后，也向主人行再拜礼，然后出大门。婿又见主妇。主妇关
上寝门的左扇站在门内。婿站在门外西边，面朝东。主妇拜一拜。
婿回以再拜礼。主妇又拜一拜。婿见过主妇将出大门的时候，主
人请婿接受酬劳。主人与婿行揖礼进入寝门，行至堂下阶前又互
相谦让而后升堂。主人用一献之礼酬劳婿。主妇为婿进上脯醢。
婿把主人酬己的酒放下不再饮，以示礼成。主人不向婿赠送束帛。
婿出大门，主人送到大门外，向婿行再拜礼。

士相见礼第三

1. 士相见之礼。挚，冬用雉，夏用腒^[1]，左头奉之。曰^[2]："某也愿见^[3]，无由达，某子以命命某见^[4]。"主人对曰："某子命某见^[5]。吾子有辱^[6]。请吾子之就家也，某将走见^[7]。"宾对曰："某不足以辱命^[8]，请终赐见。"主人对曰："某不敢为仪^[9]，固请吾子之就家也，某将走见。"宾对曰："某不敢为仪^[10]，固以请。"主人对曰："某也固辞不得命^[11]，将走见。闻吾子称挚^[12]，敢辞挚。"宾对曰："某不以挚不敢见^[13]。"主人对曰："某不足以习礼^[14]，敢固辞。"宾对曰："某也不依于挚不敢见^[15]，固以请。"主人对曰："某也固辞不得命，敢不敬从！"出迎于门外，再拜。宾答再拜。主人揖，入门右。宾奉挚入门左。主人再拜，受^[16]。宾再拜送挚^[17]，出。主人请见^[18]。宾反见，退。主人送于门外，再拜。

【注释】

〔1〕腒：音 jū，鸟类的干脯，此指干雉。

〔2〕曰：案自此以下至"主人对曰：'某也固辞不得命，敢不敬从！'"皆主人之摈者居间往复传言之辞。

〔3〕某：宾名。

〔4〕某子以命命某见：上"某"，介绍人的姓。以命，谓以主人之命。下"某"，宾名。

〔5〕某子命某见：某子，同上之"某子"。命某见，"命"上脱"以

命"二字。

　　〔6〕吾子有辱：吾子，谓宾。有，又。

　　〔7〕某：主人名。

　　〔8〕某不足以辱命：某，宾名。不足辱，犹言不敢当。命，谓主人"将走见"之言。

　　〔9〕某不敢为仪：某，主人名。仪，仪貌，外表。不敢为仪，犹言不敢只是表面说说。

　　〔10〕某：宾名。

　　〔11〕某也固辞不得命：某，主人名。命，允命。

　　〔12〕吾子称挚：吾子，谓宾。称，在此犹言持，拿。

　　〔13〕某：宾名。

　　〔14〕某不足以习礼：某，主人名。不足以习礼，意即不敢当此重礼。

　　〔15〕某：宾名。

　　〔16〕受：谓受挚于庭中。

　　〔17〕再拜送挚：案实际是先送挚，而后行拜送礼。

　　〔18〕主人请见：谓主人又使摈者请宾相见。因为以上是初见，宾主皆拘于礼，未得交欢心，故复请宾，为交欢心而见，即所谓燕见。

【译文】

　　士相见之礼。士见士时所拿的挚，冬天用雉，夏天用干雉，挚的拿法是使雉头朝左，用双手捧着。到了要访见的士家大门外，通过摈者传言说："某早就希望拜见您，只是没有人介绍，现在有某子传达您的命令，命某来见您。"主人回答说："某子传达您的命令，命某前往见您，现在您反而屈驾前来。还是请您先回家，某将急速前往见您。"宾回答说："您这样说，某实在不敢当。请您一定赐见。"主人回答说："某不是表面说说，是诚心要去见您，还是请您回家，某将急速往见。"宾回答说："某也不是表面说说，是诚心来见您，还是请您赐见。"主人回答说："某一再推辞，得不到您的允许，某将立即出去见您。但听说您还拿得有挚，某不敢当此重礼。"宾回答说："某不拿挚，就不敢来见您。"主人回答说："某实在不敢当此重礼，不敢不再次推辞。"宾回答说："某不依托挚，就不敢来见您，还是请您赐见。"主人回答说："某一再推辞，得不到您的允许，敢不恭敬从命！"于是主人出大门外迎接宾，向宾行再拜礼。宾回再拜礼。主人揖请宾入大门，然后主人从门的右侧进入。宾捧着挚从门的左侧进入。主人行再拜礼，从宾手中接受了挚。宾授挚后也行再拜礼，然后出大门。主人为了与宾结欢心，又让摈者请宾相见。宾于是返回来再次与主人相见，与主人结欢心而后退出。主人送宾到大门外，向宾行再拜礼。

2. 主人复见之以其挚[1]，曰[2]："向者吾子辱[3]，使某见[4]。请还挚于将命者[5]。"主人对曰[6]："某也既得见矣，敢辞。"宾对曰："某也非敢求见，请还挚于将命者。"主人对曰："某也既得见矣，敢固辞。"宾对曰："某不敢以闻，固以请于将命者。"主人对曰："某也固辞不得命，敢不从！"宾奉挚入。主人再拜受。宾再拜送挚，出。主人送于门外，再拜。

【注释】

〔1〕主人：前被访见之士，即下文所称之宾。

〔2〕曰：案自此以下至"主人对曰：'某也固辞不得命，敢不从！'"皆摈者居间往复传言之辞。

〔3〕向者吾子辱：向，不久前。辱，辱临。

〔4〕某：主人名，亦即下之宾名。

〔5〕请还挚于将命者：将命者，即传命者，亦即摈者。其实这里是要还挚于主人，谦而不敢直言主人，故称将命者。

〔6〕主人：即前之宾，今居家则为主人。

【译文】

主人又拿着宾所赠的挚来回访，到了前之宾而今之主人家大门外，通过主人的摈者传话说："不久前蒙您屈驾光临，使某能够见到您。现在请允许某把挚还给您的摈者。"主人回答说："某已经得您允许见过您了，现在您又屈驾来访，实在不敢当。"宾回答说："某不敢求见您，只是请求把挚还给您的摈者。"主人回答说："某已经得您允许见过您了，对于您的屈驾来访，再次表示不敢当。"宾回答说："某不敢使还挚的事情让您知道，只是再次向摈者请求还挚。"主人回答说："某一再推辞得不到您的允许，敢不从命！"宾捧着挚进入大门。主人行再拜礼，从宾手中接过挚。宾授挚后行再拜礼，然后出门。主人送宾到大门外，向宾行再拜礼。

3. 士见于大夫，终辞其挚[1]。于其入也[2]，一拜其辱也。宾退，送再拜。

【注释】

〔1〕终辞其挚：终辞，即不受。之所以终辞其挚而不受，因大夫对士不回访。
〔2〕入：谓入大门。

【译文】

士去见大夫，大夫对于士所拿的挚终辞不受。在士进入大门的时候，大夫要拜一拜，以感谢士的屈驾来访。宾退出的时候，大夫要行再拜礼相送。

4. 若尝为臣者[1]，则礼辞其挚，曰："某也辞不得命，不敢固辞。"宾入奠挚[2]，再拜。主人答壹拜。宾出，使摈者还其挚于门外，曰："某也使某还挚[3]。"宾对曰："某也既得见矣，敢辞[4]。"摈者对曰："某也命某：'某非敢为仪也。'敢以请。"宾对曰："某也夫子之贱私[5]，不足以践礼[6]，敢固辞。"摈者对曰：

"某也使某：'不敢为仪也。'固以请。"宾对曰："某固辞不得命，敢不从！"再拜受。

【注释】

〔1〕尝为臣者：谓以前为家臣而今为公士者。
〔2〕宾入奠挚：案大夫位尊，士不敢亲授。
〔3〕某也使某：上"某"，大夫名。下"某"，摈者名。
〔4〕敢辞：辞大夫还其挚。
〔5〕某也夫子之贱私：某，宾名。夫子，是对主人（即大夫）的尊称。贱私，家臣自卑谦之称。
〔6〕践礼：行礼。

【译文】

如果曾经做过某大夫家臣的人而现在做了士，又去拜见某大夫，该大夫对于该士所赠送的挚，应先推辞一下，然后收下，说："某推辞而得不到允许，不敢再推辞了。"宾进门后要把挚摆在地上，然后行再拜礼。主人回礼，拜一拜。宾退出大门后，主人要派摈者到门外去把挚还给宾，说："某派某来把挚还给您。"宾回答说："某已经得见您家主人了，对于您来还挚，不敢不推辞。"摈者回答说："某命某还挚时说：'某不是表面上做做样子的。'因此不敢不请您收回挚。"宾回答说："某是夫子的家臣，不敢当宾客之礼，不得不再次推辞。"摈者回答说："某派某还挚时交代说：'不敢只是表面上做做样子。'因此再次请您收回挚。"宾回答说："某一再推辞而得不到允许，敢不从命！"于是行再拜礼，接受了挚。

5. 下大夫相见以雁，饰之以布，维之以索〔1〕，如执雉。上大夫相见以羔，饰之以布，四维之结于面〔2〕，左头，如麛执之〔3〕。如士相见之礼。

【注释】

〔1〕维：谓系雁足。

〔2〕四维之结于面：面，前。谓系羔羊之四足，交出背上，而结之于胸前。

〔3〕麛：音 mí，鹿。

【译文】

下大夫相见，用雁做挚，雁用布缠裹作为装饰，雁的两足用绳系联着，雁的拿法同拿雉一样。上大夫相见，用羔羊做挚，羔羊用布缠裹作为装饰，用绳系住羔羊的四足，绳在羔羊的背上交叉而在胸前打结，羔羊的拿法是使羊头朝左，如同麛的拿法一样。大夫相见的礼仪和士相见的礼仪一样。

6. 始见于君，执挚至下〔1〕，容弥蹙〔2〕。庶人见于君，不为容，进退走〔3〕。士、大夫则奠挚，再拜稽首。君答壹拜。

【注释】

〔1〕下：君之堂下。

〔2〕容弥蹙：容，仪容。弥，愈益。蹙，犹促，恭敬诚实貌。

〔3〕走：疾趋。

【译文】

凡臣初次见国君，拿着挚走到国君堂下，仪容应该愈来愈恭敬诚实。庶人见国君，不讲究仪容，进和退都只管快步走而已。士或大夫要把挚摆在地上，然后行再拜稽首礼。国君回礼拜一拜。

7. 若他邦之人，则使摈者还其挚，曰："寡君使某还挚〔1〕。"宾对曰："君不有其外臣，臣不敢辞。"再拜稽首受。

【注释】

〔1〕寡君使某：寡君，古代臣子对别国自称其君的谦辞。某，摈者名。

【译文】

如果别国的臣来见国君，见毕，国君要使摈者把挚还给来宾，说："寡君派某来把挚奉还给您。"来宾回答说："君不把外臣当作己臣，臣也就不敢推辞了。"于是行再拜稽首礼，接受了挚。

8. 凡燕见于君〔1〕，必辩君之南面〔2〕。若不得则正方〔3〕。不疑君〔4〕。君在堂，升见无方阶〔5〕，辩君所在。

【注释】

〔1〕燕：闲。

〔2〕必辩君之南面：辩，犹正。谓臣当正北面见君。

〔3〕若不得则正方：不得，是说君的方位不是面朝南。方，向。正方，谓正东或正西方向。

〔4〕不疑君：疑，同"拟"，度。这句说不得因君的位置方向不正，自己亦因而邪向着君。

〔5〕升见无方阶：升，升堂。方，犹常，定。

【译文】

凡是在国君闲暇的时候去见国君，一定要端正见君的方向：国君面朝南，臣就面朝北见君。如果国君不是面朝南，那就面朝正东或正西的方向见君。不能因为国君所处的方位不正，臣也就随之而邪向着。国君如果在堂上，臣上堂见君，所上的阶就没有一定，要看国君的位置所在：如国君离东阶近，就从东阶上堂；离西阶近，就从西阶上堂。

9. 凡言非对也，妥而后传言[1]。与君言，言使臣；与大人言[2]，言事君；与老者言，言使弟子；与幼者言，言孝弟于父兄；与众言，言忠信慈祥；与居官者言，言忠信。凡与大人言，始视面，中视抱[3]，卒视面。毋改[4]，众皆若是[5]。若父则游目[6]，毋上于面，毋下于带。若不言，立则视足，坐则视膝。

【注释】

〔1〕妥而后传言：妥，安坐。传言，犹出言。

〔2〕大人：指公卿大夫。

〔3〕中视抱：中，中间，谓言毕而待大人作出反应的时间。抱，怀抱处。

〔4〕毋改：谓言毕而听者尚未作出反应时，言者应当始终端正仪态以待，而不变动失态。

〔5〕众：通"终"，自始至终。

〔6〕游目：即旁游其目，谓目光不专注于其父，还应观察父的周围与父的起居有关的一切，以知父体安否。

【译文】

凡是向国君进言而不是回答国君的问话，就要看到国君安坐以后再出言。向国君进言，主要谈怎样使用臣下；向公卿大夫进言，主要谈怎样侍奉国君；向老年人进言，主要谈怎样使用子弟；与年幼者谈话，主要谈怎样孝顺父母和敬爱兄长；与庶民谈话，主要谈怎样做到忠信慈祥；与官府的属吏谈话，主要谈怎样做到忠信。凡是向在上位的人进言，先要观察对方的脸色，看是否可以进言；言毕，即垂目下视对方的怀抱处，容对方思索并作出反应；最后再观察对方的脸色，看反应怎样。在等待对方思索并作出反应的时候，应当端正自己的仪态而不改变，而且自始至终都应该像这样虚心恭敬而不懈怠。如果是向父亲进言，目光可以移动，观察周围与父亲的生活起居有关的事物；如果看父亲，目光上不可及面部，下不可过衣带。如果只在父亲的身旁侍候而不说话，站着，目光就下视父足；坐着，目光就注视父亲的膝部。

10. 凡侍坐于君子[1]，君子欠伸[2]，问日之早晏，以食具告。改居[3]，则请退可也。夜侍坐，问夜、膳荤[4]，请退可也。

【注释】
〔1〕君子：此指卿大夫及国中贤者。
〔2〕欠伸：即今所谓打哈欠、伸懒腰。
〔3〕改居：变动坐的姿势，这是有倦意的表现。
〔4〕膳荤：膳，食。荤，如葱、薤之类，食之可止困倦。

【译文】
凡是在君子身边侍坐，如果君子打哈欠、伸懒腰，并且问现在是什么时候了，就用晚餐是否做好了告诉他。如果君子变动坐的姿势，那就是有倦意的表现，就可以请求退下了。要是夜间在君子身边侍坐，君子问现在是夜里什么时候了，并且吃荤辛的东西来解除困意，那也就可以请求退下了。

11. 若君赐之食[1]，则君祭先饭，遍尝膳[2]，饮而俟。君命之食，然后食。若有将食者[3]，则俟君之食，然后食。若君赐之爵，则下席再拜稽首，受爵升席，祭，卒爵，而俟君卒爵[4]，然后授虚爵[5]。退，坐取屦，隐辟而后屦[6]。君为之兴，则曰："君无为兴，臣不敢辞[7]。"君若降送之，则不敢顾辞，遂出。大夫则辞，退，下，比及门，三辞。

【注释】

〔1〕君赐之食：谓君赐臣与之一同进食。此臣为士。

〔2〕膳：指所进献的各种美味食物。

〔3〕将食者：即进食者，谓膳宰。膳宰进食，则臣不尝食，而由膳宰尝之。

〔4〕俟君卒爵：案必己先卒爵然后俟君卒爵，有劝君饮酒之意。

〔5〕授虚爵：授予赞者。

〔6〕辟：同"僻"，隐僻处。

〔7〕不敢辞：谓君为己而兴，礼太重，连推辞也不敢。

【译文】

如果士在国君身边侍坐而国君赐士一同用餐，那就要在国君行食前祭礼之前，先为国君尝一尝饭，接着要遍尝各种食物，再尝一尝酒，而后等待国君的命令。君命士用食，然后士开始吃。如果有膳宰进食，士就等到国君开始吃了，然后开始吃。如果国君向士进酒，士就要下席，向君行再拜稽首礼，然后受爵升席，用酒祭先人，再饮干爵中酒；饮毕，要等候国君也把爵中酒饮干了，再把空爵交给赞者。士退席，要到堂下取屦，在隐僻的地方跪着穿屦。君因士退席而起身，士就要说："君不用起来，臣不敢当。"君如果下堂相送，士连回头推辞也不敢，就出去了。大夫对国君可以推辞：从退席而国君起身，下堂而国君下阶，一直到临门而国君送到门口，先后应推辞三次。

12. 若先生异爵者请见之则辞[1]。辞不得命，则曰[2]："某无以见[3]，辞不得命，将走见，先见之。"

【注释】

〔1〕先生异爵者：先生，退休的官吏。异爵，爵位高于主人：主人是士，请见者是卿大夫。

〔2〕则曰：此以下是通过摈者传言之辞。

〔3〕无以见：谦辞，谓无德可以辱见。

【译文】

如果是已经退休的卿大夫来请求见士,士就应该推辞不见。推辞而不得允许,就应该说:"某无德敢屈驾先生来见,推辞呢,又得不到允许。本当急速前往拜见先生,现在姑且先与先生相见吧。"

13. 非以君命使〔1〕,则不称寡大夫〔2〕。士则曰寡君之老〔3〕。凡执币者不趋,容弥蹙以为仪〔4〕。执玉者则唯舒武〔5〕,举前曳踵。凡自称于君,士、大夫则曰下臣,宅者在邦则曰市井之臣〔6〕,在野则曰草茅之臣,庶人则曰刺草之臣,他国之人则曰外臣。

【注释】

〔1〕非以君命使:谓以私事出使邻国。
〔2〕不称寡大夫:案此大夫以私事出使,用私臣为己做摈者,到邻国传言就只称大夫之名。
〔3〕士则曰寡君之老:案据《礼记·玉藻》,此句"士"上脱"公"字,"士"下脱"摈"字;"曰"下盖蒙上文省"寡大夫"三字。
〔4〕容弥蹙以为仪:即仪容弥蹙之意。
〔5〕舒武:舒,缓也。武,足迹。舒武,即安步徐行之意。
〔6〕邦:此指国都。

【译文】

如果大夫不是奉君命出使邻国,那么他的私人摈者向邻国传言时就不称己之大夫为寡大夫。如果是因公事出使而由公士做摈者,那么摈者到邻国传言就称己之大夫为寡大夫,或称寡君之老。凡是执帛见国君,不应快步走,而且仪容应当愈来愈显得恭敬诚实。如果执玉见国君,就要安步徐行,迈步的姿势应先翘起前脚掌,再带动脚后跟,这样向前行进。凡是对国君称呼自己:如果是士或大夫就自称下臣;如果是退休的官吏而居宅在国都中的,就自称市井之臣,居宅在郊野的就自称草茅之臣;如果是庶民就自称刺草之臣;别国人就自称外臣。

乡饮酒礼第四

1. 乡饮酒之礼。主人就先生而谋宾、介[1]。主人戒宾，宾拜辱。主人答拜，乃请宾。宾礼辞许。主人再拜，宾答拜。主人退，宾拜辱。介亦如之。

【注释】

〔1〕主人就先生而谋宾、介：主人，指诸侯的乡大夫，因乡大夫是乡饮酒礼的主持人。先生，指退休的大夫士而在乡党的学校中任教者；宾、介为乡中的贤人，其中最优者一人为宾，其次一人为介，又其次为众宾。乡中每三年正月举行一次大比（即大选），选举贤能的人，献给国君。此宾一人，即选出待献之贤者。向国君献贤之前，要为贤者举行乡饮酒礼，以示尚贤，而介和众宾则将辅助宾行饮酒礼。

【译文】

乡饮酒之礼。主人前往就乡先生们商议选拔宾、介。接着主人到被选中的宾家去把选举的结果告诉他。宾向主人行拜礼，感谢他屈驾光临。主人回礼答拜，于是请宾参加为他举行的饮酒礼。宾推辞了一下，就答应了。主人行再拜礼，宾回礼答拜。主人退去，宾行拜礼相送并再次感谢主人的屈驾光临。告介的礼仪也和告宾一样。

2. 乃席宾[1]、主人、介。众宾之席皆不属焉[2]。尊两壶于房户间[3]，斯禁[4]，有玄酒在西。设篚于禁南，东肆[5]。加二勺于两壶。设洗于阼阶东南，南北以堂深，东西当东荣。水在洗东。篚在洗西，南肆。

【注释】

〔1〕席：案饮酒礼是在乡学即庠中举行的，这是在庠中堂上布席。

〔2〕众宾之席皆不属焉：众宾，实指众宾之长三人（参见第 9 节）。属，音 zhǔ，连接。

〔3〕壶：盛酒器。

〔4〕斯禁：禁名，一名棜，承尊器，无足。

〔5〕东肆：肆，陈也。东肆，谓篚首朝东，尾向西陈之。

【译文】

于是为宾、主人和介布席。为众宾布的席互相都不连接。在东房门与室门之间的地方设尊，尊是两只壶，壶放在斯禁上，盛玄酒的壶放在西边。篚放在禁的南边，篚的首端朝东而尾向西陈放。把两只勺分别加放在两只壶上。在阼阶东南边设洗，洗与堂南北之间的距离和堂前后的深度相等，东西位置正对着堂的东荣。供盥洗用的水放在洗的东边。又一只篚放在洗的西边，篚的首端朝北而尾向南陈放。

3. 羹定[1]，主人速宾。宾拜辱。主人答拜，还。宾拜辱。介亦如之。宾及众宾皆从之。主人一相[2]，迎于门外。再拜宾，宾答拜。拜介，介答拜。揖众宾。主人揖，先入。宾厌介[3]，入门左。介厌众宾，入。众宾皆入门左，北上。主人与宾三揖，至于阶。三让，主人升，宾升。主人阼阶上当楣[4]，北面再拜[5]。宾西阶上当楣，北面答拜。

【注释】

〔1〕羹定：谓牲肉煮熟的时候。

〔2〕相：即主人之摈者，为主人相礼。

〔3〕厌：古人行礼的一种形式，盖拱手而作向内引之之状。

〔4〕当楣：即上当屋的二檩处。

〔5〕北面再拜：这是主人行拜至礼，以感谢宾的到来。

【译文】

当牲肉煮熟的时候，主人又前往邀请宾。宾向主人行拜礼，以感谢主人的屈驾光临。主人回礼答拜，然后回去。宾行拜礼相送并再次感谢主人的屈驾光临。邀请介的礼仪也和这一样。宾、介和众宾都相随到来。主人由一人相礼，出庠门迎接宾。主人向宾行再拜礼，宾回礼答拜。主人向介行拜礼，介回礼答拜。主人又对众宾行揖礼。然后主人揖请宾入庠门，自己先入做前导。宾对介行厌礼，然后从庠门左侧进入。介向众宾行厌礼，然后进入庠门。众宾都从庠门左侧进入，在庭西面朝东而立，以北边为上位。主人与宾入门后，先后行了三次揖礼，来到堂阶前。升阶前，主人与宾又互相谦让了三次，然后主人升堂，宾也升堂。主人站在阼阶上上当屋楣的地方，面朝北行拜至礼。宾站在西阶上上当屋楣的地方，面朝北回礼答拜。

4. 主人坐[1]，取爵于篚，降，洗。宾降[2]。主人坐，奠爵于阶前，辞。宾对。主人坐取爵，兴，适洗，南面坐，奠爵于篚下，盥洗。宾进，东北面辞洗。主人坐，奠爵于篚，兴对。宾复位，当西序东面。主人坐取爵。沃洗者西北面[3]。卒洗，主人壹揖、壹让，升。宾拜洗。主人坐，奠爵，遂拜，降盥[4]。宾降。主人辞，宾对，复位，当西序。卒盥，揖，让，升。宾西阶上疑立。主人坐取爵，实之，宾之席前西北面献宾[5]。宾西阶上拜，主人少退。宾进受爵以复位。主人阼阶上拜送爵，宾少退。荐脯醢。宾升席自西方。乃设折俎[6]。主人阼阶东疑立[7]。宾坐，左执爵，祭脯醢，奠爵于荐西，兴右手取肺[8]，却左手执本[9]，坐，弗缭[10]，右绝末以祭[11]，尚左手唭之[12]，兴加于俎，坐，挩手[13]，遂祭酒，兴席末坐，啐酒，降席坐，奠爵，拜告旨[14]，执爵兴。主人阼阶上答拜。宾西阶上北面坐，卒爵，兴，坐奠爵，遂拜，执爵兴。主人阼阶上答拜。

【注释】

〔1〕主人坐：案古人所谓坐，是用双膝触席而将臀部置于踵（足后跟）上，若欲取物、放物或起身，则将臀部提起而上身挺直，这就叫作跪，也叫长跪，或叫作跽。古人这种坐或跪的姿势又可统谓之坐，故《仪礼》中坐跪不分，一律曰坐。现在主人将起身取爵，故当变坐为跪。

〔2〕宾降：这是宾见主人为己而降，故不敢安其位，亦随之而降。

〔3〕沃洗者：指主人的属吏中专门负责用勺浇水以供宾主盥洗者。

〔4〕降盥：案主人拜时以手据地，又将手弄脏了，因此又下堂盥手，以便酌酒。

〔5〕宾之席前西北面献宾：案因此时宾在西阶上，主人欲宾就席受爵，故西北面斜向之。

〔6〕折俎：是载有按骨节折解成块的牲肉的俎。

〔7〕主人阼阶东疑立：这是表示对宾十分恭敬。

〔8〕肺：此指离肺，即用于祭的肺。

〔9〕却左手执本：却，仰。本，肺的大端。

〔10〕弗缭：缭，即《周礼·春官·大祝》所载九祭中的缭祭：以手从肺本循之至末端，挹取之以祭。

〔11〕绝末以祭：即《大祝》所载九祭中的绝祭：不循其本，直接挹取肺以祭。

〔12〕尚：通"上"，在此是举起的意思。

〔13〕挩：音 shuì，拭。

〔14〕告旨：这是向主人行拜礼以感谢主人饮己以美酒。

【译文】

主人就席而坐，又起身从筐中取爵，然后下堂，准备洗爵。宾也随着下堂。主人在阼阶前面朝西而坐，把爵放在阶前地上，然后起身向宾辞降。宾回答了一番话。于是主人又坐下取爵，起身，走到洗的北边，面朝南坐下，把爵放在篚旁地下，起身盥手准备洗爵。宾进前，面朝东北向主人辞洗。主人坐下，把爵放在篚中，起身回答了一番话。宾又回到西阶下原位，在北当堂上的西序的地方面朝东而立。主人又坐下，从篚中取爵。沃洗者面朝西北为主人浇水洗爵。洗毕，主人与宾行一揖一让之礼，而后升阶上堂。宾向主人拜洗。主人坐下，把爵放在地上，向宾回礼答拜，拜毕又下堂盥手。宾也随着下堂。主人向宾辞降，宾回答了一番话，然后回到西阶下原位，在北当堂上西序的地方站立。主人盥手毕，又与宾行一揖一让之礼而后升堂。宾在西阶上正身而立。主人坐下取爵，给爵酌酒，然后到宾席前面朝西北向宾献酒。宾在西阶上行拜受礼，主人稍后退以示避让。宾进前受爵后又回到西阶上原位。主人授爵后回到阼阶上行拜送礼，宾稍后退以示避让。有司给宾席前进上脯醢。宾从席的西边升席。有司又在宾席前设折俎。主人在阼阶东边正身而立。宾就席而坐，左手拿爵，右手取脯醢祭先人，祭毕把爵放在脯醢的西边，起身用右手取肺，左手仰向上握住肺厚大的一端，坐下，不行缭祭，而行绝祭之礼，然后左手将肺举起尝了尝，起身把肺放在俎上，坐下擦擦手，接着用酒祭先人，再起身，到席末端坐下，尝了尝酒，然后下席就地而坐，把爵放在地上，向主人行拜礼告旨，再拿爵站起来。主人在阼阶上回礼答拜。宾来到西阶上面朝北而坐，饮干爵中的酒，起身，又坐下，把爵放在地上，接着向主人行拜礼，然后拿爵站起来。主人在阼阶上回礼答拜。

5. 宾降，洗[1]。主人降。宾坐奠爵，兴辞。主人对。宾坐取爵，适洗南，北面。主人阼阶东，南面辞洗。宾坐奠爵于篚，兴对。主人复阼阶东，西面。宾东北面盥，坐取爵，卒洗，揖让如初，升。主人拜洗。宾答拜，兴降盥，如主人礼。宾实爵，主人之席前东南面酢主人[2]。主人阼阶上拜，宾少退。主人进受爵，复位。宾西阶上拜送爵。荐脯醢。主人升席自北方。设折俎。祭如宾礼[3]，不告旨[4]。自席前适阼阶上北面坐，卒爵，兴，坐，奠爵，遂拜，执爵兴。宾西阶上答拜。主人坐，奠爵于序端，阼阶上北面再拜崇酒[5]。宾西阶上答拜。

【注释】

　〔1〕洗：这是为酌酒酢主人而洗爵。

　〔2〕主人之席前东南面酢主人：义同上节主人至"宾之席前西北面献宾"。

　〔3〕祭：包括祭脯醢、祭肺、祭酒，以及啐肺、啐酒等，皆食前祭礼。

　〔4〕不告旨：因酒是主人之酒，故主人自己不告旨。

　〔5〕再拜崇酒：崇在此是珍贵的意思，谓宾能珍贵主人的酒，不嫌其薄而饮之，主人因此而拜谢宾。

【译文】

　宾从西阶下堂，将要洗爵酌酒酢主人。主人也随着下堂。宾坐下，把爵放在西阶前，起身向主人辞降。主人回答了一番话。宾又坐下取爵，走到洗的南边，面朝北而立。主人在阼阶东边，面朝南稍进前向宾辞洗。宾坐下把爵放入篚中，起身回答了一番话。主人又回到阼阶东边原位，面朝西而立。宾面朝东北盥手，坐下从篚中取爵来洗，洗毕，像当初一样与主人行一揖一让之礼而后升堂。主人向宾拜洗。宾回礼答拜，又起身下堂去盥手，如同主人答拜后又下堂盥手一样。宾给爵斟满酒，到主人席前面朝东南酢主人。主人在阼阶上行拜受礼，宾稍退以示避让。主人进前受爵，然后又回到阼阶上原位。宾授爵后回到西阶上行拜送礼。有司为主人席前进上脯醢。主人从席的北边升席。有司又为主人设折俎。主人像宾一样地行祭礼，但不向宾告旨。主人从席前走到阼阶上面朝北而坐，饮干爵中酒，起身，又坐下，把爵放在地上，接着向宾行拜礼，再拿着爵站起来。宾在西阶上回礼答拜。主人坐下，把爵放在东序南端，在阼阶上面朝北行再拜礼，以感谢宾珍重自己的酒。宾在西阶上回礼答拜。

6. 主人坐，取觯于篚，降，洗[1]。宾降。主人辞降。宾不辞洗[2]，立当西序，东面。卒洗，揖、让升。宾西阶上疑立。主人实觯，酬宾，阼阶上北面坐，奠觯，遂拜，执觯兴。宾西阶上答拜。坐，祭，遂饮卒觯，兴，坐奠觯，遂拜，执觯兴[3]。宾西阶上答拜。主人降洗。宾降辞[4]，如献礼。升，不拜洗[5]。宾西阶上立。主人实觯，宾之席前北面。宾西阶上拜，主人少退。卒拜，进坐，奠觯于荐西。宾辞，坐取觯[6]，复位。主人阼阶上拜送。宾北面坐，奠觯于荐东，复位。

【注释】

〔1〕洗：这是为将要酌酒酬宾而洗觯。进酬酒之前已当先饮。

〔2〕宾不辞洗：因主人将先自饮。

〔3〕自"坐"至"执觯兴"：这是记主人为酬宾而先自饮的礼仪。

〔4〕宾降辞：这是向主人辞洗。

〔5〕不拜洗：因酬宾之礼轻于向宾献酒之礼。

〔6〕宾辞，坐取觯：案主人向宾进酬酒时，是把觯摆在地上，而不直接授给宾，这是一种自谦卑下的表示，因此宾要表示不敢当而加以推辞。辞而不允，于是坐而取觯，以表示直接受觯。

【译文】

主人坐，从篚中取觯，下堂，将要洗觯酌酒酬宾。宾也随着下堂。主人向宾辞降。宾不向主人辞洗，在堂下北当堂上西序的地方站立，面朝东。主人洗觯毕，与宾一揖、一让，而后升堂。宾在西阶上正身而立。主人给觯斟满酒，将要酬宾，在阼阶上面朝北坐下，把觯放下，接着行拜礼，然后拿觯站起来。宾在西阶上回礼答拜。主人坐下，用酒祭先人，接着自己先饮干觯中酒，饮毕起身，又坐下，把觯放下，行拜礼，再拿觯站起来。宾在西阶上回礼答拜。主人又下堂将要洗觯。宾下堂向主人辞洗，如同主人为向宾献酒而洗觯时宾辞洗的礼仪那样。升堂后，宾不向主人拜洗。宾站在西阶上。主人给觯斟满酒，走到宾的席前面朝北而立。宾在西阶上行拜受礼，主人稍退以示避让。宾拜毕，主人进至宾席前坐下，把觯放在脯醢的西边。宾对主人为己奠觯推辞了一番，然后到席前坐下取觯，又回到西阶上原位。主人回到阼阶上行拜送礼。宾又到席前面朝北坐下，把觯放在脯醢的东边而不饮，再回到西阶上原位。

7. 主人揖，降[1]。宾降，立于阶西，当序，东面。主人以介揖[2]、让升，拜[3]，如宾礼。主人坐取爵于东序端[4]，降洗。介降。主人辞降，介辞洗，如宾礼。升不拜洗[5]。介西阶上立。主人实爵，介之席前西南面献介。介西阶上北面拜，主人少退。介进北面受爵，复位。主人介右北面拜送爵[6]，介少退。主人立于西阶东。荐脯醢。介升席自北方。设折俎。祭如宾礼，不啐肺，不啐酒，不告旨[7]。自南方降席，北面坐，卒爵，兴，坐，奠爵，遂拜，执爵兴。主人介右答拜。

【注释】

〔1〕降：这是为将与尚在堂下的介行礼而下堂。

〔2〕以：与。

〔3〕拜：这是向介行拜至礼。

〔4〕取爵于东序端：案此爵即宾酢主人、主人饮毕"奠爵于序端"之爵（见第 5 节）。

〔5〕不拜洗：因介礼简于宾。

〔6〕介右：介的东边。案自此以下主人与介行礼都在西阶上、介的东边，以体现主人降尊就卑之义。

〔7〕不哜肺，不啐酒，不告旨：皆因为介礼简于宾。

【译文】

　　主人向宾行揖礼，而后下堂，准备与介行礼。宾也随着下堂，在西阶西边北当堂上西序的地方站立，面朝东。主人与介行揖、让之礼而后升堂，升堂后又向介行拜至礼，这些都和迎宾时的礼仪一样。主人在东序南端坐下取爵，然后下堂洗爵。介也随着下堂。主人向介辞降，介向主人辞洗，都同与宾行礼时一样。主人洗爵毕升堂后，介不向主人拜洗。介在西阶上面朝北而立。主人给爵斟满酒，来到介席前面朝西南向介献酒。介在西阶上面朝北行拜受礼，主人稍后退以示避让。介进至席前面朝北从主人手中接受了爵，又回到西阶上原位。主人来到介的右边面朝北行拜送礼，介稍退以示避让。主人站在西阶东边。有司给介席前进上脯醢。介从席的北边升席。有司又为介席前设折俎。介像宾一样地行祭礼，但祭毕不尝肺，不尝酒，也不向主人告旨。介从席的南端下席，面朝北坐下，饮干爵中的酒，起身，又坐下，把爵放在地上，接着向主人行拜礼，再拿着爵站起来。主人在介的右边回礼答拜。

　　8. 介降洗[1]。主人复阼阶，降辞如初。卒洗，主人盥[2]。介揖让升，授主人爵于两楹之间。介西阶上立。主人实爵，酢于西阶上介右。坐，奠爵，遂拜，执爵兴。介答拜。主人坐，祭，遂饮卒爵，兴，坐，奠爵，遂拜，执爵兴。介答拜。主人坐，奠爵于西楹南、介右，再拜崇酒。介答拜。

【注释】

　　〔1〕介降洗：这是为了授爵给主人，以便主人自酢而降洗。因为介卑，不敢与主人抗礼，故不敢亲自酌酒授主人，又不敢烦主人洗爵，所以下堂为主人洗爵，而后授给主人，由主人自酌自酢。

〔2〕主人盥：这是为将自酢而洁手。

【译文】

　　介下堂洗爵。主人回到阼阶上原位，见介下堂，也随着下堂，介向主人辞降，主人向介辞洗，都同宾酢主人时的礼仪一样。介洗爵毕，主人盥手。介与主人行揖让之礼而后升堂，在两楹之间把爵授给主人。介站在西阶上。主人给爵斟满酒，在西阶上介的右边行自酢礼。主人坐下，把爵放在地上，接着行拜礼，再拿爵站起来。介回礼答拜。主人坐下，用酒祭先人，接着饮干爵中酒，起身，又坐下，把爵放在地上，行拜礼，再拿爵站起来。介回礼答拜。主人又坐下，把爵放在西楹南边、介右边的地方，向介行再拜礼，以感谢介珍重自己的酒。介回礼答拜。

　　9. 主人复阼阶，揖，降[1]。介降，立于宾南。主人西南面三拜众宾[2]。众宾皆答壹拜。主人揖，升[3]，坐取爵于西楹下[4]，降洗，升，实爵，于西阶上献众宾。众宾之长升，拜受者三人[5]。主人拜送。坐祭，立饮，不拜既爵[6]，授主人爵，降复位[7]。众宾献，则不拜受爵[8]，坐祭，立饮[9]。每一人献，则荐诸其席[10]。众宾辩有脯醢[11]。主人以爵降，奠于篚。

【注释】

　　〔1〕降：这是主人为与堂下众宾行礼而降。
　　〔2〕主人西南面三拜众宾：案众宾此时立于庭西南边，主人从东阶下堂，故西南面拜众宾。
　　〔3〕升：这是主人自升，众宾尚在堂下。
　　〔4〕坐取爵于西楹下：此爵即上节主人"奠爵于西楹南、介右"之爵。
　　〔5〕拜受者三人：此三人即众宾之长。
　　〔6〕不拜既爵：因礼简，饮毕爵中酒之后，不拜谢主人。

〔7〕降复位：案自"坐祭"至此，是说每位宾长受爵后都如此。

〔8〕不拜受爵：亦因礼简，受爵前不行拜受礼。

〔9〕坐祭，立饮：案众宾在堂上无席位，坐祭、立饮当在西阶上，饮毕再下堂。

〔10〕荐诸其席：案三位宾长之席在宾席的西边。

〔11〕辩：同"遍"。

【译文】

主人回到阼阶上，向介行拜礼，然后下堂，准备与众宾行礼。介也随着下堂，站在宾的南边。主人面朝西南向众宾拜了三拜。众宾向主人回礼，各拜了一拜。主人向众宾行揖礼，然后升堂，到西楹南边坐下取爵，下堂去洗，洗毕升堂，给爵斟满酒，在西阶上向众宾献酒。众宾之长三人先后升堂，行拜受礼而后受爵。主人授爵后行拜送礼。宾长受爵后就席坐下，用酒祭先人，然后起身站着饮干爵中酒，饮毕不行拜礼，把空爵交给主人，然后下堂回到原位。主人又向众宾献酒。众宾受爵前不行拜受礼，受爵后就在西阶上坐下行祭礼，然后起身站着饮干爵中酒。三宾长的每一人接受主人献酒后，就有脯醢进送到他的席前。众宾接受献酒后，也都有脯醢送到他们在堂下的位置上。主人向众宾献酒毕，拿着空爵下堂，把爵放进篚中。

10. 揖、让升。宾厌介，升。介厌众宾[1]，升。众宾序升即席。一人洗[2]，升，举觯于宾[3]。实觯，西阶上坐，奠觯，遂拜，执觯兴。宾席末答拜。坐，祭，遂饮卒觯，兴；坐，奠觯，遂拜[4]，执觯兴。宾答拜。降洗，升，实觯，立于西阶上。宾拜。进坐，奠觯于荐西[5]。宾辞，坐受以兴。举觯者西阶上拜送。宾坐，奠觯于其所[6]。举觯者降。

【注释】

〔1〕众宾：谓三宾长。

〔2〕一人洗：此一人指主人赞者，即下文所谓"举觯者"。

〔3〕举觯于宾：举即执，谓执觯向宾进酒劝饮，也就是进酬酒，以表示旅酬之礼将从宾开始。所谓旅酬，即众人依次受酬酒之意。案以下记演奏乐歌之后，宾即取此觯以酬主人，主人酬介，介又酬众宾，遂依次而遍酬，即旅酬之礼。

〔4〕遂拜：这是告宾己已先饮，有拜劝宾饮之意。

〔5〕进坐，奠觯于荐西：这句的主语是举觯者。举觯者位卑，不敢亲授，故奠之。

〔6〕其所：即荐西，举觯者奠觯之处。

【译文】

主人与宾行一揖、一让之礼而后升堂。宾向介行厌礼，而后升堂。介向三宾长行厌礼，而后升堂。三宾长也依次升堂就席。主人使一人洗觯，洗毕升堂，将要举觯向宾进酬酒。举觯者给觯斟满酒，到西阶上坐下，把觯放在地上，接着向宾行拜礼，再拿觯站起来。宾在席的西端回礼答拜。举觯者坐下，用酒祭先人，接着饮干觯中酒，饮毕起身，又坐下，把觯放在地上，行拜礼，然后拿觯站起来。宾回礼答拜。举觯者下堂洗觯，洗毕升堂，给觯斟满酒，站在西阶上。宾行拜受礼。举觯者进到宾席前坐下，把觯放在脯醢的西边，表示不敢亲授。宾对举觯者奠觯推辞了一番，然后坐下拿觯起身，举觯者在西阶上行拜送礼。宾坐下，又把觯放回到脯醢西边。举觯者下堂去。

11. 设席于堂廉[1]，东上。工四人，二瑟[2]，瑟先。相者二人[3]，皆左何瑟，后首，挎越，内弦[4]，右手相。乐正先升[5]，立于西阶东。工入，升自西阶，北面坐。相者东面坐，遂授瑟，乃降。工歌《鹿鸣》、《四牡》、《皇皇者华》[6]。卒歌，主人献工。工左瑟。一人拜，不兴受爵[7]。主人阼阶上拜送爵。荐脯醢。使

人相祭〔8〕。工饮，不拜既爵，授主人爵〔9〕。众工则不拜
受爵，祭，饮。辩有脯醢，不祭。大师则为之洗〔10〕。
宾、介降〔11〕，主人辞降。工不辞洗〔12〕。

【注释】

〔1〕设席于堂廉：这是为乐工设席。堂廉，此指堂的外侧边。

〔2〕二瑟：谓四工中二人是瑟工，另二人则为歌者。

〔3〕相者：扶工者，每工一名相者，因为凡工皆盲人。

〔4〕皆左何瑟，后首，挎越，内弦：何，通"荷"，扛着。首，指瑟
的首端。挎，持，抠着。越，瑟下孔。瑟之首尾两端皆有孔，此指尾端
的孔。内弦，使瑟弦向着里侧。

〔5〕乐正：乐官之长。

〔6〕《鹿鸣》、《四牡》、《皇皇者华》：皆《诗·小雅》篇名。

〔7〕一人拜，不兴受爵：因工贱，礼从简。

〔8〕使人相祭：因工是盲人，故使人帮助行食前祭礼。

〔9〕授主人爵：案自上文"一人拜"至此，都是记此一人即工之长
受献的礼仪。

〔10〕大师则为之洗：大师，即太师，是国君所赐给的乐人，可能是
瑟工，也可能是歌者。

〔11〕宾、介降：案因主人下堂洗爵，故宾、介亦随之而降。此处未
言主人降，乃省文。

〔12〕工不辞洗：此工指太师。因太师也是盲人，故不下堂辞洗。

【译文】

在堂的前边为工布席，以东边为上位。工四人，其中二人是
瑟工，进庠门时瑟工在前。瑟工的相者二人，替瑟工拿瑟，都把
瑟扛在左肩上，瑟的首端朝后，左手指抠住瑟下端的孔眼，瑟身
侧着，使弦向内，用右手扶着瑟工。乐正先升堂，站在西阶的东
边。工入庠门后，从西阶升堂，各自就席，面朝北而坐。相者面
朝东坐，把瑟交给工，然后下堂。工演唱了《鹿鸣》、《四牡》、
《皇皇者华》三首诗歌。演唱完毕，主人向工献酒。瑟工用左手
执瑟。其中为工长的一人向主人行拜礼，不起身而接受了爵。主

人回到阼阶上行拜送礼。有司向工长进上脯醢。主人使相者帮助工长用酒和脯醢祭先人，然后工长饮干爵中酒，饮毕不行拜礼，把爵交给主人。其他三工不行拜礼就接受爵，用酒祭先人，然后饮下爵中酒。这三个工的席前也都进有脯醢，但不用脯醢祭先人。如果工中有太师，主人献酒前就先要下堂为他洗爵。主人下堂洗爵时，宾和介也要随着下堂，主人要向宾、介辞降。太师则不下堂向主人辞洗。

12. 笙入堂下，磬南北面立[1]。乐《南陔》、《白华》、《华黍》[2]。主人献之于西阶上。一人拜[3]，尽阶[4]，不升堂受爵。主人拜送爵。阶前坐祭，立饮，不拜既爵，升授主人爵。众笙则不拜受爵[5]，坐祭[6]，立饮。辩有脯醢，不祭。

【注释】

〔1〕磬：案堂下两阶中间设有磬，磬面朝南。
〔2〕《南陔》等三篇：都是《小雅》篇名，皆佚，其义不详。
〔3〕一人：指笙工之长。
〔4〕尽阶：谓升阶二等。若三等则升至堂上了。
〔5〕众笙则不拜受爵：案众笙亦当尽阶不升堂而受。
〔6〕坐祭：谓坐于阶前地下而祭。

【译文】

笙工入庠门来到堂下，在磬的南边面朝北而立。笙工吹奏了《南陔》、《白华》、《华黍》三诗的乐曲。主人在西阶上向笙工献酒。笙工之长一人在阶下行拜受礼，然后升到阶的最上一级，但不升到堂上，从主人手中接受了爵。主人在西阶上行拜送礼。笙长下阶，在阶前坐下用酒祭先人，然后起身站着饮干爵中酒，饮毕不行拜礼，又升阶把爵交还给主人。其他三笙工不行拜礼就升阶受爵，然后下阶在阶前坐下用酒祭先人，再起身站着饮干爵中酒。笙工每人位前都进有脯醢，但不用脯醢祭先人。

13. 乃间歌《鱼丽》[1]，笙《由庚》；歌《南有嘉鱼》，笙《崇丘》；歌《南山有台》，笙《由仪》。

【注释】

〔1〕间歌《鱼丽》：间，代，交替。案自《鱼丽》以下六篇，皆《诗·小雅》篇名。

【译文】

于是堂上弹瑟歌唱与堂下笙乐吹奏交替进行：堂上弹瑟歌唱《鱼丽》，堂下笙接着吹奏《由庚》；堂上弹瑟歌唱《南有嘉鱼》，堂下笙接吹《崇丘》；堂上弹瑟歌唱《南山有台》，堂下笙接吹《由仪》。

14. 乃合乐：《周南》，《关雎》、《葛覃》、《卷耳》；《召南》，《鹊巢》、《采蘩》、《采蘋》[1]。工告乐正曰[2]："正歌备[3]。"乐正告于宾，乃降。

【注释】

〔1〕《周南》至《采蘋》：案《周南》以下三篇，《召南》以下三篇，都是《诗·国风》篇名。

〔2〕工：此指工之长。

〔3〕正歌：即按礼仪的规定应正式演奏的乐歌。

【译文】

于是堂上的歌、瑟与堂下的笙、磬一起演奏以下诗歌：《周南》的《关雎》、《葛覃》、《卷耳》，《召南》的《鹊巢》、《采蘩》、《采蘋》。乐工之长向乐正报告说："规定的乐歌都已演奏完毕。"乐正又向宾报告，然后下堂。

15. 主人降自南方，侧降[1]，作相为司正[2]。司正礼辞许诺。主人拜，司正答拜。主人升，复席。司正洗觯，升自西阶，阼阶上北面受命于主人。主人曰："请安于宾[3]。"司正告于宾，宾礼辞许。司正告于主人。主人阼阶上再拜，宾西阶上答拜。司正立于楹间以相拜。皆揖复席。

【注释】
〔1〕侧降：谓宾、介不从降。
〔2〕作相为司正：作，使。谓改立相（即摈者）为司正，为主人监礼。
〔3〕请安于宾：案因乡饮酒的正礼已成，宾可以离去了，故又使司正挽留之。

【译文】
主人从席的南端下席，独自下堂，命相改做司正。司正推辞了一下，就答应了。主人行拜礼向司正致谢，司正回礼答拜。主人升堂，回到席上。司正洗觯，从西阶升堂，到阼阶上面朝北请求主人的指示。主人说："请挽留宾。"司正把主人的意思转告宾，宾推辞了一下，就答应了。司正又把宾同意留下报告给主人。主人在阼阶上行再拜礼向宾致谢，宾在西阶上回礼答拜。司正站在两楹之间相赞宾主行拜礼。主人与宾拜毕，又互行揖礼而后回到席上。

16. 司正实觯，降自西阶，阶间北面坐奠觯[1]，退，共少立，坐取觯，不祭，遂饮卒觯，兴，坐，奠觯，遂拜，执觯兴，盥洗，北面坐，奠觯于其所[2]，退立于觯南[3]。

【注释】

〔1〕阶间北面坐奠觯：案这是为了显示司正将行监礼的职事，并标明司正监礼所处之位。

〔2〕奠觯于其所：此觯即为罚觯，以罚违礼者。

〔3〕退立于觯南：这是退立于觯南以便监礼。

【译文】

司正给觯斟满酒，从西阶下堂，在两阶之间、庭中央的地方，面朝北坐下，把觯放在地上，稍后退，拱手稍静立一会，然后坐下取觯，不行祭礼就饮干觯中的酒，站起身来，又坐下，把觯放下，接着行拜礼，拜毕又拿觯起身，去盥手洗觯，洗毕回到庭中原位面朝北坐下，把觯放回原处，再起身稍后退，站在觯的南边。

17. 宾北面坐，取俎西之觯[1]，阼阶上北面酬主人。主人降席，立于宾东。宾坐奠觯，遂拜，执觯兴。主人答拜。不祭，立饮，不拜卒觯，不洗，实觯，东南面授主人[2]。主人阼阶上拜，宾少退。主人受觯。宾拜送于主人之西。宾揖，复席。

【注释】

〔1〕俎西之觯：即第10节举觯者所授而"宾奠觯于其所"之觯。

〔2〕东南面授主人：案自上"不祭"至此，是说宾先自饮而后酌酒酬主人。不祭、不拜卒觯、不洗，皆因旅酬礼简。

【译文】

宾在席的南边面朝北坐下，拿起放在脯醢西边的觯，到阼阶上面朝北将酬向主人。主人下席，在宾的东边与宾面朝北并排而立。宾坐下把觯放在地上，行拜礼，再拿觯站起来。主人回礼答拜。宾不用酒祭先人，站着饮干觯中酒，饮毕不行拜礼，也不下堂洗觯，到北边设尊处给觯斟满酒，返回来面朝东南授给主人。主人在阼阶上行拜受礼，宾稍退以示避让。主人接受了觯。宾在主人西边行拜送礼。宾又向主人行揖礼，然后回到自己的席位上。

18. 主人西阶上酬介。介降席自南方，立于主人之西。如宾酬主人之礼。主人揖复席。

【译文】
主人到西阶上将向介进酬酒。介从席的南头下席，站在主人的西边。主人向介酬酒的礼仪，也同宾酬主人的礼仪一样。酬毕，主人向介行揖礼，然后回到自己的席位上。

19. 司正升相旅〔1〕，曰："某子受酬〔2〕。"受酬者降席。司正退立于序端，东面。受酬者自介右。众受酬者受自左，拜，兴，饮，皆如宾酬主人之礼。辩，卒受者以觯降〔3〕，坐奠于篚。司正降复位。

【注释】
〔1〕相旅：监察行旅酬礼。
〔2〕某：堂上所当受酬酒的三宾长之姓。
〔3〕卒受者：最后一个受酬酒者。

【译文】
司正升堂站在西阶上监察行旅酬礼，司正喊："某子接受酬酒。"于是第一个接受酬酒的宾长下席。这时司正稍退，站在西序南端，面朝东。接受介酬酒的宾长从介的右边受酒。其次二位宾长及堂下众宾都是从授酬者的左边接受酬酒，然后行拜受礼，起身，站着饮干觯中酒，这些礼仪都同宾酬主人时一样。堂上和堂下的众宾都依次酬毕，最后一位接受酬酒的宾饮干觯中酒后，要拿着空觯下堂，在筐旁坐下，把觯放进筐中。这时司正也下堂，回到庭中原位。

20. 使二人举觯于宾、介[1]。洗，升，实觯，于西阶上皆坐，奠觯，遂拜，执觯兴。宾、介席末答拜[2]。皆坐祭，遂饮卒觯，兴，坐，奠觯，遂拜，执觯兴。宾、介席末答拜。逆降，洗，升，实觯，皆立于西阶上。宾、介皆拜。皆进。荐西奠之，宾辞，坐取觯以兴。介则荐南奠之。介坐受以兴。退，皆拜送，降。宾、介奠于其所[3]。

【注释】

〔1〕使二人举觯于宾、介：二人，也是主人的属吏。二人举觯，是为无算爵发端。无算爵之义，详下第22节注。案此二人举觯是为向宾、介进酬酒，故二人亦当先自饮。

〔2〕宾、介席末答拜：宾于席西端南面答拜，介于席南端东面答拜。

〔3〕其所：谓举觯者二人原所奠觯处：宾之荐西，介之荐南。

【译文】

司正使二人举觯，将分别向宾、介进酬酒。二人洗觯，升堂，给觯斟满酒，在西阶上坐下，把觯放在地上，行拜礼，又拿觯站起来。宾、介都在各自席的末端回礼答拜。举觯者二人又都坐下，用酒祭先人，接着饮干觯中酒，起身，又坐下，把觯放下，接着行拜礼，再拿觯站起来。宾、介都在各自席的端回礼答拜。举觯者二人按照和升堂时的先后相反的次序下堂，洗觯，然后升堂，给觯斟满酒，都站在西阶上。宾、介都行拜受礼。举觯者二人分别进到宾、介席前。一人将觯放在宾席前脯醢的西边，宾推辞了一番，就坐下取觯而后站起来。一人将觯放在介席前脯醢的南边。介也坐下接受觯，而后站起来。举觯者二人退回到西阶上，都行拜送礼，然后下堂去。宾、介又分别将手中的觯放回原处。

21. 司正升自西阶，受命于主人。主人曰："请坐于宾[1]。"宾辞以俎[2]。主人请彻俎，宾许。司正降阶前，命弟子俟彻俎[3]。司正升，立于序端。宾降席，北面。主人降席，阼阶上北面。介降席，西阶上北面[4]。遵者降席[5]，席东、南面。宾取俎还授司正，司正以降，宾从之。主人取俎还授弟子，弟子以降自西阶，主人降自阼阶[6]。介取俎还授弟子，弟子以降，介从之。若有诸公、大夫，则使人受俎如宾礼。众宾皆降[7]。

【注释】

〔1〕请坐于宾：案自此以上都是站着行礼，人皆劳倦，故现在请宾坐下饮酒。

〔2〕宾辞以俎：案俎是肴之贵者，盛礼方设之。前此立而行礼，席前有俎，现在盛礼已成，当燕坐而饮，不敢以轻礼当贵俎，故宾辞以俎。

〔3〕弟子：是宾中的年轻人。

〔4〕自"宾降席"至"西阶上北面"：案宾、主人、介皆降席北面而立，是立以待受俎之人，将彻而授之。

〔5〕遵者：指此乡之人仕至大夫者，其德行可为人所遵法，故称。

〔6〕主人降自阼阶：案主人降阶后站在阼阶东边。

〔7〕众宾皆降：众宾，谓堂上三宾长。案三宾长席前无俎，因将脱屦，故亦降。

【译文】

司正从西阶上堂，到主人跟前请求指示。主人说："请宾坐下饮酒。"司正向宾转达主人的意思后，宾推辞说席前有俎，不敢

坐。司正又向宾转达主人的意思说："请允许把俎彻去。"宾同
意。于是司正下堂，站在西阶前，命令弟子们等待彻俎。司正升
堂，站在西序南端。宾下席，在席的南边面朝北而立。主人下席，
在阼阶上面朝北而立。介下席，在西阶上面朝北而立。遵者下席，
在席的东边面朝南而立。宾搬起俎转身交给司正，司正搬着俎下
堂，宾也跟着下堂。主人搬起俎转身交给弟子，弟子搬着俎从西
阶下堂，主人从阼阶下堂。介搬起俎转身交给弟子，弟子搬着俎
下堂，介也跟着下堂。如果有诸公、大夫来参加饮酒礼，就另使
人接受他们所彻下的俎，礼仪和宾彻俎相同。三位宾长也都下堂。

22. 说屦[1]，揖、让如初，升，坐。乃羞[2]。无筭
爵[3]，无筭乐[4]。

【注释】

〔1〕说屦：因将安坐燕饮，而屦贱，故脱置堂下。

〔2〕乃羞：羞，进。所进者，是狗胾（音 zì，切成大块的肉）和醢。

〔3〕无筭爵：宾主燕饮，爵行无数，故曰无筭爵。筭同算。案前二
人所举觯，至此二觯并行，交错以酬，辩酬在下者，酒醉而止。

〔4〕无筭乐：谓乐亦无数，或间或合，尽欢而止，故曰无筭乐。

【译文】

宾、主人、介都在堂下脱屦，然后主人与宾象当初一样行一
揖、一让之礼，升堂，就席而坐。有司进上狗胾和醢。接着从宾、
介开始，用两觯依次交替进酬酒，不计数，酒醉而止；音乐也一
遍又一遍地演奏，不计数，尽欢而止。

23. 宾出，奏《陔》[1]。主人送于门外，再拜。

【注释】

〔1〕《陔》：即《陔夏》，古逸诗名。

【译文】

饮酒礼结束，宾退出，这时乐奏《陔夏》。主人送宾到门外，向宾行再拜礼。

24. 宾若有遵者[1]，诸公、大夫，则既一人举觯乃入[2]。席于宾东，公三重，大夫再重[3]。公如大夫入[4]，主人降，宾、介降，众宾皆降，复初位。主人迎，揖、让升。公升如宾礼，辞一席[5]，使一人去之。大夫则如介礼，有诸公则辞加席，委于席端[6]，主人不彻。无诸公，则大夫辞加席，主人对，不去加席。

【注释】

〔1〕遵者：指下文的诸公、大夫。因诸公、大夫皆自外来，故亦称为宾。

〔2〕既一人举觯乃入：谓待一人举觯之后、众工未入之前进入。之所以选择这个时候，是为了不干主人之正礼。

〔3〕三重、再重：即叠铺三层席、两层席。

〔4〕如：犹"若"，或。

〔5〕辞一席：案公席三重，大夫席再重，公谦而自同于大夫，故辞去一席。

〔6〕委：谓卷而置之。

【译文】

前来参加乡饮酒礼的宾中如果有遵者，即诸公、大夫，那就在一人举觯向宾进酬酒之后，再进入庠门。遵者的席布在宾席的东边。公铺三层席，大夫铺两层席。公或大夫进入庠门后，主人下堂，宾、介和三宾长都下堂，回到当初堂下之位。主人迎接遵者，与遵者行揖、让之礼而后升堂。公升堂的礼仪和宾一样，升堂后、就席前，要辞去一层席，于是主人使人为公去掉一层席。大夫升堂的礼仪和介一样，有诸公在，就要辞去席上的加席，把它卷起来放在席的北端，主人不使人把它彻去。如果没有诸公，大夫辞加席，主人就要回答一番话，表示不同意，因此也就不去掉加席。

25. 明日宾服乡服以拜赐[1]。主人如宾服以拜辱[2]。主人释服[3]。乃息司正[4]。无介[5]，不杀[6]，荐脯醢，羞唯所有[7]。征唯所欲[8]，以告于先生、君子可也[9]。宾、介不与。乡乐唯欲[10]。

【注释】

〔1〕乡服：乡，通"向"，此谓昨日。乡服，昨日与乡大夫饮酒所穿之服。

〔2〕拜辱：谓主人往宾家拜辱。案拜赐与拜辱，宾、主皆不相见，互相造门拜之而退，两下皆由摈者居间传言。

〔3〕释服：脱去朝服，换上玄端服。

〔4〕息：慰劳、酬劳。

〔5〕无介：案息司正礼轻，故不设介。

〔6〕不杀：亦因礼轻而不杀牲。

〔7〕羞：谓脯醢等食物。

〔8〕征：召请。

〔9〕以告于先生、君子可也：告，犹请。先生，即主人与之谋宾、介的先生（见第1节）。君子，国中有盛德者。

〔10〕乡乐：谓《周南》、《召南》中的六篇（见第4节）。

【译文】

第二天，宾穿着昨天穿的朝服，到乡大夫家门外拜谢他昨天所给予自己的隆重的礼遇和盛情款待。乡大夫穿着和宾同样的服装到宾家门外，拜谢他屈驾降临己家。主人脱下朝服，换上玄端服，酬劳司正等曾在饮酒礼上服务的属吏们。以司正为宾而不为宾设介，也不杀牲，进上脯醢，其他食物尽现有的进上。亲戚和朋友，乡大夫想请谁就请谁，对于乡中的先生和君子们，也可以根据乡大夫的意愿请他们来。在饮酒礼上被款待过的宾和介,这次就不再参加了。在酬劳司正的酒宴上,《周南》和《召南》中的六篇诗,想演奏哪篇就演奏哪篇。

26.《记》。乡朝服而谋宾[1]、介。皆使能,不宿戒[2]。

【注释】

〔1〕乡:谓乡大夫。

〔2〕皆使能,不宿戒:能,贤能者,谓宾、介皆使贤能者任之。宿戒,即再戒。

【译文】

乡大夫前往就乡先生商议选拔宾、介时穿朝服。所选出的宾、介都是贤能者,请他们参加乡饮酒礼,只召请一次,不再请。

27. 蒲筵,缁布纯[1]。尊绤幂[2],宾至彻之。其牲,狗也,亨于堂东北[3]。献用爵,其他用觯。荐脯五挺[4],横祭于其上[5],出自左房[6]。俎由东壁,自西阶升。宾俎脊、胁、肩、肺,主人俎脊、胁、臂、肺,介俎脊、胁、肫、胳、肺[7]。肺皆离。皆右体,进腠[8]。

【注释】

〔1〕纯:镶边。

〔2〕尊:即壶(见第2节)。

〔3〕亨:同"烹"。

〔4〕挺:犹脡(音 zhí),干肉条。

〔5〕横祭于其上：谓于五挺之上另横放一条供祭礼用的挺。

〔6〕左房：即东房。

〔7〕"自西阶升"至"胳、肺"：由经文可见，宾、主人和介的俎上所载牲之脊、胁、肺三部分都相同，唯肩、肫、胳不同。俎是依所载牲的骨体不同来区分贵贱的。牲的前体叫做前胫骨，前胫骨分三部分：最上叫肩，肩下叫臂，臂下叫臑；后体叫后胫骨，也分三部分：最上叫做肫（即胈），肫下叫做胳，胳下叫做觳；牲的中体叫做脊，脊两旁之肋叫做胁。由上可知，主人尊宾，故宾俎用肩，其次主人俎用臂，介俎则用肫、胳。

〔8〕皆右体，进腠：右体，即牲体的右胖。进，前。腠，本指肉的纹理，在此盖指肉的纹理的根端。

【译文】

　　乡饮酒礼所用的席是蒲席，席用缁布镶边。壶上用粗葛布覆盖，宾来到时就将葛布彻去。乡饮酒礼的牲用狗，狗牲在堂东北的地方烹煮。只有献酒的时候用爵，其他情况下饮酒器都用觯。饮酒礼上所进的脯是五条干肉，另有一条供祭礼用的干肉横放在这五条干肉之上，脯是从东房取出进上的。载牲肉的俎从东壁那边取来，从西阶升堂进上。宾的俎上载有狗牲的脊、胁、肩、肺，主人的俎上载有狗牲的脊、胁、臂、肺，介的俎上载有狗牲的脊、胁、肫、胳、肺。所载的肺都是离肺。所载的牲肉都取自狗牲的右半，牲肉在俎上的放法都是纹理的根端朝前。

28. 以爵拜者不徒作[1]。坐卒爵者拜既爵，立卒爵者不拜既爵。凡奠者于左[2]，将举于右。众宾之长一人辞洗如宾礼[3]。立者东面，北上。若有北面者，则东上。乐正与立者皆荐，以齿[4]。凡举爵，三作而不徒爵[5]。乐作，大夫不入[6]。献工与笙，取爵于上篚[7]；既献，奠于下篚[8]。其笙则献诸西阶上[9]。磬阶间缩溜[10]，北面鼓之。主人、介凡升席自北方，降自南方。

司正既举觯而荐诸其位[11]。凡旅不洗。不洗者不祭。既旅，士不入[12]。彻俎，宾、介、遵者之俎，受者以降，遂出授从者。主人之俎以东。乐正命奏《陔》，宾出至于阶，《陔》作。若有诸公，则大夫于主人之北，西面。主人之赞者西面，北上，不与[13]，无筭爵然后与。

【注释】

〔1〕以爵拜者不徒作：爵，谓卒爵，指受献者。徒，空。作，兴。不徒作，谓起必酢主人。

〔2〕凡奠者于左：左，谓荐左。谓受酬酒不饮，皆奠觯于荐左，以免妨碍右手的动作。

〔3〕众宾之长一人辞洗：这是补记第9节经文之不具。案主人向众宾之长献酒，只为其中最长者一人洗爵，故亦唯此一人辞洗。

〔4〕乐正与立者皆荐，以齿：这是说尊乐正为宾，使之与立在堂下的众宾皆受旅酬，并同样荐脯醢于其位。案乐正在合乐后已下堂立于西阶东，北面（见第14节）。齿，年齿，即年龄。

〔5〕凡举爵，三作而不徒作：举爵，谓献酒。三作，谓三献，指献宾、献介、献众宾。不徒作，谓不空献酒，亦皆荐有脯醢。

〔6〕乐作，大夫不入：案大夫之入，当在一人举觯之后、乐工尚未进入之前（见第24节），以助主人乐贤者。如果到了乐作之后，就失其助乐贤者之义了，故不入。

〔7〕上篚：谓堂上之篚，在尊南。

〔8〕下篚：谓阼阶东南、洗西之篚。

〔9〕笙则献诸西阶上：案主人在西阶上向笙工献酒，第12节已言之，此《记》复言之，并无新意，故有学者疑其为衍文。

〔10〕磬阶间缩溜：磬，谓编磬。缩，纵。溜，屋檐。

〔11〕司正既举觯：盖谓司正"遂饮卒觯"（参见第16节）。

〔12〕既旅，士不入：士，亦观礼者。案旅酬以前为乡饮酒之正礼，旅酬开始以后，正礼已过，故士不入。

〔13〕主人之赞者西面，北上，不与：赞者，在此统谓主人的下属、助主人行礼事者。西面，具体位置不详。不与，谓不参加献酒及旅酬之礼。

【译文】

接受献酒的人因饮干爵中酒而向主人行拜礼，起身后一定要酢主人。坐着饮干爵中酒的人，饮毕要向献酒者行拜礼；站着饮干爵中酒的人，饮毕不行拜礼。凡接受酬酒而不饮，要将觯放在席前脯醢的左边；凡是举觯向宾、介进酬酒以为旅酬或无算爵发端的，要将觯放在宾、介席前脯醢的右边。主人向众宾之长献酒，只为其中最长者一人洗爵，因此也只有这一人向主人辞洗，如同宾向主人辞洗的礼仪。在庭西面朝东而立的众宾，以北边为上位。如果众宾人多，庭西边站不下，就在庠门西边面朝北站立，以东边为上位。乐正和站在堂下的众宾一起，按照年龄的长少依次接受酬酒，并在他们各自的位前进有脯醢。凡是向宾、介和众宾献酒，都不光是献酒，还进有脯醢。音乐开始演奏之后，来观礼的大夫就不再进了。主人向堂上的工和堂下的吹笙者献酒，从堂上的筐中取爵；献毕，把空爵放到堂下的筐中。其中吹笙者，主人是在西阶上向他们献酒。磬在堂下两阶之间顺着屋檐东西纵向排列，击磬的人站在磬的南边面朝北敲击。主人和介凡升席都从席的北头而升，降席则从席的南头而降。司正在庭中饮毕觯中酒之后，有脯醢进送到他的位前。凡行旅酬礼不洗觯。不洗觯，饮酒前就不用酒祭先人。旅酬开始后，来观礼的士就不再进入了。彻俎的时候，宾、介和遵者的俎由司正和弟子接过去之后，就下堂出庠门分别交给宾、介和遵者的随从人员。主人的俎由弟子搬下堂到东边收藏。乐正命乐工奏《陔夏》，当宾退席走到西阶时，《陔夏》就开始演奏。如果有诸公来观礼，那么大夫的席就设在主人席的北边，席面朝西。主人之赞者都在堂下庭的东边面朝西侍立，以北边为上位。主人献酒和行旅酬礼时他们都不参加饮酒，到行无算爵的时候他们才得饮酒。

乡射礼第五

1. 乡射之礼。主人戒宾[1]。宾出迎，再拜。主人答再拜，乃请。宾礼辞许。主人再拜，宾答再拜。主人退，宾送再拜。

【注释】

〔1〕主人戒宾：主人，谓州长。案此篇所记，是州长每年春秋两季在州学即序中所主持举行的射箭比赛之礼，故称州长为主人。州为乡的下级组织，如果乡大夫恰好居于该州，或乡大夫来该州观礼，那么主人就指乡大夫，故称乡射礼。此处的宾，指处士贤者，即无官爵的贤人。乡射礼之宾不同于乡饮酒礼：乡饮酒礼之宾由主人就乡先生谋而定，此则由主人自定。

【译文】

乡射之礼。主人前往宾家，告宾将举行乡射礼，请宾前来参加。宾出门迎接主人，向主人行再拜礼。主人回再拜礼，于是邀请宾。宾推辞了一下，就答应了。主人行再拜礼，宾回再拜礼。主人退去，宾行再拜礼相送。

2. 乃席[1]：宾南面，东上；众宾之席继而西[2]；席主人于阼阶上，西面。尊于宾席之东，两壶，斯禁，左玄酒，皆加勺。篚在其南，东肆。设洗于阼阶东南，南北以堂深，东西当东荣。水在洗东。篚在洗西，南肆。县于洗东北[3]，西面。乃张侯[4]，下纲不及地武[5]。不系左下纲[6]，中掩束之。乏参侯道居侯党之一，西五步[7]。

【注释】

〔1〕乃席：案席布在州学即序的堂上，序的建制与庠大体相同，所不同者，庠的堂后有房有室，序的堂后则无，这是因为序的堂较小而浅。

〔2〕众宾：此指众宾之长三人。

〔3〕县：同"悬"。谓悬磬。

〔4〕侯：射侯，即射箭的靶子。

〔5〕下纲不及地武：纲，即系侯的绳。案侯之制，其当中部分称为中，中用布五幅，每幅长一丈，宽二尺二寸，每幅各以二寸为缝，则中正好一丈见方；中的上下各接一幅长二丈的布，叫做躬；上躬之上、下躬之下又各接一幅布，叫做舌，又叫个。上舌长四丈，两头各伸出一丈；下舌长三丈，两头各伸出五尺。纲即缀于上下舌端，而系于东西两柱，即所谓"植"上。下纲，即系于下舌两端之绳。武，谓人的足迹，一般人足长一尺二寸，因而用武代指足迹的长度。

〔6〕不系左下纲：因为还没有开始射箭比赛。

〔7〕乏参侯道居侯党之一，西五步：乏，又名容，亦名防，是获者（唱获者，即报靶人）借以防矢处，其形似屏风，横宽皆七尺，用牛皮制成。参侯道，即三分侯道。侯道长五十步，古代一步六尺，则三十丈，三分之一就是十丈。党，旁，谓乏在侯的西北边。

【译文】

于是开始布席：宾席布在堂的正中位，席面朝南，席的首端朝东；众宾之长三人的席接着宾席向西布设；主人的席布设在阼阶上，席面朝西。在宾席的东边设尊，尊是两壶，壶放在斯禁上，盛玄酒的壶放在酒壶的西边，两壶上都加放勺。篚放在尊的南边，使篚的首端朝西而尾朝东。洗设在堂下阼阶的东南边，洗与堂南北之间的距离与堂前后的深度相等，东西位置正对着堂屋的东荣。供盥洗用的水放在洗的东边。篚放在洗的西边，使篚的首端朝北而尾朝南。磬悬挂在洗的东北边，磬面朝西。于是张设射侯，侯的下舌两端系侯的绳离地一尺二寸。左下舌端的绳先不系在植上，而将它向上斜掩过侯中，系在右上舌端的绳上。乏设在侯的西北边，与侯南北之间的距离正当侯道的三分之一即十丈，东西之间的距离为五步即三丈。

3. 羹定，主人朝服乃速宾。宾朝服出迎，再拜。主人答再拜，退。宾送，再拜。宾及众宾遂从之。

【译文】

牲肉煮熟的时候，主人穿着朝服再次前往约请宾。宾穿着朝服出门迎接，向主人行再拜礼。主人回再拜礼，然后退去。宾行再拜礼相送。接着，宾和众宾相随而行，前往参加乡射礼。

4. 及门，主人一相，出迎于门外，再拜。宾答再拜。揖众宾。主人以宾揖，先入。宾厌众宾。众宾皆入门左，东面，北上。宾少进[1]。主人以宾三揖，皆行及阶，三让，主人升一等，宾升。主人阼阶上当楣，北面再拜。宾西阶上当楣，北面答再拜。

【注释】

〔1〕少进：谓稍靠北。

【译文】

宾和众宾来到序门前，主人由一人相礼，出序门迎接宾，向宾行再拜礼。宾回再拜礼。主人向众宾行揖礼。主人又与宾行揖礼，然后先入门。宾向众宾行厌礼，然后入门。众宾都从序门的左侧进入，在庭的西边面朝东站立，以北边为上位。宾的位置比众宾稍靠北一些。主人与宾在行进中先后三次互行揖礼，一同走到堂阶前。升阶之前，主人和宾又互相谦让了三次，然后主人先升阶一级，接着宾升阶。主人在阼阶上上当屋楣的地方面朝北行再拜礼。宾在西阶上上当屋楣的地方面朝北回再拜礼。

5. 主人坐，取爵于上篚以降。宾降。主人阼阶前西面坐，奠爵，兴辞降。宾对。主人坐，取爵兴，适洗南面坐，奠爵于篚下，盥洗。宾进，东北面辞洗。主人坐，奠爵于篚，兴对。宾反位。主人卒洗，壹揖、壹让，以宾升。宾西阶上北面拜洗。主人阼阶上北面奠爵，遂答拜，乃降。宾降。主人辞降，宾对。主人卒盥，壹揖、壹让，升。宾升，西阶上疑立。主人坐，取爵实之，宾席之前西北面献宾。宾西阶上北面拜，主人少退。宾进，受爵于席前，复位。主人阼阶上拜送爵，宾少退。荐脯醢。宾升席自西方。乃设折俎。主人阼阶东疑立。宾坐，左执爵，右祭脯醢，奠爵于荐西，兴取肺，坐绝祭，尚左手哜之，兴加于俎，坐挩手，执爵，遂祭酒，兴席末坐，啐酒，降席坐，奠爵，拜告旨，执爵兴。主人阼阶上答拜。宾西阶上北面坐，卒爵，兴，坐，奠爵，遂拜，执爵兴。主人阼阶上答拜。

案此节与《乡饮酒礼》第4节大同小异，可参看。

【译文】

主人坐下，从堂上的篚中取爵，拿着爵下堂。宾也随着下堂。主人在阼阶前面朝西坐下，把爵放下，起身向宾辞降。宾回答了一番话。于是主人坐下，取爵起身，走到洗的北边面朝南坐下，把爵放在篚旁地下，盥手，准备洗爵。宾进到洗的西南边，面朝东北向主人辞洗。于是主人坐下，把爵放到篚中，起身向宾回答了一番话。宾又回到西阶下原位。主人洗爵毕，与宾行一揖、一让之礼，然后与宾升阶上堂。宾在西阶上面朝北拜洗。主人在阼阶上面朝北把爵放下，接着回礼答拜，拜毕又下堂准备盥手。宾也随着下堂。主人向宾辞降，宾回答了一番话。主人盥手毕，与宾行一揖、一让之礼，然后升堂。宾升堂后，在西阶上正身而立。主人坐下，取爵酌酒，到宾席前面朝西北向宾献酒。宾在西阶上面朝北行拜受礼，主人稍退以示避让。宾到席前从主人手中接受爵，又回到西阶上原位。主人在阼阶上行拜送礼，宾稍退以示避让。有司给宾席前进上脯醢。宾从席的西头升席。有司又为宾设折俎。主人在堂上阼阶东边正身而立。宾坐下，左手拿爵，右手取脯醢祭先人，祭毕把爵放在脯醢西边，起身取肺，坐下用肺行绝祭礼，祭毕左手将肺举起尝了尝，起身把肺放在俎上，坐下擦擦手，拿起爵，接着用酒祭先人，又起身移到席的西端坐下，尝了尝酒，下席就地而坐，把爵放在地上，行拜礼向主人告旨，再拿爵站起来。主人在阼阶上回礼答拜。宾在西阶上面朝北坐下，饮干爵中酒，起身，又坐下，把爵放下，接着行拜礼，然后拿爵站起来。主人在阼阶上回礼答拜。

6. 宾以虚爵降。主人降。宾西阶前东面坐奠爵，兴辞降。主人对。宾坐取爵，适洗北面坐，奠爵于篚下，兴，盥洗。主人阼阶之东，南面辞洗。宾坐，奠爵于篚，兴对。主人反位。宾卒洗，揖、让如初，升。主人拜洗，宾答拜，兴，降盥如主人之礼。宾升，实爵，主人之席前东南面酢主人。主人阼阶上拜，宾少退。主人进受爵，复位。宾西阶上拜送爵。荐脯醢。主人升席自北方。乃设折俎。祭如宾礼，不告旨，自席前适阼阶上，北面坐，卒爵，兴，坐奠爵，遂拜，执爵兴。宾西阶上北面答拜。主人坐奠爵于端，阼阶上再拜崇酒。宾西阶上答再拜。

　　案此节与《乡饮酒礼》第5节大同小异，可参看。

【译文】

　　宾拿着空爵下堂。主人也随着下堂。宾在西阶前面朝东坐下，把爵放在地上，起身向主人辞降。主人回答了一番话。宾又坐下取爵，走到洗的南边面朝北坐下，把爵放在篚旁地上，起身，盥手，准备洗爵。主人在阼阶东边稍进前，面朝南向宾辞洗。宾坐下，把爵放到篚中，起身回答了一番话。主人又回到原位。宾洗爵毕，像当初一样与主人行一揖、一让之礼，然后升堂。主人向宾拜洗。宾回礼答拜，又起身下堂盥手，如同主人当初答拜后又下堂盥手一样。宾升堂，给爵斟满酒，到主人席前面朝东酢主人。主人在阼阶上行拜受礼，宾稍退以示避让。主人进席前受爵，又回到阼阶上原位。宾在西阶上行拜送礼。有司给主人席前进上脯醢。主人从席的北头升席。有司又为主人设折俎。主人向宾一样行祭礼，但不告旨，从席前到阼阶上，面朝北坐下，饮干爵中酒，起身，又坐下，把爵放下，接着行拜礼，又拿爵站起来。宾在西阶上面朝北回礼答拜。主人坐下，把爵放在东序南端，在阼阶上行再拜礼，以感谢宾崇酒。宾在西阶上回再拜礼。

7. 主人坐，取觯于篚以降。宾降。主人奠觯，辞降。宾对，东面立。主人坐取觯洗。宾不辞洗。卒洗，揖、让升。宾西阶上疑立。主人实觯酬之，阼阶上北面坐奠觯，遂拜，执觯兴。宾西阶上北面答拜。主人坐，祭，遂饮卒觯，兴，坐，奠觯，执觯兴。宾西阶上北面答拜。主人降，洗。宾降辞如献礼。升，不拜洗。宾西阶上立。主人实觯，宾之席前北面。宾西阶上拜。主人坐，奠觯于荐西。宾辞，坐取觯以兴，反位。主人阼阶上拜送。宾北面坐，奠觯于荐东，反位。

案此节与《乡饮酒礼》第6节大同小异，可参看。

【译文】

主人坐，从篚中取觯下堂。宾也随着下堂。主人把觯放下，向宾辞降。宾回答了一番话，在西阶西边面朝东而立。主人坐下取觯来洗。宾不向主人辞洗。主人洗觯毕,与宾行一揖、一让之礼而后升堂。宾在西阶上正身而立。主人给觯斟满酒,将要酬宾,在阼阶上面朝北坐下,把觯放下,接着行拜礼,然后拿觯站起来。宾在西阶上面朝北回礼答拜。主人坐下,用酒祭先人,接着饮干觯中酒,起身,又坐下,把觯放下,接着行拜礼,再拿觯站起来。宾在西阶上面朝北回礼答拜。主人下堂,将洗觯。宾也随着下堂,向主人辞洗,如同主人行献酒礼时宾向主人辞洗的礼仪。升堂后,宾不拜洗。宾站在西阶上。主人给觯斟满酒,到宾席前面朝北而立。宾在西阶上行拜受礼。主人坐下,把觯放在宾席前脯醢的西边。宾对主人为己奠觯推辞了一番,然后到席前取觯,再拿着觯起身,回到西阶上原位。主人在西阶上行拜送礼。宾又到席前面朝北坐下,把觯放在脯醢的东边不再饮,再回到西阶上原位。

8. 主人揖,降。宾降,东面立于西阶西,当西序。主人西南面,三拜众宾。众宾皆答壹拜。主人升,揖,坐,取爵于序端[1],降洗,升,实爵,西阶上献众宾。众宾之长升[2],拜受者三人。主人拜送。坐祭,立饮,不拜既爵,授主人爵,降复位。众宾皆不拜受爵,坐祭,立饮。每一人献,则荐诸其席。众宾辩有脯醢。主人以虚爵降,奠于篚。

【注释】

〔1〕取爵于序端:此所取即主人受酢卒爵后奠于序端之爵(参见第6节)。

〔2〕众宾之长:谓三宾长。

案此节所记与《乡饮酒礼》第9节大同小异,可参看。

【译文】

主人向宾行揖礼,然后下堂。宾也随着下堂,在西阶、北当堂上西序的地方面朝东站立。主人面朝南，向众宾拜了三拜。众宾都回礼，各向主人拜了一拜。主人向众宾行揖礼而后升堂，坐下，从东序南端取爵，下堂去洗，洗毕升堂，给爵斟满酒。众宾之长三人先后升堂，行拜礼然后从主人手中接受爵。主人授爵后行拜送礼。宾长受爵后就坐下用酒祭先人，再起身站着饮干爵中酒，饮毕不行拜礼，把空爵交给主人，然后下堂回到庭西原位。宾长以下的众宾都不行拜礼就从主人手中接受爵，先坐下用酒祭先人，再起身站着饮干爵中酒。三位宾长的每一位接受主人的献酒后，就有脯醢进送到他席上的席前。众宾献酒后，也都有脯醢进送到他们在堂下的位前。主人向众宾献酒毕，拿着空爵下堂，把爵放入篚中。

9. 揖、让升。宾厌众宾，升。众宾皆升就席。一人洗，举觯于宾。升，实觯，西阶上坐，奠觯拜，执觯兴。宾席末答拜。降洗，升实之，西阶上北面。宾拜。举觯者进坐，奠觯于荐西。宾辞，坐取以兴。举觯者西阶上拜送。宾反奠于其所。举觯者降。

案此节与《乡饮酒礼》第10节大同小异，可参看。

【译文】

主人与宾行一揖、一让之礼而后升堂。宾向介行厌礼，而后升堂。众宾之长三人也都升堂就席。主人使一人洗觯，将举觯向宾进酬酒，以作为旅酬的开始。于是这一人洗觯升堂，给觯斟满酒，在西阶上坐下，把觯放下行拜礼，再拿觯站起来。宾在席的末端回礼答拜。举觯者坐下，用酒祭先人，接着饮干觯中酒，起身，又坐下，把觯放下行拜礼，再拿觯站起来。宾回礼答拜。举觯者下堂洗觯，洗毕升堂，给觯斟满酒，在西阶上面朝北站立。宾行拜受礼。举觯者进到宾席前坐下，把觯放在脯醢的西边，表示不敢亲授。宾对举觯者为己奠觯推辞了一番，然后坐下取觯，再拿着觯站起来。举觯者到西阶上行拜送礼。宾又把觯放回到脯醢西边原处。举觯者下堂去。

10. 大夫若有遵者，则入门左。主人降。宾及众宾皆降，复初位。主人揖、让，以升大夫。拜至。大夫答拜。主人以爵降。大夫降。主人辞降，大夫辞洗，如宾礼。席于尊东。升，不拜洗[1]。主人实爵，席前献于大夫。大夫西阶上拜，进受爵，反位。主人大夫之右拜送。大夫辞加席。主人对，不去加席。乃荐脯醢。大夫升席。设折俎，祭如宾仪，不啐肺，不啐酒，不告旨[2]，西阶上卒爵，拜。主人答拜。大夫降洗。主人复阼阶，降。辞如初。卒洗，主人盥。揖、让升。大夫授主人爵于两楹间，复位。主人实爵以酢，于西阶上坐，奠爵拜[3]。大夫答拜。坐，祭，卒爵，拜[4]。大夫答拜。主人坐，奠爵于西楹南，再拜崇酒。大夫答拜。主人复阼阶，揖，降[5]。大夫降，立于宾南[6]。主人揖、让，以宾升。大夫及众宾皆升就席。

【注释】
〔1〕不拜洗：案大夫礼轻于宾。
〔2〕不啐肺，不啐酒，不告旨：皆因大夫礼轻于宾。
〔3〕奠爵拜：案"拜"下省略了"执爵兴"三字。
〔4〕拜：此"拜"字下亦省略了"执爵兴"三字。
〔5〕降：主人将揖请宾升堂，故降。
〔6〕大夫降，立于宾南：案大夫虽尊，不夺人之正礼，故尊宾于上位而己立于其南。

【译文】
乡中的大夫如果有来观礼而被奉为遵者的，就从序门的左侧进入。主人下堂迎接大夫。宾和众宾都下堂，站到当初入门时在门内左边面朝东而立的位置上。主人与大夫行三揖、三让之礼，然后与大夫升堂。主人向大夫拜至。大夫回礼答拜。主人拿爵下堂。大夫也随着下堂。主人向大夫辞降，以及大夫向主人辞洗，都同主人待宾的礼仪一样。有司在酒壶的东边为大夫布席。主人与大夫升堂，大夫不向主人拜洗。主人给爵斟满酒，到大夫席前献给大夫。大夫在西阶上行拜受礼，然后进到席前受爵，又回到西阶上原位。主人也到西阶上在大夫的右边行拜送礼。有司为大夫布的是两层席，大夫辞去上面一层席。主人回答了一番话，不为大夫去掉加席。于是有司给大夫席前进上脯醢。大夫升席。有司又为大夫设折俎。大夫在席上像宾一样行祭礼，但是不尝肺，不尝酒，也不向主人告旨，到西阶上饮干爵中酒，然后行拜礼。主人回礼答拜。大夫下堂洗爵，准备向主人酢酒。主人回到阼阶上，也随着大夫下堂。大夫向主人辞降，以及主人向大夫辞洗的礼仪，都和当初与宾行礼一样。大夫洗爵毕，主人盥手。大夫与主人行一揖、一让之礼而后升堂。大夫在两楹之间把爵授给主人，然后回到西阶上原位。主人给爵斟满酒，将用以自酢，到西阶上坐下，把爵放下，行拜礼。大夫回礼答拜。主人坐下，用酒祭先人，接着饮干爵中酒，行拜礼，再拿爵站起来。大夫回礼答拜。主人又坐下，把空爵放在西楹南端，行再拜礼以感谢大夫崇酒。大夫回礼答拜。主人回到阼阶上，向大夫行揖礼，然后下堂。大夫也随着下堂，站在宾的南边。主人与宾行一揖、一让之礼，然后与宾升堂。大夫和众宾也都升堂就席。

11. 席工于西阶上少东。乐正先升，北面立于其西。工四人，二瑟，瑟先。相皆左何瑟，面鼓[1]，执越，内弦，右手相。入，升自西阶，北面，东上。工坐。相者坐，授瑟乃降。笙入，立于县中[2]，西面。乃合乐。《周南》：《关雎》、《葛覃》、《卷耳》；《召南》：《鹊巢》、《采蘩》、《采蘋》。工不兴，告于乐正曰："正歌备。"乐正告于宾，乃降[3]。

【注释】

〔1〕面鼓：面，前。鼓，谓瑟首。

〔2〕县中：县(悬)，指代编磬。中，指编磬中间的位置。

〔3〕乃降：案乐正降后立于西阶东边。

【译文】

在西阶上稍东的地方为工布席。乐正先升堂，面朝北站在工席的西边。工四人，其中二人是瑟工，瑟工走在前边。相者为瑟工拿瑟，都把瑟扛在左肩上，使瑟的首端朝前，左手指抠住瑟首端弦下的孔，使弦向着里侧，用右手扶着工。工进入序门，自西阶升堂，面朝北而立，以东边为上位。工就席坐下。相者也坐下，把瑟交给瑟工，而后下堂。瑟工进入序门，站在磬的东边正当磬位中间的地方，面朝西。于是堂上的工和堂下的笙磬一起合奏。所奏的乐歌，有《周南》的《关雎》、《葛覃》、《卷耳》；《召南》的《鹊巢》、《采蘩》、《采蘋》。工不起身，向乐正报告说："规定的乐歌都已演奏完毕。"乐正又向宾报告，然后下堂去。

12. 主人取爵于上篚献工。大师则为之洗。宾降，主人辞降。工不辞洗[1]。卒洗，升。实爵。工不兴，左瑟。一人拜受爵。主人阼阶上拜送爵。荐脯醢。使人相祭。工饮，不拜既爵，授主人爵。众工不拜受爵，祭，饮。辩有脯醢，不祭。不洗，遂献笙于西阶上。笙一人拜于下，尽阶，不升堂，受爵。主人拜送爵。阶前坐祭，立饮，不拜既爵，升，授主人爵。众笙不拜受爵，坐祭，立饮。辩有脯醢，不祭。主人以爵降，奠于篚，反升就席。

【注释】

〔1〕工不辞洗：此工即指大师，因是盲人，故不下堂辞洗。

【译文】

　　主人从堂上的篚中取爵,准备向工献酒。工中如果有大师,主人就要下堂为他洗爵。主人下堂洗爵时,宾也随着下堂,主人要向宾辞降。大师则不下堂向主人辞洗。洗毕,主人与宾升堂。主人给爵斟满酒。工不起身,用左手拿瑟,以便用右手受爵。工长一人行拜受礼而后受爵。主人授爵后在阼阶上行拜送礼。有司向工长进上脯醢。主人使相者帮助工长用脯醢和酒祭先人。工长饮干爵中酒,饮毕不向主人行拜礼,把空爵交给主人。其他的工不行拜受礼就从主人手中接受爵,用酒祭先人,然后饮干爵中酒。每位工前都进有脯醢,但工不用脯醢祭先人。主人不下堂洗爵,便在西阶上向笙工献酒。笙工之长一人在西阶下行拜受礼,然后升到阶的最上一级,但不升到堂上,从主人手中接受爵。主人行拜送礼。笙工之长下阶,在阶前坐下,用酒祭先人,然后起身站着饮干爵中酒,饮毕不行拜礼,升阶把空爵交给主人。其他笙工都不行拜受礼就升阶受爵,然后下阶而坐,用酒祭先人,再起身站着饮干爵中酒。笙工每人的位前都进有脯醢,但都不用脯醢祭先人。主人拿着空爵下堂,把爵放入篚中,又转身升堂就席。

　　13. 主人降席自南方,侧降,作相为司正。司正礼辞许诺。主人再拜,司正答拜。主人升就席。司正洗觯,升自西阶,由楹内适阼阶上[1],北面受命于主人。西阶上北面请安于宾。宾礼辞许。司正告于主人,遂立于楹间以相拜。主人阼阶上再拜,宾西阶上答再拜。皆揖复席。司正实觯,降自西阶,中庭北面坐奠觯,兴,退,少立,进坐,取觯兴,反坐,不祭,遂卒觯,兴,坐,奠觯,拜,执觯兴,洗,北面坐,奠于其所,兴,少退,北面立于觯南。未旅[2]。

【注释】

〔1〕楹内：谓楹北。

〔2〕未旅：案以上记行射礼之前先行饮酒礼，而把旅酬放到举行射礼之后，故曰"未旅"。

【译文】

主人从席的南端下席，又独自下堂，命相改做司正。司正推辞了一下，就答应了。主人向司正行再拜礼，司正回礼答拜。主人升堂就席。司正洗觯，从西阶升堂，从楹的内侧到阼阶上，面朝北向主人请求指示。司正根据主人的指示，到西阶上面朝北请宾留下。宾推辞了一下，就答应了。司正又把宾答应留下报告给主人，接着在两楹之间相赞主人与宾行拜礼。主人在阼阶上行再拜礼，宾在西阶上回礼答拜。主人与宾又互行揖礼，然后各自就席。司正给觯斟满酒，从西阶下堂，在庭中两楹之间面朝北坐下，把觯放下，起身，稍后退，拱手稍静立一会，然后坐下，拿觯站起来，又退回到当初稍后退之位坐下，不用酒祭先人，就饮干觯中的酒，饮毕起身，又坐下，把觯放下，行拜礼以示礼成，拜毕拿觯起身，去洗觯，洗毕回到原位面朝北而坐，把刚洗毕的空觯放回到庭中原来的地方，起身，稍后退一些，面朝北站在觯的南边。这时还没有行旅酬礼。

14. 三耦俟于堂西〔1〕，南面，东上。司射适堂西〔2〕，袒、决、遂〔3〕，取弓于阶西，兼挟乘矢〔4〕，升自西阶，阶上北面告于宾曰："弓矢既具，有司请射。"宾对曰："某不能，为二三子许诺〔5〕。"司射适阼阶上东北面告于主人，曰："请射于宾，宾许。"

【注释】

〔1〕三耦俟于堂西：案射箭比赛二人为一组，称为一耦，三耦则六人。这六人先俟于堂西，以待司射比耦。

〔2〕司射：为主人掌射事之吏。

〔3〕袒、决、遂：袒，脱去左臂的外衣袖。决，古代射箭时套在右手大拇指上的象骨套子，是钩弦时护指所用。遂，又叫射鞲，非射时则称作拾，是皮制的臂衣，射箭时套在左臂上，以防发矢时左臂衣袖碍弦。

〔4〕兼挟乘矢：挟，谓方持弦矢，即右手的大拇指钩弦，第二指与第三指夹矢，使矢与弦成直角，故曰方持。乘矢，四矢。

〔5〕某不能，为二三子许诺：某，宾名。二三子，承上文，谓掌射事的有司们。

【译文】

等待匹配成三耦的六个人，在堂西面朝南而立，以东边为上位。司射来到堂西，脱去左臂的外衣袖，给右手大拇指套上决，左臂套上遂，从西阶的西边取弓，用左手握住弓把的中部，右手将四支矢与弓弦一并握着，从西阶升堂，在西阶上面朝北向宾报告说："弓矢都已准备齐全，有司们向您请求开始射箭比赛。"宾回答说："某不善射，既然他们几位提出请求，那就开始吧。"司射到阼阶上面朝东北向主人报告说："向宾请求开始射箭比赛，宾已经答应了。"

15. 司射降自西阶，阶前西面命弟子纳射器[1]。乃纳射器，皆在堂西。宾与大夫之弓倚于西序，矢在弓下，北括[2]。众弓倚于堂西[3]，矢在其上。主人之弓矢在东序东。

【注释】

〔1〕弟子纳射器：弟子，众宾中年少者。射器，谓弓、矢、决、拾、旌、中、筹、楅、丰等。

〔2〕括：箭的末端。

〔3〕众弓：众宾的弓。

【译文】

司射从西阶下堂，在西阶前面朝北命弟子们把射器搬进来。于是弟子们搬射器，搬进来的射器都先放在堂西。然后将宾、大夫、众宾和主人的射器分别陈放：宾和大夫的弓倚着西序的西边而放，矢放在弓的下边，使矢括朝北；众宾的弓在堂下倚着堂的西台基而放，矢放在堂廉上；主人的弓矢放在东序的东边。

16. 司射不释弓矢，遂以比三耦于堂西[1]。三耦之南，北面命上射曰[2]："某御于子[3]。"命下射曰："子与某子射[4]。"

【注释】

〔1〕比三耦：即将射艺相近者两两配合在一起，以成三耦。

〔2〕上射：每耦两人，其中尊者（即年长者）为上射，站在右边，另一人站在左边，为下射。

〔3〕某御于子：某，下射的字。御，从。子，对上射的尊称。

〔4〕子与某子射：子，谓下射。某子，谓上射，"某"为上射之氏，犹曰张子、吴子等。

【译文】

司射不放下手中的弓矢，接着就在堂西将射艺相近的人两两结合而匹配成三耦。司射站在三耦的南边，面朝北命令上射说："某随从您射。"又命令下射说："您与某子射。"

17. 司正为司马[1]。司马命张侯。弟子说束，遂系左下纲。司马又命获者倚旌于侯中[2]。获者由西方坐取旌倚于侯中[3]，乃退。

【注释】

〔1〕司正为司马：案司正本为饮酒礼之旅酬而设，现在未旅酬而先行射礼，故即以司正充任司马，以主持射礼。

〔2〕命获者倚旌于侯中：获者，报靶人。旌，旗，射中则扬旌唱获。侯中，即射侯的中央。

〔3〕坐取旌：旌偃置于地，故须坐取。

【译文】

主人命司正兼任司马。司马命令弟子把射侯张好。于是负责张射侯的弟子解开原先系在右上纲上的左下纲，把左下纲系在左植上。司马又命获者把旌旗倚放在射侯的中央。于是获者坐下拿起旌旗，起身由庭西往东，去把它倚放在射侯的中央，然后退回到庭西原位。

18. 乐正适西方，命弟子赞工迁乐于下[1]。弟子相工如初入，降自西阶，阼阶之下东南，堂前三笴[2]，西面，北上，坐。乐正北面立于其南。

【注释】

〔1〕命弟子赞工迁乐于下：弟子，此指工的相者。赞工迁乐，目的在于避射。

〔2〕笴：矢干。笴长三尺。

【译文】

乐正到西阶西边，命令弟子帮助乐工迁移到堂下。于是弟子如同当初扶乐工进来时一样，扶乐工从西阶下堂，来到阼阶的东南边，在堂前离堂三笴的地方面朝西坐下，以北边为上位。乐正面朝北站在乐工南边。

19. 司射犹挟三矢以命三耦："各与其耦让取弓矢，

拾[1]。"三耦皆袒、决、遂。有司左执弣，右执弦而授弓，遂授矢。三耦皆执弓，搢三而挟一个[2]。司射先立于所设中之西南[3]，东面。三耦皆进，由司射之西，立于其西南，东面北上而俟。

【注释】

〔1〕让取弓矢，拾：让，谦让。拾，音jiè，更替、轮流。

〔2〕搢三而挟一个：搢，插。一个，一矢。

〔3〕司射先立于所设中之西南：中，盛筹器；筹，是用以记射中次数的筹码。中用木制，形似伏兽，背上开有孔以插放筹。所设中，谓所拟设中之处，实际现在中尚未设。

【译文】

司射仍然挟着四支矢，命令三耦："你们各自与自己的耦行谦让之礼，轮流取弓矢。"于是三耦都脱去左臂的外衣袖，给右手大拇指套上决，左臂套上遂。有司左手握住弓把的中部，右手握住弓弦，把弓授给三耦，接着又把矢授给三耦。三耦都拿着弓，把三支矢插在腰间，一支矢挟在右手指间。司射站在将要放置中的地方的西南边，面朝东。三耦都向南行，经过司射的西边，来到司射的西南边站立，面朝东，以北边为上位，等待射箭。

20. 司射东面立于三耦之北，搢三而挟一个，揖进。当阶北面揖。及阶揖。升堂揖。豫则钩楹内[1]，堂则由楹外[2]。当左物北面揖。及物揖[3]。左足履物，不方足[4]，还，视侯中，俯正足[5]。不去旌[6]，诱射[7]，将乘矢[8]。执弓，不挟[9]，右执弦，南面揖。揖如升射，降出于其位南，适堂西，改取一个挟之，遂适阶西，取扑搢之以反位[10]。

【注释】

〔1〕豫则钩楹内：豫，通"序"。钩，绕。内，谓楹的北边。钩楹内，是为绕楹而东。

〔2〕堂则由楹外：堂，即庠之堂。外，谓楹的南边。由楹外，谓由西楹的南边直向东行，不绕楹。

〔3〕当左物北面揖，及物揖：物，谓射时所立射位，画为十字形标记，有左、右两物。

〔4〕方：犹并。

〔5〕正足：摆正脚步，当如今所谓丁字步。

〔6〕不去旌：案此为司射诱射，目的不在射中，不需唱获，故毋须把倚在侯中的旌移开去。

〔7〕诱射：即教射，为射仪作示范。

〔8〕将乘矢：将，行。乘矢，四矢。

〔9〕不挟：因矢已射尽。

〔10〕扑：挞罚犯教者所用，用荆制成。

【译文】

司射面朝东站在三耦的北边，把三支矢插在腰间，一支矢挟在指间，面朝东揖，然后向东行。东行到西阶途，对应着北边西阶的时候，面朝北揖，然后向北行。北行到西阶前，又面朝北揖，然后升阶上堂。升堂后又面朝北揖，然后向东行。如果是在州学序中举行射礼，那就要绕到西楹内侧再折向东行；如果是在乡学庠中举行射礼，那就要从西楹外侧向东行。司射从西楹内侧走到对应着北边的左物时，要面朝北揖，然后北行。北行到左物处，又要面朝北揖。司射用左脚踏着物，右脚不与左脚并立，由揖时的面朝北转向面朝西，同时掉头向南目视射侯的中央，再低头俯视两脚，以摆正脚步。不把倚放在射侯中央的旌拿开，司射即开始教射，一直把四支矢都射完。司射左手拿弓，不再挟矢，右手握着弓弦，面朝南揖。司射下堂时行进中如同升堂诱射时一样行揖礼，下堂后走到司射原来所在位置的南边，又转身向北走到堂西，另取一支矢挟在指间，接着又走到西阶西边拿取扑插在腰间，然后返回原位。

21. 司马命获者执旌以负。获者适侯，执旌负侯而俟。司射还，当上耦西面，作上耦射[1]，司射反位。上耦进揖，上射在左，并行。当阶，北面揖。及阶，揖。上射先升三等，下射从之中等[2]。上射升堂少左，下射升。上射揖，并行。皆当其物，北面揖。及物，揖。皆左足履物，还，视侯中，合足而俟[3]。司马适堂西，不决、遂，袒，执弓，出于司射之南，升自西阶，钩楅，由上射之后，西南面立于物间。右执箫[4]，南扬弓，命去侯。获者执旌许诺，声不绝，至于乏，坐，东面，偃旌，兴而俟。司马出于下射之南，还其后，降自西阶，反，由司射之南，适堂西释弓，袭[5]，反位，立于司射之南。司射进，与司马交于阶前相左[6]，由堂下西阶之东北面视上射，命曰："无射获，无猎获！"上射揖。司射退，反位。乃射。上射既发，挟弓矢，而后下射射。拾发以将乘矢。获者坐而获，举旌以宫，偃旌以商[7]。获而未释获[8]。卒射，皆执弓，不挟，南面揖，揖如升射。上射降三等，下射少右从之中等。并行，上射于左。与升射者相并，交于阶前，相揖。由司马之南适堂西，释弓，说决、拾[9]，袭而俟于堂西[10]，南面，东上。三耦卒射亦如之[11]。司射去扑，倚于西阶之西，升堂，北面告于宾曰："三耦卒射。"宾揖[12]。

【注释】

〔1〕作：使，命。
〔2〕中等：中，间，谓与上射间隔一级台阶。
〔3〕合足：谓正足，即足之纵横，必合于所画之物。

〔4〕箾：弓的末端。

〔5〕袭：把脱下的外衣袖再穿上。

〔6〕司射进，与司马交于阶前相左：案司射向北进时，正当司马向南返位途中，故得与司马相交于阶前。相交时，司马在西，司射在东，相互从对方的左侧而过，故曰相左。

〔7〕举旌以宫，偃旌以商：案宫、商为我国古代五声音阶的前两个音阶名，宫相当于今简谱上的"1"，商相当于今简谱上的"2"；但此处之宫，当为高音宫，相当于今简谱上的"i"，故声高为宫，声下为商。

〔8〕获而未释获：上"获"，谓唱获；下获，谓箅筹。未释获，即未计算射中的多少。因为现在第一次射，属于习射，故不计算射中数。

〔9〕拾：即遂。

〔10〕俟：谓俟司射再命而进。

〔11〕三耦："三"是"二"字之误。二耦，谓次耦、三耦。

〔12〕宾揖：案宾通过行揖礼，表示已经听到司射的报告了。

【译文】

司马命获者拿旌背朝射侯而立。于是获者到射侯跟前，拿着旌背朝射侯而待命。司射先南行而后转身，面朝西与上耦相对，命上耦开始射箭，命毕司射返回原位。上耦二人面朝东揖，然后向东行，上射在左，二人并行。走到对应着西阶的时候，面朝北揖，然后向北行。走到西阶跟前，再面朝北揖。上射先升阶三级，然后下射随着升阶一级，与上射之间相隔一级台阶。上射升堂后稍移向左边站立，下射也升到堂上。上射面朝东揖，然后与下射并排向东行。二人走到对应着北边的物的时候，又面朝北揖，然后向北行。北行到物跟前，又面朝北揖。二人都用左脚踏着物，转身面朝西，同时掉头向南目视射侯的中央，然后摆正脚步，等待命令。司马向北走到堂西，右手拇指上不套决，左臂上也不套遂，只将左臂的外衣袖脱去，拿起弓，又从原路返回，走到司射位的南边，再转身向北，从西阶升堂，升堂后绕到西楹北边，再折向东，从上射的身后走到两物之间，面朝西南而立。司马右手握住弓的末梢，向南扬弓，命令获者离开射侯。获者拿着旌连声不绝地答应着，一直走到设乏处，面朝东坐下，把旌放下，起身站立以待命。司马从上、下射之间走到下射的南边，转身向东，再折向北，绕到下射的身后再折向西行，从西阶下堂，由原路返回，一直走到司射位的南边，再转身向北走到堂西，把弓放下，把左衣袖穿好，再返回到原位，站在司射位的南边。这时司射已向北行，当司射走到西阶前的时候，正好与向南返回的司马相遇，两人相互从对方的左侧交错而过，然后司射从堂下西阶东边的地方看着上射，命令说："不要射伤获者，也不要把箭射到乏旁！"上射向司射行揖礼。司射退去，返回原位。于是开始射箭。上射射过第一矢后，右手又从腰带间拿出一矢附在弓上挟着，然后下射射。二人这样轮流着各自都射完了四矢。获者在乏后坐着唱获。唱获声随举旌而起，声音高亢，与宫声相应；又随着偃旌而声音渐小，低落的声音与商声相应。这次射箭只为射中者唱获，而不计算射中的多寡。射毕，二人都拿着弓，指间不挟矢，面朝南揖。揖毕循原路下堂，行进中如同升堂射箭时一样地行揖礼。上射先从西阶下阶一级，然后下射稍移向阶的右边，随着降阶一级，与上射之间相隔一级台阶。下射下堂后，二人并排向南行，上射走在左边。这时次耦二人正并排向北行，上耦与次耦在西阶前相互从对方的左侧交错而过，交错时互相行揖礼。上耦二人走到司马的南边，又转身向北走到堂西，放下手中的弓，脱去决和遂，把左衣袖穿好，在堂西待命，二人面朝南而立，以东边为上位。次耦和下耦射毕也同上耦一样站在堂西待命。司射抽去腰间的扑，把它倚放在西阶的西边，然后升堂，面朝北向宾报告说："三耦都已射箭完毕。"宾行揖礼，表示知道了。

22. 司射降，搢扑反位。司马适堂西，袒，执弓，由其位南进，与司射交于阶前相左。升自西阶，钩楹，自右物之后，立于物间，西南面揖弓[1]，命取矢。获者执旌许诺，声不绝，以旌负侯而俟。司马出于左物之前，还其后，降自西阶，遂适堂前，北面，立于所设楅之南，命弟子设楅[2]。乃设楅于庭中，南当洗，东肆。司马由司射之南，退释弓于堂西，袭，反位。弟子取矢，北面坐，委于楅，北括，乃退。司马袭[3]，进当楅南，北面坐，左右抚矢而乘之[4]。若矢不备，则司马又袒，执弓如初升，命曰："取矢。不索[5]。"弟子自西方应曰："诺！"乃复求矢加于楅。

【注释】

〔1〕搢弓：案此处"搢弓"与上节"扬弓"相变为文，盖扬弓时弓举得稍高，而搢弓则弓稍低，实皆举弓挥之使去。

〔2〕楅：音 bì，承矢的木架。

〔3〕司马袭：案前已言司马"袭，反位"，此复言之，是为了避免让人怀疑他现在有事而又袒。

〔4〕乘之：乘，古时数物以四计之称，谓四支四支地数。

〔5〕不索：索，尽，谓矢当有余数，不可正好射尽。

【译文】

司射下堂，又把扑插在腰间，然后返回原位。司马到堂西，脱下左臂的外衣袖，拿起弓，返回到原位的南边，再转身向北进，当走到西阶前时，正好和向南返回的司马相遇，两人相互从对方的左侧交错而过。司马从西阶升堂，绕到西楹的北边再折向东，经过右物的后边，来到两物之间站立，面朝西南举弓而挥，命令获者和弟子取矢。获者拿着旌连声不绝地答应着，来到射侯前背朝射侯而立，等待着弟子来取矢。司马从左物的南边出来，又向东，向北，绕到左物的后边，再折向西，从西阶下堂，接着走到堂前，面朝北，站在将要放置楅的地方的南边，命令弟子设楅。于是弟子把楅放置在东西当庭的中央、南北与庭东边的洗相应的位置，使楅的首端朝东而尾朝西。司马走到司射位的南边，又转身向北走到堂西，把弓放下，穿好左衣袖，然后返回原位。弟子拾取矢，在楅的南边面朝北坐下，把矢横放在楅上，使矢的尾端朝北，然后退回到庭西原位。这时司马已穿好了左衣袖，走到楅的南边，面朝北坐下，用左右两手将矢四支四支地数着，分放在左右两边。如果矢数不够，司马又脱下左臂的外衣袖，像当初一样拿着弓上堂，再次命令弟子说："取矢。所取的矢要留有余数，不能计算着正好射尽。"弟子听到命令，从庭西边答应道："是！"于是又取矢来放在楅上。

23. 司射倚扑于西阶，升，请射于宾如初[1]。宾许诺。宾、主人、大夫若皆与射，则遂告于宾[2]，适阼阶上告于主人；主人与宾为耦[3]。遂告于大夫。大夫虽众，皆与士为耦[4]。以耦告于大夫曰："某御于子[5]。"西阶上北面作众宾射。司射降，搢扑，由司马之南，适堂西立，比众耦[6]。众宾将与射者皆降[7]，由司马之南适堂西，继三耦而立[8]，东上，大夫之耦为上[9]。若有东面者，则北上。宾、主人与大夫皆未降。司射乃比众耦辩。

【注释】

〔1〕请射于宾：这是向宾请求开始第二番射箭比赛。

〔2〕遂告于宾：这是把宾的射耦告诉宾。匹配射耦从宾开始。

〔3〕主人与宾为耦：案主人为下射，以示尊宾。

〔4〕皆与士为耦：亦为下射。

〔5〕某御于子：某，宾长之字。子，谓大夫。宾长为上射而曰"某御于子"，意谓虽然大夫谦居下射，仍要对大夫表示尊重。

〔6〕比众耦：这是将要比众耦，实尚未比。

〔7〕众宾：谓堂上三宾长。

〔8〕继三耦而立：案参加第一番射箭比赛的三耦，先已在堂西面朝南而立，此时众宾之耦则站在三耦的西边。

〔9〕大夫之耦为上：案此时大夫尚未下堂，这里是说司射所命将与大夫为耦的宾居上位。

【译文】

司射把扑倚放在西阶西边，升堂，如同当初向宾请示开始第一番射箭比赛时那样，向宾请示开始第二番射箭比赛。宾答应了。

宾和三位宾长、主人以及大夫如果都愿意参加射箭比赛，司射就
先把宾的射耦告诉宾，再到阼阶上把主人的射耦告诉主人：主人
与宾相配为耦。接着又把大夫的射耦告诉大夫。大夫即使人多，
也不自相为耦，而与三位宾长及堂下的众宾相配为耦。司射把大
夫的射耦分别告诉大夫时说："某随从您射。"司射又来到西阶
上，面朝北命众宾准备射箭。司射下堂，把扑插在腰间，往南经
过司马的南边，再转身向北到堂西站立，将要匹配众耦。这时堂
上的宾长将要参加射箭比赛的都下堂，往南经过司马的南边，再
转身向北到堂西，堂下的众宾也随着宾长到堂西，接在三耦的西
边站立，以东边为上位，与大夫为耦的宾站在上位。如果众宾人
多，而有顺着西墙面朝东站立的，就以北边为上位。这时宾、主
人和大夫都还没有下堂。司射将众耦都匹配完毕。

24. 遂命三耦拾取矢，司射反位。三耦拾取矢[1]，
皆袒、决、遂，执弓，进立于司马之西南。司射作上耦
取矢，司射反位。上耦揖进，当福北面揖。及福揖：上
射东面，下射西面[2]。上射揖，进坐，横弓，却手自弓
下取一个[3]，兼诸弣，顺羽[4]，且兴，执弦而左还，退
反位，东面揖。下射进坐，横弓，覆手自弓上取一
个[5]，兴，其他如上射。既拾取乘矢，揖，皆左还，南
面揖，皆少进，当福南，皆左还北面，揖三挟一个，
揖，皆左还[6]，上射于右，与进者相左[7]，相揖，反
位。三耦拾取矢亦如之[8]。后者遂取诱射之矢[9]，兼
乘矢而取之，以授有司于西方[10]，而后反位。

【注释】
〔1〕三耦拾取矢：谓三耦闻命后，将要拾取矢，实尚未取。
〔2〕及福揖：上射东面，下射西面：案"及福揖"与下两句为倒

装句。
　　〔3〕却手：谓右手掌仰向上，与握弓之左手覆向下正相对。
　　〔4〕兼诸弣，顺羽：兼，并，谓将右手的矢并于左手，使与弓弣并执。顺羽，谓将矢并入左手时，右手顺着矢后羽的方向抚摸而下。
　　〔5〕横弓，覆手自弓上取一个：谓下射用左手掌仰向上握弓弣（弓把的中间部分），使弓把在下而弦在上，则弓亦横为南北向。右手则手掌向下，从弓弦的上边伸过去取矢。
　　〔6〕左还：左转为面朝西，为将西行。
　　〔7〕进者：谓次耦。
　　〔8〕三耦："三"是"二"字之误。
　　〔9〕后者遂取诱射之矢：后者，谓下耦的下射。
　　〔10〕以授有司于西方：有司，即纳射器的弟子。西方，谓庭西。

【译文】
　　接着司射命三耦交替取矢，然后司射返回原位。三耦准备交替取矢，都脱去左臂的外衣袖，右手拇指套上决，左臂套上遂，拿起弓，然后从堂西往南前进到司马所在的位置的西南边站立。司射稍南行，再转身面朝西，命上耦取矢，然后返回原位。上耦二人面朝东揖，然后向东前进，走到福的南边、对应着北边的福的时候，再面朝北揖，然后向北前进。二人分别走到福的两边，又揖：上射在西边面朝东揖，下射在西边面朝西揖。上射又面朝东揖，然后进到福跟前，坐下，左手横握着弓，右手掌朝上从弓弦下边取出一支矢，再将矢放入左手中，用左手将矢与弓弣一并握着，同时右手顺着矢末端的羽抚摸而下，边抚摸边起身，再用左手握着弓弦，向左转身，退回到福西边原位，然后回转身来面朝东揖。接着下射再进到福跟前，坐下，左手横握着弓，右手掌朝下从弓的上边伸过手去取一支矢，然后站起来，其他礼仪都同上射取矢一样。上射和下射交替取够四支矢后，同时相向而揖，然后都向左转身，转成面朝南而揖，接着都稍向南进，来到福的南边，二人又同时向左转身，转成面朝北，将三支矢插在腰间，一支矢挟在指间，面朝北揖，揖毕，二人又都向左转成面朝西，然后并排西行，上射走在右边，这时正好与向东行的次耦二人相遇，上耦和次耦互相从对方的左侧交错而过，交错时互行揖礼，然后上耦返回到原位。次耦和下耦交替取矢的礼仪也同上耦一样。下耦的下射取够四支矢后，还要将司射诱射的四支矢一并拿取，把这四支矢交给庭西边的有司，然后返回原位。

25. 众宾未拾取矢[1]，皆袒、决、遂，执弓，搢三挟一个，由堂西进，继三耦之南而立，东面，北上。大夫之耦为上[2]。

【注释】

〔1〕未：犹不。

〔2〕大夫之耦：此指将与大夫为耦的宾。

【译文】

众宾不交替取矢，他们都在堂下脱下左臂的外衣袖，右手拇指套上决，左臂套上遂，拿着弓，将三支矢插在腰间，一支矢挟在指间，从堂西往南前进，接续在三耦的南边站立，面朝东，以北边为上位。将与大夫为耦的宾站在北边上位。

26. 司射作射如初。一耦揖[1]、升如初。司马命去侯，获者许诺。司马降，释弓反位。司射犹挟一个，去扑，与司马交于阶前。升，请释获于宾[2]。宾许。降，搢扑，西面立于所设中之东，北面命释获者设中[3]，遂视之[4]。释获者执鹿中[5]，一人执筹以从之。释获者坐设中，南当楅，西当西序，东面。兴，受筹，坐，实八筹于中，横委其余于中西，南末[6]，兴，共而俟。司射遂进，由堂下北面命曰："不贯不释[7]。"上射揖。司射退，反位。释获者坐，取中之八筹，改实八筹于中，兴，执而俟。

【注释】

　　〔1〕一耦：谓上耦。
　　〔2〕释获：即计算射中的多寡。
　　〔3〕释获者：专门负责计算射筹的人。
　　〔4〕遂视之：谓审视并指教释获者设中。
　　〔5〕鹿中：以木刻作伏地之鹿形的中。
　　〔6〕南末：谓筭有首末之分，南末即末端朝南。
　　〔7〕贯：犹射中。

【译文】

　　司射命上耦射，如同第一番射箭时命上耦射一样。上耦行揖礼及升堂就物等礼仪，也同第一番射时一样。司马命获者离开射侯，获者答应着离开去。司马下堂，到堂西放下弓，返回原位。司射仍然挟着一支矢，放下拊，将从西阶升堂，在阶前与反位的司马交错而过。司射升堂，向宾请求从这次射箭开始计算射中的多寡。宾同意。司射下堂，将拊插在腰间，面朝西站在将要放置中的地方的东北边，又转而面朝北命令释获者设中，接着便审视并指教释获者设中。释获者拿着鹿中，另一人拿着筭跟随着他。释获者坐下设中，使中的南北位置与福相应、东西位置与序相应，并使中面朝东。放毕，释获者起身，从执筭者手中接过筭，坐下，将八支筭放进中里，其余的横放在中的西边，使筭的末端朝南，然后起身，拱手而立，等待射箭开始。司射于是前进到西阶东边，由堂下面朝北命令说："不射中侯的正中，就不计数！"上射向司射行揖礼。司射退下，返回原位。释获者坐下，取出中里的八支筭，又另将八支筭放入中里，然后起身，拿着筭等待计数。

　　27. 乃射。若中，则释获者坐而释获：每一个释一筭；上射于右，下射于左。若有余筭^[1]，则反委之。又取中之八筭，改释八筭于中，兴，执而俟。三耦卒射。

【注释】

　〔1〕若有余算：案一耦二人，八矢；算亦八枚。射中一矢，就释一算于地。若不尽中，算即有余。

【译文】

　于是开始射箭。如果射中，释获者就坐下来，拿出手中的算放在地上计数：每射中一矢，放一枚算；上射的算放在中的右边，下射的算放在中的左边。如果算有多余的，就放回到中的西边。释获者又取出中里的八枚算，另放八枚算到中里，然后起身，拿着算等待次耦射时再计数。就这样，三耦都先后射毕。

　28. 宾、主、大夫揖，皆由其阶降。揖。主人堂东袒、决、遂，执弓，搢三挟一个。宾于堂西亦如之。皆由其阶，阶下揖。升堂揖。主人为下射。皆当其物北面揖，及物揖，乃射。卒，南面揖，皆由其阶，阶上揖。降阶揖，宾序西，主人序东，皆释弓，说决、拾，袭，反位升[1]，及阶揖，升堂揖，皆就席。

【注释】

　〔1〕反位升：这是"升反位"的倒文。

【译文】

　宾、主人、大夫互行揖礼，然后主人由东阶下堂，宾和大夫由西阶下堂。下堂后又互行揖礼。主人来到堂东，脱下左臂的外衣袖，右手拇指套上决，左臂套上遂，拿起弓，将三支矢插在腰间，一支矢挟在指间。宾在堂西也这样做。主人和宾又分别从东西阶升堂，升堂前分别在下面朝北揖。升堂后又面朝北揖。主人做宾的下射。宾和主人走到两楹间对应着北边的物的时候都面朝北揖，走到物跟前又都面朝北揖。于是开始射箭。射毕，宾和主人又面朝北揖，然后分别从西阶和东阶下堂，下堂前又都在阶上面朝南揖。下堂后，宾和主人又互行揖礼，然后宾来到西的西边，主人来到东序的东边，都把弓放回原处，脱下决和遂，穿上左臂外衣袖，将升堂返回原位，在他们走到阶前时都面朝北揖，升堂后又面朝北揖，然后各自就席。

29. 大夫袒、决、遂，执弓，搢三挟一个，由堂西出于司射之西，就其耦。大夫为下射。揖进，耦少退[1]。揖如三耦。及阶，耦先升。卒升，揖如升射。耦先降。降阶耦少退。皆释弓于堂西，袭。耦遂止于堂西。大夫升就席。

【注释】

〔1〕耦少退：谓稍后于大夫，以示尊大夫。下文"降阶耦少退"仿此。

【译文】

大夫脱下左臂的外衣袖，右手拇指套上决，左臂套上遂，拿起弓，将三支矢插在腰间，一支矢挟在指间，从司射的西边经过，以就其耦。大夫做下射。大夫与耦面朝东揖，然后向东行，耦比大夫走得稍靠后一些。行进中，他们和三耦一样行揖礼。走到西阶前，耦先升阶。大夫与耦射箭完毕，下堂时也同升堂就物时一样地行揖礼。耦先下阶。下阶后行进中耦比大夫走得稍靠后一些。大夫和耦都到堂西放下弓，穿上左臂外衣袖。耦于是留在堂西。大夫升堂就席。

30. 众宾继射。释获皆如初。司射所作唯上射。卒射，释获者遂以所执余获[1]，升自西阶，尽阶不升堂，告于宾曰："左右卒射[2]。"降，反位坐，委余获于中西，兴，共而俟。

【注释】

〔1〕余获：即余筭。无余筭则空着手。

〔2〕左右：犹言上、下射。

【译文】

众宾相继而射。释获者如同当初一样计算射中的多寡。司射命射只命上耦。待众耦射毕之后，释获者就拿着剩余的筭，从西阶升到阶的最上一级，但不升到堂上，向宾报告说："左右射都已射箭完毕。"然后下阶，返回中西边原位坐下，把余筭放在中的西边，再起身，拱手而立，等待司射审视筭之后数筭。

31. 司马袒、决〔1〕，执弓升，命取矢如初〔2〕。获者许诺，以旌负侯如初。司马降，释弓反位。弟子委矢如初。大夫之矢则兼束之以茅〔3〕，上握焉〔4〕。司马乘矢如初。

【注释】

〔1〕司马袒、决：此句"决"字是衍文。

〔2〕如初：案此处之"如初"，以及下文之三"如初"，皆谓如第一番射时。

〔3〕大夫之矢则兼束之以茅：谓四矢共一束。大夫矢的括上有题识，故可以认出来。

〔4〕上握焉：握，指箭杆上的手握处。上握，即使手握处在茅束之上。案手握处在箭杆的中央，则茅当束于箭杆的下部。

【译文】

司马脱下左臂的外衣袖，拿着弓升堂，像当初一样命令获者和弟子取矢。获者答应，像当初一样拿旌背朝射侯而立。司马下堂，到堂西放下弓，然后返回到中的西南边原位。弟子像当初一样取矢，并把矢放在福上。大夫的矢另用茅草束在一起，束茅时应将手握处留在茅束的上边。最后，司马像当初一样把弟子放在福上的矢四支四支地数着、分着。

32. 司射遂适西阶西，释弓去扑，袭，进由中东，立于中南，北面视筭。释获者东面于中西坐，先数右获。二筭为纯，一纯以取，实于左手，十纯则缩而委之[1]。每委异之。有余纯则横于下[2]。一筭为奇，奇则又缩诸纯下[3]。兴，自前适左，东面坐，兼敛筭实于左手，一纯以委，十则异之。其余如右获[4]。司射复委。释获者遂进取贤获[5]，执以升自西阶，尽阶不升，告于宾。若右胜则曰："右贤于左。"若左胜则曰："左贤于右。"以纯数告，若有奇者亦曰奇。若左右钧，则左右皆执一筭以告曰："左右钧。"降复位，坐，兼敛筭，实八筭于中，委其余于中西，兴，共而俟。

【注释】
〔1〕缩而委之：缩，纵。案释获者面朝东而数，以东西方向为纵。委之，委于所释获的南边。
〔2〕有余纯则横于下：不满十纯则为余纯，横谓南北向，下谓中的西边。
〔3〕纯下：谓余纯之南。
〔4〕其余如右获：是指所数过的筭在地上的放法如右获。
〔5〕贤获：将上射与下射所获的筭加以比较，胜方比负方多出的筭，就叫贤获。

【译文】

司射于是来到西阶的西边，放下弓和插在腰间的扑，穿上左臂的外衣袖，然后向东进，从中的东边绕到中的南边站立，面朝北察看释获者数筭。释获者面朝东坐在中的西边稍偏南的位置，先数右边上射所获的筭。数时二筭为一纯，用右手一纯一纯地取着数着，数一纯就放一纯在左手中，数够十纯，就东西方向纵放在中的南边。以后每数十纯就更靠南放一堆。如果数到最后有余纯，就南北方向横放在中的西边。如果最后还余下一筭，不够一纯，就叫做奇，奇筭又纵向放置在余纯的南边。数完右筭，释获者起身，从自己坐处的前边移到中的左边，面朝东坐下用左手把左边下射所获的筭抓起一把握着，再用右手从左手中一纯一纯地数着，数一纯就放一纯在中左边地上，每放够十纯就稍向北另放一堆。其余的礼仪都同数右筭时一样。释获者数筭完毕，司射回到原位。释获者于是进前拿着胜方所多获的筭，从西阶升阶，升到阶的最上一级而不升到堂上，向宾报告数筭的结果。如果是右边的上射获胜，就说："右射胜于左射。"如果是左边的下射获胜，就说："左射胜于右射。"要把所胜筭的纯数报告给宾。如果胜筭中有奇数，还要把奇数也报告给宾。如果左右所获的筭数均等，就将左右射所获的筭各拿一支向宾报告说："左右筭数均等。"报告完毕，释获者下阶回到中西边原位，面朝东坐下，把所有的筭收集在一起，然后放八支筭到中里，其余的筭就放在中的西边，再起身，拱手立而待命。

33. 司射适堂西，命弟子设丰[1]。弟子奉丰升，设于西楹之西，乃降。胜者之弟子洗觯[2]，升酌，南面坐，奠于丰上，降，袒，执弓，反位。司射遂袒，执弓，挟一个，搢扑，北面于三耦之南，命三耦及众宾胜者皆袒、决、遂，执张弓[3]；不胜者皆袭，说决、拾，却右手，右加弛弓于其上[4]，遂以执弣[5]。司射先反位。三耦及众射者皆与其耦进，立于射位，北上。司射作升饮者如作射。一耦进揖如升射[6]，及阶，胜者先升，升堂少右。不胜者进，北面坐，取丰上之觯，兴，少退立，卒觯，进坐，奠于丰下，兴揖。不胜者先降，与升饮者相左[7]，交于阶前，相揖。出于司马之南，遂适堂西释弓，袭而俟。有执爵者[8]。执爵者坐取觯，实之，反奠于丰上。升饮者如初。三耦卒饮。宾、主人、大夫不胜，则不执弓，执爵者取觯洗，升，实之以授于席前。受觯以适西阶上，北面立饮，卒觯，授执爵者，反就席。大夫饮则耦不升。若大夫之耦不胜，则亦执弛弓，特升饮。众宾继饮射爵者辩[9]，以彻丰与觯。

【注释】

〔1〕丰：承觯器，形似豆而稍低。

〔2〕胜者之弟子：指胜者中的年少者。

〔3〕张弓：张弦的弓。

〔4〕弛弓：解弦的弓。

〔5〕遂以执弣：是用两手横执弓弣。

〔6〕一耦：谓三耦中的上耦。

〔7〕升饮者：谓次耦。

〔8〕执爵者：由主人使赞者充任，以代替胜者之弟子酌酒。案据上文，丰上之酒原本由"胜者之弟子洗觯，升，酌"，但此后即由执爵者酌之。

〔9〕射爵：即不胜者所饮之罚酒。

【译文】

司射到堂西，命弟子设丰。于是弟子捧丰升堂，把丰设在西楹的西边，然后下堂。胜者中的弟子在阼阶东南就洗洗觯，升堂酌酒，在丰的北边面朝南坐下，把觯放在丰上，然后下堂，到堂西脱去左臂的外衣袖，拿起弓，返回原位。司射于是脱去左臂外

衣袖，拿起弓，右手指间挟一支矢，腰间插上扑，面朝北站在堂
西三耦的南边，命三耦和众宾中的胜者都脱下左臂外衣袖，右手
拇指套上决，左臂套上遂，拿起张有弦的弓；命不胜者都穿好左
臂外衣袖，脱去决和遂，仰起左手掌，用右手将解弦的弓矢放在
左手上，接着用两手横握着弓弣。司射先返回到中的西南边之位。
三耦和众射者都同他们的耦一起向南进，到各自的射位上站立，
以北边为上位。司射如同命令上耦射箭一样，命令上耦升堂，由
胜者使不胜者饮罚酒。上耦如同升堂射箭时一样地行揖礼而进，
走到西阶前，上耦中的胜者先升堂，升堂后稍向右站。不胜者升
堂后向北进，在丰前面朝北坐下，拿起丰上的觯，起身，稍后退
与胜者并立，饮干觯中的酒，然后进前坐下，把空觯放在丰南边
地下，起身面朝北揖。下堂时不胜者先下，上耦下堂后，与准备
升堂饮酒的次耦在阶前相遇，互相从对方的左侧交错而过，交错
时互行揖礼。上耦往南走到司马的南边，又反身向北走到堂西，
放下弓，穿上左臂外衣袖，立而待命。这时堂上有执爵者。执爵
者坐下拿起觯，给觯斟满酒，再返回来把觯放在丰上。次耦升堂
后，不胜者如同上耦中的不胜者一样地饮罚酒。三耦中的不胜者
都这样饮了酒。如果宾、主人、大夫是不胜者，饮酒前就不拿弓，
并由执爵者拿觯下堂去洗，洗毕升堂，给觯斟满酒，到他们各自
的席前授给他们。宾、主人和大夫接受觯以后要到西阶上，面朝
北站着饮酒，饮毕，把空觯授给执爵者，然后返回席位。大夫饮
酒时他们的耦就不升堂。如果是大夫的耦不胜，这位耦也要双手
拿着解弦的弓，独自升堂饮酒。众宾中的不胜者都相继遍饮罚酒
之后，就把丰和觯彻去。

34. 司马洗觯，升，实之以降，献获者于侯。荐脯
醢，设折俎，俎与荐皆三祭[1]。获者负侯北面拜受爵。
司马西面拜送爵。获者执爵，使人执其荐与俎从之，适
右个[2]，设荐俎。获者南面坐，左执爵，祭脯醢。执爵
兴，取肺坐祭，遂饮酒，兴，适左个、中皆如之。左个

之西北三步东面设荐俎，获者荐右东面立饮，不拜既爵。司马受爵奠于篚，复位。获者执其荐，使人执俎从之，辟设于乏南[3]。获者负侯而俟。

【注释】

〔1〕三祭：谓将要在侯的三处地方行祭礼，即下文所说祭于右个、左个和侯中。

〔2〕右个：即个的右端。下"左个"仿此。

〔3〕辟：通"避"，在此是迁移的意思。

【译文】

司马洗爵，升堂，给爵斟满酒而后下堂，在射侯前向获者献酒。主人之赞者为获者进上脯醢和折俎，获者将用脯醢和折俎在射侯的三处地方行祭礼。获者背朝射侯面朝北行拜受礼，然后从司马手中接受爵。司马授爵后面朝西行拜送礼。获者拿着爵，使人拿着脯醢和折俎跟随着他，来到射侯的右个前，将脯醢和折俎摆设好。获者面朝南坐下，左手拿爵，右手取脯醢祭先人，祭毕拿爵起身，又取俎上的肺坐下行祭礼，接着又用酒祭先人，祭毕起身。获者到左个和侯中行祭礼，也同在右个一样。获者又使人在左个的西北边三步远的地方面朝东设脯醢和折俎，获者则在脯醢的右边面朝东站着饮干爵中酒，饮毕不行拜礼。司马从获者手中接过空爵放入篚中，然后返回原位。获者拿着他的脯醢，使人拿俎跟着他，将脯醢和折俎放在乏的南边。获者又来到侯中，背朝射侯立而待命。

35. 司射适阶西，释弓矢，去扑，脱决、拾，袭，适洗洗爵，升，实之以降，献释获者于其位少南。荐脯醢、折俎[1]，有祭[2]。释获者荐右、东面拜受爵。司射北面拜送爵。释获者就其荐坐，左执爵，祭脯醢，兴，取肺坐祭，遂祭酒，兴，司射之西、北面立饮，不拜既爵。司射受爵奠于篚。释获者少西辟荐〔3〕，反位。

【注释】

〔1〕折俎："折"上脱"设"字。

〔2〕有祭：谓有祭脯与切肺。祭脯，是专用于祭的半条干肉。切肺即祭肺。

〔3〕少西辟荐：这是为了避免再次射箭比赛时妨碍司射视筭。

【译文】

　　司射到西阶的西边，放下弓，去掉插在腰间的扑，又到堂西脱去决和遂，穿上左臂的外衣袖，然后到洗跟前洗爵。洗毕升堂，给爵斟满酒再下堂，在释获者位的稍南边向释获者献酒。赞者为释获者荐上脯醢，摆上折俎，其中有脯醢和祭肺。释获者在脯醢的右边面朝东行拜受礼，然后接受了爵。司射授爵后面朝北行拜送礼。释获者在脯醢的西边就坐，左手拿爵，右手取脯醢祭先人，祭毕起身，又取肺坐下祭先人，接着又用酒祭先人，然后起身，到司射的西边面朝北站着饮酒，饮毕不行拜礼。司射从释获者手中接过空爵放入篚中。释获者把脯醢和折俎稍移到西边，然后返回到中西边原位。

　　36. 司射适堂西，袒、决、遂，取弓于阶西，挟一个，搢扑以反位。司射去扑，倚于阶西，升，请射于宾如初。宾许。司射降，搢扑，由司马之南适堂西，命三耦及众宾皆袒、决、遂，执弓就位。司射先反位。三耦及众宾皆袒、决、遂，执弓，各以其耦进，反于射位。

【译文】

　　司射到堂西，脱下左臂外衣袖，右手拇指套上决，左臂套上遂，从西阶的西边取弓，将一支矢挟在指间，把扑插在腰间，返回原位。司射又到西阶西边，去掉插在腰间的扑，把它倚放在西阶的西边，然后升堂，向宾请示开始第三番射箭比赛，如同请示开始第二番射箭比赛一样。宾同意。司射下堂，腰间插上扑，走到司马的南边，再反身向北到堂西，命令三耦和众宾都脱下左臂的外衣袖，右手拇指套上决，左臂套上遂，拿起弓就射位。司射先返回原位。于是三耦和众宾都脱下左臂的外衣袖，右手拇指套上决，左臂套上遂，拿起弓，各自与自己的耦一道向南进，返回到射位。

37. 司射作拾取矢。三耦拾取矢如初，反位。宾、主人、大夫降揖如初。主人堂东，宾堂西，皆袒、决、遂，执弓，皆进，阶前揖，及楅揖。拾取矢如三耦。卒，北面，搢三挟一个，揖退：宾堂西，主人堂东；皆释弓矢，袭，及阶揖，升堂揖，就席。大夫袒、决、遂，执弓，就其耦。揖，皆进，如三耦。耦东面，大夫西面。大夫进坐，说矢束[1]，兴，反位。而后耦揖进，坐，兼取乘矢，顺羽而兴，反位，揖。大夫进坐，亦兼取乘矢如其耦，北面，搢三挟一个，揖退。耦反位。大夫遂适序西[2]，释弓矢，袭，升即席。众宾继拾取矢，皆如三耦以反位。

【注释】
〔1〕说矢束：案弟子拾取矢时，为表示尊大夫而将大夫之矢"兼束之以茅"（见第31节），此时大夫自谦，将以下耦的身份如三耦一样地拾取矢，故解脱其矢束。
〔2〕序西：在此实指堂西，谓大夫揖退之后，则自转而西行，北折至堂西。

【译文】

司射命三耦交替取矢。于是三耦交替取矢，如同第二番射箭比赛开始时交替取矢的礼仪一样，然后返回到原位。宾、主人和大夫如同第二番射箭比赛时那样下堂、行揖礼。下堂后主人到堂东，宾到堂西，都脱下左臂外衣袖，右手拇指套上决，左臂套上遂，拿起弓，又都分别到东、西阶前，面朝南揖，再分别走到楅的东、西两边，相向而揖，然后主人和宾像三耦一样地交替取矢。取矢毕，宾、主都面朝北，把三支矢插在腰间，一支矢挟在右手指间，面朝北揖，然后分别退回到堂西、堂东；宾退回到堂西，主人退回到堂东；宾、主都把弓矢放下，穿上左臂外衣袖，又分别来到西阶和东阶前，面朝北揖，升堂后再面朝北揖。揖毕各自就席。大夫在堂西脱下左臂外衣袖，右手拇指套上决，左臂套上遂，拿起弓，到射位就其耦而立。大夫和他的耦都面朝东揖，而后向东进，如同三耦揖进的礼仪一样。大夫的耦进到楅的西边面朝东而立，大夫进到楅的东边面朝西而立。大夫进到楅跟前坐下，解开矢束，再起身，回到东边原位。而后大夫的耦面朝东揖，进到楅跟前坐下，用右手将四支矢一并拿取，再将矢并入左手，同时右手顺着矢后的羽抚摸而下，边抚摸边起身，返回楅西边原位，面朝东揖。大夫进到楅前坐下，也同他的耦一样一并拿取四矢，再面朝北，把三支矢插在腰间，一支矢挟在右手指间，然后行揖礼，退回到楅东之位。大夫的耦返回射位。大夫于是来到堂西，放下弓和矢，穿上左臂外衣袖，升堂就席。众宾都相继交替取矢，都同三耦交替取矢一样，然后各自返回射位。

38. 司射犹挟一个以进，作上射如初[1]。一耦揖升如初。司马升，命，去侯，获者许诺。司马降，释弓，反位。司射与司马交于阶前，去扑，袭，升，请以乐乐于宾。宾许诺。司射降，搢扑，东面命乐正曰："请以乐乐于宾，宾许。"司射遂适阶间，堂下北面命曰："不鼓不释。"上射揖，司射反位。乐正东面命大师曰：

"奏《驺虞》[2]，间若一[3]。"大师不兴，许诺。乐正退
反位。

【注释】

〔1〕上：谓上耦。下"一耦"亦谓此上耦。

〔2〕《驺虞》：这是《诗·国风·召南》中的一篇。

〔3〕间若一：间，在此指时间的长短。这是说，乐曲每奏一遍的时间长短都一样。

【译文】

司射右手指间仍然挟着一支矢，命令上耦射，如同第一番射箭比赛时命令上耦射一样。上耦行揖礼升堂就物准备射箭，也同第一番射箭比赛时一样。司马升堂，命令获者离开射侯，获者答应着离开去。司马下堂，到堂西放下弓，将返回原位。司射将升堂，正好在西阶前与返位的司马交错而过。司射在西阶西边去掉插在腰间的扑，穿上左臂的外衣袖，升堂，向宾请示演奏乐曲以助射。宾同意。于是司射下堂，把扑插在腰间，面朝东命令乐正说："向宾请示奏乐以助射，宾已经同意。"司射又走到东西两阶之间，站在堂下面朝北命令堂上的上耦说："射箭如果不和音乐的节奏相应，就不算数。"上射行揖礼。司射退回到中的西南边原位。乐正进到工的西边面朝东命令大师说："奏《驺虞》，每奏一遍的时间长短都要一样。"大师不起身，答应了。乐正退回到乐工南边原位。

39. 乃奏《驺虞》以射。三耦卒射。宾、主人、大夫、众宾继射。释获如初。卒射降。释获者执余获升，告左右卒射如初。

【译文】

于是乐工演奏《驺虞》以助射。三耦都依次射毕。宾、主

人、大夫和众宾都相继而射。释获者如同第二番射箭比赛时那样计算射中的多寡。众宾射毕都下堂。释获者拿着剩余的筭升阶而不上堂，向宾报告左、右射都已射毕，也同第二番射毕向宾报告一样。

40. 司马升，命取矢。获者许诺。司马降，释弓反位。弟子委矢，司马乘之，皆如初。

【译文】

司马升堂，命获者和弟子取矢。获者答应。司马下堂，到堂西放下弓，返回原位。弟子把所取的矢放回楅上，然后司马四支四支的数，都同第二番射毕弟子委矢、司马数矢一样。

41. 司射释弓，视筭如初。释获者以贤获与钧告如初，降，复位。

【译文】

司射放下弓，察看释获者数筭，如同第二番射毕察看数筭那样。释获者将胜方多得的筭或双方得筭均等的情况向宾报告，也同第二番射毕向宾告获一样，告毕，释获者下堂回到原位。

42. 司射命设丰。设丰、实觯如初。遂命胜者执张弓，不胜者执弛弓，升饮如初。

【译文】

司射命弟子设丰。于是弟子设丰，胜者的弟子给觯斟酒，礼仪都同第二番射毕时一样。接着司射命胜者拿着张弦的弓，不胜者拿着解弦的弓，升堂使不胜者饮酒，也同第二番射毕饮不胜者一样。

43. 司射犹袒[1]、决、遂，左执弓，右执一个兼诸弦，面镞[2]， 适堂西，以命拾取矢如初，司射反位。三耦及宾、主人、大夫、众宾皆袒、决、遂，拾取矢如初。矢不挟，兼诸弦、弣以退[3]，不反位，遂授有司于堂西。辩拾取矢，揖，皆升就席。

【注释】

〔1〕犹：原误作"遂"。

〔2〕右执一个兼诸弦，面镞：这是说，此时司射弓矢的拿法是，以左手握弓，使弓竖为上下方向，右手拿一支矢，使箭头朝上，顺着弓弦而与弓弦并握着。

〔3〕矢不挟，兼诸弦、弣以退：不挟，谓不横矢于弦。这说是执一矢并于弦，又以三矢并于弣，故曰"兼诸弦、弣"。

【译文】

司射仍然袒着左臂，右手拇指套着决，左臂套着遂，左手拿着弓，右手拿一矢，与弓弦并在一起握着，使镞向上。司射来到堂西，命三耦交替取矢，如同第三番射箭比赛开始时交替取矢一样，然后司射返回原位。于是三耦以及宾、主人、大夫和众宾都相继脱下左臂外衣袖，右手拇指套上决，左臂套上遂，如同第三番射箭比赛开始时那样交替取矢。所取的四支矢都不横搭在弓弦上，其中一支矢顺着弦、用右手将它和弦一起握着，另三支矢用左手将它们和弓弣一起握着，然后退回到堂西，而不返回到射位，接着便在堂西把矢交还给有司。所有参加射箭比赛的人都交替取矢遍，主人与宾行揖礼，然后宾主和大夫都升堂就席。

44. 司射乃适堂西，释弓，去扑，说决、拾，袭，反位。司马命弟子说侯之左下纲而释之，命获者以旌退，命弟子退福。司射命释获者退中与筹而俟。

【译文】

司射于是到堂西，放下弓，去掉扑，脱去决和遂，穿上左臂外衣袖，然后返回原位。司马命弟子解下射侯的左下纲，命获者拿着旌退下，命弟子把福彻下。司射命释获者把中和筭彻下，以待再射时用。

45. 司马反为司正，退复觯南而立[1]。乐正命弟子赞工即位。弟子相工如其降也，升自西阶，反坐。宾北面坐，取俎西之觯，兴，阼阶上北面酬主人。主人降席，立于宾东。宾坐，奠觯拜，执觯兴。主人答拜。宾不祭，卒觯，不拜，不洗，实之进东南面。主人阼阶上北面拜，宾少退。主人进受觯。宾主人之西北面拜送，宾揖，就席。主人以觯西阶上酬大夫。大夫降席，立于主人之西，如宾酬主人之礼。主人揖，就席。若无大夫，则长受酬亦如之[2]。司正升自西阶相旅[3]，作受酬者，曰："某酬某子[4]。"受酬者降席。司正退立于西序端，东面。众受酬者拜，兴饮，皆如宾酬主人之礼。辩。遂酬在下者[5]。皆升受酬于西阶上。卒受者以觯降，奠于篚。

【注释】

〔1〕觯：这是初立司正时，司正奠于庭中央以表其位之觯（参见第13节）。

〔2〕长：谓堂上三宾长中的长者。

〔3〕司正升自西阶相旅：相旅，谓监察行旅酬礼。案自此以下至此节之末，与《乡饮酒礼》第19节大同小异。

〔4〕某酬某子：上"某"，第一位宾长之字。下"某"，被酬之第二位宾长之氏；某子，犹曰张子、吴子等。

〔5〕在下者：谓主人的下属凡为礼事服务者。

【译文】

　　司马又回复他原来的司正之职，退回到原在庭中所设觯的南边站立。乐正命弟子帮助工就位。于是弟子如同扶工下堂一样扶着工，从西阶升堂，返回到堂上原位坐下。宾来到席的南边面朝北坐下，拿起原来放在脯醢西边的觯，起身，到阼阶上面朝北向主人进酬酒。主人下席，在阼阶上站在宾的东边。宾就地而坐，把觯放在地上，行拜礼，再拿觯站起来。主人回礼答拜。宾不用酒祭先人，就饮干觯中的酒，饮毕不行拜礼，也不下堂洗觯，又给觯斟满酒，然后面朝东南授给主人。主人在阼阶上面朝北行拜受礼，宾稍退以示避让。主人进前接受觯，宾在主人的西边面朝北行拜送礼，接着宾又行揖礼，然后回到席位上。主人拿着觯到西阶上向大夫进酬酒。大夫下席，来到主人的西边站立，主人向大夫进酬酒的礼仪如同宾酬主人一样。主人酬大夫毕，向大夫行揖礼，然后回到席位上。如果没有大夫来参加乡射礼，那就由三位宾长中的年长者接受主人的酬酒，礼仪也同大夫接受宾酬酒一样。这时司正从西阶升堂，以监察行旅酬礼，命第二位宾长接受酬酒说："某子向某子酬酒！"于是第二位宾长下席。司正退到西序南端站立，面朝东。众宾接受酬酒前都先行拜受礼，然后起身站着饮酒，都同宾向主人进酬酒的礼仪一样。堂下众宾都依次遍受酬酒。接着又向在堂下的主人的有司们酬酒。有司们都从西阶升堂接受酬酒。最后一个接受酬酒的人饮毕要拿着空觯下堂，放入筐中。

　　46. 司正降复位，使二人举觯于宾与大夫。举觯者皆洗觯，升，实之，西阶上北面皆坐，奠觯，拜，执觯兴。宾与大夫皆席末答拜。举觯者皆坐，祭，遂饮卒觯，兴，坐，奠觯拜，执觯兴。宾与大夫皆答拜。举觯者逆降，洗，升实觯，皆立于西阶上北面，东上。宾与

大夫拜。举觯者皆进坐，奠于荐右。宾与大夫辞，坐受
觯以兴。举觯者退反位，皆拜送，乃降。宾与大夫坐，
反奠于其所，兴。若无大夫，则唯宾。

【译文】

司正下堂回到庭中原位，使二人举觯分别向宾和大夫进酬酒。
于是举觯者二人下堂洗觯，洗毕升堂，给觯斟满酒，在西阶上面
朝北坐下，把觯放下，向宾和大夫行拜礼，然后拿觯起身。宾和
大夫都在席的末端回礼答拜。举觯者都坐下，用酒祭先人，接着
饮干觯中酒，起身，又坐下，把觯放下行拜礼，然后拿觯站起来。
宾和大夫都回礼答拜。举觯者二人按照与升堂时相反的顺序下堂，
洗觯，又升堂给觯斟满酒，都面朝北站在西阶上，以东边为上位。
宾和大夫行拜受礼。举觯者二人分别进到宾和大夫席前坐下，把
觯分别放在他们的席前脯醢的右边。宾和大夫对于举觯者为己奠
觯推辞了一番，就坐着接受觯，然后拿觯站起来。举觯者二人退
回到西阶上，都行拜送礼，然后下堂。宾和大夫都坐下，又把觯
放回到脯醢的右边，然后站起来。如果没有大夫来参加乡射礼，
那就只由举觯者二人中的长者向宾一人奠觯。

47. 司正升自西阶，阼阶上受命于主人，适西阶上
北面请坐于宾。宾辞以俎。反命于主人。主人曰："请
彻俎。"宾许。司正降自西阶，阶前命弟子俟彻俎。司
正升，立于序端。宾降席，北面。主人降席自南方，阼
阶上北面。大夫降席，席东南面。宾取俎还授司正，司
正以降自西阶。宾从之降，遂立于阶西，东面。司正以
俎授从者。主人取俎还授弟子，弟子受俎降自西阶以
东。主人降自阼阶，西面立。大夫取俎还授弟子，弟子
以降自西阶，遂出授从者。大夫从之降，立于宾南。众

宾皆降[1]，立于大夫之南，少退，北上。

【注释】

〔1〕众宾：谓堂上的三位宾长。

案此节与《乡饮酒礼》第21节大同小异。

【译文】

　　司正从西阶升堂，到阼阶上接受主人的指示。然后到西阶上向宾转告主人的意思，请宾坐下饮酒。宾推辞说席前有俎，不敢坐。司正把宾的意思报告给主人。主人说："请把俎彻去。"司正又把主人的意思转告宾，宾同意。于是司正从西阶下堂，在阶前命令弟子等待彻俎。司正升堂，站在西序南端。宾下席，在席的南边面朝北而立。主人从席的南头下席，在阼阶上面朝北而立。大夫下席，在席的东边面朝南而立。宾取俎转身授给司正，司正拿着俎从西阶下堂，宾也随着司正下堂，站在西阶的西边。面朝东。司正拿着俎出序门授给宾的随从。主人取俎转身授给弟子，弟子接受俎从西阶下堂，到东边去交给主人的侍者。主人从阼阶下堂，面朝西而立。大夫取俎转身授给弟子，弟子拿着俎从西阶下堂，接着便出序门授给大夫的随从。大夫随着弟子下堂，站在宾的南边。三位宾长也都下堂，站在大夫的南边，比大夫稍靠后一些，以北边为上位。

　　48. 主人以宾揖、让，说屦乃升。大夫及众宾皆说屦升，坐。乃羞，无算爵。使二人举觯。宾与大夫不兴，取奠觯饮，卒觯不拜。执觯者受觯[1]。遂实之。宾觯以之主人，大夫之觯长受而错[2]，皆不拜。辩，卒受者兴，以旅在下者于西阶上[3]。长受酬[4]。酬者不拜。乃饮，卒觯以实之[5]。受酬者不拜受。辩旅皆不拜。执觯者皆与旅。卒受者以虚爵降，奠于篚。执觯者洗，升，实觯，反奠于宾与大夫。无算乐。

【注释】

〔1〕执觯者：即上文举觯者二人。

〔2〕大夫之觯长受而错：长，此谓三宾长中之最长者。错，谓依次更相酬酒：主人酬宾长中之次长者，宾长中之次长者酬大夫，如此依次交替而酬，以至遍酬诸在堂下者。

〔3〕卒受者兴，以旅在下者于西阶上：卒受者，谓宾和大夫的最末一个受酬者。在下者，分宾党和主党两部分：宾党谓堂下之众宾，主党谓主人之属吏。由大夫之卒受者酬宾党，宾长之卒受者酬主党，亦依次交错而酬。

〔4〕长受酬：谓堂下之受酬者亦依长幼之序，由长者先受酬。

〔5〕卒觯以实之：此谓受酬者饮毕，又自己给觯斟满酒，以酬下一个受酬者。

【译文】

主人与宾都在堂下脱了屦，行揖、让之礼而后升堂。大夫和三宾长都脱屦升堂，就席坐下。于是进上狗胾和醢，从宾和大夫开始不计数地依次交错酬酒。司正使二人负责执觯斟酒。宾和大夫不起身拿起先前放在脯醢右边的觯来饮，饮毕不拜谢。执斝者接过宾和大夫的空觯，给觯斟满酒。宾饮毕的觯斟满后授给主人，大夫饮毕的觯斟满后授给三宾长中的最长者，就这样依次交错授酬酒，受酬者都不行拜受礼。堂上的人都依次受酬遍，最后接受酬酒的两个人起身，站在西阶上依次向在堂下的众宾和主人的属吏酬酒。堂下的人依照长幼次序而由年长者先受酬酒。授酬者不行拜送礼。受酬者饮酒，饮毕给觯斟满酒再授给下一位受酬者。受酬者都不行拜受礼。堂下的人依次受酬酒，都不行拜受礼。执觯者二人也都接受了酬酒。最后接受酬酒的两个人拿着空觯下堂，把觯放入篚中。执觯者二人又洗觯，升堂，给觯斟满酒，把觯放回到宾和大夫席前脯醢的右边，以便开始下一轮交替酬酒。在不计数交替酬酒的同时，音乐也不计数地一遍又一遍地演奏，尽欢而止。

49. 宾降，乐正命奏《陔》。宾降及阶，《陔》作。宾出。众宾皆出。主人送于门外，再拜。

【译文】

　　燕饮毕，宾起身将退出时，乐正命乐工奏《陔夏》。宾将下堂，走到西阶时，《陔夏》开始演奏。宾出门，众宾也都相继出门。主人送宾到门外，向宾行再拜礼。

50. 明日，宾朝服以拜赐于门外。主人不见[1]。如宾服遂从之，拜辱于门外[2]，乃退。

【注释】

　　〔1〕主人不见：因昨日宾主刚行礼毕，今日又见，礼数过于频繁，反亵渎了礼的尊严，故主人不见。
　　〔2〕拜辱于门外：谓主人拜辱于宾家门外。案主人拜辱，宾亦不见，皆为不亵礼。宾、主虽不相见，皆有摈者居间传言。

【译文】

　　第二天，宾穿着朝服到主人家门外，拜谢主人昨天给予他的礼遇和盛情款待。主人不出来见宾。接着主人又穿着和宾同样的服装到宾家门外，拜谢宾屈驾光临己家，然后退去。

51. 主人释服，乃息司正。无介，不杀[1]。使人速。迎于门外，不拜。入，升，不拜至。不拜洗。荐脯醢，无俎[2]。宾酢主人，主人不崇酒，不拜。众宾既献[3]，众宾一人举觯，遂无算爵[4]。无司正。宾不与。征唯所欲，以告于乡先生、君子可也。羞唯所有。乡乐唯欲。

【注释】

〔1〕"主人"至"不杀"：参见《乡饮酒礼》第 25 节。

〔2〕无俎：不杀牲，故无俎。

〔3〕众宾既献：众宾，谓司正以下的众执事，皆主人之吏。既献，谓都已接受了主人的献酒。

〔4〕众宾一人举觯，遂无筭爵：案乡饮酒礼之正礼，二人举觯为无筭爵始，此一人举觯即行无筭爵，是即以旅酬为无筭爵，息司正礼轻于乡饮酒礼故也。

【译文】

主人脱下朝服，换上玄端服，于是酬劳司正等为乡射礼服务的属吏。以司正为宾而不设介，也不杀牲。主人使人邀请宾。宾来到后，主人到序门外迎接，但不向宾行拜礼。宾入门，升堂，主人也不拜至。主人为宾洗爵，宾也不拜洗。为宾进上脯醢，但不设俎。宾酢主人后，主人不拜谢宾珍重自己的酒。众宾都接受了主人的献酒之后，其中一人执觯向宾进酬酒，于是就从宾开始不计数地依次进酬酒。不设立司正。在乡射礼上被款待过的宾不参加这次饮酒礼。对于亲戚、朋友等，主人想请谁来参加就请谁；对于乡中的先生和君子，也可以根据主人的意愿请他们来参加。除已进上的脯醢外，其他食物都尽现有的进上。在行无筭爵时，对于《周南》、《召南》中的六篇诗，想演奏哪篇就演奏哪篇。

52.《记》。大夫与，则公士为宾[1]。使能，不宿戒。其牲，狗也，亨于堂东北。尊绤幂，宾至彻之。蒲筵缁布纯。西序之席北上[2]。献用爵，其他用觯。以爵拜者不徒作。荐脯醢用笾，五臟[3]，祭半臟横于上。醢以豆，出自东房[4]。臟长二尺二寸。俎由东壁，自西阶升。宾俎脊、胁、肩、肺，主人俎脊、胁、臂、肺。肺皆离，皆右体也，进腠。凡举爵，三作而不徒爵[5]。凡奠者于左，将举者于右。众宾之长一人辞洗如宾礼。若有诸公，则如宾礼；大夫如介礼[6]。无诸公，则大夫如宾礼。乐作，大夫不入。乐正与立者齿。三笙一和而成声[7]。献工与笙，取爵于上篚，既献奠于下篚；其笙则献诸西阶上。立者东面，北上。司正既举觯而荐诸其位[8]。三耦者，使弟子，司射前戒之。司射之弓矢与扑，倚于西阶之西。司射既袒、决、遂而升，司马阶前命张侯，遂命倚旌[9]。凡侯：天子熊侯，白质；诸侯麋侯，赤质[10]；大夫布侯[11]，画以虎豹；士布侯，画以鹿豕。凡画者丹质。射自楹间[12]。物长如笴，其间容弓，距随长武[13]。序则物当栋，堂则物当楣。命负侯者由其位。凡适堂西，皆出入于司马之南。唯宾与大夫皆降，遂西取弓矢。旌各以其物[14]。无物[15]，则以白羽与朱羽糅[16]，杠长三仞[17]，以鸿脰韬上二寻[18]。凡挟矢，于二指之间横之[19]。司射在司马之北。司马无事不执弓。始射获而未释获，复释获，复用乐行之[20]。上射于右。楅长三笴，博三寸，厚寸有半，龙首，其中蛇交[21]，韦当[22]，楅髹[23]。横而拳之[24]，南面坐而奠之，南北当洗。射者有过则挞之[25]。众宾不与射者不降[26]。取诱射之矢者，既拾取矢，而后兼诱射之乘矢而取之。宾、主人射，则司射摈升降。卒射，即席而反位卒事。鹿中髹，前足跪，凿背，容八筹，释获者奉之先首。大夫降，立于堂西以俟射。大夫与士射，袒熏襦[27]。耦少退于物。司射释弓矢，视筹与献释获者释弓矢[28]。礼射不主皮[29]。主皮之射者，胜者又射，不胜者降[30]。主人亦饮于西阶上。获者之俎，折俎[31]、胁、肺、臑。东方谓之右个。释获者之俎，折脊、胁、肺。皆有祭。大夫脱矢束，坐说之。歌《驺虞》若《采蘋》，皆五终[32]。射无筭[33]。古者于旅也语[34]。凡旅不洗。不洗者不祭。既旅，士不入。大夫后出，主人送于门外，再拜。乡侯上个五寻[35]，中十尺。侯道五十弓[36]，弓二寸以为侯中[37]。倍中以为躬。倍躬以为左、右舌。下舌半上舌。箭筹八十[38]，长尺有握，握素[39]。楚扑长如笴，刊本尺[40]。

【注释】

〔1〕大夫与，则公士为宾：公士为在官之士。乡射礼之宾一般用处士，若有大夫来参加射礼，就要用公士，原因是不敢使乡人加尊于大夫。

〔2〕西序之席北上：此谓堂上三宾长之席。三宾长之席一般设于宾席之西，面朝南。而诸公大夫的席则设在宾席的东边，亦面朝南。若诸公大夫来参加乡射礼的人多，在宾席的东边排列不下，宾席和三宾长之席就要相应地往西移，那么三宾长之席就可能移到西序前，由北向南面朝东布设，即所谓"西序之席"。

〔3〕臑：《士丧礼》作"脡"（见彼第 24 节），《乡饮酒礼·记》作"挺"（见彼第 27 节）。

〔4〕醢以豆，出自东房：案州之序堂后无房，则脯醢当先陈于东序之东，此《记》与经不符。

〔5〕三作：谓三次献酒，即献宾、献大夫、献工。

〔6〕大夫如介礼：案乡射礼之宾无介，乡饮酒礼有之；这里只是说按介礼来待大夫。

〔7〕三笙一和：谓三人吹笙，一人吹和。和即小笙。

〔8〕司正既举觯：案此礼与《乡饮酒礼》皆无司正举觯之文，此所谓"既举觯"，亦盖谓司正饮酒"既卒觯"（见第 13 节）。

〔9〕"司射既袒"至"遂命倚旌"：谓司射请射和司马命张侯是同时进行的。案此礼记司射适堂西袒、决、遂而后升堂请射在前（第 14 节），而记司马命弟子张侯和命获者倚旌在后（第 17 节），这只是为了叙述的方便。为避免人们误解以上二事是先后进行的，故《记》于此明之。

〔10〕天子熊侯，白质；诸侯麋侯，赤质：案侯的正中叫做正，又叫鹄。天子之鹄上画有熊首，故名熊侯，下类推。质，谓底色。

〔11〕布侯：即以布为侯。

〔12〕射自楹间：这是据在乡学庠中举行射礼而言。

〔13〕距随长武：距随，物的横画。武，一尺二寸。

〔14〕旌各以其物：旌、物，皆谓旗。谓不同级别的贵族，规定有不同的旗帜，有事时各用各的旗。

〔15〕无物：宾及众宾未仕者则无旗。

〔16〕以白羽与朱羽糅：糅，杂，谓以白羽与朱羽相杂而缀于杠之首。

〔17〕杠长三仞：杠，旗杆。仞，七尺。

〔18〕以鸿脰韬上二寻：鸿，大雁。脰，音 dòu，颈。寻，八尺。

〔19〕二指：谓食指与将指，即第二指与第三指。

〔20〕复释获，复用乐行之：前"复"，谓第二番射；后"复"，谓第三番射。

〔21〕龙首，其中蚰交：龙首，谓楅两端皆刻作龙首形。蚰，同"蛇"。其中蚰交，谓中间作两蛇交缠之形。

〔22〕韦当：韦，谓丹韦，即红色皮革。当，指当心背之衣。

〔23〕髤：音 xiū，赤黑色的漆。

〔24〕拳：是"奉"字之误。奉，捧。

〔25〕有过：谓矢射中人。

〔26〕众宾：此谓堂上三宾长。

〔27〕熏襦：熏，同"缥"，浅绛色。襦，短上衣，此谓内衣。

〔28〕司射释弓矢，视算与献释获者释弓矢：此谓司射在射箭过程中，只有在两种情况下才释弓矢：一是视算的时候（参见第 32 节），二是向释获者献酒的时候（参见第 35 节）。

〔29〕礼射不主皮：案古代之射有两种：一为习礼之射，其目的在于习礼，而不以射中为优，如此乡射礼即是，其所张侯为兽侯或布侯；二是习武之射，其侯张兽之皮革为之，称为皮侯，以射中且矢贯皮革为优，即所谓"主皮"。

〔30〕主皮之射，胜者又射，不胜者降：谓习武之射不胜者降而不复升射。习礼之射则不然，如此乡射礼第二番射之不胜者，第三番仍升射。

〔31〕折：谓折而分之，不用全骨。因获者位卑，故其俎不得用牲体的全骨。下文释获者之俎曰"折"，义同此。

〔32〕五终：歌一曲谓一终，五终实即演奏了五遍。

〔33〕射无筭：谓射无定数。

〔34〕于旅也语：旅，谓旅酬。语，交谈。旅酬时已经礼成乐备，故可以交谈了。

〔35〕乡侯：乡射礼所用的侯。

〔36〕侯道五十弓：案弓长六尺，与步长等，五十弓即五十步，为三十丈。

〔37〕弓二寸以为侯中：这是说，侯中的大小是根据侯道的长度按一定比例来确定的：侯道长五十弓，每弓取二寸，五十弓则一百寸，亦即一丈，故侯中的大小确定为一丈平方。

〔38〕箭筹八十：筹，谓算筹。八十，这是按十耦计算，十耦当备矢八十支，箭筹亦当有八十支。言八十，只是举其成数，实际所用箭筹的多寡，当视与射者的多寡而定。

〔39〕长尺有握，握素：案握为四指的宽度，指一寸，一握则四寸，尺有握则为一尺四寸。这四寸处削之使白（即素），为手握处，故曰"握素"。

〔40〕本：即手握处。

【译文】

《记》。如果有大夫来参加乡射礼，那么宾就要由公士来充当。应使贤能者做宾，邀请宾来参加乡射礼，只请一次，不再请。乡射礼上的牲用狗，在堂下东壁北边的地方烹煮。壶上用葛布覆盖，宾来到就把葛布彻去。所用的席是蒲席，席用黑布镶边。设在西序前的席从北往南排列，以北边为上位。献酒的时候用爵，其他情况下饮酒用觯。接受主人献酒的人饮干爵中酒而向主人行拜礼的，起身后一定要酢主人。进脯的时候用笾，脯是五条干肉，另有行祭礼用的半条干肉横放在这五条干肉上。醢盛在豆中，用时从东房取出进上。干肉条长一尺二寸。牲俎从东壁那边取来，从西阶升堂进上。宾俎上载着狗牲的脊、胁、肩、肺，主人的俎上载着脊、胁、臂、肺。所载的肺都是离肺，所载的牲体都取自狗牲的右半，牲肉在俎上的放法都是使骨的根端朝前。凡献酒，即向宾、大夫和工的三次献酒，都不只是献酒，还进有脯醢。凡接受酬酒而不饮，应将觯放在席前脯醢的左边；凡是举觯向宾、或向宾和大夫进酬酒以为旅酬或无筭爵发端的，要将觯放在宾和大夫席前脯醢的右边。主人向众宾长献酒时，只为其中最长者一人洗爵，因此众宾长也只此一人向主人辞洗，如同宾向主人辞洗的礼仪。如果有诸公来参加乡射礼，就按照接待宾的礼仪来接待；如果有大夫来参加乡射礼，就按照接待介的礼仪来接待。如果没有诸公，那么就用宾礼来接待大夫。大夫来参加乡射礼，如果在音乐开始演奏之后，就不进去了。乐正和站在堂下的众宾都按照年龄的长幼次序接受酬酒。三人吹笙，一人吹和，相互配合而成音乐。向乐工和吹笙者献酒，从堂上的篚中取爵，献毕放在堂下的篚中；向吹笙者献酒，是在西阶上进行的。在堂下站立的众宾，都面朝东，以北边为上位。司正在庭中饮毕觯中酒之后，有脯醢进送到他的位前。三耦都使弟子充当。司射在向宾请射之前，要先对三耦进行告诫。司射的弓矢和扑，都倚放在西阶的西边。司射脱下左臂的外衣袖，给右手大拇指套上决，左臂套上遂，而升堂向宾请射的时候，司马在西阶前命弟子张射侯，紧接着命获者将旌倚放在射侯上。射侯的形制，大概说来：天子的射侯是在侯正中画熊首，底色为白色；诸侯的射侯是在侯正中画麋鹿首，底色为赤色；大夫用白布做侯，侯的正中画虎或豹；士也用白布做侯，而在侯的正中画鹿或猪。凡是在布侯上画兽的，都先涂上红色为底色。如果是在庠中举行射礼，标示射位的物就画在堂上的两楹之间。物的纵画长一笴即三尺，两物之间相隔一弓即六尺的距离；物的横画长一尺二寸。如果在序中举行射礼，那么物就画在堂的深处、上当屋栋的地方；如果是在庠中举行射礼，那么物就画在堂前上当屋楣的地方。司马命令获者拿旌背朝射侯而立的时候，就在它的位置上遥相命之。凡有事要去堂西，都先要向南走到司马的南边，再折反向北到堂西。只有宾和大夫例外，从西阶下堂后，接着就去堂西拿取弓矢。凡参加射礼的人，都依照各自不同的身份打出不同的旗帜。级别不够、没有旗帜的，就用白色和红色的羽毛杂缀于旗杆的首端算作旗帜。旗杆长三仞即二丈一尺，旗杆上部二寻即一丈八尺的地方，用大雁颈部的羽革缠绕作装饰。凡挟矢，都横挟于右手的第二与第三指间。司射的位置在司马的北边。司马无事时不拿弓。第一番三耦射箭的时候，射中了，获者就唱获，但不计算射中的多寡；第二番射箭的时候就

要计算射中的多寡；第三番射箭的时候要伴以音乐。射箭时，上
射站在右物处。楅的长度为三尺，宽三寸，厚一寸半，两端为龙
首形，中间则为两蛇相交缠形，有一块漆成红黑色的皮革覆盖在
楅身的当中。楅漆成赤黑色。设楅的弟子横捧着楅，先面朝南坐
而后将楅放下；楅在庭中的位置，从与堂的南北距离来说，正和
洗相应。射箭的人如犯有过失，就要用扑挞罚。堂上的三位宾长
如果不参加射箭，就不下堂。第一番射后，取司射诱射用的矢，
要在三耦交替取矢之后，由三耦中的最后一人将诱射用的四支矢
一并拾取。宾和主人射箭时，就由司射做摈者，为他们相赞升堂、
下堂之仪。宾和主人射毕，各自返回席位，摈者的事情就完毕了。
鹿中漆成赤黑色，鹿的前足作跪状，鹿背上凿孔，孔中可放八支
筭筹，释获者设中时是将鹿首朝前捧着。大夫下堂，站在堂西等
待射箭。大夫与士为耦而射的时候，脱下左臂外衣袖而露出里边
的浅绛色短衣袖。与大夫为耦的士每发一矢之后，就要从物处稍
后退一些站立。司射只有在两种情况下才放下手中的弓矢：一是
察看释获者数筭的时候，一是向释获者献酒的时候。如果是为习
礼而举行射礼，那么目的就不在于射中。如果为习武而举行射礼，
那么胜者将再射，不胜者就下堂不再射了。主人如果不胜，也要
在西阶上饮罚酒。给获者进上的俎，俎上载的是经过折分的狗牲
的脊、胁、臑，还有肺。射侯的舌的东端叫做右个。给释获者进
上的俎，俎上载的是经过折分的狗牲的脊、胁，还有肺。获者与
释获者的俎上都有祭肺。大夫解脱他的矢上的茅草束，是先坐而
后解。第三番射箭比赛演奏《驺虞》或《采蘋》，都是演奏五遍。
堂下的众宾相继而射的人无定数。古时举行射礼，只有到了旅酬
的时候才可以交谈。凡旅酬所用的觯，斟酒前都不洗。不洗，饮
酒前也不祭先人。旅酬开始后，来参加射礼的士就不进去了。乡
射礼举行完毕众宾退出的时候，大夫最后退出，主人要把大夫送
出门外，并向大夫行再拜礼。乡射礼所用的侯，上个长五寻即四
丈，侯中十尺见方。侯道长五十弓即三十丈，按照侯道的长度每
弓取二寸的比例制成侯中。用比中长一倍的布幅做成躬。用比躬
长一倍的布幅做成射侯上部的左、右舌。射侯下舌的布幅只有上
舌的一半长。箭筹八十支，每支长一尺零一握，这一握处刮削成

白色。楚扑长三尺，将手持的一端刮削一尺。

53. 君射则为下射，上射退于物一笴，既发则答君而俟[1]。君乐作而后就物。君袒朱襦以射，小臣以巾执矢以授[2]。若饮君，如燕则夹爵[3]。君国中射[4]，则皮树中[5]，以翿旌获[6]，白羽与朱羽糅。于郊，则闾中[7]，以旌获。于竟[8]，则虎中，龙旜[9]。大夫兕中[10]。各以其物获[11]。士鹿中，翿旌以获。唯君有射于国中，其余否。君在，大夫射则肉袒[12]。

【注释】

〔1〕答：对。

〔2〕小臣以巾执矢以授：案这是因为君尊，故君腰间不插矢，右手指间也不挟矢，射时则由小臣授之。

〔3〕若饮君，如燕则夹爵：饮君，谓君不胜而饮之以罚酒。如燕，谓如燕礼上的宾媵(送)觯于公的礼仪(参见彼第26节)。夹爵，谓宾向君进罚爵之前，自己先饮一爵，待君饮毕，宾再饮一爵，前后夹君爵而饮。

〔4〕国中：都城中。

〔5〕皮树：兽名，未详何兽。

〔6〕翿旌：翿，音 dào。翿旌，见下。

〔7〕于郊，则闾中：于郊，谓于国郊之大学。闾，兽名，如驴，一角。

〔8〕竟：同"境"。

〔9〕龙旜：赤色而画有龙象的旗。

〔10〕兕：音 sì，兽名，似牛而一角。

〔11〕各以其物获：案大夫有上、中、下之异，故旗亦有别。

〔12〕肉袒：谓袒露左臂，不同于前此只脱去外衣袖。

【译文】

国君参加射礼，就做宾的下射，上射在射前要从物处退后三尺站立，射后要转为面朝东、面对着国君以等待君射。国君在音乐开始演奏之后就物。国君射时脱下左臂外衣袖，露出里边的红色短衣袖，有小臣用巾兜着矢在旁授给国君。如果国君不胜而当饮罚酒，就由宾向君进酒，如同燕礼上向公进酒的礼仪，再加上夹爵之礼。国君在都城中举行射礼，就张设侯中画有皮树的射侯，获者扬举翿旌以唱获，翿旌是用白色和红色羽毛杂缀而成的。国君在国郊大学举行射礼，就张设侯中画有闾首的射侯，获者扬举羽旌以唱获。国君在国境上举行射礼，就张设侯中画有虎首的射侯，获者扬举龙旜以唱获。大夫举行射礼，张设侯中画有兕首的射侯。不同等级的大夫，获者就扬举不同旗帜为他唱获。士举行射礼，张设侯中画有鹿首的射侯，获者扬举翿旌唱获。只有国君在都城中举行射礼，其他人则不可以。如果射礼上有国君在，大夫射时就要袒露左臂。

燕礼第六

1. 燕礼。小臣戒与者[1]。膳宰具官馔于寝东[2]。乐人县。设洗、篚于阼阶东南，当东溜[3]。罍水在东。篚在洗西，南肆。设膳篚在其北[4]，西面。司宫尊于东楹之西[5]，两方壶[6]，左玄酒，南上；公尊瓦大两[7]，有丰，幂用绤若锡[8]，在尊南，南上。尊士旅食于门西[9]，两圜壶。司宫筵宾于户西，东上，无加席也。射人告具[10]。

【注释】
　〔1〕小臣戒与者：小臣，辅助国君行燕礼事者。戒，告。与者，君所邀请参加燕礼的人。
　〔2〕膳宰具官馔于寝东：膳宰，为君掌管饮食膳羞的官。具，备。官馔，官指参加燕礼的群臣，馔指为他们准备的酒食。寝，谓路寝，国君处理政事的宫室。
　〔3〕当东溜：溜，屋檐滴水处。诸侯殿屋四向流水，即所谓四阿，故有东、西溜；但此所谓"当东溜"，实指当殿屋屋檐的东南角。
　〔4〕膳篚：君物曰膳，膳通"善"。下凡言膳物，如膳尊、膳爵等，都是指君所用物。
　〔5〕司宫：负责寝中扫除、执烛、供炉炭等劳役之事者。
　〔6〕方壶：陶制盛酒器，这是为卿大夫所设。
　〔7〕公尊瓦大：公，诸侯国君。瓦大，即瓦瓶，陶制盛酒器。
　〔8〕幂用绤若锡：绤，粗葛布。锡，通"緆"，细布。幂用绤若锡，谓冬夏所用不同。
　〔9〕士旅食：即遮人在官者，其地位略高于庶人而低于命士。
　〔10〕射人：为君掌射事之官。

【译文】

　　燕礼。由小臣前往告请参加燕礼的群臣。膳宰把准备款待群臣用的酒食陈放在寝殿屋的东边。乐人把钟磬等乐器在堂下两阶之间悬挂好。洗和篚放置在阼阶的东南边、北当殿屋东溜的地方。用罍盛水，放在洗的东边。篚放在洗的西边，使篚首朝北而尾向南。膳篚放在篚的北边，面朝西。司宫在堂上东楹的西边设尊：卿大夫的尊是两只方壶，盛玄酒的壶放在酒壶的左边，以南边为上位；为君设的尊是两只瓦大，瓦大放在丰上，瓦大上用粗葛布或细布覆盖，两只瓦大都放在方壶的南边，以南边为上位。又在寝门内西侧为士旅食者放置两圜壶。司宫在室门的西边为宾设席，使席首朝东，席上不设加席。最后，射人向君报告一切准备就绪。

2. 小臣设公席于阼阶上，西乡，设加席。公升即位于席，西乡。小臣纳卿大夫。卿大夫皆入门右，北面，东上。士立于西方，东面，北上。祝史立于门东[1]，北面，东上。小臣师一人[2]，在东堂下，南面。士旅食者立于门西，东上。公降立于阼阶之东南，南向尔卿[3]。卿西面[4]，北上。尔大夫，大夫皆少进。

【注释】

　　[1] 祝史：即祝官，掌祝颂之辞。
　　[2] 小臣师：案小臣之长称为小臣正，小臣师则为小臣正之佐。
　　[3] 南向尔卿：尔，近，谓揖之使卿进前来。
　　[4] 卿西面：案卿进前之后，即稍北进，在庭东转向面朝西而立。

【译文】

　　小臣在阼阶上为君设席，席面朝西，席上设加席。君升堂就席，面朝西而立。小臣引导卿大夫入寝门。卿大夫都从门的右侧进入，在门内东侧面朝北而立，以东边为上位。士入门后站在庭的西边，面朝东，以北边为上位。祝史入门后也站在门内东边，面朝北，以东边为上位。小臣师一人站在东堂下，面朝南。士旅食者站在门内西侧，以东边为上位。这时君下堂，站在阼阶的东南边，面朝南揖请卿进前来靠近自己。卿稍北进，转为面朝西而立，以北边为上位。君又揖请大夫近前来，于是大夫都稍向北进。

3. 射人请宾[1]。公曰："命某为宾[2]。"射人命宾。宾少进，礼辞。反命，又命之。宾再拜稽首，许诺。射人反命。宾出，立于门外[3]，东面。公揖卿大夫，乃升就席。

【注释】

〔1〕射人请宾：案此所谓宾，是为礼仪的需要而临时设置的，并非君举行燕礼的主要酬劳对象，与冠礼、乡饮酒礼、乡射礼上的宾不同。

〔2〕命某为宾：某，大夫名。

〔3〕宾出，立于门外：案此被选为宾的大夫当以宾礼入，故又出门立于外。

【译文】

射人向君请示命谁为宾。君指示说："命某为宾。"于是射人命某为宾。宾稍进前，谦虚地加以推辞。射人把宾推辞之意向君报告，然后再次以君命命宾。宾向君再拜稽首，答应了。射人再向君报告。这时宾出寝门，在门外西边面朝东而立。君向卿大夫行揖礼，然后升堂就席。

4. 小臣自阼阶下北面请执幂者与羞膳者[1]。乃命执幂者。执幂者升自西阶，立于尊南，北面，东上[2]。膳宰请羞于诸公卿者。

【注释】

〔1〕请执幂者与羞膳者：执幂者，谓执瓦大之幂者。羞膳者，羞，

进，即为君进膳羞者。

〔2〕东上：案君尊瓦大有二，故执幂者亦有二人，其中一人执玄酒幂，立于东边上位。

【译文】

小臣从阼阶下面朝北向君请示命谁为执幂者，命谁为羞膳者，得君指示后，便到西阶前以君命命执幂者和羞膳者。执幂者从西阶升堂，站在君尊的南边，面朝北，以东边为上位。接着膳宰又向君请示命谁向诸公和卿进献酒食。

5. 射人纳宾。宾入及庭，公降一等揖之，公升就席。

【译文】

射人引宾入寝门。宾入门走到庭前时，君下阶一级，揖请宾升堂，然后君升堂就席。

6. 宾升自西阶。主人亦升自西阶[1]。宾右北面至再拜[2]。宾答再拜。主人降洗，洗南西北面。宾降阶西，东面。主人辞降，宾对。主人北面盥，坐取觚洗[3]。宾少进辞洗。主人坐，奠觚于篚，兴对。宾反位。主人卒洗，宾揖乃升。主人升。宾拜洗。主人宾右奠觚答拜，降盥。宾降，主人辞，宾对。卒盥，宾揖升。主人升，坐取觚。执幂者举幂。主人酌膳。执幂者反幂。主人筵前献宾。宾西阶上拜，筵前受爵反位[4]。主人宾右拜送爵。膳宰荐脯醢。宾升筵。膳宰设折俎。宾坐，左执爵，右祭脯醢，奠爵于荐右，兴取肺，坐绝祭^[5]，哜之，兴加于俎，坐挩手，执爵，遂祭酒，兴席末坐，啐酒，降席坐，奠爵，拜告旨，执爵兴。主人答拜。宾西阶上北面坐，卒爵，兴，坐，奠爵，遂拜。主人答拜。

【注释】

〔1〕主人：这是以宰夫为主人。宰夫原为大宰的属官，掌为宾客献饮食。之所以以宰夫为主人，是因为君尊，虽以其大夫为宾，但不亲为之献酒，怕大夫不敢与之抗礼，因此以宰夫代行主人事。

〔2〕至再拜：即向宾行拜至礼。

〔3〕觚：饮酒器，青铜制，有圈足，略似喇叭形。

〔4〕受爵：此处爵是饮酒器的泛称，实为觚。下同。

〔5〕绝祭：掐取肺的末端以祭。

【译文】

　　宾从西阶升堂。主人也从西阶升堂。主人在宾的右边面朝北行再拜礼以感谢宾的到来。宾回再拜礼。主人下堂，将为宾洗觚，来到洗的南边，面朝西北而立。宾也下堂，在西阶的西边面朝东而立。主人向宾辞降，宾回答了一番话。主人面朝北盥手，然后坐下从篚中取觚，将要洗觚。这时宾稍进前向主人辞洗。于是主人坐下，把觚放入篚中，再起身回答了一番话。宾返回西阶前原位。主人洗觚毕，宾向主人行揖礼然后升堂。主人也升堂。宾向主人拜洗。主人在宾的右边把觚放在地上，回礼答拜，拜毕下堂盥手。宾也随着下堂。主人向宾辞降，宾回答了一番话。主人盥手毕，宾向主人行揖礼然后升堂。主人也升堂，坐取觚将为宾酌酒。执幂者掀开覆盖在瓦大上的幂。主人从瓦大中酌酒。执幂者待主人酌毕，又将幂覆盖在瓦大上。主人来到宾席前向宾献酒。宾在西阶上行拜受礼，然后来到席前受觚，再返回到西阶上原位。主人来到宾的右边行拜送礼。膳宰向宾席前进上脯醢。宾升席。膳宰又为宾设折俎。宾在席中坐下，左手拿觚，右手取脯醢祭先人，祭毕把觚放在脯醢的右边，起身从俎上取肺，坐下行绝祭礼，祭毕尝了尝肺，再起身把肺放回俎上，坐下擦擦手，拿起觚，接着用酒祭先人，祭毕起身，移到席的末端坐下，尝了尝酒，又下席就地而坐，把觚放在地上，行拜礼向主人告旨，再拿觚站起来。主人回礼答拜。宾回到西阶上面朝北而坐，饮干觚中的酒，饮毕起身，又坐下，把觚放在地上，接着向主人行拜礼。主人回礼答拜。

7. 宾以虚爵降。主人降。宾洗南坐，奠觚，少进，辞降。主人东面对。宾坐取觚，奠于篚下，盥洗。主人辞洗。宾坐，奠觚于篚，兴对。卒洗，及阶揖升。主人升，拜洗如宾礼。宾降盥，主人降。宾辞降。卒盥，揖升，酌膳。执幂如初。以酌主人于西阶上。主人北面拜受爵。宾主人之左拜送爵。主人坐祭，不啐酒[1]，不拜酒，不告旨。遂卒爵，兴，坐，奠爵拜，执爵兴。宾答拜。主人不崇酒[2]，以虚爵降，奠于篚。

【注释】

〔1〕主人坐祭，不啐酒：因为是代理主人，非正主，为避正主之嫌，故不啐酒。

〔2〕不崇酒：因宰夫是代理主人，所饮之酒本非己物，故不崇酒。

【译文】

宾拿着空觚下堂。主人也随着下堂。宾来到洗的南边坐下，把觚放在地上，起身稍向西北进，向主人辞降。主人面朝东回答了一番话。宾又坐下拿起觚，把觚放在篚旁地下，起身盥手准备洗觚。主人向宾辞洗。于是宾坐下，把觚放入篚中，起身回答了一番话。宾洗觚毕，来到西阶前，向主人行揖礼而后升堂。主人也升堂，向宾拜洗，如同当初宾向主人拜洗的礼仪。宾答拜后又下堂盥手。主人也下堂。宾向主人辞降。宾盥手毕，向主人行揖礼而后升堂，从君尊中酌酒。执幂者像当初一样彻幂、盖幂。宾在西阶上向主人进酢酒。主人面朝北行拜受礼而后受觚。宾授觚后在主人的左边面朝北行拜送礼。主人坐下，用酒祭先人，祭毕不尝酒，也不行拜礼告旨，接着便饮干觚中酒，饮毕起身，又坐下，把觚放下行拜礼，再拿觚站起来。宾回礼答拜。主人不拜谢宾崇酒，拿着空觚下堂，放入篚中。

8. 宾降，立于西阶西。射人升宾。宾升，立于序内[1]，东面。主人盥，洗象觚[2]，升实之，东北面献于君。君拜受爵。主人降自西阶，阼阶下北面拜送爵。士荐脯醢，膳宰设折俎，升自西阶。公祭如宾礼[3]，膳宰赞授肺[4]。不拜酒[5]，立卒爵，坐，奠爵拜，执爵兴。主人答拜，升，受爵以降，奠于膳篚。

【注释】

〔1〕序内：序北端近西房处。

〔2〕象觚：饰有象骨的觚。

〔3〕公祭：谓祭荐（脯醢），祭肺，祭酒。

〔4〕膳宰赞授肺：因君尊，自己不起身取肺，故由膳宰赞取而授之。

〔5〕不拜酒：即不告旨，因酒是己物。

【译文】

宾下堂，站在西阶西边。射人请宾升堂。于是宾升堂，站在序内，面朝东。主人盥手，洗象觚，升堂给象觚斟满酒，面朝东北向君献酒。君行拜受礼然后接受觚。主人从西阶下堂，来到阼阶下面朝北向君行拜送礼。士向君进上脯醢，膳宰为君设上折俎，士和膳宰都是由西阶升堂。君像宾一样地用脯醢、肺和酒行祭礼，祭肺时是由膳宰帮助取肺授给君。君不行拜礼告旨，站着饮干觚中酒，然后坐下，把觚放下行拜礼，再拿觚站起来。主人在阼阶下回礼答拜，然后自西阶升堂，接过君的空觚，再下堂，把觚放入膳筐中。

9. 更爵洗，升，酌膳酒以降，酢于阼阶下[1]。北面坐，奠爵，再拜稽首。公答再拜。主人坐祭，遂卒爵，再拜稽首。公答再拜。主人奠爵于筐。

【注释】
〔1〕酢于阼阶下：这是主人自酢以代君向己酢酒，体现尊君之义。

【译文】
主人另取一觚来洗，洗毕升堂，从君尊中酌酒，然后下堂，在阼阶下行自酢酒之礼。主人面朝北坐，把觚放下，向君行再拜稽首礼。君回再拜礼。主人坐下，用酒祭先人，接着饮干觚中酒，然后向君行再拜稽首礼。君回再拜礼。主人把觚放入筐中。

10. 主人盥洗升，媵觚于宾[1]。酌散[2]，西阶上坐，奠爵拜宾[3]。宾降筵，北面答拜。主人坐，祭，遂饮。宾辞。卒爵拜。宾答拜。主人降洗。宾降。主人辞降。宾辞洗。卒洗，揖升，不拜洗[4]。主人酌膳。宾西阶上拜，受爵于筵前，反位。主人拜送爵。宾升席坐，祭酒，遂奠于荐东。主人降，复位。宾降筵西，东南面立[5]。

【注释】
〔1〕媵觚于宾：媵，送。这是向宾进酬酒。
〔2〕酌散：谓酌方壶酒。
〔3〕奠爵拜宾："宾"字衍。
〔4〕不拜洗：案酬礼轻，故不拜洗。

〔5〕宾降筵西，东南面立：案宾初得献酒时立于序内，现在受酬酒毕而立于席西，是说明所处之位更尊了。

【译文】

主人盥手洗觚而后升堂，将向宾进送酬酒。主人从散尊酌酒，来到西阶上坐下，把觚放在地上行拜礼。宾也下席来到西阶上，在主人的西边面朝北回礼答拜。主人坐下，用酒祭先人，接着便坐着饮酒。宾对主人坐饮推辞了一番。主人饮毕，行拜礼。宾回礼答拜。主人下堂洗觚。宾也随着下堂。主人向宾辞降。宾向主人辞洗。待主人洗毕，宾行揖礼升堂，不向主人拜洗。主人从膳尊酌酒。宾在西阶上行拜受礼，到席前从主人手中接受觚，再返回到西阶上。主人行拜送礼。宾升席而坐，用酒祭先人，接着就把觚放在席前脯醢的东边不再饮。主人下堂，回到原位。宾从席的西端下席，面朝东南而立。

11. 小臣自阼阶下请媵爵者[1]。公命长。小臣作下大夫二人媵爵[2]。媵爵者阼阶下皆北面再拜稽首。公答再拜。媵爵者立于洗南，西面，北上，序进，盥，洗角觯[3]，升自西阶，序进酌散，交于楹北。降，阼阶下，皆奠觯，再拜稽首，执觯兴。公答再拜。媵爵者皆坐，祭，遂卒觯，兴，坐，奠觯，再拜稽首，执觯兴。公答再拜。媵爵者执觯待于洗南。小臣请致者[4]。若君命皆致，则序进，奠觯于篚，阼阶下皆再拜稽首。公答再拜。媵爵者洗象觯[5]，升实之，序进，坐，奠于荐南[6]，北上，降，阼阶下皆再拜稽首送觯。公答再拜。

【注释】

〔1〕媵爵者：此媵爵者同于《乡饮酒礼》中的举觯者（参见彼第

10 节）。

〔2〕作：使，是以君命使。

〔3〕角觯：饰以角，故名。

〔4〕小臣请致者：致者，谓致酒于君者，也就是向君送酒者。致酒于君本是媵爵者的事，但由其中一人致之，还是二人皆致？这就要由君来决定，因此小臣向君请示。

〔5〕象觯：饰以象骨的觯。

〔6〕奠于荐南：案奠觯于君之荐南，这是为旅酬发端，以下君即用此觯酬宾，宾再依次旅酬。

【译文】

小臣从阼阶下向君请示命谁做媵爵者。君指示命下大夫中的长者做媵爵者。于是小臣以君命命下大夫中的长者二人为媵爵者。媵爵者来到阼阶下，都面朝北向君行再拜稽首礼，以答谢君命。君回再拜礼。媵爵者来到洗的南边，面朝西而立，年长者站在北边上位，然后依次进到洗前，盥手，洗角觯，洗毕从西阶升堂，再依次从西楹的北边进到东边方壶前酌酒，当长者酌酒返回西阶的时候，正好与前往酌酒的次者在西楹的北边相交而过。酌酒毕，二人从西阶下堂，来到阼阶下，都把觯放在地上，面朝北向君行再拜稽首礼，然后拿觯站起来。君回再拜礼。媵爵者二人都在阼阶前坐下，用酒祭先人，接着饮干觯中酒，饮毕起身，又坐下，把觯放下，向君行再拜稽首礼，再拿觯站起来。君回再拜礼。媵爵者拿着觯在洗的南边等待君命。这时小臣向君请示：使媵爵者中的一人，还是二人向君致酒。如果君命二人都致酒，二人便依次进到篚前，把手中的觯放回到篚中，再来到阼阶下向君行再拜稽首礼。以答谢君命。君回再拜礼。接着媵爵者从膳篚中取象觯来洗，洗毕升堂酌酒，然后依次进到君席前，面朝东坐下，把觯放在君席前脯醢的南边，其中长者进的觯放在次者所进觯的北边上位。媵爵者二人下堂，在阼阶下行拜送礼，都向君再拜稽首。君回再拜礼。

12. 公坐，取大夫所媵觯，兴以酬宾[1]。宾降西阶

下再拜稽首，公命小臣辞[2]。宾升成拜[3]。公坐奠觯，答再拜，执觯兴，立卒爵。宾下拜[4]。小臣辞[5]。宾升，再拜稽首。公坐奠觯，答再拜，执觯兴。宾进，受虚爵，降奠于篚，易觯洗[6]。公有命，则不易，不洗，反升酌膳觯，下拜[7]。小臣辞。宾升，再拜稽首。公答再拜。宾以旅酬于西阶上。射人作大夫长升受旅[8]。宾大夫之右坐，奠觯拜，执觯兴。大夫答拜。宾坐祭，立饮卒觯，不拜。若膳觯也，则降更觯洗[9]，升，实散。大夫拜受，宾拜送。大夫辩受酬，如受宾酬之礼。不祭。卒受者以虚爵降，奠于篚。

【注释】

〔1〕酬宾：这是首举旅酬，君为宾举旅酬：君来到西阶上酬宾，宾以下再依次而递相酬。

〔2〕宾降西阶下再拜稽首，公命小臣辞：案宾降西阶而拜，是拜谢君之酬；君则命小臣对宾之拜加以推辞，以示尊宾。

〔3〕宾升成拜：这是升堂后复行再拜稽首礼，因为堂下拜时君命小臣辞，若未成礼，故升堂再拜以成礼。

〔4〕宾下拜：这是宾下堂将拜，实尚未拜。

〔5〕小臣辞：亦以君命辞。

〔6〕易觯洗：这是因为尊君，不敢袭用其觯，故更取觯来洗。

〔7〕下拜：亦下堂将拜，而实尚未拜。

〔8〕大夫长：即卿。案大夫有上中下三等，上大夫即卿，故通言之卿亦大夫。

〔9〕若膳觯也，则降更觯洗：案因上文说，"公有命，则不易，不洗"，是宾所执以自饮之觯，乃君之象觯，即所谓"膳觯"。现在宾当向他人进酬酒，则不得再用君觯，因此当更换新觯。

【译文】

君坐下，拿起大夫所进送的觯，起身到西阶上向宾进酬酒。

宾降到西阶下向君行再拜稽首礼。君命小臣辞宾堂下之拜。宾于是升到西阶上再拜稽首以成拜礼。君坐下，把觯放在地上，回再拜礼，再拿觯起身，站着饮干觯中酒。宾下堂，将向君行拜礼。小臣在阶下辞宾之拜。于是宾升堂，然后行再拜稽首礼。君坐下，把觯放下，回再拜礼，再拿觯站起来。宾进前接过君的空觯，下堂把觯放入膳筐中，再另取一觯来洗。如果君命无须换觯，那就不换觯，也不洗觯，便返身升堂，从君尊酌酒，酌毕下堂将向君行拜礼。小臣辞宾之拜。于是宾升堂，然后行再拜稽首礼。君回再拜礼。宾便在西阶上行旅酬礼。射人命大夫长升堂接受酬酒，于是大夫升堂。宾在大夫的右边坐下，把觯放在地上行拜礼，再拿觯站起来。大夫长回礼答拜。宾坐下用酒祭先人，祭毕起身站着饮干觯中酒，饮毕不行拜礼。如果宾用的是君的觯，那就要下堂另换一觯来洗，洗毕升堂，从散尊酌酒以酬大夫长。大夫长行拜受礼而后受觯。宾授觯后行拜送礼。大夫们依次遍受酬酒，都如同大夫长受宾酬酒的礼仪。大夫接受酬酒饮酒前都不行祭礼。最后一个受酬的人饮毕要拿着空觯下堂，把觯放入筐中。

13. 主人洗，升，实散，献卿于西阶上。司宫兼卷重席，设于宾左，东上。卿升拜受觚。主人拜送觚。卿辞重席[1]。司宫彻之。乃荐脯醢。卿升席坐，左执爵，右祭脯醢，遂祭酒，不啐酒。降席，西阶上北面坐，卒爵，兴，坐，奠爵拜，执爵兴。主人答拜，受爵。卿降，复位。辩献卿，主人以虚爵降，奠于筐。射人乃升卿。卿皆升就席。若有诸公，则先卿献之，如献卿之礼。席于阼阶西，北面[2]，东上，无加席。

【注释】

〔1〕卿辞重席：案君席上设加席（见第 2 节），是君仅两席，因此卿避而不敢当重席。

〔2〕席于阼阶西，北面：阼阶西，谓阼阶西边的堂廉处。之所以设诸公席于此，而不设在卿席的东边，是因为诸公的地位尊于卿，因此不使诸公席与卿席相接；又君席面朝西，诸公席设于阼阶西，恰当君的左侧，卿席则在君的右侧，左尊于右，因此将诸公席设于此。

【译文】

主人洗觚，洗毕升堂，从散尊酌酒，到西阶上向卿献酒。司宫将两席卷在一起一并拿着，为卿布设在宾席的左边，使席的首端朝东。卿升到西阶上，向主人行拜受礼而后受觚。主人授觚后行拜送礼。卿辞去上面一层席，司宫为他彻下。于是给卿席前荐上脯醢。卿升席而坐，左手拿觚，右手取脯醢祭先人，接着又用酒祭先人，祭毕不尝酒，下席来到西阶上面朝北而坐，饮干觚中酒，饮毕起身，又坐下，把觚放在地上行拜礼，再拿觚站起来。主人回礼答拜，然后接过卿的空觚。卿下堂，回到庭东原位。主人遍献卿酒以后，便拿着空觚下堂，把觚放入篚中。这时射人命卿升堂，卿于是都升堂就席。如果有诸公来参加燕礼，主人就在向卿献酒之前先向诸公献酒，如同向卿献酒的礼仪。诸公的席布设在阼阶西边堂廉上，席面朝北，席的首端朝东，席上不设加席。

14. 小臣又请媵爵者[1]。二大夫媵爵如初[2]。请致者。若命长致[3]，则媵爵者奠觯于篚，一人待于洗南。长致，致者阼阶下再拜稽首。公答再拜。洗象觯，升实之，坐，奠于荐南，降。与立于洗南者二人皆再拜稽首送觯。公答再拜。

【注释】

〔1〕小臣又请媵爵者：上文说君命媵爵者二人皆致酒（第11节），君用其中一觯酬宾，故现在君席前还奠有一觯；若前时君只命一人致酒，那么君酬宾后，席前已无觯，而君下面将向卿进酬酒，因而小臣即此时又请媵爵者。又燕礼君举酬酒凡三：前酬宾一，下将酬卿二，后又酬大

夫三。三酬则须三觯，而此时君前或仅有一觯，或已无觯，故必于此时
再媵觯于君，所以小臣又请媵爵者。

〔2〕二大夫媵爵如初：案此二大夫即前之二下大夫。既仍用前之二
下大夫而小臣又请之者，礼重慎，且体现尊君命之意。

〔3〕若命长致：案前曰"若君命皆致"（第 11 节），是君席前还有
一觯，故此时只命媵爵者中的长者致酒即可；然前既言"若"，则是不
定之辞，若前只命长致，则此时当命二人皆致，总计君席前当先后奠足
三觯酒，以备君三次酬酒所用。

【译文】

小臣又向君请示命谁为媵爵者。得君命后，二位下大夫仍像
当初一样地向君媵酒。小臣又向君请示：命二大夫中的一人，还
是两人向君致酒。如果君命二大夫中的长者致酒，那么媵爵者把
觯放入篚中之后，就由一人在洗的南边待立，而由长者向君致酒。
致酒者来到阼阶下向君行再拜稽首礼，以答谢君命。君回再拜礼。
于是致酒者洗象觯，洗毕升堂酌酒，到君席前坐下，把觯放在脯
醢的南边，然后下堂。下堂后，与站在洗南的媵爵者一起行拜送
礼，二人都向君再拜稽首。君回再拜礼。

15. 公又行一觯[1]，若宾若长，唯公所酬[2]。以旅于西阶上如初。大夫卒受者，以虚觯降，奠于篚。

【注释】

〔1〕公又行一觯：行一觯，即以一觯行旅酬礼。此所谓一觯，前时
若二人致酒奠觯，其上觯已用于酬宾，则此一觯为所奠二觯中的下觯；
若前时只有一人致酒奠觯，君酬宾后席前已无觯，则此一觯为后所奠二
觯中的上觯。

〔2〕若宾若长，唯公所酬：长，谓卿中的尊者，若有诸公，则谓诸
公中的长者。案这次君是为卿举旅酬礼，但为优礼于宾，则亦兼酬之。
又这次是将酬酒献予宾，还是献予卿之尊者，则可由君任意而定。若先
酬宾，则由宾再酬卿；若先酬卿，则由卿再酬宾；以下再依次递相酬。

【译文】

君又拿起席前的一觯以行旅酬礼。是先酬宾，还是先酬诸公或卿中的尊者，则可由君任意而定。旅酬仍在西阶上进行，礼仪也同当初君为宾举旅酬一样。最后一个受酬的大夫要拿着空觯下堂，把觯放入篚中。

16. 主人洗，升，献大夫于西阶上。大夫升，拜受觚。主人拜送觚。大夫坐，祭，立卒爵，不拜既爵。主人受爵。大夫降，复位。胥荐主人于洗北[1]，西面，脯醢，无脀[2]。辩献大夫，遂荐之，继宾以西，东上。卒，射人乃升大夫。大夫皆升就席。

【注释】

〔1〕胥：是膳宰的属吏。

〔2〕脀：音 zhēng，即俎实，也就是实于俎的牲肉，亦即折俎。

【译文】

主人洗觚，升堂酌酒，在西阶上向大夫献酒。大夫升堂，行拜受礼而后从主人手中受觚。主人授觚后行拜送礼。大夫在西阶上坐下，用酒祭先人，然后起身站着饮干觚中酒，饮毕不行拜礼。主人接过大夫的空觚。大夫下堂，回到原位。胥为主人在洗的北边、面朝西的位置上进上脯醢，但没有折俎。主人依次向所有的大夫都献酒之后，便有脯醢进送到大夫席前。大夫席接在宾席的西边布设，以东边为上位。脯醢进送完毕，射人便请大夫升堂。于是大夫都升堂就席。

17. 席工于西阶上少东。乐正先升，北面立于其西。小臣纳工。工四人，二瑟。小臣左何瑟，面鼓，执越，内弦，右手相，入。升自西阶，北面，东上，坐。

小臣坐，授瑟乃降。工歌《鹿鸣》、《四牡》、《皇皇
者华》。

【译文】

　　在西阶上稍东的地方为乐工布席。乐正先升堂，面朝北站在
工席的西边。小臣引导乐工入寝门。乐工四人，其中二人是瑟工。
小臣为瑟工拿瑟，把瑟扛在左肩上，使瑟的首端朝前，左手指抠
住瑟首端弦下的孔，使瑟弦向着里侧，用右手扶着工，进入路门。
工从西阶升堂，面朝北在席上坐下，以东边为上位。小臣也坐下，
把瑟授给瑟工，然后下堂。乐工演唱了《鹿鸣》、《四牡》、《皇皇
者华》三首诗歌。

　　18. 卒歌，主人洗，升，献工。工不兴，左瑟，一
人拜受爵[1]。主人西阶上拜送爵。荐脯醢。使人相祭。
卒爵不拜。主人受爵[2]。众工不拜受爵，坐祭，遂卒
爵。遍有脯醢，不祭。主人受爵，降奠于篚。

【注释】

　　〔1〕一人拜受爵：一人，谓工之长者。因工地位低贱，主人只为其
一人洗爵，工也只是其长者一人拜受爵。
　　〔2〕主人受爵：这是为将再次向众工献酒。案这以上是记工之长者
一人受献的礼仪。

【译文】

　　工演唱完毕，主人洗觚，升堂酌酒献工。工不起身，用左手
拿瑟，其中年长者一人行拜受礼而后受觚。主人授爵后到西阶上
行拜送礼。这时有脯醢进送到工长席前。主人使小臣帮助工长用
脯醢和酒祭先人。工长饮毕觚中酒后不行拜礼。主人接过工长的
空觚，再用以向众工献酒。众工都不行拜受礼就从主人手中接受

觚，坐着用酒祭先人，接着饮干觚中酒。众工席前都进有脯醢，但不用脯醢祭先人。主人接过工的空觚，下堂放入筐中。

19. 公又举奠觯[1]，唯公所赐[2]，以旅于西阶上如初。卒。

【注释】

〔1〕公又举奠觯：案这次所举的是后之媵爵者所奠于君席前的觯，这是第三觯。

〔2〕唯公所赐：赐即授酬酒。案这次是为大夫举旅酬。但君并不是直接就将觯授予大夫，而是先授予宾，或者先授予卿之长者，再由宾或卿长授予大夫，大夫再依次递相酬。君究竟是先授予宾，还是授予卿长，则可由君任意而定，故曰"唯公所赐"。

【译文】

君又拿起媵爵者奠于席前的觯，将为大夫行旅酬礼，但先将酬酒授给宾，还是先授给卿长，可由君任意而定。君为大夫行旅酬礼也在西阶上进行，如同为宾或为卿行旅酬的礼仪。宾或卿长接受酬酒后，再酬大夫，大夫再依次递相酬而遍。

20. 笙入，立于县中，奏《南陔》、《白华》、《华黍》[1]。

【注释】

〔1〕《南陔》等三篇：都是《诗·小雅》篇名，今皆亡。

【译文】

笙工进入寝门，在堂下所悬乐器的南边、正中、面朝北而立，吹奏了《南陔》、《白华》、《华黍》三首诗歌的乐曲。

21. 主人洗,升,献笙于西阶上。一人拜[1],尽阶不升堂受爵[2],降。主人拜送爵。阶前坐,祭,立卒爵,不拜既爵,升授主人。众笙不拜受爵,降,坐祭,立卒爵。辩有脯醢,不祭。

【注释】

〔1〕一人:谓笙工之长者。

〔2〕尽阶:案诸侯之阶七级,此所谓尽阶,当升至阶的第六级。

【译文】

主人洗觚,升堂,在西阶上向笙工献酒。笙工之长一人行拜受礼,然后升到阶的最上一级,但不升到堂上,从主人手中接受觚,再下阶。主人在西阶上行拜送礼。笙长在西阶前坐下,用酒祭先人,然后站着饮干觚中酒,饮毕不行拜礼,升阶把觚授给主人。其他众笙工都不行拜受礼就升阶受觚,然后下阶,在阶前坐下用酒祭先人,再站着饮干觚中酒。笙工的位前都进有脯醢,但不用脯醢祭先人。

22. 乃间歌《鱼丽》,笙《由庚》;歌《南有嘉鱼》,笙《崇丘》;歌《南山有台》,笙《由仪》。遂歌乡乐。《周南》:《关雎》、《葛覃》、《卷耳》;《召南》:《鹊巢》、《采蘩》、《采蘋》。大师告于乐正曰[1]:"正歌备。"乐正由楹内东楹之东告于公[2],乃降复位。

【注释】

〔1〕大师:是诸侯的乐工之长。

〔2〕楹内:谓西楹的北边。

【译文】

于是堂上弹瑟而歌与堂下笙乐吹奏交替进行：堂上弹瑟歌唱《鱼丽》，堂下笙吹奏《由庚》；堂上弹瑟歌唱《南有嘉鱼》，堂下笙吹奏《崇丘》；堂上弹瑟歌唱《南山有台》，堂下笙吹奏《由仪》。接着又以合乐的形式演唱乡乐六诗：《周南》的《关雎》、《葛覃》、《卷耳》，《召南》的《鹊巢》、《采蘩》、《采蘋》。然后大师向乐正报告说："规定的乐歌都已演唱完毕。"乐正从西楹的内侧折向东，走到东楹的东边再向君报告，然后下堂，回到原位。

23. 射人自阼阶下请立司正[1]。公许。射人遂为司正[2]。司正洗角觯，南面坐，奠于中庭，升，东楹之东受命，西阶上北面命卿大夫曰："君曰：'以我安卿大夫[3]。'"皆对曰："诺。敢不安！"司正降自西阶，南面坐，取觯，升，酌散，降，南面坐奠觯，右还，北面少立，坐，取觯，兴，坐，不祭，卒觯奠之，兴，再拜稽首，左还，南面坐，取觯洗，南面反奠于其所，升自西阶，东楹之东请彻俎[4]。降，公许。告于宾[5]。宾北面取俎以出。膳宰彻公俎，降自阼阶以东。卿大夫皆降[6]，东面，北上。宾反入，及卿大夫皆脱屦，升就席。公以宾及卿大夫皆坐乃安。羞庶羞[7]。大夫祭荐。司正升受命，皆命："君曰：'无不醉。'"宾及卿大夫皆兴对，曰："诺。敢不醉！"皆反坐。

【注释】

〔1〕请立司正：司正，监礼者（参见《乡饮酒礼》第 15 节）。案自此以下至行无算爵，皆坐燕尽欢之事，故立司正以监礼。

〔2〕射人遂为司正：即遂以射人为司正。

〔3〕以我安卿大夫：这是司正所传达的君命。安，谓使安坐。案因

前此已礼成乐备，宾及群臣唯恐再劳君而欲退，君则唯恐宾与群臣未尽欢，故命司正安之。

〔4〕请彻俎：案司正前奉君命安宾，宾则因君命安坐而不敢辞，但因席前有俎宾又不敢坐（参见《乡饮酒礼》第21节），故司正又向君申达宾意而请彻俎。

〔5〕降，公许，告于宾：案"降"字在此甚不类，盖后世传抄误衍。

〔6〕卿大夫皆降：案卿大夫无俎，现在也下堂，原因有二：一因宾下堂，卿大夫不敢安处其位；二因以下当坐饮，故须下堂脱屦。

〔7〕羞庶羞：上"羞"，进。庶，众。下"羞"，谓所进之美味食物。

【译文】

射人从阼阶下边向君请示立司正。君答应，射人随即被命为司正。司正洗角觯，来到庭中央面朝南坐下，把觯放在地上，接着从西阶升堂，到东楹的东边接受君命，然后回到西阶上，面朝北向卿大夫发布君的命令说："君说：'我想留宾安坐，请卿大夫都安坐以为我留宾。'"卿大夫都回答说："是。敢不安坐！"司正从西阶下堂，来到庭中觯的北边面朝南坐下，拿起觯，升堂，从散尊酌酒，下堂，来到庭中面朝南坐下，把觯放在地上，再向右转身绕到觯的南边，面朝北稍静立一会，然后坐下，拿起觯，起身，再坐下，不用酒祭先人，便饮干觯中酒，把空觯放在地上，起身，行再拜稽首礼，拜毕又向左转身绕到觯的北边，面朝南坐下，拿觯去洗，洗毕再回到庭中，面朝南把空觯放回原处，接着又从西阶升堂，来到东楹的东边，向君转达宾的意思，请求彻俎。君答应。于是司正把君的意思报告给宾。宾来到席的南边面朝北取俎，拿着俎出寝门。膳宰彻下君席前的俎，从阼阶下堂，送到东壁那边。这时卿大夫都下堂，在西阶下面朝东而立，以北边为上位。宾从门外返回，与卿大夫都在堂下脱屦，然后升堂就席。君和宾以及卿大夫都在各自的席上安坐下来。接着有各种美味食物进上。到这时大夫才用席前的脯醢行祭先人之礼。司正又升堂接受君的命令，然后向宾及卿大夫发布君的命令说："君说：'大家都要尽情饮酒，喝个一醉方休！'"宾和卿大夫都起身下席回答说："是。敢不醉！"答毕又都退回原位坐下。

24. 主人洗^[1]，升，献士于西阶上。士长升^[2]，拜受觯。主人拜送觯。士坐祭，立饮，不拜既爵。其他不拜^[3]，坐祭，立饮。乃荐，司正与司射一人，司士一人，执幂二人，立于觯南，东上^[4]。辩献士。士既献者立于东方，西面，北上。乃荐士。祝史、小臣师亦就其位而荐之^[5]。主人就旅食之尊而献之^[6]。旅食不拜受爵，坐祭，立饮。

【注释】

〔1〕主人洗：这是为将献士而洗。据下文知所洗的是觯。

〔2〕士长：案诸侯之士长为上士。

〔3〕其他：谓众士。

〔4〕"乃荐"至"觯南，东上"：这是说以上五人，即司正、司射、司士各一人，再加上执幂者二人，立于庭中央觯的南边以受荐。

〔5〕祝史、小臣亦就其位而荐之：案祝史位在门东，小臣在东堂下。

〔6〕旅食之尊：谓两圜壶，在门内西侧、士旅食者之北。

【译文】

主人洗觯，升堂，在西阶上向士献酒。士长升堂，行拜受礼而后受觯。主人授觯后行拜送礼。士长在西阶上坐下，用酒祭先人，然后起身站着饮干觯中酒，饮毕不行拜礼。其他众士不行拜受礼就接受觯，然后坐下用酒祭先人，再起身站着饮干觯中酒。于是向士长进上脯醢，士长包括司正与射人各一人，司士一人，执幂者二人，他们都在庭中觯的南边面朝北而立，以东边为上位。众士都依次献酒遍。每一士受献后，就到庭东边站立，面朝西，以北边为上位。于是向众士位前进上脯醢。对于祝史和小臣师也有脯醢进献到他们所在的位置上。主人就士旅食者的尊酌酒，以献给士旅食者。士旅食者都不行拜受礼就接受觯，然后坐下用酒祭先人，再站着饮干觯中酒。

25. 若射⁽¹⁾，则大射正为司射⁽²⁾，如乡射之礼。

【注释】

〔1〕若射：这是用射箭比赛以乐宾及卿大夫。但或射或否，唯君所命，故曰"若"。

〔2〕大射正为司射：大射正，射人之长。

【译文】

如果举行射箭比赛的话，就由大射正做司射，射箭比赛的礼仪如同乡射礼。

26. 宾降洗，升，滕觚于公⁽¹⁾。酌散，下拜。公降一等。小臣辞。宾升，再拜稽首⁽²⁾。公答再拜。宾坐祭，卒爵，再拜稽首。公答再拜。宾降，洗象觯，升，酌膳，坐，奠于荐南，降拜。小臣辞。宾升成拜。公答再拜。宾反位。公坐取宾所滕觯，兴，唯公所赐⁽³⁾。受者如初受酬之礼。降，更爵洗，升，酌膳，下拜。小臣辞。升成拜。公答拜。乃就席，坐行之。有执爵者⁽⁴⁾。唯受于公者拜。司正命执爵者⁽⁵⁾："爵辩，卒受者兴，以酬士。"大夫卒受者以爵兴，西阶上酬士。士升，大夫奠爵拜。士答拜。大夫立卒爵，不拜，实之。士拜受。大夫拜送。士旅于西阶上辩。士旅酌，卒。

【注释】

〔1〕滕觚于公："觚"当为"觯"，酬之礼皆用觯。案宾之所以在此时滕觯于君，因现在燕礼将终，而宾不敢始终以宾自处，因此举觯滕君，这是对君的一种极恭敬的表示。滕君实即酬君，因前君酬己，欲报答君酬，但言酬则嫌与君抗礼，故言滕。

〔2〕宾升，再拜稽首：案这即是"宾升成拜"的意思（参见第12节）。

〔3〕唯公所赐：案这次君举宾所媵觯，是将为士行旅酬礼，因为前此君已三举旅，一为宾，二为卿，三为大夫，而未及士，因此这次借宾所媵觯为士举旅酬以终惠。

〔4〕有执爵者：案因现在是坐行旅酬，故须有执爵者酌酒以授之。

〔5〕司正命执爵者：案这次旅酬本为士举，但须堂上卿大夫皆依次遍酬而后及于堂下之士，因此特命最后一名受酬的大夫，以防其不知而下堂奠爵于篚。

【译文】

宾下堂洗觯，再升堂，将向君媵觯。宾从散尊酌酒，然后下堂向君行拜礼。君随之降阶一级。小臣以君命向宾辞拜。宾于是升堂，再向君行再拜稽首礼。君回再拜礼。宾在西阶上坐下用酒祭先人，然后饮干觯中酒，接着行再拜稽首礼。君回再拜礼。宾下堂，又取象觯来洗，洗毕升堂，从膳尊酌酒，到君席前坐下，把觯放在脯醢的南边，然后下堂，将行拜礼。小臣代君辞拜。于是宾升堂而后向君再拜稽首以成拜礼。君回再拜礼。宾返回自己的席位。君坐着拿起宾所媵觯，起身，随君意想把酒赐给谁就赐给谁。受君酬酒的人接受酬酒的礼仪，如同当初宾受君酬酒一样。受酬者饮毕，下堂把象觯放回膳篚，另取一觯来洗，洗毕升堂，从膳尊酌酒，然后下堂将行拜礼。小臣代君辞拜。于是受酬者升堂而后再拜稽首以成拜礼。君回再拜礼。受酬者就席，便坐着行旅酬礼。有执爵者负责酌酒。只有接受君酬酒的人行拜受礼。旅酬开始时，司正命令执爵者说："堂上旅酬遍之后，最后一个受酬的人要起身向士进酬酒。"于是最后一个受酬的大夫拿觯起身，到西阶上酬士。士升堂接受酬酒。大夫把爵放下行拜礼。士回礼答拜。大夫站着饮干觯中酒，饮毕不行拜礼，再给觯斟满酒以授士。士行拜受礼而后受觯。大夫授觯后行拜送礼。堂下的士都依次到西阶上受酬遍。每前一士受酬后，便自酌酒以酬下一士，一直到旅酬完毕。

27. 主人洗，升自西阶，献庶子于阼阶上[1]，如献士之礼。辩，降洗，遂献左右正与内小臣[2]，皆于阼阶上，如献庶子之礼。

【注释】

〔1〕庶子：是诸侯世子的属官，其职主要掌教公卿大夫士之嫡子。

〔2〕左右正与内小臣：左右正，盖即小臣，仆人之官，侍从于君而位在阼阶上者。内小臣，奄官，是后夫人的属官，掌宫中嫔妃之事。

【译文】

主人洗觚，从西阶升堂，到阼阶上向庶子献酒，如同献士的礼仪。献庶子遍，主人下堂洗觚，接着又到阼阶上向左右正和内小臣献酒，礼仪同献庶子一样。

28. 无筭爵。士也，有执膳爵者，有执散爵者[1]。执膳爵者，酌以进公，公不拜受。执散爵者酌以之公命所赐。所赐者兴受爵，降席下奠爵，再拜稽首。公答拜。受赐爵者以爵就席坐[2]，公卒爵然后饮。执膳爵者受公爵，酌，反奠之[3]。受赐爵者兴，授执散爵[4]。执散爵者乃酌行之[5]。唯受爵于公者拜。卒受爵者兴，以酬士于西阶上。士升。大夫不拜，乃饮，实爵。士不拜受爵。大夫就席。士旅酬亦如之。公有命彻幂[6]，则卿大夫皆降西阶下[7]，北面，东上，再拜稽首。公命小臣辞。公答再拜[8]。大夫皆辟。遂升，反坐。士终旅于上如初。无筭乐。

【注释】

〔1〕士也，有执膳爵者，有执散爵者：士也，谓执爵皆士也。膳爵，君之爵。散爵，卿大夫之爵。案此处所执之爵亦觯。

〔2〕以爵就席坐：以爵，执爵。就席坐以俟君饮。

〔3〕酌，反奠之：案君于此觯终不再举，以示饮酒有节制而无醉饱之心。

〔4〕授执散爵：“爵”下脱“者”字。

〔5〕执散爵者乃酌行之：案受赐者如果是宾，执散爵者就先将此觯授给诸公或卿；受赐者如果是诸公、或卿、或大夫，执爵者就先将此觯授给宾；其余的人则依次受酬。

〔6〕公有命彻幂：案只有君尊有幂，现在君命彻之，这是向臣下表示将与大家同此酒。

〔7〕卿大夫皆降：这是为了拜谢君的厚意。

〔8〕公命小臣辞。公答再拜：辞，是辞卿大夫堂下之拜；辞而卿大夫不敢从命，终拜之，故君答再拜。

【译文】

接着开始不计数地依次进酬酒。从士中选出两人，一人执膳爵，一人执散爵。执膳爵者酌酒进酬君，君不行拜受礼就受觯。执散爵者酌酒进酬君所指示的受酬者。君指示的受酬者起身受觯，从席的西端下席，把觯放在地上，向君再拜稽首。君回礼答拜。君指示的受酬者拿起觯就席坐下，等待君饮毕然后再饮。执膳爵者待君饮毕，接过君的空觯，又酌酒，放回君席前。君指示的受酬者饮毕起身，把空觯授给执散爵者。执散爵者于是酌酒开始依次而酬。只有君指示的受酬者受觯时要行拜受礼。堂上最后一个受酬的大夫要起身酌酒，在西阶上酬士。受酬的士升到西阶上。大夫不行拜礼就先饮干觯中酒，再酌酒酬士。士不行拜受礼就接受觯。大夫授觯后回到席上。士依次酌酒递相酬，礼仪也同大夫酬士一样。君命彻去膳尊上的幂，这时宾和卿大夫都下堂，在西阶下面朝北而立，以东边为上位，向君再拜稽首。君命小臣向宾和卿大夫辞拜。宾和卿大夫拜后，君回再拜礼。宾和卿大夫都避让着君的拜礼以示不敢当。接着宾和卿大夫又升堂，回到席上坐下。士在西阶上像当初君为士举旅酬时一样地依次递酬而遍。在不计数地依次酬酒的同时，音乐也不计数地一遍又一遍地演奏，尽欢而止。

29. 宵则庶子执烛于阼阶上[1]，司宫执烛于西阶上，甸人执大烛于庭[2]，阍人为大烛于门外[3]。宾醉，北面坐，取其荐脯以降。奏《陔》。宾所执脯以赐钟人于门内溜[4]，遂出。卿大夫皆出。公不送。

【注释】

〔1〕宵则庶子执烛：宵，夜。烛，用柴枝扎的火把。
〔2〕甸人：掌供薪蒸（即木柴）者。
〔3〕阍人为大烛："大"字衍。阍人，负责晨昏门之启闭者。
〔4〕钟人：掌奏钟鼓者。

【译文】

入夜，由庶子拿着火把站在阼阶上，司宫拿着火把站在西阶上，甸人拿着大火把站在庭中，阍人拿着火把站在门外。宾醉，到席的南边面朝北坐下，取席前的脯，下堂去。这时乐工奏起了《陔夏》。宾走到门内西塾的北堂屋处时，把脯赐给了钟人的从者，便出去了。卿大夫也都出去。君不送。

30. 公与客燕[1]，曰："寡君有不腆之酒[2]，以请吾子之与寡君须臾焉[3]。使某也以请[4]。"对曰[5]："寡君，君之私也[6]，君无所辱赐于使臣，臣敢辞。""寡君固曰不腆，使某固以请""寡君，君之私也，君无所辱赐于使臣，臣敢固辞。""寡君固曰不腆，使某固以请。""某固辞不得命[7]，敢不从！"致命曰[8]："寡君使某，有不腆之酒，以请吾子之与寡君须臾焉。"

"君贶寡君多矣，又辱赐于使臣，臣敢拜赐命。"

【注释】

〔1〕公与客燕：这是将要与客燕。客，谓四方之使者。案以下是记君派卿大夫为摈者前往馆舍去邀请宾时的言辞。燕异国使臣与燕本国之臣礼同，只是戒宾的礼仪不同，因此于燕礼之末特记之。案燕本国之臣使小臣往戒，此则使卿大夫往戒；本国之臣闻戒即来，异国使臣则固辞而后许，此其异也。详下文。

〔2〕寡君有不腆之酒：寡君，是对他国人谦称己君。腆，善。

〔3〕须臾：一会儿。

〔4〕某：摈者名。

〔5〕对曰：这是使臣的介出来向摈者转达使臣的回话。下仿此。

〔6〕私：谓独受厚恩。

〔7〕某：异国使臣名。

〔8〕致命：案以上摈者只是同使臣的介说话，未得见使臣。现在使臣既许，亲自出来见摈者，摈者因此得当面向使臣致其君之命。

【译文】

君将与异国使臣举行燕礼，派卿大夫做摈者前往邀请使臣说："寡君备有薄酒，请您去与寡君小坐，寡君使某前来相请。"使臣的介出来回答说："寡君本已独受君的厚恩，君无须再屈驾赐使臣了，臣不敢不辞。"摈者再次传达君命说："寡君仍然说有薄酒，坚持使某来相请。"介传达使臣的回话说："寡君已独受君的厚恩，君无须再屈驾赐使臣了，臣仍然不敢不辞。"摈者又一次传达君命说："寡君仍然说有薄酒，还是要让我来请您。"介再次传达使臣的回话说："某一再推辞而得不到允许，敢不从命！"于是使臣出来见摈者，摈者当面向使臣转致君辞说："寡君派某来，说是备有薄酒，请您去与寡君小坐。"使臣回答说："君对寡君的赐予已经很多了，又屈驾赐使臣，臣谨拜谢君的赐命。"

31.《记》。燕，朝服于寝[1]。其牲狗也，烹于门外东方。若与四方之宾燕[2]，则公迎之于大门内[3]，揖、让升。宾为苟敬，席于阼阶之西[4]，北面。有肴[5]。不哜肺，不啐酒。其介为宾。无膳尊，无膳爵[6]。与卿燕，则大夫为宾。与大夫燕，亦大夫为宾。羞膳者与执幂者皆士也。羞卿者，小膳宰也[7]。若以乐纳宾[8]，则宾及庭，奏《肆夏》[9]。宾拜酒，主人答拜而乐阕[10]。公拜受爵而奏《肆夏》[11]。公卒爵，主人升受爵以下而乐阕。升歌《鹿鸣》，下管《新宫》[12]，笙入三成[13]，遂合乡乐。若舞则《勺》[14]。唯公与宾有俎。献公曰："臣敢奏爵以听命[15]。"凡公所辞皆栗阶[16]。凡栗阶不过二等[17]。凡公所酬，既拜，请旅侍臣[18]。凡荐与羞者，小膳宰也，有内羞[19]。君与射，则为下射，袒朱襦，乐作而后就物。小臣以巾授矢，稍属。不以乐志[20]。既发，则小臣受弓以授弓人[21]。上射退于物一笴，既发则答君而俟。若饮君，燕则夹爵[22]。君在，大夫射则肉袒[23]。若与四方之宾燕，媵爵曰[24]："臣受赐矣，臣请赞执爵者。"相者对曰[25]："吾子无自辱焉。"有房中之乐[26]。

【注释】

〔1〕朝服于寝：朝服，是诸侯与群臣每日视朝之服，其服：冠玄端，缁带，素韠、白屦(参见《士冠礼》第1节)。寝，谓路寝。

〔2〕四方之宾：谓异国使臣。

〔3〕大门内：即大门口而不出大门。

〔4〕宾为苟敬，席于阼阶之西：案燕礼的目的在结欢心，而作为燕礼上的正宾则主于恭敬，如果以使臣为正宾，就会因拘于礼而难尽欢，所以用使臣的介为正宾(见下文)；但对使臣又不可不敬，因此就把使臣

的席布于阼阶西边堂廉处，以此示敬，即表示一定的有分寸的敬意。

〔5〕肴：即折俎(参见第16节)。

〔6〕无膳尊，无膳爵：案膳尊即瓦大，膳爵即象觚，皆专为君设，现在之所以不设，是为了体现降尊就卑之义。

〔7〕羞卿者，小膳宰：羞卿者，是向卿大夫士进献脯醢庶羞者。小膳宰，是膳宰之佐(膳者，参见第1节)。

〔8〕若以乐纳宾：案此宾指异国使臣的介。对于使臣，由君迎之于门内；对于介，则由摈者导之入，且奏乐以示宠异。

〔9〕《肆夏》：逸诗名。

〔10〕乐阕：阕，止。乐终曰阕。

〔11〕公拜受爵而奏《肆夏》：这是指主人(即宰夫)向君献酒时亦奏《肆夏》。

〔12〕下管《新宫》：下，下堂。管，古乐器名，竹制，长一尺，六孔。《新宫》，逸诗名。

〔13〕笙入三成：笙入，谓当下管《新宫》时，笙工进入而与之合奏。三成，即三遍。

〔14〕若舞则《勺》：《勺》，即《诗·周颂》之《酌》。

〔15〕臣敢奏爵以听命：奏，进。听命，谓受爵与否，但听君命。

〔16〕凡公所辞皆栗阶：辞，谓辞臣阶下之拜。"栗"与"历"通，栗阶犹言历阶。凡升阶，两脚并于一级，然后再升一级并之，叫做拾，即所谓拾级而升；一脚一级而升，就叫历阶。升阶之常法是拾级而升，如果急趋君命，则当历阶而上。

〔17〕凡栗阶不过二等：谓历阶时一步一级，不得越级而过。

〔18〕凡公所酬，既拜，请旅侍臣：酬，谓君举旅酬。案燕礼上君先后凡四举旅酬，即为宾、为卿、为大夫、为士，已见前。拜，谓受酬者受君空觯降洗升酌而后向君再拜稽首。请旅，此请旅者不知何人，盖射人或小臣之类。侍臣，谓公卿大夫士。

〔19〕内羞：即房中之羞。房谓东房。

〔20〕不以乐志：志，识、记。案射箭当与鼓节相应，不与鼓节相应即使射中也不算数，即所谓"不鼓不释"(参见《乡射礼》第38节)。但对君来说就可以不这样要求，以体现优君。

〔21〕弓人：为君掌弓弩矢箙者。

〔22〕若饮君，燕则夹爵：这句的意思是说，如果君在不胜党，宾当饮君酒，其饮君之法，则为夹爵：饮君前，宾先自饮一爵，待君饮毕，又自饮一爵，这就叫做夹爵。

〔23〕君在，大夫射则肉袒：参见《乡射礼》，第53节。

〔24〕媵爵曰：案此下所记，为异国之宾（即使臣的介）媵爵于君所致辞。

〔25〕相者：案相者前此所未见，盖君所命以相礼者。

〔26〕有房中之乐：是指只用管弦而不用钟磬伴奏以演唱《诗》的《周南》、《召南》中的诗篇，因为这种以管弦伴唱二《南》的形式，本是后夫人在房中侍御其君时讽诵所用，因此后来即称这种演唱形式为房中之乐。

【译文】

《记》。燕礼穿朝服，在路寝举行。燕礼上牲用狗，在路寝门外东边烹煮。如果与异国使臣举行燕礼，君要在大门内迎接使臣，并与使臣行揖、让之礼而后升堂。为对使臣表示一定的敬意，要将使臣的席布设在堂上阼阶的西边，席面朝北。使臣席前设有折俎。使臣用俎上的肺和酒祭先人之后，不尝肺，也不尝酒。用使臣的介做燕礼上的宾。不为君设膳尊，也不设膳爵。如果与本国的卿举行燕礼，就用大夫做宾。与大夫举行燕礼，也用大夫做宾。羞膳者和执幂者都用士担任。羞卿者用小膳宰担任。如果异国之宾进入时要演奏音乐的话，就当宾入门走到庭前时开始奏《肆夏》。当宾尝酒后向主人行拜礼告旨、而主人回礼答拜时，音乐终止。当主人向君献酒、君行拜受礼受爵时，又开始演奏《肆夏》。当君饮干爵中酒、主人升堂从君手中接过空爵下堂时，音乐终止。这时乐工升堂歌唱《鹿鸣》，又下堂用管吹奏《新宫》，同时笙工也进来与管合奏，一共吹奏三遍，接着歌声和管、笙齐作，演奏《周南》和《召南》中的六首诗。如果表演舞蹈的话，就演奏《勺》。只有君和宾的席前设有折俎。主人向君献酒的时候应该说："臣谨奉酒于君，恭听君命。"凡卿大夫下堂行拜礼而君加以推辞，那么卿大夫就应当迅速历阶而升。凡历阶升堂，只能一步一级台阶而不能一步跨越二级台阶。凡君举旅酬，第一个接受君酬酒的人向君再拜稽首之后，要先向君请示，然后开始与卿大夫士行旅酬礼。凡是向卿大夫进脯醢和各种美味，都由小膳宰负责，其中有些美味是从东房取出进上的。君如果参加射箭，就做宾的下射，脱下左臂的外衣袖而露出里边的红色短上衣袖，音乐开始演奏之后便就物而立。由小臣用巾兜着矢授给君，君射一支就接着授给一支。君射箭不要求按照鼓乐的节奏，只要射中就算数。君射毕，由小臣接过君的弓再授给弓人。上射在射箭前要从物处后退一笴而立，每射出一矢之后，要面对君而立，以等待君射。如果君不胜而使君饮酒，礼仪就同燕礼上宾向君媵觯一样，同时还要加上夹爵之礼：宾先自饮一爵，待君饮后，宾再自饮一爵。如果射箭比赛时有君在场，大夫就要将左臂袒露出来。如果是同异国使臣举行燕礼，异国的宾向君进酒的时候就说："臣已受君厚赐，请允许臣帮助执爵者向君进酒。"相者代君推辞说："您无须屈尊受劳了。"同异国使臣举行的燕礼上还要演奏房中之乐。

大射第七

1. 大射之仪[1]。君有命戒射[2]。宰戒百官有事于射者[3]，射人戒诸公卿大夫射[4]，司士戒士射与赞者[5]。

【注释】

〔1〕大射之仪：案大射不称之为礼而称为仪，据说是因为射礼盛，威仪多之故。

〔2〕君有命戒射：案诸侯将举行祭祀，要通过射箭比赛从群臣中选拔参加祭祀者，在举行射箭比赛之前，宰（其职详下）先向君请示，君于是命令戒射。戒，在此有宣告、通知之意。

〔3〕宰戒百官有事于射者：宰，三卿之长，即上卿执政者。宰戒百官，这是总戒，即先由宰作统一的宣告。有事于射者，即凡为射礼服务的人员，不一定是参加射箭比赛的人。

〔4〕戒诸公卿大夫：这是专戒参射者。

〔5〕司士戒士射与赞者：司士，士之长，爵上士。赞者，这是士中不参加射箭而为射事服务的人员。

【译文】

大射之仪。君命令宣告举行射箭比赛。于是先由宰把君的命令统一向百官中与射事有关的人员宣告，又由射人通知诸公和卿大夫准备参加射箭比赛，由司士通知士准备参加射箭比赛，同时通知士中的赞者。

2. 前射三日，宰夫戒宰及司马、射人[1]："宿视涤"[2]。司马命量人量侯道与所设乏[3]，以狸步[4]：大侯九十[5]，参七十[6]，干五十[7]；设乏各去其侯西十，北十。遂命量人、巾车张三侯[8]。大侯之崇见鹄于参[9]，参见鹄于干。干不及地武[10]。不系左下纲[11]。设乏西十，北十。凡乏用革。

【注释】

〔1〕宰夫戒宰及司马、射人：宰夫，是宰的属官。司马，政官，卿爵，在大射礼中负责组合六耦。

〔2〕宿视涤：宿，举行大射的前一天。涤，谓洗涤祭器、扫除射宫等。

〔3〕司马命量人量侯道与所设乏：量人，司马的属官。侯道，指射侯（射箭的靶子）与堂之间的距离。乏，获者避矢处（参见《乡射礼》第2节）。

〔4〕狸步：量器名，长六尺，上面刻画狸（俗所谓野猫）形，故名。

〔5〕大侯：即熊侯，因与天子之熊侯同，故称大侯。所谓熊侯，是以布为侯而以熊皮为鹄（即靶心），故名为熊侯。

〔6〕参：即参侯，是以豹皮为鹄而以麋（即麋鹿）皮为饰。

〔7〕干：即干侯。"干"通"豻"（音 àn）。豻侯是以豻皮为鹄而又以豻皮为饰。豻，胡地野狗。大侯、参侯、干侯，分别为诸侯、卿大夫、士所射之侯。

〔8〕巾车：《周礼》有巾车之职，为车官之长；又有车仆之职，举行大射礼时掌供三乏；诸侯之巾车盖兼《周礼》之巾车与车仆二职。

〔9〕大侯之崇见鹄于参：崇，高，谓大侯应比参侯高，高到使大侯的鹄从参侯的上面显露出来。下"参见鹄于干"仿此。

〔10〕干不及地武：武，足迹，长尺二寸。谓干侯的下个离地一尺二寸（参见《乡射礼》第2节）。

〔11〕不系左下纲：纲是缀于侯的上、下个两端的绳，张侯时用以将侯系在左、右植上。左下纲即缀于左下个之端的绳（亦见《乡射礼》第2节）。

【译文】

举行大射前的第三天，宰夫通知宰和司马、射人说："大射的前一天要视察一下祭器洗涤得怎样，射宫扫除得怎样。"司马命令量人用狸步测量侯道和所设乏的距离：大侯的侯道长九十步，参侯的侯道长七十步，干侯的侯道长五十步；以上三侯都要设乏，乏各离侯西十步，北十步。司马接着又命令量人和巾车将三侯都张设起来。张侯时要使大侯高于参侯，高到使大侯的鹄从参侯上边显露出来；参侯要高于干侯，使参侯的鹄从干侯上边显露出来。干侯的下个要离地一尺二寸。三侯都先不系左下纲。三侯的乏分别设在各自侯的西边十步，北边十步的地方。凡乏都是用皮革做成的。

3. 乐人宿县于阼阶东[1]：笙磬西面[2]，其南笙钟，其南镈[3]，皆南陈。建鼓在阼阶西[4]，南鼓[5]。应鼙在其东[6]，南鼓。西阶之西颂磬[7]，东面。其南钟，其南镈，皆南陈。一建鼓在其南，东鼓；朔鼙在其北[8]。一建鼓在西阶之东，南面。荡在建鼓之间[9]。鼗倚于颂磬，西纮[10]。

【注释】

〔1〕阼阶东：实指射宫的东壁前。下文"西阶之西颂磬"，则指西壁前。

〔2〕笙磬：即磬。笙犹生，因为这磬悬在东边，而东为阳中，万物以生，故名之曰笙磬。下"笙钟"义仿此。

〔3〕镈：一种大型打击乐器，似钟而大。

〔4〕建鼓：建是树的意思，因这种鼓的鼓身中贯有一竖木，可将鼓插树在脚架上，故名。

〔5〕鼓：此谓鼓的敲击面。

〔6〕应鼙：鼙，音 pí，一种较小的鼓。

〔7〕颂磬：颂在此是成功的意思，此磬设在西边，而西为阴中，万物之所成，因此名为颂磬。

〔8〕朔鼙：朔是始的意思，此鼙在西边，奏乐时先击西鼙，故名。

〔9〕荡在建鼓之间：荡，竹制乐器，即管。案阼阶之西、西阶之东，

各有一建鼓，而吹箫之工立于其间，故曰"在建鼓之间"。

〔10〕鼗倚于颂磬，西纮：鼗，音 táo，如鼓而小，有柄，如今所谓拨浪鼓。纮为鼗柄末端所系丝绳，起装饰作用。

【译文】

举行大射的前一天，乐人在阼阶的东边悬挂乐器：笙磬面朝西而悬，笙磬的南边悬笙钟，笙钟的南边悬镈，都由北向南陈列。建鼓设在阼阶的西边，鼓面朝南。应鞞挨着建鼓的东边而设，也是鼓面朝南。在西阶的西边悬挂颂磬，磬面朝东；颂磬的南边悬颂钟，颂钟的南边悬镈，也都是由北向南陈列。一建鼓设在镈的南边，鼓面朝东。朔鞞设在这只建鼓的北边。一建鼓设在西阶的东边，鼓面朝南。吹箫者站在东西两建鼓之间。鼗在颂磬的西边倚着颂磬而放，放时使柄端的纮顺向西边。

4. 厥明，司宫尊于东楹之西，两方壶，膳尊两甒在南[1]，有丰。幂用锡若绤[2]，缀诸箭[3]，盖幂，加勺，又反之。皆玄尊，酒在北。尊士旅食于西镈之南，北面，两圜壶。又尊于大侯之乏东北两壶献酒[4]。设洗于阼阶东南。罍水在东。篚在洗西，南陈。设膳篚在其北，西面。又设洗于获者之尊西北。水在洗北。篚在南，东陈。小臣设公席于阼阶上，西乡。司宫设宾席于户西，南面，有加席。卿席宾东，东上。小卿宾西[5]，东上。大夫继而东上。若有东面者，则北上。席工于西阶之东，东上。诸公阼阶西，北面，东上。官馔。羹定。

【注释】

〔1〕两方壶，膳尊两甒：两方壶，这是为臣设的尊，即所谓散尊。

膳尊两瓶，这是为君设的尊，即所谓膳尊。

〔2〕幂用锡若绤：锡，细布。绤，音 chī，细葛布。

〔3〕缀诸箭：箭，小竹。此谓在幂的两端缀以小竹，起张幂的作用。

〔4〕两壶献酒：这两壶是为三侯之获者及巾车、仆隶之人而设。

〔5〕小卿：即大夫，故下文说主人"献大夫"，而不见"小卿"之文。

【译文】

举行大射礼的那天天亮的时候，司官在东楹的西边设两方壶，在两方壶的南边又为君设两瓶，两瓶下边都有丰。幂用细布或细葛布做成，幂的两端各缀一根小竹，将幂盖在尊上，幂上再加放勺，然后再将幂下垂的两端撩起来覆盖在勺上。两方壶和两瓶中都有一尊是玄酒，而酒尊都放在玄酒的北边。在西鏐的南边为士旅食者设尊，尊是两圆壶，壶面朝北。又将在大侯之乏的东北边设两壶献酒。在阼阶东南设洗，用罍盛水放在洗的东边。篚放在洗的西边，使篚首朝北而尾向南。膳篚放在篚的北边，使篚面朝西。又在获者之尊即两壶的西北边设洗。水放在洗的北边。篚放在洗的南边，使篚首朝西而尾朝东。小臣在阼阶上为君设席，席面朝西。司官在室门西边为宾设席，席面朝南，席上有加席。卿席设在宾席的东边，以东边为上位。小卿的席设在宾席的西边，以东边为上位。大夫席接着小卿席的西边而设，也以东边为上位。大夫席如果有在西序前面朝东而设的，就以北边为上位。为乐工在西阶东边的堂廉上设席，以东边为上位。诸公的席设在阼阶西边的堂廉上，席面朝北，也以东边为上位。为百官准备的食物都分放在他们的位前。这时牲肉也已经煮熟了。

5. 射人告具于公。公升即位于席，西乡。小臣师纳诸公卿大夫[1]，诸公卿大夫皆入门右，北面，东上。士西方，东面，北上。大史在干侯之东北[2]，北面，东上。士旅食者在士南，北面，东上。小臣师、从者在东堂下[3]，南面，西上。公降，立于阼阶之东南，南乡。

小臣师诏揖诸公卿大夫[4]。诸公卿大夫西面[5]，北上。揖大夫，大夫皆少进。大射正揖[6]。摈者请宾，公曰："命某为宾。"摈者命宾。宾少进，礼辞。反命，又命之，宾再拜稽首受命。摈者反命。宾出，立于门外，北面。公揖卿大夫升就席。小臣自阼阶下北面请执幂者与羞膳者，乃命执幂者。执幂者升自西阶，立于尊南，北面，东上。膳宰请羞于诸公卿者。摈者纳宾。宾及庭，公降一等揖宾。宾辟。公升即席。

【注释】

〔1〕小臣师：案小臣之长为小臣正，小臣正的副手则为小臣师。

〔2〕大史在干侯之东北：大史，即左史，负责记诸侯之行事，与负责记言之右史（即内史）相对。大史在射礼上主管释筭，故又称之为释获者。

〔3〕小臣师、从者：谓小臣师及其下属。

〔4〕小臣师诏揖诸公卿大夫：诏，告。这是告君揖请诸公和卿近前，与《燕礼》所谓"尔卿"意同（见彼第2节）。又此处"大夫"二字是衍文。

〔5〕诸公卿大夫西面：此句"大夫"二字亦为衍文。

〔6〕大射正：大射正，射人之长。

【译文】

射人向君报告：一切都已陈设完毕。君升堂就席，面朝西而立。小臣引导诸公和卿大夫进入射宫。诸公和卿大夫都从门的右侧进入，再向右，在干侯的东北边面朝北而立，以东边为上位。士在庭西，面朝东而立，以北边为上位。大史在干侯的东北边，面朝北而立，以东边为上位。士旅食者在士的南边，面朝北而立，以东边为上位。小臣师及其从者站在东堂下，面朝南，以西边为上位。君下堂，站在阼阶的东南边，面朝南。小臣师告君揖请诸公和卿近前来。于是诸公和卿稍北进，然后面朝西站在庭东，以

北边为上位。君又揖请大夫进前来。于是大夫稍进前。大射正做
摈者。摈者向君请示命谁做宾，君说："命某为宾。"于是摈者命
某为宾。宾稍进前，谦虚地加以推辞。射人把宾推辞的情况向君
报告，然后再次以君命命宾。宾行再拜稽首礼，答应了。摈者再
向君报告。这时宾出门，站在射宫门外，面朝北。君向卿大夫行
揖礼，然后升堂就席。小臣在阼阶下面朝北向君请示命谁为执幂
者，命谁为羞膳者，然后以君命命执幂者和羞膳者。执幂者从西
阶升堂，面朝北站在尊的南边，以东边为上位。接着膳宰又向君
请示命谁向诸公和卿进献酒食。摈者引导宾进入射宫。宾入射宫
走到庭前时，君下阶一级，揖请宾升堂。宾避让君的揖礼。于是
君升堂就席。

6. 奏《肆夏》[1]。宾升自西阶。主人从之[2]，宾右
北面至再拜。宾答再拜。主人降洗，洗南西北面。宾降
阶西，东面。主人辞降，宾对。主人北面盥，坐取觚
洗。宾少进辞洗。主人坐，奠觚于篚，兴对。宾反位。
主人卒洗，宾揖升。主人升。宾拜洗。主人宾右奠觚答
拜，降盥。宾降。主人辞降，宾对。卒盥，宾揖升。主
人升，坐取觚。执幂者举幂。主人酌膳。执幂者盖幂。
酌者加勺，又反之。筵前献宾。宾西阶上拜，受爵于筵
前，反位。主人宾右拜送爵。宰胥荐脯醢[3]。宾升筵。
庶子设折俎[4]。宾坐，左执觚，右祭脯醢，奠爵于荐
右，兴取肺，坐绝祭，啐之，兴加于俎，坐挩手，执
爵，遂祭酒，兴席末坐，啐酒，降席坐，奠爵，拜告
旨，执爵兴。主人答拜。乐阕。宾西阶上北面坐，卒
爵，兴，坐，奠爵拜，执爵兴。主人答拜。

【注释】

〔1〕奏《肆夏》：这是为宾入射宫所奏的乐曲。

〔2〕主人：此主人亦为宰夫（参见《燕礼》第6节）。

〔3〕宰胥：是膳宰的属吏。

〔4〕庶子：是司马的属官，其职负责在有祭典时，按礼仪的要求从鼎中取牲载之于俎。

案此节与《燕礼》第6节大同小异，可参看。

【译文】

当宾进入射官门时，乐工开始演奏《肆夏》。宾从西阶升堂。主人也随着从西阶升堂，然后在宾的右边面朝北行再拜礼，感谢宾的到来。宾回再拜礼。主人下堂，将为宾洗觚，来到洗的南边，面朝西北而立。宾也下堂，站在西阶的西边，面朝东。主人向宾辞降，宾回答了一番话。主人面朝北盥手，然后坐下从篚中取觚，将要洗觚。宾稍进前向主人辞洗。主人坐下，把觚放入篚中，起身回答了一番话。宾返回原位。主人洗觚毕，宾向主人行揖礼而后升堂。主人也升堂。宾向主人拜洗。主人在宾的右边把觚放在地上回礼答拜，拜毕下堂盥手。宾也随着下堂。主人向宾辞降，宾回答了一番话。主人盥手毕，宾向主人行揖礼然后升堂。主人也升堂，坐下取觚将为宾酌酒。执幂者揭开膳尊上的幂。主人从膳尊酌酒。待主人酌毕，执幂者又将幂盖上。主人把勺加放在幂上，执幂者又将幂两端下垂的部分撩起覆盖在勺上。主人来到宾席前向宾献酒。宾在西阶上行拜受礼，然后来到席前受觚，再返回到西阶上原位。主人来到宾的右边行拜送礼。宰胥向宾席前进上脯醢。宾升席。庶子又为宾设折俎。宾在席中坐下，左手拿觚，右手取脯醢祭先人，祭毕把觚放在脯醢的右边，起身从俎上取肺，坐下用以绝祭，祭毕尝了尝肺，又起身把肺放回俎上，坐下擦擦手，拿起觚，接着用酒祭先人，祭毕起身移到席的西端坐下，尝了尝酒，然后下席就地而坐，把觚放在地上，行拜礼向主人告旨，再拿爵站起来。主人回礼答拜。这时音乐停止演奏。宾回到西阶上面朝北而坐，饮干觚中的酒，然后起身，又坐下，把觚放在地上行拜礼，再拿觚站起来。主人回礼答拜。

7. 宾以虚爵降。主人降。宾洗南西北面坐，奠觚，少进辞降。主人西阶西东面，少进对。宾坐取觚，奠于篚下，盥，洗。主人辞洗。宾坐，奠觚于篚，兴对。卒洗，及阶揖，升。主人升，拜洗如宾礼。宾降盥。主人降。宾辞降。卒盥，揖升，酌膳。执幂如初。以酢主人于西阶上。主人北面拜受爵。宾主人之左拜送爵。主人坐祭，不啐酒，不拜酒，遂卒爵，兴，坐，奠爵拜，执爵兴。宾答拜。主人不崇酒，以虚爵降，奠于篚。宾降，立于西阶西，东面。摈者以命升宾。宾升，立于西序，东面。

【译文】

宾拿着空觚下堂。主人也随着下堂。宾来到洗的南边，面朝西北而坐，把觚放在地上，起身稍向西北进，向主人辞降。主人在西阶的西边面朝东，稍进前回答了一番话。宾又坐下拿起觚，把觚放在篚旁地下，起身盥手，准备洗觚。主人向宾辞洗。于是宾坐下，把觚放入篚中，起身回答了一番话。宾洗觚毕，来到西阶前，向主人行揖礼而后升堂。主人也升堂，向宾拜洗，如同当初宾向主人拜洗一样。宾答拜后又下堂盥手。主人也下堂。宾向主人辞降。宾盥手毕，向主人行揖礼而后升堂，从膳尊中酌酒。执幂者像当初一样彻幂、盖幂。宾在西阶上向主人酢酒。主人面朝北行拜受礼而后受觚。宾授觚后在主人的左边面朝北行拜送礼。主人坐下用酒祭先人，祭毕不尝酒，也不行拜礼告旨，接着便饮干觚中酒，饮毕起身，又坐下，把觚放在地上行拜礼，再拿觚站起来。宾回礼答拜。主人不拜谢宾崇酒，拿着空觚下堂，放入篚中。宾下堂，站在西阶的西边，面朝东。摈者以君命请宾升堂。于是宾升堂，站在西序前，面朝东。

8. 主人盥，洗象觚，升，酌膳，东北面献于公。公拜受爵。乃奏《肆夏》。主人降自西阶，阼阶下北面拜送爵。宰胥荐脯醢，由左房；庶子设折俎，升自西阶。公祭如宾礼，庶子赞授肺。不拜酒，立卒爵，坐，奠爵拜，执爵兴。主人答拜。乐阕。升受爵，降奠于篚。

【译文】

主人盥手，洗象觚，升堂，从膳尊中酌酒，面朝东北献给君。君行拜受礼而后接受觚。于是乐工开始演奏《肆夏》。主人从西阶下堂，来到阼阶下面朝北向君行拜送礼。宰胥向君进上脯醢，庶子为君设上折俎；脯醢和折俎都是从左房取出，由西阶升堂进上的。君像宾一样地用脯醢、肺和酒行祭礼，只是用肺行祭礼的时候是由庶子帮助取肺授给君。祭毕，君不行拜礼告旨，站着饮干觚中酒，然后坐下，把觚放下行拜礼，再拿觚站起来。主人在阼阶下回礼答拜。这时音乐停止演奏。主人升堂，接过君的空觚，下堂放入膳篚中。

9. 更爵洗，升，酌膳以降[1]，酢于阼阶下。北面坐，奠爵，再拜稽首。公答拜。主人坐祭，遂卒爵，兴，坐，奠爵，再拜稽首。公答拜。主人奠爵于篚。

【注释】

〔1〕酌膳："膳"原误作"散"。
案此节与《燕礼》第9节大同小异，可参看。

【译文】

主人另取一觚来洗，洗毕升堂，从膳尊酌酒，然后下堂，来到阼阶下行自酢酒之礼。主人面朝北坐下，把觚放下，向君再拜稽首。君回礼答拜。主人坐下，用酒祭先人，接着饮干觚中酒，饮毕起身，又坐下，把觚放下，向君再拜稽首。君回礼答拜。主人把觚放入篚中。

10. 主人盥洗，升，媵觚于宾。酌散，西阶上坐，奠爵拜。宾西阶上北面答拜。主人坐，祭，遂饮。宾辞。卒爵兴，坐，奠爵拜，执爵兴。宾答拜。主人降洗。宾降。主人辞降。宾辞洗。卒洗，宾揖升，不拜洗。主人酌膳。宾西阶上拜，受爵于筵前，反位。主人拜送爵。宾升席坐，祭酒，遂奠于荐东。主人降，复位。宾降筵西，东南面立。

案此节与《燕礼》第10节大同小异，可参看。

【译文】

主人盥手洗觚，升堂，将向宾进送酬酒。主人从散尊酌酒，来到西阶上坐下，把觚放在地上行拜礼。宾在西阶上面朝北回礼答拜。主人坐下，用酒祭先人，接着便坐着饮酒。宾对主人坐饮推辞了一番。主人饮毕起身，又坐下，把觚放下行拜礼，再拿觚站起来。宾回礼答拜。主人下堂洗觚。宾也随着下堂。主人向宾辞降。宾向主人辞洗。主人洗毕，宾行揖礼升堂，不向主人拜洗。主人从膳尊酌酒。宾在西阶上行拜受礼，然后到席前从主人手中接受觚，再回到西阶上。主人授觚后行拜送礼。宾升席而坐，用酒祭先人，接着把觚放在席前脯醢的东边。主人下堂回到原位。宾从席的西端下席，面朝东南而立。

11. 小臣自阼阶下请媵爵者。公命长。小臣作下大夫二人媵爵。媵爵者阼阶下，皆北面再拜稽首。公答

拜。媵爵者立于洗南，西面，北上，序进，盥，洗角
觯，升自西阶，序进酌散，交于楹北。降，适阼阶下，
皆奠觯，再拜稽首，执觯兴。公答拜。媵爵者皆坐，
祭，遂卒觯，兴，坐，奠觯，再拜稽首，执觯兴。公答
再拜。媵爵者执觯待于洗南。小臣请致者。若命皆致，
则序进，奠觯于篚，阼阶下皆北面再拜稽首。公答拜。
媵觯者洗象觯，升实之，序进坐，奠觯于荐南，北上。
降，适阼阶下，皆再拜稽首送觯。公答拜。媵爵者皆退
反位。

案此节与《燕礼》第11节大同小异，可参看。

【译文】

　　小臣从阼阶下向君请示命谁做媵爵者。君指示命下大夫中的
长者做媵爵者。于是小臣以君命命下大夫中的长者二人做媵爵者。
媵爵者来到阼阶下，都面朝北向君再拜稽首，以答谢君命。君回
礼答拜。媵爵者来到洗的南边，面朝西而立，年长者站在北边上
位，然后依次进到洗前盥手，洗角觯，洗毕从西阶升堂，再依次
从西楹的北边进到东边的方壶前酌酒，当长者酌酒返回西阶时，
正好与前往酌酒的次者在西楹的北边相交而过。酌酒毕，二人从
西阶下堂，来到阼阶下，都把觯放在地上，向君行再拜稽首礼，
然后拿觯站起来。君回礼答拜。媵觯者二人都在阼阶前坐下，用
酒祭先人，接着饮干觯中酒，起身，又坐下，把觯放下，向君再
拜稽首，再拿觯站起来。君回再拜礼。媵爵者拿着觯在洗的南边
等待君命。这时小臣向君请：使媵爵者中的一人，还是二人向
君致酒。如果君命二人都致酒，二人便依次进到篚前，把手中的
觯放入篚中，再来到阼阶下向君行再拜稽首礼，以答谢君命。君
回礼答拜。接着媵爵者从膳篚中取象觯来洗，洗毕升堂酌酒，然
后依次进到君席前坐下，把觯放在脯醢的南边，其中长者进的觯
放在次者所进觯的北边上位。二人从西阶下堂，再来到阼阶下行

拜送礼，都向君再拜稽首。君回礼答拜。于是媵爵者二人都退回
原位。

12. 公坐取大夫所媵觯，兴以酬宾。宾降西阶下，
再拜稽首。小臣正辞。宾升成拜。公坐奠觯，答拜，执
觯兴，公卒爵。宾下拜。小臣正辞。宾升，再拜稽首。
公坐奠觯，答拜，执觯兴。宾进受虚觯，降奠于篚，易
觯兴洗。公有命，则不易，不洗，反升酌膳，下拜。小
臣正辞。宾升，再拜稽首。公答拜。宾告于摈者请旅诸
臣。摈者告于公。公许。宾以旅大夫于西阶上。摈者作
大夫长升受旅。宾大夫之右坐，奠觯拜，执觯兴。大夫
答拜。宾坐祭，立卒觯，不拜。若膳觯也，则降更觯
洗，升，实散。大夫拜受。宾拜送，遂就席。大夫辩受
酬，如受宾酬之礼。不祭酒。卒受者以虚爵降，奠于
篚，复位。

案此节与《燕礼》第12节大同小异，可参看。

【译文】

　　君坐下，拿取大夫所进送的觯，起身到西阶上向宾进酬酒。
宾降到西阶下向君行再拜稽首礼。小臣正代君辞宾之拜。于是宾
升到西阶上又再拜稽首以成拜礼。君坐下，把觯放下，回礼答拜，
再拿觯站起来，饮干觯中酒。宾下堂将向君行拜礼。小臣正在阶
下辞宾之拜。于是宾升堂，然后行再拜稽首礼。君坐下，把觯放
下，回礼答拜，再拿觯站起来。宾进前接过君的空觯，下堂放入
篚中，另取一觯起身去洗。如果君命无须换觯，那就不换觯，也
不洗觯，便反身升堂，从膳尊酌酒，酌毕下堂，将向君行拜礼。
小臣正辞宾之拜。于是宾升堂，然后行再拜稽首礼。君回礼答拜。
宾告诉摈者，让他向君请求允许与诸臣行旅酬礼。摈者把宾的请

求报告给君。君同意。于是宾在西阶上向大夫行旅酬礼。摈者命大夫长升阶受酬酒。宾在大夫的右边坐下，把觯放下行拜礼，再拿觯站起来。大夫回礼答拜。宾坐下，用酒祭先人，然后起身站着饮干觯中酒，饮毕不行拜礼。如果用的是膳觯，那就要下堂另取一觯来洗，洗毕升堂，从散尊酌酒以授大夫长。大夫长接受酬酒前要行拜受礼。宾授觯后要行拜送礼，拜毕回到自己的席位上。大夫们依次遍受酬酒，都如同大夫长接受宾酬的礼仪。大夫接受酬酒饮酒前都不行祭礼。最后一个接受酬酒的人要拿着空觯下堂，放入篚中，然后回到原位。

13. 主人洗觚，升，实散，献卿于西阶上。司宫兼卷重席，设于宾左，东上。卿升，拜受觚。主人拜送觚。卿辞重席，司宫彻之。乃荐脯醢。卿升席，庶子设折俎。卿坐，左执爵，右祭脯醢，奠爵于荐右，兴取肺，坐绝祭，不啐肺，兴加于俎，坐挩手，取爵，遂祭酒，执爵兴，降席，西阶上北面坐，卒爵，兴，坐，奠爵拜，执爵兴。主人答拜，受爵。卿降，复位。辩献卿，主人以虚爵降，奠于篚。摈者升卿。卿皆升就席。若有诸公，则先卿献之，如献卿之礼。席于阼阶西，北面，东上，无加席。

案此节与《燕礼》第13节大同小异，可参看。

【译文】

主人洗觚，洗毕升堂，从散尊酌酒，到西阶上向卿献酒。司宫将两席卷在一起一并拿着，为卿布设在宾席的左边，使席的首端朝东。卿升到西阶上，行拜受礼而后受觚。主人授觚后行拜送礼。卿辞去上面一层席，司宫为他彻下。于是给卿席前进上脯醢。卿升到席上。庶子又为卿设上折俎。卿在席中坐下，左手拿觚，右手取脯醢祭先人，然后把觚放在脯醢的右边，起身从俎上取肺，坐下用以行绝祭，祭毕不尝肺，起身把肺放回俎上，坐下擦擦手，拿起觚，接着用酒祭先人，再拿着觚站起来，下席，到西阶上面朝北坐下，饮干觚中酒，饮毕起身，又坐下，把觚放下行拜礼，再拿觚站起来。主人回礼答拜，接过卿的空觚。卿下堂，回到庭东原位。主人遍献卿酒之后，便拿着空觚下堂，放入篚中。摈者请卿升堂。于是卿都升堂就席。如果有诸公来参加大射礼，主人就在向卿献酒之前先向诸公献酒，礼仪同向卿献酒一样。诸公的席布设在阼阶西边堂廉上，席面朝北，席的首端朝东，席上不设加席。

14. 小臣又请媵爵者。二大夫媵爵如初。请致者。若命长致，则媵爵者奠觯于篚，一人待于洗南，长致者阼阶下再拜稽首。公答拜。洗象觯，升实之，坐，奠于荐南，降，与立于洗南者二人皆再拜稽首送觯。公答拜。

案此节与《燕礼》第14节同，可参看。

【译文】

小臣又向君请示命谁为媵爵者。得君命后，二位下大夫仍像当初一样地向君媵酒。小臣又向君请示命二大夫中的一人，还是两人向君致酒。如果君命二大夫中的长者致酒，那么媵爵者把觯放入篚中之后，就由一人在洗的南边待立，而由长者向君致酒，致酒的长者来到阼阶下向君再拜稽首，以答谢君命。君回礼答拜。于是致酒者洗象觯，洗毕升堂酌酒，到君席前坐下，把觯放在脯醢的南边，再下堂，与站在洗南的媵爵者一起行拜送礼，二人都向君再拜稽首。君回礼答拜。

15. 公又行一爵。若宾若长，唯公所赐。以旅于西阶上如初。大夫卒受者以虚觯降，奠于篚。

案此节与《燕礼》第15节同，可参看。

【译文】

君又拿起席前的一觯，将为卿行旅酬礼。是先把酒赐给宾，还是先赐给诸公或卿中的尊者，可由君任意而定。旅酬仍在西阶上进行，如同当初为宾举旅酬时一样。最后一个受酬的大夫要拿着空觯下堂，把觯放入篚中。

16. 主人洗觚，升，献大夫于西阶上。大夫升，拜受觚。主人拜送觚。大夫坐，祭，立卒爵，不拜既爵。主人受爵。大夫降，复位。肴荐主人于洗北，西面，脯醢，无脀。辩献大夫，遂荐之。继宾以西，东上。若有东面者则北上。卒，摈者升大夫。大夫皆升就席。

案此节与《燕礼》第16节大同小异，可参看。

【译文】

主人洗觚，升堂酌酒，在西阶上向大夫献酒。大夫升堂，行拜受礼而后从主人手中受觚。主人授觚后行拜送礼。大夫在西阶上坐下，用酒祭先人，然后起身，站着饮干觚中酒，饮毕不行拜礼。主人接过大夫的空觚。大夫下堂，回到原位。肴为主人在洗的北边、面朝西的位置上进上脯醢，但没有折俎。主人依次向所有的大夫都献酒之后，便有脯醢进送到大夫席前。大夫席接着宾席的西边布设，以东边为上位。如果大夫人多，在宾席的西边排列不下，而有在西序前面朝东布席的，就以北边为上位。脯醢进送完毕，摈者便请大夫升堂。于是大夫都升堂就席。

17. 乃席工于西阶上少东。小臣纳工。工六人[1]，四瑟。仆人正徒相大师[2]，仆人师相少师[3]，仆人士相上工[4]。相者皆左何瑟，后首，内弦，挎越，右手相。后者徒相入[5]。小乐正从之[6]。升自西阶，北面，东上，坐。授瑟乃降。小乐正立于西阶东。乃歌《鹿鸣》三终。主人洗，升，实爵献工。工不兴，左瑟，一人拜受爵。主人西阶上拜送爵。荐脯醢。使人相祭。卒爵不拜。主人受虚爵。众工不拜受爵，坐祭，遂卒爵。辩有脯醢，不祭。主人受爵，降奠于篚，复位。大师及少师、上工皆降，立于鼓北，群工陪于后。乃管《新宫》三终。卒管，大师及少师、上工，皆东坫之东南，西面，北上坐。

【注释】

〔1〕工六人：其中大师、少师各一人，上工四人。

〔2〕仆人正徒相大师：仆人正，是仆人之长。徒，空手。大师，乐工之长。

〔3〕仆人师相少师：仆人师，是仆人正之佐。少师，是大师之佐。

〔4〕仆人士相上工：仆人士，是仆人正的属吏。上工，善歌唱与讽诵诗者。

〔5〕后者徒相入：后者，谓后入射宫者，指大师、少师。徒相入，谓大师和少师都不掌瑟，故相者空手而相。

〔6〕小乐正从之：乐正有大、小之分，诸侯的小乐正为下士。

案此节与《燕礼》第17、18两节略同，可参看。

【译文】

于是在西阶上稍东的地方为乐工布席。小臣引导乐工进入射宫。乐工六人，其中四人是瑟工。仆人正空手搀扶着大师，仆人师搀扶着少师，仆人士搀扶着上工。搀扶上工的仆人士都左肩扛着瑟，使瑟的首端朝后，瑟身侧着而使瑟弦朝内，左手指抠着瑟下端的孔眼，用右手挽扶着工。大师和少师在瑟工之后，由仆人正和仆人师空手挽扶着进入射宫。小乐正跟在大师的后边进入。乐工从西阶升堂，面朝北坐下，以东边为上位。相者把瑟授给上工，然后下堂。小乐正站在堂前西阶的东边。于是乐工把《鹿鸣》演唱了三遍。主人洗觚，升堂酌酒献工。工不起身，用左手拿瑟，其中大师一人行拜受礼而后受觚。主人授觚后到西阶上行拜送礼。这时有脯醢进送到大师席前。主人使相者帮助大师用脯醢和酒祭先人。大师饮毕觚中酒后不行拜礼。主人接过大师的空觚，再用以向众工献酒。众工都不行拜礼就接受觚，坐着用酒祭先人，接着便饮干觚中酒。众工席前都进有脯醢，但不用脯醢祭先人。众工都依次接受献酒之后，主人接过空觚，下堂放入筐中，然后回到洗北边原位。这时大师、少师和上工都下堂，站在庭西所设鼓、鎛、钟、磬等乐器的北边，堂下众工陪站在他们的后边。于是吹管者把《新宫》吹奏了三遍。管乐吹奏完毕，大师、少师和上工又都来到堂的东坫的东南边，面朝西而坐，以北边为上位。

18. 摈者自阼阶下请立司正。公许，摈者遂为司正。司正适洗，洗角觯，南面坐，奠于中庭，升，东楹之东受命于公，西阶上北面命宾、诸公、卿在夫："公曰：'以我安宾。'"诸公、卿大夫皆对曰："诺，敢不安！"司正降自西阶，南面坐，取觯升，酌散，降，南面坐，奠觯，兴，右还，北面少立，坐取觯，兴，坐，不祭，卒觯奠之，兴，再拜稽首，左还，南面坐，取觯洗，南面反奠于其所，北面立。

案此节与《燕礼》第23节前半部分大同小异，可参看。

【译文】

摈者从阼阶下向君请示立司正。君答应。摈者随即被命为司正。司正来到洗的跟前，洗角觯，洗毕来到庭中央面朝南坐下，把觯放在地上，然后从西阶升堂，到东楹的东边接受君命，再到西阶上面朝北向宾、诸公和卿大夫发布君命，说："君说：'我想留宾安坐，请诸公和卿大夫都安坐以为我留宾。'"诸公和卿大夫都回答说："是，敢不安坐！"司正从西阶下堂，来到庭中觯的北边面朝南坐下，拿起觯，升堂，从散尊酌酒，下堂，来到庭中面朝南坐下，把觯放下，起身，再向右转身绕到觯的南边，面朝北稍静立一会，然后坐下，拿觯起身，又坐下，不用酒祭先人，便饮干觯中酒，把空觯放在地上，起身，行再拜稽首礼，然后向左转身绕到觯的北边，面朝南坐下，拿觯去洗，洗毕再回到庭中，面朝南把空觯放回原处，然后到觯的南边面朝北而立。

19. 司射适次[1]，袒、决、遂，执弓，挟乘矢，于弓外见镞于弣[2]，右巨指钩弦，自阼阶前曰："为政请射[3]。"遂告曰："大夫与大夫，士御于大夫。"遂适西阶前，东面右顾，命有司纳射器[4]。射器皆入：君之弓矢适东堂，宾之弓矢与中、筹、丰皆止于西堂下[5]，众弓矢不挟[6]，总众弓矢、楅[7]，皆适次而俟。工人士与梓人升自北阶[8]，两楹之间，疏数容弓[9]，若丹若墨，度尺而午[10]。射正莅之[11]。卒画，自北阶下。司宫埽所画物，自北阶下。大史俟于所设中之西[12]，东面以听政[13]。司射西面誓之曰[14]："公射大侯，大夫射参，士射干。射者非其侯，中之不获[15]。卑者与尊者为耦，不异侯。"大史许诺。遂比三耦。三耦俟于次北，西面，北上。司射命上射曰："某御于子。"命下射曰："子与某子射。"卒，遂命三耦取弓矢于次。

【注释】

〔1〕司射适次：司射，即射人。次，若今更衣处。

〔2〕挟乘矢，于弓外见镞于弣：参见《乡射礼》第14节。

〔3〕为政：犹言执事，即臣下。

〔4〕有司：是指为射礼服务而不参加射箭比赛的士。

〔5〕中、筹、丰：中，盛筹器。筹，即筭筹，也就是筭。丰，承爵器。

〔6〕不挟：不把矢挟在指间并加于弓弦之上，即不方持弦矢之意（参见《乡射礼》第14节）。

〔7〕楅：承矢器。

〔8〕工人士与梓人：盖属工匠一类的人。

〔9〕疏数：犹言广狭，指堂上所画两物的两纵画之间的距离。

〔10〕度尺而午：度尺即用尺量度。午即纵横相交如十字形之物。

〔11〕射正：射正，司射之长。

〔12〕大史俟于所设中之西：案此时中尚未设，故此处"设中"实指拟设中处。

〔13〕听政：政犹事，指以下司射所誓（告）之事。

〔14〕誓：犹告。

〔15〕不获：即不释获，也就是不算数。

【译文】

　　司射进入次中，脱去左臂的外衣袖，给右手大拇指套上决，左臂套上遂，拿起弓，右手指间挟着四支矢，矢搭在弦上而使旋露出在弓弣之外，用右手的大拇指钩着弓弦，从阼阶下向君请示说："臣下们请求开始射箭比赛。"君答应后，接着就向君报告匹配射耦的情况，说："大夫与大夫为耦，大夫如余有单数，就由士侍从大夫为耦。"接着又到西阶前，面朝东而转首向右，命有司们把射器搬进来。于是各种射器都搬进来陈放好：君的弓矢放在东堂，宾的弓矢和中、筹筹、丰都放在西堂下，其他众人的弓矢搬进来时都不用手指挟着矢搭在弓弦上，而是将众弓矢总束在一起，连同楅，都搬到次中以待用。工人士和梓人从北阶升堂，来到两楹之间画物，所画两物之间相距六尺，画物时或用红色，或用黑色，用尺量度长短以画物的横画和纵画。射正要在堂上察看画物。

物画好后，工人士和梓人再从北阶下堂。这时司官要把物扫一扫，再从北阶下堂。大史在将要放置中的地方的西边、面朝东以听命。司射在西阶前面朝西交待大史说："君射大侯，大夫射参侯，士射干侯。如果射者不是射他们各自的侯，即使射中也不算数。卑者和尊者相配为耦，就与尊者共侯，而不再分射不同的侯。"大史答应。接着司射便选配三耦。被选出来将要匹配成三耦的士都来到次的北边待命，面朝西，以北边为上位。于是司射命令每一耦的上射说："由某随从您射。"又命令其下射说："您与某子射。"三耦都匹配完毕之后，接着就命令他们到次中拿取弓矢。

20. 司射入于次，搢三挟一个，出于次，西面揖，当阶北面揖，及阶揖，升堂揖，当物北面揖，及物揖，由下物少退[1]，诱射。射三侯，将乘矢：始射干，又射参，大侯再发。卒射，北面揖。及阶揖，降，如升射之仪。遂适堂西，改取一个挟之，遂取扑搢之，以立于所设中之西南，东面。

【注释】

〔1〕下物：即左物，也就是东物。

案此节可与《乡射礼》第20节参看。

【译文】

司射进入次中，腰间插三支矢，右手指间挟一支矢，再从次中出来，面朝西揖，向西走到对应着西阶时面朝北揖，走到阶前揖，升堂揖，向东走到对应着下物时面朝北揖，走到物前又揖，然后由下物稍后退一些，开始教射。司射要射三侯，用四支矢：第一次射干侯，第二次射参侯，再用两支矢射大侯。射毕，面朝北行揖礼。走到西阶时行揖礼，下堂时礼仪同升堂教射时的礼仪一样。接着司射便来到堂西，另取一矢挟在指间，又拿取扑插在腰间，然后到将要放置中的地方的西南边站立，面朝东。

21. 司马师命负侯者执旌以负侯[1]。负侯者皆适
侯，执旌负侯而俟。司射适次，作上耦射，司射反位。
上耦出次，西面揖，进，上射在左，并行。当阶北面
揖，及阶揖。上射先升三等，下射从之中等。上射升堂
少左，下射升。上射揖，并行，皆当其物北面揖，及物
揖，皆左足履物，还，视侯中，合足而俟。司马正适
次，袒、决、遂，执弓，右挟之[2]，出，升自西阶，适
下物，立于物间，左执弣，右执箫，南扬弓，命去侯。
负侯皆许诺，以宫趋直西，及乏南又诺，以商至乏，声
止，授获者，退立于西方。获者兴，共而俟。司马正出
于下射之南，还其后，降自西阶，遂适次，释弓，说决、
拾，袭，反位。司射进，与司马正交于阶前相左，由堂
下西阶之东北面视上射，命曰："毋射获，毋猎获。"上
射揖。司射退反位。乃射。上射既发，挟矢，而后下射
射，拾发以将乘矢。获者坐而获，举旌以宫，偃旌以商。
获而未释获。卒射，右挟之，北面揖，揖如升射。上射
降三等，下射少右从之，中等，并行[3]，上射于左，与
升射者相左，交于阶前，相揖。适次，释弓，说决、拾，
袭，反位。三耦卒射亦如之。司射去扑倚于西阶，适阼
阶下，北面告于公曰："三耦卒射。"反，搢扑反位。

【注释】
　〔1〕司马师命负侯者执旌以负侯：司马师，是司马正之佐。负侯者，

掌管以旌负侯和射时从侯上取矢之事，三侯各一人。旌，是以鸟禽的羽毛为旌。之所以要执旌负侯，是为了使射者看清他所要射的侯和将为他唱获用的旌。

〔2〕右挟之：谓以右手大拇指钩弦。

〔3〕中等，并行：中，间。谓降阶时，上、下射之间间隔一级台阶，上射先下至地，等下射也下至地而后两人并行。

案此节可与《乡射礼》第21节参看。

【译文】

　　司马命令负侯者拿旌背朝射侯而立。于是负侯者都拿着旌来到射侯前，背朝射侯以待命。这时司射来到次跟前，命令上耦射箭，然后返回原位。上耦出次，面朝西揖，然后向西前进，上射走在左边，与下射并排而行。当他们走到对应着西阶的时候，面朝北揖，走至西阶跟前又揖。上射先升阶，当升到第三级时，下射跟着升阶一级，与上射之间相隔一级台阶。上射升堂后稍向左边站立，下射也升到堂上。上射面朝东揖，然后与下射并排向东行，当走到与各自的物相对应的地方，都面朝北揖，然后向北行，北行到物跟前，又面朝北揖，然后二人都用左脚踏着物，转身面朝西，同时掉头向南目视射侯的中央，摆正脚步，等待命令。这时司马正到次中，脱下左臂的外衣袖，右手拇指套上决，左臂套上遂，拿起弓，用右手拇指钩着弓弦，出次，从西阶升堂，来到下物处，再到两物之间站立，左手握着弓弣，右手抓着弓的末梢，向南扬弓，命令负侯者离开射侯。负侯者都答应着，答应的声音如同宫声一样高亢，快步向正西方向而去，到达乏的南边，仍然口不绝声，不过这时声音已渐低落如商声，一直到乏跟前，应声才停止，把旌授给获者，然后退到乏的西边站立。获者起身，拱手立而待命。司马正从两物间走到下射的南边，再绕到下射身后，然后向西从西阶下堂，接着来到次中，放下弓，脱去决和遂，穿上左臂的外衣袖，返回原位。司射由西阶的西南向东进，走到西阶途再向北行，这时正好同从西阶下堂南行的司马正相遇，二人在西阶前互相从对方的左侧交错而过，司射从堂下西阶东边的地方面朝北看着上射，命令说："不要射伤获者，也不要把箭射到乏旁。"上射行揖礼。司射退下，返回原位。于是开始射箭。上射射过一矢后，又拿出一矢挟着，而后下射开始射，二人就这样轮流射完了各自的四矢。获者坐着唱获，唱获声随举旌而起，声音高亢，与宫声相应；又随着偃旌而声音渐小，与商声相应。这次射箭只为射中者唱获，而不计算射中的多寡。射毕，二人都用右手大拇指钩着弓弦，面朝北揖，而后像升堂射箭时那样行揖礼，从西阶下堂去。上射先下阶，当下阶三级时，下射从阶上稍靠右一些的地方也随着下阶一级，与上射之间相隔一级台阶，下至地，二人又并排而行，上射走在左边，这时他们正好与将要升堂射箭的次耦在西阶前相遇，互相从对方的左侧交错而过，交错时互行揖礼。上耦到次中，放下弓，脱去决和遂，穿上左臂的外衣袖，返回原位。三耦射毕都像这样做。这时司射抽出插在腰间的扑，把它倚放在西阶的西边，再来到阼阶下，面朝北向君报告说："三耦都射箭完毕。"然后返回到西阶西边，把扑插在腰间，再回到原位。

22. 司马正袒、决、遂，执弓，右挟之，出，与司射交于阶前相左。升自西阶，自左物之后，立于物间，西南面揖弓，命取矢[1]。负侯许诺如初去侯，皆执旌以负其侯而俟。司马正降自西阶，北面命设楅。小臣师设楅。司马正东面，以弓为毕[2]。既设毕，司马正适次，释弓，说决、拾，袭，反位。小臣坐，委矢于楅，北括。司马师坐乘之。卒，若矢不备，则司马正又袒[3]，执弓升，命取矢如初，曰："取矢！不索。"乃复求矢加于楅。卒，司马正进坐，左右抚之[4]，兴，反位。

【注释】

〔1〕命取矢：这是命令负侯者和小臣取矢，由下文可知。

〔2〕以弓为毕：毕，一种木制的指画用具，犹今教鞭之类。这里是用弓代替毕来指画设楅处。

〔3〕又袒:案"袒"下省略了"决、遂,右挟之"。

〔4〕司马正进坐,左右抚之:谓司马师数矢之后,司马正又左右抚之以审定其数,表示郑重其事。案司马师数矢时,即将数过的矢分放在楅的左(西)、右(东)两边,因此司马正得以"左右抚之"。

案此节可与《乡射礼》第22节参看。

【译文】

司马正到次中,脱下左臂的外衣袖,右手拇指套上决,左臂套上遂,拿起弓,右手拇指钩住弓弦,出次,当走到西阶前的时候,正好和去扑南行的司射相遇,互相从对方的左侧交错而过。司马正从西阶升堂,经左物之后绕到左物的南边,再来到两物之间站立,然后面朝西南举弓而挥,命令负侯者和小臣取矢。负侯者连声不绝地答应着来到射侯前,就像当初司马正命令离开射侯时一样,负侯者都拿着旌背朝射侯而立,等待小臣到侯前来取矢。司马正从西阶下堂,来到将要放置楅的地方的南边,面朝北命令小臣师设楅。于是小臣师设楅。司马正转到设楅处的西边面朝东,用弓当毕指教小臣师设楅。楅设好后,司马正便到次中,放下弓,脱去决和遂,穿上左臂外衣袖,返回到西阶西南边原位。小臣在楅的南边面朝北坐下,把矢横放在楅上,使矢的括朝北,然后退回东堂下原位。这时司马师来到楅的南边面朝北坐下,将矢四支四支地数着。数毕,如果发现矢数不足,那么司马正就要再次到次中脱下左臂的外衣袖,右手拇指套上决,左臂套上遂,拿着弓从西阶升堂,像当初一样命令取矢,说:"取矢!所取的矢要留有余数,不能计算着正好被射尽。"于是小臣又取矢来放在楅上。小臣取矢毕,司马师再次数过之后,司马正便进前来,在楅的南边面朝北坐下,用两手将司马师数矢时分放在左、右两边的矢抚摸着察看一番,然后起身,返回原位。

23. 司射适西阶西倚扑,升自西阶,东面请射于公。公许。遂适西阶上,命宾御于公[1],诸公卿则以耦告于上,大夫则降即位而后告。司射自西阶上北面告于大夫曰："请降。"司射先降，搢扑反位。大夫从之降，适次，立于三耦之南，西面，北上。司射东面于大夫之西比耦，大夫与大夫，命上射曰："某御于子。"命下射曰："子与某子射。"卒，遂比众耦[2]。众耦立于大夫之南，西面，北上。若有士与大夫为耦，则以大夫之耦为上[3]。命大夫之耦曰："子与某子射。"告于大夫曰："某御于子。"命众耦如命三耦之辞。诸公卿皆未降。

【注释】

〔1〕命宾御于公：这是以君命命之。

〔2〕众耦：谓士。

〔3〕则以大夫之耦为上：这是说将与大夫为耦的士位居群士之上，也就是在群士的北边。

【译文】

　　司射到西阶的西边，把扑倚放在那里，然后从西阶升堂，进到君席前面朝东向君请示开始第二番射箭比赛。君答应。于是司射来到西阶上，以君命命宾侍从君射，又把诸公卿互相谁与谁为耦告诉诸公卿，对于大夫则等到他们下阶就射位以后，再告诉他们谁与谁匹配为耦。于是司射从西阶上面朝北告诉大夫说："请下堂。"司射先下堂，把倚放在西阶西边的扑插在腰间，然后返回西阶西南边原位。大夫们随着司射下堂，来到次中，站在三耦的南边，面朝西，以北边为上位。司射来到次的西边，面朝东为大夫比耦，使大夫与大夫为耦，司射命令上射说："某随从您射。"命令下射说："您与某子射。"大夫的射耦匹配完毕后，司射又为众士匹配射耦。众士站在大夫的南边，面朝西，以北边为上位。如果有士与大夫为耦，那么就让该士站在北边上位。司射命令与大夫为耦的士时说："您与某子射。"又告诉与士为耦的大夫说：

"某随从您射。"匹配众士之耦时的命令之辞，如同匹配三耦时一样。这时诸公卿还没有下堂。

24. 遂命三耦各与其耦拾取矢。皆袒、决、遂，执弓，右挟之。一耦出，西面揖，当楅北面揖，及楅揖，上射东面，下射西面。上射揖，进坐，横弓，却手自弓下取一个，兼诸弣，兴，顺羽，且左还，毋周[1]，反面揖。下射进坐，横弓，覆手自弓上取一个，兼诸弣，兴，顺羽，且左还，毋周，反面揖。既拾取矢，捆之[2]，兼挟乘矢，皆内还[3]，南面揖。适楅南皆左还，北面揖，搢三，挟一个，揖，以耦左还[4]，上射于左。退者与进者相左，相揖，退，释弓矢于次，脱决、拾，袭，反位。二耦拾取矢亦如之。后者遂取诱射之矢，兼乘矢而取之，以授有司于次中[5]，皆袭，反位。

【注释】
　　〔1〕毋周：即转不周匝。
　　〔2〕捆之：谓齐等之。
　　〔3〕内还：案堂在北，故以北为内。
　　〔4〕以：与。
　　〔5〕以授有司于次中：案有司纳射器于次中（见第19节），因即留于次中负责射器的授受。
　　案此节与《乡射礼》第24节略同，可参看。

【译文】
　　接着司射又命令三耦的上下射各自同他的耦轮流取矢。于是三耦都脱去左臂的外衣袖，右手拇指套上决，左臂套上遂，拿起弓，用右手拇指钩住弓弦。上耦从次中出来，面朝西揖，然后向西进；走到楅的南边、对应着北边的楅的时候，又面朝北揖，然后向北进；走到楅的东西两边，又揖：上射在楅的西边面朝东揖，下射在楅的东边面朝西揖。上射又面朝东揖，而后进到楅跟前坐下，左手横握着弓，使弓弦在下，右手掌朝上从弓的下边取出一支矢，再将矢放入左手中，用左手将矢和弓弣一并握着，起身，在起身的同时，右手顺着矢末端的羽抚摸而下，边抚摸边向左转身，但只转成面朝西而不转够一周，即又反转成面朝东，然后揖。接着下射又面朝西揖，而后进到楅跟前坐下，左手横握着弓，右手掌朝下从弓的上边伸过去取一支矢，再把矢放入左手中，用左手将矢和弓弣一并握着，起身，在起身的同时，右手顺着矢末端的羽抚摸而下，边抚摸边向左转身，但只转成面朝东而不转够一周，即又反转成面朝西，然后揖。上、下射这样轮流取矢完毕之后，要把矢整齐一下，接着各自用右手将四支矢一并挟着，都向内转身，再转成面朝南，然后揖。二人来到楅的南边，又都向左转身，转成面朝北而揖，同时将三支矢插入腰间，一支矢挟在右手指间，再揖，揖毕又与对方同时向左转成面朝南，而后折向东行，上射走在左边。向东退回的上耦正好同向西进的次耦相遇，双方互相从对方的左侧交错而过，交错时互行揖礼。上耦退回次中，放下弓，脱去决和遂，穿上左臂的外衣袖，返回到原位。其他二耦都像这样轮流取矢。下耦的下射取够四支矢后，还要将司射诱射的四支矢一并拿取，把这四支矢交给次中的有司，然后同他的上射都穿好左臂的外衣袖，返回原位。

25. 司射作射如初。一耦揖、升如初。司马命去侯[1]，负侯许诺如初。司马降，释弓反位。司射犹挟一个[2]，去扑，与司马交于阶前。适阼阶下，北面请释获于公。公许。反，揞扑，遂命释获者设中[3]，以弓为毕，北面。大史释获。小臣师执中[4]，先首，坐设之，东面，退。大史实八筭于中，横委其余于中西，兴，共而俟。司射西面命曰[5]："中离维纲[6]，扬触捆复[7]，公则释获，众则不与。唯公所中，中三侯皆获。"释获者命小史[8]。小史命获者。司射遂进，由堂下北面视上射，命曰："不贯不释。"上射揖。司射退反位。释获者坐，取中之八筭，改实八筭，兴，执而俟。乃射。若中，则释获者每一个释一筭，上射于右，下射于左。若有余筭，则反委之。又取中之八筭，改实八筭于中，兴，执而俟。三耦卒射。

【注释】

〔1〕司马：此司马谓司马正。以下凡单言司马者皆谓司马正。

〔2〕司射犹挟一个：案司射自诱射之后，就一直执弓挟矢以掌射事，到这时仍是这样，所以说"犹挟一个"。

〔3〕释获者：谓大史（见下）。

〔4〕小臣师执中：案前命大史设中而此言小臣师者，因为国君官多，威仪盛，故大史不自执中设之。

〔5〕司射西面命：这是在中的东边面朝西而命之。

〔6〕中离维纲：中，谓射中。离，通"丽"，附着。维，指射侯上的躬和舌。纲，上下舌两端系侯的绳。

〔7〕扬触楇复：案矢射中他物又扬而触侯，叫做扬触；矢至侯而不着，被弹回而反落于地，叫做楇复。扬触是因为瞄得不准，楇复则是射箭的力度不够。

〔8〕小史：大史之佐。

案此节可与《乡射礼》第26、27两节参看。

【译文】

司射像当初一样命令三耦中的上耦开始射箭。上耦也像当初一样地行揖礼、升堂射箭。司马正命令负侯者从侯前离开去，负侯者也像当初一样地答应着离去。司马正从西阶下堂，到次中放下弓，返回原位。司射右手仍然挟着一支矢，到西阶去扑，正好同从西阶下堂的司马在阶前交错而过，司射来到阼阶下，面朝北向君请示从这次射箭开始计算射中的多寡。君答应。于是司射返回到西阶下，又把扑插在腰间，接着便命令释获者设中，同时来到将设中的地方的南边，用弓当作毕，面朝北指示设中。由大史充当释获者。小臣师拿着中，使中首朝前，坐下来设中，使中面朝东，然后退回东堂下。大史放八支箅到中里，把其余的箅横放在中的西边，起身，拱手而立，等待开始射箭。司射又面朝西命令大史说："如果矢射着侯的躬、舌或纲绳，或者矢先射着了别的东西又扬起而着于侯上，抑或矢射着了侯又弹回而落到地上，出现上述种种情况，如果是君，就算射中，其他众耦就不算数。君射时，不论射中三侯中的那一侯，都算数。"于是释获者又将司射的命令转命小史，小史又转命获者。司射又进到堂下，面朝北看着上射命令说："矢不贯穿侯的正中，就不计数。"上射行揖礼。司射退反原位。释获者在中的西边坐下，从中里拿取八支箅，又另放八箅到中里，然后起身，拿着箅等待计数。于是开始射箭。如果射中，释获者就为他计数，每射中一矢就放一支箅在中的旁边：上射的箅放在中的右边，下射的箅放在中的左边。如果手中的八支箅没有放完，那么多余的箅就放回到中的西边。接着释获者又从中里拿取八箅，再另放八箅到中里，然后起身，拿着箅等待为次耦射时计数。就这样三耦都射箭完毕。

26. 宾降，取弓矢于堂西。诸公卿则适次，继三耦以南。公将射，则司马师命负侯。皆执其旌以负其侯而侯。司马师反位。隶仆人埽侯道[1]。司射去扑，适阼阶下告射于公。公许。适西阶东告于宾，遂揳扑反位。小射正一人取公之决[2]、拾于东坫上。小射正授弓。拂弓[3]。皆以俟于东堂。公将射，则宾降适堂西，袒、决、遂，执弓，揳三，挟一个，升自西阶，先俟于物北一笴，东面立。司马升，命去侯如初，还右乃降，释弓反位。公就物。小射正奉决、拾以笴[4]，大射正执弓，皆以从于物。小射正坐，奠筲于物南，遂拂以巾[5]，取决兴，赞设决，朱极三[6]。小臣正赞袒，公袒朱襦。卒袒，小臣正退俟于东堂。小射正又坐，取拾兴，赞设拾，以筲退，奠于坫上，复位。大射正执弓，以袂顺左右隈[7]，上再，下壹[8]，左执弣，右执箫，以授公。公亲揉之[9]。小臣师以巾内拂矢，而授矢于公。稍属。大射正立于公后，以矢行告于公[10]：下曰留，上曰扬，左右曰方[11]。公既发，大射正受弓而俟。拾发以将乘矢。公卒射，小臣师以巾退，反位。大射正受弓。小射正以司受决、拾，退奠于坫上，复位。大射正退反司正之位[12]。小臣正赞袭。公还，而后宾降，释弓于堂西，反位于阶西，东面。公即席。司正以命升宾。宾升复筵，而后卿大夫继射。

【注释】

〔1〕隶仆人埽侯道：隶仆人，掌管扫除粪洒之事，诸侯以士旅食者充任。埽侯道，因君将射，扫以示新。

〔2〕小射正：案此篇中的大射正、司射、小射正、摈者、司正，都是射人，特因事异名，以别尊卑。射人都由士充任，其中以上士二人为长，谓之大射正；这两位大射正，一为司正，一为司射。大射正之下，有中士、下士，统谓之小射正，为大射正之佐。

〔3〕拂弓：为去尘也。

〔4〕筲：竹制盛物器。

〔5〕遂拂：谓拂决、极与拾（遂）。

〔6〕朱极三：极是皮制的指套，因是用朱韦（朱红色的熟牛皮）制成，故称朱极。极是张弓放弦时保护手指用的，共三枚：食指、将指、无名指各一枚，故曰"朱极三"。

〔7〕以袂顺左右隈：袂，衣袖。隈，弓左右的弯曲处。顺即拂，以衣袖顺弓上下两隈拂之，以示洁。

〔8〕上再，下壹：案这时弓是仰执，上谓弓的里侧，下谓弓的背侧，即弓表。

〔9〕揉之：谓拭弓之强弱。

〔10〕以矢行告于公：矢行，谓矢的发射情况，此特指射而不中的情况。

〔11〕下曰留，上曰扬，左右曰方：留，谓射而不至侯。扬，谓越侯而去。方，谓旁出。

〔12〕大射正退反司正之位：案此大射正即前之司正，是暂舍其司正之职而为君执弓，以示重其事。现在君射毕，故又退返其司正之位。

【译文】

宾下堂，到堂西取弓矢。诸公卿下堂到次中，接在耦的南边站立。君将射，司马师就命令获者拿着他们的旌背朝射侯而立。于是获者都拿着旌到各自的射侯前背朝射侯立而待命。司马师返回原位。隶仆人打扫侯道。这时司射到西阶西边去掉腰间的扑，到阼阶下告诉君可以开始射箭了。君答应。司射又到西阶的东边告诉宾开始射箭，接着便把扑插在腰间，返回原位。一位小射正在东坫上拿取君的决和遂。另一位小射正把君的弓授给大射正。大射正接过弓后，用衣袖把弓拭了拭。他们都在东堂等着君射。君将射的时候，宾就下堂到堂西，脱下左臂的外衣袖，右手拇指套上决，左臂套上遂，拿起弓，把三支矢插在腰间，右手挟一支矢，然后从西阶升堂，先来到左物的北边、离左物一笴的地方，面朝东站着等待君。这时司马升堂，像当初一样，站在两物之间命令获者从射侯前离开去，然后绕过右物的南边，从西阶下堂，到次中放下弓，返回原位。君就左物。小射正捧着盛有决和遂的箭，大射正拿着弓，都随从君来到物跟前。小射正坐下，把箭放在物的南边，接着便用巾拭了拭箭中所盛的决、遂和极，然后拿决起身，帮助君戴上决，又帮助君戴上三枚朱极。小射正帮助君脱下左臂的外衣袖，露出里面朱红色的短上衣袖。君袒毕，小臣正退下，到东堂等待君射。小射正又坐下，从箭中取遂起身，帮助君左臂套上遂，然后拿着箭退下，把箭放在东坫上，再回到东堂。大射正拿着弓，用衣袖顺着弓左右两边的弯曲处拭着，里侧拭两下，弓表拭一下，然后左手握着弓弣，右手抓着弓稍，把弓授给君。君接过弓后，将弓弯了弯，以试试弓的强弱。小臣师用巾把矢向着自己身体的一侧拂了拂，再把矢授给君。君射一矢，就再授一矢。大射正站在君的身后，当君射得不准的时候，就及时告诉君，帮助君纠正：如果发矢过低，就说"留"；如果发矢过高，就说"扬"；如果矢偏向左右两旁，就说过于左方或右方。君每射一矢之后，大射正就接过弓来拿着，等待君再射。君就这样与宾轮流射完四支矢。君射毕，小臣师拿着巾退下，返回到东堂下原位。大射正从君手中接过弓，到东堂去交给有司。小射正用笥接过君脱下的决和遂，然后退下，把笥放在东坫上，再返回原位。这时大射正又返回原来的司正之位。小臣正帮助君穿上左臂的外衣袖。君返回原位之后，宾下堂，把弓放在堂西，再返回来，在西阶的西边，面朝东而立。君就席。司正以君命请宾升堂。宾升堂就席之后，卿大夫们便接着射箭。

27. 诸公卿取弓矢于次中，袒、决、遂，执弓，搢三，挟一个，出，西面揖，揖如三耦，升射。卒射，降如耦，适次，释弓，说决、拾，袭，反位。众皆继射[1]。释获皆如初。卒射，释获者遂以所执余获适阼阶下，北面告于公曰："左右卒射。"反位坐，委余获于中西，兴，共而俟。

【注释】
〔1〕众：谓大夫以下。

【译文】
诸公卿在次中取弓矢，脱下左臂的外衣袖，右手拇指套上决，左臂套上遂，拿起弓，腰间插三支矢，右手指间挟一支矢，出次，面朝西揖，接着像三耦一样地行揖礼，升堂而射；射毕，又像三耦一样地下堂，到次中，放下弓，脱去决和遂，穿上左臂外衣袖，返回射位。众耦都相继而射。释获者像当初一样地为君和众耦计算射中的多寡。众耦都射毕，释获者就拿着剩余的算来到阼阶下，面朝北向君报告说："上下射都已射箭完毕。"然后返回中西边原位坐下，把余算放在中的西边，再起身，拱手而立，等待数算。

28. 司马袒，执弓升，命取矢如初。负侯许诺，以旌负侯如初。司马降，释弓如初。小臣委矢于楅如初，宾、诸公、卿、大夫之矢，皆异束之以茅[1]。卒，正坐，左右抚之[2]，进束[3]，反位。宾之矢则以授矢人于西堂下[4]。司马释弓，反位，而后卿大夫升就席。

【注释】

〔1〕异束之：谓人一束。

〔2〕卒，正坐，左右抚之：卒，束毕。正，司马正。左右抚之，谓数众矢。案司马正抚之之前，当先由司马师坐乘之，此因省文而未言。

〔3〕进束：谓进所束之矢于楅。

〔4〕矢人：此矢人即有司，而云矢人者，是以器名其官，亦即以事名其职。

【译文】

司马正到次中脱去左臂外衣袖，拿着弓升堂，像当初一样命令负侯者和小臣取矢。负侯者像当初一样高声答应着，拿着旌来到射侯前背朝射侯而立。司马正像当初一样下堂，到次中放下手中的弓。小臣像当初一样把取来的矢放在楅上，宾、诸公、卿和大夫的矢都分别用茅草捆束。捆束完毕，司马正到楅的南边面朝北坐下，用两手把楅左右两边的矢抚摸着察看一番，再将矢束进放在楅上，然后返回原位。宾的矢则由小臣拿到西堂下授给矢人。司马正到次中放下弓、返回原位，然后卿大夫们升堂就席。

29. 司射适阶西，释弓，去扑，袭，进，由中东立于中南，北面视筭。释获者东面于中西坐，先数右获，二筭为纯，一纯以取，实于左手，十纯则缩而委之，每委异之。有余纯，则横诸下。一筭为奇，奇则又缩诸纯下。兴，自前适左，东面坐，坐兼敛筭实于左手[1]，一纯以委，十则异之。其余如右获。司射复位。释获者遂进，取贤获执之，由阼阶下北面告于公。若右胜，则曰："右贤于左。"若左胜，则曰："左贤于右。"以纯数告。若有奇者，亦曰奇。若左右钧，则左右各执一筭以告曰："左右钧。"还复位，坐，兼敛筭，实八筭于中，委其余于中西，兴，共而俟。

【注释】

〔1〕坐兼敛筭："坐"字涉上文衍。

案此节与《乡射礼》第 32 节大同小异，可以参看。

【译文】

司射来到西阶的西边，放下弓和插在腰间的扑，穿上左臂外衣袖，然后向东进，从中的东边绕到中的南边站立，面朝北察看释获者数筭。释获者面朝东坐在中的西边稍偏南的位置，先数右边上射所获的筭，以二筭为一纯，用右手一纯一纯地取着数着，数一纯就放一纯在左手中，数够十纯，就东西方向纵放在右筭的南边。以后每数十纯就更靠南放一堆。如果数到最后有余纯，就南北方向横放在中的西边。如果最后还余一筭，不够一纯，就叫做奇，奇筭又纵向放在余纯的南边。数完右筭，释获者起身，从自己坐处的前边稍移到中的左边，面朝东坐下，就坐着用左手把左边下射所获的筭抓起一把握着，再用右手从左手中一纯一纯地数着，数一纯就放一纯在左边地上，每放够十纯就稍向北另放一堆。其余的礼仪都同数右筭一样。释获者数筭完毕，司射返回原位。释获者于是进前，拿取胜方所多获的筭，从阼阶下面朝北向君报告。如果是右边的上射获胜，就说："右射胜于左射。"如果是左边的下射获胜，就说："左射胜于右射。"要把所胜算的纯数报告给君。如果胜算中有奇数，还要把奇数也报告给君。如果左右射所获的算数均等，就将左右射所获的算各拿一支，向君报告说："左右算数均等。"报告完毕，退回到中西边原位坐下，把所有的算收集在一起，然后放八支算到中里，其余的算就放在中的西边，再起身，拱手立而待命。

30. 司射命设丰。司宫士奉丰由西阶升[1]，北面坐，设于西楹西，降复位。胜者之弟子洗觯[2]，升，酌散，南面坐，奠于丰上，降反位。司射遂袒，执弓，挟一个，搢扑，东面于三耦之西，命三耦及众射者。胜者皆袒、决、遂，执张弓。不胜者皆袭，说决拾，却左手，右加弛弓于其上，遂以执弣。司射先反位。三耦及众射者皆升，饮射爵于西阶上[3]。小射正作升饮射爵者，如作射。一耦出，揖如升射，及阶，胜者先升升堂[4]，少右。不胜者进，北面坐，取丰上之觯，兴，少退，立卒觯，进坐，奠于丰下，兴，揖。不胜者先降，与升饮者相左交于阶前，相揖。适次释弓，袭，反位。仆人师继酌射爵[5]，取觯实之，反奠于丰上，退，俟于序端。升饮者如初。三耦卒饮。若宾、诸公卿大夫不胜，则不降，不执弓，耦不升[6]，仆人师洗，升实觯以授。宾、诸公卿大夫受觯于席以降，适西阶上北面立饮，卒觯，授执爵者，反就席。若饮公，则侍射者降[7]，洗角觯，升，酌散，降拜。公降一等。小臣正辞。宾升，再拜稽首[8]。公答再拜。宾坐，祭，卒爵，再拜稽首。公答再拜。宾降，洗象觯，升，酌膳以致，下拜。小臣正辞。升，再拜稽首。公答再拜。公卒觯。宾进受觯，降，洗散觯^[9]，升，实散，下拜。小臣正辞。升，再拜稽首。公答再拜。宾坐，不祭，卒觯^[10]，降，奠于篚，阶西东面立。摈者以命升宾。宾升就席。若诸公卿大夫之耦不胜，则亦执弛弓，特升饮^[11]。众皆继饮射爵如三耦。射爵辩，乃彻丰与觯。

【注释】

〔1〕司宫士：是司宫的下属。

〔2〕胜者之弟子：谓胜者中的年少者。

〔3〕射爵：谓罚爵，即奠于丰上之觯。

〔4〕先升升堂：此句衍一"升"字。

〔5〕仆人师继酌射爵：这是由仆人师代替弟子酌酒，自此以下都由仆人师酌射爵。

〔6〕耦不升：此耦是指与大夫为耦的士。

〔7〕侍射者：谓宾。

〔8〕宾升，再拜稽首：案此即《燕礼》所谓"宾升成拜"（见彼第12节）。

〔9〕散觯：臣所用觯（参见《燕礼》第10节）。

〔10〕宾坐，不祭，卒觯：案君饮之前，宾已先饮一觯，君饮后，宾又饮此觯，这就是所谓"夹爵"（参见《乡射礼》，第53节）。

〔11〕特：犹独。

案此节可与《乡射礼》第33节参看。

【译文】

司射命令司宫士设丰。于是司宫士捧着丰从西阶升堂，面朝北坐下，把丰设在西楹的西边，然后下堂，回到原位。胜者中的弟子洗觯，升堂，从散尊酌酒，在丰的北边面朝南坐下，把觯放在丰上，然后下堂返回原位。司射于是脱下左臂外衣袖，拿着弓，右手挟一矢，腰间插上扑，在三耦的西边面朝东命令三耦及众射者中的胜者准备使不胜者饮酒。于是胜者都脱下左臂外衣袖，右手拇指套上决，左臂套上遂，拿着张弦的弓。不胜者都穿上左臂外衣袖，脱去决和遂，仰起左手掌，用右手将解弦的弓放在左手上，用两手横握着弓弣。司射先返回原位。三耦和众射者都将升堂，在西阶上由胜者使不胜者饮罚酒。小射正像命令上耦射箭时一样，命令上耦升堂，由胜者使不胜者饮罚酒。于是上耦出次，像升堂射箭时一样地行揖礼。来到阶前，胜者先升堂，稍向右站。不胜者升堂后稍向北进，面朝北坐下，拿取丰上的觯，起身，稍后退一些，站着饮干觯中酒，再进前坐下，把觯放在丰旁地下，起身，行揖礼。不胜者先下堂，上耦下堂后在西阶前与准备升堂饮酒的次耦互相从对方的左侧交错而过，交错时互行揖礼。上耦到次中放下弓，穿上左臂外衣袖，返回到原位。这时由仆人师接替弟子给罚爵酌酒，仆人师拿起丰旁的空觯，酌酒后，又放回到丰上，然后退下，在西序端等待再酌。升堂饮酒的次耦也像上耦升堂饮酒的礼仪一样。就这样，三耦中的胜者使不胜者饮酒完毕。如果是宾或诸公卿大夫不胜，那就不下堂，也不拿弓，与大夫为耦而在胜党的士也不升堂，而由仆人师洗觯，升堂酌酒授给宾或诸公卿大夫。宾或诸公卿大夫在自己的席位上受觯，再拿着觯下席，到西阶上面朝北站着饮干觯中酒，饮毕，把空觯授给仆人师，返回到自己的席位上。如果使君饮罚酒，作为君的侍射者的宾就要下堂，洗角觯，再升堂，从散尊酌酒，然后下堂行拜礼。这时君要下阶一级。小臣正则代君辞宾之拜。于是宾升堂，然后行再拜稽首礼。君回再拜礼。宾在西阶上坐下，用酒祭先人，祭毕饮干觯中酒，行再拜稽首礼。君回再拜礼。宾又下堂，洗象觯，洗毕升堂，从膳尊酌酒，进送到君席前，再下堂，将要行拜礼。小臣正辞宾之拜。于是宾升堂，然后行再拜稽首礼。君回再拜礼。君饮干觯中酒。宾进前接过君的空觯，下堂，另洗一只散觯，升堂，从散尊酌酒，再下堂，将要行拜礼。小臣正又辞宾之拜。于是宾升堂，然后行再拜稽首礼。君回再拜礼。宾在西阶上坐下，不用酒祭先人，饮干觯中酒，然后下堂，把空觯放入篚中，在西阶的西边面朝东而立。摈者以君命请宾升堂。于是宾升堂就席。如果是诸公和卿大夫的耦不胜，那就也要拿着解弦的弓，独自升堂饮罚酒。众耦中的不胜者都像三耦中的不胜者一样相继饮罚酒。不胜者都遍饮罚酒之后，就把丰和罚觯彻去。

31. 司宫尊侯于服不之东北[1]，两献酒，东面，南上，皆加勺。设洗于尊西北，篚在南，东肆。实一散于篚[2]。司马正洗散，遂实爵，献服不。服不侯西北三步北面拜，受爵。司马正西面拜送爵，反位。宰夫有司荐[3]。庶子设折俎。卒错[4]，获者适右个[5]，荐俎从之。获者左执爵[6]，右祭荐俎，二手祭酒[7]。适左个，祭如右个。中亦如之。卒祭，左个之西北三步，东面。设荐俎。立卒爵。司马师受虚爵洗，献隶仆人与巾车、获者，皆如大侯之礼。卒，司马师受虚爵奠于篚。获者皆执其荐，庶子执俎从之，设于乏少南。服不复负侯而侯[8]。

【注释】

〔1〕司宫尊侯于服不之东北：尊，谓设尊。侯，此处指三侯的获者。服不，官名，即服不氏，为天子掌驯养猛兽者。诸侯亦有服不氏之官，举行大射礼则用以充任大侯的获者，以别于其他两侯。

〔2〕散：爵名，容五升。

〔3〕宰夫有司：是宰夫之吏。

〔4〕错：通"措"，置。

〔5〕获者适右个：这是为了向大侯的右个行祭礼，下适左个和侯中同此。

〔6〕左：原误作"右"。

〔7〕二手祭酒：案此时酒的祭法是将酒反注于内，即向怀里的方向倒酒于地，但因为散大，容五升，一手难以握而反注，故用两手捧之。

〔8〕服不复负侯而侯：案其他两侯的获者亦然。

【译文】

　　司官在服不氏所居乏的东北为三侯的获者设尊，这尊是两壶，里面盛的酒是专为献获者和巾车、仆人、量人用的，尊面朝东，以南边为上位，尊上都加放有勺。在尊的西北边放置洗，箟放在洗的南边，使箟首朝西而尾朝东陈。箟中放一只散。司马正洗散，接着给散斟满酒，献给服不。服不在大侯的西北边三步远的地方面朝北行拜受礼，然后接受散。司马正献酒后面朝西行拜送礼，然后返回原位。宰夫有司向服不荐上脯醢，庶子为服不设上折俎。脯醢和折俎放置完毕后，服不来到大侯的右个前。宰夫有司和庶子也拿着脯醢和折俎跟随到右个前放置。获者左手拿散，右手取脯醢和俎上的牲肉祭先人，又用两手捧散注酒于地以祭先人。祭毕右个，又到左个前行祭礼，如同在右个行祭礼一样。祭侯中也同祭左个一样祭毕，服不来到左个的西北三步远的地方，面朝东而立。宰夫有司和庶子又拿着脯醢和折俎随服不来设在左个的西北边。服不站着饮干散中酒。司马师接过服不的空散去洗，洗毕酌酒，依次向隶仆人、巾车、量人和参侯、干侯的获者献酒，献酒的礼仪如同向大侯的服不献酒一样。献酒毕，司马师接过空爵放入箟中。三侯的获者都各自拿着他们的脯醢，而由庶子搬着俎跟随着，分别来到他们各自乏的稍靠南一些的地方放置。这时服不和其他两侯的获者又都来到各自的射侯前背朝射侯立而待命。

　　32. 司射适阶西去扑，适堂西释弓，说决、拾，袭，适洗洗觚，升实之，降，献释获者于其位少南。荐脯醢、折俎，皆有祭[1]。释获者荐右，东面拜受爵。司射北面拜送爵。释获者就其荐坐，左执爵，右祭脯醢，兴取肺，坐祭，遂祭酒，兴，司射之西，北面立卒爵，不拜既爵。司射受虚爵，奠于箟。释获者少西辟荐，反位。司射适堂西，袒、决、遂，取弓，挟一个，适西阶，揖扑以反位。

【注释】

〔1〕皆有祭：谓有祭脯和祭肺。

【译文】

司射到西阶的西边放下扑，再到堂西放下弓，脱去决和遂，穿上左臂外衣袖，到洗前洗觚，升堂酌酒，再下堂，在释获者位的稍南边向释获者献酒。这时有脯醢和折俎进上，脯上有祭脯，俎上有祭肺。释获者来到脯醢的右边，面朝东行拜受礼而后接受觚。司射授觚后，在脯醢的东边面朝北行拜送礼。释获者又来到脯醢的西边，面朝东就脯醢前而坐，左手拿觚，右手取脯醢祭先人，又起身从俎上取肺，坐下祭先人，接着又用酒祭先人，祭毕起身，来到司射的西边，面朝北站着饮干觚中酒，饮毕不拜。司射接过释获者的空爵，放入筐中。释获者将脯醢和俎稍迁向西边放置，又返回中西边原位。司射到堂西，脱下左臂外衣袖，右手拇指套上决，左臂套上遂，拿起弓，右手指间挟一矢，再到西阶西边，拿扑插在腰间而后返回原位。

33. 司射倚扑于阶西，适阼阶下，北面请射于公如初。反，搢扑，适次，命三耦皆袒、决、遂，执弓，序出取矢。司射先反位。三耦拾取矢如初。小射正作取矢如初。三耦既拾取矢，诸公卿大夫皆降如初位，与耦入于次，皆袒、决、遂，执弓，皆进当楅，进坐，说矢束，上射东面，下射西面，拾取矢如三耦。若士与大夫为耦，士东面，大夫西面。大夫进坐，说矢束，退反位。耦揖进，坐，兼取乘矢[1]，兴，顺羽，且左还，毋周，反面揖。大夫进坐，亦兼取乘矢如其耦。北面，搢三，挟一个，揖进[2]。大夫与其耦皆适次，释弓，说决、拾，袭，反位。诸公卿升就席[3]。众射者继拾取矢，皆如三耦，遂入于次，释弓矢，说决、拾、袭，反位。

【注释】

〔1〕兼取乘矢：案因大夫之耦（即士）不敢与大夫拾（轮流）取矢，故兼取之。

〔2〕揖进："进"是"退"字之误。

〔3〕诸公卿升就席：此句"卿"下脱"大夫"二字。

【译文】

　　司射把扑倚放在西阶的西边，到阼阶下面朝北向君请示开始第三番射箭比赛，就像请示开始第一番射箭比赛那样。君同意后，又返回到西阶西边，把扑插入腰间，再到次中，命令三耦都脱去左臂外衣袖，右手拇指套上决，左臂套上遂，拿起弓，依次出次取矢。司射命毕，即先返回原位。三耦像第一次射箭比赛结束后那样轮流取矢。接着小射正又命令公卿大夫取矢，就像司射命令三耦取矢一样。三耦轮流取矢之后，诸公卿大夫都下堂，来到当初的射位，同他们的耦进入次中，脱下左臂的外衣袖，右手拇指套上决，左臂套上遂，拿起弓，都先后依次向西进，来到福的东西两边，再进到福跟前坐下，解开捆矢的茅草束，上射在福的西边面朝东，下射在福的东边面朝西，二人轮流取矢，就像三耦取矢一样。如果士与大夫为耦，那么士就在福的西边面朝东，大夫就在福的东边面朝西。大夫进前坐下，解开捆矢的茅草束，再退回到福东边原位。耦面朝东行揖礼，进到福跟前坐下，将四支矢一并拿取，起身，在起身的同时，右手顺着矢末端的羽抚摸而下，边抚摸边向左转身，但只转成面朝西而不转够一周，即返转回面朝东而揖。接着大夫也进到福跟前坐下，也将四支矢一并拿取，像他的耦一样。二人都转成面朝北，将三支矢插在腰间，右手指间挟一支矢，行揖礼而后退下。大夫和他的耦都到次中，放下弓，脱去决和遂，穿上左臂外衣袖，回到原射位。于是诸公卿大夫又都升堂就席。众射者相继轮流取矢，都如同三耦取矢的礼仪。众耦取矢毕，便进入次中，放下弓和矢，脱去决和遂，穿上左臂外衣袖，返回射位。

34. 司射犹挟一个以作射如初。一耦揖、升如初。司马升，命去侯。负侯者许若。司马降，释弓反位。司射与司马交于阶前。倚扑于阶西，适阼阶下，北面请以乐于公。公许。司射反，搢扑，东面命乐正曰："命用乐。"乐正曰："诺。"司射遂适堂下，北面视上射，命曰："不鼓不释。"上射揖。司射退反位。乐正命大师曰："奏《狸首》，间若一[1]。"大师不兴，许诺。乐正反位。奏《狸首》以射。三耦卒射。宾待于物如初。公乐作而后就物。稍属，不以乐志，其他如初仪，卒射如初，宾就席。诸公卿大夫众射者皆继射。释获如初。卒射，降反位，释获者执余获进告左右卒射如初[2]。

【注释】

〔1〕奏《狸首》，间若一：《狸首》，逸诗名。间若一，参见《乡射礼》第38节。

〔2〕释获者：仍指大史。

【译文】

司射右手仍挟一支矢，像当初一样命令三耦中的上耦射。上耦行揖礼、升堂射箭的礼仪也如同当初一样。司马升堂，命令负侯者离开射侯。负侯者答应着离去。司马下堂，到次中放下弓，再返回原位。司射到西阶去，正好同从西阶下堂的司马在阶前交错而过。司马把扑倚放在西阶的西边，来到阼阶下，面朝北向君请示演奏音乐以助射。君同意。司射返回到西阶西边，把扑插入腰间，面朝东命令乐正说："君命演奏音乐以助射。"乐正说：

"是！"司射接着便来到堂下，面朝北看着上射，命令道："射箭如果不和音乐的节奏相应，就不算数。"上射行揖礼。司射退回原位。乐正面朝东命令大师说："奏《狸首》，每奏一遍的时间长短都要一样。"大师不起身，答应了。乐正返回原位。于是开始演奏《狸首》以助射。三耦射毕，宾像第二次射箭比赛时那样，先来到左物的北边等待君。君到音乐开始演奏以后再来到右物处站立。君射箭时，每发一矢，就由小臣师再授给一矢，君射箭可以不要求按照鼓乐的节奏，只要射中就算数，其他礼仪都同第二次射箭比赛时一样，射箭结束时的礼仪也同第二次射箭比赛结束时一样。宾就席。接着诸公卿大夫和众射者都相继而射。释获者像第二次射箭比赛时那样计算射中的多寡。当最后一名射者射毕，下堂返回原位的时候，释获者就拿着剩余的筹进到阼阶下，像第二次射箭比赛结束时那样，向君报告上下射都已射箭完毕。

35. 射马升，命取矢。负侯许诺。司马降，释弓反位。小臣委矢，司马师乘之，皆如初。司射释弓视筹如初。释获者以贤获与钧告如初，复位。

案此节详可参看第28、29节。

【译文】

司马升堂，命令负侯者和小臣取矢。负侯者答应。司马下堂，到次中放下弓，返回原位。小臣把矢放在楅上，司马师四支四支地数矢，礼仪都同当初一样。司射到次中放下弓，然后到中的南边察看释获者数筹，礼仪也同当初一样。释获者把胜方所多获的筹或上下射获筹均等的情况向君报告，礼仪也同当初一样，报告完毕，释获者返回原位。

36. 司射命设丰。实觯如初[1]。遂命胜者执张弓，不胜者执弛弓，升饮如初。卒，退丰与觯如初。

【注释】

〔1〕如初：案此"如初"及下两"如初"，皆谓如第二次射箭比赛时那样。

案此节详可参看第 30 节。

【译文】

司射命司官士设丰。胜者的弟子像当初那样给罚觯斟满酒。接着司射也像当初一样命令胜者拿着张弦的弓，不胜者拿着解弦的弓，升堂由胜者使不胜者饮罚酒。等到不胜者都饮过罚酒，便像当初那样彻去丰和觯。

37. 司射犹袒、决、遂，左执弓，右执一个，兼诸弦，面镞[1]，适次，命拾取矢如初[2]。司射反位。三耦及诸公卿大夫众射者皆袒、决、遂，以拾取矢如初，矢不挟[3]，兼诸弦，面镞，退适次，皆授有司弓矢，袭，反位。卿大夫升就席。

【注释】

〔1〕面镞：面，犹上。案由此可见此时弓和矢是竖着拿的。

〔2〕如初：此"如初"与下"如初"，皆谓如第三次射箭比赛开始时那样。

〔3〕矢不挟：即不方持矢（参见《乡射礼》第 14 节）。

【译文】

司射仍然袒着左臂，右手拇指套着决，左臂套着遂，左手拿着弓，右手拿一支矢，和弓弦一并握着，使矢镞朝上，到次中，像当初一样命令参加射箭比赛的人轮流取矢。司射返回原位。于是三耦和诸公卿大夫以及众射者都脱下左臂外衣袖，右手拇指套上决，左臂套上遂，像当初一样轮流取矢，所取的矢不挟，而是用右手将矢和弓弦一并握着，使矢镞朝上，再退回到次中。大家都把弓矢交给有司，穿上左臂外衣袖，返回到原射位。接着卿大夫们都升堂就席。

38. 司射适次释弓，说决、拾，去扑，袭，反位。司马正命退楅、解纲。小臣师退楅[1]，巾车、量人解左下纲[2]。司马师命获者以旌与荐俎退。司射命释获者退中与筭而俟。

【注释】

　〔1〕退楅：即彻楅。

　〔2〕解左下纲：案亦当将左下纲系于右上纲（参见《乡射礼》第 2 节），此处文略。

【译文】

　司射到次中放下弓，脱去决和遂，去掉插在腰间的扑，穿上左臂外衣袖，返回到原位。司马正命令彻去楅，解下射侯的左下纲。于是小臣师彻下楅，巾车和量人解下射侯的左下纲。司马师命获者拿着旌、脯醢和折俎退下。司射又命释获者把中和筭彻下，以备君有可能再射时用。

39. 公又举奠觯[1]，唯公所赐，若宾若长，以旅于西阶上如初。大夫卒受者以虚觯降，奠于篚，反位。

【注释】

　〔1〕公又举奠觯：案此奠觯，是指前二人滕觯于君所奠之觯。二滕觯者奠于君席前先后凡三觯，君为宾、为卿举旅酬已用其二，尚有一觯（参见第 11、12、14、15 节），现在君又用此觯为大夫举旅酬。

　案此节与第 15 节大同小异，可参看。

【译文】

君又拿起席前的一觯以为大夫行旅酬礼，是先把酒赐给宾，还是先赐给诸公或卿中的长者，则可由君任意而定。旅酬礼仍在西阶上进行，如同当初为宾举旅酬时一样。最后一个受酬的大夫要拿着空觯下堂，把觯放入篚中，然后返回堂上原位。

40. 司马正升自西阶，东楹之东，北面告于公："请彻俎。"公许。遂适西阶上，北面告于宾。宾北面取俎以出。诸公卿取俎如宾礼。遂出授从者于门外。大夫降复位。庶子正彻公俎[1]，降自阼阶以东。宾、诸公卿皆入门，东面，北上。司正升宾。宾、诸公卿大夫皆说屦，升就席。公以宾及卿大夫皆坐乃安。羞庶羞。大夫祭荐。司正升受命，皆命："公曰：'众无不醉。'"宾及诸公卿大夫皆兴对曰："诺，敢不醉！"皆反位坐。

【注释】

〔1〕庶子正：庶子之长。

案此节可与《燕礼》第23节参看。

【译文】

司马正从西阶升堂，来到东楹的东边，面朝北向君转告宾的意思说："宾请求把俎彻去。"君同意。于司马正来到西阶上，面朝北把君同意彻俎向宾报告。宾面朝北搬取俎下堂出门。诸公卿也如同宾一样地取俎出门。宾和诸公卿都把俎授给待在门外的随从人员。大夫下堂，回到初入射宫时的位置。庶子正彻下君席前的俎，从阼阶下堂，拿到东边去收藏。宾和诸公卿又都入门，在庭西近西阶处面朝东而立，以北边为上位。司正请宾升堂。宾和诸公卿大夫都脱屦，升堂就席。君与宾及卿大夫都在席上安坐下来。接着有各种美味食物进上。这时大夫才用席前的脯醢行祭先人之礼。司正又升堂接受君命，然后向宾和诸公卿大夫发布君命说："君说：'大家都要尽情饮酒，喝个一醉方休！'"宾和诸公卿大夫都起身回答说："是，敢不醉！"答毕又都回原位坐下。

41. 主人洗，酌，献士于西阶上。士长升，拜受觯。主人拜送。士坐祭，立饮，不拜既爵。其他不拜，坐祭，立饮。乃荐司正与射人于觯南，北面，东上，司正为上。辩献士。士既献者立于东方，西面，北上。乃荐士。祝史[1]、小臣师亦就其位而荐之。主人就士旅食之尊而献之。旅食不拜受爵，坐祭，立饮。主人执虚爵奠于篚，复位。

【注释】

〔1〕祝史：即祝官（参见《燕礼》第2节）。

案此节可与《燕礼》第24节参看。

【译文】

主人洗觯，酌酒，在西阶上向士献酒。士长升堂，行拜受礼而后受觯。主人授觯后行拜送礼。士坐下，用酒祭先人，然后站着饮干觯中酒，饮毕不行拜礼。其他的士不行拜受礼就接受觯，然后坐下用酒祭先人，再站着饮干觯中酒。在庭中觯的南边向司正和射人进上脯醢，司正和射人都在觯的南边面朝北而立，以东边为上位，司正站在上位。所有的士都遍受献酒。已受献的士就站到庭的东边，面朝西，以北边为上位。于是向士进上脯醢。对于祝史和小臣师，也就他们所在之位进上脯醢。主人就士旅食者的尊酌酒，献给士旅食者。士旅食者不行拜受礼就接受了觯，然后坐下行祭礼，再站着饮干觯中酒。饮毕由主人接过空觯，放入篚中，再回到原位。

42. 宾降洗，升，媵觯于公。酌散，下拜。公降一等。小臣正辞。宾升再拜稽首。公答再拜。宾坐祭，卒爵，再拜稽首。公答再拜。宾降，洗象觚[1]，升，酌膳，坐，奠于荐南，降拜。小臣正辞。宾升成拜。公答拜。宾反位。公坐取宾所媵觯兴，唯公所赐。受者如初受酬之礼。降，更爵洗，升，酌膳，下，再拜稽首。小臣正辞。升成拜。公答拜，乃就席，坐行之。有执爵者。唯受于公者拜。司正命执爵者："爵辩，卒受者兴以酬士。"大夫卒受者以爵兴，西阶上酬士。士升。大夫奠爵拜。士答拜[2]。大夫立卒爵，不拜，实之。士拜受。大夫拜送。士旅于西阶上辩。士旅酌。

【注释】

〔1〕洗象觚："觚"当为"觯"。

〔2〕士答拜：士，原误作"受"。

案此节与《燕礼》第26节同，可参看。

【译文】

宾下堂洗觯，再升堂，将向君媵觯。宾从散尊酌酒，下堂将向君行拜礼。君随之降阶一级。小臣正代君辞宾之拜。宾于是升堂而后向君再拜稽首。君回再拜礼。宾在西阶上坐下，用酒祭先人，再饮干觯中酒，接着行再拜稽首礼。君回再拜礼。宾下堂，又取象觯来洗，洗毕升堂，从膳尊酌酒，到君席前坐下，把觯放在脯醢的南边，然后下堂，将行拜礼。小臣正代君辞拜。宾于是升堂而后向君再拜稽首以成拜礼。君回再拜礼。宾返回到自己的席位上。君坐在席上拿取宾所媵觯起身，随君意想把酒赐给谁就赐给谁。受君酬酒的人接受酬酒时的礼仪，如同当初宾受君酬酒时一样。受酬者饮毕，下堂把象觯放入筐中，另取一觯来洗，洗

毕升堂，从膳尊酌酒，然后下堂，将行再拜稽首礼。小臣代君辞
拜。于是受酬者升堂而后再拜稽首以成拜礼。君回再拜礼。受酬
者就席，便坐着行旅酬礼。有执爵者负责酌酒。只有受君赐酬酒
的人行拜受礼。旅酬开始时，司正命令执爵者说："堂上旅酬遍以
后，最后一个受酬者要起身向士进酬酒。"于是最后一个受酬的大
夫拿觯起身，到西阶上酬士。士升堂接受酬酒。大夫把觯放下行
拜礼。士回礼答拜。大夫站着饮干觯中酒，饮毕不行拜礼，再给
觯斟满酒以授士。士行拜受礼而后受觯。大夫授觯后行拜送礼。
堂下的士都依次到西阶上受酬酒遍。每前一士受酬后，便自酌酒
授给下一士。

43. 若命曰："复射[1]。"则不献庶子[2]。司射命：
"射唯欲。"卿大夫皆降，再拜稽首。公答拜。壹发中
三侯，皆获。

【注释】

〔1〕复射：案此射即所谓燕射，别于前三番正射，其目的在于乐宾
和诸公卿大夫。

〔2〕不献庶子：案献庶子则意味正礼毕，后则无事。见下节。

【译文】

如果君命令说："再次举行射箭比赛。"那就先不向庶子献
酒。司射命令宾和诸公卿大夫说："谁想参加射箭比赛，就可以参
加。"卿大夫都下堂行再拜稽首礼，以谢君命。君回礼答拜。这次
射箭比赛，发一矢而射中三侯中的任何一侯，都要唱获记数。

44. 主人洗，升自西阶，献庶子于阼阶上，如献士
之礼。辩献，降洗，遂献左右正与内小臣[1]，皆于阼阶
上，如献庶子之礼。

【注释】

〔1〕左右正与内小臣：参见《燕礼》第27节。

案此节与《燕礼》第27节同，可参看。

【译文】

主人洗觯，从西阶升堂，到阼阶上向庶子献酒，如同献士的礼仪。献庶子遍，主人下堂洗觯，接着又到阼阶上向左右正和内小臣献酒，礼仪同献庶子一样。

45. 无筭爵。士也，有执膳爵者，有执散爵者。执膳爵者酌以进公。公不拜，受。执散爵者酌以之公命所赐。所赐者兴受爵，降席下奠爵，再拜稽首。公答再拜。受赐爵者以爵就席坐，公卒爵然后饮。执膳爵者受公爵，酌，反奠之。受赐者兴，授执散爵者。执散爵者乃酌行之。唯受于公者拜。卒爵者兴，以酬士于西阶上。士升。大夫不拜乃饮，实爵。士不拜受爵。大夫就席。士旅酬亦如之。公有命彻幂，则宾及诸公卿大夫皆降西阶下，北面，东上，再拜稽首。公命小臣正辞。公答拜。大夫皆辟，升反位。士终旅于上如初。无筭乐。

案此节与《燕礼》第28节同，可参看。

【译文】

接着开始不计数地依次进酬酒。从士中选出两人，一人执膳爵，一人执散爵。执膳爵者酌酒进酬君，君不行拜受礼就接受觯。执散爵者酌酒进酬君所指示的受酬者。君指示的受酬者起身受觯，从席的西端下席，把觯放在地上，向君再拜稽首。君回再拜礼。君指示的受酬者拿起觯就席坐下，等待君饮毕然后再饮。执膳爵者待君饮毕，接过君的空觯，又酌酒，放回君席前。君指示的受酬者饮毕起身，把空觯授给执散爵者。执散爵者于是酌酒开始依次而酬。只有君指示的受酬者受觯时行拜受礼。堂上最后一个受酬的大夫要起身酌酒，在西阶上酬士。受酬的士升到西阶上。大夫不行拜礼就先饮干觯中酒，再酌酒酬士。士不行拜受礼就接受觯。大夫授觯后回到席上。士依次酌酒递相酬，礼仪也同大夫酬士一样。君命彻去膳尊上的幂，这时宾和诸公卿大夫都下堂，在西阶下面朝北而立，以东边为上位，向君再拜稽首。君命小臣正向宾和诸公卿大夫辞拜。宾和诸公卿大夫拜后，君回礼答拜。宾和诸公卿大夫都避让着君的拜礼以示不敢当，接着升堂回到席上坐下。士在西阶上像当初君为士举旅酬时一样地依次递酬而遍。在不计数地依次酬酒的同时，音乐也不计数地一遍又一遍地演奏，尽欢而止。

46. 宵则庶子执烛于阼阶上，司宫执烛于西阶上，甸人执大烛于庭，阍人为烛于门外。宾醉，北面坐，取其荐脯以降。奏《陔》。宾所执脯以赐钟人于门内溜，遂出。卿大夫皆出。公不送。公入，《骜》[1]。

【注释】

〔1〕公入，《骜》：入，谓将入，也就是将要返回都城。案射宫在国都之郊，现在君将从射宫返回国都，所以说君入。《骜》即《骜夏》，逸诗名。

案此节除末句外，与《燕礼》第29节同，可参看。

【译文】

入夜，庶子拿着火把站在阼阶上，司宫拿着火把站在西阶上，甸人拿着大火把站在庭中，阍人拿着火把站在门外。宾醉，到席的南边面朝北坐下，取席前所荐的脯，下堂去。这时乐工奏起了《陔夏》。宾走到门内西塾的北堂屋檐处时，把脯赐给了钟人的从者，便出去了。卿大夫也都出去。君不送。当君将离开射宫返回都城时，乐工奏《骜夏》。

聘礼第八

1. 聘礼。君与卿图事[1]，遂命使者[2]。使者再拜稽首辞。君不许，乃退。既图事，戒上介亦如之[3]。宰命司马戒众介[4]。众介皆逆命不辞[5]。

【注释】

〔1〕君与卿图事：图，谋。卿，谓三卿，主政事者，即司徒、司马、司空。

〔2〕遂命使者：是就三卿中命之。使者，即出使他国以行聘礼者。

〔3〕戒上介：戒，犹命。上介，是使者之副，众介之长，由大夫充任。

〔4〕宰命司马戒众介：宰，三卿中的上卿，即司徒。众介，皆由士充任，又称士介。

〔5〕逆：犹受。

【译文】

聘礼。君和卿商议关于聘礼的事，接着便就卿中任命使者。使者进前行再拜稽首礼，谦虚地加以推辞。君不许，于是使者受命，退回原位。有关聘礼的事商议完毕，君又任命上介，礼仪也同任命使者一样。宰命司马任命众介。众介都接受了任命而不加以推辞。

2. 宰书币[1]，命宰夫官具[2]。及期，夕币[3]。使者朝服帅众介夕[4]。管人布幕于寝门外[5]。官陈币：皮北首，西上[6]，加其奉于左皮上[7]；马则北面，奠币于其前[8]。使者北面，众介立于其左，东上。卿大夫在幕东，西面，北上。宰入告具于君。君朝服出门左，南乡。史读书展币[9]。宰执书告备具于君，授使者。使者受书，授上介。公揖入。官载其币舍于朝[10]。上介视载者，所受书以行。

【注释】

〔1〕书币：书，记录。币，泛指聘问他国所带的礼物。

〔2〕宰夫：宰的属官。

〔3〕夕币：夕，聘礼行期的前一天黄昏。币，谓陈币。

〔4〕夕：暮见于君之名。

〔5〕管人：掌次舍帷幕者。

〔6〕皮北首，西上：皮，虎豹皮。西上，把准备授给主君(受聘国称主国，其君称主君)的皮放在西边上位，而把准备授给主君夫人的皮放在东边。

〔7〕奉：捧，在此指代所捧之物，即玄纁束帛。

〔8〕奠币于其前：币，谓上所陈皮和奉(玄纁束帛)。前，马前，即马的北边。

〔9〕史读书展币：史，谓大史。书，犹今所谓礼物清单。展，犹校录。

〔10〕官载其币舍于朝：官，指使者的随行之官。载，谓装于车。朝，案诸侯有三门、三朝：外门叫库门，中门叫雉门，内门叫路门；库门外叫外朝，库门与雉门之间无朝，雉门内、路门外叫治朝(又叫正朝)，路门内叫燕朝(即路寝)；三朝唯燕朝有堂，治朝和外朝皆无堂。此舍币之朝即指治朝。

【译文】

宰把聘礼所用的礼物记录下来，命令宰夫让下属官吏把礼物和所需各种物资都准备好。到了出发的前一天，黄昏时候把所备的礼物都陈列出来。使者穿着朝服，率领着众介去见君，请君视察礼物。管人在寝门外地上铺设幕布。宰夫的属官们把礼物陈列在幕布上：虎豹皮头朝北放，以西边为上位，准备向主君和夫人致辞用的玄纁束帛加放在虎豹皮的左半边上。马在幕的南边，马头朝北，其他礼物放在马的前边。使者在幕的南边面朝北而立，众介站在使者的左边，以东边为上位。卿大夫站在幕的东边，面朝西，以北边为上位。宰进入路寝向君报告礼物已经陈列完毕。于是君穿着朝服从路门的左侧出来，在幕的北边面朝南而立。史宣读礼物清单以清点核查礼物。核查毕，由宰拿着清单向君报告礼物已齐备，然后把清单交给使者，使者接过清单来交给上介。公揖请群臣入路寝。使者的随行官员把礼物装上车，安置在治朝。上介监督他们装车，又把礼物清单放进车中，使之随车而行。

3. 厥明，宾朝服[1]，释币于祢[2]。有司筵几于室中[3]。祝先入[4]，主人从入[5]。主人在右再拜，祝告，又再拜。释币制玄纁束[6]，奠于几下，出。主人立于户东。祝立于牖西，又入取币，降，卷币实于笲[7]，埋于西阶东；又释币于行[8]，遂受命[9]。上介释币亦如之。

【注释】

〔1〕宾：即使者。

〔2〕释币于祢：释，舍，谓舍而奠之，即将币（玄纁束帛）放在祢庙神位前。

〔3〕有司：宾的家臣。

〔4〕祝：宾的家臣。

〔5〕主人：即宾。

〔6〕释币制玄纁束：案帛长一丈八尺曰制，一制为一端，十端为一束，与《士昏礼》之玄纁束帛以二丈为一端不同。又此帛幅宽为二尺四寸，亦与《士昏礼》所用帛幅宽二尺二寸异。

〔7〕笲：原误作"筓"。笲，盛物竹器。

〔8〕行：路神名，其神位在庙门外西塾的西边。

〔9〕命：谓辞命，即将向主国之君致意之辞。

【译文】

　　第二天，宾穿着朝服，到祢庙行释币礼以告祭先父的神灵。有司在祢庙的室中为神放置好席和几。祝先进入室中，主人也跟着进去。主人在祝的右边向先父的神位行再拜礼，祝向神灵报告主人将奉命出使，接着主人又行再拜礼。祝把长一丈八尺为一端的帛一束放在几旁席上，这些帛有黑色的，也有浅绛色的，放好后，就和主人出室。主人站在室门的东边。祝站在室窗的西边。过了一会，主人又和祝进入室中，由祝拿取帛，再和主人一起出室，下堂，把帛卷好，放入篚中，然后埋在堂下西阶的东边。主人和祝又另拿帛放置在庙门外行神位前，以告祭行神。接着主人便前往接受国君所授出使的辞命。上介也和宾一样地行释币礼。

　　4. 上介及众介俟于使者之门外。使者载旜[1]，帅以受命于朝。君朝服，南乡。卿大夫西面，北上。君使卿进使者。使者入，及众介随入，北面，东上。君揖使者进之。上介立于其左，接闻命[2]。贾人西面坐[3]，启椟[4]，取圭垂缲[5]，不起而授宰。宰执圭，屈缲，自公左授使者。使者受圭同面，垂缲以受命。既述命，同面授上介。上介受圭，屈缲，出授贾人[6]。众介不从。受享束帛加璧[7]，受夫人之聘璋[8]，享玄纁束帛加琮[9]，皆如初。遂行，舍于郊，敛旜。

【注释】

　　[1] 载旜：载，谓载于车。旜是旗的一种。载旜是作为将受命出使的标志。

　　[2] 接闻命：接，犹续。案君之命，使者与上介将同时听到，无所谓接续闻命，之所以说"接"，意在强调使者与上介地位有尊卑，闻命亦当有先后。

　　[3] 贾人：原为庶人，工商业者，后被收在官府，以知掌物价之

贵贱。

〔4〕椟：木匣。

〔5〕取圭垂缫：圭，玉器名，长条形，下稍阔而上稍窄，顶端作等腰钝角形。圭是受命出使的信物。缫，音 zǎo，圭垫，这种圭垫是用木板外包皮革制成（参见第 36 节），其末端缀有五彩丝带，因此缫也特指这五彩丝带，此处"垂缫"及下文"屈缫"皆是。

〔6〕出授贾人：出，出雉门。贾人，此又一贾人，将随使者出行，负责保管圭。

〔7〕受享束帛加璧：案前所受圭为聘问主国之君所用，聘问毕还要进上享礼，即束帛加璧，故曰"既聘又献"。束帛，即玄纁束帛，下文"玄纁"亦包此束帛而言。璧，玉器名，圆形，中有圆孔。

〔8〕璋：玉器名，长条形，将圭从中剖分为二，其半即为璋形。案璋是聘问夫人时所用。

〔9〕琮：玉器名，中有圆孔，旧说琮为八角形。今出土之琮亦有作四方形者。

【译文】

上介和众介在使者家的大门外等候使者。使者把旃旗插在车上，率领上介和众介到朝中去接受国君的辞命。君穿着朝服，在治朝面朝南而立。卿大夫们面朝西而立，以北边为上位。君使卿请使者进来。于是使者进入雉门，众介也随使者进来，进门后都面朝北而立，以东边为上位。君揖请使者进前来。上介站在使者的左边，以便接续使者听取君的辞命。贾人在圭椟的西边面朝东坐，打开圭椟，把里面的圭连同圭垫一起取出来，使圭垫末端的丝带垂着，不起身，把圭授给宰。宰拿着圭，把圭垫末端的丝带屈握在手中，先来到君的左边，再从君的左边来到使者的右边，面朝北把圭授给使者。使者同样面朝北从宰手中接过圭，垂下圭垫末端的丝带，听取君的辞命。使者把君所受辞命复述一遍，然后把圭授给和自己同样面朝北而立的上介。上介接受圭，把圭垫末端的丝带屈握在手中，出雉门，把圭授给待在门外的贾人。其他众介不随上介出去。使者又接受用作享礼而将加放在玄纁束帛上献给主君的璧，并接受聘问夫人时用的璋，以及用作享礼而将加放在玄纁束帛上献给主君夫人的琮，礼仪都和接受圭时一样。

接着使者一行出发上路，当天住宿在都城郊外。行道中，把旃旗
收敛起来。

5. 若过邦，至于竟，使次介借道^[1]。束帛将命于
朝曰^[2]："请帅^[3]。"奠币。下大夫取以入告，出，许，
遂受币。饩之以其礼^[4]：上宾大牢^[5]，积唯刍禾^[6]；介
皆有饩。士帅，没其竟。誓于其竟^[7]。宾南面。上介西
面。众介北面，东上。史读书^[8]。司马执策立于其后^[9]。

【注释】

〔1〕次介：上介之次，由士充任。

〔2〕朝：指所过国的外朝。

〔3〕请帅：帅犹道（导）。

〔4〕饩：谓赐人以牲。

〔5〕上宾大牢：上宾，即使者。牛羊豕具为大牢。

〔6〕积唯刍禾：积，给宾客道用者，如米禾薪刍皆谓之积。刍，饲
草。禾，饲料。

〔7〕誓：告诫。

〔8〕史读书：史，大史之属官。书，谓誓戒之书。

〔9〕司马执策：案此司马乃司马之属官从聘宾行者，执策以示罚。

【译文】

如果出使途中经过其他国家，到达该国国境的时候，就要派
出次介去向该国借道。次介用束帛作礼物，到该国外朝表达自己
奉君命请求借道之意，说："请给我们引路。"并把束帛放在地
上。所过国的下大夫拿取束帛进内朝向国君报告，然后出来，告
诉次介：国君已准许借道。于是接受了次介所赠的束帛。所过国
依礼赠给使者一行牲畜等：赠给上大夫大牢，还赠给路上用的刍
禾等饲料；众介也都赠送了牲畜。所过国派士给使者一行带路，
一直把他们带到另一侧边境上。当次介前去借道的时候，宾在边

境上向众人进行告诫。宾面朝南而立。上介在宾的东边，面朝西而立。众介在宾的南边，面朝北而立，以东边为上位。由史宣读戒书。司马拿着策站在史的后边，以示违戒必罚。

6. 未入竟，壹肄[1]。为墙坛[2]，画阶，帷其北，无宫[3]。朝服，无主，无执也。介皆与，北面，西上。习享，士执庭实[4]。习夫人之聘享亦如之。习公事，不习私事[5]。

【注释】

〔1〕肄：习，谓习聘礼之威仪。

〔2〕墙坛：墙，音 wěi。墙坛，不高的土坛。

〔3〕宫：这里指宫的围墙。

〔4〕士执庭实：士，谓士介。案献享的礼物，置于庭者，如皮、马等，谓之庭实。

〔5〕私事：指个人的拜访活动。

【译文】

来到所聘国而尚未进入国境时，要演习一次聘问的礼仪。先堆起一个小土坛以像堂，再画出堂阶，在堂的北边扯上帷幕以标明方向，但无须标出宫的围墙。演习时宾穿着朝服，不设主人，也不拿玉器。众介都参加演习，这些介都面朝北而立，以西边为上位。演习献享的礼仪时，士介要拿着庭实。演习聘问和献享夫人的礼仪也同上面一样。只演习公事的礼仪，至于个人私下拜访的礼仪就不演习了。

7. 及竟，张旃，誓。乃谒关人[1]。关人问从者几人，以介对[2]。君使士请事，遂以入竟。

【注释】

〔1〕乃谒关人：谒，告。关人，国境上的守关者。

〔2〕以介对：案介的从者有定数，知介数，即知从者多少。

【译文】

使者一行来到所聘国的国境，于是张起旜旗，并告诫众人不得犯礼，然后向所聘国的关人通告来意。关人问使者的随从一共有多少人，使者告以介的人数。关人向国君报告，国君又派士前来询问使者为何事而来，问明来意后，便引导使者一行进入国境。

8. 入竟，敛旜，乃展。布幕。宾朝服立于幕东，西面。介皆北面，东上。贾人北面坐，拭圭，遂执展之。上介北面视之，退复位。退圭[1]。陈皮北首，西上。又拭璧展之，会诸其币加于左皮上[2]。上介视之，退。马则幕南，北面，奠币于其前。展夫人之聘享亦如之。贾人告于上介，上介告于宾。有司展群币[3]，以告。及郊，又展如初。及馆[4]，展币于贾人之馆如初。

【注释】

〔1〕退圭：谓展事毕，退而藏之于椟。

〔2〕会诸其币：会，合。此币谓玄缥束帛。

〔3〕群币：官员们准备个人拜访所用的礼物。

〔4〕馆：设于郊的馆舍。

【译文】

使者一行进入所聘国的国境，收起旜旗，再次清点核查聘礼。随从人员在地上铺设幕布。宾穿着朝服，站在幕布的东边，面朝西。众介都在幕布的南边面朝北而立，以东边为上位。贾人在幕布的南边面朝北坐，先擦拭圭，接着便拿圭和礼物清单对照核查。

上介稍进前，面朝北监视对圭的核查，待核查毕，再退回原位。圭经核查后又放入椟中。虎豹皮头朝北陈放在幕布上，以西边为上位。又把璧拿出来擦拭、核查，把璧和玄纁束帛合在一起加放在皮的左半边上。上介监视着清点核查工作，待核查完毕，便退回原位。马在幕布的南边，面朝北，其他礼物都放在马前边的幕布上。清点核查将献给夫人的聘享礼物也同上边一样。待全部清点核查完毕后，贾人便向上介报告，上介再向宾报告。接着官员们各自清点核查准备私下拜访时用的礼物，核查毕再向宾报告。到达所聘国的远郊时，又要像初入境时一样，把所有的礼物清点核查一遍。到达设在远郊的馆舍时，还要在贾人住宿的馆舍中像当初一样把所有的礼物再清点核查一遍。

9. 宾至于近郊，张旜。君使下大夫请行，反。君使卿朝服，用束帛劳。上介出请，入告。宾礼辞，迎于舍门之外，再拜。劳者不答拜[1]。宾揖，先入，受于舍门内。劳者奉币入，东面致命。宾北面听命，还，少退，再拜稽首受币。劳者出。授老币[2]。出迎劳者[3]。劳者礼辞。宾揖，先入。劳者从之。乘皮设[4]。宾用束锦傧劳者[5]。劳者再拜稽首受。宾再拜稽首送币。劳者揖皮，出，乃退。宾送再拜。夫人使下大夫劳以二竹簋方[6]，玄被纁里[7]，有盖。其实枣蒸栗择[8]，兼执之以进。宾受枣。大夫二手授栗。宾之受如初礼。傧之如初。下大夫劳者遂以宾入[9]。

【注释】

〔1〕劳者：是主国之卿。

〔2〕老：宾的家臣。

〔3〕出迎劳者：这是为将傧之而出迎（傧之，详下）。

〔4〕乘皮设：物四曰乘。皮，麋鹿皮。

〔5〕宾用束锦傧劳者：束锦，十端锦，即十八丈锦。傧劳者，即向劳者行傧礼，也就是以劳者为宾而加以款待。

〔6〕竹簋方：竹器名也，状如簋而方。

〔7〕玄被纁里：意同于《士昏礼》之"缁被纁里"（见彼第24节）。彼为笲衣，蒙于笲表以为饰；此亦当为衣，蒙于竹簋方之表以为饰。

〔8〕枣蒸栗择：案蒸为熟食，择为去其虫病者，"蒸""择"在此为互文。

〔9〕下大夫劳者遂以宾入：以，与。案下大夫授枣栗后就出去了，宾为傧之又迎下大夫入舍。

【译文】

宾来到近郊，张起旃旗。君派下大夫前来请问宾此行将去何处，下大夫问明情况后，便返回向君报告。于是君便派卿穿着朝服，带着束帛前来慰劳宾。上介出馆舍，询问卿来何事，然后入舍向宾报告。宾得知卿带得有束帛，推辞了一番，然后出舍门外迎接卿劳者，向卿劳者行再拜礼。劳者不回拜。宾揖请劳者入舍，然后自己先入，将在舍门内接受劳者的束帛。劳者捧着束帛进门，面朝东向宾转致君的慰劳之辞。宾面朝北听取劳者所致辞，听毕转身向南稍退，再转向面朝北行再拜稽首礼，然后进前接受束帛。劳者退去。宾把帛交给老，再出舍迎劳者进来，将向劳者行傧礼。劳者推辞了一番。宾揖请劳者入舍，然后自己先入。劳者跟着宾进入舍中。宾的随从人员拿出四张麋鹿皮张设起来。宾又亲自拿着束锦以向劳者行傧礼。劳者行再拜稽首礼，然后接受了束锦。宾授锦后行拜送礼，也再拜稽首。劳者又向执皮者行揖礼，然后出门，返回朝去。宾送劳者，行再拜礼。接着国君夫人又派下大夫前来慰劳宾。下大夫拿着两只竹簋方，有黑表纁里的缯蒙在竹簋方上作装饰，竹簋方上有盖。一只竹簋方里盛着经过挑选并蒸熟的枣，另一只竹簋方里盛着经过挑选并蒸熟的栗，下大夫一手拿一只竹簋方进来。宾接受了枣。接着下大夫又用双手将栗授给宾。宾接受下大夫劳者的礼物，也同接受卿劳者礼物的礼仪一样。宾向下大夫行傧礼，如同向卿劳者行傧礼一样。于是劳宾之后已经出舍的下大夫，又与出来迎己的宾进入舍中。

10. 至于朝。主人曰^[1]：“不腆先君之祧^[2]，既拚以俟矣^[3]。”宾曰：“俟间^[4]。”大夫帅至于馆^[5]。卿致馆^[6]。宾迎再拜。卿致命^[7]。宾再拜稽首。卿退，宾送再拜。宰夫朝服设飧^[8]：饪一牢在西^[9]，鼎九^[10]，羞鼎三^[11]；腥一牢在东^[12]，鼎七^[13]；堂上之馔八，西夹六^[14]。门外米禾皆二十车^[15]，薪刍倍禾。上介饪一牢在西，鼎七^[16]；羞鼎三；堂上之馔六。门外米禾皆十车，薪刍倍禾。众介皆少牢。

【注释】

〔1〕主人曰：主人，谓所聘国之君，即公，也就是主君。

〔2〕不腆先君之祧：腆，犹善。不腆，谦辞。祧，音 tiāo，谓始祖庙。

〔3〕拚：音 fèn，扫除。

〔4〕俟间：间，闲暇。

〔5〕馆：案此馆实是主国某大夫家之庙。

〔6〕卿致馆：即谓卿奉君命前来为宾安排宾馆。

〔7〕卿致命：这是卿转达主君的致馆之辞，大概说一番“吾子跋涉劳顿，姑屈处此馆”之类的话。

〔8〕设飧：飧，音 sūn。设飧犹今所谓设便宴。

〔9〕饪一牢：饪，熟。牢，大牢，牛羊豕各一。

〔10〕鼎九：是指牛、羊、豕、鱼腊、肠、胃、肤、鲜鱼、鲜腊等九鼎（见第 16 节）。

〔11〕羞鼎三：即陪鼎。案陪鼎是加馔而非正馔。所羞三鼎，为�胮、臐、膮（详第 16 节）。

〔12〕腥：谓生牲肉。

〔13〕鼎七：上所言九鼎，除去鲜鱼、鲜腊二鼎。案自“饪一牢”至此，都是陈于中庭的食物。

〔14〕堂上之馔八，西夹六：八、六，皆指豆数。西夹，案堂的东墙与东序之间的后半部、西墙与西序之间的后半部，分别叫做东夹、西夹；而其前半部则分别叫做东、西堂。

〔15〕禾：此指连秆带穀一并割取者。

〔16〕鼎七：亦无鲜鱼、鲜腊。

【译文】

　　宾来到外朝。主人说："先君的简陋的祖庙，已经打扫好了，就等着您到来呢。"宾说："等到君闲暇的时候，再向君致意。"大夫带领宾来到馆舍。卿奉君命来为宾安排馆舍。宾出馆迎卿，行再拜礼。卿转致国君请宾在此馆下榻之意。宾再拜稽首以致谢。卿退去，宾行再拜礼相送。宰夫穿着朝服，为宾设便宴。所设的食物：熟食一牢，放置在中庭的西边，连同其他熟食，在庭西一共陈放九鼎，另外还有三只陪鼎；生食一牢，放置在中庭的东边，连同其他生食，在庭东一共列放七鼎；堂上设置八豆，堂的西夹设置六豆。在馆舍门外还备有米、禾各二十车，薪柴和饲草各四十车。在上介的馆舍中设有熟食一牢，放置在中庭的西边，连同其他熟食，在庭西一共陈放七鼎，还有三只陪鼎；在堂上设置六豆。在上介的馆舍门外还备有米、禾各十车，薪柴和饲草各二十车。

　　11. 厥明，讶宾于馆[1]。宾皮弁[2]，聘至于朝，宾入于次[3]。乃陈币[4]。卿为上摈，大夫为承摈，士为绍摈[5]。摈者出请事[6]。公皮弁，迎宾于大门内。大夫纳宾[7]。宾入门左。公再拜。宾辟，不答拜。公揖入[8]。每门、每曲揖。及庙门[9]，公揖入，立于中庭。宾立接西塾[10]。几筵既设，摈者出请命[11]。贾人东面坐，启椟，取圭，垂缫，不起而授上介。上介不袭[12]，执圭屈缫授宾。宾袭执圭。摈者入告，出辞玉[13]，纳宾。宾入门左。介皆入门左，北面，西上。三揖至于阶，三让。公升二等。宾升，西楹西，东面。摈者退中庭。宾致命。公左还，北乡。摈者进。公当楣再拜。宾三退，负序。公侧袭[14]，受玉于中堂与东楹之间。摈者退，负东塾而立。宾降阶，逆出。宾出，公侧授宰玉，裼降阶。摈者出请。宾裼，奉束帛加璧享。摈者入告，出许。庭实，皮则摄之，毛在内，内摄之，入设也。宾入门左，揖让如初，升，致命。张皮。公再拜受币。士受皮者自后右客[15]。宾出，当之坐摄之。公侧授宰币。皮如入，右首而东。聘于夫人用璋，享用琮，如初礼。若有言[16]，则以束帛，如享礼。摈者出请事，宾告事毕。

【注释】

〔1〕讶：这是诸侯国君临时委派以迎接宾客、并负责传达宾的请求的官。

〔2〕皮弁：谓皮弁服（参见《士冠礼》第5节）。

〔3〕宾入于次：次在设在大门（即库门）外之西边，以帷围成。宾入次，暂止息，以待诸事具备。

〔4〕乃陈币：这是宾的属吏们先到主国庙门外陈币，其法同展币。

〔5〕上摈、承摈、绍摈：都是主国之君派出的迎宾者。绍摈下还有末摈，此处文略。

〔6〕摈者：即上摈。以下凡单言"摈者"皆谓上摈。

〔7〕大夫：亦指上摈。上摈是卿，因为卿是上大夫，故亦可通称之为大夫。

〔8〕公揖入：谓入雉门。

〔9〕庙：谓祧庙，即始祖庙。

〔10〕接：犹近。

〔11〕摈者出请命：即请宾行正聘礼之意。

〔12〕上介不袭：不袭，谓不掩正服。案古人礼服之制，冬衣裘，夏衣葛；裘葛之上有罩衣，叫作裼（音 xī）；裼上又加正服，即朝服或皮弁服等。如非盛礼，则开正服前襟而见裼衣，这就叫做裼（裼在此用作动

词）；如当盛礼，那就必须穿好掩好正服前襟，这就叫作袭。凡裼皆为"见美"，即见其内服之美，因为非盛礼尚文，以服美为敬；凡袭皆为"充美"（充犹覆也），即把内服之美遮掩起来，因为盛礼尚质。下凡言裼，言袭，皆缘此意。自聘礼开始时，宾主皆裼，因此这里说"上介不袭"；又因为执圭行聘是宾的事，上介不当盛礼，故不袭。

〔13〕辞玉：玉，谓圭。这里只是礼辞。

〔14〕侧：犹独，就是不用摈相礼。下凡言"公侧"意仿此。

〔15〕客：谓执皮者。

〔16〕若有言：这是说如有告籴、乞师或其他外交事务须要同主国交涉。

【译文】

第二天，君派讶到馆舍去迎宾。宾穿着皮弁服，为行聘礼而来到君的外朝，先进入次中稍歇。宾的有司们先到主国的庙门外陈列所带来的礼物。君命卿做上摈，大夫做承摈，士做绍摈。上摈出大门请问宾此来何事，问毕入内向公报告后。于是公穿着皮弁服在大门内迎接宾。这时上摈请宾入门。宾从大门的左侧进入。公行再拜礼。宾避让公的拜礼而不回拜。公揖请宾入雉门，然后自己先入。宾随公而行，每走到一座门前，或每当要拐弯的时候，公与宾都要行揖礼。来到庙门前，公行揖礼，然后先进入庙中，在中庭面朝南而立。这时宾在靠近西塾的地方站立。当庙堂上为神设置好几筵之后，上摈便出来请宾行正聘礼。这时贾人在所陈礼物的西边面朝东而坐，打开圭椟，取出圭，使圭垫末端的丝带垂着，不起身把圭授给上介。上介不掩正服，接过圭来，把圭垫末端的丝带屈握在手中，再把圭授给宾。宾掩好正服，拿着圭，将行聘礼。上摈进庙向公报告，再出来以君命对宾用圭做挚推辞了一番，然后引宾入庙。宾从庙门的左侧进入。众介都随宾而入，在庙门内左边面朝北而立，以西边为上位。宾随公到堂上去，行进中三次互行揖礼，到达堂阶下，升阶前又互相谦让了三次，然后公先升阶二级，宾再开始升堂，宾升堂后在西楹的西边面朝东而立。上摈退到中庭。宾转达己君向主国君表示友好和慰问之辞。公向左转成面朝北，将行拜礼。这时上摈进前，站在堂下阼阶的西边以相赞公行拜礼。公在上当屋楣处行再拜礼。宾向后退了三次，一直退到背靠西序处，以避让公的拜礼。公独自掩好正服，在堂东西之中点与东楹之间的地方接受宾所授的圭。上摈从阼阶西边退下，在东塾的北边背向东塾而立。宾下堂。这时站在门左边的介依照与进来时相反的顺序退出庙门。接着宾也出去了。公不用摈相礼，独自把圭授给宰，然后袒露裼衣下堂到中庭而立。这时上摈出庙请问宾还有什么事没有。宾袒开正服的左襟，露出裼衣，捧着束帛，束帛上加放璧，将向公进享礼。于是上摈进去向君报告，然后出来传达君命：同意接受享礼。所进献的庭实如果是虎豹皮，就把它从中脊处对折起来，把有毛的一面折在里边，执皮者两手相向分别握着皮的前后足，进入庙中，在当庭南三分之一的地方拿着皮并排而立。宾从庙门的左侧进入，行进中，像当初一样地与公行揖让之礼。宾升堂，再次向公转达己君的致意之辞。这时庭中的执皮者将皮张开。公行再拜礼，接受了宾的礼物。准备接受庭中虎豹皮的士，从执皮者的身后来到他们的左边受皮，使执皮者在右边。在宾下堂将出庙的时候，受皮的士面对宾而坐，把皮折叠起来。公不用摈相独自把宾所授的享礼授给宰。接受皮的士像执皮者拿皮进来时那样，使皮首朝右，把皮拿到东边去收藏。聘问夫人用璋做挚，享夫人用琮加放在束帛上，聘享的礼仪都同聘享主君一样。如果有什么事情要说，那就用束帛做礼物献上，如同进献享礼时的礼仪。聘享礼都进行完毕、宾退出之后，上摈要再次出来请问宾还有什么事情没有。宾告诉上摈：公事都已完毕。

12. 宾奉束锦以请觌[1]。摈者入告，出辞[2]。请礼宾[3]。宾礼辞，听命。摈者入告。宰夫彻几，改筵[4]。公出，迎宾以入，揖让如初。公升，侧受几于序端。宰夫内拂几三，奉两端以进。公东南乡外拂几三，卒，振袂[5]，中摄之进[6]，西向。摈者告。宾进，讶受几于筵前，东面俟。公壹拜送。宾以几辞，北面设几，不降，阶上答再拜稽首。宰夫实觯以醴，加柶于觯，面枋。公侧受醴。宾不降，壹拜，进筵前受醴，复位。公拜送醴。宰夫荐笾豆脯醢。宾升筵。摈者退，负东塾。宾祭脯醢，以柶祭醴三。庭实设[7]。降筵，北面，以柶兼诸觯，尚擸[8]，坐，啐醴。公用束帛。建柶，北面奠于荐东。摈者进，相币。宾降，辞币。公降一等辞。栗阶升听命。降拜。公辞。升，再拜稽首，受币，当东楹，北面。退，东面俟。公壹拜。宾降也，公再拜。宾执左马以出。上介受宾币。从者讶受马[9]。

【注释】

〔1〕觌：见，又称私觌。案前见君是为公事，未暇交私欢并向君表达个人的敬意，因此现在又特请私见。

〔2〕摈者入告，出辞：案因为宾行聘享大礼，尚未及款待宾，故姑辞其觌，想先款待宾而后受其觌礼。

〔3〕礼宾：此"礼"当作"醴"。

〔4〕彻几，改筵：这是彻下为神布设的几筵而重新为宾布设。

〔5〕振袂：这是为振去衣袖上的灰尘。

〔6〕摄：执。

〔7〕庭实：谓乘（四）马。

〔8〕以柶兼诸觯，尚擸：案祭醴时是左手执觯，右手执柶，现在则把柶和觯并在一起，用两手捧着，以便啐醴，故曰"兼"。尚，上。擸，音 liè，在此指柶之叶，即柶的大端。

〔9〕从者：谓士介。

【译文】

宾捧着束锦，再次请求见君。摈者进庙向君报告，然后出来辞宾之见，而请宾先接受醴礼。宾推辞了一下，然后表示听从君命。摈者进庙向君报告宾已同意接受醴礼。于是宰夫彻下为神布设的几筵而重新为宾布设。君出庙门迎宾，与宾一道进庙，进庙后像当初一样行三揖三让之礼。君不用摈相，在东序南端从宰夫手中受几。宰夫先用衣袖把几上的灰尘向内侧拂了三下，两手捧着几的两端进送给君。君面朝东南用衣袖把几向外拂了三下，拂毕把衣袖抖了抖，然后两手抓着几的中间，向西进送给宾。摈者告诉宾君向他授几。于是宾进到席的南边迎受几，然后拿着几面朝东等待君行拜送礼。君行拜送礼，拜了一拜。宾拿着几避让着君的拜礼。然后面朝北把几放置在席的东端，不下堂，在西阶上答拜，行再拜稽首礼。宰夫给觯斟上醴，在觯上加放柶，使柶柄朝前，授给君。君不用摈相独自接受了醴。宾不下堂，行拜受礼，拜了一拜，然后进到席的南边受醴，再回到西阶上原位。君授醴后行拜送礼。宰夫给宾席前进上用笾盛的脯和用豆盛的醢。宾升到席上。这时摈者下堂，背朝东塾而立。宾用脯醢祭先人，又用柶舀取醴祭先人三次。这时庭中牵来了四匹马，将赠给宾。宾下席到西阶上，面朝北，把柶和觯并在一起，双手捧着，使柶的大端朝上，坐下，尝了尝醴。君将用束帛赠送给宾。宾把柶插到觯中，面朝北把觯放在脯醢的东边。这时摈者又进前，相赞君授束帛。宾下堂，将对君赠束帛表示推辞。君下阶一级，向宾辞降。宾又迅速升堂，表示听从君命。接着宾又下堂，将行拜受礼。君辞宾之拜。于是宾升堂而后行再拜稽首礼，在紧靠东楹的西边面朝北接受了束帛，然后退到西阶上，面朝东等待君行拜送礼。君行拜送礼，拜了一拜。宾下堂避让君拜的时候，君又行再拜礼，以示礼成。宾牵着庭中最西边的一匹马出去。上介接过宾手中的束帛，士介迎上去接过宾牵的马。

13. 宾觌，奉束锦，总乘马[1]，二人赞，入门右，北面奠币，再拜稽首[2]。摈者辞[3]。宾出。摈者坐取币出。有司二人牵马以从[4]，出门，西面，于东塾南。摈者请受。宾礼辞，听命，牵马右之，入设。宾捧币入门左。介皆入门左[5]，西上。公揖让如初，升。公北面再拜。宾三退，反还负序。振币，进授，当东楹，北面。士受马者自前还牵者后，适其右受。牵马者自前西，乃出。宾降阶东拜送。君辞。拜也，君降一等辞。摈者曰："寡君从子，虽将拜，起也。"栗阶升。公西乡。宾阶上再拜稽首。公少退。宾降，出。公侧授宰币。马出。公降立。摈者出请。上介奉束锦，士介四人皆奉玉锦束[6]，请觌。摈者入告，出许。上介捧币、俪皮[7]，二人赞，皆入门右，东上，奠币，皆再拜稽首。摈者辞[8]。介逆出。摈者执上币，士执众币，有司二人举皮从其币出，请受[9]。委皮南面。执币者西面，北上。摈者请受。介礼辞，听命。皆进，讶受其币。上介奉币，皮先，入门左，奠皮。公再拜。介振币，自皮西进，北面授币，退复位，再拜稽首送币。介出，宰自公左受币。有司二人坐，举皮以东。摈者又纳士介。士介入门右，奠币，再拜稽首。摈者辞。介逆出。摈者执上币以出，礼请受[10]。宾固辞[11]。公答再拜。摈者出，立于门中以相拜。士介皆辞。士三人东上，坐取币立。摈者进。宰夫受币于中庭以东。执币者序从之[12]。

【注释】

〔1〕总乘马：案一马二辔，四马八辔，总而牵之。

〔2〕北面奠币，再拜稽首：这是宾以臣礼相见。北面奠币，是奠于庭中。

〔3〕摈者辞：辞其以臣礼见。

〔4〕有司二人牵马以从：此有司是主国之有司；之所以由摈者取币而又以主国之有司牵马以从，这是表示将礼物归还宾，不敢当其臣礼的意思。案诸侯有不臣外臣之义，故不敢当其臣礼。

〔5〕宾捧币入门左，介皆入门左：案入门左而介从入，属客礼，别于前之入门右而不以介从。

〔6〕玉锦：谓锦之文细密者。

〔7〕俪皮：两张麇鹿皮。

〔8〕摈者辞：案上介和众介也都是以臣礼觐君，故又辞之。

〔9〕请受：这也是归还臣礼，以示不敢当之意。

〔10〕礼请受：谓一请不从，即听之而不再请。

〔11〕宾固辞："固"字是衍文。案这是宾代士介辞，因为士介位卑，不敢以言通于主君。

〔12〕执币者：指前坐取币而立的三士。

【译文】

宾前往见君，一手捧着束锦，一手总牵着四匹马，有二人帮助宾牵马，宾按照臣礼，从庙门右侧进入，面朝北把束锦放在庭中地上，然后行再拜稽首礼。摈者以君命对宾以臣礼相见表示推辞。宾出庙。摈者坐下，拿取宾所献的束锦，出庙。有司二人牵着马跟从摈者出庙门，在东塾的南边面朝西而立。摈者请宾把礼物收回，重新以客礼相见。宾推辞了一下，然后表示从命。于是宾使四人各牵一马，牵马者都在马的左边而用右手牵马，先入庙设在庭中。接着宾捧着束锦从庙门的左侧进入。介也都跟着从门的左侧进入，然后在门内左边面朝北而立，以西边为上位。君像当初一样与宾行三揖三让之礼，然后升堂。君面朝北行再拜礼，以答谢宾开始时以臣礼来见。宾三次后退，反身朝西到西序跟前，再转身面朝东背靠西序而立，以示不敢当公的拜礼。宾用衣袖把锦拂了拂，进到紧靠东楹西边的地方，面朝北把锦授给君。君的四名士负责接受马，他们分别从每个牵马人的前边绕到牵马人的身后，再转到牵马人的右边，然后接受马。牵马人从各自的前边向西，再向南出庙去。宾下堂，在西阶的东边将要行拜送礼。君辞宾之拜。当宾将要拜的时候，君又下阶一级向宾推辞。这时摈者说："寡君已经跟从您下阶了，您虽将要拜，也应该起来。"于是宾迅速登阶升堂。君在阼阶上面朝西而立。宾在西阶上行再拜稽首礼。君稍退以示谦让。宾下堂，出庙。君不用摈相独自把束锦授给宰。这时马也牵出庭。君下堂到庭中面朝南而立。摈出庙请问宾介们还有什么事。于是上介捧着束锦，士介四人都各自捧着一束玉锦，请求见君。摈者进去向君报告，然后出来告诉介，君同意接见他们。于是上介捧着束锦，由二人帮助他拿着两张麇鹿皮，仍按臣礼，都从庙门的右侧进去，众介也都相随着而入。在庭中面朝北而立，以东边为上位，把束锦放在地上，行再拜稽首礼。摈者以君命对介以臣礼来见表示推辞。介依照和进来时相反的顺序出庙。摈者拿着上介所献的锦，另有几位士分别拿着众介所献的玉锦，又有有司二人拿着上介所献的皮跟随着摈者出庙，将请介收回他们的礼物。二有司在门中阈外的地方把皮面朝南放下，拿锦的摈者和众士在庙门外东边面朝西而立，以北边为上位。摈者请上介收回束锦。上介推辞了一下，然后表示从命。众介也都分别进到士前迎受玉锦。于是上介捧着束锦，以客礼重新入见，帮助上介拿皮的二人走在前边，从庙门的左侧进入，把皮放在庭南地上。君在中庭面朝南行再拜礼。上介用衣袖把锦拂了拂，从皮的西边向北进到中庭，面朝北把束锦进献给君，再退回到原位，然后行拜送礼，向君再拜稽首。上介出庙。宰从君的左边接过束锦拿去存放。有司二人坐下，拿起宾所献的皮到东边去收藏。摈者又出庙引导士介入庙。士介终不敢以客礼见君，仍然从庙门的右侧进入，把玉锦放在庭南地上，然后行再拜稽首礼。摈者以君命对士介以臣礼相见表示推辞。众介依照和进庙时相反的顺序出庙。摈者拿着上介所献的束锦出庙，请上介收回。宾代上介推辞。当摈者把宾推辞的话向君报告后，君在中庭回以再拜礼。这时摈者出门，站在门中阈外的地方相赞君行拜礼。士介都避让君的拜礼。君的士三人在庭南面朝北而坐，以东边为上位，拿取士介所献的玉锦，然后起身站立。这时摈者仍拿着束锦进到中庭，由宰夫在中庭从摈者手中接过束锦，拿到东边去收藏。拿取士介所献玉锦的三位士也跟着宰夫去东边。

14. 摈者出请。宾告事毕。摈者入告。公出送宾，及大门内，公问君。宾对，公再拜。公问大夫。宾对。公劳宾。宾再拜稽首。公答拜。公劳介。介皆再拜稽首。公答拜。宾出，公再拜送[1]。宾不顾。

【注释】

〔1〕公再拜送：案公不出门送，而命上摈出门送宾。

【译文】

摈者再次出庙来请问宾还有什么事。宾告诉他事情都已完毕。摈者入内向公报告。公出庙送宾，当送到大门口而未出大门的时候，公问起宾的国君身体如何。宾回答国君身体很好，于是公行再拜礼表示庆幸。公又问起卿大夫们身体如何。宾也作了回答。公对宾的道路辛苦表示慰问。宾行再拜稽首礼表示感谢。公回礼答拜。公又对介进行慰问。介都行再拜稽首礼表示感谢。公回拜礼。宾出大门，公在门内行再拜礼相送。宾不回顾，径直而去。

15. 宾请有事于大夫[1]。公礼辞许。宾即馆。卿大夫劳宾，宾不见[2]。大夫奠雁再拜。上介受。劳上介亦如之。

【注释】

〔1〕有事：在此是慰问的意思。

〔2〕卿大夫劳宾，宾不见：案宾不敢当其先劳己，故不见。

【译文】

宾请求慰问卿大夫。公推辞了一下，就答应了。宾就馆舍休息。卿大夫先到宾的馆舍来慰劳宾。宾不见。于是卿大夫们把各自带来作为见面礼的雁放在馆舍门前地上。上介代宾把雁收下。卿大夫们前去慰劳上介，礼仪也同慰劳宾一样。

16. 君使卿韦弁归饔饩五牢[1]。上介请事。宾朝服，礼辞。有司入陈[2]。饔。饪一牢，鼎九，设于西阶前。陪鼎当内廉[3]。东面，北上；上当碑[4]，南陈：

牛、羊、豕、鱼^[5]、腊^[6]、肠胃同鼎、肤^[7]、鲜鱼、鲜腊^[8]。设扃鼏^[9]。朕、臄、胘^[10]，盖陪牛^[11]、羊、豕。腥二牢，鼎二七^[12]，无鲜鱼、鲜腊，设于阼阶前，西面，南陈，如饪鼎，二列。堂上八豆，设于户西，西陈，皆二以并^[13]，东上。韭菹^[14]，其南醓醢^[15]。屈^[16]。八簋继之^[17]，黍，其南稷。错^[18]。六铏继之^[19]。牛以西羊豕，豕南牛，以东羊豕。两簠继之^[20]，粱在北。八壶设于西序^[21]，北上，二以并，南陈。西夹六豆，设于西墉下，北上。韭菹，其东醓醢。屈。六簋继之。黍，其东稷，错。四铏继之。牛以南羊，羊东豕，豕以北牛。两簠继之，粱在西。皆二以并，南陈。六壶，西上，二以并，东陈。馔于东方亦如之^[22]，西北上^[23]。壶东上，西陈。醯醢百瓮^[24]，夹碑，十以为列^[25]，醯在东。饩二牢陈于门西，北面，东上：牛以西羊豕，豕西牛羊豕^[26]。米百筥^[27]，筥半斛^[28]，设于中庭，十以为列，北上。黍、粱、稻皆二行，稷四行^[29]。门外米三十车，车秉有五籔^[30]，设于门东^[31]，为三列，东陈。禾三十车，车三秅^[32]，设于门西^[33]，西陈。薪刍倍禾^[34]。宾皮弁，迎大夫于外门外，再拜。大夫不答拜。揖入，及庙门^[35]，宾揖入。大夫奉束帛入。三揖皆行^[36]，至于阶，让，大夫先升一等。宾从升堂，北面听命。大夫东面致命^[37]。宾降，阶西再拜稽首。拜饩亦如之。大夫辞，升成拜，受币堂中西，北面。大夫降，出。宾降，授老币，出迎大夫。大夫礼辞许。入，揖让如初。宾升一等，大夫从升堂。

庭实设马乘[38]。宾降堂,受老束锦。大夫止。宾奉币西面。大夫东面。宾致币[39]。大夫对,北面当楣再拜稽首,受币于楹间,南面,退,东面俟。宾再拜稽首送币。大夫降,执左马以出。宾送于外门外,再拜。明日,宾拜于朝,拜饔与饩,皆再拜稽首。上介饔饩三牢[40]。饪一牢在西,鼎七[41]。羞鼎三。腥一牢在东,鼎七。堂上之馈六[42]。西夹亦如之。筥及饔如上宾。饩一牢。门外米禾视死牢,牢十车[43]。薪刍倍禾[44]。凡其实与陈如上宾。下大夫韦弁,用束帛致之。上介韦弁以受,如宾礼。傧之,两马束锦。士介四人皆饩大牢,米百筥,设于门外[45]。宰夫朝服,牵牛以致之。士介朝服,北面再拜稽首受,无傧[46]。

【注释】

〔1〕卿韦弁归饔饩五牢:韎,赤黄色,韦弁即染成赤黄色的皮弁,这里是指韦弁服,是比皮弁服尊一等的服装。归,馈。饔饩,凡已杀的牲叫做饔,杀而又煮熟叫做饪,未煮的生肉就叫做腥,未杀的活牲畜就叫做饩。五牢,谓饪一牢,腥二牢,饩二牢,详下文。

〔2〕有司:此指宰夫之属。

〔3〕陪鼎当内廉:陪鼎即下所陈胾、臐、膮三鼎。当内廉,案堂的侧边叫做堂廉,东西两阶之间的堂廉叫做内廉。此所谓内廉,实指西堂途东边的地方。

〔4〕碑:在庭中、当庭北三分之一处。

〔5〕鱼:此为干鱼。

〔6〕腊:干肉。

〔7〕肤:即猪肉皮。

〔8〕鲜腊:谓已割解成块而未干的兽肉。

〔9〕扃鼏:以杠贯鼎耳叫做扃,以茅覆鼎叫做鼏。

〔10〕胾、臐、膮:胾,音 xiāng,牛肉羹。臐,音 xūn,羊肉羹。

脁，音xiāo，豕肉羹。这三种都是加有五味等佐料而不加菜的羹。

〔11〕陪：因为肵、臐、脁是加馔而非正馔，故云陪。

〔12〕鼎二七：鼎凡十四，排成二列，每列七鼎，故云"二七"。

〔13〕皆二以并：谓北一豆，南一豆，二豆南北相并而陈，下文曰"韭菹，其南醓醢"，即此意。

〔14〕韭菹：即用韭菜做成的菹（参见《士冠礼》第20节）。

〔15〕醓醢：醓，音tǎn，肉汁。醓醢即肉汁较多的一种肉酱。

〔16〕屈：曲，这是说豆的放法：北边放一豆，南边放一豆，再南边放一豆，北边放一豆，这样曲折而陈。

〔17〕八簋继之：簋，即敦，《仪礼》中敦簋不分（参见《特牲馈食礼》第20节）。继之，继豆而西陈。

〔18〕错：是黍簋和稷簋放时要间隔开来，如最东边两簋是北黍南稷，接着西边的两簋就应该是北稷南黍。

〔19〕六铏继之：铏，盛羹器，受一斗，两耳，三足，有盖。继之，谓继簋而西陈。案这六铏也是盛牛羊豕之羹，即所谓"铏羹"，与前所说肵、臐、脁稍异（参见《公食大夫礼》第5节）。

〔20〕两簠继之：簠，音fǔ，食器，长方形，下有方足，上有盖，盖形与器形同，上下对称，合之则为一体，分开则为二器，用以盛黍稷稻粱等。继之，谓继铏而西陈。

〔21〕壶：酒尊，腹方口圆。

〔22〕东方：指东夹室。

〔23〕西北上：谓所陈食物从南北来说，以北为上；从东西来说，以西为上。如六豆中韭菹所在位即为最上位。

〔24〕醓醢百瓮：醓，醋。瓮，一种圆形而腹大口小的瓦制容器。百瓮，醓、醢各五十瓮。

〔25〕十以为列：这是在碑的东西两边各五列。

〔26〕牛以西羊豕，豕西牛羊豕：这是说饩二牢的陈放法，是从东向西，牛羊豕，再牛羊豕。

〔27〕米百筥：米，泛指黍、稷、粱、稻等。筥，音jǔ，圆形盛物竹器。

〔28〕斛：十斗曰斛。

〔29〕"设于中庭"至"稷四行"：这是说米的陈放法，是陈于庭的正中，即前所陈醓醢的南边，将百筥分为十列，每列皆东西向横陈，最北两列为黍，黍南两列为粱，粱南两列为稻，即所谓"皆二行"；稻南四列为稷，即所谓"稷四行"。

〔30〕秉有五籔：籔，案十斗曰斛，十六斗曰籔，十籔曰秉（见第64节）。秉有五籔，则总计为240斗，合24斛。

〔31〕门东：在东塾南边。

〔32〕车三秅：秅，音chá。案四秉为筥，十筥为稯，十稯为秅，即四百秉为秅（见第64节）。车三秅，则为1200秉。

〔33〕设于门西：在西塾的南边。

〔34〕薪刍倍禾：禾三十车，倍之则薪刍各六十车。

〔35〕庙：即宾所下榻的馆舍，即主国大夫之庙。

〔36〕皆：犹并。

〔37〕大夫东面致命：案此所致乃馈饔之命，故下曰"拜饩亦如之"，是饔、饩分两次致命以馈之。

〔38〕庭实：案此庭实和下文所说的束锦，都是宾为傧大夫所准备的礼物。

〔39〕致币：此币即束锦。

〔40〕三牢：谓饪一牢，腥一牢，饩一牢，详下文。

〔41〕鼎七：案比宾之饪鼎少鲜鱼、鲜腊二鼎。

〔42〕六：谓所陈豆数。

〔43〕米禾视死牢，牢十车：死牢，谓已杀之牲，煮熟的叫饪，未煮的叫腥。上介之饪一牢，腥一牢，凡二牢，牢十车，则上介之米禾各二十车。

〔44〕薪刍倍禾：谓各四十车。

〔45〕门外：案士馆于庶人之寝（参见第38节），此谓其寝门外。

〔46〕无傧："傧"当作"傧"，是说士介不向宰夫行傧礼。

【译文】

君派卿穿着韦弁服前去向宾馈送饔和饩，一共是五牢。卿来到宾下榻的馆舍时，上介出来向卿请问为何事而来。当上介向宾报告卿的来意后，宾穿着朝服，推辞了一下，然后表示同意接受。主国的有司进入馆舍陈放馈送之物。先陈放饔。饔包括熟的和生的牲肉。熟牲肉一牢，连同其他熟肉一共盛了九鼎，陈放在西阶前。还有三只陪鼎，放在西堂途之东、北当堂的内廉的地方。以上所陈放的鼎都是鼎面朝东，以北边为上位，最北边的鼎与碑齐，从北向南依次陈放。九鼎中分别盛的是：牛、羊、猪、干鱼、腊、肠和胃同盛一鼎、肤、鲜鱼、鲜腊。鼎耳中贯以横杠，鼎上用茅草覆盖。三只陪鼎分别盛着肤、臚、胉，依次陪放在牛、羊、猪三鼎的西边。生肉二牢，连同其他生肉一共盛了十四鼎，其中没有鲜鱼和鲜兽肉。这十四鼎陈放在阼阶前，鼎面朝西，从北向南依次陈放，如同陈放熟肉鼎一样，这十四鼎是排成两列，每列七鼎。在堂上室门的西边陈放八豆。这八豆是从东向西陈放，每南北两豆并放在一起，以东边为上位。如北边放韭菹豆，南边就并放一只醓醢豆。豆的放法是，北边放一豆，南边放一豆，再南边放一豆，北边放一豆，这样曲折而陈。八豆的西边接着陈放盛黍稷的八簋，也是两两南北相并而陈，如北边放黍簋，南边就放稷簋。陈放时要将黍簋和稷簋交错开来。八簋的西边接着放六铏。这六铏的放法是：先放盛牛肉羹的铏，再在西边接着放羊肉羹铏、猪肉羹铏，猪肉羹铏的南边放牛肉羹铏，牛肉羹铏的东边再接放羊肉羹铏、猪肉羹铏。六铏的西边接着放两簠，盛梁的簠放在北边，盛稻的簠放在南边。八壶陈设在西序前，以北边为上位，两两相并，从北向南陈放。在西夹中的西墙下陈设六豆，以北边为上位。最北边的两豆：西边是韭菹，东边是醓醢。这六豆陈放时也是曲折而陈。六豆的南边接着陈放盛黍稷的六簋。陈放时西边放一只黍簋，东边就放一只稷簋，要将黍簋和稷簋交错开来。六簋的南边接着陈放四铏。这四铏的放法是：西边先放牛肉羹铏，牛肉羹铏的南边放羊肉羹铏，羊肉羹铏的东边放猪肉羹铏，猪肉羹铏的北边再放一只牛肉羹铏。四铏的南边接着放两簠：梁簠放在西边，稻簠放在东边。上述豆、簋、铏、簠都是两两相并，从北向南陈放。在西夹的北墙下陈放六壶，以西边为上位，两两相并，从西向东陈放。东夹中诸物的陈放也同西夹一样，也以陈放在西北的位置为上位，而壶的陈放则以东边为上位，从东向西陈放。醯和醢共一百瓮，夹碑而陈，以十瓮为一列：醢五十瓮陈放在碑的东边；醯五十瓮陈放在碑的西边。饩二牢，陈放在门的西边，都面朝北而陈，以东边为上位：最东边是牛，牛西边接着羊、猪，这是一牢；猪西边又依次是牛、羊、猪，这是第二牢。米百筥，每筥盛米半斛，陈放在中庭，以十筥为一列，以北边为上位。黍、梁、稻都分别是二列，稷是四列。门外有米三十车，每车载米一秉五籔，陈放在门的东边，分为三列，每列都是从西向东陈放。还有禾三十车，每车载三秅，陈放在门的西边，是从东向西陈放。薪柴和饲草分别比禾增加一倍。宾改穿皮弁服，到大门外去迎接主君派来的卿，向卿行再拜礼。卿不答拜。宾与卿行揖礼，然后进入大门，走到庙门前时，宾又与卿行揖礼，而后先入庙门。卿捧着束帛也进入庙门。入庙后，宾与卿并排而行，行进中三次行揖礼，分别来到堂的东西阶前，谦让一番之后，卿先升阶一级。宾跟着升堂，在阼阶上面朝北听取致辞。卿在西阶上面朝东先致馈送饔之辞。于是宾下阶，在阼阶西边行再拜稽首礼。卿致馈送饩的辞命时，宾也这样下阶而拜。当宾下阶行拜礼时，卿要以君命辞宾之拜，于是宾升堂而后再拜稽首以成拜礼。宾在堂中央的西边面朝北接受卿所赠的束帛。卿下堂，出门。宾也下堂，把束帛授给老，然后出门迎卿进来，准备向卿行傧礼。卿推辞了一下，就答应了。宾与卿进入庙门，像当初一样行揖让之礼。宾先升阶一级，然后卿跟着升堂。这时宾的下属陈放庭实，牵来四匹马。宾下堂，从老的手中接过束锦。卿不随宾下堂。宾捧着束锦在阼阶上面朝西而立。卿在西阶上面朝东而立。宾向卿致辞并赠送束锦。卿回答了一番话，在上当屋楣的地方面朝北行再拜稽首礼，然后在两楹之间面朝南从宾手中接受了束锦，再退回到西阶上，面朝东而立，以待宾行拜送礼。宾行拜送礼，向卿再拜稽首。卿下堂，牵着庭中所陈四马中最左边的一匹，出去了。宾送卿到大门外，行再拜礼。第二天，宾要到朝上去拜谢君所馈赠的饔和饩，要分别行两次再拜稽首礼。馈送给上介的饔和饩总共三牢。熟肉一牢，放在上介下榻的馆舍庭中的西边，连同其他熟肉一共是七鼎。还有三只陪鼎。生肉一牢，放在庭中的东边，连同其他生肉也是七鼎。堂上陈放六豆，西夹中也同样陈放六豆。盛米的筥数和盛醯醢的瓮数都同宾一样。还有饩一牢。馈送上介而放在馆舍门外的米、禾数，根据所馈送的死牲的牢数而定：馈送一牢死牲，米、禾就各馈送十车。馈送的薪柴和饲草比禾增加一倍。凡馈送上介诸物的种类和陈放的方式，都同宾一样。向上介馈送饔饩时，是由下大夫穿着韦弁服，拿着束帛向上介致辞。上介穿着韦弁服接受馈送，礼仪也同宾一样。上介向下大夫行傧礼，赠送下大夫两匹马和一束锦。四位士介每人都馈送得有饩一大牢，米一百筥，陈放在馆舍门外。向士介馈送饩时，是由宰夫穿着朝服，牵着牛向士介致辞。士介穿着朝服，先面朝北行再拜稽首礼，然后接受馈送。士不向宰夫行傧礼。

17. 宾朝服问卿[1]。卿受于祖庙，下大夫摈。摈者出请事。大夫朝服迎于外门外[2]，再拜。宾不答拜。揖，大夫先入，每门每曲揖。及庙门，大夫揖入。摈者请命[3]。庭实设四皮[4]。宾奉束帛入，三揖皆行[5]，至于阶，让[6]，宾升一等。大夫从升堂，北面听命。宾东面致命。大夫降，阶西再拜稽首。宾辞。升成拜。受币堂中西，北面。宾降，出。大夫降，授老币，无摈[7]。摈者出请事。宾面[8]，如觌币[9]。宾奉币，庭实从[10]，入门右[11]。大夫辞。宾遂左。庭实设。揖让如初。大夫升一等，宾从之。大夫西面。宾称面[12]。大夫对，北面当楣再拜，受币于楹间，南面，退，西面立。宾当楣再拜送币，降，出。大夫降，授老币。

【注释】

〔1〕问卿：问，慰问。于君曰聘，于卿曰问，变其名以别尊卑。

〔2〕大夫：即卿，下同。

〔3〕摈者请命：谓请宾致问卿之辞命，也就是请宾开始行问礼。

〔4〕皮：麇鹿皮。

〔5〕皆：犹并。

〔6〕让：即三让。

〔7〕无摈：案此"摈"亦当作"傧"。

〔8〕宾面：面，亦见。案前宾问卿是受君命而问之，属公事，此面卿则属私见，意在结欢心，交友情。

〔9〕如觌币：案此币谓面卿用的礼物。

〔10〕庭实：谓四马。

〔11〕入门右：案只有主人及其下属人员才入门右，宾与卿尊卑本同，现在入门右，是自谦而降等的表示。

〔12〕称面：称，举，谓举慰问之辞而致之。

【译文】

宾穿着朝服去慰问卿。卿在祖庙接受宾的慰问，下大夫做摈者。摈者出庙门请问宾来何事，然后入内向卿报告。卿穿着朝服到大门外迎接宾，向宾行再拜礼。宾不答拜。卿揖请宾入门，然后自己先入为宾做前导。卿和宾在行进中每逢要入门或每逢走到拐弯处，都要行揖礼。走到祖庙门前，卿行揖礼而后先入。摈者请宾行问礼。宾的随从人员先进庙陈设庭实，即四张麋鹿皮。接着宾捧着束帛进庙，与等在庙门内的卿并排而行，两人在行进中行了三次揖礼，分别来到堂的东西阶前，升堂前宾和卿又互相谦让了三次，然后宾先升阶一级。卿跟着升堂，在阼阶上面朝北听宾致辞。宾在西阶上面朝东转致君的问候之辞。于是卿下堂，在阼阶的西边将行再拜稽首礼。宾以君命辞卿之拜。卿又升堂而后再拜稽首以成拜礼。卿在堂中央的西边面朝北接受宾所赠的束帛。宾授束帛后下堂，出庙。卿也下堂，把束帛交给老，不向宾行傧礼。摈者出庙门请问宾还有什么事。宾再次请求见卿，并且准备了和觌君时同样的礼物。于是宾捧着束锦，牵着作为庭实的四匹马，从庙门的右侧入庙。卿对于宾从门的右侧入庙加以推辞，表示不敢当。于是宾又重新从门的左侧进入。宾的随从人员在庭中陈放四匹马。宾入庙后与卿像当初一样行揖让之礼。卿先升阶一级，然后宾跟着升堂。卿在阼阶上面朝西而立。宾向卿致个人的敬意和问候之辞。卿回答了一番话，在阼阶上上当屋楣的地方面朝北行再拜礼，然后在两楹之间面朝南接受宾所赠送的束锦，再退回阼阶上，面朝西而立。宾在西阶上上当屋楣的地方行拜送礼，也拜了两拜，然后下堂，出去了。卿下堂相送，把束锦交给了老。

18. 摈者出请事。上介特面[1]，币如觌。介奉币[2]，皮二人赞，入门右[3]，奠币，再拜。大夫辞。摈

者反币。庭实设。介奉币入。大夫揖让如初。介升。大
夫再拜受。介降，拜。大夫降辞。介升，再拜送币。摈
者出请。众接口，如觌币，入门右，奠币，皆再拜。大
夫辞。介逆出。摈者执上币出〔4〕，礼请受。宾辞。大夫
答再拜。摈者执上币，立于门中以相拜。士介皆辟。老
受摈者币于中庭。士三人坐，取群币以从之。摈者出请
事。宾出。大夫送于外门外，再拜。宾不顾。摈者退。
大夫拜辱。

【注释】
　　〔1〕上介特面：特，独。案士介不从，故曰特面。
　　〔2〕介：即上介，下同。
　　〔3〕入门右：案此亦自谦降等之意，不敢以宾客自居。
　　〔4〕上币：众士介中的上士介所奠的玉锦。上士介是众士介中的
长者。

【译文】
　　摈者出庙来请问还有什么事情。上介请求单独见卿，见卿用
的礼物和觌君时一样。上介捧着束锦，由两人帮助他拿着两张麇
鹿皮，从庙门的右侧进入，上介把束锦放在庭中地上，向卿行再
拜礼。卿对于上介从庙门右侧进入行礼加以推辞。摈者拿着束锦
出来还给上介。上介于是先使人把两张鹿皮陈放在庭中，重新捧
着束锦从门的左侧入庙。卿如同宾入庙时那样与上介行揖让之礼。
上介和卿升堂。卿行再拜礼而后接受上介所赠送的束锦。上介下
堂，将在堂下行拜送礼。卿下堂加以推辞。于是上介升堂而后行
拜送礼，拜了两拜，拜毕便下堂出去了。摈者又出庙来请问还有
什么事情。众士介请求见卿，所拿的礼物也是像觌君时那样的玉
锦，从庙门的右侧进庙，把玉锦放在庭中地上，都行再拜礼。卿
对众士介从庙门右侧进入行礼加以推辞。于是众士介便按照和进
来时的先后相反的顺序退出庙门。摈者拿着上士介的玉锦出来，

请众士介把玉锦收回。宾代众士介推辞。于是卿在庭中答以再拜礼表示接受，摈者拿着上士介的玉锦站在门中阈外的地方相赞卿行再拜礼。众士介都避让着君的拜礼。卿的老在庭中接过摈者手中的玉锦去收藏。卿的士三人来到庭中坐下，拿取众士介放在地上的玉锦，跟从老去收藏。摈者再次出庙请问还有什么事。宾告以事毕，然后出大门去了。卿送宾到大门外，行再拜礼。宾不回顾，径直而去。这时摈者也退去，临去时，卿拜谢下大夫屈驾为己做摈相。

19. 下大夫尝使至者，币及之[1]。上介朝服、三介问下大夫[2]。下大夫如卿受币之礼。其面，如宾面于卿之礼。

【注释】

〔1〕币及之：谓以币问之。

〔2〕三介：皆宾之士介。

【译文】

如果主国的下大夫中有曾经出使过己国的，就要拿着束帛去慰问他。是由上介穿着朝服，带领三个士介前去慰问下大夫。下大夫接受束帛的礼仪也同卿受问接受束帛一样。上介和三介私见下大夫的礼仪，也同宾私见卿时的礼仪一样。

20. 大夫若不见[1]，君使大夫各以其爵为之受，如主人受币礼，不拜。

【注释】

〔1〕大夫若不见：此处大夫兼卿言。谓大夫如有疾病、居丧、出使在外等情况，则不见。

【译文】

　　如果主国的大夫因故而不能见宾介，那么国君就派级别相等的大夫代他接受慰问之礼，礼仪也同他本人接受慰问一样，只是不行拜受礼。

　　21. 夕[1]，夫人使下大夫韦弁归礼[2]。堂上笾、豆六，设于户东，西上，二以并，东陈。壶设于东序，北上，二以并，南陈。醙、黍、清，皆两壶[3]。大夫以束帛致之。宾如受饔之礼。傧之乘马、束锦。上介四豆、四笾、四壶，受之如宾礼。傧之两马、束锦。明日，宾拜礼于朝。

【注释】

　　〔1〕夕：谓问卿之夕。

　　〔2〕夫人使下大夫韦弁归礼：案实际是君所使，但以夫人的名义归礼，故称夫人使之。

　　〔3〕醙、黍、清，皆两壶：醙是白酒，清是清酒。此处所陈酒凡三种，即稻酒、黍酒、粱酒，每种又分白、清二酒，即稻醙、稻清，黍醙、黍清，粱醙、粱清，分盛于六壶中。凡酒稻酒为上，其次黍酒，再其次粱酒。故此处酒的陈列方式是，最北边并放两壶稻酒，接着南边是两壶黍酒，再南边是两壶粱酒，每种酒放时都是西醙、东清。

【译文】

　　宾慰问卿的当天傍晚，夫人使下大夫穿着韦弁服前去向宾馈送礼物。下大夫在宾馆堂上室门东边的地方陈放六笾、六豆，以西边为上位，笾和豆分别都是两两相并，从西向东陈放。盛酒的壶陈放在东序前，以北边为上位，两两相并，从北向南陈放：最北边并放稻醙、稻清，接着是黍醙、黍清，最南边是粱醙、粱清，每种酒都是两壶。下大夫捧着束帛代夫人向宾致辞。宾接受夫人所馈礼物的礼仪，也同接受君馈饔饩的礼仪一样。宾向下大夫行傧礼，赠送他四匹马和一束锦。夫人向上介赠送的礼物是四豆、四笾和四壶酒。上介接受夫人所馈礼物的礼仪同宾一样。上介向下大夫行傧礼，赠送给他两匹马、一束锦。第二天，宾要上朝去行拜谢夫人的馈送。

22. 大夫饩宾大牢，米八筐。宾迎再拜。老牵牛以致之[1]。宾再拜稽首受。老退，宾再拜送。上介亦如之。众介皆少牢，米六筐，皆士牵羊以致之[2]。

【注释】

〔1〕老：大夫家臣之长。

〔2〕士：亦大夫家臣。

【译文】

大夫馈送宾饩一牢，米八筐。宾出门迎接，行再拜礼。是由大夫的老牵着牛向宾致辞。宾行再拜稽首礼而后接受馈送。老退去，宾行再拜礼相送。馈送上介的礼物和礼仪也是这样。对众士介都各馈送一少牢，米六筐，都是由大夫的士牵着羊向士介致辞。

23. 公于宾壹食，再飨[1]。燕与羞俶[2]，献无常数。宾介皆明日拜于朝。上介壹食，壹飨。若不亲食[3]，使大夫各以其爵朝服致之以侑币，如致饔[4]，无傧。致飨以酬币[5]，亦如之。大夫于宾壹飨，壹食。上介若食若飨。若不亲飨，则公作大夫致之以酬币，致食以侑币。

【注释】

〔1〕壹食，再飨：食谓食礼，飨谓飨礼。食礼主饭，有牲无酒。飨

则牲酒皆有。食、飨所用牲皆大牢。

〔2〕燕与羞俶：燕，谓燕礼，其仪节详《燕礼》篇。羞，谓禽羞，即烹熟的禽鸟肉。俶，音 chù，始，在此指代四时新物。

〔3〕若不亲食：谓君有故而不能亲自参加食礼。

〔4〕致之以侑币，如致饔：侑，劝，侑币犹曰劝食之币。侑币亦即束帛。在食礼上，君将向宾进献侑币，以示劝食。如果君因故而不能亲食，就使人执侑币代己致辞。

〔5〕致飨以酬币：酬，亦劝，酬币犹曰劝酒之币。在飨礼上，君将向宾进献酬币，以示劝饮，如果君因故而不能亲飨，就使人执酬币代己致辞。

【译文】

公要举行一次食礼和两次飨礼来款待宾，而举行燕礼以及所进献的禽鸟肉和时新之物，却没有定数。每接受一次款待，第二天宾介就要上朝去拜谢。公款待上介一次食礼，一次飨礼。如果公因故不能亲自举行食礼，那就使级别与宾相等的大夫穿着朝服，拿着侑币去代己向宾致辞，如同馈送饔饩的礼仪，但宾不向前来馈送侑币的大夫行傧礼。如果公不能亲自举行飨礼而使人拿着酬币去代己向宾致辞，礼仪也同这一样。大夫要举行一次飨礼和一次食礼来款待宾。大夫款待上介或者用食礼，或者用飨礼。如果大夫因故不能亲自举行飨礼，那就由公使级别相等的大夫拿着酬币前去向宾致辞，如果是致食礼之辞就拿侑币。

24. 君使卿皮弁还玉于馆[1]。宾皮弁，袭[2]，迎于外门外，不拜，帅大夫以入。大夫升自西阶，钩楹[3]。宾自碑内听命，升自西阶，自左，南面受圭，退，负右房而立。大夫降，中庭，宾降，自碑内，东面授上介于阼阶东。上介出请。宾迎。大夫还璋，如初入。宾裼[4]，迎大夫。贿用束纺[5]，礼玉束帛乘皮[6]。皆如还玉礼。大夫出。宾送，不拜。

【注释】

〔1〕还玉于馆：玉谓圭璋。圭璋之所以要还，在于体现轻财重礼之义。

〔2〕袭：掩好皮弁服的前襟（参见第11节）。

〔3〕钩：绕。

〔4〕裼：袒露裼衣（参见第11节）。

〔5〕贿用束纺：予人财物谓之贿。纺，是一种质地较厚的缯。贿之以束纺，是为报答聘君（即派使出聘之君）的聘礼。

〔6〕礼玉束帛乘皮：礼，在此是还报的意思。玉，即璧。乘皮，四张虎豹皮。案束纺为报聘，此则为报享，是聘君之礼主君皆还报之。

【译文】

君使卿穿着皮弁服到宾馆去把圭璧还给宾。宾穿着皮弁服，掩好前襟，到大门外迎接卿，但不行拜礼，引导卿进入馆舍。卿从西阶升堂，绕西楹到堂中央面朝南而立。宾在堂下碑的北边面朝北听卿致辞，然后从西阶升堂，来到卿的左边，面朝南从卿的手中接受了圭，再退到右房前，背朝右房而立。卿下堂，当走到中庭时，宾也下堂，从碑的北边来到阼阶东边，面朝东把圭授给上介。上介出庙门请问卿还有什么事。接着宾又出来迎卿入庙。卿又把璋还给宾，如同当初进来还圭的礼仪，然后出庙。宾袒露裼衣，又把卿迎入庙中。卿通过宾向聘君转赠一束纺，又用玉璧、束帛和四张虎豹皮还报聘君的享礼，赠送上述诸物时的礼仪都同还圭璋一样。卿出去。宾送卿，但不行拜礼。

25. 公馆宾[1]。宾辟[2]，上介听命。聘享，夫人之聘享，问大夫，送宾，公皆再拜。公退。宾从请命于朝。公辞。宾退。

【注释】

〔1〕公馆宾：馆，在此是"之（往）馆"或"就馆"的意思。宾，在此是拜见宾的意思。因宾将离去，故主君亲存问之。

〔2〕宾辟：宾避而不见，以示不敢当。

【译文】

公在宾将要返国的前一天，到宾馆去看望宾。宾避而不敢见，由上介到庙门前听取公所致辞。公对于聘君派宾来向己行聘享之礼，向夫人行聘享之礼，慰问大夫，以及对宾将返国表示相送，都一一行再拜礼。公退去。宾跟从公到朝拜谢公屈驾来馆看望自己。公辞宾之拜。宾退去。

26. 宾三拜乘禽于朝[1]，讶听之[2]。遂行，舍于郊。公使卿赠如觌币[3]。受于舍门外，如受劳礼，无傧。使下大夫赠上介亦如之。使士赠众介，如其觌币。大夫亲赠，如其面币。无傧。赠上介亦如之。使人赠众介，如其面币。士送至于境。

【注释】

〔1〕宾三拜乘禽于朝：乘禽，是一种雌雄相伴而又成群地聚集在一起的鸟类。案宾到主国后，从第十天开始，宰夫要每天供给宾介乘禽，所供乘禽之数如宾介所享用饔饩的牢数（见第 50 节），宾返国前又上朝去行三拜之礼表示感谢。

〔2〕讶听之：即由讶听取宾所致辞，主君不亲见。

〔3〕公使卿赠如觌币：赠，谓以物送行。案宾觌君所用币为束锦乘马，赠当亦然。

【译文】

出发回国的那天，宾上朝在库门外行三拜之礼，以感谢君每天供给乘禽，而由讶听取并入内向君转告宾的拜谢之辞。接着宾一行上路回国，当天在主国近郊的馆舍住下。公使卿前来向宾赠送礼物，所赠送的礼物如同宾觌君时进献的礼物一样。宾在馆舍门外接受赠礼，就像当初接受劳礼时一样，而不向卿行傧礼。公使下大夫向上介赠送礼物的礼仪也是这样。公还使士向众介赠送礼物，所赠送的礼物也同众介觌君时进献的礼物一样。卿又亲自私赠宾礼物，所赠送的礼物如同宾私见己时进献的礼物一样。宾也不向卿行傧礼。卿向上介私赠礼物也是这样。卿又使人向众介赠送礼物，所赠送的礼物如同众介私见己时进献的礼物一样。主国的士把宾一行送到国境上。

27. 使者归，及郊，请反命[1]。朝服载旜，襀乃入[2]。乃入，陈币于朝，西上。上宾之公币、私币皆陈[3]。上介公币陈。他介皆否。束帛各加其庭实皮左[4]。公南乡。卿进使者。使者执圭垂缫，北面。上介执璋屈缫立于其左。反命曰："以君命聘于某君，某君受币于某宫[5]，某君再拜。以享某君，某君再拜。"宰自公左受玉。受上介璋致命，亦如之。执贿币以告曰[6]："某君使某子贿[7]。"授宰。礼玉亦如之。执礼币以尽言赐礼[8]。公曰："然！而不善乎。"授上介币，再拜稽首。公答再拜。私币不告。君劳之。再拜稽首。君答再拜。若有献[9]，则曰："某君之赐也，君其以赐乎。"上介徒以公赐告，如上宾之礼。君劳之。再拜稽首。君答拜。劳士介亦如之。君使宰赐使者币，使者再拜稽首。赐介，介皆再拜稽首。乃退。介皆送至于使者之门，乃退，揖。使者拜其辱。

【注释】

〔1〕请反命：即请郊人去向国君报告。

〔2〕襀：祭名，是为除去出使途中所历不祥或凶灾。

〔3〕上宾之公币、私币皆陈：公币，君所赐；私币，卿大夫所赠。

〔4〕束帛各加其庭实皮左：案出使时陈币，束帛皆加于左皮上（参见第 2 节），此则加于皮左而不加于皮上，不令其相掩，是为了荣其多。

〔5〕某宫：庙名。庙亦称宫。

〔6〕贿币：即束纺。

〔7〕某子：是指主国之君使往宾馆还玉和赠送贿礼的卿大夫。

〔8〕执礼币以尽言赐礼：礼币，是主国君初礼宾之币，即郊劳之币（参见第 9 节）。此句谓自郊劳一直到赠行皆一一尽言之。

〔9〕献：谓常赐外的加赐。

【译文】

　　使者回国，走到近郊，请郊人去向国君报告。使者穿上朝服，车上载着旜旗，举行襓祭而后进入国中。于是入朝，把所得的礼物都在朝中陈列起来，礼物陈放时以西边为上位。宾所得的礼物不论是主国国君赐予的，还是卿大夫赠给的，都要陈列出来。上介只把主国国君赐予的礼物陈列出来。其他众介所得的礼物则不陈列。陈列时，束帛都放在所得庭实即皮的左边。公在所陈礼物的北边面朝南而立。卿请使者入雉门。使者拿着圭，使圭垫末端的丝带垂着，在所陈礼物的南边面朝北而立。上介拿着璋，将璋垫末端的丝带屈握在手中，站在使者的左边。使者向君汇报出使的情况说："依照君命前往聘问某君，某君在某宫中行再拜礼，而后接受了聘问之礼。又依照君命向某君进献享礼，某君也行再拜礼而后接受了享礼。"宰从公的左边来到使者的左边接过使者手中的圭。使者又接过上介拿的璋向君汇报聘享夫人的情况，礼仪也同前一样。使者又拿着束纺向君汇报说："这是某君使某子还报君的聘礼的礼物。"说完便把束纺授给宰。使者又拿主国国君还报享礼所赠送的璧和束帛向君汇报，礼仪也同上一样。最后，使者又拿着主国国君最初赠送的礼物，把历次受赐的情况都一一向君汇报。公听罢汇报说："好！你这次出使很出色。"使者把手中的礼物授给上介，向君再拜稽首。公回再拜礼。主国的卿大夫们所赠送的礼物就不向君汇报了。君对使者表示慰劳。使者再拜稽首以答谢。君回再拜礼。如果主国的国君对使者有常礼之外的加赐而使者要献给君，就说："这是某君惠赐的礼物，君大概可以用来赐给其他臣下吧。"上介不拿礼物，空着手向君汇报主国国君对己的

赐予，汇报时的礼仪也同宾一样。君对上介表示慰劳。上介再拜
稽首以答谢君。君回再拜礼。君对士介表示慰劳时的礼仪也是这
样。君命宰把使者出使所得的礼物赐给使者，使者再拜稽首而后
受。又把介所得的礼物赐给介，介都行再拜稽首礼而后受。使者
和介都退去。众介先送使者到他的祢庙门前，然后行揖礼告辞使
者而退去。临去时，使者拜谢他们屈驾为介，随己出使。

28. 释币于门[1]，乃至于祢，筵几于室，荐脯醢，
觞酒陈[2]。席于阼，荐脯醢，三献。一人举爵，献从
者[3]，行酬，乃出。上介至，亦如之。

【注释】

〔1〕释币于门：门，大门。币，束帛。这是行祭门神之礼。外出祭
行神，回家祭门神。

〔2〕觞酒陈：觞，是爵一类的饮酒器，在此是酌酒的意思。这是主
人（即使者）向祢神一献酒；总凡三献酒。

〔3〕一人举爵，献从者：这是由一人举爵授主人，主人为其从者行
旅酬礼，以酬劳从行者。

【译文】

使者把束帛放在大门前以祭门神，然后进门来到祢
庙。有司
在室中为神布设席和几，并向神位进上脯醢。主人为神酌酒献上。
有司又在阼阶上为主人布席，并为主人席前进上脯醢。主人向神
献酒后，室老和士又先后向神献酒，总共三次献酒。三献之后，
由一人执爵酌酒献主人，主人又到西阶上献给随同出使的家臣，
以行旅酬礼，家臣们都依次接受酬酒，而后出庙去。上介回家，
也像使者一样祭门神、告祢和酬劳从者。

29. 聘遭丧[1]，入竟则遂也[2]。不郊劳。不筵
几[3]。不礼宾[4]，主人毕归礼。宾唯飨饩之受。不贿，

不礼玉，不赠。遭夫人、世子之丧，君不受[5]，使大夫受于庙，其他如遭君丧。遭丧，将命于大夫，主人长衣、练冠以受[6]。

【注释】

〔1〕遭丧：谓主国君薨。

〔2〕入境则遂：意思是使者如果至境而关人尚未入朝报告，便可返回。如果关人已告而朝廷派士来请事，那就算已经入了境了，则遂行。

〔3〕不筵几：案因现遭君丧当致辞于殡宫而不于庙，又当君新薨而不忍心即以之为神，故不设筵几。

〔4〕不礼宾：这是因丧而礼简。

〔5〕遭夫人、世子之丧，君不受：案因夫人或世子死，君为丧主，丧为凶礼，而聘为吉事，不能以凶接吉，故不亲受，而使大夫代之。

〔6〕主人长衣、练冠以受：主人，即摄政之大夫。长衣，是一种镶白边的衣与裳相连之布衣。练冠，是一种煮得洁白柔软的布做的冠。

【译文】

行聘礼而遭逢主国君丧，如果已经进入主国的国境，那就继续前进。主国不向宾行郊劳之礼。宾要就殡宫向丧君致聘问之辞，而殡宫中不为死者的神灵设席和几。宾向丧君行聘礼后，主人不向宾行醴礼，但饔饩和飧食之礼，都要馈送给宾。宾只接受饔饩。主国不向宾赠送束纺以报答聘君的聘礼，不赠送玉璧、束帛和乘马以报答聘君的享礼，也不报答宾的私觌之礼。如果遭逢主国君的夫人或世子的丧事，那么主国的君就不亲自接受聘问礼，而由主国的卿代君在祖庙中受礼，其他礼仪则同遭逢君丧一样。即使遭逢主国的丧事，仍然要向卿大夫转致己君的慰问之辞，摄政而为主人的卿要穿着长衣，戴着练冠接受宾的慰问之礼。

30. 聘君若薨于后[1]，入竟则遂。赴者未至，则哭于巷，衰于馆[2]。受礼[3]，不受飧食。赴者至，则衰而出，唯稍受之[4]。归，执圭复命于殡[5]，升自西阶，不升堂。子即位不哭[6]。辩复命如聘。子臣皆哭。与介入，北乡哭，出袒，括发[7]，入门右，即位，踊[8]。

【注释】

〔1〕聘君：派使者到他国行聘礼之君。

〔2〕衰于馆：衰，在此泛指丧服，下同。案因聘是吉事，不可穿着凶服出去见人，故衰于馆。

〔3〕受礼：谓受饔饩。

〔4〕稍：即米谷之类。

〔5〕殡：殓而未葬叫做殡，此处指殡亡君的棺柩。

〔6〕子即位不哭：子，世子。即位，案子位在阼阶上。不哭，为有告请之事，宜清静。

〔7〕袒，括发：袒，脱去左臂外衣袖。括发，用麻束发。

〔8〕踊：谓双足跳起而顿足，示极哀。

【译文】

如果使者出发之后，聘君死了，而使者已经进入主国的国境，那就继续前进。在赴告者还没有到达主国之前，使者就在巷门处哭亡君，在宾馆中穿丧服。使者接受主国所送的饔饩，但不接受飨礼和食礼。赴告者到来之后，就可以穿着丧服出去了，而这以后就只接受主国供给的谷米。使者回国后，要拿着圭向亡君的棺柩汇报出使经过，这时使者从西阶升阶，但不上堂。世子在阼阶上就位而不哭。使者像平时出使回来那样把出使经过一一向亡君汇报。汇报毕，世子和群臣都哭。使者和介进到棺柩前，面朝北而哭，哭罢出去，脱下左臂的外衣袖，用麻束发，再从门的右侧进入，在阼阶下就位而哭，哭毕又踊。

31. 若有私丧[1]，则哭于馆，衰而居，不飨食。归，使众介先，衰而从之。

【注释】

〔1〕私丧：谓父母丧。

【译文】

　　如果使者出聘而得知父母之丧，那就在馆舍中哭，待在馆舍中的时候就穿丧服，不参加主国为他举行的飨礼和食礼。回国的时候，让众介走在前边，而自己穿着丧服跟在后边。

　　32. 宾入竟而死，遂也〔1〕，主人为之具而殡〔2〕，介摄其命〔3〕。君吊，介为主人。主人归礼币〔4〕，必以用。介受宾礼，无辞也，不飨食。归，介复命，柩止于门外。介卒复命，出，奉柩送之。君吊卒殡。若大夫介卒〔5〕，亦如之。士介死，为之棺敛之，君不吊焉。若宾死未将命，则既敛于棺，造于朝，介将命。若介死，归复命，唯上介造于朝。若介死，虽士介，宾既复命，往〔6〕，卒殡，乃归。

【注释】

〔1〕遂也：谓继续行聘礼。
〔2〕主人：主国的国君。
〔3〕摄：代理。
〔4〕归礼币：谓馈送祭奠死者所需用诸物。
〔5〕大夫介：即上介。
〔6〕往：谓送柩于死者家中。

【译文】

　　使者出聘，在进入主国国境之后死了，那就要继续行聘礼事，主国国君要为死者提供棺殡所须之物，而由上介代行使者的使命。主国国君来吊唁死者，就由上介充当主人。主国国君馈送的祭奠死者用的东西，都一定要为死者用上。主国用待宾的礼仪待上介，上介都受而不辞，但不为上介举行飨礼和食礼。回国后，由上介向君汇报出使经过，而将宾的棺柩停放在朝的大门外。上介向君汇报完毕，出朝，要奉送宾的棺柩回家。君要到宾家吊唁，并等看到棺殡之后才离去。如果上介死了，处理后事的礼仪也一样。如果是士介死了，也由主国供给棺敛之物，但主国国君不亲往吊唁死者。如果宾已见过主国国君，但还没有来得及行聘礼就死了，那就要将死者棺敛之后，送到主国的朝上，而由上介向主国国君致聘享之辞。如果有介死了，使者回国向君汇报出聘经过时，只有死的是上介才将死者的棺柩运送到朝门外。如果介死了，即使是士介，宾回国向国君汇报出聘经过后，也要把棺柩送回到死者家，等到棺殡后才回去。

33. 小聘曰问[1]。不享，有献[2]，不及夫人。主人不筵几，不礼。面不升[3]。不郊劳。其礼如为介[4]。三介。

【注释】

〔1〕小聘：礼轻于聘，用大夫为使者。

〔2〕不享，有献：案享礼与献礼的区别有二：一、享礼必有玉帛庭实（即璧、束帛和乘皮），献礼则随其国之所有献之而已；二、享礼对主国之君和夫人皆行之，献礼只行之于主君。

〔3〕面不升：面，犹觐。案大聘私觐主国之君时宾当升堂（参见第13节），小聘则在庭中。

〔4〕其礼如为介：如大聘之上介。

【译文】

小聘叫做问。小聘不行享礼，而行献礼，但献礼只行于主国国君而不行于夫人。主国国君虽在庙中接受小聘之礼，但不为神设席和几。主国国君接受聘问之后，也不向宾行醴礼。宾私见君的礼仪只在庭中进行，不升堂。宾进入主国国境后，主国不对宾行郊劳之礼。主国用以接待小聘宾的礼，同接待大聘上介的礼一样。小聘宾的介只有三人。

34.《记》。久无事则聘焉[1]。若有故则卒聘，束帛加书将命[2]。百名以上书于策[3]，不及百名书于方[4]。主人使人与客读诸门外[5]。客将归，使大夫以其束帛反命于馆。明日，君馆之。

【注释】
　〔1〕无事：谓无盟会之类的事。
　〔2〕将命：在此是呈递书信的意思。
　〔3〕百名以上书于策：名，字。策，竹简。
　〔4〕方：木版。
　〔5〕主人使人与客读诸门外：之所以读诸门外，一因门外清静，二防有机密事，便于保密。

【译文】
　《记》。诸侯国之间如果很长时期没有盟会之类的事情了，就要互相聘问。如果有什么事情要与主国措商，那就在行毕聘享礼之后，把本国国君的书信放在束帛上向主国国君呈上。书文如果长达百字以上，就用竹简书写。书文如果不到一百字，就用木版书写。主国国君使人在庙门外与宾一起研读书信。宾将回国的时候，主国国君要派大夫把回信放在宾呈递书信时用的束帛上送到宾馆。第二天，君就到宾馆看望宾。

35. 既受行，出，遂见宰，问几月之资。使者既受行日[1]，朝同位。出祖释𫐄[2]，祭酒脯，乃饮酒于其侧。

【注释】

〔1〕既受行："既"字是衍文。

〔2〕出祖释軷：軷，音 bá，祭名，祭路神。祖，始。释，谓舍而奠之，此处指舍酒脯。

【译文】

使者接受了出行聘礼的使命，从朝中出来，便去见宰，商议需要带几个月的资粮。使者接受使命那天，和他的介上朝时都同处在面朝北而立的位置上。使者一行出国门开始上路的时候，要摆设酒脯，举行軷祭，祭毕卿大夫们在路神的神位旁为使者饮酒饯行。

36. 所以朝天子，圭与缫皆九寸[1]，剡上寸半[2]，厚半寸，博三寸。缫三采六等[3]，朱白仓[4]。问诸侯，朱绿缫八寸。皆玄纁系，长尺，绚组[5]。问大夫之币俟于郊，为肆，又赍皮马[6]。

【注释】

〔1〕缫：案此指圭垫（参见第4节）。

〔2〕剡：削。

〔3〕缫三采六等：这是说的圭垫上画的花纹。三采，谓朱、白、仓三种颜色。等，即就，就在此是周匝的意思。三种颜色各画两匝（即两圈），总共画六匝，故曰"三采六等"。

〔4〕朱白仓：此三字下还脱"朱白仓"三字。

〔5〕皆玄纁系，长尺，绚组：系、组为一物，都是指圭垫（即缫）末端的丝带，因为这种丝带在无事时，又可用以将圭系在圭垫上，故又名系。玄纁，是指丝带的颜色：上端为玄，下端为纁。绚，形容组的色彩绚烂。

〔6〕为肆，又赍皮马：肆，犹陈列。赍，犹付予。

【译文】

朝天子所用的圭和缫都长九寸，圭的上端左右各削去一寸半，圭厚半寸，宽三寸。缫上用三种颜色依次横绕着画了六圈。这三种颜色的排列依次是朱、白、苍、朱、白、苍。聘问诸侯用的圭，垫圭的缫上是用朱、绿两种颜色画的花纹，圭、缫都长八寸。不论是朝见天子用的圭，还是聘问诸侯用的圭，垫圭的缫末端都系有上端为玄色，下端为纁色的丝带，丝带长一尺，色彩绚烂。慰问大夫用的束帛要先由宰夫陈列在近郊，以等待使者，使者到来后，宰夫便将束帛以及皮或马等交付给使者。

37. 辞无常，孙而说[1]。辞多则史，少则不达。辞苟足以达，义之至也。辞曰："非礼也，敢。"[2] 对曰："非礼也，敢辞。"[3]

【注释】

〔1〕孙而说：孙，通"逊"。说，悦。

〔2〕辞曰："非礼也，敢。"：辞，是宾辞不受；敢，意为不敢。

〔3〕非礼也，敢辞：句末"辞"字为衍文。

【译文】

　　行聘问礼的言辞没有规定，只是要注意说话应谦逊而和悦。如果言辞过多，那就像是史官的策祝辞了；言辞过少，又不能把意思表达清楚。言辞的多少如果能把握在已足以达意的限度内，那就是适于应事需要的最高标准。如果主国对宾有超出常礼的赐予，宾就应该推辞说："这不符合礼的规定，不敢不辞。"主人如果问什么地方不合于礼，宾就回答说："所用以惠施于臣的礼物不符合礼，臣不敢不辞。"

38. 卿馆于大夫[1]，大夫馆于士，士馆于工商[2]。管人为客三日具沐[3]，五日具浴。飧不致[4]，宾不拜，沐浴而食之。

【注释】

〔1〕卿馆于大夫：谓馆于大夫之庙。下仿此。

〔2〕士馆于工商：谓馆于工商之寝。工商为庶人。

〔3〕管人为客三日具沐：管人，掌客馆者。客，谓使者，下及士介。具，备。

〔4〕飧：宾初到时主国所赐便宴（参见第 10 节）。

【译文】

出聘异国，卿以大夫的庙为馆舍，大夫以士的庙为馆舍，士以庶人的寝为馆舍。管人要为客人三天准备一次洗头用水，五天准备一次洗澡用水。宾初到时主国向宾赐便宴，不使人捧着束帛向宾致辞。宾接受赐宴也不行拜礼，但一定要先沐浴而后食。

39. 卿，大夫讶〔1〕。大夫〔2〕，士讶。士，皆有讶〔3〕。宾即馆，讶将公命〔4〕，又见之以其挚。宾既将公事〔5〕，复见之以其挚。

【注释】

〔1〕卿，大夫讶：卿，使者。讶，参见第 11 节。

〔2〕大夫：上介。

〔3〕士，皆有讶：士，众介。

〔4〕将：犹致。

〔5〕宾既将公事：将，行也。公事，即聘享之事。

【译文】

主国迎接来聘的宾客，迎接卿，就用大夫做讶。迎接大夫，就用士做讶。迎接士，也都有讶。宾客就馆舍，讶应当向宾客说明自己是奉公命前来负责接待的，接着还要拿着挚以私人名义拜见他们各自接待的宾客。宾客的公事完了以后，也要拿着挚回见他们各自的讶。

40. 凡四器者[1]，唯其所宝以聘可也。

【注释】

〔1〕四器：谓圭、璋、璧、琮。

【译文】

凡圭、璋、璧、琮四种玉器，只要是自己所最宝贵的拿出来行聘礼就可以了。

41. 宗人授次[1]，次以帷，少退于君之次。

【注释】

〔1〕宗人：是为诸侯掌礼之官。授次，谓将次授给掌次。掌次是掌设次之官。

【译文】

宗人把供宾客用的次授给掌次。设次是用帷布，为宾客设的次比为来朝的诸侯国君所设的次位置稍靠后一些。

42. 上介执圭如重，授宾。宾入门皇[1]，升堂让[2]，将授志趋[3]。授如争承，下如送[4]。君还而后退。下阶，发气怡焉[5]，再三举足，又趋。及门，正焉[6]。执圭入门鞠躬焉，如恐失之。及享，发气焉盈容。众介北面，跄焉[7]。私觌，愉愉焉[8]，出如舒雁[9]。皇且行，入门主敬，升堂主慎。

【注释】

〔1〕皇：矜严貌。

〔2〕让:谓举手保持平衡貌。

〔3〕志趋:趋步微小貌。

〔4〕下如送:下,谓下堂。送,授。谓臣授君玉,授毕下堂时,也不敢忘礼,仍像授玉时那样恭敬。

〔5〕发气怡焉:发气,舒气。怡,和悦貌。

〔6〕正焉:谓容色复故。

〔7〕跄焉:跄,音 qiāng,容貌舒扬貌。

〔8〕愉愉焉:容貌和敬貌。

〔9〕舒雁:即天鹅。

【译文】

　　上介拿圭授给宾的时候,要非常谨慎,就像拿着一个十分沉重的东西一样。宾拿着圭入庙门的时候要显出矜严的容色,升堂的时候要举手以保持身体的平衡,将要向主国的国君授圭的时候要小步快走。授圭的时候,要像争着承接什么掉落的东西那样,唯恐圭坠地。授圭后下阶的时候,仍然要像授圭的时候那样保持恭敬。君为把圭授给宰而转身之后,宾才退去。宾下阶后,舒气呼吸才显出和悦的神色,抬脚迈了两三步之后,又转为快步走。走到庙门的时候又恢复入庙门时那样一种矜严的容色。执圭入门的时候要非常恭敬谨慎,好像生怕圭坠失似的。到行享礼的时候,舒气呼吸要平和,并使满面都显出和悦的容色。众介面朝北而立,一个个的容貌都要显得舒展而开朗。宾私见君的时候,容貌应当十分平和而恭敬;宾介行聘享礼毕出庙门的时候,应当像舒雁那样自然而又排列有序。宾拿着圭的时候应该容色矜严而行,进入庙门的时候重在恭敬,升堂的时候重在谨慎。

　　43. 凡庭实随入,左先。皮马相间可也〔1〕。宾之币唯马出,其余皆东〔2〕。多货则伤于德,币美则没礼〔3〕。贿,在聘于贿〔4〕。

【注释】

〔1〕间：犹代，替代。

〔2〕皆东：谓藏之内府。

〔3〕币：谓束帛。

〔4〕贿：财，是主国赠送给聘国的财物。

【译文】

凡属庭实，入门时都是先后相随而入，将要陈放在左边的庭实先进。庭实中的皮和马可以相互替换。宾赠送主国的礼物，只有马要牵出庙去，其余的都拿到东边内府收藏。玉赠送得多了，就要伤败德行；束帛过于华美，就要掩没礼意。赠送宾国的财物，当视宾国所赠送聘礼的多少而定。

44. 凡执玉无藉者[1]，袭。

【注释】

〔1〕执玉无藉：玉，谓圭璋。藉，垫，即缫。

【译文】

凡是拿圭璋而不用缫垫，就要掩好正服前襟。

45. 礼不拜至[1]。醴尊于东箱[2]，瓦大一，有丰[3]。荐脯五臟，祭半臟横之。祭醴再扱：始扱一祭，卒再祭[4]。主人之庭实[5]，则主人遂以出，宾之士讶受之。

【注释】

〔1〕礼：当作"醴"，谓醴宾。

〔2〕东箱：即东堂，在东序东。

〔3〕瓦大一,有丰:瓦大,即瓵;丰,承尊器。

〔4〕卒:此谓第二次扱醴。

〔5〕庭实:谓四马。

【译文】

主君醴宾,不向宾行拜至礼。醴宾用的醴放在东箱,盛醴用的是瓦大,瓦大放在丰上。向宾进上的脯是五条干肉,另有半条行祭礼用的干肉横放在这五条干肉上。用醴祭先人要用柶从觯中扱醴两次:扱第一次祭一回,扱第二次要分祭两回。主君作为庭实赠给宾的四匹马,由主君使人为宾牵出,而由宾的士介迎上去接过来。

46. 既觌,宾若私献[1],奉献将命。摈者入告,出,礼辞。宾东面坐,奠献,再拜稽首。摈者东面坐取献,举以入告;出,礼请受。宾固辞[2]。公答再拜。摈者立于阈外以相拜。宾辞。摈者授宰夫于中庭。若兄弟之国[3],则问夫人[4]。

【注释】

〔1〕若私献:这是宾有珍异之物,欲献予主君以表尊君敬君之忱。

〔2〕宾固辞:"固"是衍文。

〔3〕兄弟:谓同姓。

〔4〕问:犹遗、献。

【译文】

宾向主君行私见礼之后,如果还有珍异之物想私赠给君,那就捧着献物致辞以表达己意。摈者进庙向君报告,然后出来以君命推辞了一下。宾面朝东坐下,把献物放在地上,行拜送礼,再拜稽首。摈者也面朝东坐下,拿取献物,双手举着进庙向君报告,再出来,请君将献物收回。宾推辞不受。于是公在庭中面朝南行再拜礼，表示接受宾的献物。摈者站在庙门中阈外的地方相赞君行拜礼。宾避让着君的拜礼以示不敢当。摈者到庭中把宾的献物交给宰夫。如果是同姓国，那就还要向夫人赠送献物。

47. 若君不见，使大夫受。自下听命，自西阶升受，负右房而立，宾降亦降。不礼[1]。

【注释】
　　〔1〕礼：当作"醴"。

【译文】
　　如果主国的国君因故而不能出来见宾，那就使卿代君接受宾的聘享之礼。卿在堂下听取宾致辞命，然后从西阶升堂接受礼物，再退到右房前背朝右房而立。当宾下堂的时候，卿也随着下堂。卿不向宾行醴礼。

48. 币之所及[1]，皆劳，不释服。

【注释】
　　〔1〕币之所及：谓将被宾和上介所慰问到的卿大夫。

【译文】
　　主国的卿大夫们凡知道自己将被宾慰问的，就都先往宾馆慰劳宾，连朝服也来不及脱。

49. 赐饔唯羹饪[1]。筮一尸[2]，若昭若穆[3]。仆为祝[4]，祝曰："孝孙某，孝子某[5]，荐嘉礼于皇祖某甫[6]，皇考某子[7]。"如馈食之礼[8]。假器于大夫。盼肉及庾车[9]。

【注释】

〔1〕赐饔：即归饔饩，此处省言"饩"。

〔2〕尸：用活人代表死者以受祭，这个人就称作尸。

〔3〕若昭若穆：案昭在此谓祖，穆在此谓父。

〔4〕仆：卿的家臣。

〔5〕孝孙某，孝子某：案因上文说所祭"若昭若穆"，故祭者或称孙，或称子。下或称皇祖，或称皇考，理亦然。某，宾名。

〔6〕荐嘉礼于皇祖某甫：嘉，美。礼，在此指祭肉。皇，对父祖的敬称。某，祖之字。甫，或作"父"，男子美称。

〔7〕某子：某，代姓。子，对父的尊称。

〔8〕如馈食之礼：谓如少牢馈食之礼(其礼详《少牢馈食礼》)。

〔9〕肦肉及庾车：肦，同"颁"，即颁赐。庾，音 sōu。庾车，即庾人和巾车，此二者是为大夫掌视车马之官。

【译文】

主国君所馈赠的饔饩，只用其中的羹和熟牛羊猪肉来祭先人。祭前要通过占筮选定一人做尸，或用以代表父，或用以代表祖。用宾的仆做祝官。行祭礼时祝致辞说："孝孙某(或孝子某)，向皇祖某甫(或皇考某子)进献这美好的牲肉。"祭祀的礼仪如同馈食礼。所用的祭器，是从主国大夫那里借的。祭毕要把祭肉颁赐给所有的随从人员，一直到庾人和巾车。

50. 聘日致饔。明日问大夫。夕，夫人归礼。既致饔，旬而稍[1]。宰夫始归乘禽，日如其饔饩之数[2]。士中日则二双。凡献执一双，委其余于面[3]。禽羞俶献比[4]。

【注释】

〔1〕旬而稍：旬，十日。稍，谷米，在此是供给谷米的意思。

〔2〕如其饔饩之数：这是说如其饔饩之牢数：宾五牢则五双，上介三

牢则三双。

〔3〕面：前。

〔4〕禽羞俶献比：禽羞，烹熟的禽鸟肉。俶献，谓四时珍美新物。俶，始，谓物始成。比，比方，相仿。

【译文】

　　宾向主国君行聘礼的当天，主国君就要向宾介馈送饔饩。第二天，宾介行慰问卿大夫之礼。慰问卿大夫的当天傍晚，夫人向宾介馈送礼物。主国向宾介馈送饔饩之后，过十天要再向宾介供给谷米。宰夫也开始向宾介供给乘禽，每天供给宾和上介的乘禽数同于所馈饔饩的牢数。士介则隔一天供给乘禽两双。凡进献乘禽的时候，宰夫都要手上拿一双以向宾介致辞，而把其余的放在宾接口前地上。向宾介进献禽鸟肉和时新之物的礼仪，也和进献乘禽大体相同。

51. 归大礼之日〔1〕，既受饔饩，请观〔2〕。讶帅之，自下门入〔3〕。

【注释】

〔1〕归大礼：即馈饔饩。

〔2〕请观：谓欲参观主国的宗庙宫室。

〔3〕下门：盖即便门。

【译文】

　　主国向宾馈送饔饩那天，宾接受饔饩之后，可提出请求参观主国的宗庙宫室等。待主君同意后，便由讶引导宾从便门而入，进行参观。

52. 各以其爵朝服。

案此句语意不完，且与上下文不相承接，颇疑为衍文，或错简。

【译文】

（孤立地译此句当为：）大夫们各依照他们爵位的高低穿上朝服。

53. 士无饔。无饔者无傧。

【译文】

主国向士介只馈送饩而不馈送饔。没有得到饔的，也就不向馈送者行傧礼。

54. 大夫不敢辞，君为之辞矣。

【译文】

宾来慰问卿而卿不敢推辞，是因为在此之前君已经为卿大夫们表示过推辞的意思了。

55. 凡致礼[1]，皆用其飧之加笾豆。无饔者无飨礼[2]。

【注释】

〔1〕致礼：谓主君因故不能亲飨宾介而使人致侑币。
〔2〕无饔者：谓士介。

【译文】

凡主国君因故不能亲自为宾介举行飨礼，而使人拿着侑币代己向宾介致辞以馈送飨礼，那就都要用飨宾介应有的束帛加上盛于笾豆等器的食物馈送给宾介。对于没有得到饔礼的士介，也就不为他们举行飨礼。

56. 凡饩[1]，大夫黍、粱、稷，筐五斛。

【注释】

〔1〕凡饩：这是指大夫向宾介馈送饩（其中包括牲畜和米），以报答宾介的慰问（参见第 22 节）。

【译文】

凡大夫向宾介馈送饩，其中馈送给宾的米有黍、粱、稷三种，每筐盛米五斛。

57. 既将公事，宾请归。凡宾拜于朝，讶听之。

【译文】

宾的公事完毕以后，便要向主国君请求回国。凡是宾上朝拜谢主国君的赐予，都由讶听取而后入内向君转告宾的拜谢之辞。

58. 燕则上介为宾，宾为苟敬。宰夫献[1]。

【注释】

〔1〕宰夫献：即以宰夫为主人，代君向宾客献酒。

【译文】

如果为宾举行燕礼，那就用宾的上介充当燕礼上的宾，而对正宾只须表示一定的敬意就可以了。在燕礼上用宰夫充当主人，代君向宾客献酒。

59. 无行则重贿，反币。

【译文】

如果宾只聘此一国而不再去别的国家，那么主国君就要对宾所赠送的聘礼重加回报，并且把宾享君和享夫人所献的礼物全部奉还给宾。

60. 曰[1]："子以君命在寡君[2]，寡君拜君命之辱。""君以社稷故在寡小君[3]，拜。""君贶寡君，延及二三老[4]，拜。"又拜送。

【注释】

〔1〕曰：这以下记主君的摈者（上摈）相赞君拜之辞（参见第25节）。

〔2〕子以君命在寡君：子，对宾的尊称。在，犹存问。

〔3〕君以社稷故在寡小君：君，主君。小君，主君夫人。

〔4〕君贶寡君，延及二三老：贶，赐。老，谓大夫。

【译文】

摈者相赞君拜谢宾的聘享之礼说："您以君命存问寡君，寡君拜谢君的屈尊相问。"摈者相赞君拜谢宾对夫人的聘享之礼说："君因为寡小君与寡君同主社稷的缘故，而存问寡小君，寡君拜谢君的屈尊相问。"摈者相赞君拜谢宾对卿的慰问说："君赐命慰问寡君，而又问及这几位大夫，寡君拜谢君的屈尊相问。"对于宾的将要回国，摈者也相赞君致了拜送之辞。

61. 宾于馆堂楹间释四皮、束帛[1]。宾不致，主人不拜。

【注释】

〔1〕四皮、束帛：这是宾临回国前为馆舍主人所留下的谢礼。

【译文】

宾在馆舍的堂上两楹之间的地方放上四张兽皮和一束帛，作为留给馆舍主人的谢礼。宾不向馆主人致辞，馆主人也不行拜受礼。

62. 大夫来使，无罪飧之。过则饩之。其介为介。有大客后至[1]，则先客不飧食，致之。

【注释】

〔1〕大客：指来朝的诸侯国君。

【译文】

卿为使者来行聘礼，如果在主国没有犯罪行为，主君就将亲自为他举行飧礼。如果使者在主国犯有过错，主君就不亲飧，而只是派人牵着牛羊猪给使者送去。在飧礼上，用使者的上介做介。如果有诸侯国君在使者之后到来，那么对于先来的使者主君就不亲自为他举行飧礼或食礼，只是派人把飧礼和食礼所用币帛佳肴给使者送去。

63. 唯大聘有几筵。

【译文】

只有行大聘礼，主君才为神设几和席。

64. 十斗曰斛，十六斗曰籔，十籔曰秉[1]，二百四十斗[2]。四秉曰筥[3]。十筥曰稯[4]，十稯曰秅，四百秉为一秅。

【注释】

〔1〕十籔曰秉:籔、秉皆量器名。

〔2〕二百四十斗:谓一车之米秉有五籔(参见第16节)。

〔3〕四秉曰筥:禾一把叫做一秉,与上量器之秉异。筥则四把,亦与"米百筥,筥半斛"(第16节)之筥异。

〔4〕稷:音zōng。

【译文】

十斗为一斛,十六斗为一籔,十籔为一秉,一车装米一秉五籔就是二百四十斗。禾四秉为一筥,十筥为一稷,十稷为一秅,那么四百秉也就是一秅。

公食大夫礼第九

1. 公食大夫之礼。使大夫戒，各以其爵[1]。上介出请[2]，入告。宾出拜辱。大夫不答拜，将命。宾再拜稽首。大夫还。宾不拜送，遂从之。宾朝服即位于大门外[3]，如聘。

【译文】
　　公食大夫礼。公派与宾级别相同的大夫，去宾馆告请宾前来参加食礼。大夫到宾馆后，宾的上介出来请问大夫因何事而来，然后入内向宾报告。宾出来拜谢大夫屈驾前来。大夫不回拜礼，向宾致辞相请。宾行再拜稽首礼致谢。大夫回朝。宾不拜送，便随大夫一同前往。宾身着朝服在朝的大门外进入次中稍息，如同行聘礼时那样。

2. 即位。具。羹定，甸人陈鼎七[1]，当门，南面，西上。设扃鼏。鼏若束若编[2]。设洗如飨[3]。小臣具盘匜[4]，在东堂下。宰夫设筵，加席、几。无尊[5]。饮酒、浆饮俟于东房[6]。凡宰夫之具馔于东房。

【注释】

〔1〕甸人：职掌公田，供野物，以及供薪蒸等。在天子为甸师，在诸侯则为甸人，用士旅食者充任。

〔2〕束若编：案编、束在此都是束的意思。

〔3〕设洗如飧：案飧谓飧礼，已亡，故洗设在何处已不可详考。或以为燕礼洗设于阼阶东南，疑食礼亦然。

〔4〕小臣具盘匜：小臣，负责为君正服位，并掌君盥洗之事者。盘，盛水器，形似今面盆而稍浅，有的有双耳，下有圈足，在这里是用以盛盥弃的水，作用如洗。匜，音 yí，古代的盥器，盛盥洗用的水。

〔5〕无尊：案食礼主于食，不主于饮，不行献酬之礼，故无尊。

〔6〕饮酒、浆饮：饮酒，谓饮清酒，即滤去渣滓的醴。醴有两种：带糟的叫醴，滤去糟的叫清酒。浆饮，酒的一种，因为载有米汁，名之为截浆。截，音 zài，义即载。此酒、浆是为酳口而设，不是为献酬。

【译文】

公即位。属吏陈放食物和食器。牲肉煮熟的时候，甸人将七只鼎陈放在庙门外，正对着庙门，鼎面朝南，以西边为上位。鼎耳中贯以横杠，鼎上用茅草覆盖。盖鼎的茅草或扎住根部，或束住中间。洗所放的位置同于飧礼。小臣在东堂下设盘匜。宰夫在堂上设席，席上又设加席和几。不设酒尊。饮酒和浆饮放在东房待用。凡属宰夫掌管的食物和食器都陈放在东房中。

3. 公如宾服，迎宾于大门内。大夫纳宾[1]。宾入门左[2]。公再拜。宾辟，再拜稽首。公揖入。宾从。及庙门[3]，公揖入。宾入。三揖至于阶，三让。公升二等，宾升。大夫立于东夹南，西面，北上。士立于门东，北面，西上。小臣东堂下，南面，西上。宰东夹北[4]，西面，南上。内官之士在宰东北[5]，西面，南上。介门西，北面，西上。公当楣，北乡。至再拜[6]。宾降也，公再拜。宾西阶东，北面答拜。摈者辞。拜也，公降一等。辞曰："寡君从子，虽将拜，兴也。"宾栗阶升，不拜[7]。命之成拜[8]，阶上北面再拜稽首。

【注释】

〔1〕大夫：主国的上摈。

〔2〕宾入门左：宾，原误作"公"。

〔3〕庙：祢庙。

〔4〕宰：此指宰夫的属吏。

〔5〕内官之士：是指奄人而为士者。

〔6〕至再拜：即行拜至礼。

〔7〕不拜：是因宾认为自己已经在堂下拜过了，因此升堂而不再拜。

〔8〕命之成拜：这是主君命宾在堂上成拜礼。案在堂下行再拜稽首礼，这是最重的拜礼。主君虽辞宾堂下之拜，而宾终拜之，主君觉得不敢受宾堂下之拜，因此又命宾成拜礼于上。而宾虽已在堂下拜，可是主君辞而未受，宾觉得就主君之意而言，仍未成拜礼，因此闻君命，宾又立即拜于西阶上。

【译文】

公穿着和宾同样的服装，在大门内迎接宾。作为摈者的大夫引宾入门。宾从门的左侧入门。公向宾行再拜礼。宾避让着公的拜礼，接着向公回再拜稽首礼。公揖请宾继续往里进，于是宾随公而行。到了庙门前，公行揖礼而后先入庙门。宾也随着入庙。行进中，公和宾又行了三次揖礼，来到堂阶下。升阶前又互相谦让了三次，然后公先升阶二级，宾接着登阶升堂。主国的卿大夫们站在东夹南边堂下，面朝西，以北边为上位。主国的士站在庙门内东边，面朝北，以西边为上位。小臣站在东堂下，面朝南，以西边为上位。宰站在东夹北边北堂下，面朝西，以南边为上位。内官之士站在宰的东北边，面朝西，以南边为上位。宾的介站在庙门内西边，面朝北，以西边为上位。公在阼阶上上当屋楣的地方面朝北行拜至礼，以感谢宾的到来。宾为回拜礼而下堂，公见宾下堂又行再拜礼。宾在堂下西阶的东边面朝北将回礼答拜，摈者以公命对宾的堂下之拜表示推辞。宾拜的时候，公又下阶一级。这时摈者又向宾推辞说："寡君已经随同您而下阶了，您即使要拜，也该起来。"于是宾迅速历阶升堂，升堂后也就不再拜了。公命宾在堂上成拜礼就行了，于是宾又在西阶上面朝北行再拜稽首礼。

4. 士举鼎，去鼏于外，次入[1]，陈鼎于碑[2]，南面，西上。右人抽扃[3]，坐，奠于鼎西，南顺，出自鼎西。左人待载。雍人以俎入[4]，陈于鼎南。旅人南面加匕于鼎，退[5]。大夫长盥[6]，洗东南，西面，北上，序进盥，退者与进者交于前[7]。卒盥，序进[8]，南面匕。载者西面[9]。鱼、腊饪[10]。载体进奏[11]。鱼七缩俎，寝右[12]。肠胃七，同俎[13]。伦肤七[14]。肠胃肤皆横诸俎垂之[15]。大夫既匕，匕奠于鼎，逆退，复位。

【注释】

〔1〕次：序。

〔2〕陈鼎于碑："碑"下脱"南"字。

〔3〕右人：抬鼎者左右各一人，在右边的就叫右人。下"左人"意同此。

〔4〕雍人：掌管祭祀和典礼时割烹牺牲肉，陈设鼎俎等事者，由下士充任。

〔5〕旅人南面加匕于鼎，退：旅人，是雍人的下属，由士旅食者充任。案每鼎执匕、俎者各一人：执匕者为旅人，执俎者为雍人。

〔6〕长：在此是依长幼之序的意思。

〔7〕退者与进者交于前：退者，谓盥毕返回者。进者，是进到洗的北边盥手者。前，指洗的南边。

〔8〕序进：这是进到鼎的北边。

〔9〕载者：即上文所说"左人待载"的左人。

〔10〕鱼、腊饪：饪，熟。案这句意在强调羹定时鱼、腊也同时都煮熟了。

〔11〕载体：体，包括牛羊豕之牲体及兽肉。

〔12〕鱼七缩俎，寝右：缩，纵，谓鱼纵放于俎。寝，卧，鱼卧放在俎。右，鱼体的右侧。

〔13〕肠胃七，同俎：肠胃七，是说牛和羊的肠、胃各七，总数是二十八。案牛羊各一而曰肠胃七，盖各切割为七断。

〔14〕伦肤七：肤，猪肉皮。伦肤则为纹理精细之肤。案一豕而曰伦肤七，亦切割为七。

〔15〕垂之：此谓肠胃与肤皆横载于俎，有余则垂之于俎两边。

【译文】

士抬鼎，在庙门外把鼎上的鼏去掉，依次进入庙门，把鼎陈放在碑的南边，鼎面朝南，以西边为上位。右人把抬鼎的杠抽出来，坐下，把杠放在鼎的西边，使杠顺着鼎面南北向放置，然后各自从鼎的西边出庙去。左人留下来，等待用俎载鼎中的食物。雍人拿着俎进来，把俎放在鼎的南边。旅人在鼎的北边面朝南把匕加放在鼎上，然后退出。大夫们依照长幼顺序到洗的东南边，面朝西而立，以北边为上位，接着便依次进到洗的北边面朝南盥手，盥毕的大夫退回来时正好与下一位去盥手的大夫在洗的南边交错而过。大夫们都盥手毕，再依次进到鼎的北边，面朝南用匕从鼎中取食物。左人面朝西用俎承接大夫从鼎中取出的食物。这时鼎中的干鱼和干兽肉也都已煮熟。从鼎中取出的牲体在俎上的放法，都是使骨的根端朝前。鱼七条，纵放在一只俎上，使鱼的右侧卧在下。牛羊的肠七节，胃七条，同放在一只俎上。伦肤七条放在一只俎上。肠、胃和肤都是横放在俎上，横放不下而有长出的部分，就让它垂在俎的两边。大夫们从鼎中取食完毕，就把匕放在鼎上，按照和来时的先后相反的顺序退回到原位。

5. 公降盥^{〔1〕}。宾降，公辞。卒盥，公壹揖，壹让，公升，宾升。宰夫自东房授醢酱。公设之^{〔2〕}。宾辞，北面坐，迁而东迁所[3]。公立于序内[4]，西乡。宾立于阶西，疑立。宰夫自东房荐豆六，设于酱东，西上：韭菹，以东醯醢、昌本[5]，昌本南麋臡[6]，以西菁菹[7]、鹿臡。士设俎于豆南，西上。牛、羊、豕，鱼在牛南[8]，腊、肠胃亚之[9]。肤以为特[10]。旅人取匕，甸人举鼎，顺出[11]，奠于其所[12]。宰人设黍稷六簋于俎西，二以并，东北上[13]。黍当牛俎，其西稷，错以终[14]，南陈。大羹湆不和[15]，实于镫[16]。宰右执镫[17]，左执盖，由门入，升自阼阶，尽阶，不升堂，授公，以盖降，出[18]，入反位。公设之于酱西。宾辞，坐迁之[19]。宰夫设铏四于豆西[20]，东上：牛以西羊，羊南豕，豕以东牛。饮酒实于觯，加于丰。宰夫右执觯，左执丰，进设于豆东。宰夫东面坐，启簋会，各却于其西。赞者负东房，南面告具于公。

【注释】

〔1〕公降盥：这是为将设酱而降盥。

〔2〕公设之：这是为表示亲馈。案此所设为正馔，设于席前东边。

〔3〕迁而东迁所：这是迁到公奠处的东侧、酱所当设处。案这是表示不敢当公亲设之意。

〔4〕序内：谓序的北头、近东房门处。

〔5〕昌本：即菖蒲根，这里是指用菖蒲根做成的菹。

〔6〕麋臡：麋，谓麋鹿肉。臡，音 ní，亦醢。醢有骨曰臡，无骨曰醢。麋臡就是用带骨的麋鹿肉做的醢。下鹿臡仿此。

〔7〕菁菹：菁，即蔓菁，又名芜菁，根和叶可以做菜。菁菹即用蔓菁做成的菹。

〔8〕鱼在牛南：南，原误作"西"。

〔9〕亚：次。

〔10〕肤以为特：特，独。谓肤俎特设在豕俎与肠胃俎的东边。

〔11〕顺出：谓顺鼎实的尊卑依次而出。

〔12〕其所：谓庙门外最初设鼎处。

〔13〕东北上：案饭以黍为尊，故最东北上位陈黍簋。

〔14〕错：谓黍稷交错而陈。

〔15〕大羹湆不和：大羹湆是一种不加佐料的肉汁，故曰不和。此大羹湆是牛肉汁。

〔16〕镫：是一种瓦制的豆，用以盛大羹湆。

〔17〕宰：亦指宰夫的属吏。

〔18〕出：这是为把盖放到庙门外去。

〔19〕迁之：案迁之的目的都是为了表示不敢受公之亲设。

〔20〕铏：盛羹器。案此羹是一种和有菜的羹。

【译文】

公下堂盥手。宾也随着下堂，公向宾辞降。公盥手毕，与宾行一揖一让之礼，而后公先升堂，宾也随着升堂。宰夫从东房中把醯酱端出来授给公。公把醯酱设在宾席前。宾对公亲自为己设醯酱表示推辞，然后在席的南边面朝北而坐，把醯酱稍向东移到应该放的位置。公站在序内，面朝西。宾在堂上西阶的西边面朝北正身而立。宰夫从东房进上六豆，设在醯酱的东边，以西边为上位：先放韭菹，韭菹的东边放醓醢、昌本，昌本的南边放麋臡，麋臡的西边放菁菹、鹿臡。士在六豆的南边设俎，以西边为上位：从东向西依次设牛俎、羊俎、猪俎，鱼俎放在牛俎的南边，腊俎和肠胃俎又续设在鱼俎的东边。肤俎单独放在猪俎和肠胃俎的东边。这时旅人从鼎中拿取匕，甸人抬鼎，案照鼎实的尊卑顺序依次出庙，将鼎放回庙门南边原来的位置。宰夫把盛黍稷的六只簋设在俎的西边。这六只簋两两相并而放，以放在最东北的位置为上位，最上位放的是一黍簋，它的东边正当牛俎，这只黍簋的西边放稷簋，黍簋和稷簋互相交错开，从北向南，依次陈放完毕。所煮的肉羹中不加放盐和菜，盛在镫中。宰右手端着镫，左手抓住盖在镫上的盖，从庙门外送进来，由阼阶而升，升到阶的最上一层而不升到堂上，把镫授给公，然后拿着盖下堂，出门把盖放回庙外，再进庙，返回到东夹北边原位。公把镫设在宾席前醯酱的西边。宾对公为己设镫表示推辞，然后坐下，镫稍向东移到应该放的位置上。宰夫在豆的西边设四只铏，以东边为上位：先放牛肉羹铏，牛肉羹铏的西边放羊肉羹铏，羊肉羹铏的南边放猪肉羹铏，猪肉羹铏的东边再放一只牛肉羹铏。酒盛在觯中，觯放在丰上。宰夫右手拿觯，左手拿丰，进席前把觯和丰设在豆的东边。接着宰夫在席前面朝东而坐，揭开簋上的盖，把盖仰放在簋的西边。最后，赞者背朝东房，面朝南向公报告正馔的食物都已陈设完毕。

6. 公再拜，揖食[1]。宾降拜，公辞，宾升再拜稽首。宾升席坐，取韭菹以辩擩于醢[2]，上豆之间祭[3]。赞者东面坐，取黍实于左手辩，又取稷辩，反于右手，兴以授宾。宾祭之。三牲之肺不离[4]，赞者辩取之，壹以授宾[5]。宾兴受，坐祭，挩手，扱上铏以柶，辩擩之[6]，上铏之间祭[7]。祭饮酒于上豆之间[8]。鱼、腊、酱、湆不祭。

【注释】
〔1〕公再拜，揖食：即行拜礼告宾馔已具备，有请宾用食之意。
〔2〕取韭菹以辩擩于醢：擩，染，也就是蘸一蘸的意思。醢，谓醓醢。案此处是用醓醢代其以下的所有五豆，故曰"辩"。
〔3〕上豆之间祭：案六豆以韭菹、醓醢二豆所在位最上，故上豆之间，实指韭菹、醓醢二豆之间。
〔4〕三牲之肺不离：案离是一种切割肺的方式，即割而留少许不与肺的中央绝离，这样切割的肺就叫做离肺，也叫举肺，是用于食的肺。不离，就是不用离这种切割方式，也就是将切割的部分与肺体割开而不使之稍系联。
〔5〕壹以授宾：壹，犹稍，也就是一一的意思。
〔6〕扱上铏以柶，辩擩之：上铏，指牛铏。扱，所扱为铏菜。辩擩之，谓宾以柶扱上铏之菜，遍擩于三铏，合其味以祭也。
〔7〕上铏之间：谓上排的牛、羊二铏之间。

〔8〕祭饮酒于上豆之间：祭饮酒，当以柶扱酒注于豆间以示祭，其法盖同于"以柶祭醴三"。

【译文】

公行再拜礼，揖请宾用食。宾下堂将行拜礼致谢，公推辞，于是宾又升堂而后行再拜稽首礼。宾升席而坐，取韭菹，用韭菹在醓醢以下的五只豆中都蘸了蘸，然后把它放在韭菹和醓醢两豆之间以祭先人。赞者在席前面朝东而坐，用右手取黍，放到左手中，三只簋盛的黍都取遍，又遍取三簋中的稷，放入左手，然后再反过来放到右手中，起身授给宾。宾又用黍稷祭先人。牛羊猪三牲的肺都切割开，由赞者遍取而一一授给宾。宾一一起身接受肺，再一一坐下用以祭先人，祭毕，擦擦手，用柶从牛肉羹铏中捞取菜，再用这菜在以下三铏中都蘸了蘸，然后放在牛肉羹铏和羊肉羹铏之间以示祭先人。宾又用柶舀取饮酒浇在韭菹和醓醢两豆之间以祭先人。鱼、干兽肉、醯酱、肉羹等不用来祭先人。

7. 宰夫授公饭粱[1]。公设之于湆西。宾北面辞，坐迁之。公与宾皆复初位。宰夫膳稻于粱西[2]。士羞庶羞[3]，皆有大[4]、盖，执豆如宰。先者反之，由门入[5]，升自西阶。先者一人升，设于稻南、簋西[6]，间容人。旁四列[7]，西北上：胾以东臐、膮、牛炙[8]；炙南醢，以西牛胾、醢、牛鮨[9]；鮨南羊炙，以东羊胾、醢、豕炙；炙南醢，以西豕胾、芥酱、鱼脍[10]。众人腾羞者[11]，尽阶，不升堂授，以盖降，出。赞者负东房，告备于公。

【注释】

〔1〕粱：即粟，亦即小米。

〔2〕膳稻：膳犹进。稻即今所谓大米饭。

〔3〕羞庶羞：上"羞"，谓进。庶，众。下"羞"，谓美味食物。

〔4〕大：谓大胾（肉块），是从所进每种食物的肥美处取下来的，用之于祭。

〔5〕先者反之，由门入：先者，是指进庶羞的众士除第一人以外的先者。案进庶羞的众士首一人升堂后，专门负责在堂上摆设庶羞，自第二人以下都只升阶将豆递给首一人。但因庶羞多而进者人少，因此先进的人就要返回来再跑一趟，故曰"先者反之"。由门入，因庶羞皆烹于门外之爨，故进之者由门外入。

〔6〕簋：谓正馔盛黍稷之簋。

〔7〕旁：在此是偏西的意思，即宾席的中央而稍偏西。

〔8〕胾以东膮、胎、牛炙：胾、膮、胎都是加放有五味等佐料而不加放菜的羹。案《仪礼》中的羹有三种：大羹湆，不加盐菜及其他佐料；铏羹，既加佐料又加菜；胾、膮、胎，则只加佐料而不加菜。牛炙，烤熟的牛肉。案以上是所谓旁四列的第一列，从西向东依次摆设上述四物。

〔9〕以西牛胾、醢、牛鲊：牛胾，切成大块的牛肉。鲊，音 zhī，是用鱼肉做成的菹。牛鲊，是用牛肉做成的菹。案以上是旁四列的第二列，从东向西依次摆设上述四物。下第三、第四列的排列法仿此。

〔10〕芥酱、鱼脍：芥，即今所谓芥菜。鱼脍，切得很细的鱼肉。

〔11〕众人腾羞者：腾，当作"媵"。媵，送。众人，是指除首一人之外的众进庶羞者。

【译文】

宰夫把粱饭授给公。公把粱饭设在宾席前肉羹的西边。宾来到席的南边面朝北对公为己设粱饭表示推辞，然后坐下把粱饭稍向西移了移。公和宾都回到原来的位置。宰夫进上稻饭，放在粱饭的西边。众士进上各种美味食物，每种食物上都有一块供行祭礼用的大胾，食物上都加有盖，盛食物的豆的拿法同宰进肉羹时豆的拿法一样。先进上食物的士要返回去再次取食物进上，进食物的士都是从庙门进来，从西阶升堂。进食的士中最先的一人升堂，把所进的食物摆设在稻饭的南边、盛黍稷的簋的西边，使所进食物与东边的簋之间的距离可以容得下人。所进的食物在宾席的中间稍偏西的地方摆成四列，以西北边为上位：在最西北的位置放胾，胾的东边依次放膮、胎、烤牛肉；烤牛肉的南边放醢，醢的西边依次放牛肉块、醢、牛鮨；牛鮨的南边放烤羊肉，烤羊肉的东边依次放羊肉块、醢、烤猪肉；烤猪肉的南边放醢，醢的西边依次放猪肉块、芥菜酱、鱼脍。众士进送食物的，都是升到西阶的最上一层，但不升到堂上，把食物授给最先升堂的士，然后拿着盖下堂，把盖送出庙去。最后，赞者背朝东房向公报告食物都已陈设完毕。

8. 赞升宾。宾坐席末[1]，取粱即稻，祭于酱湆间。赞者北面坐，辩取庶羞之大[2]，兴一以授宾[3]。宾受，兼壹祭之。宾降拜，公辞，宾升再拜稽首。公答再拜。

【注释】

〔1〕席末：席西端。

〔2〕辩取庶羞之大："辩"原误作"奠"。

〔3〕一以授：谓一一授之。

【译文】

赞者以公命请宾升席。宾在席的末端坐下，取粱饭，又就稻饭而取之，然后把粱饭和稻饭放在醢酱和大羹湆之间以祭先人。赞者在席的南边面朝北而坐，遍取所进加馔上的大胾，起身一一授给宾。宾一一接受，然后一总用以祭先人。祭毕，宾下堂将行拜礼，公辞宾堂下之拜，于是宾又升堂而后行再拜稽首礼。公回再拜礼。

9. 宾北面自间坐，左拥簠粱，右执湆以降。公辞。宾西面坐，奠于阶西，东面对，西面坐取之，栗阶升，北面反奠于其所，降辞公[1]。公许。宾升。公揖，退于箱[2]。摈者退，负东塾而立。宾坐，遂卷加席。公不辞。宾三饭以湆酱[3]。宰夫执觯浆饮与其丰以进[4]。

宾挩手，兴受。宰夫设其丰于稻西。庭实设[5]。宾坐祭，遂饮，奠于丰上。

【注释】

〔1〕降辞公：案宾不在堂上辞而必降辞，是因为公尊而敬公。辞，是辞公亲临己食，表示不敢当，因为侍食本是赞者的事。

〔2〕箱：谓东箱，即东堂。

〔3〕宾三饭以湆酱：饭，谓吃饭。所吃的饭即加馔的稻粱。三饭，是用手三次抓饭来吃。其法，是用手抓吃一口饭，喝一口肉羹（湆），再取牲肉蘸酱吃一口，这就算是一饭，如此三次，则礼成，不再吃。

〔4〕宰夫执觯浆饮与其丰以进：这是进浆饮以供宾漱口。

〔5〕庭实设：所设庭实为乘皮。

【译文】

宾面朝北从正馔和加馔之间来到席前坐下，左手抱起盛粱饭的簠，右手端起大羹湆，而后下堂。公对宾下堂表示推辞。宾在堂下西阶的西边面朝西而坐，把粱饭和肉羹放在地上，转成面朝东向公回答了一番话，然后再面朝西拿取粱饭和大羹湆，迅速登阶升堂，再面朝北把粱饭和大羹湆放回原处，接着又下堂对公亲自在堂上侍食加以推辞。公对宾的意思表示接受。宾升堂。公行揖礼而后退到东箱。摈者则退到东塾的北边，背朝东塾而立。宾就席而坐，接着把加席卷起来放在一边。公对宾去掉加席没有表示推辞。宾就着大羹湆和醯酱吃了三口饭。这时宰夫拿着盛有浆饮的觯，连同放觯的丰，一同为宾进上。宾擦了擦手，起身接受觯。宰夫把丰放在稻饭的西边。将要赠送给宾的庭实也摆设出来。宾在席上坐下，用浆饮祭先人，接着便饮浆饮以漱口，然后把觯放在丰上。

10. 公受宰夫束帛以侑[1]，西乡立。宾降筵，北面。摈者进相币。宾降辞币，升听命，降拜。公辞。宾

升，再拜稽首，受币，当东楹北面，退西楹西，东面
立。公壹拜，宾降也，公再拜。介逆出。宾北面揖，执
庭实以出。公降立。上介受宾币。从者讶受皮。

【注释】

〔1〕公受宰夫束帛以侑：侑，犹劝。束帛即所谓侑币，意在侑食，
但只是一种礼仪性的表示，宾受币后其实并不再食，就退出了。

【译文】

　　公从宰夫手中接受束帛，将作为侑币赠送给宾表示劝宾继续
用食，公拿着侑币面朝西而立。宾下席，来到西阶上面朝北而立。
摈者进到堂下两阶之间的地方相赞公向宾授侑币。宾下堂对公授
侑币表示推辞，接着又升堂表示听命，然后下堂，将行拜受礼。
公对宾下堂行拜受礼表示推辞。于是宾升堂而后再拜稽首，在当
东楹的地方面朝北接受了侑币，再退到西楹的西边面朝东而立。
公授侑币后行拜送礼，才拜了一拜，宾就赶忙下堂，表示不敢当，
就在宾下堂的时候，公又拜了一拜。这时介按照和进庙时相反的
顺序出庙。宾下堂走到庭中的时候，面朝北向主国执皮的有司行
揖礼，有司便拿着兽皮跟随宾出庙。这时公下堂到庭中面朝南而
立。宾出庙门之后，由上介接过宾手中的侑币，而由宾的随从人
员迎上去从主国有司手中接受兽皮。

　　11. 宾入门左，没溜[1]，北面再拜稽首。公辞。揖
让如初，升。宾再拜稽首。公答再拜。宾降，辞公如
初。宾升。公揖，退于箱。宾卒食会饭，三饮[2]。不以
酱湆[3]。挩手兴，北面坐，取粱与酱以降[4]，西面坐，
奠于阶西，东面再拜稽首。公降再拜。介逆出。宾出，
公送于大门内[5]，再拜。宾不顾。

【注释】

〔1〕没溜：溜，屋檐，此指庙门内侧上的檐。没，尽，也就是走过了门檐而到了庭中。

〔2〕卒食会饭，三饮：会饭，谓黍稷。三饮，三次饮浆漱口。

〔3〕不以湆酱：案食正馔之饭，当用加馔之庶羞，故不用正馔之湆酱。

〔4〕取粱与酱以降：案这是宾食毕表示亲自彻馔。

〔5〕公送于大门内：送，原误作"逆"。

【译文】

宾又从庙门的左侧入门，走过了门檐，面朝北向公行再拜稽首礼。公对宾行拜礼表示推辞。宾和公像初入庙时那样行三揖三让之礼，然后升堂。宾在西阶上面朝北行再拜稽首礼。公回再拜礼。宾下堂，像当初那样对公亲自侍食表示推辞。然后升堂。公行揖礼，退到东箱。宾吃黍稷饭，一直到吃饭结束，先后三次饮浆饮漱口。这次吃饭不就醯酱和大羹湆。饭毕，宾擦擦手，起身，到席的南边面朝北而坐，拿取粱饭和醯酱下堂，在西阶的西边面朝西而坐，把粱饭和醯酱放在地上，而后转身面朝东行再拜稽首礼以向公致谢。公下堂，向宾回再拜礼。介按照和进来时的先后相反的顺序出庙。宾出庙，公送宾到大门口而不出大门，向宾行再拜礼。宾不回顾。

12. 有司卷三牲之俎[1]，归于宾馆。鱼、腊不与[2]。

【注释】

〔1〕卷：犹收。

〔2〕鱼、腊不与：案鱼、腊既不与，在鱼、腊之下的肠胃俎和肤俎自然也不与。

【译文】

主国的有司把牛羊猪三牲俎上的肉全部收起，给宾送到宾馆去。鱼俎和腊俎不在馈送之中。

13. 明日，宾朝服拜赐于朝，拜食与侑币，皆再拜稽首。讶听之。

【译文】

第二天，宾穿着朝服上朝去拜谢公的赐予，拜谢公所赐予的饭食和侑币，都行再拜稽首礼。由讶听取并入内向公报告宾的拜谢之辞。

14. 上大夫八豆[1]、八簋、六铏、九俎[2]，鱼、腊皆二俎。鱼、肠胃、伦肤，若九若十有一[3]，下大夫则若七若九。庶羞西东毋过四列。上大夫庶羞二十，加于下大夫以雉、兔、鹑、鴽[4]。

【注释】

〔1〕上大夫八豆：上大夫，即卿，大聘的使者。八豆，比下大夫增加葵菹和蜗醢两豆。

〔2〕九俎：比下大夫增加鲜鱼和鲜腊两俎。

〔3〕若九若十有一：这是说俎上所载鱼、肠胃和伦肤数。下"若七若九"意同。

〔4〕雉、兔、鹑、鴽：雉，野鸡。鹑，鹌鹑。鴽，音 rú，也是鹌鹑一类的鸟。

【译文】

为上大夫举行食礼，陈设八豆、八簋、六铏、九俎。九俎中鱼和腊各都是二俎。上大夫的俎上所载的鱼、肠胃和伦肤数目各都是九或十一，下大夫则是七或九。加馔所陈设的各种美味食物，东西都不得超过四列。为上大夫所陈众美味比下大夫增加了雉肉、免肉、鹌鹑肉和鸳肉四种。

15. 若不亲食，使大夫各以其爵朝服，以侑币致之。豆实实于瓮，陈于楹外，二以并，北陈。簋实实于筐，陈于楹内两楹间，二以并，南陈[1]。庶羞陈于碑内[2]。庭实陈于碑外。牛羊豕陈于门内西方，东上。宾朝服以受，如受饔礼[3]。无摈[4]。明日，宾朝服以拜赐于朝，讶听命。

【注释】

〔1〕"豆实"至"南陈"：案豆是指正馔盛韭菹、醓醢等的六豆，簋指正馔盛黍稷等的六簋。现在将豆换成了瓮，而将簋换成了筐。

〔2〕碑内：碑的北边。下"碑外"则指碑的南边。

〔3〕如受饔礼：受饔礼即受饔饩之礼（参见《聘礼》第16节）。

〔4〕无摈："摈"当作"傧"。

【译文】

如果公因故不能亲自为宾举行食礼，就派与宾级别相等的大夫穿着朝服，拿着侑币，前去向宾代公致辞并馈送食物。豆实盛在瓮中，陈放在两楹之间的南边，陈放时两两相并，由南向北而陈。黍稷盛在筐中，陈放在两楹之间的北边，陈放时也是两两相并，由北向南而陈。加馔的众美味陈放在碑的北边。庭实四皮陈放在碑的南边。牛羊豕牵在门内西边，以东边为上位。宾穿着朝服接受馈赠，如同接受饔饩时的礼仪一样。宾不向大夫行傧礼。第二天，宾穿着朝服上朝去拜谢公的赐予，由讶听取并向公转告宾拜谢的辞命。

16. 大夫相食，亲戒速。迎宾于门外，拜至，皆如饎拜[1]。降盥。受酱、湆、侑币束锦也，皆自阼阶降堂

受[2]。授者升一等。宾止也。宾执粱与湆之西序端。主
人辞，宾反之。卷加席，主人辞，宾反之。辞币，降一
等。主人从。受侑币，再拜稽首。主人送币亦然。辞于
主人，降一等。主人从。卒食，彻于西序端，东面再
拜，降出。其他皆如公食大夫之礼[3]。

【注释】

〔1〕飨：谓大夫飨食之礼，今亡。
〔2〕皆自阼阶降堂：这只是从堂降到阶上，并不至地。
〔3〕其他皆如公食大夫之礼：案由此可见，以上只是记大夫食大夫
与公食大夫之礼的不同处。

【译文】

大夫为宾举行食礼，就要亲自去告宾、邀请宾。主人在门外
迎宾，向宾行拜至礼，都同举行飨礼一样。主人飨宾前先要下堂
盥手。主人接受醯酱、大羹湆和作为侑币的束锦，都要从堂上下
到阶上而受。授者则升阶一级而授。主人下阶时，宾留在堂上。
宾拿着粱饭和大羹湆到西序南头，准备在那里用食。主人对宾到
西序南头用食表示推辞，于是宾又返回到席位上。宾卷起席上的
加席，打算把它放到一边，主人对此表示不同意，于是宾又把加
席铺上。主人将向宾授侑币的时候，宾下阶一级表示推辞。主人
也随着下阶一级以向宾辞降。宾接受侑币行拜受礼，要再拜稽首。
主人授币后行拜送礼也再拜稽首。宾对主人亲自侍食表示推辞时
要下阶一级。主人也要随着下阶一级。宾食毕，要亲自彻馔到西
序南头，然后面朝东行再拜礼，下堂退出。其他方面的礼仪都同
公食大夫的礼仪一样。

17. 若不亲食，则公作大夫朝服以侑币致之[1]。宾
受于堂，无摈[2]。

【注释】

〔1〕作：使。

〔2〕摈：当作"傧"。

【译文】

如果公因故不能亲自为宾举行食礼，那就使大夫穿着朝服，拿着侑币去代公向宾致辞并馈送食物。宾要在宾馆的堂上接受馈送，但不向大夫行傧礼。

18.《记》。不宿戒。戒不宿。不授几〔1〕，无阼席〔2〕。

【注释】

〔1〕不授几：案醴宾主人当授几（参见《聘礼》第12节），此则与之异。

〔2〕无阼席：案食礼公不坐，故无阼席。

【译文】

《记》。举行食礼的日期到来之前主人不预先邀请宾，也不告宾。到举行食礼的那天主人要起早告宾，告后就不再邀请宾。在食礼上主人不向宾授几，阼阶上也不为主人设席。

19. 亨于门外东方。

【译文】

食礼是在庙门外东边烹煮食物。

20. 司宫具几与蒲筵常〔1〕，缁布纯〔2〕。加萑席寻〔3〕，玄帛纯〔4〕。皆卷自末〔5〕。宰夫筵出自东房。

【注释】

〔1〕司宫具几与蒲筵常：司宫，掌宫中除污秽之事者。常，一丈六尺。

〔2〕纯：镶边。

〔3〕加萑席寻：加，加席。萑，芦类植物。寻，半常，八尺。

〔4〕帛：谓缯。

〔5〕末：席的末端。

【译文】

食礼开始前，由司宫准备好几和蒲席，蒲席长一丈六尺，用黑布镶边。还要准备好萑席作为加席，萑席长八尺，用黑缯镶边。席都从末端卷起来以备用。食礼开始时由宰夫从东房把席拿出来铺设。

21. 宾之乘车在大门外西方，北面立。

【译文】

宾前往参加食礼所乘坐的车停放在大门外，车面朝北。

22. 铏芼[1]：牛藿[2]，羊苦[3]，豕薇[4]，皆有滑[5]。

【注释】

〔1〕芼：谓肉羹中所加放的菜。

〔2〕藿：豆叶。

〔3〕苦：苦菜。

〔4〕薇：即今所谓野豌豆。

〔5〕滑：指用以调味的菜。

【译文】

食礼的铏羹中所加放的菜：牛肉羹中放藿菜，羊肉羹中放苦菜，猪肉羹中放薇菜，每种羹中还都放有用以调味的菜。

23. 赞者盥，从俎升[1]。

【注释】

〔1〕俎：是指正馔的牛、羊、豕、鱼、腊、肠胃六俎。

【译文】

赞者盥手，在俎送上堂的时候，赞者也随着升堂。

24. 簠有盖幂。

【译文】

盛饭的簠上有盖，设簠时去掉盖而盖上巾。

25. 凡炙无酱[1]。

【注释】

〔1〕凡炙无酱：案因炙已和有盐。

【译文】

凡吃烤肉，不用蘸酱。

26. 上大夫蒲筵，加萑席，其纯皆如下大夫纯。

【译文】

为上大夫举行食礼也用蒲席，加席也用萑席，蒲席和萑席的镶边也都和下大夫一样。

27. 卿摈由下[1]。上赞[2]，下大夫也。

【注释】

〔1〕卿摈：即大聘礼主国的上摈，由主国的卿担任。

〔2〕上赞：即堂上的赞者。

【译文】

卿摈只在堂下相赞食礼。堂上的赞者由下大夫担任。

28. 上大夫庶羞，酒饮、浆饮，庶羞可也[1]。拜食与侑币皆再拜稽首。

【注释】

〔1〕上大夫庶羞，酒饮、浆饮，庶羞可也：上大夫，大聘礼的使者。酒饮，即饮酒。两"庶羞"，皆谓食庶羞。案食礼主于食不主于饮，只是在食前用饮酒行祭礼，食毕饮浆饮以漱口。但大聘礼的宾（上大夫）却可以有所不同，可以在食加馔庶羞时饮酒和浆饮。

【译文】

在上大夫吃加馔诸美味的时候，如果宰夫又进上饮酒和浆饮，那么上大夫一边饮酒、浆，一边吃美味也是可以的。上大夫拜谢公所赐食和侑币，都要行再拜稽首礼。

觐礼第十

1. 觐礼。至于郊[1]，王使人皮弁用璧劳[2]。侯氏亦皮弁[3]，迎于帷门之外[4]，再拜。使者不答拜，遂执玉[5]，三揖至于阶[6]。使者不让，先升。侯升听命，降，再拜稽首，遂升受玉。使者左还而立。侯氏还璧[7]。使者受，侯氏降，再拜稽首，使者乃出。侯氏乃止使者，使者乃入。侯氏与之让升。侯氏先升，授几，侯氏拜送几。使者设几，答拜。侯氏用束帛、乘马傧使者[8]。使者再拜受。侯氏再拜送币。使者降，以左骖出[9]。侯氏送于门外，再拜，侯氏遂从之。

【注释】
〔1〕郊：谓近郊，去王城五十里。
〔2〕王使人：所使者为王的大行人之官。
〔3〕侯氏：即来朝的诸侯。
〔4〕帷门：帷宫之门。案因郊舍较狭小，故为帷宫以接待王的使者。
〔5〕玉：即璧。
〔6〕三揖至于阶：案帷宫中筑有坛以像堂，坛有阶。
〔7〕侯氏还璧：这是表示重礼轻财之意。
〔8〕傧使者：即向使者行傧礼。
〔9〕以左骖出：骖，骖马，又叫骓马。案四马头朝北立，左骖在西。其余三马则由侯氏的士牵出授给使者的从者。

【译文】
觐礼。前来觐见王的诸侯到达王城近郊，王派出的使者穿着皮弁服，拿着璧前去慰劳。侯氏也穿着皮弁服，到帷门外迎接使者，向使者行再拜礼。使者不回拜，便拿着玉璧入帷门，行进中与侯氏行了三次揖礼，到达坛阶前。使者不谦让，就先升坛。侯氏升坛听使者致辞，听毕下坛行再拜稽首礼，然后升坛接受玉璧。使者授璧后向左转成面朝南而立。这时侯氏又把璧还给使者。使者接受璧之后，侯氏下坛，行再拜稽首礼。使者出去。侯氏派上介出去挽留使者，使者于是又进来。侯氏与使者在阶前谦让一番而后升坛。侯氏先升坛，待使者升坛后，把几授给使者，然后行拜送礼。使者把几放在席上，然后回礼答拜。侯氏向使者行侯礼，赠送使者一束帛和四匹马。使者行再拜礼而后接受赠礼。侯氏也行再拜礼以表相送。使者下坛，牵着左边的一头骖马出去。侯氏送使者到帷门外，行再拜礼，接着便随同使者而去。

2. 天子赐舍。曰："伯父[1]，汝顺命于王所，赐伯父舍。"侯氏再拜稽首。傧之束帛乘马。

【注释】

〔1〕伯父：是天子对同姓诸侯的称呼。

【译文】

天子命赐给侯氏馆舍。于是使者为侯氏安排馆舍，并转致王命说："伯父，你顺从王命而到王朝来觐见，赐给伯父馆舍。"侯氏再拜稽首，并在馆舍向使者行侯礼，赠送使者一束帛和四匹马。

3. 天子使大夫戒曰[1]："某日，伯父帅乃初事[2]。"侯氏再拜稽首。

【注释】

〔1〕大夫：这是担任讶者的大夫。

〔2〕帅乃初事：帅，循。初，犹故。帅乃初事，即循其故事。

【译文】

天子使担任讶者的大夫前去告诉侯氏说："某日，伯父按照惯例觐见。"侯氏再拜稽首受命。

4. 诸侯前朝[1]，皆受舍于朝[2]。同姓西面，北上。异姓东面，北上。

【注释】

〔1〕朝：此谓朝期，即觐见的日期。

〔2〕皆受舍于朝：受舍，实际就是受次，即用帷布临时张起的帐蓬，以供来觐的诸侯暂息。于朝，实际是在天子的祧庙即文王庙的门外。案天子先命掌次在庙门外张好次舍，然后由诸侯的上介先期往受之。

【译文】

诸侯们在觐见的日期到来之前，都要派上介到文王庙门外去接受王赐予的次舍。同姓诸侯的次舍在庙门的东边，面朝西，以北边为上位。异姓诸侯的次舍在庙门的西边，面朝东，以北边为上位。

5. 侯氏裨冕[1]，释币于祢[2]，乘墨车[3]，载龙旗弧韣[4]，乃朝，以瑞玉有缫[5]。天子设斧依于户牖之间[6]，左右几[7]。天子衮冕[8]，负斧依。啬夫承命[9]，告于天子。天子曰："非他，伯父实来，予一人嘉之[10]。伯父其入，予一人将受之[11]。"侯氏入门右[12]，坐，奠圭，再拜稽首。摈者谒[13]。侯氏坐取圭，升致命。王受之玉。侯氏降，阶东北面再拜稽首。摈者延之曰："升。"升成拜，乃出。

【注释】
〔1〕裨冕：穿裨衣而戴冕。案天子的礼服有六种，即大裘、衮服、鷩服、毳服、绨服、玄服。除大裘外，其余五服通称裨服。天子根据行礼场合的不同，穿不同的服。这五种裨服诸侯和卿大夫也可以穿。诸侯分公、侯、伯、子、男五等，他们所可穿的裨服也不同：公衮服，侯伯鷩服，子男毳服。此外，孤卿可穿绨服，大夫可穿玄服。这六服都是玄衣、纁裳，它们的区别在于衣裳上面所装饰的章数（花纹图案的多少）不同。天子大裘十二章（装饰在裘外的罩衣上），即在衣裳上或画或刺绣有日、月、星、山、龙、华虫（有五色文彩的虫类）、宗彝（指虎蜼，蜼是一种长尾猿）、藻（水草）、火、粉米（白米）、黼（黑白相间）、黻（黑青相间）等十二种图案和花纹。衮服九章：龙、山、华虫、火、宗彝、藻、粉米、黼、黻。鷩服七章：华虫、火、宗彝、藻、粉米、黼、黻。毳服五章：宗彝、藻、粉米、黼、黻。绨服三章：粉米、黼、黻。玄服一章：衣玄色无文，裳一章，即黻。天子诸侯服虽不同，但头上戴的都是冕。冕的形制：上有一块长方形的木板叫做延，延下有一冠圈叫做武，延的前沿挂着一串串的小玉珠叫做旒，武的左右两边各有一贯笄的小孔叫做纽，笄两端有固冠用的丝带叫做纮。天子诸侯冕虽同而旒数不同：天子十二旒，公九旒，下以二数递减。
〔2〕释币于祢：币，束帛。祢，此指行主，诸侯出行时载于斋车而随行的祖宗的神主（即牌位）。此神主其实是迁主，即迁于祧庙的祖先牌位。迁主而称祢，为示亲。释币于祢，是为了向行主报告将觐见天子。
〔3〕墨车：漆成黑色的车，这本是大夫乘的车。案同姓诸侯在本国当乘金路（有金饰的车），异姓诸侯在本国当乘象路（饰有象牙的车），金路和象路各都是天子五路之一，现在入天子之国，车服不可与天子同，因此诸侯自屈而乘墨车。
〔4〕龙旗弧韣：龙旗，即画有龙的旗。弧，张旗的竹弓。韣，音dú，弓衣，套在弓上起装饰作用。
〔5〕以瑞玉有缫：瑞玉，公侯伯是圭，子男是璧。缫，是圭璧的垫。
〔6〕设斧依于户牖之间：斧依，形如屏风，上画有九斧，横三，纵三。户牖之间，即庙堂上的正中位。
〔7〕左右几：皆玉几，设在莞席（莞草编的席）的两端。左右设几，是优至尊的表现。

〔8〕天子衮冕：案天子衮服亦九章，它与诸侯衮服的不同处在于，其所画龙作升腾之形，而诸侯则无升龙。

〔9〕啬夫承命：啬夫，是司空的属官，现在担任末摈。承命，是承命于侯氏的下介。案侯氏发命，由其上介依次传到下介，下介再传给天子的末摈，末摈再依次传到上摈，而后由上摈传给天子，此即所谓交摈传辞。天子有命，也是通过交摈传辞以达于侯氏。命，即所谓辞。

〔10〕予一人：天子自称。

〔11〕予一人将受之：受之，谓受圭。这是王表示要对侯氏以宾客之礼相待，预辞其以臣礼奠圭而不敢亲授。

〔12〕侯氏入门右：这是表示执臣道，不敢由宾客位（即门左）而入。

〔13〕谒：犹告。

【译文】

到了觐见天子那天，侯氏穿着裨服，头上戴着冕，把束帛放在用车载以随行的祖先牌位前，向祖先报告将去觐见天子，然后乘坐墨车，车上载着龙旗，张龙旗的弓上戴着衣套，拿着带有缫垫的圭，去觐见天子。在文王庙堂上室的门和窗之间，为天子设斧依，在斧依前所设席的左右两端为天子设几。天子穿着衮服，头上戴着冕，背靠斧依而立。担任末摈的啬夫从侯氏的下介那里听受了侯氏请求觐见之辞，传达到上摈，再由上摈报告给天子。天子说："这不是别人，是伯父到来了，我很赞许他的光临。请伯父进来吧，我将亲手接受他的圭。"于是侯氏从门的右侧进入庙中，在庭南就地而坐，把圭放在地上，行再拜稽首礼。摈者告诉侯氏，天子要像接待宾客那样亲自接受圭。于是侯氏又坐下拿起圭，从西阶升堂，向王致辞并授圭。王接受圭。侯氏下堂，在西阶的东边面朝北行再拜稽首礼。摈者以王命延请侯氏说："请升堂。"于是侯氏又升堂再拜稽首以成拜礼，然后出庙。

6. 四享皆束帛加璧[1]，庭实唯国所有。奉束帛，匹马卓上[2]，九马随之，中庭西上。奠币，再拜稽首。摈者曰[3]："予一人将受之[4]。"侯氏升，致命。王抚玉[5]。侯氏降自西阶，东面授宰币[6]，西阶前再拜稽首，以马出授人，九马随之。事毕。

【注释】

〔1〕四享："四"当作"三"。享，献。

〔2〕匹马卓上：卓，犹的，的即白色。上，即领头。

〔3〕摈者曰：这是转述王的话。

〔4〕予一人将受之：这也是王表示要亲受，而辞侯氏之奠币（参见上节）。

〔5〕王抚玉：案王不受玉，仅抚之而已，这是表示轻财。

〔6〕宰：这是王之下的最高执政官。

【译文】

侯氏觐见王之后，要向王行三次享礼，每次都是用束帛加璧以向王致辞，庭实则尽本国所有的贵重土特产献上。行享礼时，侯氏捧着束帛加璧，庭实则用一匹白马领头，后面随着九匹马，这十匹马牵到中庭，自西向东排成一排，以西边为上位。侯氏把束帛加璧放在马西边地上，行再拜稽首礼。摈者传达王的话说："我将亲自接受享礼。"于是侯氏升堂，向王致辞。王把玉璧抚摸了一下。侯氏又捧着束帛加璧从西阶下堂，面朝东授给天子的宰，然后在西阶前行再拜稽首礼，接着便牵了最西边的一匹马出去，授给王的下属人员，其他九马也随着被牵出授给王的属吏。每次享礼都这样进行，一直到三享结束。

7. 乃右肉袒于庙门之东，乃入门右，北面立，告听事。摈者谒诸天子。天子辞于侯氏曰："伯父无事，归宁乃邦[1]。"侯氏再拜稽首，出。自屏南适门西[2]，遂入门左，北面立。王劳之。再拜稽首。摈者延之曰[3]："升。"升成拜，降出。

【注释】

〔1〕归宁乃邦：宁，安。乃，汝。

〔2〕自屏南适门西：屏，此谓庙门外正对庙门的小墙，即屏。

〔3〕摈者延之：这是摈者以王命辞侯氏阶下之拜，而延请侯氏升堂拜。

【译文】

侯氏在庙门东边袒露右肩臂，进入庙门向右折，面朝北而立，向王报告己国治理的情况以及多所获罪的事，表示愿听从王的谴责。摈者把侯氏的话报告给天子。天子向侯氏推辞说："伯父没有什么获罪的事，请回去安定你的国家吧。"于是侯氏行再拜稽首礼，然后出庙。侯氏从屏的南边绕到庙门西侧，再次进入庙门而向左折，面朝北而立。王对侯氏道路的辛苦表示慰劳。侯氏再拜稽首。摈者以王命辞侯氏堂下之拜而延请侯氏升堂，说："请升堂。"于是侯氏又升堂再拜稽首，以成拜礼，而后下堂出庙。

8. 天子赐侯氏以车服。迎于外门外〔1〕，再拜。路先设西上，路下四亚之〔2〕，重赐无数〔3〕，在车南。诸公奉篋服〔4〕，加命书于其上，升自西阶，东面。大史是右。侯氏升，西面立。大史述命〔5〕。侯氏降，两阶之间北面再拜稽首，升成拜。大史加书于服上。侯氏受。使者出，侯氏送，再拜。摈使者〔6〕，诸公赐服者束帛四马。摈大史亦如之。

【注释】

〔1〕外门外：即大门外。

〔2〕路下四亚之：路下四，即所谓乘马，也就是在车下驾车的四马。亚之，次之。

〔3〕重赐：谓加赐。

〔4〕诸公奉篋服：诸公，天子的诸公。篋，竹箱名，用以盛王所

觐礼第十 **331**

赐服。

〔5〕述命：谓读王的命书。

〔6〕使者出，侯氏送，再拜。傧使者：使者，在此兼公与大史言。案傧使者在拜送之前，此述之于后，是补述其礼。

【译文】

天子派使者去赐给侯氏车和服。侯氏到馆舍大门外迎接使者，向使者行再拜礼。赐给侯氏的车先停放在庭中西边上位，然后将驾车的四匹马排列在车的东边。天子加赐的礼物没有定数，放在车的南边。天子派出担任使者的诸公捧着盛服的篋，天子赐车服的命书加放在篋上，从西阶升堂，面朝东而立。大史站在公的右边。侯氏从阼阶升堂，面朝西而立。大使宣读天子的命书。侯氏下堂，在两阶之间面朝北行再拜稽首礼，大史辞侯氏堂下之拜，于是侯氏又升堂再拜稽首以成拜礼。大史把命书放在服篋上。侯氏接受命书和服。使者出去，侯氏送使者，向使者行再拜礼。使者临走前，侯氏要向使者行傧礼，赠给前来赐车服的公一束帛和四匹马。向大史行傧礼也像这样。

9. 同姓大国则曰伯父，其异姓则曰伯舅。同姓小邦则曰叔父，其异姓小邦则曰叔舅。

【译文】

天子对于同姓大国的诸侯称伯父，对异姓大国的诸侯称伯舅。天子对同姓小国的诸侯称叔父，对异姓小国的诸侯称叔舅。

10. 飧、礼[1]，乃归。

【注释】

〔1〕礼：此谓食礼和燕礼。

【译文】

　　王用飨礼、食礼和燕礼款待侯氏，然后侯氏回国。

　　11. 诸侯觐于天子〔1〕，为宫方三百步〔2〕，四门。坛十有二寻〔3〕，深四尺〔4〕，加方明于其上〔5〕。方明者，木也，方四尺，设六色：东方青，南方赤，西方白，北方黑，上玄，下黄。设六玉：上圭，下璧，南方璋，西方琥，北方璜，东方圭。上介皆奉其君之旗置于宫〔6〕，尚左。公侯伯子男皆就其旗而立。天子乘龙〔7〕，载大旆〔8〕，象日月，升龙、降龙，出拜日于东门之外，反祀方明。礼日于南门外，礼月与四渎于北门外，礼山川丘陵于西门外。

【注释】

　　〔1〕诸侯觐于天子：案此所谓觐，是指时会殷同。时会，是指不定期的朝会。譬如说诸侯有不顺服者，就会合天下诸侯而征讨之。殷同，是说如果天子因故不能按期巡视诸侯，诸侯便都来朝见。

　　〔2〕为宫方三百步：这是在都城外垒土以像宫墙，就算是宫了。方三百步，古六尺为步，方三百步即方一百八十丈。

　　〔3〕寻：八尺。

　　〔4〕深：即高。

　　〔5〕方明：即一方木，其上下四方则象征六方之神(详下文)。

　　〔6〕上介皆奉其君之旗置于宫：案这是上介预为其君设见王时所立之位：诸公的旗设在中阶之前，北面，东上；诸侯的旗设在东阶之东，西面，北上；诸伯的旗设在西阶之西，东面，北上；诸子的旗设在门东，北面，东上；诸男的旗设在门西，北面，东上。

　　〔7〕乘龙：乘龙马驾的车。案马八尺以上称为龙。

　　〔8〕大旆：旆，音 pèi。大旆，即大常(王旗名)，是一种画有日月和升龙、降龙图案的旗(见下文)。

【译文】

　　如果诸侯因会同而朝觐天子，那就在都城外用土围宫，宫方三百步，开有四门。宫中筑坛，坛十二寻见方，高四尺，坛上加放方明。方明是用木做的，它的长、宽、高都是四尺，上面涂有六种颜色：朝东的一面是青色，朝南的一面是赤色，朝西的一面是白色，朝北的一面是黑色，朝上的一面是玄色，朝下的一面是黄色。方明上还嵌有六块玉：上面是圭，下面是璧，南面是璋，西面是琥，北面是璜，东面是圭。上介拿着各自国君的旗帜，预先插在宫前规定的位置，以东边为上位。公侯伯子男各级诸侯都就各自的旗下站立。天子乘坐龙马驾的车，车上树着大旗，旗上画有日月和升龙、降龙的图像，出宫，到东门外拜祀日神，返回来再祭祀宫坛上的方明。如果是夏季会同，天子就出南门外拜祀日神；冬季会同，就出北门外拜祀月和四渎之神；秋季会同，就到西门外拜祀山川丘陵之神。

12. 祭天燔柴[1]。祭山、丘陵升[2]。祭川沉[3]。祭地瘗[4]。

【注释】

　　[1] 祭天燔柴：燔，烧。燔柴即禋（烟）祭，是周人的祭天之法：积柴，柴上加放牲体而烧之，上帝闻到了烟气，就算享用了。

　　[2] 祭山、丘陵升：升，谓登山。山丘之祭法有二：一是将牲币等祭物埋藏于山中以示祭，二是将祭物悬挂在山上以示祭。

　　[3] 沉：谓将祭物投于水中。

　　[4] 瘗：音 yì，埋。

【译文】

　　祭天用焚烧薪柴的方法。祭山和丘陵，是升到山上悬挂祭物或埋藏祭物。祭河流是把祭物投到水中，任其或浮或沉。祭地，祭后要把祭物掩埋起来。

13.《记》。几俟于东箱。偏驾不入王门[1]。奠圭于缫上。

【注释】

〔1〕偏驾不入王门：案王所乘的车有五种：玉路、金路、象路、革路、木路。诸侯则根据同姓、异姓以及远近亲疏的不同，可由王封赐其中的一种车，如同姓封以金路，异姓封以象路。因为诸侯所乘的车只是王车的一种，所以叫做偏驾。因为偏驾不得入王门，故来朝诸侯乘墨车（参见第5节）。

【译文】

王的几放在东箱以待用。诸侯乘的偏驾不得进入王城之门。诸侯觐见天子奠圭时要把圭放在缫上。

丧服第十一

1. 丧服。斩衰裳[1]，苴绖、杖、绞带[2]，冠绳缨[3]，菅屦者[4]，[传曰][5]斩者何？不缉也[6]。苴绖者，麻之有蕡者也[7]。苴绖大搹，左本在下[8]，去五分一以为带[9]。齐衰之绖[10]，斩衰之带也，去五分一以为带。大功之绖，齐衰之带也，去五分一以为带。小功之绖，大功之带也，去五分一以为带。缌麻之绖，小功之带也，去五分一以为带。苴杖，竹也。削杖，桐也[11]。杖各齐其心，皆下本。杖者何？爵也[12]。无爵而杖者何？担主也[13]。非主而杖者何？辅病也[14]。童子何以不杖？不能病也[15]。妇人何以不杖[16]？亦不能病也。绞带者，绳带也[17]。冠绳缨条属[18]，右缝[19]。冠六升[20]，外毕[21]，锻而勿灰[22]。衰三升。菅屦者，菅菲也[23]，外纳。居倚庐[24]，寝苫枕块[25]，哭昼夜无时。歠粥[26]，朝一溢米[27]，夕一溢米，寝不说绖带。既虞，翦屏柱楣[28]，寝有席，食疏食水饮[29]，朝一哭，夕一哭而已。既练，舍外寝[30]，始食菜果，饭素食，哭无时。

【注释】

〔1〕斩衰裳：斩，谓裁割布料如用刀斩般粗糙，且寓痛甚之意。衰，音 cuī，凡服，上曰衰，下曰裳。

〔2〕苴绖、杖、绞带：即苴绖、苴杖、苴绞带。苴，音 jū，是一种

结子的麻。绖，音 dié，是缠在头上和腰间的麻孝带：在头曰首绖，在腰曰腰绖。苴杖，谓竹杖，即以苴竹为杖。苴绞带，是一种用苴麻做的孝带，系在腰间，用以束身。

〔3〕绳缨：用麻绳做冠缨。

〔4〕菅屦者：菅屦，茅草鞋。者，在此起提顿作用，用以引起下文。

〔5〕传：这是战国时人所作以解释《丧服》的文字。

〔6〕缉：缝。

〔7〕萉：音 fén。麻子。

〔8〕苴绖大搹，左本在下：搹，音 è，犹握。本，麻根。案首绖是用两股麻纠合而成，纠合时应将麻根的一端置于头的左侧，而将麻的末端加在麻根之上，使麻根在下，即所谓左本在下。

〔9〕带：指斩衰的腰绖。

〔10〕齐衰：齐，音 zī。案齐衰及下大功、小功、缌麻，是依次递轻的丧服等级名，详后。

〔11〕削杖，桐也：即削桐木为杖。

〔12〕爵也：案谓有爵之人必有德，故能为父母哀痛而致病，故许其以杖扶病。

〔13〕担主：即担任丧主，主持丧事。

〔14〕非主而杖者何？辅病也：非主而杖者，指嫡子以外的众子，因其为父母丧痛同，故亦须以杖辅病。

〔15〕童子何以不杖？不能病也：因为童子无知，哀痛不能致病，故无须扶杖。

〔16〕妇人：此指主妇以外的妇人，恩义疏者。

〔17〕绳带：即绞带，是以麻绳为带。

〔18〕冠绳缨条属：属，连缀。案丧冠的形制，是用一条麻绳，从前额绕到后项，在后项相交而过，再向前绕到头的左右两侧，在当耳处缝缀住，这个围绕头部的绳圈叫做武，也就是冠圈，多余的部分则垂下而为缨。又用一条宽二寸的布，从武的前端覆至后项，是为冠梁，亦简称冠，而使武缝缀在冠上。

〔19〕右缝：案冠梁上有三道褶绉，褶绉都是折向右缝的。

〔20〕冠六升：案布八十缕为升，六升则四百八十缕，此缕数即径线的密度。古代布幅宽二尺二寸，升数愈多，则布愈细密。

〔21〕外毕：案斩衰冠的冠梁与冠圈（即武）的连缀法，是将冠布的前后两端多余的部分，从冠圈里侧向外，再反折上来缝在冠圈上，这反折上来的部分就叫做毕。这种向外反折的缝法，就叫做外毕。

〔22〕锻而勿灰：锻，此指用棒槌捶洗。加灰捶洗，可使布色白；然此冠布捶洗时则无须加灰。

〔23〕菲：即丧屦（鞋）。

〔24〕倚庐：即倚墙为庐，遂以为名。倚庐建于大门内、寝门外之东墙下。

〔25〕寝苫枕块：苫，原误作"苦"。寝，卧。块，土块。

〔26〕歠：音 huò，饮。

〔27〕溢：二十两曰溢，相当于米的一又二十四分之一升。案当时的两与升究竟多大，今已很难确考。

〔28〕既虞，翦屏柱楣：虞，是死者葬后，对死者进行祭祀的祭名（详《士虞礼》）。屏，指盖在庐上面的草苫。楣，指搭庐时置于地、距墙五尺而与墙平行之木。案庐的形制，置一木横于墙下，去墙五尺，叫做楣。楣上立五椽，斜倚东墙，上面盖上草苫，南北两面也用草苫遮蔽，而向北开一门，庐中可容半席。虞祭之后，丧礼渐轻，庐的形制也改变了：将原来卧地之楣两端用柱顶起来，庐即成一小方屋形，这就叫做柱楣，门也改为向西开；原来不修剪的草苫，现在也可以稍作修剪，这就叫做翦屏。

〔29〕疏食：谓食粗糙的饭食。

〔30〕既练，舍外寝：练，是父母去世后十一个月所举行的祭祀，因为这时可穿练（即加灰捶洗）过的白色的布帛做的孝衣，故名。舍，宿。寝，室。此室是砖垒成的小草屋，不涂泥，不加修饰，仅用白垩土涂墙，故又名垩室。

【译文】

丧服。用裁割后不缝边的布做衰裳，用麻做首绖和腰绖，用竹做哀杖，用麻做绞带，丧冠用麻绳做冠缨，穿草鞋，这样一种丧服，〔传曰〕斩是什么意思？斩是说裁割后的布不缝边。苴绖，是用结子的麻做的首绖和腰绖。首绖的粗细为人手的一握。用作首绖的麻要使麻根的一端置于头的左侧，并使麻根被压在麻稍的下边，首绖的粗细减少五分之一就是斩衰的腰绖。齐衰的首绖和斩衰腰绖的粗细一样，齐衰首绖的粗细减少五分之一就是齐衰的腰绖。大功的首绖和齐衰腰绖的粗细一样，大功首绖的粗细减少五分之一就是大功的腰绖。小功的首绖和大功腰绖的粗细一样，小功首绖的粗细减少五分之一就是小功的腰绖。缌麻的首绖和小功腰绖的粗细一样，缌麻首绖的粗细减少五分之一就是缌麻的腰绖。苴杖是用竹做的。削杖是用桐木做的。杖的高度与服丧者的心齐，两种杖都是使根的一端在下。服丧者为什么要扶杖呢？因为服丧者是有爵位的人。为什么没有爵位的人也扶杖呢？因为他是嫡子，担任丧主，主持丧礼。为什么不担任丧主的人也有扶杖的呢？因为他们虽不是嫡子，但为父母之丧哀痛太甚以致病，要用杖来扶持病体。童子为什么不扶杖呢？因为童子无知，不能哀痛致病。妇人为什么也有不扶杖的呢？那是因为这些妇人与死者的关系较疏远，也不能哀痛致病。绞带是用麻绳做的带。丧冠，下面有麻绳做的缨条和它相连缀，冠布上的褶绉一律缝向右边。制丧冠用六升布，丧冠的毕是缝在武的外边的，制丧冠的布要经过捶洗，但捶洗时不用加灰。制衰用三升布。草鞋就是草菲，编这种草鞋收头时一律将余头露在外边。孝子要住在倚庐中，卧草苫，枕土块，哀痛就哭，不分昼夜，没有定时。孝子只吃稀粥，早上吃一溢米，晚上吃一溢米，睡觉时也不脱首绖和腰绖。到虞祭之后，盖庐的草苫可以稍加修剪，原来放置在地上的楣也可以用柱子顶起来，睡觉时可以铺席，可以吃粗糙的饭食，饮水，每天早上哭一次，晚上哭一次就行了。到举行过练祭之后，就可以住在外边用砖垒的小草屋里了，并可开始吃蔬菜瓜果，吃素餐，想哭就哭，没有固定的时间。

2. 父[1]。[传曰] 为父何以斩衰也？父至尊也。

诸侯为天子。[传曰] 天子至尊也。

君。[传曰] 君至尊也。

父为长子[2]。[传曰] 何以三年也？正体于上，又乃将所传重也[3]。庶子不得为长子三年[4]，不继祖也。

为人后者[5]。[传曰] 何以三年也？受重者必以尊服服之[6]。何如而可为之后？同宗则可为之后[7]。何如而可以为人后？支子可也[8]。为所后者之祖、父、母、妻，妻之父、母、昆弟，昆弟之子，若子〔9〕。

妻为夫。[传曰]夫至尊也。

妾为君〔10〕。[传曰]君至尊也。

女子子在室为父〔11〕，布总，箭笄，髽，衰〔12〕，三年。[传曰]总六升，长六寸〔13〕。箭笄长尺，吉笄尺二寸。子嫁反在父之室〔14〕，为父三年。

公士大夫之众臣〔15〕，为其君布带、绳屦〔16〕。[传曰]公卿大夫室老、士〔17〕，贵臣，其余皆众臣也。君谓有地者也。众臣杖，不以即位〔18〕。近臣，君服斯服矣〔19〕。绳屦者，绳菲也。

【注释】

〔1〕父：此承上经文之末的"者"而言，谓上经所说的那种丧服，是子为父所服。下仿此。案《丧服》皆先言其服，再言所为服之人。

〔2〕长子：谓嫡长子。

〔3〕正体于上，又乃将所传重也：这两句是解释父为什么要为其嫡长子服三年之丧，原因有二：一、嫡长子是继先祖之正体；二、嫡长子又将代己为宗庙主，即所谓"传重"（宗庙主的地位叫做重）。

〔4〕庶子不得为长子三年：庶子，在此统就妾所生子及嫡长子以外的众子而言。此处庶子是说父本人为庶子，非继宗之正体，不得传重，故庶子即不得为其长子服三年丧。

〔5〕为人后者：人，谓宗子，即大宗。后，谓宗子的后继人。案宗子的后继人本为嫡长子，但宗子有可能无子，或有子而早殇，那么大宗就将断绝了，而大宗是不可以断绝的，所以族人用支子过继为大宗之后，此子即所谓为人后者。

〔6〕受重者必以尊服服之：受重者，即为正体受传重而继祖者。尊服，谓斩衰。

〔7〕同宗：谓同大宗。

〔8〕支子可也：支子，在此是统嫡长子下面的众嫡子和庶子（妾子）而言。支子可也，是说支子都可以做宗子的后继人。但如果出现宗子无

子的情况时，真正继承宗子的只能是支子中与宗子关系最近的一个。之所以将支子都包括在"可也"的范围内，是因为与宗子最近的一支也可能无子，那就可以从与宗子次近的一支中去选择支子做继承人，这样就可以为大宗的永不断绝提供可靠的保证。

〔9〕"为所后者"至"若子"：案所后者的祖、父、母、妻，就是为后者的曾祖、祖、祖母、母辈，这是正亲。妻之父、母、昆弟，就是为后者的外祖父、外祖母、舅；妻的昆弟之子，则是为后者的内弟：这是外亲。若子，谓如所后者的亲子。就是说为后者对于上述正亲、外亲，其所服，都如同所后者（宗子）的亲子之服。

〔10〕妾为君：君即妾之夫。不敢称夫而称君，同于人臣。

〔11〕女子子在室为父：女子子，即女子，犹今所谓姑娘、闺女。在室，谓已许嫁而尚未嫁者。

〔12〕布总，箭笄，髽，衰：总，谓束发。箭，即小竹。髽，音zhuā，即露纷（纷谓束发髻），亦即露着发髻。衰，斩衰。

〔13〕长六寸：是指总布束发余下垂在髻后为饰的部分。

〔14〕反在父之室：是指已嫁女因过被夫家所出而返家者。

〔15〕公士大夫之众臣：士，此指卿。众臣，指众家臣。

〔16〕为其君布带、绳屦：君，犹言主子，在此指公卿大夫。绳屦，麻绳编的屦。案布带是齐衰之带（斩衰用绞带），绳屦是大功之屦。这就是说，家臣为其君服不纯斩衰：不用绞带而用布带，不穿菅屦而穿绳屦。

〔17〕公卿大夫室老、士：室老，家臣之长。士，为公卿大夫掌管封邑事务者。

〔18〕不以即位：位，谓哭位。案众臣位卑于贵臣，故不为之设哭位，因此也就不即哭位。

〔19〕近臣，君服斯服矣：近臣，指守门人或阍者之类。君，这里指嗣君。

【译文】

是子为父所服。[传曰]子为父为什么服斩衰呢？因为父对于子来说是至尊的。

是诸侯为天子所服。[传曰]天子至尊。

是臣为君所服。[传曰]君至尊。

是父为嫡长子所服。[传曰]父为什么要为嫡长子服三年之丧呢？因为嫡长子是继祖的正体，而且自己又将把宗庙主的位置传给他。如果父本人是庶子，那就不得为他的嫡长子服三年丧了，因为他的嫡长子不是继祖的正体。

是作为宗子后继人的支子为宗子所服。[传曰] 作为宗子后继人的支子为什么要为宗子服三年之丧呢？因为宗子是被传以宗庙主的地位的人，所以必须为他服斩衰之服。怎样才可以做宗子的后继人呢？必须是同一个大宗的人才可以。同一个大宗的人怎样才可以做宗子的后继人呢？支子才可以做宗子的后继人。作为宗子后继人的支子为宗子的祖父、父、母和妻，为宗子的妻之父、母和兄弟，以及为宗子的妻的兄弟之子，所应服的丧服，都同宗子的亲子所应服的丧服一样。

是妻为夫所服。[传曰] 夫对于妻来说是至尊的。

是妾为夫所服。[传曰] 夫对于妾来说是至尊的。

是已经许嫁而尚未出嫁的女子为父所服，服时还要用布束发，发上插竹笄，露着发髻，穿斩衰，丧期三年。[传曰] 束发用六升布，束发后留出六寸长的一段垂在发髻后边以为饰。竹笄长一尺，逢吉事插的笄长一尺二寸。

是已嫁的女子而返回父家的为父所服，丧期也是三年。

是公卿大夫的众家臣为他们的君所服，但不用绞带而用布带，不穿草鞋而穿麻绳编的鞋。[传曰] 公卿大夫的室老和士，是家臣中的贵臣，其余的家臣统称众臣。君，是指的那些有封地的人。众家臣服丧要扶杖，但不设哭位。家臣中的近臣，当嗣君穿丧服的时候，便随之而服。麻绳编的鞋就是绳菲。

3. 疏衰裳[1]，齐，牡麻绖[2]，冠布缨[3]，削杖，布带，疏屦[4]，三年者，[传曰] 齐者何？缉也。牡麻者，枲麻也[5]。牡麻绖右本在上[6]。冠者沽功也[7]。疏屦者，藨蒯之菲也[8]。

【注释】
〔1〕疏：粗。下“疏”同。
〔2〕牡麻：即雄性的麻。

〔3〕冠布缨：以布为武，垂下为缨也。

〔4〕疏屦：粗糙的草鞋。

〔5〕枲麻：枲，音 xǐ。枲麻是一种不结子的雄性的麻。

〔6〕牡麻绖右本在上：绖，谓首绖。右本在上，与斩衰首绖左本在下正好相反（参见第 1 节）。

〔7〕冠者沽功也：冠，在此指用以做冠的布。沽功，沽犹粗，沽功就是将大功的衰布稍加粗略，以为齐衰的冠布。

〔8〕藨蒯之菲：藨，音 biāo，藨属，生水边，高可四尺许，茎可做席、绳、鞋等。蒯，音 kuǎi，草名，多年生草本，多丛生水边。

【译文】

　　用粗布做衰裳，将布的毛边缝齐，用牡麻做首绖和腰绖，丧冠用布带做冠缨，扶削杖，腰间系布带，穿粗草鞋，这样的丧服而丧期为三年的，〔传曰〕齐是什么意思？就是把布的毛边缝齐。牡麻，就是枲麻。用牡麻做首绖，要使麻根的一端置于头的右侧，并将麻根压在麻稍上边。做丧冠所用的布比大功的衰布稍粗略些。粗草鞋，也就是用藨草或蒯草编的菲。

　　4. 父卒则为母。继母如母。〔传曰〕继母何以如母？继母之配父，与因母同[1]，故孝子不敢殊也。

　　慈母如母。〔传曰〕慈母者何也？〔传曰〕妾之无子者，妾子之无母者，父命妾曰："女以为子。"命子曰："女以为母。"若是，则生养之终其身如母，死则丧之三年如母，贵父命也。

　　母为长子[2]。〔传曰〕何以三年也？父之所不降[3]，母亦不敢降也。

【注释】

　　〔1〕因：犹亲。

〔2〕母为长子：这是说父是嫡长子，母又是父的嫡妻，此母就将为嫡长子服齐衰三年。

〔3〕不降：谓父虽尊，但因嫡长子是继祖的正体，因此不敢降低丧服的等级。

【译文】

是父死后子为母所服。为继母服也同为亲母一样。[传曰]为继母服为什么同为亲母一样呢？因为继母与父为配偶，同自己的亲母与父为配偶是一样的，所以孝子对待继母不敢有什么不同。

为慈母服也同为自己的亲母一样。[传曰]称呼慈母是怎么回事？[传曰]如果某妾无子，而另一妾子又丧母，那么父命无子之妾说："你把这个孩子当作自己的孩子吧。"又命丧母的妾子说："你把这个母亲当作自己的亲母吧。"这样，子对这位母亲，活着的时候要奉养她终身，如同奉养亲母一样；死了，要为她服齐衰三年之丧，也同为亲母一样。这样做，是因为尊重父命。

是母为嫡长子所服。[传曰]母为嫡长子为什么要服齐衰三年呢？这是因为父不降低为嫡长子服丧的等级，母当然也就不敢降低等级了。

5. 疏衰裳，齐，牡麻绖，冠布缨，削杖，布带，疏屦，期者〔1〕，[传曰]问者曰：何冠也？曰：齐衰、大功冠其受也，缌麻、小功冠其衰也〔2〕。带缘各视其冠〔3〕。

【注释】

〔1〕期：谓丧期为一年。案此所记齐衰期之丧有削杖，不同于下所记齐衰期而无杖者（见第7节），故称齐衰杖期。

〔2〕齐衰、大功冠其受也，缌麻、小功冠其衰也：这里是由齐衰之冠而又连带言及大功、缌麻和小功之冠。冠其受，受谓受衰。案大多数丧服并不是在服丧期内自始至终不变的，而是随着服丧的不同阶段变化的，即在服丧的不同阶段，都要重新受一次服，叫做受衰，而所受之衰

则随着丧情的减轻而逐渐变细。渐细的标准，是以冠布的粗细为度。例如斩衰最初服三升布，冠六升布，葬后，就依照冠布受衰，改穿六升布的丧服，而冠则加一升为七升（参见第 25 节）。

〔3〕带缘各视其冠：带缘，布带的镶边。案齐衰以下丧服渐轻，故带有缘饰。而缘所用布与冠布升数同，所缘之带用布则与衰升数同。

【译文】

用粗布做衰裳，将布的毛边缝齐，用牡麻做首绖和腰绖，丧冠用布带做冠缨，扶削杖，腰间系布带，穿粗草鞋，这样的丧服而丧期为一年的，〔传曰〕有人问：用什么样的布做丧冠呢？回答说：齐衰和大功的冠，都是用将在葬后受衰时用以做衰的那种布做的；缌麻和小功的冠，则是用和它们各自的衰相同的布做的。用来做不同丧服的布带镶边的布，都各自和它们的冠布相同。

6. 父在为母。〔传曰〕何以期也？屈也〔1〕。至尊在，不敢伸其私尊也〔2〕。父必三年然后娶，达子之志也〔3〕。

妻。〔传曰〕为妻何以期也？妻至亲也。

出妻之子为母〔4〕。〔传曰〕出妻之子为母期，则为外祖母无服。〔传曰〕绝族无施服〔5〕，亲者属〔6〕。出妻之子为父后者〔7〕，则为出母无服。〔传曰〕与尊者为一体，不敢服其私亲也〔8〕。

父卒，继母嫁，从〔9〕，为之服。报〔10〕。〔传曰〕何以期也？贵终也。

【注释】

〔1〕屈：谓不敢伸，也就是降低一级丧服等级的意思。案子为母当服齐衰三年，现在服期，故谓之屈。屈的原因，则是因为有至尊之父在。

〔2〕私尊：案母之尊，是仅对子而言，因此被称为子的私尊。父亲

就不一样了，不仅对子，而且对妻都是至尊的，所以父不称私尊。

〔3〕父必三年然后娶，达子之志也：案子虽因父在而屈其为母之丧，但心中仍在为母服丧，即所谓"心丧犹三年"，父体谅子的这种心情，一定要到三年之后才再娶。

〔4〕出妻：出犹去，谓妻因过被夫所弃去。

〔5〕绝族无施服：绝族，恩义已断绝之族，指被出之妻娘家之族。

〔6〕亲者属：属，连，谓母子至亲，无绝道。

〔7〕为父后者：即为父的嫡长子。

〔8〕私亲：谓母。

〔9〕从：谓子年幼，母嫁而从之。

〔10〕报：谓继母对于当为己服齐衰期的子，该子如先己而死，亦当为之服齐衰期，故曰报。

【译文】

是父在子为母所服。〔传曰〕父在，子为什么为母服齐衰期之丧呢？这是子降低了为母丧服的等级。因为有至尊的父在，所以不敢完全伸达个人对母的尊崇之心。父必须等到三年之后才另娶妻，这是为了使子悼念亡母的心志能得伸达。

是夫为妻所服。〔传曰〕夫为妻为什么服齐衰期之丧呢？因为妻对夫来说是至亲的。

是被夫所出的妻之子为其母所服。〔传曰〕被夫所出的妻之子为母服齐衰期之丧，但为外祖父、外祖母就不服丧了。〔传曰〕这是因为父与他的妻族的恩义已经断绝，所以子也就不再为他的母族的人服丧。而母子之间的至亲之情却相连而无断绝之理，所以子还要为母服齐衰期之丧。如果被出的妻之子是父的后继人，那子就不为被出之母服丧了。〔传曰〕这是因为嫡长子与父为一体，所以不敢为私亲服丧。

父死，继母改嫁，子从继母而嫁，这样的子也要为继母服齐衰期之丧。继母对该子也服齐衰期以相报。〔传曰〕从继母而嫁之子为什么为继母服齐衰期之丧呢？这是因为既与继母曾为母子，那就贵在能使这种母子的恩义有始有终。

7. 不杖，麻屦者〔1〕，

【注释】

〔1〕不杖，麻屦：这里也是记齐衰之服，只是不杖和不穿疏屦而穿麻屦与上不同，其余皆同。

【译文】

不扶杖，穿麻制的屦，这样一种齐衰期的丧服。

8. 祖父母。〔传曰〕何以期也？至尊也。

世父母〔1〕，叔父母。〔传曰〕世父、叔父何以期也？与尊者一体也〔2〕。然则昆弟之子何以亦期也？旁尊也，不足以加尊焉，故报之也〔3〕。父子一体也，夫妻一体也，昆弟一体也。故父子首足也，夫妻胖合也〔4〕，昆弟四体也〔5〕，故昆弟之义无分。然而有分者〔6〕，则辟子之私也〔7〕。子不私其父，则不成为子。故有东宫，有西宫，有南宫，有北宫〔8〕，异居而同财：有余则归之宗，不足则资之宗〔9〕。世母、叔母何以亦期也？以名服也〔10〕。

大夫之嫡子为妻。〔传曰〕何以期也？父之所不降，子亦不敢降也〔11〕。何以不杖也〔12〕？父在则为妻不杖。

昆弟。

为众子〔13〕。

昆弟之子。〔传曰〕何以期也？报之也。

大夫之庶子为嫡昆弟〔14〕。〔传曰〕何以期也？父之所不降，子亦不敢降也。

嫡孙[15]。［传曰］何以期也？不敢降其嫡也[16]。有嫡子者无嫡孙，孙妇亦如之[17]。

为人后者为其父母[18]。报。［传曰］何以期也？不贰斩也[19]。何以不贰斩也？持重于大宗者，降其小宗也[20]。为人后者，孰后？后大宗也。曷为后大宗？大宗者，宗之统也[21]。禽兽知母而不知父。野人曰：父母何算焉[22]！都邑之士则知尊祢矣[23]。大夫及学士则知尊祖矣[24]。诸侯及其大祖。天子及其始祖之所自出[25]。尊者尊统上，卑者尊统下[26]。大宗者，尊之统也；大宗者，收族者也[27]，不可以绝[28]，故族人以支子后大宗也[29]。嫡子不得后大宗[30]。

女子子适人者为其父母、昆弟之为父后者。［传曰］为父何以期也？妇人不贰斩也。妇人不贰斩者何也？妇人有三从之义[31]，无专用之道[32]，故未嫁从父，既嫁从夫，夫死从子。故父者子之天也，夫者妻之天也。妇人不贰斩者，犹曰不贰天也，妇人不能贰尊也。为昆弟之为父后者何以亦期也？妇人虽在外，必有归宗[33]，曰小宗，故服期也。

继父同居者。［传曰］何以期也？［传曰］夫死，妻稚[34]，子幼[35]，子无大功之亲[36]，与之适人。而所适者亦无大功之亲，所适者以其货财为之筑宫庙[37]，岁时使之祀焉，妻不敢与焉[38]，若是，则继父之道也。同居则服齐衰期，异居则服齐衰三月也。必尝同居，然后为异居。未尝同居，则不为异居。

为夫之君。［传曰］何以期也？从服也[39]。

姑、姊妹、女子子适人无主者[40]。姑、姊妹报。［传曰］无主者，谓其无祭主者也[41]。何以期也？为其无祭主故也。

为君之父母、妻、长子、祖父母。［传曰］何以期也[42]？从服也。父母、长子，君服斩[43]。妻则小君也[44]。父卒然后为祖后者服斩[45]。

妾为女君[46]。［传曰］何以期也？妾之事女君，与妇之事舅姑等[47]。

妇为舅姑。［传曰］何以期也？从服也[48]。

夫之昆弟之子[49]。［传曰］何以期也？报之也[50]。

公妾[51]、大夫之妾为其子。［传曰］何以期也？妾不得体君，为其子得遂也[52]。

女子子为祖父母[53]。［传曰］何以期也？不敢降其祖也[54]。

大夫之子为世父母、叔父母、子、昆弟、昆弟之子，姑、姊、妹、女子子无主者：为大夫、命妇者[55]。唯子不报[56]。［传曰］大夫者，其男子之为大夫者也。命妇者，其妇人之为大夫妻者也。无主者，命妇之无祭主者也。何以言唯子不报也？女子子适人者，为其父母期，故言不报也，言其余皆报也[57]。何以期也？父之所不降[58]，子亦不敢降也。大夫曷为不降命妇也[59]？夫尊于朝，妻贵于室矣。

大夫为祖父母、嫡孙为士者。［传曰］何以期也？大夫不敢降其祖与嫡也[60]。

公妾以及士妾为其父母。[传曰]何以期也？妾不得体君，得为其父母遂也[61]。

【注释】

〔1〕世父母：即伯父伯母。

〔2〕与尊者一体：尊者，谓父。与父一体，即下文"昆弟一体"之义。案为世父、叔父本当服大功，但因世父、叔父与父为一体，故加隆而服期。

〔3〕"然则昆弟"至"故报之也"：案己为世父、叔父不服大功而服期，故世、叔父为己亦报之以期。

〔4〕胖合：胖，音 pàn，一物中分为二，其一即为胖，两胖相合即为一体。后即以胖合喻夫妇配偶关系。

〔5〕四体：即四肢。

〔6〕有分：谓异居。

〔7〕辟子之私：辟，同避。私，谓私其父，即子各以己父为至亲至尊而独厚之。世、叔父皆不可夺其父子之私而避之，也就是承认并尊重子对其父的私情的意思。

〔8〕"故有东宫"至"北宫"：案东西南北宫，是形容昆弟各以其父子为单位而分居。

〔9〕资之宗：此宗谓小宗，即子之世父。资，取。

〔10〕以名服也：谓世、叔母以配世、叔父而有母名，故服亦与世、叔父同。

〔11〕父之所不降，子亦不敢降：案大夫为庶妇要降低丧服等级，为嫡妇则不降而服大功，这是因为重嫡妇之故。父既不降为嫡妇之服，子亦不敢降而为其妻服期。又案所谓不降，就是以其本当服之服服之，而不降低等级。相反，如果不以本服服之而以次一等之服服之，就叫做降。

〔12〕何以不杖也：案既不降期服，则亦当不降扶杖，故问之。

〔13〕众子：谓除嫡长子以外的其他诸子。

〔14〕庶子为嫡昆弟：此处庶子包括除嫡长子以外的诸子和妾子。嫡昆弟，在此是指嫡长子。因为嫡长子并不一定就长于所有的妾子，其上或有庶兄，所以据众庶子而言嫡昆弟。

〔15〕嫡孙：这是说嫡长子死了，而由嫡孙承重为宗庙主，其祖为之服期。

〔16〕不敢降其嫡也：案孙为祖服期，祖亦当报之以期，但因祖为孙

之正尊，故降而为孙服大功，可是对于嫡孙则不敢降。

〔17〕有嫡子者无嫡孙，孙妇亦如之：这是说如果嫡长子在，那么祖对于嫡孙和嫡孙妇，就都视同庶孙、庶孙妇了。

〔18〕为人后者：指作为宗子后继人的支子（参见第2节）。

〔19〕不贰斩：这是说既为所后之父服斩，则于生父不得不降服期而不得服斩。

〔20〕持重于大宗者，降其小宗也：持重，谓主持宗庙祭祀之重。此处大宗谓所后者，小宗则谓为人后者之父母。

〔21〕大宗者，宗之统也：宗，尊。案凡大宗、小宗皆族人之所尊，而小宗又统乎大宗，故大宗为尊之统。

〔22〕野人曰：父母何算焉：野，郊外之地。野人，乡里之人。何算，犹言何别，谓不知分别父母之尊卑。

〔23〕士：泛指士民，与下"学士"异。

〔24〕学士：此谓学校之士。

〔25〕始祖之所自出：案古人为神化本民族的祖先，把本民族的始祖说成是感天帝之精气而生，故始祖之所自出即指天或天帝。

〔26〕尊者尊统上，卑者尊统下：尊者谓天子诸侯，卑者谓大夫士。尊统上，谓所尊之统向上延伸得远。尊统下，谓所尊之统向上延伸有限，与己甚近。

〔27〕收：犹合。

〔28〕不可以绝：即谓大宗是继祖承重者，故不可以断绝。

〔29〕故族人以支子后大宗：案大宗世世由嫡长子继承，如果哪一代大宗无子，那么族人即以支子为大宗之后继人，以使之不绝。

〔30〕嫡子不得后大宗：嫡子，谓大宗的兄弟各自的嫡长子，因皆当继祢而主小宗之事，故不可用作为大宗之后。

〔31〕三从：即下文"未嫁从父，既嫁从夫，夫死从子"。

〔32〕无专用之道：即不允许有独立的思想和人格，不得自作主张。

〔33〕归宗：谓归于小宗。

〔34〕稺：同"稚"，谓年未满五十岁。

〔35〕幼：谓年十五以下。

〔36〕大功之亲：谓同祖之亲。

〔37〕宫庙：即庙，宫亦庙。

〔38〕妻不敢与焉：妻既已另嫁，就与前夫之族关系断绝了，因此不敢参与对前夫的祭祀。

〔39〕从服：此谓妻从夫而服。

〔40〕无主者：谓无主祭者（详下）。

〔41〕无祭主：谓既无子，又丧夫，死后无人为己主祭。

〔42〕何以期也：案对于姑、姊妹、女子子出嫁者，当降服大功，今乃服期，故问之。

〔43〕父母、长子，君服斩：这句是解释为什么臣为君的父母、长子服斩：因为君为其父母和嫡长子服斩，而臣从君服，降君服一等，故服期。

〔44〕妻则小君：这句是解释为什么为君之妻服期：因为君之妻为小君。

〔45〕父卒然后为祖后者服斩：为祖后者，谓君。因君之父早卒，故祖之嫡长孙继位为君。这句是解释在什么情况下臣为君的祖父母服期。

〔46〕女君：谓君的嫡妻。

〔47〕与妇之事舅姑等：案妇为其舅姑服期（见下文），故妾为女君亦服期。

〔48〕从服：谓从夫而服。案凡从服降一等。

〔49〕夫之昆弟之子：这是世母或叔母为其侄服。

〔50〕报之也：案妻为夫昆弟之子服，实际是从夫而服。夫为昆弟之子服期，妻从服则降一等而服大功。但因昆弟之子为己服期，因此己亦为之服期，故曰报之。

〔51〕公：谓诸侯。

〔52〕妾不得体君，为其子得遂也：体君，谓与君为一体而具有君之尊。遂，顺，谓顺其本服而服期。

〔53〕女子子：此指已出嫁者。

〔54〕不敢降其祖：案已嫁女当降其本服一等，但对于祖却不敢降。

〔55〕大夫之子为世父母、叔父母、子、昆弟、昆弟之子，姑、姊、妹、女子子无主者：为大夫、命妇者：案这里讲了大夫之子所为服期的十二种人：男的六种，即世父、叔父、子、昆、弟、昆弟之子，这六种人的身份都是大夫；女的六种，即世母、叔母、姑、姊、妹、女子子（自姑以下为无主者），这六种人的身份都是命妇。子，指除嫡长子以外的众子。命妇，即妇人而由朝廷赐有爵命者。对于以上十二种人，子是从其做大夫的父而服，父为这十二种人服期（谓父为他自己的这十二种亲属服期），子从父当降一等而服大功，却也服期。

〔56〕唯子不报：子，谓女子子。唯子不报，原因详下《传》。

〔57〕其余皆报也：这是说除女子子外，其他诸人对大夫之子都当报之以期。

〔58〕父之所不降：这是说父（即大夫）对于他自己的这十二种亲属皆服期而不降，不是就子的这十二种亲属来说的。

〔59〕大夫曷为不降命妇也：这也是就父之亲而问的。这里的命妇，是指姑姊妹女子子已嫁者。姑姊妹女子子已嫁者，大夫当为之降服大功（这是对于嫁给大夫者说的。若嫁给士，则当降服小功），而仍然服期，这是为什么呢？因此发问。

〔60〕大夫不敢降其祖与嫡：案这是体现尊祖重嫡之义。

〔61〕妾不得体君，得为其父母遂：案谓妾为其父母，亦不受其君尊之厌而可遂其本服。

【译文】

是为祖父、祖母所服。[传曰] 为祖父、祖母为什么服期呢？因为祖父、祖母是至尊的。

是为伯父、伯母和叔父、叔母所服。[传曰] 为伯父、叔父为什么服期呢？因为他们与父为一体。然而为兄弟之子为什么也服期呢？因为伯父、叔父对兄弟之子来说属旁尊，本不足以由兄弟之子为他们加尊而服期，既然兄弟之子为他们加尊服期，所以他们也对兄弟之子报之以服期。父子一体，夫妻一体，兄弟一体。因此父子犹如首和足，夫妻则是合二而为一体，兄弟如同一个人的四肢，所以按兄弟之义来说是不可分的。然而有兄弟分居的情况，那是因为尊重子想要厚待己父的私情。子如果没有厚待己父的私情，那就不成其为子了。因此有东宫，有西宫，有南宫，有北宫等等，兄弟分室而与各自的父同居，但财产却是大家共同的：如果有余财，就归给小宗；如果不足，就从小宗那里领取。对伯母和叔母为什么也服期呢？因为她们和伯父、叔父相配而有伯母、叔母之名，所以为她们服期。

是大夫的嫡长子为他的妻所服。[传曰] 大夫的嫡长子为他的妻为什么服期呢？因为大夫对嫡妇不降低所应服的丧服等级，所以子也就不敢降低丧服等级。那为什么又要服不杖期呢？因为有父在，所以虽为妻服期而不扶杖。

是为兄弟所服。

是为嫡长子以外的众子所服。

是为兄弟之子所服。[传曰] 为兄弟之子为什么服期呢？因为兄弟之子为伯父、叔父加尊而服期，所以伯父、叔父也报之以服期。

是大夫的庶子为作为父的后继人的嫡兄或嫡弟所服。[传曰]大夫的庶子为什么要为作为父的后继人的嫡兄或嫡弟服期呢？因为父对自己的后继人要服斩衰三年而不降低丧服等级，所以子也就不敢降低丧服等级。

是祖为嫡孙所服。[传曰] 祖为嫡孙为什么服期呢？因为祖不敢降低对嫡孙的丧服等级。但如果祖的嫡子在，那么对嫡孙也就视同庶孙了，对嫡孙妇也是这样。

是作为宗子后继人的支子为自己的父母所服。支子的父母对他也用服期相报。[传曰] 作为宗子后继人的支子为什么为自己的父母服期呢？因为子不可为二父服斩。为什么不可为二父服斩呢？这是因为将承受大宗所传重位的人，就当降低对小宗的丧服等级。所谓为人后者，是说为谁的后呢？是说为大宗的后。支子为什么要为大宗后呢？因为大宗是众小宗之统。禽兽知有母而不知有父。郊外乡野之人却说：父母还有什么区别？都邑中的人就知道尊父了。大夫和学士就知道尊祖了。诸侯祭祀的时候要一直向上祭及他们的太祖。天子祭祀更向上祭到他们的始祖所由出的天。所以地位愈尊的人，他们所尊祀的先祖也就向上延伸得愈远；地位愈低的人，他们所尊祀的先辈也就愈近。大宗是众小宗之统，大宗又是族人的聚合者，不可以断绝，所以族人用支子做大宗的后继人。小宗的嫡长子则不得用作大宗的后继人。

是已出嫁的女子为她的父母和作为父的后继人的兄或弟所服。[传曰] 已嫁女为父为什么服期呢？妇人不为二父服斩衰。妇人为什么不可为二父服斩衰？因为妇人要遵守"三从"的原则，而没有可以自作主张的道理，所以未嫁时服从父，出嫁后服从夫，夫死了就服从子。所以说父是子的天，夫是妻的天。妇人不为二父服斩衰，就如同说妇人不可有两个天，妇人不能有两个被视为至尊的人。已嫁女为什么也要为作为父的后继人的兄或弟服期呢？因为妇人虽出嫁在外，也一定要有可回归之宗，这个宗就是小宗，所以要为小宗的后继人服期。

是为同在一起生活的继父所服。[传曰] 为什么要为同在一起生活的继父服期呢？［传曰］妻死了丈夫，自己还不到五十岁，儿子还幼小，儿子又没有同祖的亲属可依靠，同母一道嫁到别人家。而所嫁的男人也没有同祖的亲属，他用自己的资财为妇人带来的儿子建造官庙，使该子可以按岁时祭祀自己的生父，其生父之妻则不敢参加这祭祀，像这样，就可以说是具备了我们所说的继父的条件。同继父在一起生活，就为他服齐衰期之丧。如果后来又同继父分居了，就服齐衰三月之丧。一定要曾经同继父在一起生活过，然后分开才算是我们所说的分居。如果不曾同继父在一起生活过，就不是我们所说的分居。

是妻为夫的君所服。［传曰］为夫的君为什么服期呢？这是因为从夫而服的缘故。

是为姑、姊妹和女子已经嫁人而又无主的所服。姑、姊妹也用服期相报。［传曰］所谓无主，是说死后无人为己做祭主。为什么要为她们服期呢？就是因为她们既无子，又丧夫，死后无人为她们主祭，人们哀怜她们，所以为她们服期。

是为君的父母、妻、嫡长子和祖父、祖母所服。［传曰］为什么要为君的上述亲属服期呢？这是因为臣从君而服的缘故。为父母和嫡长子，君服斩衰，臣从君而降一等，所以服期。君的妻是小君，因此也为她服期。父早死，子继祖而为君，要为祖服斩衰，臣从君而降一等，所以为君的祖父母服期。

是妾为君的嫡妻所服。［传曰］妾为嫡妻为什么服期呢？因为妾事奉嫡妻，同妇事奉舅姑一样。

是妇为舅姑所服。［传曰］妇为舅姑为什么服期呢？是因为从夫而服的缘故。

是为丈夫的兄弟之子所服。［传曰］为丈夫的兄弟之子为什么服期呢？这是因为丈夫的兄弟之子为己服期，因此己也用服期相报。

是诸侯的妾和大夫的妾为自己的儿子所服。［传曰］诸侯和大夫的妾为自己的儿子为什么服期呢？因为妾与君不算一体，没有嫡妻的尊贵地位，无须因尊而为子降低丧服等级，所以能够顺其为子的本服而服期。

是已出嫁的女子为祖父、祖母所服。［传曰］女子为祖父、祖母为什么服期呢？因为尽管已出嫁，却不敢降低对自己的祖父、祖母的丧服等级。

是大夫之子为做大夫的伯父、叔父、子、兄、弟、兄弟之子，以及为身为命妇的伯母、叔母和身为命妇而无主的姑、姊、妹、女子所服。这些亲属中只有女子为父服期不算是对父的回报。[传曰]所谓大夫，是说上述亲属中的男子做大夫。所谓命妇，是说上述亲属中的妇人为大夫的妻。所谓无主，是指上述命妇中那些死后无祭主的人。为什么说只有女子为父服期不算是对父的回报呢？因为出嫁后的女子本来就应当为她的父母服期，所以说不算是对父的回报，同时这也就是说其他的人对大夫之子都应当用服期相回报。大夫之子对上述亲属为什么都服期呢？因为父对于自己的上述这些亲属都不降低丧服等级，所以子对这些亲属也就不敢降低丧服等级。大夫对于上述各命妇为什么不降低丧服等级呢？因为他们的夫在朝廷上被赐有大夫的尊位，在家室中的妻也就随之享有相应的尊贵地位。

是大夫为身为士的祖父母和嫡长孙所服。[传曰]大夫为身为士的祖父母和嫡长孙为什么服期呢？大夫的地位虽比士尊，但对于祖和嫡长孙也不敢降低丧服等级。

是诸侯的妾以至士妾为自己的父母所服。[传曰]诸侯以至士的妾为自己的父母为什么服期呢？因为妾虽算不上与君为一体，不能与君同尊，但对自己的父母，也不受君尊所抑，而可以顺其本服为他们服期。

9. 疏衰裳，齐，牡麻绖，无受者[1]，

【注释】

〔1〕"疏衰裳"至"无受者"：这里是说的齐衰三月的丧服，其屦同于大功，为绳屦，此处文略。无受，是说除服后不再换服轻一等的丧服，因为丧期仅三月，葬即除服，无须受衰了。

【译文】

用粗布做衰裳，布的毛边缝齐，用牡麻做首绖和腰绖，除服

后就不再换服轻一等的丧服，这样一种丧服，

10. 寄公为所寓[1]。［传曰］寄公者何也？失地之君也。何以为所寓服齐衰三月也？言与民同也。

丈夫、妇人为宗子[2]、宗子之母、妻。［传曰］何以服齐衰三月也？尊祖也。尊祖故敬宗，敬宗者，尊祖之义也。宗子之母在，则不为宗子之妻服也。

为旧君[3]、君之母、妻。［传曰］为旧君者，孰谓也？仕焉而已者也[4]。何以服齐衰三月也？言与民同也。君之母、妻，则小君也。

庶人为国君。

大夫在外[5]，其妻、长子为旧国君。［传曰］何以服齐衰三月也？妻，言与民同也。长子，言未去也。

继父不同居者[6]。

曾祖父母。［传曰］何以齐衰三月也？小功者，兄弟之服也[7]，不敢以兄弟之服服至尊也。

大夫为宗子[8]。［传曰］何以服齐衰三月也？大夫不敢降其宗也[9]。旧君[10]。［传曰］大夫为旧君何以服齐衰三月也？大夫去，君埽其宗庙[11]，故服齐衰三月也，言与民同也。何大夫之谓乎？言其以道去君[12]，而犹未绝也。

曾祖父母为士者，如众人[13]。［传曰］何以齐衰三月也？大夫不敢降其祖也。

女子子嫁者、未嫁者为曾祖父母。［传曰］嫁者，其嫁于大夫者也。未嫁者，其成人而未嫁者也[14]。何

以服齐衰三月？不敢降其祖也。

【注释】

〔1〕寄公为所寓：谓为所寄寓之国的国君服。

〔2〕丈夫、妇人：泛指男子和妇女。

〔3〕旧君：退休之臣对以前所事之君称旧君。

〔4〕仕焉而已：此谓退休离职。

〔5〕大夫在外：这是指大夫为坚守道义而去君者（参见下注〔12〕）。

〔6〕继父不同居者：谓曾经同居而今不同者。

〔7〕小功者，兄弟之服也：这是说小功服又称兄弟之服，这是因为古人通谓外姻（外为婚姻之族）为兄弟。

〔8〕宗子：谓大宗。

〔9〕大夫不敢降其宗：案大夫位尊，而宗子或为士，如果此士不是宗子，大夫当因己尊而降其本服一等，但对于宗子却不敢降。

〔10〕旧君：是指大夫待放而未去者为其旧君服。

〔11〕君埽其宗庙：这是说君命有司于春秋时节为去国的大夫扫除宗庙，说明大夫虽去，而君仍有恩于臣，故大夫为之服。

〔12〕以道去君：谓多次谏君而不从，故离君而去，"待放"于郊。

〔13〕曾祖父母为士者，如众人：案此服丧者是大夫。如众人，说明为曾祖父母之服不分贵贱，皆服齐衰三月。此处众人谓同族中人。

〔14〕其成人而未嫁者：谓年已二十，已许嫁于大夫者。

【译文】

是寄居别国的国君为所寄国的国君所服。〔传曰〕寄居别国的国君指的是什么样的国君？是指那些失去土地的国君。为什么要为所寄国的国君服齐衰三月之丧呢？这是说失地之君与所寄国的庶民同服。

是同族的男子和妇女为宗子、宗子的母和妻所服。〔传曰〕同族的人为什么要为宗子及其母和妻服齐衰三月之丧呢？这是为了表示尊祖。因为尊祖，所以就要敬大宗，而敬大宗的意义也正在于尊祖。如果有宗子的母在，就不为宗子的妻服丧了。

是为旧君和旧君的母与妻所服。〔传曰〕为旧君，是指的什么样的君呢？是指已退休的官吏退休前所事奉的国君。为什么要为旧君服齐衰三月之丧呢？这是说已退休的官吏当与庶民同服。君的母和妻都是小君，所以也为她们服齐衰三月。

是庶民为国君所服。

是离国在外的大夫的妻和嫡长子为旧国君所服。[传曰] 离国在外的大夫的妻和嫡长子为什么要为旧君服齐衰三月之丧呢？妻服齐衰三月，是与庶民同服。嫡长子服齐衰三月，是说他没有随父离去，因此也与庶民同服。

是为曾经同居而后来又分居的继父所服。

是为曾祖父、曾祖母所服。[传曰] 为曾祖父母为什么服齐衰三月之丧呢？因为按五服推算，本当为曾祖父母服小功，而小功是外姻兄弟之服，不敢用兄弟之服来为至尊者服丧，所以就服齐衰三月。

是大夫为宗子所服。[传曰] 大夫为宗子为什么服齐衰三月之丧呢？因为即使做了大夫也要敬宗，而不敢降低为宗子所应服的丧服等级。

这是待放的大夫为他的旧君所服。[传曰] 大夫为旧君为什么要服齐衰三月之丧呢？因为大夫虽然离国而去，君却逢时节派人为他扫除宗庙，对臣的恩义未断，所以大夫还要为这样的旧君服齐衰三月，同时这也是表明自己只敢与旧君治下的庶民同服。既已离国而去，为什么还称他为大夫呢？因为该大夫是为坚持正道而离开他的国君的，而国君对他的恩义也还没有断绝。

是大夫为做士的曾祖父和曾祖母所服，也像同族中众人为曾祖父母所服一样。[传曰] 大夫为什么要为曾祖父母服齐衰三月之丧呢？因为大夫不敢因自己的位尊而降低为曾祖父母应服的丧服等级。

是已嫁或未嫁的女子为曾祖父母所服。[传曰] 嫁者，是指嫁给了大夫的女子。未嫁者，是指已成人并许配给了大夫而尚未出嫁的女子。嫁给了大夫或已许嫁大夫的女子为什么还要为曾祖父母服齐衰三月之丧呢？因为她们虽因夫尊而自己的地位也尊贵了，但仍然不敢降低为曾祖父母应服的丧服等级。

11. 大功布衰裳[1]，牡麻绖，无受者[2]，

【注释】

〔1〕大功布：是一种经人功粗略锻治的布。大，在此是大略、粗略的意思。锻治，即捶洗。

〔2〕无受：谓终丧一服，葬后不易以轻服。

【译文】

用大功布做衰裳，用牡麻做首经和腰经，终丧一服，葬后不再更换轻服，这样一种丧服，

12. 子、女子子之长殇、中殇[1]。［传曰］何以大功也？未成人也。何以无受也？丧成人者其文缛[2]，丧未成人者其文不缛，故殇之经不樛垂[3]。盖未成人也，年十九至十六为长丧，十五至十二为中丧，十一至八岁为下丧，不满八岁以下皆为无服之殇。无服之殇以日易月[4]。以日易月之殇，殇而无服。故子生三月则父名之，死则哭之，未名则不哭也。

叔父之长殇、中殇。姑姊妹之长殇、中殇。昆弟之长殇、中殇，夫之昆弟之子、女子子之长殇、中殇。嫡孙之长殇、中殇。大夫之庶子为嫡昆弟之长殇、中殇。

公为嫡子之长殇[5]、中殇。大夫为嫡子之长殇、中殇。

其长殇皆九月，缨经[6]。其中殇七月，不缨经。

【注释】

〔1〕殇：未成人而死。

〔2〕其文缛：文，谓礼文，即礼仪。缛，繁密。

〔3〕经不樛垂：经，此指腰经。樛，音 jiū，通"摎"，绞、缠结。案腰经用牡麻，多余部分任其下垂。若将多余部分再缠结腰间，就叫

做樛。

〔4〕以日易月：谓生一月者哭一日。

〔5〕公为嫡子：案为嫡长子当服斩衰，但因此子殇，故降在大功。下"大夫为嫡子"义同。

〔6〕缨绖：谓首绖有缨。

【译文】

　　是为长殇或中殇的子和女子所服。[传曰]为长殇或中殇的子和女子为什么服大功之丧呢？因为该子和女还没有长成人。为什么一服到底而不再更换轻一等的丧服呢？因为为成人服丧礼繁，为未成人者服丧礼简。所以为殇者服丧，腰绖的多余部分也就一直让它垂着，而不再把它缠束腰间。大体说来，凡未成人者，年龄在十九岁至十六岁之间而死就叫做长殇，年龄在十五岁至十二岁之间而死就叫做中殇，年龄在十一岁至八岁之间而死就叫做下殇，不满八岁而死的就不为之服丧了。对于不服丧的殇者，生一个月就为他哭一天。对于生一个月就为他哭一天这样的殇者，就只为他伤痛而哭，不再为他服丧。所以子生下来三个月父亲就为他取名，对于已取名的子死了就为他哭，对于尚未及取名的子死了就不为他哭了。

　　是为长殇或中殇的叔父所服。

　　是为长殇或中殇的姑和姊妹所服。

　　是为长殇或中殇的兄弟所服。

　　是为长殇或中殇的丈夫的兄弟之子或女子所服。

　　是为长殇或中殇的嫡孙所服。

　　是大夫的庶子为长殇或中殇的嫡兄弟所服。

　　是诸侯为长殇或中殇的嫡长子所服。是大夫为长殇或中殇的嫡长子所服。

　　为长殇者都服大功九个月，首绖上缀有绳缨。为中殇者服大功七个月，首绖上不缀绳缨。

13. 大功布衰裳，牡麻绖，缨，布带，三月受以小

功衰^[1]，即葛^[2]，九月者，[传曰] 大功布九升，小功
布十一升。

【注释】

〔1〕小功衰：是一种较大功布细密一些的布做的衰。

〔2〕葛：谓葛绖带，比麻绖带轻一等。

【译文】

用大功布做衰裳，用牡麻做首绖和腰绖，首绖上缀有绳缨，
腰间束布带，三月葬后换上小功布做的衰裳，并将麻绖和布带换
成葛绖、葛带，丧期为九个月，这样一种丧服，[传曰] 大功布
九升，小功布十一升。

14. 姑、姊妹、女子子适人者。[传曰] 何以大功
也^[1]？出也。

从父昆弟^[2]。为人后者为其昆弟。[传曰] 何以大
功也？为人后者，降其昆弟也^[3]。

庶孙^[4]。

嫡妇。[传曰] 何以大功也？不降其嫡也^[5]。

女子子适人者为众昆弟。

侄丈夫、妇人^[6]。报。[传曰] 侄者何也？谓吾姑
者，吾谓之侄。

夫之祖父母、世父母、叔父母。[传曰] 何以大功
也？从服也^[7]。夫之昆弟何以无服也？其夫属乎父道
者，妻皆母道也。其夫属乎子道者，妻皆妇道也。谓弟
之妻妇者，是嫂亦可谓之母乎^[8]？故名者，人治之大者

也〔9〕，可无慎乎？

大夫为世父母、叔父母、子昆弟、昆弟之子为士者。[传曰] 何以大功也？尊不同也。尊同则得服其亲服〔10〕。

公之庶昆弟、大夫之庶子为母、妻、昆弟。[传曰] 何以大功也〔11〕？先君余尊之所厌，不得过大功也〔12〕。大夫之庶子则从乎大夫而降也〔13〕。父之所不降，子亦不敢降也。

皆为其从父昆弟之为大夫者〔14〕。

为夫之昆弟之妇人子适人者〔15〕。

大夫之妾为君之庶子。

女子子嫁者、未嫁者为世父母、叔父母、姑、姊妹。[传曰] 嫁者，其嫁于大夫者也。未嫁者，成人而未嫁者也。何以大功也？妾为君之党服，得与女君同〔16〕。下言为世父母、叔父母、姑、姊妹者，谓妾自服其私亲也〔17〕。

大夫、大夫之妻、大夫之子、公之昆弟为姑、姊妹、女子子嫁于大夫者。

君为姑、姊妹、女子子嫁于国君者。[传曰] 何以服大功也〔18〕？尊同也〔19〕。尊同则得服其亲服。诸侯之子称公子，公子不得祢先君；公子之子称公孙，公孙不得祖诸侯：此自卑别于尊者也〔20〕。若公子之子孙有封为国君者，则世世祖是人也〔21〕，不祖公子：此自尊别于卑者也〔22〕。是故始封之君不臣诸父、昆弟，封君之子不臣诸父而臣昆弟，封君之孙尽臣诸父昆弟〔23〕。故

君之所为服，子亦不敢不服也。君之所不服，子亦不敢
服也[24]。

【注释】

〔1〕何以大功也：案为姑、姊妹、女子子本当服期。

〔2〕从父：即父之兄弟，也就是伯父、叔父。

〔3〕降其昆弟：为昆弟本服期，但为人后者亲其所后（即宗子），故
降其昆弟。

〔4〕庶孙：孙，原误作"子"。

〔5〕不降其嫡：为庶妇降服小功，但为嫡妇则不降。

〔6〕侄丈夫、妇人：此谓已嫁之姑为其侄服，丈夫谓侄男，妇人谓
侄女。

〔7〕从服：此谓从夫而服。案凡从服，皆谓从尊者服，而降所从者
一等。

〔8〕"其夫属乎父道者"至"可谓之母乎"：道，犹行，即行辈。这
几句的意思是说，夫之妻对于夫之昆弟来说，不是嫂，就是弟妻，因此
既不可以妇（儿媳）的身份为之服，又不可以母的身份为之服；如果一定
要为之服，就等于说可把弟妻看作妇，或把嫂看作母，那就乱伦了，所
以不可为夫之昆弟服丧。

〔9〕治：犹理，谓人伦之理。

〔10〕亲服：即本服，也就是本当服的丧服。

〔11〕何以大功也：案此等亲本应服期。

〔12〕先君余尊之所厌，不得过大功：厌，压。谓卑者被尊者所压，
而不得伸其本服。

〔13〕从乎大夫而降：案士对于有子之妾本当服缌麻，大夫则降而无
服；大夫对庶妇（庶子之妻）本服小功，降而服缌麻；大夫对庶子本服
期，降在大功。庶子从父而服，则于上述本当服期的三亲皆降一等，故
服大功。

〔14〕皆为其从父昆弟之为大夫者：这是说大夫为从父昆弟之为大夫
者服，因为都是大夫，所以互相都服大功而不降。

〔15〕妇人子：即女子子，因已出嫁，恩疏，故变其称。

〔16〕何以大功也？妾为君之党服，得与女君同：这几句是解释上经
"大夫之妾为君之庶子"的《传》文，盖偶失其次而错简于此。君党，
君的同宗族人，此处君指大夫。

〔17〕下言为世父母、叔父母、姑、姊妹者，谓妾自服其私亲也：案此二十一字，学者皆以为是郑玄的《注》文而误入《传》内。

〔18〕何以服大功也：案诸侯绝期（即诸侯之服止于期，期以下之亲则不为之服），现在却说为姑姊妹女子子嫁于国君者服大功，故问之。

〔19〕尊同：己为国君，姑姊妹女子子嫁给国君则与国君为一体，是尊与己同。

〔20〕"诸侯之子"至"别于尊者也"：诸侯之子，指支子、庶子。不得祢，不得祖，祢谓祢庙，祖谓祖庙，即不得立其庙而祭之。先君、诸侯，皆指已故的公子之父，公孙之祖。先君的诸侯之位只能由嫡长子继承，也只有嫡长子才有权承重为宗庙主，祭其先君。其他公子公孙则无此权，因此不得立祢庙、祖庙，即所谓"自卑别于尊"。

〔21〕世世祖是人：祖，谓太祖。是人，谓始封为国君者。

〔22〕自尊别于卑：谓始封者为诸侯，位尊，其子孙由此而将他别于不为诸侯的先辈（公子），把他尊为太祖而世世祭祀之。

〔23〕"是故始封之君"至"尽臣诸父昆弟"：诸父，谓世父、叔父。臣某，即以某为己臣。案因为始封之君的父（即公子）不曾以诸父昆弟为臣，己虽为封君，仍然厌于父尊而不敢以诸父昆弟为臣。始封君之子继位为二世君，始封君的昆弟，即二世君的诸父，始封君不敢臣其昆弟，故二世君亦不敢臣其诸父；二世君的昆弟，即始封君的子，始封君曾臣之，故二世君亦臣之。始封君之孙继位为三世君，二世君的昆弟即三世君的诸父，而三世君的昆弟则为二世君的子，二世君皆尝臣之，故三世君"尽臣诸父昆弟"。

〔24〕"故君之所为服"至"子亦不敢服也"：这几句是说，诸侯对于不臣者以本服服之，不绝其服，亦不降服；臣之者，则臣为君服斩衰，君对臣则绝而无服。

【译文】

是为已出嫁的姑、姊妹和女子所服。〔传曰〕为已出嫁的姑、姊妹和女子为什么服大功呢？就因为她们已经出嫁了，所以降低一等丧服而服大功。

是为从父兄弟所服。

是作为宗子后继人的支子为自己的兄弟所服。〔传曰〕为自己的兄弟为什么服大功呢？因为己是宗子的后继人，为表示亲宗子，所以对自己的兄弟降低一等丧服而服大功。

是为庶孙所服。

是为嫡长子的妻所服。［传曰］为嫡长子的妻为什么服大功呢？因为重嫡子，所以也就不降低嫡妇的丧服等级。

是已出嫁的女子为众兄弟所服。

是姑为侄男和侄女所服。侄男和侄女对姑也服大功以相报。［传曰］称侄是一种什么样的亲属关系？称我为姑的人，我就称之为侄。

是为夫的祖父母、伯父母、叔父母所服。［传曰］为什么为夫的祖父母、伯父母和叔父母服大功呢？因为从夫而服，所以比夫服降一等。夫之妻对于夫的兄弟为什么无服呢？夫如果属于父辈，那么妻都是母；夫如果属于子辈，那么妻都是儿媳：只有母为子，或儿媳为舅（公）才可有服。如果让弟之妻为兄服，那就等于将弟妻看作儿媳了；这样的话，让嫂为弟服，那不是也可以把嫂看作是母吗？这不是乱了人伦了吗？所以说名分，是人伦中最重要的，可以不慎重吗？

是大夫为做士的伯父母、叔父母、子、兄弟、兄弟之子所服。［传曰］大夫为什么要为这些做士的亲属服大功呢？是因为大夫和他们的地位尊卑不同。如果尊卑相同，就可以为这些亲属服其本服，即服齐衰期了。

是诸侯的庶兄弟、大夫的庶子为母、妻和兄弟所服。［传曰］诸侯的庶兄弟、大夫的庶子为什么为母、妻和兄弟服大功呢？因为被先君的余尊所压，所以服的等级不得超过大功。大夫的庶子则因为从大夫而服，所以降大夫所服一等而服大功。父对于自己的嫡长子不降低丧服等级，所以庶子也就不敢降低对嫡长子的丧服等级。

是大夫与同样是大夫的从父兄弟相互所服。

是为夫的兄弟的已出嫁之女所服。

是大夫的妾为大夫的庶子所服。

是已出嫁和未出嫁的女子为伯父母、叔父母、姑和姊妹所服。［传曰］嫁者，是指嫁给了大夫的女子。未嫁者，是指已成人并许配给了大夫而尚未出嫁的女子。大夫的妾为大夫的庶子为什么服大功呢？因为妾为大夫的宗族中人服丧，与大夫的嫡妻相同（案这一问一答是解释上文，即"是大夫的妾为大夫的庶子所服"的原因）。下面说"为世父母、叔父母、姑、姊妹"，是说妾为自己娘家的这些亲属所服（案这两句是郑玄的《注》文误入《传》文，故与上面的《传》文意不相关）。

是大夫、大夫的妻、大夫的子和诸侯的兄弟为嫁给了大夫的姑、姊妹和女子所服。

是国君为嫁给了国君的姑、姊妹和女子所服。[传曰]国君为什么要为嫁给了国君的姑、姊妹和女子服大功呢？是因为她们既嫁给了国君，地位之尊也就和己相同，所以为她们服大功。对于尊相同的亲属，国君就可以为他们服本服。诸侯之子称为公子，公子不得立祢庙祭祀先君；公子之子称公孙，公孙不得立祖庙祭祀诸侯：这就是把地位低的公子公孙和地位尊的嫡长子相区别。如果公子的子孙有人被封为国君，那就世世以这个始封君为太祖加以祭祀，而不以公子作为太祖来祭祀：这就是把地位尊的始封君和地位低的公子相区别。因此始封君不以诸父和兄弟为臣，始封君之子继位后不以诸父为臣而以兄弟为臣，始封君之孙继位后则可以把诸父和兄弟都作为自己的臣。因此君所为之服丧的人，子继位后也就不敢不为之服；君所不为之服丧的人，子继位后也就不敢为之服。

15. 缌衰裳[1]，牡麻绖，既葬除之者[2]，[传曰]缌衰者何[3]？以小功之缌也。

【注释】

〔1〕缌衰裳：即以缌布为衰裳。缌，是一种细而疏的布。
〔2〕既葬除之：案天子七月而葬，既葬则除服。
〔3〕缌衰者何：案裳布同衰，故问衰，实亦包括裳。

【译文】

用疏而细的缌布做衰裳，用牡麻做首绖和腰绖，葬后即除服，这样一种丧服，[传曰]缌衰是一种什么样的衰？是用小功布那样细的缫布做成的衰裳。

16. 诸侯之大夫为天子。［传曰］何以缫衰也？诸侯之大夫以时接见乎天子[1]。

【注释】

〔1〕诸侯之大夫以时接见乎天子：接，犹会，是一种不定期之会。既会无常期，故与天子的情分远。

【译文】

是诸侯的大夫为天子所服。［传曰］诸侯的大夫为什么为天子服缫衰呢？因为诸侯的大夫会见天子无常期，所以服也就轻。

17. 小功布衰裳[1]，澡麻带[2]、绖，五月者，

【注释】

〔1〕小功布：是一种比大功布稍细密的布。案本节所记丧服是为殇者所制，故称小功殇。

〔2〕澡麻：经过濯洗而洁白的麻。

【译文】

用小功布做衰裳，用经过濯洗的麻做带和首绖、腰绖，丧期为五个月，这样一种丧服，

18. 叔父之下殇。嫡孙之下殇。昆弟之下殇。大夫庶子为嫡昆弟之下殇。为姑、姊妹、女子子之下殇[1]。

为人后者为其昆弟，从父昆弟之长殇。［传曰］问者曰：中殇何以不见也？大功之殇中从上，小功之殇中

从下^[2]。

为夫之叔父之长殇^[3]。

昆弟之子、女子子、夫之昆弟之子、女子子之下殇^[4]。

为侄、庶孙丈夫、妇人之长殇^[5]。

大夫、公之昆弟、大夫之子为其昆弟、庶子、姑、姊妹、女子子之长殇^[6]。

大夫之妾为庶子之长殇^[7]。

【注释】

〔1〕"叔父之下殇"至"女子子之下殇"：案为此诸人本皆当服期，因下殇而降二等，故服小功。

〔2〕大功之殇中从上，小功之殇中从下：此所谓大功、小功，都是就成人死者当为之服大功、小功而言，然却未成人而中殇。从上，是说从殇的上等，即长殇；从下，是说从下殇。

〔3〕为夫之叔父之长殇：案成人当服大功，长殇则降一等。

〔4〕"昆弟之子"至"下殇"：案这是指伯、叔父母为这几种人服，若成人当服期，下殇降二等，故服小功。

〔5〕为侄、庶孙丈夫、妇人之长殇：这里是说已出嫁的姑为其侄，祖为其庶孙，若成人皆当服大功，长殇则降一等，故服小功。丈夫、妇人，犹言男子、女子；言"妇人"则指已出嫁的女子。

〔6〕"大夫"至"女子子之长殇"：案此谓大夫、公之昆弟、大夫之子三等人为此七种人服。公之昆弟，犹大夫。

〔7〕庶子：谓君之庶子。

【译文】

是为下殇的叔父所服。是为下殇的嫡孙所服。是为下殇的兄弟所服。是大夫的庶子为下殇的嫡兄弟所服。是为下殇的姑、姊妹和女子所服。

是作为宗子后继人的支子为自己长殇的兄弟所服。是为长殇的从父兄弟所服。〔传曰〕有人问道：为什么不见中殇呢？因为本来应该为之服大功的人如果中殇了，就降一等而为之服小功，与长殇相同；本来应该为之服小功的人如果中殇了，就降二等而无服，与下殇相同。

是为长殇的夫的叔父所服。

是为下殇的兄弟的子女和夫的兄弟的子女所服。

是姑为长殇的侄男侄女和祖为长殇的庶孙男、庶孙女所服。

是大夫、诸侯的兄弟和大夫之子为长殇的兄弟、庶子、姑、姊妹和女子所服。

是大夫的妾为长殇的大夫的庶子所服。

19. 小功布衰裳，牡麻绖[1]，即葛，五月者[2]，

【注释】

〔1〕牡麻绖：案这是经过捶洗的牡麻，同上节小功殇服。

〔2〕即葛，五月者：这是说在服小功布衰裳三个月后（即葬后），仍服旧衰裳，而将牡麻绖换成葛绖，而一直服满丧期五个月。

【译文】

用小功布做衰裳，用牡麻做首绖和腰绖，葬后再将麻绖换成葛绖，丧期为五个月，这样一种丧服，

20. 从祖祖父母、从祖父母[1]。报。

从祖昆弟[2]。

从父姊妹[3]。

孙适人者。

为人后者为其姊妹适人者。

为外祖父母。〔传曰〕何以小功也[4]？以尊加也。

从母[5]。丈夫、妇人报[6]。〔传曰〕何以小功也？

以名加也〔7〕。外亲之服皆缌麻也〔8〕。

夫之姑、姊妹，娣姒妇〔9〕。报。〔传曰〕娣姒妇者，弟长也〔10〕。何以小功也？以为相与居室中〔11〕，则生小功之亲焉。

大夫、大夫之子、公之昆弟为从父昆弟、庶孙〔12〕、姑、姊妹、女子子适士者。

大夫之妾为庶子适人者〔13〕。

庶妇〔14〕。

君母之父母，从母〔15〕。〔传曰〕何以小功也？君母在则不敢不从服，君母不在则不服。

君子子为庶母慈己者〔16〕。〔传曰〕君子子者，贵人之子也。为庶母何以小功也？以慈己加也〔17〕。

【注释】
〔1〕从祖祖父母、从祖父母：案父亲的伯父伯母、叔父叔母为从祖祖父母；父亲的伯父、叔父之子为从祖父，其妻则为从祖母。
〔2〕从祖昆弟：从祖父母之子，己为从祖昆弟。
〔3〕从父姊妹：伯父、叔父之女，于己为从父姊妹。
〔4〕何以小功也：案外亲之服皆缌，而此为外亲服小功，故问之。
〔5〕从母：母之姊妹，即今姨母。
〔6〕丈夫、妇人报：丈夫、妇人即外甥、外甥女，是姨母和外甥、外甥女互相为服。
〔7〕以名加：案从母本当服缌麻，因有"母"名，故加一等。
〔8〕外亲之服皆缌麻：外亲，妻族、母族皆外亲，即异姓姻亲。
〔9〕娣姒妇：兄之妻为姒，弟之妻为娣，即今所谓妯娌。
〔10〕弟长：即少长。
〔11〕相与居室中：即居住在一起。妇人对于夫的兄弟为避嫌，本无服，对于兄弟之妻自亦无服，这说明娣姒本无相为服之义，而此经又说服小功，则是因为居住在一起之故。若娣姒不居住在一起，则亦不相为

服，此服只由共居而生。

〔12〕从父昆弟、庶孙：这是指为士者。

〔13〕庶子：此指君的庶女。

〔14〕庶妇：这是指舅姑(公婆)为庶妇服。

〔15〕君母之父母，从母：君母，父之嫡妻。从母，君母之姊妹。

〔16〕君子子为庶母慈己者：君子，指大夫及公子(诸侯嫡长子以外之子)；君子子，指君子的嫡妻之子。庶母慈己者，谓君子之妾抚养己者。

〔17〕以慈己加：案本服为缌，因慈己加至小功。

【译文】

是为从祖祖父母和从祖父母所服。从祖祖父母和从祖父母也以服小功相报。

是为从祖兄弟所服。

是为从父姊妹所服。

是为已出嫁的孙女所服。

是作为宗子后继人的支子为自己已出嫁的姊妹所服。

是为外祖父、外祖母所服。[传曰] 为外祖父、外祖母为什么服小功呢？因为他们是母所至尊的人，所以为他们加一等丧服而服小功。

是外甥和外甥女为从母所服。从母也对外甥和外甥女以服小功相报。[传曰] 为从母为什么服小功呢？因为从母有母名，所以加一等丧服而服小功。凡属外亲，本服都服缌麻。

是妻为夫的姑、姊妹和为娣姒所服。夫的姑、姊妹和娣姒也服小功以相报。[传曰] 娣姒，就是弟的妻和兄的妻。为娣姒为什么服小功呢？因为她们居住在一起，所以生出小功之亲来。

是大夫、大夫之子和诸侯的兄弟为从父兄弟、庶孙和嫁给了士的姑、姊妹、女子所服。

是大夫的妾为大夫的已出嫁的庶女所服。

是舅姑为庶子之妇所服。

是妾子为嫡母的父母和嫡母的姊妹所服。[传曰] 妾子为什么要为嫡母的父母和姊妹服小功呢？嫡母在，就不敢不从嫡母而服。如果嫡母不在了，就不服了。

是君子的嫡妻之子为抚养自己的庶母所服。[传曰] 君子之子，是贵人之子，为什么为庶母服小功呢？因为庶母曾抚养自己，所以为她加一等丧服而服小功。

21. 缌麻三月者[1]，[传曰] 缌者，十五升抽其半[2]，有事其缕，无事其布曰缌[3]。

【注释】

〔1〕缌麻：是一种以缌布为衰裳，以麻为经带的丧服，故名缌麻。

〔2〕缌者，十五升抽其半：案十五升去其半，则为七升半，是缌布细而疏。

〔3〕有事其缕，无事其布：事，犹治，即加工。有事其缕，是说将线缕加工得细如丝。无事其布，谓布虽捶洗不加灰。

【译文】

用缌布做衰裳，用麻做首经、腰经和带，丧期为三个月，这样一种丧服，[传曰] 缌布，所用缕十五升抽去一半，缕加工得细如丝，而布在捶洗时不加灰，这样的布就叫做缌布。

22. 族曾祖父母、族祖父母、族父母、族昆弟[1]。

庶孙之妇。

庶孙之中殇。

从祖姑、姊妹适人者[2]。报。

从祖父、从祖昆弟之长殇[3]。

外孙。

从父昆弟、侄之下殇[4]。

夫之叔父之中殇、下殇。

从母之长殇。报。

庶子为父后者为其母[5]。［传曰］何以缌也[6]？［传曰］与尊者为一体，不敢服其私亲也[7]。然则何以服缌也？有死于宫中者，则为之三月不举祭，因是以服缌也[8]。

士为庶母[9]。［传曰］何以缌也？以名服也。大夫以上为庶母无服。

贵臣、贵妾[10]。［传曰］何以缌也？以其贵也。

乳母。［传曰］何以缌也？以名服也。

从祖昆弟之子。

曾孙。

父之姑。

从母昆弟[11]。［传曰］何以缌也？以名服也。

甥。［传曰］甥者何也？谓吾舅者，吾谓之甥。何以缌也？报之也。

婿。［传曰］何以缌？报之也。

妻之父母。［传曰］何以缌？从服也。

姑之子[12]。［传曰］何以缌？报之也。

舅。［传曰］何以缌？从服也。

舅之子[13]。［传曰］何以缌？从服也。

夫之姑姊妹之长殇。

夫之诸祖父母[14]。报。

君母之昆弟[15]。［传曰］何以缌？从服也。

从父昆弟之子之长殇。昆弟之孙之长殇。

为夫之从父昆弟之妻[16]。［传曰］何以缌也？以为相与同室，则生缌之亲焉[17]。长殇、中殇降一等。下殇降二等。齐衰之殇中从上。大功之殇中从下〔18〕。

【注释】

〔1〕族曾祖父母、族祖父母、族父母、族昆弟：族曾祖父，是高祖之子，己的曾祖的亲兄弟；族祖父，是高祖之孙，己的祖父的从父兄弟；族父，是高祖的曾孙，己父的从祖兄弟；族昆弟，是高祖的玄孙，己的三从兄弟。"母"，则是上述诸"父"之妻。

〔2〕从祖姑、姊妹：从祖姑，是指父的从父姊妹，即己之从祖之女，己称之为从祖姑。姊妹，谓从祖姊妹，则己之从祖之孙女。案从祖，指父的伯、叔父、即祖父的兄弟。

〔3〕从祖父、从祖昆弟：从祖父，谓从祖之子。从祖昆弟，谓从祖之孙。

〔4〕侄：这是指已出嫁的姑为其侄服。

〔5〕庶子为父后者：案父无嫡子，父死则庶子为父继承人。

〔6〕何以缌也：士的庶子，士在，母死，当为母服齐衰期，父没而后母死，则当服齐衰三年，现在却服缌麻，故问之。

〔7〕与尊者为一体，不敢服其私亲：尊者，谓父。私亲，谓母。案庶子为父后，即与父为一体，而其生母为庶母，故为其母不敢伸其本服，仅服缌麻。

〔8〕"有死于"至"服缌也"：死于宫中者，谓臣仆。不举祭，祭谓祭母，因为有臣仆死。这里的意思是说，为父后的庶子确实不敢为其母服，但如果出现这样的情况，就是母死葬后，将为母行祭礼的时候，有臣仆死了，按照礼的规定，这时就不能行祭礼了，要过三个月，将死去的臣仆葬后，再行祭礼，在这三个月里，就不妨为母服缌麻。

〔9〕庶母：谓士父之妾。

〔10〕贵臣、贵妾：是指公卿大夫的贵臣、贵妾。贵臣，谓室老、士。贵妾，谓侄娣（参见《士昏礼》第8节）。

〔11〕从母昆弟：即今所谓姨表兄弟。

〔12〕姑之子：即所谓外兄弟。这是舅之子为姑之子服。

〔13〕舅之子：即所谓内兄弟。这是姑之子为舅之子服。

〔14〕夫之诸祖父母：即从祖父母。

〔15〕君母：即嫡母，亦即父的嫡妻。

〔16〕从父昆弟之妻：亦为娣姒关系，其服降于亲娣姒，故服缌。

〔17〕以为相与同室，则生缌之亲焉：案夫的从父昆弟之妻（即娣姒）

本不相为服，今以同室共居之故，而生出缌服之亲。

〔18〕齐衰之殇中从上。大功之殇中从下：从上，谓从长殇，则降本服一等；从下，谓从下殇，则降本服二等（参见第18节），降二等，夫服缌麻，妻则无服。

【译文】

是为族曾祖父、族曾祖母、族祖父、族祖母、族父、族母和族兄弟所服。

是为庶孙的妻所服。

是为中殇的庶孙所服。

是为已出嫁的从祖姑和从祖姊妹所服。从祖姑和从祖姊妹也为己服缌麻以相报。

是为长殇的从祖父和从祖兄弟所服。

是为外孙所服。

是下殇的从父兄弟和侄所服。

是为中殇或下殇的夫的叔父所服。

是为长殇的从母所服。从母也为己服缌以相报。

是作为父的后继人的庶子为自己的生母所服。〔传曰〕作为父的后继人的庶子为什么为生母服缌麻呢？〔传曰〕因为庶子既为父的后继人，就与父为一体，所以不敢为自己的生母服本服。那为什么又服缌麻呢？在将为已葬之母行祭礼的时候，如果同住在一起的臣仆有人死了，那就三个月不举行祭礼，在这三个月当中，就不妨为生母服缌麻之丧。

是士为庶母所服。〔传曰〕士为什么要为庶母服缌麻呢？这是因为庶母有母名，所以为之服缌麻。位在大夫以上的人就不为庶母服丧了。

是为贵臣和贵妾所服。〔传曰〕为什么要为贵臣和贵妾服缌麻呢？就因为他们是贵臣、贵妾，所以为他们服缌麻。

是为乳母所服。〔传曰〕为什么为乳母服缌麻呢？因为乳母有母名，因此为她服缌麻。

是为从祖兄弟之子所服。

是为曾孙所服。

是为父之姑所服。

是为从母兄弟所服。[传曰] 为从母兄弟为什么服缌麻呢？因为从母有母名，而从母之子有兄弟之名，所以为他们服缌麻。

是为外甥所服。[传曰] 外甥是一种什么样亲属关系的称呼？称呼我为舅的人，我就称他为外甥。为什么为外甥服缌麻呢？因为外甥为舅服缌麻，所以舅也为外甥服缌麻以相报。

是为婿所服。[传曰] 为什么为婿服缌麻呢？因为婿从自己的女儿为己服缌麻，所以己也为婿服缌麻以相报。

是为妻的父母所服。[传曰] 为什么为妻的父母服缌麻呢？是因为从妻而服。

是为姑之子所服。[传曰] 为姑之子为什么服缌麻呢？因为姑之子从母而为己服缌麻，所以己也为之服缌麻以相报。

是为舅所服。[传曰] 为什么为舅服缌麻呢？是因为从母而服。

是为舅之子所服。[传曰] 为什么为舅之子服缌麻呢？也是因为从母而服。

是为长殇的夫的姑和姊妹所服。

是为夫的从祖父、从祖母所服。夫的从祖父母也为己服缌麻以相报。

是妾子为嫡母的兄弟所服。[传曰] 妾子为什么为嫡母的兄弟服缌麻呢？是因为从嫡母而服。

是为长殇的从父兄弟之子所服。是为长殇的兄弟之孙所服。

是为夫的从父兄弟之妻所服。[传曰] 为夫的从父兄弟之妻为什么服缌麻呢？因为她们住在一起，所以生出缌麻之亲来。为长殇、中殇的人服丧，降本服一等。为下殇的人服丧，降本服二等。本该为之服齐衰的人如果中殇了，就从长殇，为之降一等而服大功；本该为之服大功的人如果中殇了，就从下殇，为之降二等而服缌麻。

23.《记》[1]。公子为其母[2]，练冠[3]，麻[4]，麻衣縓缘[5]。为其妻縓冠，葛绖带，麻衣縓缘。皆既葬除之^[6]。［传曰］何以不在五服之中也？君之所不服，子亦不敢服也。君之所为服，子亦不敢不服也^[7]。

大夫、公之昆弟、大夫之子于兄弟降一等^[8]。

为人后者于兄弟降一等。报。于所为后之兄弟之子若子^[9]。

兄弟皆在他邦加一等^[10]。不及知父母与兄弟居加一等^[11]。［传曰］何如则可谓之兄弟？［传曰］小功以下为兄弟^[12]。

朋友皆在他邦，袒免，归则已^[13]。

朋友麻^[14]。

君之所为兄弟服，室老降一等^[15]。

夫之所为兄弟服，妻降一等。

庶子为后者为其外祖父母、从母、舅无服。不为后如邦人^[16]。

宗子孤为殇，大功衰、小功衰，皆三月^[17]。亲则月算如邦人^[18]。

改葬缌。

童子唯当室缌^[19]。［传曰］不当室则无缌服也。

凡妾为私兄弟如邦人。

大夫吊于命妇锡衰。命妇吊于大夫亦锡衰。［传曰］锡者何也^[20]？麻之有锡者也^[21]。锡者十五升抽其半，无事其缕，有事其布曰锡。

女子子适人者为其父母，妇为舅姑，恶笄有首以髽^[22]。卒哭^[23]，子折笄首以笄^[24]，布总^[25]。［传曰］笄有首者^[26]，恶笄之有首也。恶笄者，栉笄也^[27]。折

笄首者，折吉笄之首也。吉笄者，象笄也[28]。何以言子折笄首而不言妇？终之也[29]。

妾为女君、君之长子恶笄有首，布总。

【注释】

〔1〕《记》：这是后人为解《丧服》经，或补经所不备而作。又此《记》中亦有《传》，可见《传》之作更在《记》后，这也说明所谓子夏作《传》说之非。

〔2〕公子为其母：这里是指妾子为其生母服。

〔3〕练冠：是指用煮练得柔软洁白的布做的丧冠。

〔4〕麻：此指缌麻之服的绖带。

〔5〕麻衣縓缘：麻衣，是用小功布做的深衣（一种衣与裳连为一体的衣）。縓，音 quàn，浅绛色。缘，衣服的镶边。案这些都是五服之外的变例，妾子为生母即服此服。

〔6〕既葬：士三月而葬。

〔7〕"君之所不服"至"不敢不服"：君之所不服，谓妾与庶妇；君之所服，谓夫人与嫡妇。

〔8〕兄弟：此犹言族亲，其所包甚广，凡旁亲中当为之服齐衰期或服大功以下服的，都包括在此"兄弟"之内。

〔9〕于所为后之兄弟之子若子：所为后者的兄弟之子，今于己则相当于从兄弟；若子，是说如为己之亲子，服大功而不降。为自己的亲兄弟服而降一等，为宗子的兄弟之子服反不降，体现重大宗之义。

〔10〕兄弟皆在他邦：案兄弟都在他邦，无家室之亲，所以兄弟中如有人死了，活着的兄弟为之服，就加一等，这是怜悯他客死于异邦的缘故。

〔11〕不及知父母与兄弟居加一等：这是说因为年龄幼小，父母俱亡，不及知之，依兄弟同居，而兄弟死，则此不及知父母者为加一等。

〔12〕小功以下为兄弟：案此处所解释的兄弟，是专指"在他邦而加一等"的兄弟，与上经"降一等"的兄弟所包范围不一样（参见注〔8〕）。

〔13〕朋友皆在他邦，袒免，归则已：这里的意思是说，己与己的朋友们都在他邦，而有朋友死了，死者因在异邦，无亲人为之主丧，己则为之主丧。既为之主丧，那么按照礼的规定该肉袒的时候就肉袒，肉袒前必先去冠而戴免。免的形制亦略似冠。朋友相吊，本服加麻（详下

注），但因这位朋友客死异邦，尤可哀怜，故加一等而为之袒免。如果将死者灵柩送回国，那就由其亲属为之主丧，因此就止而不为之袒免了。

〔14〕朋友麻：麻，指缌麻之服的绖带，为朋友服此而已。

〔15〕君之所为兄弟服，室老降一等：君，指公卿大夫。兄弟服，指小功以下之服。室老降一等，是说作为公卿大夫之臣的室老，对于其君（即公卿大夫）所为服之丧，即使如小功那样的兄弟之服也要从服而降一等。

〔16〕邦人：在此犹言众人。

〔17〕皆三月：案这是指与宗子关系疏远者，即在五服之外者，皆为宗子孤为殇者服大功衰或小功衰三月。

〔18〕亲则月算如邦人：亲，是指与宗子的关系在五服之内者。算，数。邦人，众人。此句谓亲则月数与众人同，各随其亲服之，该服几个月就几个月。

〔19〕童子唯当室缌：当室，谓童子无父无兄而掌家事者。缌，谓为族人有缌麻之亲者服缌。

〔20〕锡：谓锡衰。

〔21〕麻之有锡者也：言麻，知锡衰也是用麻布制成的。锡，谓将麻布加灰捶洗使之洁白光滑。

〔22〕恶笄有首以髽：恶笄，即丧笄。有首，谓恶笄首端稍作雕饰。

〔23〕卒哭：虞祭后的祭名。案葬毕而行虞祭，虞祭而后行卒哭祭，丧事到此完毕。

〔24〕子折笄首以笄：子，谓女子子适人者；折笄首，是说将恶笄换成吉笄，折吉笄之首而著之。之所以折笄首，是因为卒哭后女子将回夫家，不能著丧笄，而当改著吉笄。

〔25〕布总：用布束发（参见第2节）。

〔26〕笄有首：谓笄首有镂刻为饰。

〔27〕栉笄：栉，假借为即，即是柞木。柞木粗恶，故以为丧笄。

〔28〕象笄：以象骨为笄，故名。

〔29〕终之也：谓妇为其舅姑服丧，当著恶笄以终丧。

【译文】

《记》。诸侯的庶子为生母所服的丧服是，头戴练冠，系麻绖和麻带，穿用小功布做的带有浅绛色镶边的丧衣。庶子为自己的妻所服的丧服是，浅绛色的布做的丧冠，系葛绖和葛带，穿用小功布做的带有浅绛色镶边的丧衣。为母和为妻，都是葬后就除服。〔传曰〕庶子为生母和妻所服的丧服为什么不在五服之中呢？这是因为国君不为她们服丧，所以庶子也就不敢为她们服正服。如果是国君为之服丧的亲属，那么庶子也就不敢不为之服了。

大夫、诸侯的兄弟和大夫之子为旁亲兄弟服丧，都降本服一等。

作为宗子后继人的支子为自己的兄弟服丧，降本服一等。兄弟为他服丧也降一等以相报。作为宗子后继人的支子为宗子的兄弟之子服丧，如同为自己的亲子服丧一样。

兄弟们都在别国，其中有人死了，兄弟们为他服丧，就加本服一等。在自己还不能记忆父母的年龄就失去父母，而与兄弟同居，由兄弟抚养成人者，为抚养自己的兄弟服丧，也加本服一等。〔传曰〕什么样的关系才是死在别国时应当为之加一等丧服的兄弟？〔传曰〕这是指的亲属关系在小功以下的那些兄弟。

朋友们一起在外国，如果有朋友死了，而由活着的朋友为死者主丧，那就要为死者去冠、戴免、肉袒，如果把死者的灵柩送回国，那就不为死者去冠、戴免、肉袒了。

为朋友服丧，只服缌麻的绖和带。

公卿大夫为之服小功的亲属，室老则从公卿大夫降一等而服。夫为之服小功的亲属，妻则从夫降一等而服。

做了父的后继人的庶子，不为他的外祖父、外祖母、从母和舅服丧。如果庶子不是父的后继人，那就和众人一样为上述外亲服丧。

无父而又尚未成人的宗子殇，关系在五服之外的族人为他服丧，如果是长殇或中殇就为他服大功服，如果是下殇就为他服小功服，都是服三个月就除服。如果是五服之内的亲属为他服丧，那么所服丧期的月数就和众人为殇者服丧一样。

为死者改葬当服缌麻。

只有掌管家事的童子，才服缌麻之丧。〔传曰〕不掌管家事的童子，就不为缌麻之亲服丧。

凡妾为自己的兄弟服丧，如同众人为兄弟服丧一样。

如果有命妇死了，大夫前往吊唁，服锡衰；如果有大夫死了，命妇前往吊唁，也服锡衰。[传曰] 锡衰是一种什么样的丧服？是指用加灰捶洗而变得洁白光滑的麻布做的丧服。锡衰所用的布，布缕十五升抽去一半，缕不加灰捶洗，而将布加灰捶洗得洁白光滑，这就叫做锡布。

已出嫁的女子为娘家父母服丧，妇为舅姑服丧，发髻上都插首端稍加雕饰的丧笄。到卒哭以后，就应当换插吉笄，而折去盛饰花纹的笄首，并用布束发。[传曰] 说笄的首端稍加雕饰，是说的丧笄的首端稍加雕饰。丧笄是用柞木制的笄。说折去盛饰花纹的笄首，是说折去吉笄的笄首。吉笄是用象骨制的笄。为什么说已出嫁的女子要换插吉笄而折去吉笄的首端，却不说妇换插吉笄而折去吉笄的首端呢？因为妇为她的舅姑服丧，要一直插用丧笄到丧期结束。

妾为嫡妻和君的嫡长子服丧，要插用首端稍加雕饰的丧笄，并用布发。

24. 凡衰外削幅[1]，裳内削幅。幅三袧[2]。

若齐，裳内衰外。

负广出于适寸[3]。

适博四寸，出于衰[4]。

衰长六寸，博四寸。

衣带下尺[5]。

衽二尺有五寸[6]。

袂属幅[7]。

衣二尺有二寸。

袪尺二寸[8]。

【注释】

　　[1] 凡衰外削幅：凡衰，是兼五服而言。削，犹杀，即减杀。做衣服的时候将裁好的布幅缝合在一起，这缝合的部分，就是原布幅所减杀

的部分。幅，谓布的侧边。外削幅，就是将两幅布的侧边并在一起而向外缝。下"内削幅"义仿此。

〔2〕幅三袧：袧，音 gǒu，即襞积，也就是裳腰上的褶皱。幅三袧，谓裳的布幅每幅打三个褶皱。

〔3〕负广出于适寸：负是指衰的背部，衰的背部有一块一尺八寸见方的布（详下注），因在背部，故名负，又名负版。适是衰的领，宽四寸，又名辟领。负的上部与适相接，而两边各比适宽一寸，即所谓"出于适寸"。

〔4〕适博四寸，出于衰：适博，谓领宽。领的正中为领口，领口的半径为四寸，左右则横开八寸。领口左右两侧各有一条翻向两肩的布，其宽四寸，这就叫做适。适为四寸，两适则八寸，加上当中领口部分空出的八寸，是左右阔一尺六寸。据上文，"负广出于适寸"，两侧共宽出二寸，可知负的宽度为一尺八寸。出于衰，此衰是指前胸正中的一块长六寸、宽四寸的布（见下《记》），肩上的两适较之下面的衰，都在衰外，故曰"出于衰"。

〔5〕衣带下尺：带谓衣的当束带处，衣长仅二尺二寸，衣的两侧下垂有衽可以掩裳（见下《记》），但衣的前后正中部分束带后，下所余甚少，不能掩裳，因此在衣的前后当带处的下边又接布一尺，名为带下，这样便可将裳的上部遮掩住了。

〔6〕衽二尺有五寸：衽是为掩裳而设，在衣的两旁，其上部为矩形，下端斜裁作燕尾形。

〔7〕袂属幅：袂，袖。属，连。幅，谓衣幅。这是说衣袖不是另用布做成而缝缀在衣身上，而是与衣身用通幅布做成，无须杀幅缝合。

〔8〕祛：袖口。

【译文】

凡丧服的衰，布幅的缝接都是向外褶缝，裳的布幅则向内褶缝。裳的每幅布上打三个褶皱。

如果缝齐布的毛边，裳的毛边向内褶缝，衰的毛边向外褶缝。

衰的负比适宽出一寸。

适宽四寸，左右两边都超出了衰。

衰长六寸，宽四寸。丧衣的带下长一尺。

丧衣两侧下边的衽长二尺五寸。

衣袖和衣身的布幅是连为一体的。

丧衣的衣身长二尺二寸。

丧衣的袖口宽一尺二寸。

25. 衰三升，三升有半，其冠六升。以其冠为受[1]，受冠七升。

齐衰四升，其冠七升。以其冠为受，受冠八升。

缌衰四升有半，其冠八升。

大功八升若九升，小功十升若十一升。

【注释】

〔1〕以其冠为受：参见第 5 节。

【译文】

用作斩衰的布，有三升的，有三升半的。斩衰的冠用六升布。葬后，依照冠布的升数来受衰，葬后所受冠用七升布。

齐衰用四升布，冠用七升布。葬后依照冠布的升数来受衰，葬后所受冠用八升布。

缌衰用四升半布，冠用八升布。

大功衰的布有八升的及九升的。小功衰的布有十升的及十一升的。

士丧礼第十二

1. 士丧礼。死于适室[1]，帱用敛衾[2]。复者一人[3]，以爵弁服[4]，簪裳于衣[5]，左何之[6]，扱领于带[7]。升自前东荣[8]，中屋[9]，北面，招以衣，曰："皋某复。"[10]三，降衣于前。受用箧[11]，升自阼阶，以衣尸。复者降自后，西荣。

【注释】

〔1〕适室：适，音 dí。适室，是指正寝堂后之室。案自天子至士，都有正寝和燕寝。燕寝是平时常居之所，正寝则必当斋戒或疾病时居之。天子诸侯的正寝叫做路寝，大夫士的正寝叫做适寝。疾病时卧于适室的北墙下，死后则置于室牖下。

〔2〕帱用敛衾：帱，音 hū，覆。敛衾，覆盖尸体所用的被子。

〔3〕复者：即招魂者。

〔4〕爵弁服：参见《士冠礼》第5节。

〔5〕簪裳于衣：簪，连。这里是说把爵弁服的衣和裳连缀在一起，目的在便于把衣裳搭在肩膀上。

〔6〕何：同"荷"。

〔7〕扱领于带：扱，插。这是说复者将爵弁服的衣领插进自己的衣带间。

〔8〕升自前东荣：升，登梯升屋。东荣，参见《士冠礼》第5节。

〔9〕中屋：即屋脊上。

〔10〕皋某复：皋，谓拉长了声音呼唤。某，死者名。

〔11〕箧：竹箱名。

【译文】

士丧礼。人死在适寝的室中，尸体用敛衾覆盖着。有复者一人，拿着死者生前穿的爵弁服，将爵弁服的衣和裳连缀在一起，搭在左肩上，将衣领插进自己的腰带间。复者在堂前从东荣处登梯升到堂屋顶上，一直升到屋的中脊处，面朝北，挥动着死者的衣服招魂，拉长了声音呼唤道："某，回来吧！"这样呼唤三次，然后把死者的衣服扔到堂前。有受者一人，把复者扔下的衣服装进篚中，再从阼阶升堂，把衣服盖在死者的尸体上。复者从屋顶北边的西荣处下屋。

2. 楔齿用角柶[1]。缀足用燕几[2]。奠脯醢醴酒，升自阼阶，奠于尸东。帷堂。

【注释】

〔1〕楔齿用角柶：这是为饭含做准备。角柶，角质的柶，其形制略似马轭而小（参见《既夕礼》）。

〔2〕缀足用燕几：缀，犹拘。这是为将给死者穿屦（鞋），怕死者的脚变形，因此把脚用燕几拘束起来。燕几，几的一种。

【译文】

用角柶楔入死者的齿间，用燕几把死者的脚拘束住。为死者设置脯醢和醴酒，从阼阶升堂，放置在尸体的东边。在堂上张起帷幕。

3. 乃赴于君[1]。主人西阶东[2]，南面命赴者，拜送。有宾则拜之[3]。

【注释】

〔1〕赴：告。

〔2〕主人：死者的嫡长子。

〔3〕有宾则拜之：宾，僚友。这是乘命赴者而向宾行拜礼，否则主人在室中不出。

【译文】

于是命人向国君报告。主人在西阶的东边，面朝南任命赴告者，命毕向赴告者行拜礼相送。如果有来宾，就乘这时向来宾行拜礼。

4. 入，坐于床东。众主人在其后[1]。西面。妇人侠床[2]，东面。亲者在室[3]。众妇人户外北面，众兄弟堂下北面[4]。

【注释】

〔1〕众主人：谓主人的庶昆弟，于死者则为众子。

〔2〕妇人侠床：妇人，主人和众主人的妻妾们。侠床，侠通夹，在床西边，与男子相对，故曰侠床。

〔3〕亲者在室：亲者，指服齐衰及大功者，包括死者的父兄及孙男，以及在室内的死者的姑、姊妹、女子子和孙女等。

〔4〕众妇人户外北面，众兄弟堂下北面：众妇人、众兄弟，在此是泛指小功以下亲属而言，既包括同姓，也包括异姓姻亲。户外，谓室门外。

【译文】

主人入室，坐在尸床的东边。众主人站在主人的后边。主人和众主人都面朝西向着尸。妇人们在床的西边与男子夹床相对，都面朝东向着尸。凡大功以上亲属都在室中。小功以下众妇人在堂上室门外面朝北而立，小功以下众兄弟则在堂下面朝北而立。

5. 君使人吊[1]。彻帷。主人迎于寝门外，见宾不哭，先入门右[2]，北面。吊者入，升自西阶，东面。主人进中庭。吊者致命。主人哭拜稽颡[3]，成踊[4]。宾出。主人拜送于外门外。君使人襚[5]，彻帷。主人如初。襚者左执领，右执要，入升致命。主人拜如初。襚者入，衣尸，出。主人拜送如初。唯君命出^[6]，升降自西阶，遂拜宾。有大夫则特拜之^[7]，即位于西阶下，东面，不踊。大夫虽不辞，入也^[8]。

【注释】

〔1〕君使人吊：所使者为士，因为死者为士。

〔2〕先入门右：这是为导宾而先入。

〔3〕稽颡：头触地。颡，额。

〔4〕成踊：双脚同时起跳，跳跃三次为一节，如此者三节，即所谓成踊。

〔5〕襚：赠送死者的衣被。

〔6〕唯君命出：君命，谓君命使者前来吊、襚。

〔7〕特拜：特，一，谓一一拜之。

〔8〕大夫虽不辞，入也：谓大夫不向主人致吊辞，原因是怕主人在外耽搁太久；主人也不待大夫致辞即入室，因为主人本来就不是为大夫而出的。

【译文】

君派人前来吊唁。主人的属吏撩起帷帐。主人出寝门外迎接来宾，见宾不哭，然后先从门的右侧进入为宾做前导，进门后面朝北而立。吊者入门，从西阶升堂，面朝东而立。这时主人进到中庭。吊者向主人致吊唁辞。主人听毕吊唁辞，哭着以头触地行拜礼，接着又三踊。宾退出。主人送宾到外门外，向宾行拜礼。君又派襚者前来向死者赠送衣被。主人的属吏再次撩起帷帐。主人像当初一样迎接来宾。襚者左手掂着所赠衣的衣领，右手掂着衣的腰部，入门升堂向主人致辞。主人听毕致辞像当初一样行拜礼。襚者入室，把衣服盖在尸体上，然后退出。主人像当初一样拜送襚者。主人只有在君所命使者到来时才出室，下堂升堂都从西阶，乘这时才向其他的来宾行拜礼。来宾中如有大夫，还要逐一向他们行拜礼。向大夫行拜礼时，主人要先在西阶下就位，面朝东而立，拜毕不踊。大夫不向主人致吊唁辞，而主人也不等待大夫致吊唁辞，就进入室中。

6. 亲者襚[1]，不将命以即陈[2]。庶兄弟襚[3]，使人以将命于室。主人拜于位[4]，委衣于尸东床上。朋友襚，亲以进。主人拜。委衣如初，退。哭，不踊。彻衣者执衣如襚以适房[5]。

【注释】

〔1〕亲者：谓服大功以上者。

〔2〕不将命以即陈：将命，传命。不将命，即无须通报主人之意。陈，谓陈襚于东房。

〔3〕庶兄弟：即众兄弟。

〔4〕于位：即室中床东之位。

〔5〕彻衣者：主人的属吏。

【译文】

凡大功以上亲属向死者赠衣，不需要向主人通报，就直接把所赠的衣陈放在东房中。如果是小功以下亲属及同姓来赠衣，就要先使人到室中向主人通报。主人要在床东之位向赠衣者行拜礼，然后赠衣者把衣放在床上尸的东边。朋友来向死者赠衣，要亲自拿衣进室。主人要向朋友行拜礼。朋友把衣放在床上、尸的东边，然后退出。主人在朋友赠衣时要哭，但不踊。彻衣者在把众人所赠的衣彻到房中陈放时，衣服的拿法同君所派的使者来赠衣时衣服的拿法一样。

7. 为铭[1]，各以其物[2]。亡则以缁长半幅[3]，䞓末长终幅[4]，广三寸。书铭于末曰[5]："某氏某之柩[6]。"竹杠长三尺[7]，置于宇，西阶上[8]。

【注释】

〔1〕为铭：铭，记、识，谓书写死者之名以作为枢的标识。案死者之名是写在死者生前所用的旗上，即下文所谓"各以其物"。

〔2〕物：物，旗。

〔3〕长半幅：案布幅宽二尺二寸，两边各去一寸，则为二尺，故半幅为一尺。下"终幅"则为二尺。

〔4〕綪末：綪，音 chēng，赤色。案綪为末，则上为缁色。

〔5〕书铭：当作"书名"。

〔6〕某氏某：上"某"，死者姓氏。下"某"，死者名。

〔7〕竹杠：即铭之竿。

〔8〕置于宇，西阶上：宇，房檐。谓置铭于西阶上，房檐下。

【译文】

把死者的名字写在死者各自生前所用的旗上，作为死者棺枢的标识。如果死者生前没有旗，就用一条上黑下赤的布来代替：上端黑的部分长一尺，下端赤的部分长二尺，布宽三寸。将死者的名字写在下端赤的部分上，书曰："某氏某之枢。"用一根长三尺的竹竿将铭挂起来，放置在西阶上、屋檐下。

8. 甸人掘坎于阶间少西〔1〕，为垼于西墙下〔2〕，东乡。新盆、盘、瓶、废敦、重鬲〔3〕，皆濯，造于西阶下〔4〕。

【注释】

〔1〕甸人掘坎：甸人，是公（诸侯国君）之臣而来助士治理丧事者。坎，坑。

〔2〕垼：音 yì，用土块垒的灶。

〔3〕盆、盘、瓶、废敦、重鬲：废敦，是一种无足的敦。鬲，音 lì，鼎属，圆口，有三空足，可容六斗。重鬲，重是悬鬲之木名，鬲悬于重，故名。案上述五器都是瓦器（陶器）。

〔4〕造：至，犹馔。

【译文】

　　甸人在两阶之间稍偏西的地方挖坑，又在庭的西墙下用土块垒灶，灶面向东。盆、盘、瓶、废敦和重鬲都要用新的，都要把它们洗涤干净，然后陈放在西阶下。

　　9. 陈袭事于房中[1]，西领，南上，不绩[2]。明衣裳用布[3]。鬠笄用桑[4]，长四寸，缓中[5]。布巾环幅不凿[6]。掩练帛广终幅[7]，长五尺，析其末[8]。瑱用白纩[9]。幎目用缁[10]，方尺二寸，经里，著[11]，组后[12]。握手用玄[13]，纁里，长尺二寸，广五寸，牢中旁寸[14]，著，组系[15]。决用正王棘若择棘[16]。组系[17]，纩极二[18]。冒缁质[19]，长与手齐；经杀掩足。爵弁服纯衣[20]，皮弁服，褖衣[21]，缁带，韎韐，竹笏[22]。夏葛屦，冬白屦[23]，皆繶缁绚纯，组綦系于踵[24]。庶襚继陈[25]，不用。

【注释】

　　〔1〕陈袭事：袭事，谓衣服。案为死人穿衣叫做袭，故陈放死人之衣叫做陈袭事。

　　〔2〕南上，不绩：案因丧事匆遽，衣服的陈放，以做好的先后为序，先成者就陈放在南边上位。绩，音 zhēng，同"绛"，屈。不绩，是说衣服从南向北而陈，到北头就陈放完，不再从北头屈而南陈。

　　〔3〕明衣裳：是死者生前斋戒时所穿的一种洁净的内衣。

　　〔4〕鬠：音 kuò，同"髺"，谓束发为鬠，这是一种为死者束的丧鬠。

　　〔5〕缓中：缓，音 yōu，发笄中央较阔的部分。

　　〔6〕布巾环幅不凿：布巾，是为死者饭含时用以覆死者之面的巾。环幅，谓长宽相等。不凿，谓不在巾上当死者口处开孔。

　　〔7〕掩练帛：掩，是为死者裹头用的帛。练帛，经过煮练的熟帛。

〔8〕析其末：即将掩帛的末端从中撕开为二，以便结于颐下。

〔9〕瑱用白纩：瑱，音 tiàn，又名充耳、塞耳，为死者塞耳所用。士活着时瑱用象骨制成，死后则用纩，即新丝绵。

〔10〕幎目：幎，覆。幎目，帛制，为死者覆面所用。

〔11〕著：谓充之以絮。

〔12〕组后：组，丝带。案幎目的四角缀有丝带，可系于死者的后项，这丝带就叫组后。

〔13〕握手：帛制，长方形，为死者缠手所用。

〔14〕牢中旁寸：这是说在握的中央部分，两旁各削窄一寸，握手宽五寸，牢处则为三寸，缠手时，除拇指外的四指便便于牢处。

〔15〕著，组系：谓以絮充入玄表缥里之中，而以组系结之。

〔16〕决用正王棘若择棘：决，射箭时套在右手大拇指上的套子。择，音 zhái。王棘、择棘皆木名。案生时决用象骨制成，死则用木，异于生时。

〔17〕组系：将结于掔（腕）的丝带。

〔18〕纩极二：极，指套，著于右手指，射箭放玄时保护手指所用。案生时三极，食指、中指、无名指各一，用红色熟牛皮做成。此仅二，以纩为之，与生时异。

〔19〕冒：包裹尸体的布套，分为两截：其上体叫质，下体叫杀。

〔20〕爵弁服纯衣：这是死者生前配合戴爵弁所穿的服装。案此及下文所云皮弁服、褖衣等，皆陈于东房。

〔21〕褖衣：是一种有赤色镶边的黑色衣裳，是加在袍上的罩衣。

〔22〕笏：是用竹制的笏版。

〔23〕白屦：即皮屦。

〔24〕组綦系于踵：綦，犹今鞋带。踵，脚后跟，这里是指屦的后跟处。

〔25〕庶襚：庶，众。这是指亲者及庶兄弟朋友所赠之襚。

【译文】

　　在东房中陈放袭尸所用衣服等物。衣服陈放时使衣领朝西，先做好的衣服放在南边上位，从南依次向北直到把衣服陈放完，不再从北折向南陈。明衣裳用布做成。插丧髻的笄用桑木做成，长四寸，笄的形状是中间阔而两头窄。为死者饭含时用以覆面的布巾二尺二寸见方，上面不开孔。为死者裹头用的掩是用练帛做的，宽二尺，长五尺，末端撕开成两条。为死者塞耳的瑱是用白色新丝绵做的。为死者覆面用的幎目表层是黑色的，方一尺二寸，里层是赤色的，表里之间填以棉絮，四角系有丝带。为死者包手用的握手黑表纁里，长一尺二寸，宽五寸，中央部分的两旁向内收一寸，表里之间填以棉絮，握手上缀有丝带。将套在死者右手拇指上的决用材质优良的王棘或枝棘做成，决上系有丝带。还有两个用新丝绵做的指套。包裹尸身用的冒，上身叫做质，是黑色的，长与死者的手齐；下身叫做杀，是赤色的，其长可以掩住死者的脚。东房中还陈放有爵弁服的纯衣和纁裳，皮弁服，黑色而镶有赤边的褖衣，缁带，赤黄色的蔽膝，竹笏等等。如果是夏天，死者就穿葛屦，冬天就穿皮屦，不管是葛屦还是皮屦，屦上的繶、绚、纯都是黑色的，在屦的后跟处还缀有系屦的丝带。众人为死者所赠的衣都相继陈放在东房中，只陈而不用。

10. 贝三实于笲。稻米一豆实于筐[1]。沐巾一，浴巾二，皆用绤，于笲。栉于箪。浴衣于箧。皆馔于西序下，南上。

【注释】

〔1〕一豆：容四升。

【译文】

三只贝壳放在笲中。稻米一豆盛在筐中。沐巾一条，浴巾两条，都是用粗葛布做的，放在笲中。梳和篦放在箪中。浴衣放在箧中。上述诸物都陈放在西序前，以南边为上位。

11. 管人汲，不说缥，屈之[1]。祝淅米于堂[2]，南面，用盆。管人尽阶不升堂，受潘[3]，煮于垼，用重鬲。祝盛米于敦[4]，奠于贝北。士有冰，用夷盘可也[5]。外御受沐入[6]。主人皆出户外，北面。乃沐栉，挋用巾[7]。浴用巾，挋用浴衣。澳濯弃于坎[8]。蚤揃如他日[9]。鬠用组，乃笄。设明衣裳。主人入，即位。

【注释】

　　[1]管人汲，不说繘，屈之：管人，掌管馆舍者。汲，从井里打水。繘，音 yù，井绳。不说繘，屈之，案因丧事匆遽，故汲水者不暇解脱其繘，但萦屈于手中执之。

　　[2]祝淅米：祝，谓夏祝，以习夏礼，故名。下商祝仿此。淅米，即淘米。

　　[3]潘：淘米水。

　　[4]祝：此为商祝。

　　[5]士有冰，用夷盘可也：案这是指士在夏月有丧事而君赐之冰，盛之于夷盘。

　　[6]外御受沐入：外御，小臣侍从者。沐，谓潘水。

　　[7]挋：音 zhèn，拭。

　　[8]澳：音 nuǎn，在此指潘水。

　　[9]蚤揃：蚤，通"爪"，谓手足指甲。揃，音 jiǎn，修剪。

【译文】

　　管人从井中打水后，顾不上解脱井绳，把井绳屈起来往手中一握，就提着水上堂。祝在堂上面朝南用盆淘米。管人升到阶的最上层，但不升到堂上，接过祝淘米后的潘水，盛在重鬲中，放到土块垒的灶上煮。祝把淘过的米盛在废敦中，把废敦放在贝的北边。如果君赐冰给士，就可以用君赐冰所用的夷盘来盛为尸沐浴所余下的水。外御接过管人所煮的潘水进入室中。这时主人们和妇人们都从室中出来，在室门外面朝北而立。于是外御二人开始为尸洗头，洗毕又为死者梳理头发，并用巾把头发擦干。接着又用巾为死者洗澡，洗毕用浴衣将死者身上擦干。为死者沐浴后的水，就倒在堂下阶间所挖的坑中。沐浴后，还要把死者的手脚指甲和胡须修剪整理得和生前一样。然后用丝带为死者束发髻，发髻中插上笄，再为死者穿上明衣裳。主人们和妇人们又都进入室中，各就其位。

12.商祝袭祭服，褖衣次。主人出，南面，左袒，
扱诸面之右，盥于盆上，洗贝，执以入。宰洗柶，建于
米[1]，执以从。商祝执巾从入[2]，当牖，北面，彻枕，
设巾，彻楔[3]，受贝奠于尸西。主人由足西床上坐，东
面。祝又受米奠于贝北。宰从立于床西，在右。主人左
扱米实于右，三实一贝。左、中亦如之。又实米，唯
盈。主人袭，反位。

【注释】

〔1〕宰洗柶，建于米：宰，士的家臣之长。建，插。

〔2〕巾：即上所陈用于饭含的布巾。

〔3〕楔：此指用于楔齿的角柶。

【译文】

商祝把祭服和褖衣在准备袭尸的床上依次放好。这时主人出
室，面朝南袒露左臂，把左衣袖经胸前塞在右腋下边的衣带里，
然后在盆上盥手，洗贝，再拿着洗好的贝进入室中。宰洗柶，洗
后把柶插在废敦所盛的米中，然后拿着盛米的废敦跟从主人入室。
商祝拿着布巾也跟从主人入室，在尸的南头当窗处面朝北而立，
为尸彻下枕头，在尸脸上盖上布巾，又彻出尸口中的楔，再从主
人手中接过贝，放在床上、尸体的西边。主人从尸足的北头绕到
尸的西边，在床上面朝东而坐。商祝又从宰的手中接过米敦，放
在床上、贝的北边。宰跟从主人站在床的西边，主人的右边。主
人用左手扱米，填入尸口的右侧，扱三次而满一贝，再为尸填入
口中。向尸口的正中和左侧填米也是这样。最后再向尸口填米一
次，这次不分左中右，只要把尸口填满就行了。为尸饭含毕，主
人穿好左臂衣袖，回到尸东边原位。

13. 商祝掩瑱，设幎目，乃屦，綦结于跗[1]，连
绚。乃袭三称[2]，明衣不在筭。设韐带[3]，搢笏。设决
丽于擘，自饭持之[4]。设握，乃连擘。设冒橐之[5]，帱
用衾。巾柶鬊蚤埋于坎[6]。

【注释】

〔1〕跗：脚背。

〔2〕三称：衣与裳一套叫做一称。三称，谓爵弁服，皮弁服和褖衣。

〔3〕韐带：即韎韐、缁带。

〔4〕设决丽于擘，自饭持之：决，即第9节所说的王棘或檡棘之决。
丽，在此犹施。擘，音 wàn，同"腕"。饭，大拇指根部。案设决之法，
将决套在右手大拇指上之后，先以组绕大拇指根处以系之，再结于腕，
这样决就牢固了，这就是所谓"自饭持之"。

〔5〕橐：音 gāo，义同韬，韬为盛物之名。

〔6〕巾柶鬊蚤：巾，谓饭含时覆面之布巾及沐浴之巾。柶，谓楔齿
及扱米之柶。鬊，音 chǔn，梳头梳下的乱发。

【译文】

商祝用掩为死者裹头，用瑱为死者塞耳，用幎目将死者的脸
覆盖起来，又为死者穿上屦，将缀在屦后跟的丝带在脚背上系好，
并将丝带与屦头上的绚连结起来。于是开始为死者穿爵弁服、皮
弁服和褖衣三套衣服，明衣裳不包括在三套衣服之内。接着为死
者系上赤黄色的蔽膝，束上缁带，在带内插上竹笏。又在死者右
手大拇指上套上决，将决上的丝带先缠在大拇指根处，再系到手
腕上。然后为死者缠上握手，将握手上的丝带与先已系在手腕上
的决的丝带系连在一起。最后再用冒将整个尸体套起来，用被子
覆盖在上面。为死者饭含和沐浴用的巾，为死者楔齿和扱米用的
柶，为死者梳理下来的乱发，以及为死者剪下来的手脚指甲，都
埋在堂下阶间的坑里。

14. 重，木刊凿之[1]，甸人置重于中庭，参分庭一

在南。夏祝鬻余饭[2]，用二鬲于西墙下[3]。幂用疏布
久之[4]，系用靲县于重[5]。幂用苇席[6]，北面，左衽。
带用靲贺之，结于后[7]。祝取铭置于重[8]。

【注释】

〔1〕重，木刊凿之：重，悬物之木。刊，砍削。凿，在木上凿孔。

〔2〕鬻余饭：这是说用饭含所余下的米煮鬻。鬻即粥。

〔3〕用二鬲于西墙下：案西墙下垒有垼，故于西墙下煮之。

〔4〕幂用疏布久之：幂，覆，义同鼏。久，在此是盖、塞之义。

〔5〕系用靲县于重：靲，音 qín，竹篾。重，此又一重，专为悬鬲而
设，位在西墙下。

〔6〕幂用苇席：这是用苇席覆重和二鬲。此所谓覆重，是将席圈成
上口小而下口大如喇叭形，从四周围而覆之。

〔7〕带用靲贺之，结于后：谓用靲横束席之中央如带。贺，加，谓
累加之，即用靲从南向北，又从北向南而结之。

〔8〕祝取铭置于重：祝，此为周祝。案此时铭尚未用，故取而暂置
于设重处。

【译文】

重是用木砍削后在上面凿孔做成的。甸人把重放置在当庭东
西之中、将庭南北三分而当庭南三分之一处。夏祝把饭含所剩下
的米盛在两只鬲中，到西墙下垼灶处去煮粥。粥煮好后，鬲口上
用疏布覆盖，用竹篾系住悬挂在另一重上。用苇席把重和鬲圈起
来，席的两端在北边交接，而将席的右端加在左端上面，就像衣
襟向左开一样。用靲做带，将席圈束住，重复束两道而在南边打
结。祝把西阶上的铭取来放置在庭中设重的地方。

15. 厥明，陈衣于房，南领，西上。绪。绞横三[1]，
缩一，广终幅，析其末。缁巾赪里，无纮[2]。祭服次[3]，
散衣次[4]，凡有十九称。陈衣继之[5]，不必尽用。

【注释】

〔1〕绞：束衣的布带。

〔2〕赪里，无纮：赪，同"頳"。纮，音 dǎn，是缝缀在被端以识别上下的丝带。

〔3〕祭服：此指爵弁服和皮弁服。

〔4〕散衣：祭服以外之衣统谓散衣。

〔5〕陈衣：谓庶襚，即前所陈众人赠的衣。

【译文】

第二天，在东房中陈放小敛所用衣服等物，陈放时使衣领朝南，先用的衣服放在西边上位。衣服先从西往东陈放，再从东折回往西陈放。绞横着放三条，纵向放一条，绞宽二尺，绞的末端析而为三。被子黑表赤里，被端不缀丝带做标记。祭服接着衾被陈放，散衣接着祭服陈放，祭服和散服总计十九套。众人赠送死者的衣服接在这十九套衣服后面陈放，但不一定都用上。

16. 馔于东堂下：脯醢、醴、酒。幂奠用功布[1]，实于篚，在馔东。设盆盥于馔东，有巾[2]。

【注释】

〔1〕功布：是经过加灰捶洗的布，这里指小功布。

〔2〕巾：用以拭手的布巾。

【译文】

脯醢、醴和酒陈放在东堂下。用小功布做覆盖酒尊的幂，幂先放在篚里，将篚陈放在脯醢醴酒的东边。在脯醢醴酒的东边还陈放有备盥洗的盆，并备有擦手用的布巾。

17. 苴绖大鬲[1]，下本在左[2]。要绖小焉，散带垂长三尺[3]。牡麻绖右本在上[4]，亦散带垂。皆馔于东方。妇人之带牡麻[5]，结本[6]，在房。

【注释】

　　[1] 苴绖大鬲：苴绖，斩衰之首绖。鬲，同搹，握也（参见《丧服》第 1 节）。

　　[2] 下本在左：即左本在下之意（参见《丧服》第 1 节）。

　　[3] 散带：即腰绖，腰绖缠腰后多余的部分任其散而下垂，故曰散带（参见《丧服》第 12 节）。

　　[4] 牡麻绖右本在上：牡麻绖，这是服齐衰以下至小功者的首绖。右本在上，与左本在下正好相反，参见《丧服》第 3 节注。

　　[5] 带：此指腰绖。

　　[6] 结本：谓将麻根绞结而缠于腰间，这是妇人的腰绖不同于男子处。

【译文】

　　苴麻做的首绖，粗一握，麻根的一端置于头的左侧，缠叠在麻稍的下边。腰绖细于首绖，缠腰后多余部分任其散而下垂，下垂的部分长三尺。牡麻做的首绖要使麻根的一端置于头的右侧，并缠叠在麻稍之上，牡麻做的腰绖缠腰后多余部分也任其散而下垂。上述首绖和腰绖都陈放在东房中。妇人的腰绖也用牡麻，麻的根部要绞结起来缠在腰间。陈放在东房中。

18. 床、笫、夷衾馔于西坫南[1]。西方盥如东方。

【注释】

　　[1] 笫、夷衾：笫，音 zǐ，是竹片做的床垫。夷衾，是始死覆尸用敛衾。

【译文】

　　床、竹床垫和夷衾陈放在西坫的南边。在西堂下陈放备盥洗的盆和布巾，也和东堂下一样。

19. 陈一鼎于寝门外，当东塾少南，西面。其实特豚：四鬣[1]，去蹄，两胉[2]、脊、肺。设扃鼏，鼏西末。素俎在鼎西，西顺。覆匕，东柄。

【注释】

〔1〕四鬣：鬣，音 tì，通"剔"，割解牲体。髀，牲体后胫骨最上端的部分。

〔2〕胉：音 bó，胁。

【译文】

一鼎陈放在寝门外，北当东塾而稍南的地方，鼎面朝西。鼎中盛有一只割解好的小猪：小猪按两肩和两髀割解成四块，去掉猪蹄，将猪的两胁、脊骨和肺都盛在鼎中烹煮。鼎耳中贯以横杠，鼎上用茅草覆盖，茅草梢朝西。盛素食的俎放在鼎的西边，使俎的首端朝东而尾顺向西。匕反扣在鼎上，匕柄朝东。

20. 士盥[1]，二人以并，东面立于西阶下。布席于户内：下莞，上簟[2]。商祝布绞、衾、散衣、祭服。祭服不倒，美者在中[3]。士举迁尸[4]，反位。设床、笫于两楹之间，衽如初[5]，有枕。卒敛[6]，彻帷。主人西面冯尸[7]，踊无算。主妇东面冯，亦如之。主人髻发袒，众主人免于房[8]。妇人髽于室[9]。士举，男女奉尸，侇于堂[10]，帱用夷衾。男女如室位，踊无算。主人出于足，降自西阶。众主人东即位。妇人阼阶上，西面。主人拜宾，大夫特拜，士旅之。即位踊，袭绖于序东，复位。

【注释】

〔1〕士盥：士，此指士旅食者（参见《燕礼》第1节）。

〔2〕下莞，上簟：莞，音 guān，莞草编的席。莞草即今席子草，细茎圆而中空。簟，竹席。

〔3〕祭服不倒，美者在中：倒，谓衣服颠倒头放。美，谓衣之美善者，指祭服。

〔4〕士举迁尸：这是从袭床上举尸迁到商祝所布服上。

〔5〕衽：即寝卧之席，亦下莞，上簟。

〔6〕敛：谓以衣衾包裹尸体。

〔7〕冯：通"凭"。

〔8〕主人髻发袒，众主人免于房：髻发，用麻束发。袒，亦左袒。免，参见《丧服》第23节。

〔9〕妇人髽于室：此处妇人，是指将服斩衰和齐衰者，即在室中者。髽，露紒（参见《丧服》第2节）。

〔10〕俟：陈。

【译文】

　　士在西堂下盥手，盥毕两两相并，面朝东站在西阶下。有司在室门内布席：莞席铺在下边，簟席铺在莞席上边。商祝在席上依次放上绞带、衾、散衣、祭服。祭服放时不能颠倒头，敛时善美的祭服将先用而使之近身。在堂上两楹之间的地方放置床和竹床垫，床垫上布莞席和簟席，就像在室内布席一样，席上还放有枕头。敛毕，将堂上的帷帐撩起来。主人面朝西凭尸而踊，踊的次数不限。主妇面朝东凭尸而踊，也和主人一样。主人和众主人都在室中用麻束发髻，袒露左臂，去冠而戴免。妇人们在室中用麻束发髻。士抬着尸，主人们和妇人们捧着尸的头部和足部，将尸从室内移出陈放在堂上，并用夷衾覆盖尸体。主人们和妇人们按照室中的位置分立尸的两侧而踊，踊的次数不限。主人从尸的东边向北，经过尸足的北边向西从西阶下堂。众主人也随主人从西阶下堂，然后到东边阼阶下就位。妇人们经过尸足的北边向东来到阼阶上，面朝西而立。主人在西阶下向宾行拜礼：大夫人各一拜，众士则统拜三拜。主人拜毕到阼阶下就位而踊，然后到东序东边着绖带，再回到阼阶下之位。

21．乃奠。举者盥[1]，右执匕却之[2]，左执俎横摄之[3]，入，阼阶前西面错[4]。错俎，北面。右人执匕，抽扃予左手兼执之，取鼏委于鼎北，加扃。不坐。乃朼载[5]。载两髀于两端，两肩亚[6]，两胉亚，脊肺在于中，皆覆，进柢[7]。执而俟。夏祝及执事盥[8]。执醴先，酒、脯醢、俎从，升自阼阶。丈夫踊[9]。甸人彻鼎[10]。巾待于阼阶下[11]。奠于尸东，执醴、酒北面，西上。豆错[12]，俎错于豆东，立于俎北，西上。醴酒错于豆南。祝受巾巾之，由足降自西阶。妇人踊。奠者由重南东。丈夫踊。宾出，主人拜送于门外[13]。乃代哭，不以官[14]。

【注释】

〔1〕举者：抬鼎人。

〔2〕却：仰。

〔3〕摄：持。

〔4〕错：通"措"，置。

〔5〕朼载：用匕从鼎中取牲体而载于俎。

〔6〕亚：次。

〔7〕进柢：进，前也。柢，本。案骨有本末。

〔8〕执事：主人的下属为丧事服务的人员。

〔9〕丈夫：这是兼主人与众主人而言。

〔10〕彻鼎：谓将空鼎彻出寝门外。

〔11〕巾：是指用小功布做的覆盖醴酒脯醢的巾。

〔12〕豆：谓醢（醢盛于豆）。

〔13〕门外：谓庙门外。此所谓庙即指寝，以鬼神所在，故曰庙。

〔14〕代哭，不以官：案为防孝子悲哀太甚而伤身，故制定出代哭之礼。所谓代，在此是轮流、更替的意思，即由人轮流代孝子哭，以使哭不绝声。又案，因为士地位卑贱，不用官代哭，而只用或亲或疏者代之。若是大夫以上，则以官代哭。

【译文】

于是为死者设奠。抬鼎人盥手而后出门抬鼎，抬鼎时右人同时还拿着匕，使匕仰向上，左人同时还拿着俎，俎是横着拿的，鼎抬入寝门，在阼阶前放下，使鼎面朝西。左人把俎放在鼎的南边，使俎面朝北。右人用左手拿着匕，用右手把抬鼎的杠抽出来，交到左手，用左手把匕和杠一起拿着，然后用右手把盖在鼎上的茅草取下来，放在鼎的北边，再把杠放在茅草上。抬鼎人都立而不坐。接着右人用匕从鼎中取牲体，左人端着俎承接牲体。牲体在俎上的放法是，两髀放在俎的两头，再依次从两头向中间放两肩、两胁，脊骨和肺放在中间，牲体都是反扣在俎上的，并使骨的根部的一端朝前。由左人端着俎等待进献。夏祝和执事们都盥手。夏祝拿着醴在前，执事们拿着酒、脯醢和俎跟随着，从阼阶升堂。这时主人和众主人开始踊。甸人把空鼎彻出寝门外。有司拿着覆盖醴酒脯醢的布巾在阼阶下等待授给夏祝。奠物都放在尸的东边。执醴和的执酒的人先升堂面朝北而立，执醴者站在西边上位。笾豆先放置好，俎放在笾豆的东边，然后拿笾豆和俎的人都到俎的北边站立，以西边为上位。醴和酒放在笾豆的南边。祝从站在阼阶下的有司手中接过布巾，覆盖在脯醢和笾豆上，然后经过尸足的北边往西，从西阶下堂。这时妇人们开始踊。执事们经过设在庭南的重的南边往东，回到原在门东之位。主人和众主人又踊。宾退出，主人送宾到庙门外，向宾行拜礼。接着开始由人轮流着代主人哭，但不用官代哭。

22. 有襚者[1]，则将命。摈者出请，入告。主人待于位[2]。摈者出告须[3]，以宾入。宾入中庭，北面致命。主人拜稽颡。宾升自西阶，出于足，西面，委衣，如于室礼，降，出。主人出，拜送。朋友亲襚，如初仪，西阶东北面哭，踊三，降。主人不踊。襚者以褶[4]，则必有裳，执衣如初。彻衣者亦如之，升降自西阶，以东[5]。

【注释】

〔1〕有襚者：案远道的人或有小敛后才赶到的，故此时方襚。

〔2〕待于位：即阼阶下之位。

〔3〕须：亦待。

〔4〕褶：是一种用帛做的夹衣，有表有里而当中不填絮，其上衣如袍而短，故下必有裳，乃成一称。

〔5〕以东：案彻衣以东，藏以待大敛时用之。

【译文】

　　如果小敛后有人来向死者赠衣，就要由摈者传命。摈者先出门请问宾来何事，然后入内向主人报告。主人在阼阶下等待宾。摈者出去告诉宾主人正在等待他，然后引宾入内。宾入门来到中庭，面朝北致吊唁辞。主人以头触地行拜礼。宾从西阶升堂，从尸足的北边转到尸的东边，面朝西而立，把所赠的衣放在尸东边床上，如同尸在室中时的礼仪一样，然后下堂，退出。主人出门，行拜礼相送。如果有朋友来赠衣，礼仪同小敛前尸在室中时一样。朋友赠衣毕，要到西阶上面朝东北而哭，哭毕三踊，而后下堂。主人不踊。襚者如果赠送褶衣，那就一定要连带有裳，衣服的拿法也同当初一样。彻衣者也是这样拿衣，升堂、下堂都从西阶，衣服彻到东边存放起来，以备大敛时用。

23. 宵为燎于中庭[1]。

【注释】

〔1〕宵：夜。

【译文】

　　入夜，在庭中点起大火把。

24. 厥明灭燎。陈衣于房[1]，南领，西上，绮。

绞、纷、衾二^[2]，君襚、祭服、散衣、庶襚，凡三十称。纷不在筭，不必尽用。东方之馔^[3]：两瓦瓶，其实醴、酒；角觯；木柶；甂豆两^[4]，其实葵菹芋^[5]，蠃醢^[6]；两笾，无縢^[7]，布巾，其实栗不择，脯四脡^[8]。奠席在馔北^[9]，敛席在其东^[10]。掘肂见衽^[11]。棺入主人不哭。升棺用轴^[12]，盖在下。熬黍稷各二筐^[13]，有鱼腊^[14]，馔于西坫南。陈三鼎于门外，北上：豚合升；鱼，鲋、鲋九^[15]；腊左胖^[16]，髀不升。其他皆如初。烛俟于馔东^[17]。

【注释】

〔1〕陈衣于房：这是为大敛做准备。

〔2〕纷、衾二：纷，单被。衾二，案始死时用敛衾覆尸，这是又一条敛衾，共为二条。

〔3〕东方之馔：谓馔于东堂下者，这是为大敛后准备的奠祭物。

〔4〕甂豆：音 hé，白色的毛布，此豆亦白，故借以为名。

〔5〕葵菹芋：即葵菹，但此葵菜不切，是用全葵腌渍成菹，故名之为葵菹芋。案齐地方言把不经刀切的全菜做成的菹叫做"芋"，故引以为名。

〔6〕蠃醢：蜗牛肉做的酱。

〔7〕縢：缘，即竹笾、筐等编成后的收口处。此丧笾则不缘。

〔8〕脡：干肉条。

〔9〕奠席：为奠祭而设的席。

〔10〕敛席：大敛所用席。

〔11〕掘肂见衽：肂，音 sì，在西阶上掘的埋棺的坑。衽，即今所谓榫，为扣合紧固棺盖所用。

〔12〕轴：即辁轴，其形如床而前后各有一滚轴(参见《既夕礼》第4节)。

〔13〕熬：焙炒。

〔14〕鱼腊：此谓干鱼。

〔15〕鱼，鲋、鲋九：鲋，一种淡水鱼。此句谓或用鲋，或用鲋，其

数皆九。

〔16〕腊：此为兔腊。

〔17〕馔：即前设于东堂下之馔。

【译文】

小敛的第二天天亮时，将庭中的火把熄灭。在东房中陈放衣服，使衣领朝南，大敛时将先用的衣服放在西边上位，先从西向东陈放，再从东折回向西陈放。先陈放绞带，然后依次向东陈放单被一条、敛衾二条，接着是君所赠送的衣服、祭服、散衣和众人所赠送的衣服，总共三十套。绞带、单被和敛衾不在三十之数内。所陈放的衣服不一定都用。在东堂下陈放得有：两只瓦瓶，一瓶盛醴，一瓶盛酒；角质的觯；木制的枃；两只瓾豆，一豆盛全葵做的菹菜，一豆盛蜗醢；两只笾，笾无口缘，笾上盖着布巾，一只笾里盛着未经挑选的栗子，一只笾里盛着四条干肉。在以上所陈酒食的北边放着莫席，莫席的东边放着敛席。在西阶上掘坑，坑的深度要使棺埋下后固定棺盖的椊以上的部分能够露在外边。棺运进寝门的时候主人不哭。棺用輁轴送上堂，棺盖仍放在堂下。经过焙炒的黍稷各二筐，筐里还放有鱼腊，陈放在西坫南边堂下备用。三只鼎陈放在寝门外，以北边为上位。最北边是猪鼎，鼎中盛着一只经解割而将左右半合在一起的猪的牲体；猪鼎的南边是鱼鼎，鱼用鲋鱼或鲋鱼都可以，数目是九条；鱼鼎的南边是腊鼎，鼎中盛着一只兔腊的左半，但兔的髀不放入鼎中。其他如豚体的解割、匕俎的放置等等，都如同小敛时一样。火把放在所陈食物的东边以备用。

25. 祝彻盥于门外[1]，入，升自阼阶。丈夫踊。祝彻巾，授执事者以待[2]。彻馔，先取醴酒，北面。其余[3]，取先设者，出于足，降自西阶。妇人踊。设于序西南，当西荣，如设于堂。醴、酒位如初。执事豆北，南面，东上。乃适馔[4]。

【注释】

〔1〕祝彻盥于门外：祝，此为夏祝。盥，指小敛时设于东堂下的盆、巾。门外，谓寝门外稍偏东处。

〔2〕待：是待于阼阶下。

〔3〕其余：谓笾豆和俎。

〔4〕馔：指东堂下新设馔处。

【译文】

夏祝把原设在东堂下的盥具彻到寝门外，再返回来，从阼阶升堂。这时主人和众主人踊。祝又彻下覆盖小敛奠物的布巾，把它交给执事，执事拿着布巾在阼阶下立以待用。彻小敛所陈奠物，先由祝和执事一人分别拿取醴和酒，面朝北而立。其余的奠物另有执事拿取，先设的先取，取后从尸足北边往西，从西阶下堂。这时妇人们踊。彻下的小敛奠物在西序西南边、北当堂上西荣处、如同在堂上时一样地陈设起来。祝和执事设醴、酒的礼仪同在堂上陈设小敛奠时一样。其余的执事把笾豆和俎陈设好之后，便到所陈笾豆的北边面朝南而立，以东边为上位。陈设完毕后，祝和执事们又来到东堂下陈放大敛奠物处。

26. 帷堂[1]。妇人尸西，东面。主人及亲者升自西阶[2]，出于足，西面，袒[3]。士盥，位如初。布席如初[4]。商祝布绞、衿、衾、衣，美者在外[5]。君襚不倒。有大夫则告[6]。士举迁尸，复位。主人踊无筭。卒敛，彻帷。主人冯如初，主妇亦如之。

【注释】

〔1〕帷堂：案小敛毕彻帷，现在将大敛，故又帷之。

〔2〕亲者：此谓大功以上亲属中的男子。

〔3〕袒：亦左袒。

〔4〕布席：席，原误作"广"。

〔5〕美者在外：美者，谓君襚。君襚最先布放，故敛时在外。

〔6〕有大夫则告：这是说正当大敛时有大夫来吊唁，则使人告大夫以方敛，不能下堂拜宾，否则当降拜之。

【译文】

　　放下堂上的帷帐。妇人来到尸的西边，面朝东而立。主人及大功以上亲属中的男子们从西阶升堂，从尸足的北边转到尸的东边，面朝西而立，袒露左臂。士在西堂下盥手，然后像小敛时一样，在西阶下两两相并，面朝东而立。在阼阶上布席，席的布法也同小敛时一样。商祝在席上依次布放绞、单被、敛衾和衣服，君赠送的衣服最先布放，敛时便可用在最外边。君赠送的衣服布放时不能颠倒头。如果这时有大夫来吊唁，就使人告诉他正在大敛，主人不能下堂行拜礼。士把尸抬到阼阶上所布大敛席上，然后回到西阶下原位。这时主人踊，踊的次数不限。敛毕，将帷帐撩起来。主人在尸的东边凭尸而踊，如同小敛毕时一样，主妇也如同小敛毕时一样在尸的西边凭尸而踊。

　　27. 主人奉尸敛于棺〔1〕，踊如初，乃盖。主人降，拜大夫之后至者〔2〕，北面视殡〔3〕。众主人复位。妇人东复位。设熬，旁一筐，乃涂〔4〕。踊无筭。卒涂，祝取铭置于殡〔5〕。主人复位，踊，袭。

【注释】

〔1〕主人奉尸敛于棺：案士举之，主人、众主人，主妇及众妇奉之。此言主人，明所统。棺在殡中，敛尸于棺就叫做殡。

〔2〕主人降，拜大夫之后至者：主人亦降西阶下而拜（参见第20节）。大夫之后至者，即上节所云"有大夫则告"者。

〔3〕北面视殡：案因为将要涂棺（详下），主人一定要亲临而视之。

〔4〕涂：谓以树枝覆盖棺上，用泥涂之，以防火。

〔5〕祝：此为周祝。

【译文】

士抬着尸，主人和众主人以及妇人们在两旁捧着尸，将尸放入棺中，然后主人踊，踊的次数如同迁尸到阼阶上的时候一样不限。踊毕把棺盖上。主人从西阶下堂，向后到的大夫行拜礼，然后升阶面朝北察看埋棺处。众主人回到阼阶下原位。妇人们也回到东边阼阶上原位。把经过焙炒的黍稷撒在棺四周，每边撒一筐，接着在棺上堆放树枝，然后用泥涂封起来。这时主人踊，踊的次数不限。棺涂封好之后，周祝把铭取来放置在埋棺处的前面。主人回到阼阶下原位，踊，踊毕穿上左衣袖。

28. 乃奠。烛升自阼阶。祝执巾席从[1]，设于奥[2]，东面。祝反降，及执事执馔。士盥，举鼎入，西面，北上，如初。载鱼左首，进鬐[3]，三列。腊进柢。祝执醴如初。酒、豆、笾、俎从，升自阼阶。丈夫踊。甸人彻鼎。奠由楹内入于室[4]。醴、酒北面。设豆，右菹。菹南栗。栗东脯。豚当豆，鱼次，腊特于俎北[5]。醴、酒在笾南[6]。巾如初。既错者出，立于户西，西上。祝后，阖户，先由楹西降自西阶。妇人踊。奠者由重南东。丈夫踊。

【注释】

〔1〕祝：此为夏祝。

〔2〕奥：室中西南隅。

〔3〕载鱼左首，进鬐：案室奥之席面朝东，执鱼俎者面朝西而设，是左首则鱼首在南。进，前。鬐，音 qí，脊。

〔4〕奠由楹内入：奠，在此指奠物。楹内，此谓东楹之西。

〔5〕特：谓特横设之。

〔6〕笾：谓栗、脯。

【译文】

于是为死者设奠。有执事拿着火把先从阼阶升堂。祝拿着布巾和席跟随着火把，将席布设在室的西南角，使席面朝东。祝转身下堂，和执事们一起拿取奠物。士盥手，把鼎抬入寝门，在庭东面朝西放置，猪鼎放在北边上位，其他如抬鼎人兼拿匕和俎，抽鼎杠，取鼎鼏，以及用匕从鼎中取牲体、用俎载牲体等等，都同设小敛奠时一样。鱼在俎上的放法是使鱼头朝左，鱼脊朝前，九条鱼摆成三列。经解割的兔腊在俎上的放法是使兔骨根部的一端朝前。祝拿着醴，如同设小敛奠时那样先升堂。拿酒、豆、笾和俎的执事跟从祝从阼阶升堂。这时主人和众主人踊。甸人把空鼎彻出寝外。拿奠物的人从东楹的西边进入室中。拿醴的祝和拿酒的执事面朝北而立。执事先在席前设两豆，盛菹的豆放在盛醢的豆的右边。菹的南边放栗。栗的东边放脯。猪俎当两豆的东边放置，鱼俎放在豚俎的东边，腊俎横放在猪俎和鱼俎的北头。最后，将醴、酒放在盛栗、脯的两笾的南边。祝用巾把奠物覆盖好，如同设小敛奠时一样。设奠完毕，执事们出室，在室门的西边面朝南而立，以西边为上位。祝最后出室，出来后关上室门，然后领头经西楹西边，从西阶下堂。这时妇人们开始踊。设奠者下堂后，经过设在庭南的重的南边往东，回到原在门东之位。这时主人和众主人踊。

29. 宾出。妇人踊。主人拜送于门外。入，及兄弟北面哭殡。兄弟出[1]，主人拜送于门外。众主人出门，哭止，皆西面于东方。阖门。主人揖就次[2]。

【注释】

〔1〕兄弟出：这是指小功以下关系较疏者，这时就可以回去了。

〔2〕次：居丧处的总名。但服轻重不同，所居次亦异：服斩衰者居倚庐，服齐衰者居垩室，服大功者居帷帐，服小功、缌麻者亦居帷帐而有床第。

【译文】

宾退出。这时妇人们踊。主人送宾到寝门外，向宾行拜礼。主人返回寝中，和小功以下亲属面朝北向殡而哭。哭毕，小功以下亲属退出，主人送到寝门外，行拜礼。众主人也出寝门，停哭，都在门外东边面朝西而立。这时关闭寝门。主人揖请大家就次。

30. 君若有赐焉，则视敛[1]。既布衣[2]，君至。主人出迎于外门外，见马首不哭，还入门右，北面，及众主人袒。巫止于庙门外[3]，祝代之[4]。小臣二人执戈先[5]，二人后。君释采[6]，入门。主人辟[7]。君升自阼阶，西乡。祝负墉[8]，南面。主人中庭。君哭。主人哭拜稽颡，成踊，出[9]。君命反行事[10]，主人复位。君升主人。主人西楹东，北面。升公卿大夫，继主人，东上。乃敛。卒，公卿大夫逆降，复位。主人降，出。君反主人。主人中庭。君坐，抚当心。主人拜稽颡，成踊，出。君反之，复初位。众主人辟于东壁，南面。君降，西乡命主人冯尸。主人升自西阶，由足，西面冯尸，不当君所[11]，踊。主妇东面冯，亦如之。奉尸敛于棺，乃盖。主人降，出。君反之。入门左，视涂。君升即位。众主人复位。卒涂，主人出。君命之反奠。入门右，乃奠，升自西阶。君要节而踊[12]。主人从踊。卒奠，主人出。哭者止[13]。君出门，庙中哭。主人不哭，辟。君式之[14]。贰车毕乘[15]。主人哭拜送。袭，入即位。众主人袭。拜大夫之后至者[16]，成踊。宾出，主人拜送。

【注释】

〔1〕君若有赐焉，则视敛：有赐，有恩惠。敛，大敛。案君亲临视大敛即为加赐之恩惠。

〔2〕布衣：谓商祝放置大敛所用衣衾等。

〔3〕巫止于庙门外：巫，男巫，诸侯的男巫由下士充任。案此巫及下祝和小臣都是随君前来的。庙，即寝，亦即殡宫。

〔4〕祝代之：祝，这是丧祝，为诸侯掌神事者，用中士充任。代之，据胡培翚说，是代巫为君做前导。

〔5〕小臣二人执戈先：小臣，是君的随身卫士。

〔6〕君释采：采，通"菜"。这是祝为君释菜，为礼门神。

〔7〕主人辟：这是主人不敢以凶服（即丧服）近君。

〔8〕墉：谓东房之墙。

〔9〕出：谓主人出俟于门外。

〔10〕行事：行大敛事。

〔11〕君所：谓尸身君所抚处。

〔12〕君要节而踊：要，犹会，谓会遇当踊之节而踊。案当踊之节有二：一为执奠始升阶时，二为奠毕执奠者由重南而东时。

〔13〕哭者止：案因君将出，故皆止哭，不敢喧哗，这是尊君的表示。

〔14〕式：谓在车上行式礼。古人立乘，小俯身以示敬谓之式。

〔15〕贰车：是君的副车，副车的多少，与诸侯的命数（即级别）同。当诸侯外出时，即由异姓之士乘副车在后相随。

〔16〕大夫之后至者：这是指在君之后到来的大夫。

【译文】

君如果加赐恩惠予士，就亲临士的大敛之礼。在商祝把大敛用的衣服等布放好之后，君到来。主人到大门外迎接君，见到君车的马头时不哭，就立即转身，从门的右侧进入庙中，在门东面朝北而立，并和众主人一起袒露左臂。随君而来的巫留在庙门外，由祝代巫为君做前导。小臣二人执戈在君前，二人执戈在君后。祝为君把菜放置在庙门口以祭门神，然后君入门。这时主人要更向东移以避君。君从阼阶升堂，在东序南端面朝西而立。祝升堂后背靠东房之墙，面朝南而立。主人从门东向北进到中庭处。君哭。主人也哭，以头触地向君行拜礼，并成三踊之礼，然后出庙门。君命主人返回行大敛事，于是主人回到中庭之位。君命主人升堂。于是主人升堂，在西楹东边面朝北而立。公卿大夫也升堂，接在主人的西边而立，以靠近主人的一边即东边为上位。于是开始大敛。大敛毕，公卿大夫按照与升堂时相反的次序下堂，回到原位。主人下堂，出庙门。君命主人返回。于是主人又返回到中庭。君在尸的东边坐下，用手按抚一下尸的当心处以示凭尸。主人以头触地行拜礼，并成三踊之礼，然后出庙门。君命主人返回，于是主人又回到当初在门东之位。众主人则从原位避开到东墙前，面朝南而立。君下堂，面朝西命主人凭尸。于是主人从西阶升堂，从尸足的北边转到尸的东边，面朝西凭尸而踊，但不能凭君按抚过的地方。主妇在尸的西边面朝东凭尸而踊，也同主人一样。接着由士抬尸、主人和众主人以及妇人们捧着尸放进棺里，盖上棺盖。主人下堂，出庙。君命主人返回。于是主人从门的左侧入门，察看封涂棺椁。这时君升堂就位。众主人也回到阼阶下原位。棺椁封涂完毕，主人出庙。君命主人返回来设奠。于是主人从庙门右侧入庙，开始设奠，拿奠物的祝和执事都从西阶升堂。君遇到应当踊的时候就踊。主人也跟从君而踊。设奠完毕，主人出庙。这时大家停哭。君出庙门，庙中哭声又起。主人不哭，君出庙时要避让。君在车上向主人行式礼。君的随从副车也都乘坐完毕。主人哭着拜送。君走后，主人穿好左臂的衣袖，入庙在阼阶下就位。众主人也都穿好左臂的衣袖。主人向后来的大夫行拜礼，并成三踊之礼。这时宾退出，主人到庙门外拜送宾。

31. 三日成服杖[1]。拜君命及众宾，不拜棺中之赐[2]。

【注释】

〔1〕三日：这是除去死的那一天说的，实际已是第四日了。

〔2〕棺中之赐：谓襚。

【译文】

到第三天，五服之亲都穿好丧服，该柱杖的则柱杖。主人要前往拜君，感谢君前来吊唁，并拜谢前来吊唁的众宾，但对于向死者赠送衣服的人，就不前往拜谢了。

32. 朝夕哭，不辟子卯[1]。妇人即位于堂，南上，哭。丈夫即位于门外[2]，西面，北上。外兄弟在其南[3]，南上。宾继之[4]，北上。门东[5]，北面，西上。门西[6]，北面，东上。西方[7]，东面，北上。主人即位。辟门[8]。妇人拊心[9]，不哭。主人拜宾，旁三[10]，右还入门哭。妇人踊。主人堂下直东序，西面。兄弟皆即位，如外位。卿大夫在主人之南。诸公门东，少进。他国之异爵者门西[11]，少进。敌则先拜他国之宾。凡异爵者拜诸其位。彻者盥于门外[12]。烛先入，升自阼阶。丈夫踊。祝取醴[13]，北面。取酒立于其东。取豆、笾、俎南面，西上。祝先出，酒、豆、笾、俎序从，降自西阶。妇人踊。设于序西南，直西荣。醴、酒北面，西上。豆西面错，立于豆北，南面。笾俎既错，立于执豆之西，东上。酒错，复位。醴错于西，遂先，由主人之北适馔。乃奠[14]，醴酒脯醢升。丈夫踊。入，如初设，不巾。错者出，立于户西，西上。灭烛，出。祝阖门，先降自西阶。妇人踊。奠者由重南东。丈夫踊。宾出。妇人踊。主人拜送。众主人出。妇人踊。出门[15]，哭止，皆复位。阖门。主人卒拜送宾，揖众主人，乃就次。

【注释】

〔1〕朝夕哭，不辟子卯：案既殡之后，每天的早晨和傍晚，都要入殡宫而哭，叫做朝夕哭。朝夕哭时还要为死者设奠，叫做朝奠、夕奠，

其仪详下。子卯，谓子日和卯日，案这两日分别是桀、纣的灭亡之日，古人讳之，吉事避之，凶事则不避。

〔2〕丈夫：此处指众主人。

〔3〕外兄弟：指甥、婿、外孙、从母之子等等。

〔4〕宾：谓卿大夫。

〔5〕门东：这是诸公之位。

〔6〕门西：这是他国异爵者之位。

〔7〕西方：这是士位。

〔8〕辟门：开门。

〔9〕拊心：以手捶胸。

〔10〕旁三：旁，边。于每边所立之宾皆三拜，故曰旁三。

〔11〕异爵者：谓卿大夫。

〔12〕彻者：谓彻大敛奠物者，这是为设朝奠做准备。

〔13〕祝：此为夏祝。

〔14〕乃奠：谓设朝奠。

〔15〕出门：谓宾与主人及众主人、兄弟等皆出。

【译文】

行朝夕哭之礼，不避子日和卯日。妇人们在堂上就位，以南边为上位，哭。众主人在庙门外就位，面朝西而立，以北边为上位。外兄弟站在众主人的南边，以南边为上位。卿大夫接在外兄弟的南边而立，以北边为上位。诸公在门东，面朝北而立，以西边为上位。他国的卿大夫在门西，面朝北而立，以东边为上位。士在西方，面朝东而立，以北边为上位。主人在众主人的北边即位。这时打开庙门。妇人们用手捶胸，不哭。主人向宾行拜礼，向每边的宾都拜三拜，然后向右转身进庙门而哭。妇人们踊。主人在堂下，北当堂上东序的地方，面朝西而立。众主人和外兄弟也都就位，位置如同在门外时一样。卿大夫在主人、众主人和外兄弟的南边就位。诸公在门东，站在比士的私臣稍前的位置。他国的卿大夫在门西，站在比诸公的有司稍前的位置。在庙中主人拜宾的时候，如果他国之宾与本国之宾地位相等，就先拜他国之宾。凡是卿大夫，主人都要就其位一一行拜礼。准备彻大敛奠的人在门外盥手。有执事拿着火把从阼阶升堂，先进入室中。这时主人和众主人踊。彻奠时，祝先取醴，面朝北而立。取酒的执事站在祝的东边。接着有执事取豆、笾和俎，取毕面朝南而立，以西边为上位。祝先出室，拿酒、豆、笾和俎的执事依次相随，从西阶下堂。这时妇人们踊。彻下的奠物要摆设在西序的西南边、正当堂屋西荣的地方。执醴的祝和执酒的执事先面朝北而立，祝在西边上位。执豆者先将豆摆设好，使豆面朝西，摆设完毕，到豆的北边面朝南而立。接着摆设笾和俎，摆设好之后，执笾和执俎者到执豆者西边站立，以东边为上位。然后执酒者摆设酒，摆好后，又退回到原位。最后祝把醴摆设在酒的西边，摆好后，就在前边领着执事们，向东经过主人的北边，到东堂下新陈放的奠物处。于是开始设朝奠。祝和执事们拿着醴、酒、脯和醢从西阶升堂。这时主人和众主人踊。祝和执事们进入室中，像设大敛奠那样把奠物在室中死者的神位前摆设起来，但不用巾覆盖。设奠的执事出室，在室门西边站立，以西边为上位。接着拿火把的执事将火把熄灭，出室。最后祝出室，关好室门，便在前边领着执事们从西阶下堂。这时妇人们踊。设奠者经过庭南的重的南边向东，回到门东原位。这时主人和众主人踊。宾退出。妇人们踊。主人送宾到庙门外，向宾行拜礼。众主人退出。妇人们踊。除妇人外，其他的人都出庙，于是停哭，各自回到门外原位。这时关上庙门。主人一一将宾拜送走了之后，揖请众主人就次，然后各自就次。

33. 朔月奠[1]，用特豚、鱼、腊，陈三鼎如初[2]。东方之馔亦如之。无笾，有黍稷，用瓦敦，有盖，当笾位[3]。主人拜宾，如朝夕哭。卒彻[4]。举鼎入、升[5]，皆如初奠之仪[6]。卒朼，释匕于鼎。俎行[7]，朼者逆出[8]，甸人彻鼎。其序，醴、酒、菹、醢、黍、稷、俎。其设于室，豆错，俎错，腊特[9]，黍稷当笾位，敦启会，却诸其南，醴酒位如初。祝与执豆者巾，乃出。主人要节而踊，皆如朝夕哭之仪。月半不殷奠[10]。有荐新[11]，如朔奠。彻朔奠，先取醴酒，其余取先设者。敦启会，面足[12]。序出，如入。其设于外[13]，如于室。

【注释】

〔1〕朔月：即月朔，谓每月的初一。

〔2〕如初：谓如大敛奠时。

〔3〕"无笾"至"当笾位"：案以上所记是朔月奠同于大敛奠者，这里是记其不同于大敛奠者。无笾，即无脯、栗。

〔4〕卒彻：谓彻昨日之夕奠。

〔5〕升：谓将鼎食升于俎，即载于俎。

〔6〕初奠：谓大敛奠。

〔7〕俎行：谓执俎载牲体者行，将由西阶升堂而奠。案执俎者为左人，即抬鼎时在鼎左之人。

〔8〕枕者：用匕从鼎中取牲体者，这是右人。

〔9〕腊特：谓腊俎横设于豚、鱼二俎之北。

〔10〕月半不殷奠：月半，即月中，谓望日。殷，盛。奠有牲俎为盛，朔月奠有牲俎，盛于朝夕奠，故名殷奠。

〔11〕有荐新：荐，献。新，谓五谷瓜果等时新之物。荐新亦祭名。

〔12〕启会，面足：启会，这是说设敦时敦盖是开着的，彻敦时也不再盖上，任其开着。面足，使敦盖上的足朝前。案敦盖上亦有三足，可仰置于地。

〔13〕外：序西南。

【译文】

每逢朔月设奠，要用一只猪，还有鱼和兔腊，分盛在三只鼎中，像大敛奠时一样陈放在庙门外。在堂东陈放奠物，也像大敛奠时一样。但朔月奠没有笾，而有黍稷，盛在瓦敦里，上面有盖，瓦敦放在原来放笾的地方。在行朔月奠礼过程中，主人如同朝夕哭时一样向宾行拜礼。设奠前要先彻下昨天的夕奠。设奠时，从抬鼎入庙，到把牲体载于俎等等礼仪，都同设大敛奠时一样。当右人用匕把牲体从鼎中取出完毕后，要把匕放到鼎中。当左人开始端着俎向堂走去时，用匕取牲体的右人开始按照与进庙时相反的次序退出，甸人也把鼎彻到庙外。设奠者升堂和入室的次序是，执醴者在前，接着是酒、菹、醢、黍、稷，最后是执俎者。这些奠物在室中的摆设次序是，先放豆，再放俎，其中腊俎横放在豚俎和鱼俎的北边，接着在原来放笾的地方放黍敦和稷敦，敦盖揭开，仰放在敦的南边，最后放醴和酒，醴酒所放的位置也和大敛奠时一样。奠物摆设完毕，由祝和执豆者用布巾把奠物覆盖好，然后出室。主人、众主人和妇人们每逢当踊的时候就踊，都同朝夕哭时的礼仪一样。士逢月半的时候不设殷奠。如果向死者行荐新之祭，礼仪也同朔月奠一样。彻朔月奠时，先取醴和酒，其余的奠物先设的先取。彻敦时敦盖任其开着，拿敦盖时使盖上的足朝前。彻奠者从室中出来的次序，如同入室设奠时的次序一样。彻出来的奠物在外边的放法，同在室中一样。

34. 筮宅[1]。冢人营之[2]，掘四隅，外其壤。掘中，南其壤。既朝哭，主人皆往，兆南[3]，北面，免绖[4]。命筮者在主人之右[5]。筮者东面抽上韇，兼执之[6]，南面受命。命曰："哀子某，为其父某甫筮宅[7]。度兹幽宅[8]，兆基，无有后艰[9]。"筮人许诺，不述命，右还，北面，指中封而筮[10]。卦者在左[11]。卒筮，执卦以示命筮者。命筮者受视，反之。东面，旅占卒[12]，进告于命筮者与主人："占之曰从[13]。"主人绖，哭，不踊。若不从，筮择如初仪[14]。归，殡前北面哭，不踊。

【注释】
〔1〕筮宅：宅，即墓地。筮宅在兆南（即所选墓域之南）进行，详下。
〔2〕冢人营之：冢人，有司掌墓地兆域者。营，犹度。兆域即茔域，亦即墓地。
〔3〕兆：域，所营之处。

〔4〕免绖：案筮宅是为求得吉利，不敢穿纯凶服，因此把绖带去掉。

〔5〕命筮者：即宰，亦即主人的家臣之长。

〔6〕抽上韇，兼执之：韇，盛蓍草器。兼，并也。

〔7〕某甫：某，父之字。甫，男子美称。

〔8〕度兹幽宅：度，求。兹，此。

〔9〕兆基，无有后艰：基，始。艰，艰难，谓有非常，如崩坏之类。

〔10〕中封：谓中央之壤。

〔11〕卦者：负责记卦者。

〔12〕旅占卒：参见《士冠礼》第1节。

〔13〕从：犹吉。

〔14〕筮择：谓更择地而筮之。

【译文】

　　用占筮来确定墓地。先由冢人量度一片地方作为墓地，在这片地方的四角掘土，将土放在四角的外边。又在中央掘土，将土放在所掘处的南边。朝哭之后，主人和众主人都前往冢人预选的墓地，在墓域的南边面朝北而立，解下所服的绖带。命筮者站在主人的右边。筮者面朝东左手拿着盛蓍草的下韇，右手抽开上韇，再将上韇交由左手与下韇一并拿着，转身面朝南以接受命筮辞。命蓍者代主人发布命筮辞说："哀子某，为其父某甫占筮墓地，打算把这块地方作为其父在幽冥中的居宅，今天开始在此画定墓域，以后不会有什么艰难的事情发生吧？"筮人答应，不再复述命筮辞，便向右转身，转成面朝北，指着中央所掘的土以筮卦。记卦者站在筮人的左边。筮卦毕，筮人拿着筮得的卦给命筮者看。命筮者接过卦来看罢，又交还给筮人。筮人面朝东，和众筮人一起根据所筮得的卦以占问吉凶，占毕，进前向命筮者和主人报告说："占筮的结果吉利。"这时主人着绖带而哭，但不踊。如果占筮的结果不吉，那就要另选一块地方进行占筮，占筮的礼仪如前。从墓地回来后，主人和众主人要在死者的殡前面朝北而哭，不踊。

　　35. 既井椁[1]，主人西面拜工，左还椁，反位哭，不踊。妇人哭于堂。献材于殡门外[2]，西面，北上，缋。主人徧视之，如哭椁。献素、献成亦如之[3]。

【注释】

〔1〕井椁：椁，棺外的套棺。其形方，其中空而似井，故名井椁。案打造椁在殡宫门外。

〔2〕材：制作明器之材。明器即随葬器物。

〔3〕献素、献成：已制成器而未加涂饰的叫做素，涂饰以后就叫做成，也就是成品。

【译文】

椁打造好之后，主人面朝西向工匠行拜礼，然后向左转身环绕椁一周以察看椁，再返回原位而哭，不踊。妇人们也在堂上哭。制作明器的材料都进献在殡宫门外，面朝西放置，以北边为上位，先从北向南陈放，再折回从南向北陈放。主人一一察看这些材料，然后如同察看椁之后那样回到原位而哭。明制器成后，未经涂饰的素器和经过涂饰的成品，都要献上给主人察看，察看时的礼仪也同察看献材一样。

36. 卜日。既朝哭，皆复外位。卜人先奠龟于西塾上[1]，南首，有席。楚焞置于燋[2]，在龟东。族长莅卜[3]，及宗人吉服立于门西[4]，东面，南上。占者三人在其南，北上。卜人及执燋席者在塾西[5]。阖东扉，主妇立于其内。席于阈西、阈外。宗人告事具。主人北面免绖，左拥之[6]。莅卜即位于门东[7]，西面。卜人抱龟燋，先奠龟，西首，燋在北。宗人受卜人龟，示高[8]。莅卜受视，反之。宗人还，少退，受命。命曰："哀子某，来日某，卜葬其父某甫，考降无有近悔[9]。"许诺，不述命，还，即席西面坐，命龟[10]，兴，授卜人龟，负东扉。卜人坐，作龟^[11]，兴。宗人受龟示莅卜。莅卜受视反之。宗人退，东面。乃旅占，卒。不释龟，告于莅卜与主人："占曰：某日从。"授卜人龟，告于主妇。主妇哭。告于异爵者。使人告于众宾。卜人彻龟。宗人告事毕。主人绖，入，哭如筮宅。宾出，拜送。若不从，卜宅如初仪^[12]。

【注释】

〔1〕卜人：案大夫士只有筮人而无卜人，此卜人亦公臣而来助士丧事者。

〔2〕楚焞置于燋：楚，木名，即荆。焞，音 tūn，即明火。楚焞即荆木所燃明火。燋，炬，即火把，束苇为之。楚焞与燋皆为卜时灼龟所用。

〔3〕族长莅卜：族长，为士掌管宗族事务者。莅，临也。

〔4〕宗人吉服：宗人，参见《士冠礼》第 1 节。吉服，玄端服。

〔5〕在塾西：塾，谓西塾。

〔6〕左拥之：拥，抱持。谓置于左臂抱持之。

〔7〕莅卜：即族长。族长莅卜，故即以莅卜称之。

〔8〕示高：示，给莅卜看。高，是指龟的腹甲上高起而当灼处。

〔9〕考降：考，父。降，骨肉归于土。

〔10〕命龟：告龟以所卜之事。

〔11〕作龟：作，犹灼。案龟之腹甲当先凿，然后用火灼凿处，凿处即裂为兆纹，即据此以断吉凶。

〔12〕卜宅："宅"当作"择"。

【译文】

用占卜来确定下葬的日期。朝哭之后，主人、众主人、外兄弟以及众宾都又回到门外原位。卜人先把龟放在西塾上，使龟首朝南，龟下布有席。楚焞和燋放在一起，都在龟的东边。族长来参加卜日的礼仪，他和宗人都穿着吉服，站在庙门西边，面朝东，以南边为上位。占者三人站在他们的南边，以北边为上位。卜人和准备执燋、执席的人站在西塾的西边。关住庙门的东扇而打开西扇，主妇站在庙门内。把席铺设在门中阑西、阈外的地方。这时宗人向主人报告一切都准备完毕。主人面朝北去掉所服的绖带，把绖带搭在左臂上。这时莅卜从门西来到门东就位，面朝西而立。卜人拿起龟和燋到门中放在席上，先放龟，使龟首朝西，燋放在龟的北边。宗人从卜人手中接过龟，把龟甲上高起的地方指给莅卜看。莅卜接过龟来看，看毕又还给宗人。宗人转身稍退，等待接受命卜辞。莅卜指示说："哀子某，打算把未来的某日作为葬期，现在卜问，在这一天葬其父某甫，其父的骨肉入土后，不会有什么灾害而造成悔恨吧?"宗人答应，不再复述命卜辞，转身就席，面朝西坐下，把要占卜的事情告诉龟，再起身，把龟授给卜人，然后背靠门的东扇而立。卜人坐下，用楚焯灼龟以求兆，灼毕起身。宗人从卜人手中接过龟，拿给莅卜看。莅卜接过龟来看后，又还给宗人。宗人又把龟交还给卜人，卜人再把龟授给占者。这时宗人退回到庙门西边，面朝东而立。于是三位占者根据所得的龟兆进行占卜，占毕又将龟交给宗人。宗人手不释龟，向莅卜和主人报告说："占卜的结果说，把某日作为葬期，吉利。"宗人又把龟交给卜人，再把占卜的结果向主妇报告。主妇听毕而哭。宗人又向卿大夫们报告，并派人前去报告不在场的众宾。卜人把龟彻下。宗人向主人报告卜日完毕。主人又着起绖带，入庙，到殡前而哭，如同筮宅回来哭殡一样。宾退出，主人出庙门拜送。如果占卜的结果不吉，那就要另择一个日期再行占卜，礼仪如前。

既夕礼第十三

1. 既夕哭，请启期[1]，告于宾。

【注释】
〔1〕启期：启殡的日期。因将葬，当迁柩于祖庙以行朝庙礼，故须启殡。

【译文】
夕哭之后，有司向主人请示启殡的日期，然后把日期告诉宾。

2. 夙兴，设盥于祖庙门外，陈三鼎，皆如殡[1]。东方之馔亦如之。夷床馔于阶间[2]。

【注释】
〔1〕如殡：谓如大敛殡后设奠那样。
〔2〕夷床：即尸床。

【译文】
第二天天不亮就起来，将盥具陈放在祖庙门外，并将三只鼎陈放在庙门外，如同大敛殡后设奠那样。在祖庙的东堂下陈放奠物，也如同大敛奠那样。夷床陈放在祖庙堂下两阶之间。

3. 二烛俟于殡门外。丈夫髽，散带垂[1]，即位如初。妇人不哭。主人拜宾[2]，入即位，祖。商祝免，

祖，执功布入[3]，升自西阶，尽阶，不升堂，声三，启三[4]，命哭。烛入[5]。祝降[6]，与夏祝交于阶下，取铭置于重。踊无筭。商祝拂柩用功布，帗用夷衾[7]。

【注释】

〔1〕丈夫髽，散带垂：髽，露着发髻。散带垂，谓腰绖束腰后多余部分任其散而下垂。

〔2〕宾：这是专为参加启殡之礼而来的宾。

〔3〕功布：大功布。功布是缀在竿上，将用以拂柩，柩车出行时则用以指挥车行。

〔4〕声三，启三：案旧说以为发出三声"噫兴"的声音（噫兴，象声词）。发此三声的目的，是因将启殡，故先发声以警觉之，告神将启殡。

〔5〕烛入：一烛入室中照彻奠，一烛在堂照开殡。

〔6〕祝降：祝，谓周祝。

〔7〕夷衾：即小敛覆尸之衾。

【译文】

两名执事各拿一火把在殡宫门外待用。丈夫露着发髻，将腰绖的多余部分散垂着，如同朝夕哭时一样在殡宫门外即位。男人们将进入殡宫时，在堂上的妇人们不哭。主人向宾行拜礼，然后入殡宫就位，袒露左臂。商祝去冠而戴免，袒露左臂，拿着功布进入殡宫，从西阶而升，升到阶的最上一层，但不升到堂上，先发出三声"噫兴"的声音，再说三声"启"，然后命大家哭。这时两名拿火把的执事进入殡宫。周祝拿着铭下堂，与将升堂彻奠的夏祝在西阶下交错而过，把所取的铭放到重所在的地方。这时主人踊，踊的次数不限。开殡后，商祝用功布拂柩，又用夷衾覆盖在柩上。

4. 迁于祖用轴[1]。重先，奠从，烛从，柩从，烛从，主人从。升自西阶[2]。奠俟于下[3]，东面，北上。

主人从升，妇人升，东面。众人东即位[4]。正柩于两楹间[5]，用夷床。主人柩东，西面。置重如初[6]。席升设于柩西。奠设如初[7]，巾之。升降自西阶。主人踊无筭，降，拜宾，即位踊，袭。主妇及亲者由足，西面。

【注释】

〔1〕迁于祖用轴：葬前先迁柩于祖庙，叫做朝庙。其用意，是像人活着时一样，将出门，必辞尊者。轴，即辁轴。其形制，像一长床，在椑（相当于床帮）前后各安一轴（即能滚动的圆木）。将棺柩置于这样的辁轴上，用人力拉轴滚动，即可移动棺柩。

〔2〕升自西阶：这是指柩。

〔3〕奠：谓宿奠，也就是从殡宫彻下来的夕奠。

〔4〕众人东即位：学者多以为"众"下脱"主"字。

〔5〕正柩：即把柩放正。案此时柩头朝北而放。

〔6〕置重如初：谓如在殡宫时那样。

〔7〕奠设如初：谓如同设于殡宫室奥那样。案此所设奠名为从奠，因为是跟从柩自殡宫迁来的。

【译文】

用辁轴把柩迁移到祖庙。进入祖庙的顺序是：执重者先入，执奠物者跟着执重者，执火把者跟着执奠物者，柩跟着火把，又一火把跟着柩，主人和众主人以下的人跟着后面的火把。柩从西阶运到堂上。这时执奠物者先在西阶下面朝东而立，以北边为上位，等待柩放置好再升堂设奠。主人跟从柩升堂，妇人也跟在主人后面升堂，都在西阶上面朝东而立。众主人则到东阶下就位。在两楹之间的地方把柩从辁轴上搬到夷床上，并将柩摆放正。这时主人来到柩的东边，面朝西而立。执重的人把重像在殡宫中那样设置在当庭南三分之一的地方。执奠席的人升堂，把席铺设在柩的西边。执奠物者像在殡宫室奥中那样设奠，再用巾把奠物覆盖好。设奠的执事升堂、下堂都由西阶。设奠毕，主人踊，踊的次数不限，踊毕下堂，向宾行拜礼，再到阼阶下就位而踊，然后穿好左衣袖。主妇和妇人中的亲者经过尸足的南边，到柩的东边面朝西而立。

5. 荐车直东荣，北辀[1]。质明灭烛。彻者升自阼阶[2]，降自西阶。乃奠如初[3]，升降自西阶。主人要节而踊。荐马，缨三就[4]，入门，北面交辔，圉人夹牵之[5]。御者执策立于马后。哭，成踊。右还出。宾出，主人送于门外。

【注释】

〔1〕荐车直东荣，北辀：荐，陈。所陈之车，为乘车、道车、槁车（参见《既夕礼》第31节）三种，都是死者平日所乘之车。因将葬，陈车以像平日将驾车出行。辀，单臂辕。

〔2〕彻者：谓彻正柩后所设奠（即所谓从奠）者。

〔3〕乃奠如初：此奠谓迁祖奠，因为是迁柩朝祖而设，故名。

〔4〕荐马，缨三就：此所荐为驾车之马，每车二马，三车则六马。缨即马鞅（束于马颈的革带），马缨上缠以三色丝带以为饰，每色缠三匝，是谓三就。

〔5〕交辔，圉人夹牵之：辔，马缰。圉人，养马人。这句意思是说，圉人一人牵二马，将二马之辔交于一手，两马夹圉人于中以牵之。

【译文】

死者生前所用的车陈放在北当堂屋东荣的地方，使车辕朝北。天亮的时候将火把熄灭。彻奠者从阼阶升堂，拿取所彻奠物从西阶下堂。接着又将新奠像当初一样在柩西摆设起来，设奠时升堂、下堂都由西阶。主人每逢当踊的时候就踊。又陈上驾车的马，马缨上用三种颜色的丝带各缠三道以为饰，马牵入庙门后头朝北而陈，圉人将二马的辔交于一手，夹在两马之间牵马。御者拿着马鞭站在马后。这时主人哭，并成三踊。接着圉人又牵马向右转身而出庙门。宾退出，主人送宾到门外。

6. 有司请祖期[1]。曰："日侧。"主人入，祖。乃载。踊无筭。卒束，袭。降奠当前束[2]。商祝饰柩，一池，纽前纁后缁，齐三采，无贝[3]。设披[4]，属引[5]。

【注释】

〔1〕祖期：设祖奠之期（参见第 8 节）。

〔2〕降奠当前束：所降之奠即设在堂上的迁祖奠，现在移到堂下，设在柩车的西边。案柩有前束、后束，以将棺柩束固于柩车。

〔3〕"商祝"至"无贝"：这是记棺柩上的装饰。柩载于车之后，在柩周围设置一个能撑起如同尖顶帐篷的木框架，叫做柳。柳外围以布，其上部如同帐篷顶的叫做荒，下部像墙的叫做帷。在柳的前边还悬有一池。池是用竹从中剖开的一半做的，外边套有青色布套，象征悬在屋檐下承接雨水的天沟，即所谓"承溜"。荒与帷有绳带相系连，叫做纽。前部两侧的纽是纁（赤）色的，后部两侧的纽是缁色的。柳的尖顶上的装饰叫做齐，其形如三个依次递小的球形物垒叠而成，这种球形物是分别用朱、白、苍三种颜色的缯缝制、中间用絮填塞做成的。贝，是齐上的装饰，只有元士（上士）以上才有贝饰，此所记为下士的丧礼，故无贝。

〔4〕披：这是系束在柩上的帛带，当柩车行进时，两边有人拉着披，以防止因道路颠簸而致使棺柩倾斜。

〔5〕引：拉柩车的绳。引系在辂上，辂是绑在车辕前端的横木。

【译文】

有司向主人请示设祖奠的时间，主人说："日偏西的时候。"主人入庙，袒露左臂。于是开始把堂上的棺柩装载到庭中的柩车上。这时主人踊，踊的次数不限。当柩在柩车上系束好以后，主人穿上左臂衣袖。这时奠物从堂上移到堂下，在柩车的西边、当柩的前束的地方摆设起来。商祝开始装饰柩车，在柳前设一池，用前赤、后缁两种颜色的缯带把车上的荒和帷系结在一起，又在柳的顶端安上三种色彩的齐，但齐上不用贝装饰。车柩上设披，并将拉车的绳系属在车辕的辂上。

7. 陈明器于乘车之西[1]。折横覆之[2]。抗木横三
缩二[3]。加抗席三。加茵，用疏布，缁翦，有幅，亦缩
二横三[4]。器，西南上，绩。茵[5]。苞二[6]。筲三[7]，
黍、稷、麦。瓮三[8]，醯、醢、屑[9]，幂用疏布。甒
二，醴、酒，幂用功布。皆木桁久之[10]。用器，弓、
矢、耒耜、两敦、两杅、盘、匜，匜实于盘中，南
流[11]。无祭器，有燕乐器可也[12]。役器，甲、胄、
干、笮[13]。燕器，杖、笠、翣[14]。

【注释】

〔1〕乘车之西：案乘车是所陈三车最西边的一辆。

〔2〕折横覆之：折，是用一块大如床的长方形木板，在上面凿方格
做成，纵三道，横五道，共为八个方格。这是棺下葬后封圹口用的。覆
之，使折的光洁面朝上而糙面覆向下。

〔3〕抗木：是封圹（墓穴）口用的。

〔4〕"加茵"至"横三"：茵，是用疏布（即大功布）做的，葬棺时用
以垫衬在棺下。缁翦，即翦缁。翦，通"浅"。幅，镶边。案以上是记
葬器。

〔5〕茵：此言茵，是为了说明以下陈放明器的次序。案抗木放在折
西，席放在抗木上面，茵又加放在席上，茵所在的位置，就是抗木所在
的位置，也就是明器陈放最西边起始位置的标志，即从茵的北边开始由
西向东陈放明器。

〔6〕苞：用苇编成，是临葬前彻遣奠时包装羊、豕二牲的下体用的。

〔7〕筲：是菅草编制成的，形如畚，用以盛黍、稷、麦等。

〔8〕瓮：瓦器，可容一觳（音 hū），即一斗二升。

〔9〕屑：姜桂之屑。

〔10〕皆木桁久之：桁，音 héng，形如几，狭而长。久，柱。案以
上记食器。

〔11〕"用器"至"南流"：耒耜，农具。敦，是盛黍稷器。杅，盛
汤浆器。盘、匜，盥器。流，是匜口。

〔12〕燕乐器：即瑟、笙、磬等乐器。

〔13〕干、笮：干，盾。笮，音 zé，竹制的盛箭器。
〔14〕翣：音 shà，扇。

【译文】

在乘车的西边陈放明器。折横放，使糙面覆向下。抗木横的三根，纵的二根。在抗木上面加放三领抗席。抗席上再加放茵，茵是用浅黑色的疏布做的，周围有镶边，纵的二条，横的三条。明器以放在最西南边为上位，先从西往东，再从东往西，曲折而陈。从茵的北边开始依次往西陈放。先放二苞。苞的东边放三只筲，一盛黍，一盛稷，一盛麦。再折回从东往西放三只瓮，一盛醯，一盛醢，一盛姜桂末，用疏布覆盖在上面。瓮的西边接着放两只甒，一盛醴，一盛酒，上面用大功布覆盖。以上苞、筲、瓮、甒的下边都有桁做支撑。所陈放的死者生前常用的器物有弓、矢、耒耜、两只敦、两只杆、盘和匜，匜放在盘中，使流朝南。明器中没有祭器，可以有与宾客燕饮时用的乐器。所陈放的死者生前服役用的军器有铠甲、头盔、盾和盛箭的笮。还陈放有死者生前闲暇时用的器物杖、斗笠和扇。

8. 彻奠[1]。巾、席俟于西方[2]。主人要节而踊，祖。商祝御柩，乃祖[3]。踊，袭，少南当前束。妇人降，即位于阶间。祖，还车[4]，不还器。祝取铭置于茵[5]。二人还重左还。布席，乃奠如初[6]。主人要节而踊。荐马如初。宾出，主人送。有司请葬期。入复位。

【注释】

〔1〕彻奠：这是彻迁祖奠。
〔2〕西方：西阶前。
〔3〕祖：始，谓柩车开始出行。
〔4〕还车：还，调转车头。这里是还所荐之三车，即乘车、道车、槀车。

〔5〕祝：此为周祝。

〔6〕乃奠：此即所谓祖奠，是因车祖（始行）而奠，故名。

【译文】

　　彻下设在柩车西边的迁祖奠。彻奠后执事拿着巾和席站在西阶下以待用。主人每逢当踊的时候就踊，接着袒露左臂。商祝指挥将柩车调头，这是出行的开始。主人踊，踊毕穿上左臂的衣袖，稍向南移到当柩的前束的地方。这时妇人们下堂，在两阶之间就位。开始出行，还要将所陈的三辆车调头，但所陈的明器无须再调转方向。祝拿取设在重处的铭放到茵上。另有二人将重向左转成面朝南。这时开始布席，像设迁祖奠那样设祖奠。主人每逢当踊的时候就踊。接着又重新将马陈上，如同当初陈马那样。设祖奠完毕时，宾退出，主人送宾到庙门外。有司在门外向主人请示葬期。主人回答后，进庙回到原位。

　　9. 公赗[1]：玄纁束，马两。摈者出请，入告。主人释杖，迎于庙门外，不哭，先入门右，北面，及众主人袒。马入设。宾奉币由马西，当前辂，北面致命。主人哭，拜稽颡，成踊。宾奠币于栈左服[2]，出。宰由主人之北举币以东。士受马以出[3]。主人送于外门外，拜，袭，入复位，杖。

【注释】

　　〔1〕赗：音 fèng，赠给丧家助送葬之物。

　　〔2〕宾奠币于栈左服：币，束帛。栈谓柩车，服谓车箱。左，车南向，以东为左。

　　〔3〕士：这是主人之士，此士是主人的胥徒之长。

【译文】

　　公命使者前来赠送助主人送葬之物：玄纁二色的帛一束，马两匹。摈者出门请问公的使者为何事而来，然后入内向主人报告。主人放下哀杖，到庙门外迎接公使，不哭，先从门的右侧而入，进庙后面朝北站在门右，和众主人都袒露左臂。两匹马先牵入庙，设在重的南边。宾捧着束帛从马的南边向西，再向北来到当枢车的前辂处，然后面朝北致辞。主人哭着以头触地行拜礼，成三踊。宾把束帛放在枢车的左箱，然后退出。宰举着束帛，从主人原所在位的北边向东去把它收藏起来。主人的士接过马缰把马牵出庙去。主人送使者到大门外，行拜礼，然后穿好左臂衣袖，进入庙中，回到原位，柱起哀杖。

10. 宾赗者〔1〕，将命。摈者出请，入告，出告须。马人设。宾奉币。摈者先入，宾从。致命如初。主人拜于位，不踊。宾奠币如初。举币、受马如初。摈者出请。若奠〔2〕，入告，出，以宾入。将命如初〔3〕。士受羊如受马。又请。若赙〔4〕，入告。主人出门左，西面。宾东面将命。主人拜。宾坐委之。宰由主人之北，东面举之，反位〔5〕。若无器，则捂受之〔6〕。又请，宾告事毕。拜送，入。赠者〔7〕，将命。摈者出请，纳宾如初。宾奠币如初。若就器，则坐奠于陈〔8〕。凡将礼，必请而后拜送。兄弟赗〔9〕，奠可也。所知〔10〕，则赗而不奠。知死者赠，知生者赙。书赗于方〔11〕，若九，若七，若五。书遣于策〔12〕。乃代哭如初。宵，为燎于门内之右〔13〕。

【注释】
〔1〕宾：谓卿大夫士之使者。
〔2〕若奠：此奠，是指赠送助祭奠之物。
〔3〕将命：犹致命，即致辞。
〔4〕若赙：赙，音fù，谓赠送财物以补助丧家办丧事。

〔5〕反位：位，原误作"伐"。

〔6〕若无器，则掊受之：器，谓盛物之器，如筐筐等。掊受，即逆受，也就是相对而受。

〔7〕赠：谓赠给死者的随葬物，如玄纁束帛、玩好明器之类。

〔8〕若就器，则坐奠于陈：就，成也。陈，谓陈明器处。

〔9〕兄弟：此指凡在五服内的亲属。

〔10〕所知：谓平日互相存问而有来往的人。

〔11〕书赗于方：方，用于记事的木版。案所书者，不只是赗，还包括奠、赙、赠。

〔12〕书遣于策：遣，谓随葬的明器。策，竹简。

〔13〕门内之右：即庭东。

【译文】

如果宾来赠送助主人送葬之物，就要由摈者传命。摈者先到门外请问宾来何事，入内向主人报告，再出门告诉宾说，主人正在恭候。马先牵进庙，设在重南。宾捧着玄纁二色的帛一束，摈者先入为宾做前导，宾随摈者而入，像当初公的使者一样地致辞。主人在他的位上向宾行拜礼，但不踊。宾如同当初公使者那样把束帛放在柩车左箱。宰举着束帛去收藏和士受取马，也都像当初接受公使的赠物一样。摈者又出门请问宾还有什么事。如果宾还要赠送祭奠物，摈者便再入内向主人报告，然后出庙引宾入内。宾像当初一样致辞。士像当初接受马一样接受宾所赠送的羊。摈者再次出门请问宾还有什么事。如果宾还要赠送财物，摈者便再次入内向主人报告。主人便从门的左侧出来，面朝西而立。宾面朝东向主人致辞。主人拜。宾就地而坐，把所赠财物放在地上。宰从主人北边到门的西边，面朝东举起宾所赠的财物，进庙收藏好，然后返回原位。如果宾所赠的财物没有盛在其他器物中，那就由宰面对面地从宾手中接受所赠财物。摈者又一次请问宾还有什么事。宾说事情都已完毕，这时主人才出庙门拜送宾，然后入庙。如果有人来向死者赠送随葬物，也要由摈者传命。摈者出庙请问宾来何事，以及请宾进庙，都同当初一样。宾也像当初一样把所赠的束帛放在柩车的左箱。如果赠送成器，就到陈放明器的地方坐下，把所赠之器放在那里。凡是与宾行礼，一定要先请问

宾，确知宾已经没有事了之后，主人才拜送宾。如果是五服内的
亲属，那就可以既赠送助主人送葬之物，又赠送祭奠之物。如果
是所知者，那就只赠送助送葬之物而不赠送祭奠物。如果是死者
的所知者，那就可以既赠送助送葬物，又赠送随葬物。如果是主
人的所知者，那就可以既赠送助送葬物，又向主人赠送财物。对
于赠送助送葬物、祭奠物、财物和随葬物者，都要用方把赠送者
的姓名和所赠之物记下来，每方或书九行，或书七行，或书五行。
所有送葬的明器也都要记载于策。这时可以像小敛之后那样使人
轮替代孝子哭。入夜，在庙门内右侧点起火把。

11. 厥明，陈鼎五于门外如初[1]。其实：羊左胖，
髀不升，肠五，胃五，离肺[2]；豕亦如之，豚解[3]，无
肠胃；鱼、腊、鲜兽[4]。皆如初。东方之馔：四豆，脾
析[5]、蜱醢[6]、葵菹、蠃醢；四笾，枣、糗[7]、栗、
脯；醴，酒。陈器。灭燎，执烛侠辂[8]，北面。宾入
者，拜之。彻者入[9]。丈夫踊。设于西北。妇人踊。彻
者东。鼎入。乃奠。豆南上[10]，绵。笾，蠃醢南，北
上，绵。俎二以成[11]，南上，不绵，特鲜兽。醴、酒
在笾西，北上。奠者出。主人要节而踊。

【注释】

〔1〕如初：谓如大敛奠时。
〔2〕离肺：即举肺，是用于食的肺。
〔3〕豚解：这是说虽用大牲，而其解割之法亦同于豚。
〔4〕鲜兽：谓新杀之兽。此兽为兔。
〔5〕脾析：即羊胃。
〔6〕蜱醢：蜱，音 pí，蚌。蜱醢即蚌肉做的酱。
〔7〕糗：音 qiǔ，即糗饵。用稻米粉和黍粉合而蒸成的饼叫做饵，将
豆炒熟再捣成粉就叫做糗。因为饵有粘性，故著之糗以防其粘，这就叫

糇饵。

〔8〕侠辂：侠，通"夹"。辂，是车辕上系引绳的横木。侠辂谓立于辂的东西两端。

〔9〕彻者：彻祖奠者，这是为将设葬奠而彻。

〔10〕豆南上：南，原误作"西"。

〔11〕俎二以成：成，犹并。

【译文】

　　第二天黎明时候，在庙门外陈五鼎，鼎陈放的位置如同大敛奠时在门外陈鼎那样。鼎中所盛的食物：一只鼎盛羊牲体的左半，羊的髀不用，还盛有五节羊肠，五条羊胃和羊的离肺；一只鼎盛猪牲体，如同盛羊牲体一样，猪牲体的解割也同解割豚一样，猪鼎中不放猪肠胃；一只鼎盛鱼；一只鼎盛兔腊；一只鼎盛鲜兽肉。所盛的鱼和兔腊，都同大敛奠时一样。在柩车东边陈放的有：四只豆，一豆盛脾析，一豆盛蜱醢，一豆盛葵菹，一豆盛蠃醢；四只笾：一笾盛枣，一笾盛糇饵，一笾盛栗，一笾盛脯；还放有醴和酒。把明器重新陈设出来。这时熄灭火把，两名拿火把的执事在柩车前辂的东西两端面朝北而立。参加葬礼的宾进庙，主人便行拜礼。彻奠者进入庙门。主人和众主人踊。彻下的奠物摆设在柩车的西北边。妇人们踊。彻奠者来到柩车东边新陈放奠物处。这时鼎抬进庙来。接着开始设葬奠。豆的摆设以南边为上位，四只豆屈绕而设。笾摆设在盛蠃醢的豆的南边，以北边为上位，四只笾也是屈绕而设。俎两两相并而设，以南边为上位，设时不屈绕，盛鲜兽的俎单独横设在其他四俎的北头。醴和酒摆设在笾的西边，醴放在北边上位。设奠完毕，设奠者退出。在设奠过程中，主人每逢当踊的时候就踊。

　　12. 甸人抗重出自道，道左倚之。荐马，马出自道。车各从其马，驾于门外，西面而俟，南上〔1〕。彻者入〔2〕。踊如初。彻巾，苞牲，取下体〔3〕，不以鱼、腊〔4〕。行器，茵、苞、器序从，车从。彻者出。踊如初。

【注释】

〔1〕南上：案乘车在南，其北为道车，又其北为槀车。

〔2〕彻者：彻葬奠者。

〔3〕苞牲，取下体：苞牲，用苞包取牲体。下体，牲体的胫骨部分，有象征出行的意思。

〔4〕不以鱼、腊：案鱼、腊不算是正牲，故不用。

【译文】

甸人举着重从庙门中央出来，把重倚放在门东。马再次牵入庙中陈设，接着再从庙门中央牵出来。车由人拉着跟在马的后面出庙，到庙门外再套上马，车马先在门东面朝西停立以待行，以南边为上位。彻奠者入庙。主人、众主人和妇人们如同当初彻祖奠者入庙时那样踊。彻奠者彻下覆盖奠物的布巾，用苞包取羊、猪二牲的下胫骨，但不取鱼和腊。所陈明器，都分别由人拿着去墓地，出行的次序是，先茵，次苞，次用器等等，车马跟在最后。彻奠者出庙。主人、众主人和妇人们又如同当初彻毕祖奠时那样踊。

13. 主人之史请读赗[1]。执筭从[2]，柩东，当前束，西面，不命毋哭，哭者相止也[3]，唯主人、主妇哭。烛在右，南面。读书[4]，释筭则坐。卒，命哭，灭烛。书与筭执之以逆出。公史自西方东面[5]。命毋哭。主人、主妇皆不哭。读遣。卒，命哭，灭烛。出。

【注释】

〔1〕主人之史请读赗：史，士之私臣掌文书者。赗，即赗书。案这是向死者读之，亦为使主人知之。

〔2〕执筭：筭，长六寸，用以计数。执筭者，是史的副手。

〔3〕相止：自相戒止。

〔4〕读书：案上文唯言"读赗"，其实奠、赗、赠亦书于方，亦并读

之，故此处变言"读书"。

〔5〕公史：亦公臣而来佐丧事者。此公史为主人读遣策。

【译文】

主人之史向主人请示宣读赗书。副史手拿筭跟着史，在柩的东边、当柩前束的地方面朝西而立。不禁止大家哭，但大家都相互劝戒不哭，只有主人和主妇哭。拿火把的执事站在史的右边，面朝南。史宣读赗书，副史坐在地上用筭计数。宣读完毕，命大家哭。这时熄灭火把，史拿着赗书，副史拿着筭，按照和进庙时相反的顺序退出。公史在柩的西边面朝东而立。这时命大家不哭，主人和主妇也都不哭。公史宣读遣策。待公史读毕，命大家哭。这时熄灭火把。公史退出。

14. 商祝执功布以御柩[1]。执披[2]。主人袒，乃行，踊无筭。出宫，踊，袭。至于邦门，公使宰夫赠玄纁束。主人去杖，不哭，由左听命[3]。宾由右致命。主人哭拜稽颡。宾升，实币于盖，降。主人拜送，复位，杖，乃行。

【注释】

〔1〕御柩：指挥柩车前进。

〔2〕执披：执披者为士，八人。案士柩四披，是每二人执一披。

〔3〕左：柩车的前辂之左。下文"右"则前辂之右。

【译文】

商祝用功布指挥柩车前进。有士八人在车两边握着披。主人袒露左臂，柩车开始出行。主人踊，踊的次数不限。柩车出殡宫，主人踊，然后穿上左臂衣袖。柩车到达国都城门时，公派宰夫前来赠送玄纁二色的帛一束。主人去掉哀杖，不哭，在柩车前辂的左边听宰夫致辞。宰夫在辂的右边致辞。宰夫致辞毕，主人哭着以头触地行拜礼。宾升车，把束帛放在棺盖上的柳中。然后下车。主人拜送宾，然后返回到柩车后面，拿起哀杖，柩车于是继续前进。

15. 至于圹[1]。陈器于道东西[2]，北上。茵先入。属引。主人袒。众主人西面，北上。妇人东面。皆不哭。乃窆[3]。主人哭，踊无筭，袭，赠用制币玄纁束[4]，拜稽颡，踊如初。卒，袒，拜宾。主妇亦拜宾。即位[5]。拾踊三[6]。袭。宾出则拜送[7]。藏器于旁，加见[8]，藏苞、筲于旁。加折却之[9]。加抗席覆之[10]。加抗木。实土三[11]，主人拜乡人[12]。即位。踊，袭，如初。

【注释】

〔1〕圹：墓穴。

〔2〕道：羡道，即墓道。

〔3〕窆：音 biǎn，落葬。

〔4〕赠用制币玄纁束：赠，谓主人以币赠死者于圹中。制玄纁束，即玄纁束帛。言制，是表明此所用帛的长度符合常制。案常制丈八尺曰制。束十制，是束帛为十八丈帛。

〔5〕即位：主人位在羡道东，西面。主妇位在羡道西，东面。众主人在主人南，男宾在众主人南。众妇人在主妇南，女宾在众妇人南。

〔6〕拾踊三：拾踊，谓主人与妇人、与宾交替而踊三者三，即人各九踊。

〔7〕宾出：谓出茔域。

〔8〕藏器于旁，加见：器，随葬的用器、役器。见，官饰，即池、柳、荒、帷之属，以加于棺外，不见棺柩，而但见棺饰，故以见名。

〔9〕加折却之：谓使折的光面朝下，糙面仰向上（参见第 7 节）。

〔10〕覆之：谓使席的光面向上而糙面覆向下。

〔11〕实土三：谓主人象征性地掘土三下填入墓穴。

〔12〕乡人：与主人同乡里而来助葬者。

【译文】

枢车来到墓穴前。把明器陈放在墓道东西两边，以北边为上位。茵先放入墓穴中，再把准备悬棺的绳系在棺上。主人袒露左臂。众主人在墓道东边面朝西而立，以北边为上位。妇人们在墓道西边面朝东而立。大家都不哭。于是开始往墓穴里下棺。这时主人哭，踊，踊的次数不限。踊毕，主人穿上左臂衣袖，向死者赠送玄纁二色的帛一束，放入墓穴中，接着以头触地行拜礼，拜毕又踊，也像当初一样踊的次数不限。主人向死者赠帛完毕，又袒露左臂，向宾行拜礼。主妇也向宾行拜礼。拜毕，主人和主妇都就位。接着主人、妇人和宾先后交替各三踊。踊毕，主人穿上左臂衣袖。宾退出，主人行拜礼相送。明器中的用器和军器放入墓穴，藏在棺的一边，棺上面加放池、纽、荒、帷等作为棺饰，并将苞、筲等器藏在棺的另一边。墓穴上面加放折，使折的糙面仰朝上。折上加放抗席，使席的糙面覆向下。抗席上再加放抗木。主人掘土三次填入墓穴，然后向乡人行拜礼以谢其勤劳之功。主人就位。接着主人、妇人和宾交替而踊，踊毕主人穿上左臂衣袖，这些礼仪都同当初一样。

16. 乃反哭。入，升自西阶，东面。众主人堂下，东面，北上。妇人入，大夫踊[1]，升自阼阶。主妇入于室，踊，出，即位，及丈夫拾踊三[2]。宾吊者升自西阶[3]，曰："如之何！"主人拜稽颡。宾降出，主人送于门外，拜稽颡。遂适殡宫[4]，皆如启位[5]。拾踊三。兄弟出[6]，主人拜送。众主人出门，哭止。阖门。主人揖，众主人乃就次。

【注释】

〔1〕大夫："大"当作"丈"。
〔2〕丈夫：此处谓主人。
〔3〕宾吊者：谓众宾之长。

〔4〕遂适殡宫：案这是在祖庙哭罢，又回殡宫哭。

〔5〕启位：即启殡时所在之位。

〔6〕兄弟：是指服小功以下者，及同姓而异门（即非同财共居）服大功者。

【译文】

于是又从墓地返回祖庙而哭。主人入庙，从西阶升堂，面朝东而立。众主人在堂下西阶前面朝东而立，以北边为上位。妇人入庙，这时主人和众主人踊，妇人从阼阶升堂。主妇进入室中而踊，然后出来，在阼阶上就位，与主人交替各三踊。宾中的吊唁者从西阶升堂，致吊辞说："再也见不到你了，真是无可奈何啊！"宾吊毕下堂退出，主人送宾到门外，以头触地行拜礼。接着大家又去殡宫，各自站到启殡时所在的位置上而哭。主人与主妇又交替各三踊。兄弟们退出，主人拜送。接着众主人出门，停哭。这时关上庙门。主人揖请大家就次，然后和众主人各自就次。

17. 犹朝夕哭，不奠，三虞[1]。卒哭[2]，明日以其班祔[3]。

【注释】

〔1〕三虞：虞，祭名。葬日中午返回来行虞祭，是为初虞；隔一天再虞，再虞之明日又虞，是为三虞。虞，安，为安死者之神灵而祭，故名。详《士虞礼》。

〔2〕卒哭：三虞后的祭名。

〔3〕以其班祔：班，辈，谓将新死者按昭穆班辈付于祖庙。祔，即付，是卒哭祭明日之祭名，意在将新死者与先祖合而祭之。

【译文】

葬后仍然朝夕哭，但不再设奠，接着相继举行三次虞祭。虞祭之后又举行卒哭祭。卒哭祭的第二天，要在祖庙中将死者按昭穆班辈与先祖一起祔祭。

18.《记》[1]。士处适寝[2]，寝东首于北墉下[3]。有疾，疾者齐[4]。养者皆齐[5]，彻琴瑟。疾病，外内皆埽，彻亵衣，加新衣。御者四人皆坐持体[6]，属纩以俟绝气[7]。男子不绝于妇人之手，妇人不绝于男子之手。乃行祷于五祀[8]。乃卒，主人啼，兄弟哭。

【注释】

〔1〕《记》：这是上、下两篇的总《记》，故此《记》从士始死开始。

〔2〕适寝：即士的正寝(参见上篇第 1 节)。

〔3〕寝：卧，谓卧于适寝的适室中。

〔4〕齐：通"斋"。

〔5〕养者：服侍病人养病者，谓士的子孙妻妾。

〔6〕御者：即侍从者。

〔7〕属纩以俟绝气：案人将死，气息微弱，难确知其何时绝气，故用纩(丝絮)放在病人的口鼻处，以观察其何时绝气。

〔8〕祷于五祀：五祀，五种与日常生活有关的神，即司命(宫中小神，主督察人过)、中溜(主堂室居处门户之神)、国门(主国都城门之神)、国行(路神)、公厉(古代公侯死而无后，而为厉鬼者)。然此处"五祀"是泛指，其实诸侯才祀五祀，士只二祀，即门(谓门神)和行(路神)。

【译文】

《记》。士有病的时候就住到适寝中，头朝东卧在适室的北墙下。凡有病，病人又想斋戒以养病，就要住到适室中。服侍病人养病的人也都要斋戒，彻去琴瑟等乐器。病人病重时，要把寝室内外都打扫干净，并为病人脱下脏衣，换上新衣。卧床的病人想翻身时，有四名御者坐在床边为他扶持身体。病人临终时，要用丝絮放在病人的口鼻处，以等待病人断气。男子不能在妇人手中断气，妇人不能在男子手中断气。这时要为病人向五祀之神祈祷，以求神保佑病人不死。病人终于断气了，于是主人和兄弟们都啼哭。

19. 设床第当牖，衽下莞上簟，设枕。迁尸。复者朝服，左执领，右执要[1]，招而左。楔貌如轭，上两末[2]。缀足用燕几，校在南[3]，御者坐持之。即床而奠当腢[4]，用吉器[5]，若醴若酒[6]，无巾柶[7]。

【注释】

〔1〕左执领，右执要：这是指用以招魂的爵弁服的拿法。

〔2〕楔貌如轭，上两末：楔即角柶（参见上篇第 2 节），其形略似车轭而小。上两末，案车轭的末端皆向下，而叉于马颈上；柶以楔齿，则末端朝上，故曰"上两末"。

〔3〕缀足用燕几，校在南：缀，犹拘。校，几足。用燕几缀足，以免足变形，便于穿屦（参见上篇第 2 节）。

〔4〕腢：音 ǒu，肩头。

〔5〕用吉器：案丧事当用凶器，现在之所以用吉器，是因为人始死，不忍即异于生。

〔6〕若醴若酒：这是说二者用其一即可。

〔7〕无巾柶：案巾为覆盖奠物，柶为扱醴。之所以无巾柶，因始死匆遽，且非盛馔故也。

【译文】

在当窗处设床，床上铺竹床垫，床垫上再铺席，下面铺莞席，上面铺簟席，席上设枕。将尸体从北墙下迁到床上。招魂者穿朝服，用左手掭着招魂用的爵弁服的衣领，右手掭着衣腰，招魂时两手将衣服从右向左挥动。楔的形状像轭，用以楔齿时楔的末端朝上。用燕几将死者的足拘束起来，使几足朝南，有御者坐在床边扶持着几。就床为死者设奠，奠物设在当死者左肩处，盛奠物用吉器，奠物或用醴，或用新酒皆可，但不设巾和柶。

20. 赴曰："君之臣某死[1]。"赴母、妻、长子则曰："君之臣某之某死。"[2]

【注释】

〔1〕某：士死者之名。

〔2〕某之某：上"某"，士名。下"某"，死者名。

【译文】

赴告者向国君报告时说："君的臣某死了。"如果是士的母、妻或长子死了，向国君报告就说："君之臣某之某死了。"

21. 室中唯主人、主妇坐。兄弟有命夫、命妇在焉〔1〕，亦坐。

【注释】

〔1〕兄弟有命夫、命妇：案男子受有朝廷正式封爵者谓之命夫，其妻则亦随之而受有同等爵命，谓之命妇。

【译文】

室中只有主人和主妇坐。兄弟当中如果有命夫、命妇在，也坐着。

22. 尸在室，有君命〔1〕，众主人不出。襚者委衣于床，不坐。其襚于室，户西北面致命。

【注释】

〔1〕君命：谓君命使者前来吊襚(参见上篇第5节)。

【译文】

尸体在室中时，如果有君所命使者前来吊唁或向死者赠衣，众主人不出室迎接使者。向死者赠衣的人把衣放在尸床上的时候，不坐。向死者赠衣而把衣放在室中的人，要先在室门的西边面朝北致吊唁辞。

23. 夏祝淅米差盛之[1]。御者四人抗衾而浴，禪第[2]。其母之丧，则内御者浴[3]，髺无笄。设明衣，妇人则设中带[4]。卒洗贝，反于笲。实贝柱右龈左龈[5]。夏祝彻余饭[6]。瑱塞耳。掘坎南顺，广尺，轮二尺[7]，深三尺，南其壤。垼用块。明衣裳用幕布，袂属幅，长下膝。有前后裳[8]，不辟，长及毂[9]，缥裨缘[10]。缁纯[11]。设握，里亲肤[12]，系钩中指，结于掔。甸人筑坅坎[13]。隶人涅厕[14]。既袭[15]，宵为燎于中庭。

【注释】

〔1〕差盛之：差，择。盛，谓盛于敦。

〔2〕御者四人抗衾而浴，禪第：抗，举。案因浴时尸裸体，故举巾以蔽之。禪，通"袒"。禪第，谓将第上的席揭去，以便浴时沥水。

〔3〕内御：女御。

〔4〕设明衣，妇人则设中带：案男子设明衣，妇人既设明衣，又设中带。中带为何物，不详。

〔5〕实贝柱右龈左龈：柱，即柱入、楔入。龈，音 diān，臼齿，亦称智齿。案上篇只说饭含时实于口右、左和中（见彼第 12 节），但右、左未言具体为何处，此补记之。

〔6〕余饭：饭含所余米。

〔7〕轮：犹纵。

〔8〕有前后裳：案凡裳前三幅，后四幅，明衣之裳亦如之。

〔9〕毂：音 què，即脚背。

〔10〕缥裨缘：缥，浅红色。裨，音 bì。裨缘，饰裳之幅边为裨，饰裳之下畔为缘也。

〔11〕纯：镶边。

〔12〕设握，里亲肤：握，即握手。里，谓握手的纁里。案这是为死者左手设握，为死者的右手设握见上篇第 13 节。

〔13〕坅坎：坅，音 qǐn，掘坎。

〔14〕隶人涅厕：隶人，罪人罚作劳役者。涅，塞。

〔15〕袭：谓人死第一天袭尸。

【译文】

　　夏祝淘米时要选择坚好的米粒盛在敦中，准备为死者饭含时用。为死者沐浴时要由四名御者举着敛衾以遮蔽尸体，同时要把床笫上的席拿掉，以便沥水。如果士之母死了，就由内御为死者沐浴，为死者束的丧髻中也不贯笄。为死者陈设明衣，如果是妇人还同时要陈设中带。贝洗毕要放回到笲中。为死者饭含时，用贝扱米后，要先后从死者的右齻和左齻处填入死者口中。饭含后由夏祝把多余的米彻下去。接着用填为死者塞耳。在堂下两阶间掘坑，是从北向南掘，坑宽一尺，长二尺，深三尺，掘出的土放在坑的南边。灶是用土块垒成的。明衣裳是用与幕布同样的布做的，衣袖和衣身的布幅是连为一体的，衣长下到膝部。裳的前后布幅上都不打褶皱，裳长下到脚背，裳的幅边和裳的下缘都饰有浅红色的镶边。在明衣的衣领和袖口上则饰有黑色的镶边。为死者的左手缠握手时，使握手的缁里的一面挨着手的皮肤，先将握手上缀的丝带钩住左手的中指，再缠结在死者的左手腕上。甸人所掘的坑，还得由甸人将它筑实。死者生前所用的厕所，要由隶人把它填塞起来。袭尸之后，到天黑时，就在中庭燃起火把。

　　24. 厥明，灭燎，陈衣[1]。凡绞、紟用布[2]，纶如朝服[3]。设床于东堂下[4]，南顺，齐于坫，馔于其上。两瓺：醴、酒，酒在南。篚在东，南顺，实角觯四，木柶二，素勺二[5]。豆在瓺北，二以并，笾亦如之。凡笾豆实具、设，皆巾之。觯俟时而酌，柶覆加之，面枋，及错，建之。小敛辟奠，不出室。无踊节[6]。既冯尸，主人袒，髺发，绞带，众主人布带。大敛于阼[7]。大夫

升自西阶，阶东北面，东上^[8]。既冯尸，大夫逆降，复
位^[9]。巾奠，执烛者灭烛，出，降自阼阶，由主人之
北东。

【注释】

〔1〕陈衣：这是在东房中陈衣，以为小敛做准备。

〔2〕凡：谓凡小敛大敛。

〔3〕伦如朝服：伦，比。朝服用十五升布。

〔4〕棜：音 yù，长方形的木承盘。此棜长七尺，宽二尺四寸，深
（高）尺五寸。

〔5〕素勺：舀酒器，因用白木制成，未加漆饰，故曰素勺。

〔6〕无踊节：即不踊。

〔7〕大敛于阼：案上篇记大敛唯曰"布席如初"（第 26 节），未说
布于何处，故此处补记之。

〔8〕"大夫"至"东上"：这是大夫升堂视大敛。案上篇记君来视大
敛时，唯言公卿大夫"继主人，东上"（第 30 节），此《记》则进一步
明确大夫的位置。

〔9〕既冯尸，大夫逆降，复位：冯尸，谓大夫冯尸。案上篇于君视
大敛时，记君抚尸之当心处，又记君命主人冯尸，未记大夫冯尸，此处
补记之。复位，复阼阶下西面之位。

【译文】

人死的第二天天亮时，将火把熄灭，开始为小敛陈放衣服。
凡敛时用的绞和单被，都是用如同做朝服那样的布做的。为大敛
奠或小敛奠陈放奠物时，先把棜放在东堂下，使棜的首端朝北而
末端顺向南，棜的南端与堂的东坫齐，奠物就陈放在棜上。先放
两瓹：一盛醴，一盛酒，酒放在醴的南边。篚放在瓹的东边，使
篚首朝北而尾顺向南，篚中放四只角觯，二只木柶，二只素勺。
豆放在瓹的北边，如果是大敛奠的豆，就二豆相并而放，大敛奠
的笾也是相并而放。凡大敛奠的笾和豆，在两两相并陈放在东堂
下的时候，以及设于室奥的时候，上面都要用布巾覆盖。觯等到
设奠的时候就用来酌醴酒，酌毕把柶反扣在觯上，使柶柄朝前，

到把醴酒摆设好之后，再把柶插入鬶中。将要小敛时，要把设在床上、尸体东边的奠物移开，但不移出室外。移奠时主人、众主人和妇人不踊。小敛毕，主人凭尸而踊之后，要袒露左臂，用麻束发，同时要系上绞带，服齐衰以下的众主人要系上布带。大敛是在阼阶上进行的。大夫视大敛，从西阶升堂，在西阶的东边面朝北而立，以东边为上位。大夫凭尸而踊之后，按照和升堂时相反的顺序下堂，回到原位。当用布巾把大敛奠物覆盖好之后，拿火把的执事将火把熄灭，出室，从阼阶下堂，由主人所在位置的北边向东，将火把放回东堂下。

25. 既殡，主人说髦[1]。三日绞垂[2]。冠六升，外縪，缨条属厌[3]。衰三升。屦外纳。杖下本，竹桐一也。居倚庐，寝苫枕块，不说绖带，哭昼夜无时，非丧事不言。歠粥，朝一溢米，夕一溢米，不食菜果。主人乘恶车，白狗幦[4]，蒲蔽[5]，御以蒲菆[6]，犬服[7]，木锧[8]，约绥，约辔[9]，木镳[10]，马不齐髦[11]。主妇之车亦如之，疏布裧[12]。贰车白狗摄服[13]，其他皆如乘车。

【注释】

〔1〕说髦：案儿生三月，当为儿剪发，但留一部分不剪，这部分叫做鬌(音 duǒ)。鬌到一定时候亦当剪去，儿长大后，又以假发做成鬌形，著之于首以为饰，就叫做髦。正因为是假发所饰，故可脱去，即所谓"说髦"。

〔2〕三日绞垂：三日，成服日。绞垂，谓使腰绖散垂的部分绞结起来而缠于腰间。

〔3〕外縪，缨条属厌：外縪，即外毕。厌，伏，谓冠从武下向外缝之，如厌于武。

〔4〕白狗幦：白狗，谓白狗皮。幦，音 mì，车轼上的覆盖物。车轼是指在车箱前供人凭依的横木。

〔5〕蒲蔽：以蒲草为蔽也。

〔6〕蒲菆：菆，音 zōu。蒲菆，即麻秆。

〔7〕犬服：是用犬皮做的兵器套。

〔8〕木锞：锞，音 guǎn。案车轮中央以安车辐者谓之毂，毂安在车轴上，而在轴头横贯一铜或铁制的销子，以辖制车毂，即所谓锞。丧车则用木锞。

〔9〕约绥，约辔：约，绳。绥，执以上车的绳。辔，御者执以御马之索。

〔10〕木镳：镳，马具，与衔合用，衔在马口内，镳在口外，一般用金属制成，此镳则以木制。

〔11〕马不齐髦：齐，翦。髦，毛中之长毫。

〔12〕裧：车上的帷裳。

〔13〕贰车白狗摄服：贰车，即随从副车。摄，犹缘，谓以白狗皮为服而缘其边。

【译文】

死者入殡后，主人脱去头上的髦。人死后第三天，要将散垂的腰绖绞结起来缠在腰间。主人的丧冠用六升布制成，丧冠的绊是缝在武的外边而伏在武上的，麻绳做的缨条是和武连缀在一起的。主人的衰裳用三升布制成，编制用作丧屦的草鞋收头时将余头留在外边。哀杖不论是竹杖还是桐杖，一律使根的一端朝下。主人居住在倚庐中，卧草苫，枕土块，卧时不脱去首绖、腰绖和绞带，不论白天还是黑夜，悲痛就哭，没有一定的时候，不是有关丧事的话就不说。一天只吃两次粥，早上吃一溢米，傍晚吃一溢米，不吃蔬菜和瓜果。主人出行乘丧车，车轼上覆以白狗皮，用蒲草做车蔽，用麻秆御马驾车，车上盛兵器的箙是用白狗皮做的，车轴头的锞是用木做的，用绳做绥，用绳做马辔，用木做马衔外的镳，驾车的马身上的长毛也不剔剪整齐。主妇的车也和主人的车一样，但车上有疏布做的帷裳。主人和主妇的随从车上盛兵器的箙也是用白狗皮做的，箙周围镶有粗布边，其他都和主人的丧车一样。

26. 朔月[1]，童子执帚却之，左手奉之[2]，从彻者而入[3]。比奠[4]，举席埽室，聚诸窔[5]，布席如初。卒奠，埽者执帚垂末，内鬣[6]，从执烛者而东。燕养，馈羞汤沐之馔如他日[7]。朔月若荐新，则不馈于下室[8]。

【注释】

〔1〕朔月：即朔月奠（参见上篇第33节）。

〔2〕童子执帚却之，左手奉之：童子，子弟年少者。却之，谓执帚之时，以帚的下端末向上。奉，持。

〔3〕彻者：谓彻宿奠者。

〔4〕比：犹先。

〔5〕举席埽室，聚诸窔：举席，犹言移席。窔，音 yào，室东南隅谓之窔。

〔6〕垂末，内鬣：末，帚末端，形似鬣。内鬣，谓以鬣向身。垂末内鬣，恐尘触人。

〔7〕燕养，馈羞汤沐之馔如他日：燕养，谓死者生前平常燕居时所用供养之物；馈，是指平常朝夕所馈饭食；羞，谓四时珍异之物；汤沐，谓供沐浴的热水；如他日，谓如平常一样设于下室。

〔8〕朔月若荐新，则不馈于下室：案平时朝夕常奠，唯有醴酒脯醢，故馈饭食如黍稷等于下室，而朔月奠或荐新都属殷奠，既有牲，又有黍稷，因此无须馈食于下室了。下室，即燕寝。

【译文】

要举行朔月奠的时候，由童子用左手拿着笤帚，使笤帚的末端朝上，跟从彻奠的人进入庙中。童子要在设朔月奠之前，先把奠席移开，打扫室内，把所扫的垃圾聚在室的东南角，再把奠席布放在原处。朔月奠摆设好之后，扫地的童子拿着笤帚，使末端垂向下，并使末端斜向自己的身体，跟从拿火把的人出室，向东从阼阶下堂。在朝夕哭奠期间，死者生前闲居时候所当供养的饭食、四时珍物，以及沐浴用的热水等等，都同平日一样按时为死者陈放在燕寝中。如果逢到朔月奠或向死者荐新，就无须再在燕寝中为死者陈放饭食了。

27. 筮宅，冢人物土[1]。卜日吉，告从于主妇。主妇哭。妇人皆哭。主妇升堂，哭者皆止。

【注释】

〔1〕物：犹相，即察看。

【译文】

用占筮来确定墓地，要先由冢人察看并选择一块土地。用占卜来确定葬日，得吉兆，从而报告主妇。主妇闻报而哭。众妇人都哭。主妇升堂，哭的人都停哭。

28. 启之昕[1]，外内不哭。夷床、輤轴馔于西阶东。

【注释】

〔1〕昕：黎明时。

【译文】

启殡的那天黎明时，殡宫内外的人都不哭。夷床和輤轴陈放在堂下、西阶东边。

29. 其二庙[1]，则馔于祢庙如小敛奠，乃启。朝于祢庙，重止于门外之西，东面。柩入，升自西阶，正柩于两楹间。奠止于西阶之下，东面，北上。主人升，柩东西面。众主人东即位。妇人从升，东面。奠升，设于

枢西。升降自西阶。主人要节而踊。烛先入者升堂，东
楹之南西面。后入者西阶东，北面，在下。主人降即
位，彻，乃奠[2]，升降自西阶。主人踊如初[3]。

【注释】

〔1〕其二庙：谓上士有二庙者，即祢庙、祖庙。案中士、下士则父、
祖共庙。

〔2〕彻，乃奠：谓彻从奠，设迁祢奠。

〔3〕踊如初：亦要节而踊也。

【译文】

士有二庙的，预陈在祢庙的奠物同于小敛奠，二庙的奠物都
预陈完毕后才启殡。棺柩朝祢庙时，重先放在庙门外西边，重面
朝东。柩入祢庙，从西阶搬到堂上，在两楹之间把柩放正。从殡
宫随柩迁来的宿奠先放在西阶下，面朝东，以北边为上位。主人
升堂，在柩的东边面朝西而立。众主人则到东边阼阶下就位。妇
人也随柩升堂，在柩的西边面朝东而立。执从奠者升堂，把奠物
设在柩的西边。设奠者升堂、下堂都由西阶。在设奠过程中，主
人到当踊的时候就踊。拿火把在柩之前进庙的人，升堂后，在东
楹的南边面朝西而立。拿火把在柩之后进庙的人，在堂下西阶的
东边面朝北而立。主人下堂到阼阶下就位时，彻去从奠，而设迁
祢奠，彻奠和设奠的人升堂、下堂都由西阶。在彻奠和设奠过程
中，主人如同当初一样，到当踊的时候就踊。

30. 祝及执事举奠[1]，巾、席从而降。柩从。序从
如初，适祖。

【注释】

〔1〕举奠：所举即迁祢奠。

【译文】

祝和执事们拿着迁祢奠的奠物，拿巾和拿席的人跟从着他们下堂。柩车跟从着拿奠物的人。主人和众主人以下的人如同出殡宫时一样跟从柩车依次而行，前往祖庙。

31. 荐乘车〔1〕，鹿浅幦〔2〕，干、笮、革靾〔3〕，载旜〔4〕。载皮弁服。缨、辔、贝勒县于衡〔5〕。道车载朝服〔6〕。稾车载蓑笠〔7〕。将载〔8〕，祝及执事举奠〔9〕，户西，南面，东上。卒束前而降，奠席于柩西。巾奠，乃墙〔10〕。抗木刊。茵著用荼，实绥泽焉〔11〕。苇苞长三尺一编〔12〕。菅筲三，其实皆瀹〔13〕。祖，还车不易位。执披者旁四人。凡赠币无常〔14〕。凡糗不煎。

【注释】

〔1〕荐乘车：乘车，士所乘的车。案士所乘车名为栈车。

〔2〕鹿浅幦：鹿浅，即夏天的鹿皮。浅，谓鹿皮上的毛短浅。

〔3〕靾：音 xiè，缰。

〔4〕旜：一种通体赤色的旗。

〔5〕贝勒县于衡：贝勒，谓马络头与马衔，以贝饰之。衡，即辂，即辀端的横木，辂下驾马。

〔6〕道车：比乘车次一等，是士早晚或闲暇时出入所乘的车。

〔7〕稾车：稾是散的意思，这是士田猎或出行郊野所乘的车。

〔8〕将载：谓朝祖毕，将载柩于柩车。

〔9〕奠：谓迁祖奠。

〔10〕墙：谓饰柩。

〔11〕茵著用荼，实绥泽：著，充塞。荼，茅秀，即茅草穗。绥，即廉姜，亦姜类，生沙石中。泽，泽兰，即水香草，生下地水傍，叶如兰，二月生香。

〔12〕一编：谓编苞圆周的一圈。

〔13〕瀹：音 yuè，浸渍。

〔14〕赠币：玩好曰赠，玄纁束帛曰币。

【译文】

朝祖庙时所陈列的乘车，车轼上覆盖浅毛鹿皮，车上放有盾、盛箭的笮、皮革制的马缰绳，还载有旃旗和皮弁服。驾驭马用的缨、辔和用贝壳装饰的马勒，都悬挂在车辕前的衡上。所陈列的道车上载有朝服。稾车上载有蓑笠。将要把柩装载到柩车上的时候，夏祝和执事们把设在堂上柩西的奠物拿起来，在室户的西边面朝南而立，以东边为上位。到柩装上车，并将柩的前部捆束好时，夏祝和执事们下堂，把奠物设在柩车的西边。用巾把奠物覆盖好之后，开始装饰柩车。抗木是经过砍削而成的。茵的表里之间用茶填塞，同时还放进绥、泽等香草。用苇编苞，是用三尺长的苇一根编一圈而成。三只菅草编的筲，其中所盛的米麦都是用热水浸渍过的。开始出行，调转车头，但车暂不离开原位。柩车出行时执披的是每边四人。凡赠送死者随葬物，或赠玄纁二色的帛一束，或赠玩好，没有定制。凡用作奠物的糗饵都不用油煎。

32. 唯君命，止柩于堩[1]，其余则否。车至道左北面立[2]，东上。柩至于圹，敛服载之[3]。卒窆而归，不驱。

【注释】

〔1〕唯君命，止柩于堩：君命，谓柩车行至城门，君使宰夫赠束帛之事（见第14节）。堩，音 gèng，道。

〔2〕车至道左：车，谓乘车、道车、稾车。道左，墓道东。

〔3〕敛服载之：敛，收。服，谓三车上所载皮弁服、朝服和蓑笠等。载，谓载之于柩车。

【译文】

柩车出行，只有国君命使者前来赠送束帛时，才能停在道上，在其他情况下则不得停车。乘车、道车和稾车到达墓地后，要在墓道的左边面朝北停放，以东边为上位。柩从柩车上卸下来放到墓穴前时，要把乘车、道车和稾车上的衣服、蓑笠等收集起来载到柩车上。棺柩落葬后柩车返回时，不应快行疾驱。

33. 君视敛，若不待奠，加盖而出〔1〕。不视敛，则加盖而至，卒事。

【注释】

〔1〕若不待奠，加盖而出：奠，谓设大敛奠。加盖，谓加棺盖。案设大敛奠在加盖殡棺之后（参见上篇第 27、28 节）。又案君来视敛，已是对士的一种加赐，若视敛而又视奠，则是更加恩惠。

【译文】

君亲临察看士的大敛之礼，如果不等待设大敛奠，就在加棺盖之后退出。如果君不亲临察看士的大敛之礼，那就在加棺盖的时候到来，一直到设大敛奠之后再退出。

34. 既正柩，宾出，遂、匠纳车于阶间〔1〕。祝馔祖奠于主人之南，当前辂，北上，巾之。

【注释】

〔1〕遂、匠：谓遂人、匠人。遂人主领徒役，匠人主载柩窆。案此遂人、匠人亦公臣而来佐丧事者，士不得有遂人、匠人之官。

【译文】

柩在堂上两楹间放正之后，宾退出，这时遂人和匠人指挥徒役把柩车拉进庙来放在堂下两阶之间。柩载到车上后，祝和执事们把祖奠预陈在主人的南边，西当柩车前辂的地方，以北边为上位，放好后用巾盖上。

35. 弓矢之新，沽功〔1〕，有弭饰焉〔2〕，亦张可也〔3〕，有柲〔4〕，设依、挞焉〔5〕，有韣。鍭矢一乘，骨镞，短卫〔6〕。志矢一乘，轩辀中〔7〕，亦短卫。

【注释】

〔1〕弓矢之新，沽功：新，是说作为明器的弓矢应该是新的。沽，粗。沽功，即加工粗糙之意。

〔2〕弭：弓稍。

〔3〕亦张可也：谓随葬的弓不要求力度，只要能张弦就可以了。

〔4〕柲：即弓檠，是用以保护弓的竹片。弓弛弦而不用时，即将柲缚于弓里，以备损伤。

〔5〕设依、挞：依，以韦缠弦。至于如何依缠弓弦，不详。挞，弣侧矢道。弣指弓的中央部分。

〔6〕鍭矢一乘，骨镞，短卫：鍭，音 hóu，矢名，是一种射杀近敌或田猎时用的矢。一乘，四矢。卫，羽。

〔7〕志矢一乘，轩辀中：志矢，亦矢名，是一种用于习射的矢。轩辀，犹言轻重。中，平，谓矢前后轻重均平。

【译文】

随葬的弓矢要用新的，但制作粗糙，弓弭上有用骨或角做的装饰，弓只要能张就可以了，随弓还带有护弓用的柲，弓弦上缠有依，弓弣上嵌有挞，弓上套有弓衣。随葬的矢，有鍭矢四支，箭头是用骨做的，矢末端的羽较短。还有志矢四支，这种矢前后轻重均平，矢末的羽也较短。

士虞礼第十四

1. 士虞礼。特豕馈食[1]，侧亨于庙门外之右[2]，东面。鱼、腊爨亚之[3]，北上。饎爨在东壁[4]，西面。设洗于西阶西南，水在洗西，篚在东。奠于室中北墉下当户两瓶[5]，醴、酒，酒在东，无禁，幂用绤布，加勺，南枋。素几[6]、苇席在西序下。苴刌茅长五寸[7]，束之，实于篚，馔于西坫上。馔两豆，菹、醢[8]，于西楹之东，醢在西，一铏亚之。从献豆两亚之[9]，四笾亚之，北上。馔黍稷二敦于阶间，西上，藉用苇席。匜水错于盘中，南流，在西阶之南[10]，簞、巾在其东。陈三鼎于门外之右[11]，北面，北上，设扃鼏。匕俎在西塾之西。羞燔俎在内西塾上[12]，南顺。

【注释】

〔1〕馈：饷。

〔2〕侧：谓豕的一胖。

〔3〕爨：灶。

〔4〕饎：音 chì，炊黍稷。

〔5〕奠于室中：室，原误作"堂"。

〔6〕素几：未经漆饰的几。

〔7〕苴刌茅：苴，犹藉，即衬垫。刌，音 cǔn，切断。

〔8〕菹、醢：即葵菹、蠃醢。

〔9〕从献：是从主人向祝献酒而献之。

〔10〕西阶之南：案"南"字误，当为"东"。

〔11〕陈三鼎：案此三鼎分别盛豕、鱼、兔腊。

〔12〕羞燔俎在内西塾上：羞，进。燔，烤肉。内西塾，案塾分南北，北半部叫内塾，南半部叫外塾。

【译文】

士虞礼。用一头猪馈饷死者，将猪的左半在庙门外右边的灶上烹煮，灶面朝东。烹煮鱼的灶和烹煮兔腊的灶，在烹煮猪的灶的南边，以北边为上位。煮黍稷的灶在东墙边，灶面朝西。洗设在西阶的西南边，水在洗的西边，篚在洗的东边。在室中北墙下对着室门的地方放两只甒，一甒盛醴，一甒盛酒，酒在醴的东边，甒下不设禁，甒上用细葛布覆盖，上面再加放勺，使勺柄朝南。素几和苇席放在西序跟前。将茅草切成五寸长以用作苴，捆束起来，放在篚中，篚放在西坫上。在西楹的东边陈放两豆，一豆盛葵菹，一豆盛蠃醢，蠃醢放在葵菹的西边，一铏放在葵菹的东边。将从主人向祝献酒而进上的两豆放在铏的东边，将从主妇向尸和祝献酒而进上的四笾又放在这两豆的东边，这两豆和四笾放时都以北边为上位。盛黍和稷的二敦陈放在堂下两阶之间，以西边为上位，敦下衬有苇席。用匜盛水放在盘中，使匜的流朝南，盘匜放在西阶东边。一只盛有巾的篚放在盘匜的东边。三鼎陈放在庙门外的右边，鼎面朝北，以北边为上位，鼎耳中贯以横杠，鼎上用茅草覆盖。从鼎中取牲肉用的匕和俎放在西塾的西边。等待进上的燔俎和肝俎陈放在内西塾上，使俎的上端朝北而下端顺向南。

2. 主人及兄弟如葬服[1]，宾执事者如吊服[2]，皆即位于门外，如朝夕临位[3]。妇人及内兄弟服[4]，即位于堂，亦如之。祝免[5]，藻葛绖带，布席于室中[6]，东面，右几，降出，及宗人即位于门西，东面，南上。宗人告："有司具。"遂请拜宾如临[7]，入门哭。妇人哭。主人即位于堂。众主人及兄弟、宾即位于西方，如反哭位。祝入门左，北面。宗人西阶前北面。

【注释】

〔1〕主人及兄弟：主人，泛指主人和众主人。兄弟，谓外兄弟。

〔2〕宾执事者如吊服：宾执事者，即宾客而来帮忙办丧事者。吊服，不详。

〔3〕朝夕临位：谓朝夕临哭之位，亦即朝夕哭位。

〔4〕内兄弟服：内兄弟，谓姑姊妹与宗妇（即族人之妇）。服，亦如葬服。

〔5〕祝：此为丧祝，亦公臣而来助丧事者。

〔6〕布席于室中：这是布于庙奥，即室的西南隅。

〔7〕拜宾如临：谓如朝夕临哭时主人入庙前拜宾之仪。

【译文】

主人、众主人和外兄弟穿着葬服，宾执事者穿着来吊唁时穿的服装，都在庙门外就位，如同朝夕哭时所在之位。妇人们和内兄弟穿着葬服在堂上就位，也如同朝夕哭时所在之位。祝去冠戴免，系着用经过濯洗的葛做的首绖、腰绖和带，把席布设在室中，使席面朝东，几放在席的右端，然后下堂，出庙，与宗人在庙门西边就位，面朝东，以南边为上位。宗人向主人报告说："有司们将一切都准备齐全了。"接着便请主人拜宾，于是主人如同朝夕哭时那样向宾行拜礼，然后入庙门而哭。这时妇人们也开始哭。主人在堂上就位。众主人和外兄弟、宾在堂下西边就位，如同葬后反哭于祖庙时所在之位。祝进庙向左，在庙门左边面朝北而立。宗人在西阶前面朝北而立。

3. 祝盥升[1]，取甒，降洗之，升，入设于几东席上，东缩。降洗觯，升。止哭。主人倚杖入[2]。祝从，在左，西面。赞荐菹醢，醢在北。佐食及执事盥[3]，出举，长在左[4]。鼎入，设于西阶前，东面，北上。匕俎从设。左人抽扃[5]、鼏，匕。佐食及右人载。卒朼者逆退[6]，复位。俎入，设于豆东，鱼亚之，腊特。赞设二

敦于俎南，黍，其东稷。设一铏于豆南。佐食出，立于
户西。赞者彻鼎。祝酌醴，命佐食启会。佐食许诺，启
会却于敦南，复位。祝奠觯于铏南，复位。主人再拜稽
首[7]。祝飨，命佐食祭。佐食许诺，钩袒[8]，取黍稷祭
于豆，三。取肤祭，祭如初。祝取奠觯，祭亦如之，不
尽益，反奠之[9]。主人再拜稽首。祝[10]。祝卒，主人
拜如初，哭，出，复位。

【注释】

〔1〕祝盥升：案自此以至本节之末，记阴厌之事。所谓阴厌，谓尸
未入室前设馔于奥，这是为飨神而设。

〔2〕倚杖：谓倚杖于西序。

〔3〕佐食：佐助尸食者，亦由宾执事者充任。

〔4〕长在左：长，谓宾执事者中的长者。

〔5〕左人：抬鼎时在鼎左的人。鼎东面，以北为左。下右人则当在
鼎南。

〔6〕卒枇者：即左人，亦为宾执事者。

〔7〕主人再拜稽首：案这是向死者的神位（即布席处）行拜礼。

〔8〕钩袒：谓卷其袂以出臂。

〔9〕反奠之：这是酌而反奠之，即到正对室门的北墙下就醴瓭把觯
添满，再反奠于铏南。

〔10〕祝：谓代孝子致辞。

【译文】

祝盥手升堂，从西坫取匕，下堂去洗，洗毕升堂，进入室中，
把匕按东西方向铺设在几东边席上。祝又下堂洗觯，洗毕升堂。
这时大家停哭。主人把杖倚放在西序前，进入室中。祝跟从主人
入室，在主人的左边，与主人并排面朝西而立。赞荐上菹醢，醢
放在菹的北边。佐食和执事们盥手，出庙抬鼎，年长者在鼎的左
边。鼎抬入庙中，放在西阶前，鼎面朝东，以北边为上位。拿匕

和俎的执事跟从各自的鼎入庙，并摆设好。左人抽下抬鼎的杠和覆盖在鼎上的茅草，并用匕从鼎中取牲体。佐食和右人用俎载牲体。左人用匕取牲体完毕，按照和进庙时相反的次序退下，回到原来的宾位上。右人搬着载有牲体的俎入室，把猪俎设在豆的东边，鱼俎又设在猪俎的东边，而腊俎横设在猪俎和鱼俎的北头。赞者在俎的南边设二敦，一敦盛黍，黍敦东边的一敦盛稷。一铏设在豆的南边。祭物摆设完毕，佐食出室，站在室门西边。赞者把鼎彻出门外。祝用觯酌取醴，命佐食揭开敦盖。佐食答应，揭开敦盖，把敦盖仰放在敦的南边，再回到室外门西之位。祝把觯放在铏的南边，再回到主人左边原位。主人向神行位再稽首礼。祝告请死者之神享用祭物，然后命佐食祭神。佐食答应，卷起袖子，露出胳膊，从敦中取黍稷放在苴上以祭神，这样取了三次，祭了三次。又取肤祭神，也是取三次，祭三次。接着祝拿取放在铏南边的觯，用勺舀取觯中的醴注地以祭神，也是舀三次，祭三次，但不把觯中的醴舀尽，又去把觯添满，再放回到铏的南边。主人向神位再拜稽首。祝代主人致祭辞。致辞毕，主人又向神位再拜稽首，然后哭，出室，回到西阶上原位。

4. 祝迎尸[1]，一人衰绖奉篚[2]，哭从尸。尸入门，丈夫踊，妇人踊。淳尸盥[3]，宗人授巾。尸及阶，祝延尸。尸升，宗人诏踊如初。尸入户，踊如初，哭止。妇人入于房。主人及祝拜妥尸[4]。尸拜，遂坐。

【注释】

〔1〕尸：活人扮作死者而代死者受祭曰尸。

〔2〕一人：谓主人的兄弟，服大功以上之亲者。

〔3〕淳：浇水。

〔4〕妥：安。

【译文】

祝出庙迎尸。一人穿着丧服，系着首绖和腰绖，捧着筐，哭着跟在尸后。尸进庙门时，主人和众主人踊，接着妇人们踊。宾执事者为尸浇水盥手，宗人把巾授给尸擦手。尸来到西阶前，祝延请尸升堂。尸升堂时，宗人像当初一样告主人踊。尸进入室门时，大家又像尸升堂时一样踊，同时停哭。妇人到东房中回避。主人和祝拜请尸安坐。尸答拜，于是在席上坐下。

5. 从者错筐于尸左席上[1]，立于其北。尸取奠[2]，左执之，取菹擩于醢，祭于豆间。祝命佐食堕祭[3]。佐食取黍稷肺祭，授尸。尸祭之，祭奠[4]。祝祝[5]。主人拜如初。尸尝醴，奠之[6]。佐食举肺脊授尸。尸受，振祭，啐之[7]，左手执之。祝命佐食迚敦[8]。佐食举黍错于席上。尸祭铏[9]，尝铏。泰羹湆自门入[10]，设于铏南。菹四豆设于左。尸饭，播余于筐[11]。三饭。佐食举干[12]。尸受振祭，啐之，实于筐。又三饭。举胳祭如初[13]。佐食举鱼、腊实于筐。又三饭。举肩祭如初[14]，举鱼、腊俎，俎释三个[15]。尸卒食，佐食受肺脊实于筐，反黍如初设。

【注释】

〔1〕从者：即上节"一人衰绖奉筐，哭从尸"者。

〔2〕奠：此谓觯，即祝反奠于铏南之觯（见第 3 节）。

〔3〕堕祭：即助祭，助尸行食前祭。

〔4〕奠：即尸先所取之觯。

〔5〕祝祝：上"祝"，名词。下"祝"，动词，谓致祝辞，以劝尸享用祭物。

〔6〕奠之：谓放回原处。

〔7〕振祭，啐之：振祭，参见《士昏礼》第 9 节。啐之，即尝一尝。

〔8〕迩：近。

〔9〕尸祭鉶：盖以柶扱鉶羹注地以示祭。

〔10〕泰羹涪：即大羹涪。

〔11〕尸饭，播余于篚：案古时是用手抓饭，但抓一把只吃一小口，多余的饭就放进篚中。

〔12〕干：长胁，此为豕胁。案牲体的肋骨，分为前、中、后三部分，分别名为胁、长胁、短胁。是长胁即肋骨的正中部分。

〔13〕举胳：举，亦佐食举之。胳，牲体的后胫骨。

〔14〕肩：猪前胫骨的上部（参见《乡饮酒礼》第27节）。

〔15〕举鱼、腊俎，俎释三个：释，犹遗，即遗留。这是说将鱼实于篚时留三条于俎，将兔腊的牲体实于篚时也留下三块在俎上。案兔和豕一样，都是解割成七体，即：肩、臂、臑、肫、胳、脊、胁。俎上的鱼则是七条。

【译文】

　　从者把篚放在尸左边席上，自己站在席的北边。尸取祝放在鉶南边的觯，用左手拿着，右手取菹，在醢中蘸一蘸，放在盛菹和盛醢的两豆之间以祭先人。祝命佐食堕祭。于是佐食取黍稷和祭肺以堕祭，授给尸。尸一一用以祭先人，接着又用觯中的醴祭先人。祝致祝辞以劝尸享用祭物。主人又行再拜稽首礼以劝尸。于是尸尝了尝觯中的醴，又将觯放回原处。佐食取举肺和猪脊骨授给尸。尸接过来，用以振祭，祭毕尝了尝，然后用左手拿着放入盛菹的豆中。祝命佐食把敦向尸移近一些。于是佐食把盛黍的敦移放在席上。尸用鉶羹祭先人，祭毕尝了尝。这时大羹涪自庙门外送进来，放在鉶的南边。又有四只盛肉块的豆送上来放在左边。尸用手抓饭吃，抓一次吃一口，每吃一口之后便把手中多余的饭放进篚中，这样吃了三口饭。佐食拿起猪干授给尸。尸接过来用以振祭，祭毕尝了尝，然后放进篚中。尸又吃了三口饭，然后又接过佐食所授的胳来照样进行振祭。佐食拿起鱼和兔腊来放进篚中。尸又吃了三口饭，然后接过佐食所授的肩来像当初一样进行振祭。佐食在把鱼和兔腊放入篚中时，要留下三条鱼和三块兔腊肉在俎上。尸吃饭毕，佐食接过尸授给的肺和脊，放进篚中，接着又把黍敦放回当初所在的位置上。

6. 主人洗废爵[1]，酌酒酳尸[2]。尸拜受爵。主人北面答拜。尸祭酒，尝之。宾长以肝从[3]，实于俎缩，右盐。尸左执爵，右取肝擩盐，振祭，哜之，加于俎。宾降，反俎于西塾，复位。尸卒爵。祝受，不相爵[4]。主人拜。尸答拜。祝酌授尸。尸以醋主人[5]。主人拜受爵。尸答拜。主人坐祭，卒爵，拜。尸答拜。筵祝，南面。主人献祝。祝拜，坐受爵。主人答拜。荐菹醢，设俎。祝左执爵，祭荐[6]，奠爵，兴取肺[7]，坐，祭，哜之，兴，加于俎，祭酒，尝之。肝从。祝取肝擩盐，振祭，哜之，加于俎，卒爵，拜。主人答拜。祝坐，授主人[8]。主人酌献佐食。佐食北面拜，坐受爵。主人答拜。佐食祭酒，卒爵，拜。主人答拜，受爵，出，实于篚，升堂复位。

【注释】

〔1〕废爵：无足的爵。

〔2〕酳：以酒漱口，且以安食（参见《士昏礼》第9节）。

〔3〕宾长以肝从：宾长，宾中之年长者。以肝从，谓从主人以献尸。

〔4〕不相爵：案如果是吉礼，主人向尸献爵时，当由祝为司礼，命主人拜送爵，而现在是丧礼，礼仪从略，故不相爵。

〔5〕醋：同酢。

〔6〕荐：谓菹醢。

〔7〕肺：这是燔俎上的肺，此为离肺。

〔8〕授主人：授，原误作"受"。

【译文】

主人洗废爵，酌酒，送给尸饮以漱口。尸行拜礼然后接受爵。主人面朝北回礼答拜。尸用酒祭先人，然后尝了尝酒。在主人向尸献酒时，宾长搬着肝俎跟从主人向尸献上，肝在俎上纵放，盐放在肝的右边。尸左手拿着爵，右手取肝，在盐上蘸了蘸，然后振祭，祭毕尝了尝肝，再把肝放回俎上。宾搬着俎下堂，把俎放回到内西塾上，再回到宾位。尸饮干爵中酒。祝从尸手中接过空爵。在主人向尸献酒时，祝不相赞主人拜送爵。主人向尸行拜礼。尸回礼答拜。祝酌酒授给尸，尸接过酒来酢主人。主人行拜礼而后受爵。尸回礼答拜。主人坐下，用酒祭先人，然后饮干爵中酒，饮毕向尸行拜礼。尸回礼答拜。在北墙下为祝布席，席面朝南。主人向祝献酒。祝行拜礼，而后坐下来接受爵。主人回礼答拜。执事为祝进上菹和醢，并为祝设燔俎。祝左手拿着爵，右手取菹蘸醢祭先人，祭毕把爵放下，起身取肺，再坐下，用肺祭先人，祭毕尝了尝肺，起身把肺放回俎上，接着用酒祭先人，祭毕再尝了尝酒。在主人向祝献酒时，还有执事搬着肝俎跟从主人向祝献上。祝取肝，在盐上蘸了蘸，然后振祭，祭毕尝了尝肝，再把肝放回俎上，接着饮干爵中酒，向主人行拜礼。主人回礼答拜。祝坐下，把空爵授给主人。主人又酌酒献给佐食。佐食面朝北行拜礼，然后坐下来接受爵。主人回礼答拜。佐食用酒祭先人，祭毕饮干爵中酒，向主人行拜礼。主人回礼答拜，接过空爵，出室，下堂把爵放进篚中，再升堂，回到西序南端原位。

7. 主妇洗足爵于房中[1]，酌，亚献尸，如主人仪。自反两笾，枣、栗，设于会南，枣在西。尸祭笾，祭酒如初。宾以燔从如初。尸祭燔[2]，卒爵如初。酌献祝，笾、燔从，献佐食，皆如初。以虚爵入于房。

【注释】

〔1〕洗足爵于房中：足爵，即有足的爵。案爵本有足，唯服重者去足以为废爵，服轻者则仍用足爵。洗于房中，是洗于内洗，亦即北洗。

〔2〕祭燔：谓以燔俎上的肺祭先人。

【译文】

主妇在房中洗足爵，酌酒，继主人之后再次向尸献酒，如同主人向尸献酒的礼仪。献酒后，主妇返回到堂上，拿取两只笾，一笾盛枣，一为盛栗，进室放在敦盖的南边，枣放在栗的西边。尸用笾中的枣、栗祭先人，又像当初一样用酒祭先人。在主妇向尸献酒的时候，宾搬着燔俎跟从主妇献上，也同当初搬着肝俎跟从主人献尸一样。尸用燔俎上的肺祭先人，祭毕如同当初一样饮干爵中酒。主妇又酌酒献祝，也有笾和燔俎随酒献上，接着又向佐食献酒，礼仪都同主人当初向祝和佐食献酒一样。献酒毕，主妇拿着空爵进入房中。

8. 宾长洗缯爵[1]，三献，燔从，如初仪。

【注释】

〔1〕缯爵：是一种口和足上饰有篆文的爵。

【译文】

宾长洗缯爵，第三次酌酒献尸，燔俎也随酒献上，同主妇向尸献酒的礼仪一样。

9. 妇人复位。祝出户，西面告："利成[1]。"主人哭。皆哭。祝入，尸谡[2]。从者奉筐，哭如初。祝前尸出户，踊如初。降堂，踊如初。出门，亦如之。

【注释】

〔1〕利成：利，犹养。成，毕。谓养尸之礼已完毕。之所以不说养礼毕而变言"利成"，因为如果那样说，就有打发尸走之嫌。
〔2〕谡：谡，起。

【译文】

　　妇人从房中出来回到阼阶上原位。祝出室门，面朝西向主人报告说："利成。"主人哭。众主人和妇人们都哭。祝入室，尸起身。从者捧着筐，仍然像当初一样哭着跟在尸后。祝在尸的前边引导尸出室门，这时主人、众主人和妇人们如同当初尸入室时那样踊。尸下堂，主人、众主人和妇人们又同当初尸升堂时那样踊。尸出庙门的时候，主人、众主人和妇人们又同当初尸进庙时那样踊。

　　10. 祝反入，彻，设于西北隅[1]，如其设也，几在南，厞用席[2]。祝荐席彻入于房。祝自执其俎出。赞阖牖户。

【注释】

　　[1] 彻，设于西北隅：案此所设，即所谓阳厌。凡尸出室之后，改馔于室西北隅，谓之阳厌。
　　[2] 厞用席：厞，音 fèi，隐也，谓以席障隐之。

【译文】

　　祝把尸送出庙门后，又返回室中，把所设馂祭之物从室的西南隅彻到西北隅，祭物的摆设仍同原来一样，几也仍然放在席的南端，然后周围用席把祭物隐蔽起来。为祝布的席由执事彻入房中，祝自己搬着席前的俎出室。赞关上室的窗和门。

　　11. 主人降。宾出。主人出门，哭止，皆复位。宗人告事毕。宾出，主人送，拜稽颡。

【译文】

　　主人下堂。宾出庙。主人出庙门，大家停哭，都回到进庙前原位。宗人向主人报告虞祭的礼仪完毕。这时宾出大门，主人送宾到大门外，以头触地行拜礼。

12.《记》。虞，沐浴，不栉。陈牲于庙门外，北首，西上，寝右。日中而行事[1]。

【注释】
〔1〕行事：谓行虞祭。

【译文】
《记》。将进行虞祭，主人要洗头，洗澡，但不梳理头发。牲先陈放在庙门外，使牲的头朝北，以西边为上位，牲体的右侧卧在下。到中午时开始虞祭。

13. 杀于庙门西，主人不视豚解[1]。羹饪，升左肩[2]、臂、臑、肫、骼、脊、胁，离肺。肤祭三，取诸左臑上[3]。肺祭一，实于上鼎[4]。升鱼鲋、鮒九，实于中鼎。升腊左胖，髀不升，实于下鼎。皆设扃鼏，陈之。载犹进柢，鱼进鬐。祝俎髀、脡、脊、胁、离肺，陈于阶间，敦东。

【注释】
〔1〕豚解：此处豚解的是豕。
〔2〕升左：升，谓自镬升于鼎。左，谓牲肩臂以下皆用左。
〔3〕臑：音 yì，脰肉，即颈肉。
〔4〕肺祭一，实于上鼎：肺祭，即祭肺。上鼎，最北之鼎，以下依次为中鼎、下鼎。

【译文】

在庙门西边杀牲，在把猪牲体像解割小猪一样进行解割的时候，主人不看。牲肉煮熟的时候，把牲体左半的肩、臂、臑、肫、骼、脊，还有离肺，都从镬中捞出放入上鼎中。三次用肤祭死者之神，这肤都是指从牲的左颈上取下来的。还有一片祭肺，也放入上鼎中。把九条鱼放入中鼎，或用鲔鱼，或用鲋鱼都行。把兔腊的左半放入下鼎中，但不用兔腊的髀。鼎耳中都插入抬鼎用的横杠，鼎上都用茅草覆盖，然后把鼎在庙门西边陈列起来。在用俎载牲体的时候，仍然使牲体骨的根部的一端朝前，载鱼的时候则使鱼脊朝前。准备为祝设的俎上放的是牲的髀、颈肉、脊、胁、离肺，俎预先陈放在两阶之间、敦的东边。

14. 淳尸盥，执盘西面，执匜东面，执巾在其北，东面，宗人授巾南面。

【译文】

为尸浇水盥手时，端盘的执事面朝西而立，拿匜的执事面朝东而立，拿巾的执事在拿匜者的北边，也面朝东而立，宗人则在北边面朝南向尸授巾。

15. 主人在室，则宗人升，户外，北面。佐食无事则出户，负依南面[1]。

【注释】

〔1〕负依：堂上室的户、牖之间的地方，即堂室前的正中位叫做依。

【译文】

主人在室中的时候，宗人就升堂，在室门外面朝北而立。佐食无事时，就出室门，背靠室依面朝南而立。

16. 铏芼用苦若薇。有滑：夏用葵，冬用荁。有柶[1]。豆实葵菹，菹以西蠃醢。笾，枣烝栗择。

【注释】

〔1〕"铏芼"至"有柶"：参见《公食大夫礼》第22节。

【译文】

铏羹中所加放的菜，用苦菜或薇菜。还加放有用以调味的菜：夏天用葵，冬天用荁。铏上加放有柶。豆中盛葵菹，葵菹西边的豆中盛蠃醢。笾中所盛的枣和栗，都是经过挑选和蒸熟的。

17. 尸入，祝从尸。尸坐不说屦[1]。尸谡，祝前乡尸。还出户，又乡尸。还过主人[2]，又乡尸。还降阶，又乡尸。降阶，还及门，如出户[3]。尸出，祝反入门左，北面复位，然后宗人诏降。尸服卒者之上服[4]。男，男尸。女，女尸，必使异姓，不使贱者[5]。

【注释】

〔1〕尸坐不说屦：案神道主敬，故不脱屦。燕礼则主欢，故坐而脱屦。

〔2〕过主人：案主人在西阶上，过主人则将降阶。

〔3〕及门，如出户：门，庙门。祝出室户之前，先向尸，以示将为尸前导；出室户后，又向尸，以待尸出。现在出庙门，仪亦同，故曰"如出户"。

〔4〕尸服卒者之上服：卒者，死者。上服，此谓玄端服。

〔5〕必使异姓，不使贱者：异姓，谓孙妇。贱者，谓庶孙之妾也。

【译文】

尸进入室中时，祝跟从尸而入。尸坐时不脱屦。飨尸毕，尸起身将出室的时候，祝先面向尸而立，以示将为尸做前导。祝先转身出室门，又面向尸而立，等待尸出室。祝转身将下西阶经过主人时，又面向尸而立，等待尸行。祝转身下阶后，又面向尸而立，等待尸下阶。尸下阶后，祝转身走到庙门口，出庙门前和出庙门后，都同出室门前后那样面向尸而立。尸出庙门后，祝反身从门的左侧入庙，回到庙门左边面朝北而立。然后宗人告诉主人下堂。尸所穿的是死者的上服。死者是男的，就用男尸。死者是女的，就用女尸，女尸要用异姓孙妇充当，但不用地位低贱的庶孙之妇充当。

18. 无尸[1]，则礼及荐馔皆如初。既飨，祭于苴，祝祝卒，不绥祭[2]，无泰羹湆、胾、从献。主人哭，出复位。祝阖牖户，降，复位于门西。男女拾踊三。如食间[3]。祝升[4]，止哭，声三[5]，启户。主人入。祝从，启牖，乡如初。主人哭，出，复位。卒彻，祝、佐食降，复位。宗人诏降如初。

【注释】

〔1〕无尸：是因为无孙可用以充当尸。

〔2〕绥祭：同前所谓堕祭（参见第5节）。

〔3〕如食间：食，谓尸食九饭。间，即时间、时候。

〔4〕祝升：这是为彻室中祭物而升堂。

〔5〕声：亦谓发出"噫歆"之声。

【译文】

如果无尸，祭者所穿的衣服、所站的位置、方向、升堂降堂的仪节，以及所进献的祭物，都同有尸时一样。在祝告请神享用祭物、佐食把祭物放在苴上祭神以及祝致祭辞之后，就不再行堕祭之礼，也不进献泰羹湆和切成块的肉，同时也就没有宾长从主人献尸之礼。祭神之后，主人哭，然后出室，回到西阶上原位。

接着祝关上室的窗和门，下堂回到庙门西边原位。这时，主人、众主人和妇人们要交替各踊三踊。祝关窗和门，如同尸食九饭毕出室之后，祝要关上窗和门一样。祝为彻祭物而再次升堂时，大家停哭。祝走到室门前，要先发出三声"噫歆"的声音，然后把室门打开。主人入室。祝跟从主人入室，打开窗户，然后像当初一样在主人左边面朝西而立。主人哭，哭毕出室，回到西阶上原位。祭物都彻出室后，祝和佐食都下堂，各自回到原位。这时宗人像当初一样告主人当下堂。

19. 始虞用柔日〔1〕，曰〔2〕："哀子某〔3〕，哀显相〔4〕，夙兴夜处不宁。敢用絜牲刚鬣〔5〕，香合〔6〕，嘉荐普淖〔7〕，明齐溲酒〔8〕，哀荐祫事〔9〕，适尔皇祖某甫〔10〕。飨〔11〕！"再虞〔12〕，皆如初，曰："哀荐虞事〔13〕。"三虞、卒哭、他，用刚日〔14〕，亦如初，曰："哀荐成事〔15〕。"

【注释】
〔1〕柔日：即今所谓用双数日。
〔2〕曰：这以下是祝之祝辞。
〔3〕哀子某：哀子，主人。某，主人名。
〔4〕哀显相：丧祭称哀。显相，即众助丧祭者。
〔5〕敢用絜牲刚鬣：敢，表冒昧之辞。刚鬣，谓豕。
〔6〕香合：谓黍。
〔7〕嘉荐普淖：嘉荐，菹醢。普淖，黍稷。普，大。淖，和。喻德能大和。
〔8〕明齐溲酒：明齐，新水。言以新水溲酿此酒也。
〔9〕哀荐祫事：荐，进献祭物，在此即指上述刚鬣、香合、嘉荐、普淖、明齐溲酒诸物。祫，音 xiá，合。所谓祫事，有祝愿死者之神与先祖相合，以安死者之意。
〔10〕适尔皇祖某甫：适，往。尔，女，指死者。皇祖，对祖的尊称。某甫，皇祖字。案此即祝告死者与先祖合而安之意。
〔11〕飨：劝死者之神享用祭物。

〔12〕再虞:案再虞与始虞之间仅隔一日。

〔13〕哀荐虞事:虞,安。案再虞与始虞的祝辞,只有此句中的一个字不同,即将"祫"字改成了"虞"字。

〔14〕三虞、卒哭、他,用刚日:刚日,谓单数日,即阳日。再虞的第二天即行三虞之祭,再隔一天行卒哭之祭。他,在此泛指三虞和卒哭之间的一些无名的祭祀。案士礼三月而葬,如遇特殊情况等不到三月就葬了,葬后即行虞祭,而卒哭之祭仍必待三月之后才进行,那么在三虞和卒哭之间这段时间里,就可能有一些无名的祭祀,统以"他"字括之。

〔15〕哀荐成事:案三虞和卒哭祭的祝辞,与再虞的祝辞,也只有此句中的一个字不同,即将"虞"字改成了"成"字。

【译文】

第一次虞祭要在柔日举行,祭时祝致祝辞说:"哀子某,以及众助祭者,早起晚睡,悲思不安。现谨用洁净的猪牲、黍、嘉美的菹醢、黍稷,以及用新水溲酿的酒,向您献上,愿您与先祖相会合,前往您的皇祖某甫那儿。请享用祭物吧!"第二次虞祭仍用柔日,祝辞也和第一次一样,只是把"谨向您献上,愿您与先祖相会合"这一句,改成"谨向您献上,愿您的神灵安息"。第三次虞祭、虞祭后的卒哭之祭以及其他一些无名的祭祀,都在刚日举行,祝辞和第二次虞祭时一样,只是把"谨向您献上,愿您的神灵安息"这一句,改成"谨向您献上,祭礼到此已成"。

20. 献毕未彻,乃馂[1]。尊两瓶于庙门外之右少南,水尊在酒西[2],勺北枋。洗在尊东南,水在洗东,篚在西。馔笾豆,脯四脡[3];有干肉折俎二尹,缩祭半尹[4],在西塾。尸出,执几从,席从。尸出门右,南面。席设于尊西北,东面,几在南。宾出,复位。主人出,即位于门东少南。妇人出,即位于主人之北。皆西面哭,不止。尸即席坐。唯主人不哭,洗废爵,酌献尸。尸拜受。主人拜送，哭，复位。荐脯醢，设俎于荐东，胸在南[5]。尸左执爵，取脯，擩醢祭之。佐食授嚌。尸受，振祭，嚌，反之，祭酒，卒爵，奠于南方。主人及兄弟踊。妇人亦如之。主妇洗足爵，亚献，如主人仪，无从[6]。踊如初。宾长洗缲爵，三献，如亚献。踊如初。佐食取俎实于篚。尸谡，从者奉篚哭从之，祝前。哭者皆从。及大门内，踊如初。尸出门，哭者止。宾出，主人送，拜稽颡。主妇亦拜宾[7]。丈夫说绖带于庙门外[8]。入彻，主人不与。妇人说首绖，不说带。无尸则不馂，犹出几席，设如初[9]。拾踊三，哭止。告事毕，宾出。

【注释】

〔1〕献毕未彻，乃馂：献，谓卒哭祭之三献。卒哭祭与虞祭同行三献之礼，即主人、主妇和宾长依次向尸三献酒。馂，谓以酒送行。卒哭祭的第二天，将转移到祖庙中行祔祭礼，故为尸行馂礼。以下即记馂尸的礼仪。

〔2〕水：即玄酒。

〔3〕脡：干肉条。

〔4〕干肉折俎二尹，缩祭半尹：尹，即长方形的干肉条。祭，此指用作食前祭礼的干肉条。

〔5〕胸：音 qú，指俎上的干肉弯曲的一头。

〔6〕无从：原误作"妇人"。

〔7〕主妇亦拜宾：此所拜为女宾。

〔8〕说绖带：这是脱去麻绖带，而换为葛绖带，为明日祔祭做准备。

〔9〕犹出几席，设如初：案馂尸之礼，本为送神，虽无尸，而送神之礼不可缺，故仍然要设几席以示送神(谓送死者之神由寝到祖庙去)。

【译文】

在卒哭祭向尸献酒的礼仪进行完毕之后，还没有彻祭物，就开始为尸饯行。在庙门外的右边稍靠南一些的地方放两只瓮，盛水的瓮放在盛酒瓮的西边，瓮上加放有勺，勺柄朝北。洗放在瓮的东南边，水放在洗的东边，筐放在洗的西边。在西塾上陈放一笾一豆，笾中放四条干肉；还有一组，上面放着两条折解得很规整的长方形干肉，另有作祭肉用的半条规整的干肉，纵放在前两条干肉上。尸出室，一执事拿着几，一执事拿着席跟从着尸。尸出庙门，在庙门右边面朝南而立。席布设在瓮的西北边，席面朝东，几放在席的南端。宾出庙，回到入庙前的位置。主人和众主人出庙，在庙门东边稍靠南一些的方就位。妇人出庙，在主人的北边就位。大家都面朝西而立，哭声不止。尸就席而坐。只有主人不哭，洗废爵，酌酒献尸。尸行拜礼而后接受爵。主人授爵后行拜送礼，然后哭，回到门东原位。这时脯醢进献到尸席前，并在脯醢的东边设组，使组上的干肉弯曲的一头朝南。尸左手拿爵，右手取脯，蘸醢，用以祭先人。佐食把组上的祭肉授给尸，以便尸祭后尝肉。尸接受祭肉，用以振祭，祭毕尝了尝，又递给佐食，接着尸用酒祭先人，祭毕饮干爵中酒，然后把空爵放在脯醢的南边。这时主人、众主人和兄弟们踊。妇人们也像男子那样踊。接着主妇洗足爵，继主人之后再次向尸献酒，礼仪同主人向尸献酒一样，但没有人端着燔组随从主妇向尸献上。主妇献酒毕，妇人们和主人、众主人像当初一样踊。接着宾长洗繶爵，第三次向尸献酒，礼仪同主妇向尸献酒一样。宾长献毕，主人、众主人和妇人们也像当初一样踊。佐食把组上的干肉放进筐中。这时尸起身将出大门，从者捧筐哭着跟在尸后，而由祝为尸做前导。所有哭的人都跟从着尸。走到大门口，主人、众主人和妇人们又像当初一样踊。尸出大门，大家都停哭。接着宾出大门，主人送出大门外，以头触地向宾行拜礼。主妇在大门内拜送女宾。主人、众主人在庙门外解去麻制的腰绖，换上葛制的腰绖。进庙彻卒哭祭祭物的事，主人、众主人和妇人们就不参加了。妇人们解下麻制的首绖，换上葛制的首绖，但不解下麻制的腰绖。如果无尸，就不行饯尸礼，但仍然要把为神布设的几和席拿出庙来，如同行饯尸礼一样地布设。几席布设完毕，主人和众主人、妇人们以及宾，要交替各三踊，踊毕大家停哭。宗人向主人报告送神的礼仪完毕。

接着宾退出。

21. 死三日而殡，三月而葬，遂卒哭。将旦而祔，则荐[1]。卒，辞曰："哀子某，来日某[2]，隮祔尔于尔皇祖某甫[3]，尚飨[4]。"女子[5]，曰："皇祖妣某氏[6]。"妇，曰："孙妇于皇祖姑某氏[7]。"其他辞一也。飨辞曰[8]："哀子某，圭为而哀荐之[9]，飨。"

【注释】

〔1〕荐：是"饯"字音同之讹。

〔2〕某：指代具体日期，如甲日、子日等。

〔3〕隮：隮，音 jī，升，因孙入祖庙，故曰升。

〔4〕尚飨：尚，犹庶几。案说"尚飨"，是愿神飨而又不敢必之意。

〔5〕女子：这是未嫁而死的女子，或嫁而被出者，或嫁而未待三月庙见即死而归葬者，既葬则祔于祖母。

〔6〕皇祖妣：太祖之妻。

〔7〕皇祖姑：妇称夫之母为姑，称夫的先祖之妻则为祖姑。皇祖姑，即太祖之妻。

〔8〕飨辞：谓劝尸享用祭物之辞。

〔9〕圭：洁。

【译文】

士死三日而殡，三月而葬，接着便在葬月举行卒哭祭。卒哭祭的第二天早上将到祖庙行祔祭，因此卒哭祭完毕接着就要为尸饯行。饯行礼毕，要致辞告尸将行祔祭，说："哀子某，明日，也就是某日，将升您于祖庙，和您的皇祖某甫合在一起祭祀，您或许乐于受享祭物吧。"如果死者是女子，就把"皇祖某甫"改成"皇祖妣某氏"。如果死者是妇人，就把"升您于祖庙，和您的皇祖某甫合在一起祭祀"，改成"升孙妇于祖庙，和皇祖姑某氏合在一起祭祀。"其他的话都一样。劝尸享用祭物时致辞说："哀子某，很洁净地准备了这些祭物，进献给您，请您享用吧。"

22. 明日以其班祔^[1]。沐浴，栉，搔翦^[2]。用专肤为折俎^[3]，取诸脰膉。其他如馈食。用嗣尸^[4]。曰："孝子某，孝显相，夙兴夜处，小心畏忌不惰，其身不宁。用尹祭^[5]，嘉荐普淖，普荐溲酒^[6]。适尔皇祖某甫，以隮祔尔孙某甫^[7]，尚飨。"

【注释】
〔1〕以其班祔：参见《既夕礼》第 17 节。
〔2〕搔翦：《士丧礼》作"蚤揃"，谓修剪手脚指甲。
〔3〕专：犹厚。
〔4〕用嗣尸：嗣，继。谓虞祭、卒哭祭之尸相继用之。
〔5〕尹祭：即脯。
〔6〕普荐溲酒：普荐，即铏羹。溲酒，即明齐溲酒（参见第 19 节）。
〔7〕以隮祔尔孙某甫：即以尔孙某甫隮祔。

【译文】
卒哭祭的第二天，将死者同他的先祖按昭穆班辈进行祔祭。祭前主人要洗头，洗澡，梳理头发，修剪手脚指甲。肤要用肥厚的，和折解成块的牲体一起放在俎上，肤是从猪脖子上取下来的。祔祭的其他礼仪都同特牲馈食礼一样。祔祭的尸继续用原来的。祔祭时祝致辞说："孝子某，以及众助祭者，早起晚睡，小心畏忌，不敢使自身惰怠，悲思不安。谨用脯、嘉美的菹醢、黍稷、铏羹，还有用新水溲酿的酒，来祭奠您。愿您到您的皇祖某甫那里，也愿皇祖某甫使孙某甫升而聚合到自己身边，父祖或许乐于受享此祭。"

23. 期而小祥^[1]，曰："荐此常事^[2]。"又期而大

祥，曰："荐此祥事[3]。"中月而禫[4]。是月也吉祭，犹未配[5]。

【注释】

〔1〕期而小祥：期，即期年，也就是一周年。小祥，人死一周年祭名。

〔2〕常事：谓期年而祭，是礼之常，故称小祥为常事。

〔3〕祥事：大祥之事。大祥，人死二周年祭名。

〔4〕中月而禫：中，犹间。禫，音 dàn，祭名，与大祥间隔一月。自丧至此，凡二十七月。

〔5〕是月也吉祭，犹未配：是月，即禫祭之月。吉祭，谓四时之祭，即按四时节令应为父祖举行的祭祀。未配，尚未以死者的亡妻配祭。

【译文】

人死一年而举行小祥之祭，祭时的祝辞不同于祔祭的是有这样一句话，说："进献祭物于此常事。"又过一年而举行大祥之祭，大祥祭的祝辞不同于祔祭的是有这样一句话，说："进献祭物于此祥事。"大祥祭后隔一个月而举行禫祭。在举行禫祭的这个月里如果遇有吉祭，还不能把死者的先亡之妻与死者配祭。

特牲馈食礼第十五

1. 特牲馈食之礼。不诹日[1]。及筮日，主人冠端玄，即位于门外，西面。子姓、兄弟如主人之服[2]，立于主人之南，西面，北上。有司、群执事如兄弟服，东面，北上。席于门中闑西、阈外[3]。筮人取筮于西塾，执之东面受命于主人。宰自主人之左赞命，命曰："孝孙某[4]，筮来日某，诹此某事[5]，适其皇祖某子[6]，尚飨。"筮者许诺，还即席，西面坐。卦者在左。卒筮，写卦。筮者执以示主人。主人受视反之。筮者还东面。长占卒[7]，告于主人：占曰吉。若不吉，则筮远日，如初仪。宗人告事毕。

【注释】
〔1〕诹：音 zōu，谋。
〔2〕子姓、兄弟：姓，生。子姓，谓子与子所生，即所祭者之子孙。兄弟，犹言族亲。
〔3〕席于门中闑西、阈外：案自此以下至本节之末，除增加几句命筮辞外，与《士冠礼》第 1 节所记筮日之仪大同小异，可参看。
〔4〕孝孙某：孝孙，谓主人。某，主人名。
〔5〕筮来日某，诹此某事：上"某"，代所择之日。诹，这里是诹于神，即向神询问、请示之意。某事，即祭事。
〔6〕适其皇祖某子：皇祖，对祖的尊称。某子，是祖的字，如伯子、仲子等。
〔7〕长占：谓按年之长幼旅占。案《士冠礼》曰"旅占"，此曰"长占"，义当互见。

【译文】

特牲馈食之礼。士行特牲馈食祭礼不预先商议日期。到用占筮来确定祭日的那一天，主人头戴玄冠，身穿玄端服，在庙门外东边就位，面朝西而立。所祭者的子孙们和兄弟们穿着和主人同样的服装，站在主人的南边，也面朝西而立，以北边为上位。有司们和执事们穿着与兄弟们同样的服装，在庙门的西边面朝东而立，以北边为上位。在庙门中阒西、阒外的地方布席。筮人从西塾取蓍草，用手拿着面朝东向主人请示命筮辞。宰从主人的左边为主人发布命筮辞，说："孝孙某，想通过占筮向神请示，在未来的某日到皇祖某子庙中举行祭祀，神或许乐于受享祭祀吧。"筮者答应，转身到庙门中就席，面朝西而坐。记卦的人在筮人的左边。筮毕，记卦人记下所得的卦。筮人把卦拿给主人看。主人接过卦看后，又交还给筮人。筮人转身回到庙门西边，面朝东而立。众筮人按照年龄长幼依次就所得的卦占问吉凶，占毕向主人报告：占筮的结果，所选择的祭日吉利。如果不吉，那就要选下一旬的某日，以至再下一旬的某日，再行占筮，占筮的礼仪如前。最后，由宗人向主人报告筮日的礼仪完毕。

2. 前期三日之朝，筮尸，如求日之仪。命筮曰："孝孙某，诹此某事，适其皇祖某子，筮某之某为尸〔1〕，尚飨。"

【注释】

〔1〕"诹此"至"为尸"：某事，亦祭事。某之某，上"某"为尸父字，下"某"为尸名。

【译文】

举行祭礼前的第三天的早晨，要用占筮来确定一人为尸，占筮的礼仪同筮日一样。占筮时的命筮辞说："孝孙某，想通过占筮向神请示，用某之某为尸，到皇祖某子庙中举行祭祀，神或许乐于受享祭祀吧。"

3. 乃宿尸。主人立于尸外门外，子姓、兄弟立于主人之后，北面，东上。尸如主人服，出门左，西面。主人辟，皆东面，北上。主人再拜。尸答拜。宗人摈，辞如初，卒曰："筮子为某尸[1]，占曰吉，敢宿。"祝许诺，致命。尸许诺。主人再拜稽首。尸入。主人退。

【注释】

〔1〕某尸：某，代祖或祢。

【译文】

于是前往招请尸。主人站在尸家大门外，所祭者的子孙们和兄弟们站在主人身后，都面朝北，以东边为上位。尸穿着和主人同样的服装，出大门向左，在大门东边面朝西而立。尸出门时，主人避让着，同时大家都转成面朝东，以北边为上位。主人向尸行再拜礼。尸回礼答拜。宗人为摈者，代主人向祝致辞，所说的话同筮尸时的命筮辞一样，最后说："占筮用您为某尸，占筮的结果吉利，谨前来招请您。"祝接受了宗人所致辞，又向尸转致。尸答应。主人向尸再拜稽首。尸入门。主人退去。

4. 宿宾[1]。宾如主人服[2]，出门左，西面再拜。主人东面答再拜。宗人摈曰："某荐岁事[3]，吾子将莅之，敢宿。"宾曰："某敢不敬从！"主人再拜。宾答拜。主人退，宾拜送。

【注释】

〔1〕宾：这是主人从属吏中特选一人为宾，以便祭时向尸献酒，可继主人、主妇之后而备三献之礼。

〔2〕如主人服：亦玄冠、玄端。

〔3〕某荐岁事：某，主人名。荐，进也。谓某进献祭物于岁时祭祀之事，岁时祭祀，春曰祠，夏曰禴，秋曰尝，冬曰烝，每岁皆行之，故曰岁事。

【译文】

　　主人又前往招请宾。宾穿着和主人同样的服装，出门向左，在门外东边面朝西行再拜礼。主人面朝东回再拜礼。宗人摈者致辞说："某将举行岁时之祭，您将光临，谨前来招请您。"宾说："某敢不敬从！"主人再拜。宾回礼答拜。主人退去，宾拜送。

　　5. 厥明夕〔1〕，陈鼎于门外，北面，北上，有鼏。枓在其南，南顺，实兽于其上〔2〕，东首。牲在其西〔3〕，北首、东足。洗设于阼阶东南，壶禁在东序〔4〕。豆、笾、铏在东房，南上。几、席、两敦在西堂。主人及子姓、兄弟即位于门东如初。宾及众宾即位于门西，东面，北上。宗人、祝立于宾西北，东面，南上。主人再拜，宾答再拜。三拜众宾，众宾答再拜。主人揖，入。兄弟从，宾及众宾从，即位于堂下，如外位。宗人升自西阶，视壶濯，及豆、笾，反降，东北面告濯具。宾出，主人出，皆复外位。宗人视牲，告充。雍正作豕〔5〕。宗人举兽尾告备〔6〕，举鼎鼏告絜。请期。曰："羹饪。"告事毕。宾出，主人拜送。

【注释】

　　〔1〕厥明夕：谓宿宾之明日。
　　〔2〕兽：谓兔腊。
　　〔3〕牲：即豕，见下文。
　　〔4〕东序：东，原误作"西"。

〔5〕雍正作豕：雍正，是士的私臣，雍人之长，雍人是为士掌宰割者。作，谓使豕动作，以便观察是否有疾病。

〔6〕举兽尾告备：兽谓兔腊，即风干的全兔。备，谓兽体完备无损。

【译文】

招请宾的第二天黄昏时候，在庙门外陈放鼎，鼎面朝北，以北边为上位，鼎上有茅草覆盖。梜放在鼎的南边，是南北方向纵放，兔腊放在梜上，使头朝东。一头猪放在梜的西边，使猪头朝北、脚朝东而卧。洗设在阼阶的东南边。壶放在禁上，禁放在东序前。放有壶。豆、笾和铏放在东房中，以南边为上位。几、席和两只敦放在西堂。主人及所祭者的子孙、兄弟们在庙门外东边就位，如同筮日时一样。宾及众宾在庙门外西边就位，面朝东而立，以北边为上位。宗人和祝站在宾的西北边，面朝东，以南边为上位。主人向宾行再拜礼，宾回再拜礼。主人又向众宾拜了三拜，众宾向主人回再拜礼。主人揖请大家入庙，然后自己先入。兄弟们跟从主人而入，宾和众宾也跟从着入庙，大家都在堂下就位，如同在庙门外一样。宗人从西阶升堂，察看壶、敦、铏等洗涤干净了没有，以及豆、笾等都准备齐全了没有，然后转身下堂，在西阶下面朝东北向主人报告：该洗涤的都洗涤干净了，该准备的都准备齐全了。于是宾出庙，主人也出庙，又都回到门外原来的位置。宗人察看猪，然后向主人报告猪很肥。在宗人察看猪的时候，雍正鞭打着猪，使猪翻动，以便宗人察看。宗人又抓住尾巴把兔腊举起来向主人报告兔体完好无损，接着又拿起覆盖鼎的茅草向主人报告鼎也洗涤得很干净。宗人向主人请示举行祭礼的时间。主人回答说："明天天亮牲肉煮熟的时候。"最后，宗人向主人报告视涤和视牲的事情完毕。宾出大门，主人拜送。

6. 夙兴，主人服如初，立于门外东方，南面，视侧杀[1]。主妇视馆，爨于西堂下。亨于门外东方，西面，北上[2]。羹饪实鼎，陈于门外如初。尊于户东[3]，玄酒在西。实豆、笾、铏，陈于房中如初。执事之俎陈于阶间〔4〕，二列，北上。盛两敦陈于西堂，藉用萑〔5〕。几、席陈于西堂如初。尸盥匜水实于盘中，簞巾在门内之右。祝筵、几于室中，东面。主妇纚、笄、宵衣，立于房中，南面。主人及宾、兄弟、群执事即位于门外如初。宗人告有司具。主人拜宾如初，揖入，即位如初。佐食北面立于中庭。

【注释】

〔1〕侧杀：侧，独、一，谓杀一牲。

〔2〕北上：上，原误作"主"。

〔3〕尊于户东：尊即壶。户东，谓室门东。

〔4〕执事：泛指除主人和主妇外的所有助祭者，既包括主人的有司，又包括宾，还包括兄弟们（即族亲）。

〔5〕萑：音 huán，芦类植物，此指细苇。

【译文】

清早起来，主人穿着和视濯时同样的服装，站在庙门外东边，面朝南察看杀猪。主妇察看，在西堂下炊黍稷的灶。在庙门外东边煮猪牲、鱼和兔腊，灶面朝西，以北边为上位。牲肉煮熟的时候盛到鼎中，鼎仍像视濯时那样陈放在庙门外。在堂上室门的东边放壶，盛玄酒的壶放在酒壶的西边。豆、笾、铏中盛上食物后，像当初一样陈放在东房中。为执事们准备的俎分东西两列陈放在两阶之间，以北边为上位。给两只敦中盛上黍和稷，陈放在西堂上，敦下用萑衬垫。几和席仍像当初一样陈放在西堂。供尸盥手用的水盛在匜中，匜放在盘中，巾放在簞中，上述盥器都陈放在庙门内右边。祝把席和几布设在室中，席面朝东。主妇用纚缠发髻，发髻中插上笄，穿着黑色生丝缯制的衣，站在东房中，面朝南。主人以及宾、兄弟、群执事们像视濯那样在庙门外就位。宗人向主人报告有司都已到齐。主人像视濯那样向宾行拜礼，然后揖请大家入庙，于是大家入庙，像视濯那样在堂下就位。佐食面朝北站在中庭。

7. 主人及祝升。祝先入，主人从，西面于户内。主妇盥于房中，荐两豆：葵菹、蜗醢，醢在北。宗人遣佐食及执事盥出。主人降，及宾盥出。主人在右，及佐食举牲鼎[1]。宾长在右[2]，及执事举鱼、腊鼎。除鼏。宗人执毕先入[3]，当阼阶，南面。鼎西面错，右人抽扃，委于鼎北。赞者错俎，加匕。乃枓[4]。佐食升胏俎[5]，鼏之，设于阼阶西。卒载，加匕于鼎。主人升，入，复位。俎入，设于豆东，鱼次，腊特于俎北。主妇设两敦黍稷于俎南，西上。及两铏，芼[6]，设于豆南，南陈。祝洗，酌奠，奠于铏南，遂命佐食启会。佐食启会却于敦南，出，立于户西，南面。主人再拜稽首。祝在左。卒祝，主人再拜稽首。

【注释】

〔1〕牲鼎：盛豕牲的鼎。

〔2〕宾长：即主人所宿之宾（见第4节）。

〔3〕毕：取牲肉器，状如叉。

〔4〕乃枓：案是右人枓，左人载。

〔5〕升胏俎：胏，音 qí。胏俎，是载心和舌的俎。升，即载之于胏俎。

〔6〕芼："芼"上脱一"铏"字。

【译文】

主人和祝升堂。祝先入室，主人跟从祝进入室中，面朝西站在室门中。主妇在东房中盥手，然后向室中席前进上两豆：一豆盛葵菹，一豆盛蜗醢，蜗醢放在葵菹的北边。宗人指使佐食和执事盥手出庙。主人下堂，与宾盥手出庙抬鼎。抬鼎时主人在右边，与佐食抬牲鼎。宾长在鱼鼎的右边，与一执事抬鱼鼎。众宾之长则与一执事抬腊鼎。抬鼎前都先把覆盖在鼎上的茅草去掉。宗人拿着毕先入庙，在北当阼阶的地方面朝南而立。鼎抬进庙后使鼎面朝西放置。右人抽下抬鼎的杠，放在鼎的北边。三名赞者拿着俎分别放在三鼎前，俎上加放匕。于是右人用匕从鼎中取牲肉放在俎上。佐食用毕把猪心和猪舌取出放在肵俎上，用布巾覆盖住，然后把肵俎放在阼阶的西边。三鼎中的牲肉都取出放在俎上之后，右人便把匕加放在鼎上。主人升堂，入室，回到原位。俎送入室中，牲俎放在盛葵菹的豆的东边，鱼俎又放在牲俎的东边，腊俎特横放在牲、鱼二俎的北头。主妇把盛黍稷的两敦放在俎的南边，黍敦放在西边上位。主妇把两只盛羹的铏放在豆的南边，铏羹中加放有菜，两铏陈放时是从北向南依次而放。祝洗觯，酌酒，酌毕把觯放在铏的南边，接着便命佐食把敦盖揭开。于是佐食揭开敦盖，把敦盖仰放在敦的南边，然后出室，站在室门西边，面朝南。主人向神位行再拜稽首礼。祝在主人的左边致祝辞。祝毕，主人又行再拜稽首礼。

8. 祝迎尸于门外。主人降，立于阼阶东。尸入门左，北面盥。宗人授巾。尸至于阶。祝延尸。尸升，入。祝先。主人从。尸即席坐。主人拜妥尸。尸答拜，执奠[1]。祝飨。主人拜如初。祝命挼祭[2]。尸左执觯，右取菹擩于醢[3]，祭于豆间。佐食取黍稷肺祭授尸[4]。尸祭之，祭酒，啐酒，告旨[5]。主人拜。尸奠觯答拜。祭铏，尝之，告旨。主人拜。尸答拜。祝命尔敦。佐食尔黍稷于席上。设大羹湆于醢北。举肺脊以授尸[6]。尸受，振祭，哜之，左执之，乃食，食举[7]。主人羞肵俎于腊北。尸三饭，告饱。祝侑。主人拜。佐食举干[8]。尸受，振祭，哜之。佐食受，加于肵俎，举兽干、鱼一，亦如之。尸实举于菹豆。佐食羞庶羞四豆[9]，设于左，南上，有醢。尸又三饭，告饱。祝侑之如初。举骼及兽鱼如初[10]。尸又三饭，告饱。祝侑之如初。举肩及兽鱼如初。佐食盛胏俎，俎释三个[11]。举肺脊加于胏俎，反黍稷于其所。

【注释】

〔1〕执奠：谓取祝奠于铏南之觯。

〔2〕祝命授祭：祝命，命佐食。授祭，即堕祭。

〔3〕捵：音 ruán，义同"挼"，染也。

〔4〕肺祭：即祭肺。

〔5〕告旨：感谢主人饮己以美酒。案下"告旨"则是感谢主人饮己以美味的羹。

〔6〕肺：此谓离肺，即食肺。

〔7〕食举：谓食肺脊，因为是食佐食所举以授尸，故曰"食举"。下文"尸实举于菹豆"之"举"，意同此。

〔8〕干：长胁(参见《士虞礼》第5节)。

〔9〕四豆：案四豆分盛臐(加佐料而不加菜的肉羹)、炙(烤肉)、胾(肉块)、醢(肉酱)。

〔10〕骼：即胳，后胫骨。

〔11〕佐食盛胏俎，俎释三个：这是佐食取牲、鱼、腊之余，盛于胏俎，将以归俎(送到尸家)。俎释三个(参见《士虞礼》第5节)，这是将改馔于西北隅，以设阳厌(见第21节)。

【译文】

祝在庙门外迎尸。主人下堂，站在阼阶的东边。尸入庙门向左，在庙门内左侧面朝北盥手。宗人把巾授给尸擦手。尸走到西阶前，祝延请尸升堂。尸升堂，入室。祝在尸的前边做先导。主人跟从在尸的后边。尸就席而坐。主人拜请尸安坐。尸回礼答拜，然后拿起放在铏南边的觯。祝劝告神享用祭物。主人向尸再拜稽首。祝命佐食堕祭。尸左手拿着觯，右手取葵菹在蜗醢中蘸了蘸，放在两豆之间以祭先人。佐食先后取黍、稷和祭肺授尸以堕祭。尸一一接过来用以祭先人，接着又用酒祭先人，祭毕尝了尝酒，然后向主人告旨。主人向尸行拜礼。尸把觯放下，回礼答拜。尸又用铏羹祭先人，祭毕尝了尝羹，然后向主人告旨。主人向尸行拜礼。尸回礼答拜。祝命佐食把敦向尸跟前移近一些。于是佐食把盛黍稷的两敦移到席上。这时大羹湆进上来，放在蜗醢的北边。佐食拿起食肺和猪脊骨授给尸。尸接过来，用以振祭，祭毕尝了尝，然后用左手拿着，于是吃饭，又吃肺和猪脊骨。主人进上胏俎，放在腊俎的北边。尸吃了三口饭，向主人告饱。祝劝尸继续吃。主人也行拜礼相劝。佐食把猪干授给尸。尸接过来用以振祭，祭毕尝了尝。佐食接过尸尝后的猪干，放在胏俎上，又拿起兔腊干和一条鱼授给尸，礼仪也同上面一样。尸把左手上拿着的肺和脊骨放到盛葵菹的豆上。这时佐食又进上众多的美味食物，一共是四豆，放在菹醢二豆的左边，以南边为上位，这四豆中有一豆盛的是醢。尸又吃了三口饭，然后向主人告饱。祝又像当初一样劝尸继续吃。佐食又拿起猪骼以及兔腊和一条鱼授给尸，如同前两次一样。尸又吃了三口饭，又向主人告饱。祝又像当初一样劝尸继续吃。佐食又拿起猪肩以及兔腊和另一条鱼授给尸，也同前几次一样。接着佐食把牲、腊和鱼三俎上尸尝过的祭物放到胏俎上，但牲、腊二俎上还各留下三块牲体，鱼俎上留下三条鱼。佐食又拿起放在葵菹豆上的肺和脊骨放在胏俎上，并把黍、稷二敦放回原处。

9. 主人洗角[1]，升，酌酢尸。尸拜受。主人拜送。尸祭酒，啐酒。宾长以肝从[2]。尸左执角，右取肝搌于盐，振祭，哜之，加于菹豆，卒角。祝受尸角，曰："送爵，皇尸卒爵[3]。"主人拜。尸答拜。祝酌授尸，尸以醋主人。主人拜受角。尸拜送。主人退。佐食授挼祭[4]。主人坐，左执角，受祭祭之，祭酒，啐酒，进听嘏[5]。佐食抟黍授祝[6]。祝授尸。尸受以菹豆，执以亲嘏主人。主人左执角，再拜稽首受，复位，诗怀之[7]，实于左袂，挂于季指[8]，卒角，拜。尸答拜。主人出，写嗇于房[9]。祝以篚受。篚祝，南面。主人酳献祝。祝拜受角。主人拜送。设菹、醢、俎。祝左执角，祭豆，兴取肺，坐祭，唒之，兴，加于俎，坐，祭酒，啐酒。以肝从。祝左执角，右取肝擩于盐，振祭，唒之，加于俎，卒角，拜。主人答拜，受角，酳献佐食。佐食北面拜受角。主人拜送。佐食坐，祭，卒角，拜。主人答拜，受角，降，反于篚，升，入，复位。

【注释】

〔1〕角：饮酒器，青铜制，其形似爵而无流，容四升。

〔2〕宾长以肝从：宾长，即所宿之宾。以肝从，即以肝从主人献尸。

〔3〕送爵，皇尸卒爵：爵，饮酒器的泛称，在此即指角。皇尸，对尸的尊称。

〔4〕佐食授授祭：这是佐食为主人授（堕）祭。

〔5〕嘏：受福曰嘏。

〔6〕抟：把碎散的东西团聚在一起。

〔7〕诗怀之：诗，犹承，谓奉纳之于怀中。

〔8〕挂于季指：季，小，谓以小指挂住袖口。

〔9〕写嗇于房：写，释、放。嗇即黍。房，东房。案"嗇"通"穑"。

【译文】

主人洗角，升堂，酳酒献给尸饮以漱口。尸行拜礼而后接受角。主人授角后行拜送礼。尸用酒祭先人，然后尝了尝酒。宾长搬着盛肝的俎随从主人向尸献上。尸用左手拿角，右手取肝在盐上蘸了蘸，用以振祭，祭毕尝了尝肝，再把肝放在盛葵菹的豆上，接着饮干角中酒。祝从尸手中接过空角，向主人汇报说："送给皇尸的角，皇尸已饮毕。"于是主人行拜礼。尸回礼答拜。祝酳酒授给尸，尸接过来酢主人。主人行拜礼而后进前受角。尸授角后行拜送礼。主人退回到原位。佐食把祭物授给主人以为主人堕祭。主人坐下，左手拿角，右手接受佐食授给的祭物，一一用以祭先人，又用酒祭先人，祭毕尝了尝酒，接着便进前听取尸传达神意的祝福。佐食抟了一团黍授给祝。祝又把黍团子授给尸。尸端起盛葵菹的豆来承接黍团子，然后端着黍团子亲自向主人祝福。主人左手拿着角，行再拜稽首礼，用右手接受了黍团子，退回到原位，把黍团子捧在怀中，又放进左衣袖里，并将左衣袖口用左手的小指挂住，接着饮干角中酒，饮毕行拜礼。尸回礼答拜。主人出室，把黍团子放到东房去。祝用箁承接主人的黍团子。在北墙下为祝布席，席面朝南。主人酌酒献祝。祝行拜礼而后受角。主人授角后行拜送礼。这时为祝设上菹、醢和俎。祝左手拿角，右手取菹醢祭先人，又起身取肺，坐下来用以祭先人，祭毕尝了尝肺，再起身把肺放到俎上，又坐下，用酒祭先人，祭毕尝了尝酒。有执事搬着肝俎随从主人向祝献上。祝左手拿角，右手取肝在盐上蘸了蘸，用以振祭，祭毕尝了尝肝，再把肝放回俎上，接着饮干角中酒，饮毕行拜礼。主人回礼答拜，接过祝的空角，酌酒献给佐食。佐食面朝北行拜受礼而后接受角。主人授角后行拜送礼。佐食坐下，用酒祭先人，然后饮干角中酒，饮毕行拜礼。主人回礼答拜，接过佐食的空角，下堂，把角放回到篚中，再升堂，入室，回到原位。

10. 主妇洗爵于房，酌，亚献尸。尸拜受。主妇北面拜送。宗妇执两箁户外坐[1]。主妇受，设于敦南。祝赞箁祭，尸受祭之，祭酒，啐酒。兄弟长以燔从[2]。尸受，振祭[3]，哜之，反之。羞燔者受[4]，加于肵，出。尸卒爵。祝受爵，命"送"如初。酢如主人仪[5]。主妇适房，南面。佐食授祭[6]。主妇左执爵，右抚祭[7]，祭酒，啐酒，入，卒爵，如主人仪。献祝，箁燔从，如初仪。及佐食如初。卒，以爵入于房。

【注释】

〔1〕宗妇执两笾：宗妇，同宗之妇来助祭者。两笾，分盛枣、栗。

〔2〕兄弟长以燔从：兄弟长，兄弟中的长者。燔，烤肉。

〔3〕振祭：案当先擩于盐而后振祭，经省文而未言。

〔4〕羞燔者：即兄弟长。

〔5〕酢：谓尸酢主妇。

〔6〕佐食授祭：这是为主妇授（堕）祭。

〔7〕右抚祭：这是说佐食把祭物拿到东房来，不授给主妇，只由主妇抚摸一下，以示亲祭。

【译文】

主妇在东房中洗爵，酌酒，继主人之后再次向尸献酒。尸行拜礼而后受爵。主妇授爵后面朝北行拜送礼。两名宗妇各拿一笾来到室门外坐下。主妇从宗妇手中接过笾，为尸设在敦的南边。祝取笾中的枣栗授给尸，帮助尸行祭礼。尸接过枣栗，用以祭先人，又用酒祭先人，祭毕尝了尝酒。兄弟长撽着燔俎随从主妇向尸献上。尸接过燔，用以振祭，祭毕尝了尝，又把燔还给兄弟长。兄弟长接过燔，放在胏俎上，然后出室。尸饮干爵中酒。祝从尸手中接过空爵，然后像当初一样告诉主妇尸已饮酒毕，命主妇行拜礼。接着尸酢主妇，礼仪同酢主人一样。主妇接过尸的酢酒到东房中，面朝南而立。佐食为主妇堕祭。主妇左手拿爵，右手抚摸了一下祭物，接着用酒祭先人，祭毕尝了尝酒，然后进入室中，饮干爵中酒，向尸行拜礼，尸回礼答拜，这些礼仪都同主人饮毕酢酒时一样。主妇向祝献酒时，也有笾和燔俎随从主妇向祝献上，也同主人向祝献酒一样。接着主妇向佐食献酒，也同主人向佐食献酒的礼仪一样。等到佐食饮干爵中酒，主妇便拿着空爵进入东房。

11. 宾三献如初。燔从如初。爵止[1]。席于户内[2]。主妇洗爵酌，致爵于主人。主人拜受爵。主妇拜送爵。宗妇赞豆如初。主妇受，设两豆、两笾。俎入设[3]。主人左执爵，祭荐。宗人赞祭。奠爵，兴取肺，坐绝祭[4]，哜之，兴，加于俎，坐，挩手，祭酒，啐酒。肝从。左执爵，取肝�于盐，坐振祭，哜之。宗人受，加于俎。燔亦如之。兴，席末坐[5]，卒爵，拜。主妇答拜，受爵，酌醋[6]，左执爵，拜。主人答拜。坐祭，立饮卒爵，拜。主人答拜。主妇出，反于房。主人降，洗酌，致爵于主妇。席于房中，南面。主妇拜受爵。主人西面答拜。宗妇荐豆、俎，从献皆如主人[7]。主人更爵酌醋[8]，卒爵，降，实爵于篚，入复位。三献作止爵[9]。尸卒爵，酢。酌献祝及佐食[10]。洗爵酌，致于主人、主妇。燔从皆如初。更爵酢于主人[11]，卒，复位。

【注释】

〔1〕爵止：即奠爵，谓尸受爵后，祭、啐毕，即奠而不饮。
〔2〕席于户内：这是为主人布席。
〔3〕俎入设：这是佐食设之。
〔4〕绝祭：掐取肺的末端用于祭（参见《乡饮酒礼》第4节）。
〔5〕席末：席南上，以北为末。
〔6〕酌醋：这是主妇酌酒自醋（酢），以代主人醋己。
〔7〕从献：亦从献肝、燔。
〔8〕主人更爵酌醋：案男子不承用妇人爵，故更爵。
〔9〕三献作止爵：三献，指三献者，即宾。作，起。
〔10〕酌献祝：祝，原误作"洗"。
〔11〕酢于主人：谓宾自酢以代主人、主妇之酢己。

【译文】

宾第三次向尸献酒，礼仪同主妇向尸献酒一样。有燔俎随着向尸献上，也同主妇向尸献酒时一样。尸接过酒后放下不饮。这时有执事在室门内为主人布席。主妇洗爵酌酒，送给主人。主人行拜礼而后受爵。主妇授爵后行拜送礼。宗妇帮助主妇向主人进上两豆、两笾，如同主妇向尸献酒时宗妇进上两笾一样。主妇接过宗妇所进的豆和笾，设在主人席前。佐食搬俎进室设在主人席前。主人左手拿爵，右手取菹蘸醢祭先人。宗人帮助主人用笾中的枣和栗祭先人。祭毕，主人把爵放下，起身取肺，坐下用以绝祭，祭毕尝了尝肺，又起身把肺放回俎上，再坐下，擦擦手，然后用酒祭先人，祭毕尝了尝酒。主妇向主人送酒时，有肝俎和燔俎随着向主人进上。主人左手拿爵，右手取肝在盐上蘸了蘸，坐下用以振祭，祭毕尝了尝肝。宗人接过主人手中的肝，放回俎上。主人祭燔、尝燔的礼仪也同这一样。主人起身，移到席的末端坐下，饮干爵中酒，然后行拜礼。主妇回礼答拜，接过主人手中的空爵，酌酒自酢，主妇左手拿爵，行拜礼。主人回礼答拜。主妇坐下，用酒祭先人，祭毕起身，站着饮干爵中酒，饮毕行拜礼。主人回礼答拜。主妇出室，返回房中。主人下堂，洗爵酌酒，送给主妇。在房中为主妇布席，席面朝南。主妇行拜礼而后接受主人所送的爵。主人授爵后面朝西回礼答拜。宗妇为主妇席前进上两豆、两笾和牲俎，还有肝俎和燔俎随从献上，如同主妇向主人送酒时一样。主人另换一只爵，酌酒自酢，饮干爵中酒，下堂，把爵放进篚中，再升堂入室，回到原位。宾请尸拿起爵来饮酒。于是尸饮干爵中酒，接着用酒酢宾。宾酌酒献祝和佐食。宾接着又洗爵酌酒送给主人和主妇，同时有燔俎随着献上，如同主妇献尸或主人和主妇互相送酒时那样。接着宾另换一爵酌酒自酢，以代主人和主妇向己酢酒，饮干爵中酒，下堂回到原位。

12. 主人降阼阶，西面拜宾如初。洗。宾辞洗。卒洗，揖让升，酌，西阶上献宾。宾北面拜，受爵。主人在右答拜[1]。荐脯醢，设折俎。宾左执爵，祭豆[2]，奠爵，兴取肺，坐绝祭，哜之，兴加于俎，坐，挩手，祭酒，卒爵，拜。主人答拜，受爵，酌酢[3]，奠爵，拜。

宾答拜。主人坐，祭，卒爵，拜。宾答拜，揖，执祭以降[4]，西面奠于其位，位如初。荐俎从设[5]。众宾升，拜受爵，坐祭，立饮。荐俎设于其位，辩。主人备答拜焉，降，实爵于篚。尊两壶于阼阶东，加勺，南枋。西方亦如之。主人洗觯，酌于西方之尊，西阶前北面酬宾。宾在左。主人奠觯拜。宾答拜。主人坐，祭，卒觯，拜。宾答拜。主人洗觯。宾辞。主人对。卒洗，酌，西面。宾北面拜。主人奠觯于荐北[6]。宾坐取觯，还，东面拜。主人答拜。宾奠觯于荐南，揖，复位。主人洗爵，献长兄弟于阼阶上，如宾仪。洗，献众兄弟，如众宾仪。洗，献内兄弟于房中[7]，如献众兄弟之仪。主人西面答拜，更爵，酢[8]。卒爵，降，实爵于篚，入，复位。

【注释】

〔1〕在右：即在东，北面以东为右。

〔2〕祭豆：在此指祭脯醢，脯醢盛于豆。

〔3〕酌酢：这是主人自酢，因为宾位卑，不敢与主人抗礼，故主人自酢以达宾之意。

〔4〕祭：谓脯，因宾用脯行祭礼，故以"祭"代称之。

〔5〕荐俎从设：荐，此指醢。从设者，亦公有司。

〔6〕荐北：即荐左。荐谓宾位前的脯醢。

〔7〕内兄弟：谓内宾及宗妇也。内宾，谓姑姊妹。宗妇，族人之妇。

〔8〕酢：亦主人自酢。

【译文】

主人从阼阶下堂，面朝西向宾行拜礼，如同视濯前在庙门外向宾行拜礼那样。接着主人洗爵，将向宾献酒。宾向主人辞洗。

主人洗毕，与宾行揖让之礼而后升堂。主人酌酒，到西阶上献给宾。宾升堂面朝北行拜受礼而后受爵。主人站在宾的右边，面朝北回礼答拜。公有司为宾进上脯醢，设上折俎。宾左手拿爵，右手取脯醢祭先人，祭毕把爵放下，起身取俎上的肺，坐下用以绝祭，祭毕尝了尝肺，再起身把肺放到俎上，坐下，擦擦手，又用酒祭先人，祭毕饮干爵中酒，然后行拜礼。主人回礼答拜，接过宾的空爵，酌酒自酢，酌酒后把爵放下，行拜礼。宾回礼答拜。主人坐下，用酒祭先人，祭毕饮干爵中酒，然后行拜礼。宾回礼答拜，拜毕又行揖礼，然后拿着脯下堂，面朝西把脯放在宾位前，再站到宾位上。公有司拿着醢和俎随之设在宾位前。众宾按照长幼依次升到西阶上，行拜礼而后接受主人献酒，坐下用酒祭先人，再站着饮干爵中酒。随之有脯醢和折俎遍设在众宾堂下的位前。众宾受酒时向主人行拜受礼后，主人都一一答拜，接着主人下堂，把爵放进篚中。执事在阼阶东边放两壶酒，壶上加放勺，使勺柄朝南。在西阶西边也同样放两壶酒。主人洗觯，从西边的壶中酌酒，在西阶前面朝北准备向宾进酬酒。宾面朝北站在主人的左边。主人把觯放在地上，行拜礼。宾回礼答拜。主人坐下，用酒祭先人，然后自己先饮干觯中酒，饮毕行拜礼。宾回礼答拜。主人洗觯将为宾酌酒。宾向主人辞洗。主人回答了一番话。洗毕，主人酌酒，面朝西向宾而立。宾面朝北行拜礼。主人把觯放在宾位前脯醢的北边。宾面朝西坐下取觯，然后转身，面朝东行拜礼。主人回礼答拜。宾把觯放在脯醢的南边，行揖礼，然后回到原位。主人洗爵酌酒，在阼阶上献给长兄弟，如同向宾献酒的礼仪。主人又洗爵酌酒献给众兄弟，如同向众宾献酒的礼仪一样。接着主人又洗爵酌酒，到东房中献给内兄弟，如同向众兄弟献酒的礼仪。内兄弟行拜受礼后，主人面朝西回礼答拜，然后另换一爵，酌酒自酢。主人饮毕酢酒，下堂，把爵放进篚中，再升堂入室，回到原位。

13. 长兄弟洗觚为加爵[1]，如初仪[2]，不及佐食[3]。洗、致如初，无从[4]。

【注释】

〔1〕加爵：案以上主人、主妇和宾已向尸三献酒，三献则礼已成，三献之外再献，就称为加爵。

〔2〕如初仪：谓如宾长三献之仪。宾长即所宿之宾。

〔3〕不及佐食：这是礼杀（礼减轻）的表现。案前三献之礼献尸后，还要献祝和佐食，此则否。

〔4〕无从：这也是礼杀的表现。

【译文】

长兄弟洗觚酌酒，向尸献加爵，礼仪同宾三献时一样，但不再向佐食献酒。在长兄弟献加爵的过程中，主人和主妇互相洗爵致酒，也同宾三献时一样，但没有肝俎和燔俎随着献上。

14. 众宾长为加爵如初〔1〕。爵止。

【注释】

〔1〕为加爵如初：此加爵亦用觚。如初，亦谓如宾长三献。

【译文】

众宾之长向尸献加爵，礼仪也同宾向尸三献酒时一样。尸受爵后，把爵放下不饮。

15. 嗣举奠〔1〕，盥入，北面再拜稽首。尸执奠。进受，复位，祭酒、啐酒。尸举肝。举奠左执觯〔2〕，再拜稽首，进受肝，复位，坐，食肝，卒觯，拜。尸备答拜焉。举奠洗，酌，入。尸拜受。举奠答拜。尸祭酒，啐酒，奠之。举奠出，复位。

【注释】

〔1〕嗣举奠：嗣，主人的嗣子。奠，是指尸入室前，阴厌时，祝奠

于铏南之觯（见第 7 节）。尸入室后，举此觯祭酒、啐酒，即又奠而不饮，到此时嗣子则将饮之。

〔2〕举奠：谓嗣子，下“举奠”同。案此与称宾为“三献”意同。

【译文】

嗣子将饮尸席前奠觯中的酒，盥手升堂进入室中，面朝北行再拜稽首礼。尸拿起所奠觯授嗣子。嗣子进前受觯，再退回原位，用酒祭先人，祭毕尝了尝酒。尸又拿起肝来授嗣子。嗣子左手拿觯，行再拜稽首礼，进前接受肝，再退回原位，坐下，吃肝，吃完后又饮干觯中酒，然后行拜礼。凡嗣子拜，尸都一一答拜。嗣子出室下堂洗觯，洗毕升堂酌酒，入室献给尸。尸行拜礼而后受觯。嗣子回礼答拜。尸用酒祭先人，祭毕尝了尝酒，再把觯放到铏的南边而不饮。嗣子出室，回到阼阶下原位。

16. 兄弟弟子洗[1]，酌于东方之尊[2]，阼阶前北面举觯于长兄弟[3]，如主人酬宾仪。宗人告祭脀[4]。乃羞。宾坐取觯[5]，阼阶前北面酬长兄弟[6]。长兄弟在右。宾奠觯拜。长兄弟答拜。宾立卒觯，酌于其尊[7]，东面立。长兄弟拜受觯。宾北面答拜，揖复位。长兄弟西阶前北面。众宾长自左受旅如初。长兄弟卒觯，酌于其尊[8]，西面立。受旅者拜受。长兄弟北面答拜，揖，复位。众宾及众兄弟交错以辩[9]，皆如初仪。为加爵者作止爵[10]，如长兄弟之仪。长兄弟酬宾[11]，如宾酬兄弟之仪。以辩[12]。卒受者实觯于篚。

【注释】

〔1〕弟子：此指兄弟中的弟或子，即年龄较小者。
〔2〕酌于东方之尊：这是为将行旅酬礼而酌酒。东方之尊，即设于

阼阶东边的两壶（见第 12 节）。

〔3〕举觯于长兄弟：即举觯向长兄弟进酬酒，这是为旅酬发端。

〔4〕宗人告祭胥：胥，即俎实。以牲体实于俎谓之胥，因谓俎为胥。

〔5〕宾坐取觯：宾，谓长宾。取觯，即取主人向宾献酒时奠于荐北，而宾奠于荐南之觯（见第 12 节）。

〔6〕酬长兄弟：这就是旅酬的开始。

〔7〕其尊：谓长兄弟之尊，即阼阶东之壶。

〔8〕其尊：此指西阶西之壶。

〔9〕交错：犹言东西。谓宾以前觯自西而东酬众兄弟，众兄弟又以前觯自东而西酬众宾。众宾、众兄弟人数众多，皆以此东西互酬，即所谓交错。

〔10〕为加爵者作止爵：为加爵者，谓众宾长。案众宾长所献加爵，尸"爵止"而未饮（见第 14 节），现在在众宾和众兄弟行旅酬的过程中，则进请尸饮之。

〔11〕长兄弟酬宾：这是为了回报宾之酬己。

〔12〕以辩：这是又一次交错酬酒以辩。

【译文】

兄弟中的弟子洗觯，从阼阶东边的壶中酌酒，在阼阶前面朝北而立，举觯向长兄弟进酬酒，礼仪同主人向宾进酬酒一样。这时宗人告众宾、众兄弟以及内宾用位前的脯醢和折俎行祭礼，接着有美味食物向尸以外的每个人位前进上。宾坐下，拿起原先放在脯醢南边的觯，到阼阶前面朝北向长兄弟进酬酒。长兄弟站在宾的右边。宾把觯放下行拜礼。长兄弟回礼答拜。宾授觯起身站着饮干觯中酒，又从阼阶东边的壶中酌酒，酌毕回到阼阶前原位面朝东向着长兄弟而立。长兄弟行拜礼而后受觯。宾面朝北回礼答拜，拜毕又行揖礼，而后回到西阶前原位。长兄弟来到西阶前面朝北而立，向众宾长进酬酒。众宾长从长兄弟的左边接受旅酬酒，礼仪同宾酬长兄弟时一样。长兄弟先饮干觯中酒，又从西阶西边的壶中酌酒，酌毕回到西阶前原位面朝西向着众宾长而立。众宾长行拜礼而后受觯。长兄弟授觯后面朝北回礼答拜，拜毕又行揖礼，而后回到阼阶前原位。接着众宾从西阶到东阶，众兄弟从东阶到西阶，交错进酬酒，以至相互酬遍，礼仪都同宾酬长兄弟、长兄弟酬宾一样。在众宾和众兄弟互进酬酒的过程中，众宾长到室中拿起尸放在铏南边未饮的加爵，进劝尸饮下，礼仪同长兄弟进加爵时一样。长兄弟又向宾进酬酒，礼仪同宾向长兄弟进酬酒时一样。接着众宾和众兄弟又一次交错进酬酒，直到相互酬遍。最后一个接受酬酒的人，要把空觯放回到筐中。

17. 宾弟子及兄弟弟子洗[1]，各酌于其尊[2]，中庭北面，西上，举觯于其长[3]，奠觯拜。长皆答拜。举觯者祭，卒觯，拜。长皆答拜。举觯者洗，各酌于其尊，复初位。长皆拜。举觯者皆奠觯于荐右。长皆执以兴。举觯者皆复位，答拜。长皆奠觯于其所，皆揖其弟子。弟子皆复其位。爵皆无筭[4]。

【注释】

〔1〕宾弟子：宾中的年少者。

〔2〕各酌于其尊：谓宾弟子从西阶西边的壶中酌酒，兄弟弟子从阼阶东边的壶中酌酒。

〔3〕举觯于其长：谓宾弟子举觯于宾长，兄弟弟子举觯于长兄弟。案此即所谓二人举觯为无筭爵发端。

〔4〕爵皆无筭：即行无筭爵。

【译文】

宾弟子和兄弟弟子洗觯，分别从东西阶两边的壶中酌酒，然后来到中庭，面朝北而立，以西边为上位，将分别举觯向长宾和长兄弟进酬酒，两弟子把觯放在地上，行拜礼。长宾和长兄弟都回礼答拜。两位举觯者用觯中的酒祭先人，祭毕饮干觯中酒，而后行拜礼。长宾和长兄弟都回礼答拜。两位举觯者洗觯，又分别从东西阶两边的壶中酌酒，酌毕回到中庭之位。长宾和长兄弟都行拜礼。两位举觯者分别把觯放在长宾和长兄弟位前脯醢的右边。长宾和长兄弟都坐下拿取觯，再站起来。两位举觯者都回到中庭之位，向长宾和长兄弟回礼答拜。长宾和长兄弟又都把觯放回到原处，都揖请弟子回自己原位。于是两弟子分别回到东西阶前原位。接着从长宾和长兄弟开始，众宾和众兄弟用两觯不计数地依次交错互进酬酒。

18. 利洗散[1]，献于尸。酢。及祝，如初仪。降，实散于篚。

【注释】

〔1〕利洗散：利，谓佐食。案佐食有二名：前向尸进黍名为佐食，现在向尸进酒而变名利。利，养，是以酒颐养尸的意思。散，酒器，盖即斝，多为大口，圆腹，下有三个锥形空足。

【译文】

利洗散，酌酒献尸。尸向利授酢酒。利又向祝献酒，如同长兄弟和众宾长向尸献加爵那样。利下堂，把散放进篚中。

19. 主人出，立于户外，西面[1]。祝东面告："利成。"尸谡。祝前[2]。主人降。祝反，及主人入，复位，命佐食彻尸俎[3]。俎出于庙门。彻庶羞[4]，设于西序下。

【注释】

〔1〕西面：面，原误作"南"。
〔2〕祝前：案祝前尸之仪，参见《士虞礼》第17节。
〔3〕俎：此谓肵俎。
〔4〕彻庶羞：彻者亦佐食。庶羞，即尸三饭后为尸所设庶羞四豆（参见第8节）。

【译文】

主人出室，在室门外面朝西而立。祝面朝东向主人报告说："利成。"尸起身将退出。祝为尸做前导。主人下堂。祝送尸出庙后又返回来，与主人进入室中，回到原位。祝命佐食彻为尸所设的肵俎。佐食彻肵俎出庙门。佐食又把四豆美味从室中彻出，设在西序前。

20. 筵对席〔1〕。佐食分簋、铏〔2〕。宗人遣举奠及长兄弟盥〔3〕。立于西阶下，东面，北上。祝命尝食〔4〕。餕者〔5〕、举奠许诺，升，入。东面。长兄弟对之。皆坐。佐食授举〔6〕，各一肤。主人西面再拜，祝曰："餕有以也。"两餕奠举于俎，许诺，皆答拜。若是者三〔7〕。皆取举，祭食，祭举，乃食，祭铏，食举。卒食，主人降，洗爵。宰赞一爵。主人升，酌，酳上餕〔8〕。上餕拜受爵。主人答拜。酳下餕亦如之。主人拜，祝曰："酳有与也。"如初仪。两餕执爵拜，祭酒，卒爵，拜。主人答拜。两餕皆降，实爵于篚。上餕洗爵，升，酌，酢主人。主人拜受爵。上餕即位坐，答拜。主人坐，祭，卒爵，拜。上餕答拜，受爵，降，实于篚。主人出，立于户外，西面。

【注释】

〔1〕对席：与尸席相对而设席。这是为嗣子与长兄弟餕（吃尸剩余的食物）做准备。

〔2〕分簋、铏：因设对席，故分之。即将簋、铏中的食物皆分之为二。此处簋即敦。

〔3〕举奠：即嗣子。

〔4〕祝命尝食：即告之使餕。

〔5〕骏者：即长兄弟。骏，"馂"的异体。

〔6〕举：即肤，此指猪颈上的肉。

〔7〕若是者三：谓主人三祝，二骏三诺、三答拜。

〔8〕上骏：谓嗣子。下"下骏"谓长兄弟。

【译文】

在尸席的东边设对席。佐食把敦中的黍分出一部分，并分出一铏，设在对席前。宗人使嗣子和长兄弟盥手。二人盥毕在西阶下面朝东而立，嗣子站在北边上位。佐食命嗣子和长兄弟吃尸剩下的食物。长兄弟和嗣子答应，升堂，入室。嗣子面朝东站在尸席前。长兄弟与之相对站在对席前。二人都坐下。佐食拿起肤来授给二人，每人各一肤。主人面朝西行再拜礼，致祝辞说："你们能吃皇尸所剩下的食物，应该想到是因为先祖有德的缘故。"嗣子和长兄弟把肤放在俎上，同声答应，并都回礼答拜。主人把祝辞说了三遍，嗣子和长兄弟答应了三次，并行拜礼三次。接着二人都拿起俎上的肤，用黍祭先人，又用肤祭先人，于是吃黍，吃毕又用铏羹祭先人，祭毕吃肤。二人吃毕尸所剩余的食物，主人便下阶洗爵。宰帮助主人洗一爵。洗毕，主人升堂，酌酒，送给嗣子饮以漱口。嗣子行拜礼而后受爵。主人回礼答拜。酌酒送给长兄弟饮以漱口的礼仪也同这一样。主人行拜礼，而后致祝辞说："你们饮此酒时，应该想到要使众兄弟和族亲们相亲附。"主人同样把祝辞说了三遍，嗣子和长兄弟也同样答应了三次。接着二人拿起爵来行拜礼，拜毕用酒祭先人，然后饮干爵中酒，饮毕又行拜礼。主人回礼答拜。嗣子和长兄弟都下堂，把爵放进篚中。嗣子又拿出一只爵来洗，洗毕升堂，酌酒，向主人进酢酒。主人行拜礼而后受爵。嗣子就位，回礼答拜。主人坐下，用酒祭先人，祭毕饮干爵中酒，行拜礼。嗣子回礼答拜，接过主人手中的空爵，下堂放进篚中。主人出室，在室门外面朝西而立。

21. 祝命彻阼俎[1]、豆、笾，设于东序下。祝执其俎以出，东面于户西。宗妇彻祝豆、笾入于房，彻主妇荐俎[2]。佐食彻尸荐、俎、敦[3]，设于西北隅，几在南，厞用筵。纳一尊[4]。佐食阖牖户，降。祝告："利成。"降，出。主人降，即位。宗人告事毕。宾出。主人送于门外，再拜。佐食彻阼俎。堂下俎毕出。

【注释】

〔1〕阼俎：主人之俎。

〔2〕主妇荐俎：案主妇荐俎在东房中，主妇席前。

〔3〕彻尸荐、俎、敦：荐，谓脯醢。俎，谓牲、鱼、腊三俎。敦，谓稷敦。

〔4〕纳一尊：这是将堂上的酒尊改设于室中，不用玄酒尊，因阳厌之礼杀于阴厌。

【译文】

祝命佐食彻阼俎、豆和笾，于是佐食把阼俎、豆和笾从室中彻出，设在东序下。祝搬着自己的俎出室，在室门西边面朝东而立。宗妇把祝席前的豆、笾彻到东房中，又彻下主妇席前的脯醢和俎。佐食彻尸席前的脯醢、俎和敦，改设在室的西北隅，几仍然放在席的南端，周围用席把祭物隐蔽起来。把堂上所设两壶中的酒壶搬进室中，也设在西北隅。改设完毕，佐食关上室的窗和门，下堂。祝向主人报告说："利成。"然后下堂，出庙。主人下堂，在阼阶下就位。宗人向主人报告祭礼完毕。宾出庙。主人送宾到庙门外，向宾行再拜礼。佐食把阼俎彻下堂去收藏。堂下兄弟们和所有宾的俎也都彻出庙门。

22.《记》。特牲馈食，其服皆朝服，玄冠，缁带，缁韠。唯尸、祝、佐食玄端，玄裳、黄裳、杂裳可也，皆爵韠。

【译文】

《记》。举行特牲馈食礼的时候，大家都穿朝服，头戴玄冠，腰束缁带，系黑色蔽膝。只有尸、祝和佐食穿玄端服，裳则穿玄裳、黄裳或杂色的裳都可以，都系爵韠。

23. 设洗，南北以堂深，东西当东荣。水在洗东。篚在洗西，南顺，实二爵、二觚、四觯、一角、一散。壶棜禁馔于东序，南顺，覆两壶焉，盖在南。明日卒奠，幂用绤。即位而彻之，加勺。箈巾以绤也，纁里〔1〕。枣烝栗择。铏芼用苦若薇，皆有滑：夏葵，冬荁〔2〕。棘心匕，刻〔3〕。牲爨在庙门外东南，鱼、腊爨在其南，皆西面。馈爨在西壁〔4〕。肵俎心、舌，皆去本末，午割之〔5〕，实于牲鼎。载，心立，舌缩俎。宾与长兄弟之荐自东房，其余在东堂。

【注释】

〔1〕纁里：案纁里者，皆玄表。
〔2〕"铏芼"至"冬荁"：参见《公食大夫礼》第22节。
〔3〕刻：是刻为龙头形。
〔4〕西壁：谓堂之西墙下。
〔5〕午割：纵横割之而成方格形的刀纹，但不割透。

【译文】

设洗，要使洗与堂南北之间的距离等同于堂深，从东西位置来说正对着堂屋的东荣。水放在洗的东边。篚放在洗的西边，使篚首朝北而尾顺向南，篚中放二爵、二觚、四觯、一角、一散。壶和棜禁放在东序前，使禁的首端朝北而尾顺向南，两只壶反扣在禁上，壶盖放在壶的南边。到明天行祭礼前才向壶中注酒，并将壶和禁在室门东边陈设好，壶上用粗葛布巾覆盖。尸进室即位的时候，便将盖在壶上的葛布彻去，而在壶上加放舀酒用的勺。覆盖笾的巾也是用粗葛布做的，巾的里子是缥色的。笾中所盛的枣和栗都是经过挑选并蒸熟的。铏羹中放的菜，用苦菜或薇菜，并都加放有调味的菜：夏天用葵菜，冬天用苣。用棘木心做匕，手握的一端刻成龙头形。煮牲肉的灶在庙门外的东南边，煮鱼的灶和煮兔腊的灶在牲灶的南边，灶都面朝西。炊黍稷的灶在堂的西墙下。肵俎上放心和舌，心、舌的根端和末端都割去不用，在心和舌上都纵横割成方格形刀纹，放在牲鼎中煮。从鼎中取出放在俎上的时候，心立着放，舌顺俎纵放。为宾长和长兄弟所进的脯醢是从东房中取出的，其余人的脯醢陈放在东堂。

24. 沃尸盥者一人。奉盘者东面，执匜者西面。淳沃。执巾者在匜北。宗人东面取巾，振之三，南面授尸。卒，执巾者受。尸入，主人及宾皆辟位。出亦如之。

【译文】

浇水以供尸盥手一人。捧盘的人面朝东，拿匜的人面朝西。浇水的人要使水慢慢往下流。拿巾的人在拿匜人的北边。宗人面朝东取巾，将巾抖动三下，面朝南授给尸擦手。尸擦手毕，由拿巾的人接过巾。尸入庙门的时候，主人和宾都要从所在的位置上稍避让。尸出庙的时候也是这样。

25. 嗣举奠[1]，佐食设豆盐。佐食当事则户外南面，无事则中庭北面。凡祝呼，佐食许诺。宗人献与旅，齿于众宾[2]。佐食于旅齿于兄弟。

【注释】

〔1〕嗣举奠：参见第15节。

〔2〕齿：谓依其长幼之次。

【译文】

嗣子饮尸席前奠觯之酒的时候，佐食用豆盛盐放在嗣子面前，以便嗣子吃肝的时候用。佐食有事的时候就在室门外面朝南而立，无事的时候就在中庭面朝北而立。凡是祝呼唤佐食的时候，佐食就答应。宗人接受主人献酒以及行旅酬礼的时候，都参加在众宾的行列中，与众宾依年龄大小为先后之序。佐食在行旅酬礼的时候参加在众兄弟的行列中，与众兄弟依年龄大小为先后之序。

26. 尊两壶于房中西墉下，南上。内宾立于其北[1]，东面，南上[2]。宗妇北堂[3]，东面，北上。主妇及内宾、宗妇亦旅[4]，西面。宗妇赞荐者执以坐于户外，授主妇。

【注释】

〔1〕内宾：谓姑姊妹。

〔2〕南上：南，原误作"西"。

〔3〕宗妇：谓族人之妇。案宗妇与内宾统称内兄弟（参见第 12 节）。

〔4〕主妇及内宾、宗妇亦旅：案主妇、宗妇与内宾之旅酬，其仪一如众兄弟与众宾之旅酬（参见第 16 节），只是男子在堂下，妇人在房中；男子分别在东阶（谓众兄弟）与西阶（谓众宾）前，妇人则分别在东房中的东南隅（谓内宾）与东北隅（谓宗妇）。

【译文】

在东房中西墙下放两只壶，盛玄酒的壶放在南边上位。内宾站在壶的北边，面朝东，以南边为上位。宗妇站在北堂，面朝东，以北边为上位。主妇和内宾、宗妇也行旅酬礼，行旅酬礼时面朝西而立。帮助主妇向尸进献两笾的宗妇，是拿着笾坐在室门外，授给主妇。

27. 尸卒食而祭馂爵、雍爵[1]。

【注释】

〔1〕祭馈爨、雍爨：雍，熟肉，在此指烹熟的牲、鱼和腊。祭，祭爨(灶)神，其具体祭法不详。

【译文】

当尸吃九饭完毕的时候，要祭炊黍稷的灶神和烹牲、鱼、腊的灶神。

28. 宾从尸[1]，俎出庙门乃反位[2]。

【注释】

〔1〕宾从尸：谓送尸。

〔2〕俎出：谓归尸俎。

【译文】

宾送尸出庙，到把尸俎送出庙门的时候才又返回庙中原位。

29. 尸俎右肩[1]、臂、臑、肫、骼，正脊二骨，横脊，长胁二骨，短胁，肤三，离肺一，刌肺三；鱼十有五；腊如牲骨。祝俎髀，脡脊二骨，胁二骨，肤一，离肺一。阼俎臂[2]，正脊二骨，横脊，长胁二骨，短胁，肤一，离肺一。主妇俎觳折[3]，其余如阼俎[4]。佐食俎觳折，脊，胁，肤一，离肺一。宾骼，长兄弟及宗人折[5]，其余如佐食俎。众宾及众兄弟、内宾、宗妇、若有公有司[6]、私臣，皆觳脊[7]，肤一，离肺一。

【注释】

〔1〕右肩：实谓自肩以下皆用右。凡吉祭之尸俎，牲用右胖。案自

肩以下诸牲体名，以及本节所记诸牲体名，都是说的豕牲。

〔2〕臂：谓左体臂，因右体臂尸俎已用。

〔3〕觳折：觳，音 què，后足。折，谓折分后右足以为佐食之俎。案下佐食俎亦有觳折，是各分其觳之半。

〔4〕其余如俎：其余，谓脊、胁、肤、肺。

〔5〕折：案此亦谓觳折，因上两言"觳折"，故此处略之。

〔6〕公有司：是奉公命前来助祭者。

〔7〕觳胳：案凡骨有肉者曰觳。案据以上所陈各俎，牲的右胖已用尽，只有取左胖未用者破折而陈之。

【译文】

尸的牲俎上放有牲体右半的肩、臂、臑、肫、胳，两块正脊骨，横脊骨，两块长胁骨，短胁骨，三条肤，一片离肺和三片刌肺；鱼俎上放有十五条鱼；腊俎上所放兔腊的骨体，解割得同牲体一样。祝的俎上放有牲体的髀，两块脡脊骨，两块胁骨，一条肤和一片离肺。主人的俎上放有牲体的左臂，两块正脊骨，横脊骨，两块长胁骨，短胁骨，一条肤和一片离肺。主妇的俎上放有右后觳的一半，其余的牲体与主人俎同。佐食的俎上放有右后觳的另一半，还放有脊，胁，一条肤和一片离肺。宾俎上放胳，长兄弟及宗人俎各放左后觳的一半，其余的牲体与佐食俎同。众宾及从兄弟、内宾、宗妇，如果有公有司的话还包括公有司、士的私臣，这些人都尽剩下的牲体骨各剖分其一块放在俎上，还放有一条肤和一片离肺。

30. 公有司门西，北面，东上，献次众宾。私臣门东，北面，西上，献次兄弟。升受，降饮。

【译文】

公有司的位置在庙门内西侧，面朝北，以东边为上位，主人献酒时，接续在众宾的后边受献酒。士的私臣的位置在庙门内东侧，面朝北，以西边为上位，主人献酒时，接续在众兄弟的后边受献酒。公有司和私臣分别升到西阶上和阼阶上接受主人献酒，再下阶饮酒。

少牢馈食礼第十六

1. 少牢馈食之礼。日用丁、己[1]。筮旬有一日[2]。筮于庙门之外。主人朝服，西面于门东。史朝服[3]，左执筮，右抽上韇，兼与筮执之，东面受命于主人。主人曰[4]："孝孙某，来日丁亥[5]，用荐岁事于皇祖伯某，以某妃配某氏[6]，尚飨。"史曰："诺。"西面于门西，抽下韇，左执筮，右兼执韇以击筮，遂述命曰："假尔大筮有常[7]，孝孙某，来日丁亥，用荐岁事于皇祖伯某，以某妃配某氏，尚飨。"乃释韇，立筮。卦者在左坐，卦以木。卒筮，乃书卦于木。示主人，乃退，占。吉则史韇筮。史兼执筮与卦以告于主人[8]："占曰从。"乃官戒。宗人命涤。宰命为酒。乃退。若不吉，则及远日又筮日如初[9]。

【注释】

〔1〕日用丁、己：丁、己即所谓柔日。案丁、己皆双数日，故称柔日。古人的观念，内事（即宗庙祭祀之事）用柔日。

〔2〕筮旬有一日：案旬谓十日。从上一旬之某日，到下一旬之某日，为十一日，故曰"旬有一日"。

〔3〕史：是家臣主筮者。

〔4〕主人曰：案亦当由宰"赞命"，此处文略。

〔5〕丁亥：这是举丁亥日以为例，并不一定是丁亥日，也可以是丁丑日、己亥日等。

〔6〕以某妃配某氏：某妃，犹言元妃、继妃。配，谓配食，配祭。某氏，若言姜氏、子氏等。

〔7〕假尔大筮有常：筮，即蓍草。大筮（蓍），对蓍草的尊称。有常，即不会有偏差之意。

〔8〕兼执筮与卦：筮，此处谓韇，因蓍（筮）草盛在韇中，故称。兼执，谓两手同时拿着：左手拿韇，右手拿卦版。

〔9〕及远日又筮日：这是说，要等到下一旬的丁日或己日再进行占筮，而所占筮的则是再下一旬的丁日或己日。

【译文】

少牢馈食之礼。举行少牢馈食祭礼的日期，用丁日或己日。要在前一个丁日或己日，占筮第十一天的那个丁日或己日。占筮在庙门外进行。主人穿朝服，在庙门东边面朝西而立。史也穿朝服，左手拿着盛蓍草的韇，右手抽开上韇，又将上韇交到左手与盛蓍草的下韇一并拿着，面朝东接受主人的命筮辞。主人说："孝孙某，将在来日即丁亥日，向皇祖伯某进献祭物以举行岁时祭礼，并以某妻配祭于皇祖某氏，皇祖之神或许乐于受享祭物吧。"史说："是。"接着来到庙门中门阃的西边，面朝西，用右手抽下盛有蓍草的下韇，左手拿着蓍草，右手将上、下韇一并拿着，用以敲击蓍草，接着复述主人的命筮辞说："借你这大蓍草之灵来占筮，你对吉凶的判断从来没有差错。孝孙某，将在来日即丁亥日，向皇祖进献祭物以行岁时祭礼，并用某妻配祭于皇祖某氏，皇祖之神或许乐于受享祭物吧。"于是把韇放下，站着用蓍草筮卦。记卦人坐在史的左边，用木条在地上画所筮得的爻。筮卦完毕，记卦人便把所筮得的卦记在木版上。史拿卦给主人看，待主人看后，便退回到庙门西边，根据筮得的卦来占问吉凶。占卦的结果吉利，史便把蓍草收进韇中，一手拿韇，一手拿记卦的版，向主人报告说："占卦的结果吉利。"接着又把占卦的结果告诉诸官。于是宗人命人洗涤祭器。宰命人准备酒。筮日的礼仪完毕，大家退去。如果占得的结果不吉，那就要到下一旬的丁日或己日，再进行占筮，礼仪如前。

2. 宿[1]。前宿一日，宿戒尸[2]。明日朝筮尸，如筮日之礼，命曰："孝孙某，来日丁亥，用荐岁事于皇祖伯某，以某妃配某氏，以某之某为尸[3]，尚飨。"筮卦、占，如初。吉则乃遂宿尸[4]，祝傧。主人再拜稽首。祝告曰："孝孙某，来日丁亥，用荐岁事于皇祖伯某，以某妃配某氏，敢宿。"尸拜，许诺。主人又再拜稽首。主人退。尸送，揖，不拜。若不吉，则遂改筮尸。

【注释】

〔1〕宿：这是祭前一日宿诸官，使知祭日当来。

〔2〕宿戒：犹预戒。

〔3〕以某之某为尸：这是从可为尸者中预先择定一人为尸进行占筮，若不吉，则再择而筮之（见下文）。

〔4〕吉则乃遂宿尸：案吉而当日又宿，是重尸的表现。宿尸之后才宿诸官。

【译文】

举行祭礼的前一天要再次前往招请诸官。招请诸官的前一天要先前往招请可以担任尸的人。第二天早晨，再用占筮来确定用谁为尸，筮尸的礼仪同筮日一样。筮尸时的命筮辞说："孝孙某，将在来日即丁亥日，向皇祖伯某进献祭物以举行岁时祭礼，并用某妻配祭于某氏，打算用某之子某做尸，皇祖或许乐于受享祭物。"筮卦和占卦的礼仪都同筮日时一样。占卦的结果如果吉利，接着主人还要到尸家去招请尸，由祝做傧者为主人相礼。主人向尸再拜稽首。祝告尸说："孝孙某，将在来日即丁亥日，向皇祖伯某进献祭物以行岁时祭礼，并用某妻配祭于某氏，谨前来招请您为尸。"尸行拜礼，答应了。主人又再拜稽首。主人退去。尸送主人，向主人行揖礼而不拜。如果所择为尸的人经占筮结果不吉利，接着就要再择一人进行占筮。

3. 既宿尸反，为期于庙门之外[1]。主人门东，南面。宗人朝服，北面曰："请祭期。"主人曰："比于子^[2]。"宗人曰："且明行事。"主人曰："诺。"乃退。

【注释】

〔1〕为期：谓确定祭祀的具体时间。

〔2〕比：在此犹言安排。

【译文】

招请尸返回之后，在庙门外确定举行祭礼的具体时间。主人在庙门东边面朝南而立。宗人穿着朝服，面朝北向主人请示说："请指示举行祭礼的时间。"主人说："时间由您安排吧。"宗人说："明天天亮的时候举行祭礼。"主人说："好吧。"于是大家退去。

4. 明日，主人朝服，即位于庙门之外东方，南面。宰、宗人西面，北上。牲北首，东上^[1]。司马刲羊^[2]。司士击豕。宗人告备，乃退。雍人概鼎、匕、俎于雍爨^[3]，雍爨在门东南，北上。廪人概甑、甗、匕与敦于廪爨^[4]，廪爨在雍爨之北。司宫概豆、笾、勺、爵、觚、几、洗、篚于东堂下。勺、爵、觚、觯实于篚。卒概，馔豆、笾与篚于房中，放于西方。设洗于阼阶东南，当东荣。

【注释】

〔1〕牲北首，东上：牲，谓羊豕。羊尊于豕，放在豕东。

〔2〕司马刲羊：司马，是大夫的家臣。刲，音 kuī，与下文"击"，都是刺杀的意思。

〔3〕雍人概鼎、匕、俎于雍爨：雍人，掌宰割和烹煮之事者。概，

同溉。雍爨，即烹牲、鱼、腊之爨（灶）。

〔4〕廪人概甑、甗、匕与敦于廪爨：廪人，是掌管粮仓的官，亦兼饎（炒黍稷）事。甑，音 zèng，古代蒸食物用的炊器。

【译文】

第二天，主人穿朝服，在庙门外东边就位，面朝南而立。宰和宗人面朝西而立，以北边为上位。牲头朝北放，以东边为上位。司马杀羊。司士杀猪。宗人向主人报告牲都准备齐全了，于是主人退入庙中。雍人在煮牲体的灶前洗鼎、匕和俎，煮牲肉的灶设在庙门东南边，以北边为上位。廪人在炊黍稷的灶前洗甑、甗、匕和敦，炊黍稷的灶设在煮牲肉的灶的北边。司宫在东堂下洗豆、笾、勺、爵、觚、觯、几、洗和篚，洗过的勺、爵、觚、觯放在篚中。洗涤完毕后，司宫又把豆、笾和篚陈放在东房中的西边。洗设在阼阶的东边、北边对着堂屋的东荣。

5. 羹定，雍有陈鼎五[1]：三鼎在羊镬之西[2]，二鼎在豕镬之西[3]。司马升羊右胖，髀不升，肩、臂、臑、臂[4]、骼；正脊一，横一，短胁一，正胁一，代胁一[5]，皆二骨以并[6]；肠三，胃三，举肺一，祭肺三[7]，实于一鼎。司士升豕右胖，髀不升，肩、臂、臑、膊、骼；正脊一，脡脊一，横脊一，短胁一，正胁一，代胁一，皆二骨以并；举肺一，祭肺三，实于一鼎。雍人伦肤九实于一鼎[8]。司士又升鱼、腊。鱼十有五而鼎。腊一纯而鼎[9]，腊用麋。卒脀[10]，皆设扃鼏，乃举，陈鼎于庙门之外东方，北面，北上。司宫奠两甒于房户之间，同棜[11]，皆有幂，甒有玄酒。司宫设罍水于洗东，有枓[12]。设篚于洗西，南肆。改馔豆、笾于房中，南面，如馈之设，实豆、笾之实[13]。小祝设盘匜与簞巾于西阶东[14]。

【注释】

〔1〕鼎五：谓羊、豕、鱼、腊、肤各一鼎。

〔2〕三鼎在羊镬之西：镬，一种无足的鼎，置于爨上以煮牲肉。三鼎，是分别盛羊、鱼、腊的三鼎。

〔3〕二鼎：分别盛豕、肤。

〔4〕肫：音 chún，即䐀，牲体后胫骨的上部。

〔5〕代胁：胁的前部，又简称胁。

〔6〕皆二骨以并：谓脊（正脊、脡脊、横脊）、胁（短胁、正胁、代胁）之六骨，分别都是二骨并合而算作一骨，实际脊、胁共是十二骨。

〔7〕肠三，胃三，举肺一，祭肺三：此皆出自一羊之身。

〔8〕伦肤：谓纹理精细的肤，是从猪的胁部取下来的，此处肤肉最美。

〔9〕腊一纯：纯，犹全。案肫在此是说腊的左右胖皆用，不是仅用其一胖。

〔10〕脀：升，此处谓升鼎。

〔11〕棜：即斯禁。

〔12〕枓：一种长柄的木水舀子。

〔13〕豆、笾之实：谓俎、醢等。

〔14〕小祝：祝官之佐。

【译文】

牲肉煮熟的时候，雍人开始陈放五鼎：将三鼎陈放在煮羊牲的镬的西边，二鼎陈放在煮猪牲的镬的西边。司马把煮熟的羊牲的右半放入鼎中，但髀部不用，放入鼎中的是：肩，臂，臑，肫，骼；正脊一块，横脊一块，短胁一块，正胁一块，代胁一块，这三块脊骨和三块胁骨实际都是两块并成一块的；还有肠三节，胃三条，举肺一片，祭肺一片，都放在同一鼎中，髀部不用，所放入鼎中的是：肩，臂，臑，肫，骼；正脊一块，脡脊一块，横脊一块，短胁一块，正胁一块，代胁一块，这三块脊骨和三块胁骨实际都是两块并成一块的；还有举肺一片，祭肺三片，都放在同一鼎中。雍人把煮熟的九条伦肤都放入一只鼎中。司士又把鱼和腊放入鼎中。鱼十五条放入一鼎。一只解割后的全腊放入一鼎，腊是用的麋鹿腊。牲肉都放入鼎中完毕，鼎耳中都插上横杠，鼎上都用茅草覆盖好，于是把鼎抬到庙门外陈放，使鼎面朝北，以北边为上位。司宫把两只瓺放在东房与室门之间，两瓺同放在一只棜上，瓺上都有巾覆盖，其中一瓺盛的是玄酒。司宫把盛水的罍放在洗的东边，罍上放有枓。篚放在洗的西边，使篚首朝北而尾朝南。把原来放在东房中西边的豆和笾改放在东房的中间，都面朝南放，使豆和笾的位置如同陈设在室奥席前向神馈食时那样，豆、笾中都盛上食物。小祝把盘匜和盛有巾的簞陈放在西阶的东边。

6. 主人朝服，即位于阼阶东，西面。司宫筵于奥。祝设几于筵上，右之。主人出迎鼎。除鼏。士盥[1]，举鼎。主人先入。司宫取二勺于篚洗之，兼执以升，乃启二尊之盖幂[2]，奠于棜上，加二勺于二尊，覆之，南柄。鼎序入。雍正执一匕以从[3]。雍府执四匕以从[4]。司士合执二俎以从。司士赞者二人[5]，皆合执二俎以相从入。陈鼎于东方，当序南，于洗西，皆西面，北上，肤为下。匕皆加于鼎，东枋。俎皆设于鼎西，西肆。斯俎在羊俎之北，亦西肆。宗人遣宾就主人[6]。皆盥于洗。长朼[7]。佐食上利升牢心舌[8]，心皆安下切上[9]，载于斯俎，末在上。舌皆切本末，亦午割勿没，其载于斯俎横之。皆如初炎之于爨也。佐食迁斯俎于阼阶西，西缩，乃反。佐食二人，上利升羊载右胖，髀不升，肩、臂、臑、肫、骼；正脊一，脡脊一，横脊一，短胁一，正胁一，代胁一，皆二以并；肠三，胃三，长皆及俎拒[10]；举肺一，长终肺；祭肺三，皆切。肩、臂、臑、肵、骼在两端，脊、胁、肺、肩在上〔11〕。下利升豕，其载如羊，无肠胃。体其载于俎，皆进下〔12〕。司士三人升鱼、腊、肤。鱼用鲋，十有五而俎，缩载，右首，进腴〔13〕。腊一纯而俎，亦进下，户在上。肤九而俎，亦横载，革顺〔14〕。

【注释】

〔1〕士：亦主人之有司。

〔2〕二尊：即设于房户之间的两瓶。

〔3〕雍正：雍人之长。

〔4〕雍府：雍正的下属人员。

〔5〕司士赞者二人，皆合执二俎：谓司士执二俎，司士赞者二人又皆合执二俎，则共为六俎，五鼎只应五俎，多出一俎是肵俎。

〔6〕宾：即诸官。

〔7〕长枇：谓长宾先枇，即先用枇从鼎中取食物。

〔8〕佐食上利升牢心舌：利就是佐食，其长者为上利，次为下利。佐食上利，犹言上佐食。升，升于俎。牢，谓羊豕。

〔9〕安下：安，平，谓平割其下，以便立置于俎上而载之。

〔10〕俎拒：谓俎足间的横撑。

〔11〕"肩、臂"至"在上"：案俎分上下端，左端为上端，右端为下端，周人贵牲的前体，肩、臂、臑取自前胫骨，当置于俎的上端，肵、骼取自后胫骨，当置于俎的下端，曰"肩在上"，即此意，而臂、臑亦在上可知。下文言腊"肩在上"意亦同此。又此处未言肠胃在下，乃不言而可知，故略之。

〔12〕进下：下，谓骨之末端。进下，即以骨之末向神。

〔13〕腴：本指腹下肥肉，此处指鱼腹。

〔14〕革：皮，此谓肤的表皮。

【译文】

主人穿朝服，在阼阶东边就位。面朝西而立。司官在室奥中为宰布席。祝把几放在席上右端。主人出庙门迎鼎入庙。这时将覆盖在鼎上的茅草去掉。士盥手，抬鼎。主人先入庙做前导。司官从篚中拿取两把勺来洗，洗毕将两勺一并拿着升堂，揭开两甒上的盖和巾，把盖和巾放在椸上，而把两勺加放在甒上，使勺反扣着，勺柄朝南。鼎依次抬进庙中。雍正拿着一匕跟随在鼎后边入庙。雍府拿着四匕跟随雍正入庙。司士合搬二俎跟随在府后入庙。司士赞者二人，也各自合搬二俎跟随司士入庙。鼎陈放在庭东，正当堂上东序的南边，而在洗的西边，鼎面都朝西，以北边为上位，肤鼎放在最南边下位。匕都分别加放在鼎上，使匕柄朝东。俎都设在鼎的西边，俎面朝西。胏俎放在羊俎的北边，也面朝西陈放。宗人让宾就近主人。主人和宾都在洗前盥手。长宾先用匕从鼎中取牲肉，其他宾依次而取。佐食中的上利把羊、猪二鼎中的心和舌取出来，放在胏俎上。把羊心和猪心的根端切割平，末端也切去，心上都纵横割成方格形刀纹，但不割透，心放在胏俎上是使末端朝上。把羊舌和猪舌的根端和末端也切去，舌上也纵横割成方格形刀纹，也不割透，舌放在胏俎上是横着放。心和舌都同当初煮牲肉一样要先放在爨上煮。佐食中的上利把胏俎搬到阼阶的西边，使俎面朝西陈放，然后返回阼阶东边。佐食二人，其中上利用俎载羊牲体的右半，髀不用，所载的是羊牲体右半的肩、臂、臑、肫、骼，正脊一块，脡脊一块，横脊一块，短胁一块，正胁一块，代胁一块，这三块脊骨和三块胁骨实际都是两块并成一块的；肠三节，胃三条，都是长而下垂到俎的横撑；举肺一片，长与肺的长度相等；祭肺三片，都切割得较短。肩、臂、臑和肫、骼分放在俎的两端，脊、胁、肺和肩放在俎的上端。下利把猪牲载到俎上，所载牲体的先后次序以及在俎上的放法都同载羊牲一样，但没有肠胃。凡牲体载到俎上，都使骨的末端朝前。司士三人，分别把鱼、腊、肤载到俎上。鱼是用的鲋鱼，共十五条放在一俎上，鱼在俎上是纵放，使鱼头朝右，鱼腹朝前。一只解割后的全腊放在一俎上，也是使骨的末端朝前，肩放在俎的上端。肤九条放在一俎上，也是横放，放时使肤的表皮朝上一条一条顺着排成行。

7. 卒脀，祝盥于洗，升自西阶。主人盥，升自阼阶。祝先入，南面。主人从，户内西面。主妇被锡[1]，

衣移袂[2]，荐自东房，韭菹、醓醢，坐奠于筵前。主妇
赞者一人亦被锡[3]，移衣袂，执葵菹、蠃醢以授主妇。
主妇不兴遂受，陪设于东，韭菹在南，葵菹在北。主妇
兴，入于房。佐食上利执羊俎，下利执豕俎，司士三人
执鱼、腊、肤俎，序升自西阶，相从入。设俎：羊在豆
东，豕亚其北，鱼在羊东，腊在豕东，特肤当俎北端。
主妇自东房执一金敦黍[4]，有盖设于羊俎之南。妇赞者
执敦稷以授主妇[5]。主妇兴受，坐设于鱼俎南。又兴授
赞者敦黍，坐设于稷南。又兴授赞者敦稷，坐设于黍
南。敦皆南首[6]。主妇兴，入于房。祝酌奠[7]，遂命佐
食启会。佐食启会，盖二以重，设于敦南。主人西面，
祝在左。主人再拜稽首。祝祝曰："孝孙某，敢用柔毛
刚鬣，嘉荐普淖[8]，用荐岁事于皇祖伯某，以某妃配某
氏，尚飨。"主人又再拜稽首。

【注释】

〔1〕被锡：同髲鬄。髲是假发。鬄，义同髢，谓剃去犯人头发。
〔2〕移：是"袳"的假借字。衣张曰袳。
〔3〕主妇赞者：宗妇而赞主妇行礼事者。
〔4〕金敦：以金饰之敦。
〔5〕妇赞者：即主妇赞者，下仿此。
〔6〕敦皆南首：盖从敦体上的纹饰可以分首尾。
〔7〕奠：谓奠觯，奠于将设铏处之南。
〔8〕柔毛刚鬣，嘉荐普淖：羊曰柔毛，豕曰刚鬣。嘉荐，菹醢。

【译文】

　　牲肉都载俎完毕，祝就洗盥手，从西阶升堂。主人盥手，从
阼升堂。祝先入室，背靠北墙面朝南而立。主人跟在祝后入室，

在室门东边面朝西而立。主妇戴上假发，穿上袖子宽大的宵衣，从东房向室中进献韭菹和醓醢，坐下把韭菹和醓醢放在席前。主妇赞者一人，也戴着假发，穿着袖子宽大的宵衣，拿着葵菹和蠃醢到室中授给主妇。主妇不起身就接过葵菹和蠃醢，陪设在韭菹和醓醢的东边，四豆的摆设，要使两只盛菹的豆，韭菹在南，而葵菹在北。主妇起身，出室入房。佐食中的上利搬着羊俎，下利搬着豕俎，司士三人分别搬着鱼俎、腊俎和肤俎，依次从西阶升堂，相随而入室。于是开始设俎：羊俎放在盛蠃醢的豆的东边，豕俎接着放在羊俎的北边，鱼俎放在羊俎的东边，腊俎放在豕俎的东边，肤俎单独放在豕俎和腊俎的北端。主妇从东房拿着一只盛黍的金敦，敦上有盖，入室坐下放在羊俎的南边。主妇赞者拿着一敦稷入室授给主妇。主妇起身接过稷敦，坐下放在鱼俎的南边。主妇又起身接过主妇赞者所授的一敦黍，坐下放在稷敦的南边。接着主妇又起身接过主妇赞者所授的一敦稷，坐下放在黍敦的南边。四只敦都首端朝南放。主妇起身，出室入房。祝酌酒放在席前，接着命佐食揭开敦盖。佐食把敦盖揭开，将每两只敦盖重叠在一起，放在敦的南边。主人面朝西，祝站在主人左边。主人行再拜稽首礼。祝代主人致祝辞说："孝孙某，谨用羊和猪，菹醢和黍稷，进献给皇祖伯某以行岁时祭礼，并以某妻配祭于皇祖某氏，皇祖之神或许乐于接受祭物吧。"主人又行再拜稽首礼。

8. 祝出迎尸于庙门之外。主人降立于阼阶东，西面。祝先入门右，尸入门左。宗人奉盘，东面于庭南。一宗人奉匜水，西面于盘东。一宗人奉箪巾，南面于盘北。乃沃尸盥于盘上。卒盥，坐奠箪，取巾振之三，以授尸，坐取箪兴，以受尸巾。祝延尸。尸升自西阶，入。祝从。主人升自阼阶。祝先入，主人从。尸升筵。祝、主人西面立于户内，祝在左。祝、主人皆拜妥尸。尸不言，尸答拜，遂坐。祝反，南面。

【译文】

祝到庙门外迎尸。主人在阼阶东边面朝西而立。祝先从庙门的右侧入门向右行。尸从庙门的左侧入门向左行。宗人捧着盘，在庭南面朝东而立。又一宗人捧着盛水的匜，在盘的东边面朝西而立。还有一宗人捧着放有巾的箪，在盘的北边面朝南而立。于是在盘上为尸浇水盥手。当尸盥手完毕，捧箪的宗人坐下，把箪放在地上，取出箪中的巾来抖动了三下，而后授给尸，授毕又坐下拿起箪，以接受尸用过的巾。祝延请尸升堂。尸从西阶升堂，入室。祝跟随尸升堂。主人从阼阶升堂。祝先入室。主人跟随祝而入。尸升席。祝和主人在室门东边面朝西而立，祝在主人的左边。祝和主人都拜请尸安坐。尸不说话，回礼答拜，接着便坐下。这时祝返回到背靠北墙面朝南而立的位置上。

9. 尸取韭菹辩换于三豆[1]，祭于豆间。上佐食取黍稷于四敦。下佐食取牢一切肺于俎[2]，以授上佐食。上佐食兼与黍以授尸。尸受，同祭于豆祭。上佐食举尸牢肺[3]、正脊以授尸。上佐食尔上敦黍于筵上[4]，右之。主人羞胾俎，升自阼阶，置于肤北。上佐食羞两铏，取一羊铏于房中，坐设于韭菹之南。下佐食又取一豕铏于房中以从，上佐食受，坐设于羊铏之南。皆芼，皆有柶。尸扱以柶祭羊铏，遂以祭豕铏，尝羊铏，食举[5]，三饭。上佐食举尸牢干。尸受振祭，哜之。佐食加于肵[6]。上佐食羞胾两瓦豆[7]，有醢，亦用瓦豆，设于荐豆之北[8]。尸又食[9]，食胾。上佐食举尸一鱼。尸受振祭，哜之。佐食受，加于肵，横之。又食[10]。上佐食举尸腊肩。尸受振祭，哜之。上佐食加于肵。又食[11]，上佐食举尸牢骼，如初[12]。又食[13]，尸告饱。

祝西面于主人之南，独侑，不拜，曰："皇尸未实[14]，侑。"尸又食[15]。上佐食举尸牢肩。尸受振祭，哜之。佐食受，加于肵。尸不饭，告饱。祝西面于主人之南。主人不言，拜侑。尸又三饭[16]。上佐食受尸牢肺、正脊加于肵[17]。

【注释】

〔1〕辩擩于三豆：案"三豆"乃"二豆"之误。尸席前共有四豆，只有二豆盛醢（醓醢、蠃醢），可以韭菹擩之，还有一豆盛葵菹，则不可擩，可见"三豆"当作"二豆"。

〔2〕牢一切肺：牢，指羊豕二牲。切肺，即祭肺。案祭肺羊豕各有三（见第6节），各取其一。

〔3〕牢肺：即离肺，亦即食肺。

〔4〕尔上敦黍：上敦，四敦中放在最上位的敦。尔上敦以近尸，便于尸用手抓取。

〔5〕食举：谓牢肺、正脊。案牢肺、正祭皆上佐食举以授尸，故即以"举"称之。

〔6〕佐食：此亦上佐食。案此节凡单言佐食，皆谓上佐食。

〔7〕菆两瓦豆：谓羊菆、豕菆各一豆。

〔8〕荐豆：即前所荐韭菹、葵菹、醓醢、蠃醢四豆。

〔9〕尸又食：这是尸四饭。

〔10〕又食：这是尸五饭。

〔11〕又食：这是尸六饭。

〔12〕如初：谓亦受以振祭，哜之，而后佐食受之加于肵俎。

〔13〕又食：这是尸七饭。案这次饭后佐食不再举牲授尸。卿大夫之礼不过五举，五举之后，须待侑尸而后举（见下）。案五举，据上文，举牢肺、正脊一也，举牢干二也，举鱼三也，举腊肩四也，举牢髂五也。

〔14〕实：犹饱。

〔15〕尸又食：这是尸八饭。

〔16〕尸又三饭：是总凡十一饭。

〔17〕受尸牢肺、正脊：牢肺、正脊是佐食最先举而授给尸的，尸"食举"之后，即放在菹豆上，到十一饭毕，才拿起来授给佐食，由佐

食受而加放在肵俎上。

【译文】

　　尸取韭菹在盛醢的二豆中都蘸了蘸，然后放在二豆之间以祭先人。上佐食从四只敦中取黍稷。下佐食从羊俎与猪俎上各拿取一片切肺，授给上佐食。上佐食把切肺和黍稷一起拿着授给尸。尸接过来与菹同放在二豆之间以祭先人。上佐食拿起羊牲与猪牲的食肺和正脊授给尸。上佐食又把盛黍的上敦移近到尸席上，放在席的右端。主人从阼阶升堂，向尸进献肵俎，把肵俎放在肤俎的北边。上佐食向尸进上两铏，其中一只盛羊肉羹的铏是上佐食从东房中取出，来到尸席前坐下，设在韭菹的南边。下佐食又从东房中取一只盛猪肉羹的铏，跟随着上佐食入室，再由上佐食接过来，坐下，设在羊肉羹铏的南边。两铏羹中都加放有菜，也都放有柶。尸用柶舀取羊肉羹祭先人，接着又舀取猪肉羹祭先人，祭毕尝了尝羊肉羹，又吃羊牲与猪牲的肺和正脊，然后又吃了三口饭。上佐食拿起羊牲和猪牲的干授给尸。尸接过来用以振祭，祭毕尝了尝。尸尝毕，上佐食接过来放在肵俎上。上佐食将分别盛在两只瓦豆中的羊肉块和猪肉块向尸进上，还有羊肉醢和猪肉醢，也分别盛在两只瓦豆中向尸进上，这四豆设在前所荐四豆的北边。尸又吃了一口饭，接着又吃刚进上的肉块。上佐食拿起一条鱼来授给尸。尸接过来用以振祭，祭毕尝了尝。尸尝毕，上佐食接过来横放在肵俎上。尸又吃了一口饭。上佐食拿起腊肩授给尸。尸接过来用以振祭，祭毕尝了尝。尸尝毕，上佐食接过来放在肵俎上。尸又吃了一口饭。上佐食拿起羊牲与猪牲的骼授给尸，礼仪也同前一样。尸又吃了一口饭，然后向主人告饱。祝面朝西站在主人的南边，独自劝尸，不行拜礼，劝尸说："皇尸还没有饱呢，敬劝皇尸继续享食。"尸又吃了一口饭。上佐食拿起羊牲与猪牲的肩授给尸。尸接过来振祭，祭毕尝了尝。尸尝毕，上佐食接过来放在肵俎上。尸不再吃饭，又向主人告饱。祝面朝西站在主人的南边。主人不说话，行拜礼以表示劝尸继续享食。尸又吃了三口饭。上佐食接过尸吃过的羊牲与猪牲的肺和正脊加放在肵俎上。

10. 主人降洗爵，升，北面酌酒[1]，乃酳尸。尸拜受。主人拜送。尸祭酒、啐酒。宾长羞牢肝用俎[2]，缩执俎，肝亦缩，进末，盐在右。尸左执爵，右兼取肝[3]，揳于俎盐，振祭，哜之，加于菹豆[4]，卒爵。主人拜。祝受尸爵[5]。尸答拜。

【注释】

〔1〕北面酌酒：这是从设于房户之间的甒中酌酒。

〔2〕宾长羞牢肝：宾长，即诸官之长，盖诸官中年爵俱高者。羞牢肝，即所谓以肝从。

〔3〕兼取：谓兼羊豕之肝而取之。

〔4〕菹豆：谓韭菹豆。

〔5〕祝受尸爵：句首原脱“祝”字。

【译文】

主人下堂洗爵，洗毕升堂，面朝北酌酒，进室献给尸漱口。尸行拜礼而后受爵。主人授爵后行拜送礼。尸用酒祭先人，祭毕尝了尝酒。宾长用俎向尸进上羊肝和猪肝，俎纵向搬进室中，肝也纵放在俎上，使肝的末端朝前，盐放在肝的右边。尸左手拿爵，右手同时拿取羊肝和猪肝，在盐上蘸了蘸，然后振祭，祭毕尝了尝肝，再把肝放在盛韭菹的豆上，接着饮干爵中酒。主人行拜礼。祝接过尸手中的空爵。尸向主人回礼答拜。

11. 祝酌授尸。尸醋主人[1]。主人拜受爵。尸答拜。主人西面奠爵，又拜。上佐食取四敦黍稷。下佐食取牢一切肺，以授上佐食。上佐食以绥祭[2]。主人左执爵[3]，右受佐食，坐祭之，又祭酒，不兴，遂啐酒。祝与二佐食皆出，盥于洗，入。二佐食各取黍于一敦。上佐食兼受，抟之以授尸。尸执以命祝[4]。卒命祝，祝受以东，北面于户西以嘏于主人曰[5]："皇尸命工祝[6]，承致多福无疆于女孝孙[7]，来女孝孙[8]，使女受禄于天，宜稼于田，眉寿万年[9]，勿替引之[10]。"主人坐，奠爵，兴，再拜稽首，兴受黍，坐振祭，哜之，诗怀之，实于左袂，挂于季指，执爵以兴，坐卒爵，执爵以兴，坐奠爵，拜。尸答拜。执爵以兴，出。宰夫以籩受嗇黍[11]。主人尝之，纳诸内。

【注释】

〔1〕醋：同"酢"。

〔2〕绥祭：即堕祭。这里是助主人行祭礼。

〔3〕左执爵：左，原误作"佐"。

〔4〕命祝：即以嘏辞授祝，再由祝述之于主人。

〔5〕嘏：福，在此谓致嘏辞，亦即代神致祝福辞。

〔6〕工祝：犹言祝官。

〔7〕承：犹传。

〔8〕来：通"釐"，赐。

〔9〕眉寿：犹言长寿。

〔10〕勿替引之：替，废。引，长。言长久不废。

〔11〕嗇黍：即黍团子。

【译文】

祝酌酒授给尸。尸接过酒来酢主人。主人行拜礼而后受爵。尸回礼答拜。主人面朝西把爵放下，又行拜礼。上佐食从四只敦中取黍稷。下佐食从羊俎和猪俎上各取一片切肺，授给上佐食。上佐食用以为主人堕祭。主人左手拿爵，右手接过上佐食所授的黍稷和切肺，坐下祭先人，又用酒祭先人，祭毕不起身，便尝了尝酒。祝与二佐食都出室，下堂就洗盥手，盥毕再进入室中。二佐食各从一敦中取黍，然后由上佐食将下佐食所取黍一并拿着，抟成团以授给尸。尸拿着黍团子向祝授祝福辞。尸授祝福辞完毕，祝接过黍团子往东，在室门西边面朝北向主人致祝福辞说："皇尸命祝官，向孝孙你传达祝福辞，祝孝孙你多福无疆，赐孝孙你，使你受享天禄，使你的田地宜于耕稼，祝你长寿万年，而所受福禄长存不废。"主人坐下，把爵放在地上，起身，行再拜稽首礼，拜毕起身，接过尸所授的黍团子，坐下用以振祭，祭毕尝了尝，把黍团子捧在怀中，又放进左衣袖里，并将左衣袖口用左手小指挂住，拿爵起身，又坐下饮干爵中酒，饮毕拿爵起身，又坐下把爵放下，而后行拜礼。尸回礼答拜。主人拿爵起身，出室。宰夫拿着笾准备承接受主人的黍团子。主人把黍团子从袖中拿出来尝了尝，然后放进笾里。

12. 主人献祝。设席南面。祝拜于席上，坐受。主人西面答拜。荐两豆，菹、醢[1]。佐食设俎：牢髀[2]、横脊一、短胁一，肠一、胃一，肤三[3]，鱼一横之，腊两髀属于尻[4]。祝取菹捵于醢，祭于豆间。祝祭俎，祭酒，啐酒。肝牢从[5]。祝取肝捵于盐，振祭，哜之，不兴，加于俎，卒爵，兴。

【注释】

〔1〕菹、醢：谓葵菹、蠃醢。

〔2〕牢：兼言羊豕。案此一"牢"字贯下髀、横脊、短胁三牲体。

〔3〕肠一，胃一，肤三：案豕牲不用其肠胃，羊牲不用其肤，是肠胃属羊，肤属豕。

〔4〕腊两髀属于尻：腊，谓麋腊。尻，音 kāo，臀部。

〔5〕肝牢：案当作"牢肝"。

【译文】

主人向祝献酒。祝席面朝南而设。祝在席上行拜礼，拜毕坐着接受主人所献的酒。主人面朝西答拜。为尸进上两豆，一豆盛

葵菹，一豆盛蠃醢。佐食为祝设俎，俎上放有：羊牲和猪牲的髀、
横脊各一块、短胁各一块，羊肠一节，羊胃一条，猪肤九条，鱼
一条横放在俎上，麋腊的两块连着臀部的髀。祝拿取葵菹在蠃醢
中蘸了蘸，放在豆间祭先人。祝用俎上的肤祭先人，又用酒祭先
人，祭毕尝了尝酒。有羊肝和猪肝随从主人献酒时向祝进上。祝
拿取肝，在盐中蘸了蘸，用以振祭，祭毕尝了尝，尝毕不起身，
把肝放在牲俎上，饮干爵中酒，然后起身。

13. 主人酳献上佐食。上佐食户内牖东北面拜，坐
受爵。主人西面答拜。佐食祭酒，卒爵，拜，坐授爵，
兴。俎设于两阶之间，其俎折[1]，一肤。主人又献下佐
食，亦如之。其脀亦设于阶间[2]，西上，亦折，一肤。

【注释】

〔1〕折：案将牲体按骨节部位解割成十二体，其中髀不用，正体为
十一体，这十一体按尊卑分盛于尸俎、祝俎、主人俎、主妇俎之后所余
下的，再折分而盛于佐食俎。因佐食卑，不得用完整的正体骨，只能折
分其余骨而用之。

〔2〕脀：俎实，在此即指盛有"折"的俎。

【译文】

主人酳酒献上佐食。上佐食在室门内窗的东边面朝北行拜礼，
然后坐下接受主人所授的爵。主人授爵后面朝西回礼答拜。上佐
食用酒祭先人，祭毕饮干爵中酒，接着行拜礼，然后坐下把爵授
给主人，再站起来。进献上佐食的俎设在东西两阶之间，俎上放
着经过折分的正体余骨和一条肤。主人又酳酒献下佐食，礼仪也
同献上佐食一样。进献给下佐食的俎也放在两阶之间，上佐食的
俎放在西边上位，俎上也是放的经过折分的正体余骨和一条肤。

14. 有司赞者取爵于篚以升[1]，授主妇赞者于房

户。妇赞者受以授主妇。主妇洗于房中，出，酌，入户，西面拜，献尸。尸拜受。主妇主人之北西面拜送爵。尸祭酒，卒爵。主妇拜。祝受尸爵。尸答拜。

【注释】

〔1〕有司赞者：案此赞者为何有司之赞者，不详。

【译文】

有司赞者从堂下筐中取爵升堂，在东房门处授给主妇赞者。主妇赞者接过爵来授给主妇。主妇在房中洗爵，洗毕出房酌酒，进入室门，面朝西行拜礼，然后把爵献给尸。尸行拜礼而后受爵。主妇站到主人的北边面朝西行拜送礼。尸用酒祭先人，祭毕饮干爵中酒。主妇行拜礼。祝接过尸手中的空爵。尸向主妇回礼答拜。

15. 易爵洗，酌授尸。主妇拜受爵。尸答拜。上佐食绥祭。主妇西面于主人之北受祭〔1〕，祭之。其绥祭如主人之礼，不嘏〔2〕。卒爵，拜。尸答拜。

【注释】

〔1〕受祭：谓接受佐食所授之祭物。

〔2〕不嘏：案因为夫妇一体，尸已经向主人祝福了，故不再向主妇祝福。

【译文】

祝另换一只爵来洗，洗毕酌酒授尸。主妇行拜礼而后接受尸的酢酒。尸授爵后回礼答拜。上佐食帮助主妇行祭礼。主妇面朝西站在主人的北边接受上佐食所授的祭物，用以行祭礼。佐食帮助主妇行祭礼的礼仪也同为帮助主人一样，但尸不向主妇致祝福辞。主妇饮干爵中酒，然后行拜礼。尸回礼答拜。

16. 主妇以爵出。赞者受[1]，易爵于篚，以授主妇于房中[2]。主妇洗，酌献祝。祝拜，坐受爵。主妇答拜于主人之北。卒爵，不兴，坐授主妇。

【注释】

〔1〕赞者：此为有司赞者。

〔2〕以授主妇于房中：案有司赞者亦当先授主妇赞者，妇赞者在房门外受爵，而后入房授主妇，经皆省文。

【译文】

主妇拿着空爵出室。有司赞者接过主妇的空爵，从篚中另换一爵，授给已在房中的主妇。主妇洗爵，酌酒献祝。祝行拜礼，坐着接受爵。主妇在主人的北边回礼答拜。祝饮干爵中酒，不起身，坐着把空爵授给主妇。

17. 主妇受[1]，酌献上佐食于户内。佐食北面拜，坐受爵。主妇西面答拜。祭酒，卒爵，坐授主妇。主妇献下佐食亦如之。主妇受爵，以入于房。

【注释】

〔1〕主妇受：受祝所授爵。

【译文】

主妇接过祝所授的空爵，酌酒在室门内献上佐食。上佐食面朝北行拜礼，而后坐着接受爵。主妇面朝西回礼答拜。上佐食用酒祭先人，而后饮干爵中酒，坐着把空爵授给主妇。主妇酌酒献下佐食，礼仪也同献上佐食一样。最后主妇接过下佐食的空爵，回到房中。

18. 宾长洗爵献于尸。尸拜受爵。宾户西北面拜送爵。尸祭酒，卒爵。宾拜。祝受尸爵。尸答拜。

【译文】

宾长洗爵酌酒献尸。尸行拜礼而后受爵。宾长在室门西边面朝北行拜送礼。尸用酒祭先人，然后饮干爵中酒。宾长行拜礼。祝接过尸手中的空爵。尸向宾长回礼答拜。

19. 祝酌授尸。宾拜受爵。尸拜送爵。宾坐，奠爵，遂拜，执爵以兴，坐祭，遂饮卒爵，执爵以兴，坐，奠爵拜。尸答拜。

【译文】

祝酌酒授尸，以便尸酢宾长。宾长行拜礼而后接受尸的酢酒。尸授爵后行拜送礼。宾坐下，把爵放在地上，行拜礼，再拿爵起身，又坐下用酒祭先人，接着饮干爵中酒，饮毕拿爵起身，又坐下，把爵放在地上行拜礼。尸回礼答拜。

20. 宾酌献祝。祝拜，坐受爵。宾北面答拜。祝祭酒，啐酒，奠爵于其筵前。

【译文】

宾长酌酒献祝。祝行拜礼，坐着接受爵。宾长授爵后面朝北回礼答拜。祝用酒祭先人，祭毕尝了尝酒，然后把爵放在席前。

21. 主人出，立于阼阶上，西面。祝出，立于西阶上，东面。祝告曰："利成。"祝入，尸谡。主人降，立于阼阶东，西面。祝先，尸从，遂出于庙门[1]。

【注释】

〔1〕尸从，遂出于庙门：案尸出庙门后，即俟于庙门外为尸所设次中。

【译文】

主人出室，站在阼阶上，面朝西。祝出室，站在西阶上，面朝东。祝向主人报告说："利成。"祝入室，尸起身。主人下堂，站在阼阶东边，面朝西。祝在前边为尸做先导，尸跟从祝，于是出庙门。

22. 祝反，复位于室中。主人亦入于室，复位。祝命佐食彻斨俎。降设于堂下阼阶南。司宫设对席[1]。乃四人餕。上佐食盥升[2]，下佐食对之[3]，宾长二人备[4]。司士进一敦黍于上佐食，又进一敦黍于下佐食，皆右之于席上。资黍于羊俎两端[5]，两下是餕[6]。司士乃辩举[7]，餕者皆祭黍，祭举。主人西面，三拜餕者。餕者奠举于俎，皆答拜，皆反，取举。司士进一铏于上餕[8]，又进一铏于次餕[9]，又进二豆湆于两下[10]。乃皆食，食举[11]。卒食，主人洗一爵升，酌以授上餕。赞者洗三爵，酌，主人受于户内，以授次餕，若是以辩。皆不拜受爵。主人西面三拜餕者。餕者奠爵，皆答拜，皆祭酒，卒爵，奠爵，皆拜。主人答壹拜。餕者三人兴，出。上餕止。主人受上餕爵，酌以醋于户内[12]，西面坐，奠爵拜。上餕答拜。坐，祭酒，啐酒。上餕亲嘏曰[13]："主人受祭之福,胡寿保建家室[14]。"主人兴,坐,奠爵拜,执爵以兴,坐,卒爵,拜。上養答拜。上養兴,出。主人送,乃退。

【注释】

〔1〕设对席:这是为養者设对席。案这是在尸席的东边与尸席相对的位置设席。

〔2〕上佐食盥升:这是升尸席。

〔3〕下佐食对之:案这是升对席而与上佐食相对。

〔4〕宾长二人备:宾长二人,一为上宾,一为众宾之长。备,谓备四人之数。

〔5〕资黍于羊俎两端:资犹减,谓减置于羊俎两端。

〔6〕两下是養:養,原误作"餕"。两下,指二宾长,因为上宾为上佐食的下養,众宾长为下佐食的下養,故称二宾长为"两下"。

〔7〕辩举:谓举肤。

〔8〕一鉶于上養:案此为羊鉶,即盛羊肉羹的鉶。上養,上佐食。

〔9〕一鉶于次養:案此为豕鉶,即盛猪肉羹的鉶。下養,下佐食。

〔10〕二豆湆:湆,肉羹。二豆湆,一豆盛羊湆进上宾,一豆盛豕湆进众宾长。

〔11〕皆食,食举:皆食,谓食黍。食举,谓食肤。

〔12〕酳以醑:这是主人酳以自酢。因为上佐食当尸位,位尊,故不亲酳以酢。

〔13〕亲嘏:案尸向主人祝福,是通过祝转致嘏辞,此则不使祝。

〔14〕胡寿:胡寿,犹言长寿。胡,遐,即久远无穷之意。

【译文】

祝返回室中,回到原位。主人也入室回到原位。祝命佐食彻肵俎。佐食彻肵俎下堂,设在堂下阼阶南边。司官在尸席的东边相对的位置设席。于是由四人吃尸剩下的食物。上佐食盥手升尸席,下佐食在对面的席上坐下,还有宾长二人,备足四人之数。司士向上佐食进上一敦黍,又向下佐食进上一敦黍,黍敦都放在他们各自席的右边。又从这两敦黍中分出一些黍来放在羊俎的两头，供两位宾长食用。司士又向每一位饔者席前进上肤。饔者都用黍祭先人，又用肤祭先人。主人面朝西向饔者拜了三拜。饔者把肤放在俎上，都向主人回礼答拜，拜毕又返回到席上，拿取肤。司士向上佐食进上一铏，又向下佐食进上一铏，又进二豆肉羹给两位宾长。于是四位饔者都吃黍，又吃肤。四位饔者吃毕，主人洗一爵升堂，酌酒授给上佐食。有赞者洗三爵，酌酒授给主人，主人在室内接过赞者所授的爵，授给下佐食，就像这样给每位饔者都献了酒。饔者都不行拜礼就接受爵。主人授爵后面朝西向四位饔者拜了三拜。饔者都把爵放下回礼答拜，拜毕都用酒祭先人，然后饮干爵中酒，饮毕把爵放下行拜礼。主人回礼，拜了一拜。饔者三人起身，出室。上佐食仍留在原位。主人接过上佐食的空爵，酌酒在室内行自酢之礼，面朝西坐下，把爵放下行拜礼。上佐食回礼答拜。主人坐下，用酒祭先人，祭毕尝了尝酒。上佐食亲自向主人祝福说："主人将受享祭祀所带来的福，长寿无疆，永远保持并不断创建家业。"主人听毕祝辞起身，又坐下，把爵放下行拜礼，拜毕拿爵起身，再坐下，饮干爵中酒，饮毕又行拜礼。上佐食回礼答拜。上佐食起身，出庙。主人送上佐食出庙，然后返回庙中。

有司第十七

1. 有司彻[1]，埽堂。司宫摄酒[2]。乃㷲尸俎[3]。卒㷲，乃升羊、豕、鱼三鼎，无腊与肤。乃设扃鼏，陈鼎于门外如初。乃议侑于宾，以异姓[4]，宗人戒侑。侑出，俟于庙门之外。

【注释】

〔1〕有司彻：有司，谓司马、司士、宰夫之属。彻，谓彻馈尸之食，如菹醢四豆、五俎、四敦、两铏、四瓦豆等等，凡祭时陈于室中者皆是。案此篇是《少牢馈食礼》的下篇，因下篇的开头是“有司”二字，即以为篇名。亦有以“有司彻”三字为篇名者。

〔2〕摄酒：即将酒搅和一下，以示整顿一新。

〔3〕乃㷲尸俎：㷲，音 xún，温。即把尸俎上的牲肉放到爨（灶）上镬中加加温。

〔4〕议侑于宾，以异姓：侑，尸之辅，其职为辅尸行礼事，且劝侑尸享食。尸之侑，相当于宾之介。这是择异姓宾客中的贤者以为侑。之所以用异姓，是表示“广敬”，也就是说不仅同姓、而且异姓都敬尸。

【译文】

有司们把馈飨尸用的食物、祭器都彻下，并把堂打扫干净。司宫把瓬中的酒搅和一下以示整理一新。有司们又把尸俎上的牲肉拿到庙门外灶上去热。热毕，把羊、猪、鱼肉分别盛入三只鼎中，但不为腊和肤设鼎。三鼎的鼎耳中都插上横杠，鼎上面用茅草覆盖好，像当初正祭礼开始前那样陈放在庙门外。主人从异姓宾中选择充当侑的人，选定之后，由宗人把主人的选择告诉侑。侑于是出庙门以等待尸。

2. 司宫筵于户西，南面，又筵于西序，东面。尸
与侑北面于庙门之外，西上。主人出迎尸，宗人摈。主
人拜。尸答拜。主人又拜侑。侑答拜。主人揖，先入门
右。尸入门左。侑从，亦左。揖，乃让。主人先升自阼
阶。尸、侑升自西阶，西楹西，北面，东上。主人东楹
东，北面拜至[1]。尸答拜。主人又拜侑。侑答拜。

【注释】
〔1〕拜至：行拜礼以感谢尸的到来。

【译文】
　　司宫在堂上室门西边布席，席面朝南，又在西序前布席，席
面朝东。尸和侑面朝北站在庙门外，尸站在西边上位。主人出庙
门迎尸，宗人做摈者为主人相礼。主人向尸行拜礼。尸回礼答拜。
主人又向侑行拜礼。侑回礼答拜。主人行揖礼，然后先从庙门右
侧入庙以为前导。尸从庙门左侧入庙。侑跟从尸，也从庙门左侧
入庙。主人与尸入庙后行进中先后行了三次揖礼，升阶前又互相
谦让了三次。主人从阼阶升堂。尸和侑从西阶升堂，在西楹的西
边，面朝北而立，尸站在东边上位。主人在东楹东边面朝北行拜
至礼。尸回礼答拜。主人又向侑行拜礼。侑回礼答拜。

3. 乃举[1]。司马举羊鼎，司士举豕鼎、举鱼鼎以
入，陈鼎如初。雍正执一匕以从[2]。雍府执二匕以从。
司士合执二俎以从[3]。司士赞者亦合执二俎以从[4]。
匕皆加于鼎，东枋。二俎从设于羊鼎西，西缩。二俎皆
设于二鼎西，亦西缩。雍人合执二俎[5]，陈于羊俎西，
并，皆西缩。覆二疏匕于其上[6]，皆缩俎，西枋。

【注释】

〔1〕举：举鼎。案举者不盥，因为傧尸礼杀于正祭礼。

〔2〕雍正：掌辨牲体及肉物名称者。

〔3〕二俎：一为尸俎，一为侑俎。

〔4〕二俎：一为主人俎，一为主妇俎。

〔5〕二俎：这二俎是准备进加俎用的。

〔6〕疏匕：疏，刻。谓柄上有刻饰的匕。

【译文】

于是抬鼎。司马抬羊鼎，司士抬猪鼎和鱼鼎进庙，如当初举行正祭礼那样把鼎陈放在庭东。雍正拿着一匕跟随着鼎。雍府拿着二匕跟随着雍正。司士合搬二俎跟随着雍府。司士赞者也合搬二俎跟随着司士。进庙后拿匕者把匕都放在鼎上，使匕柄朝东。司士搬的二俎放在羊鼎的西边，使俎面朝西。司士赞者搬的二俎分别放在猪鼎和鱼鼎的西边，也使俎面朝西。雍人合搬二俎，陈放在羊俎的西边，二俎南北相并而陈，使俎都面朝西。二疏匕分别反扣在这二俎上，都顺俎面东西方向而放，使匕柄朝西。

4. 主人降，受宰几。尸、侑降。主人辞，尸对。宰授几，主人受，二手横执几，揖尸[1]。主人升，尸、侑升，复位。主人西面，左手执几，缩之，以右袂推拂几三[2]，二手横执几，进授尸于筵前。尸进，二手受于手间。主人退。尸还几缩之[3]，右手执外廉[4]，北面奠于筵上，左之，南缩，不坐。主人东楹东，北面拜。尸复位。尸与侑皆北面答拜。主人降洗。尸、侑降。尸辞洗，主人对。卒洗，揖，主人升。尸、侑升。尸西楹西，北面拜洗。主人东楹东，北面奠爵答拜，降盥。尸、侑降。主人辞，尸对。卒盥，主人揖，升。尸、侑升。主人坐取爵，酌献尸。尸北面拜受爵。主人东楹东，北面拜送爵。主妇自东房荐韭菹、醢[5]，坐奠于筵前，菹在西方。妇赞者执昌菹、醢以授主妇[6]。主妇不兴受，陪设于南，昌在东方。兴，取笾于房，麷蕡[7]，坐设于豆西，当外列，麷在东方。妇赞者执白黑以授主妇[8]。主妇不兴受，设于初笾之南[9]，白在西方，兴退。乃升。司马朼羊，亦司马载，载右体肩、臂、臑、骼、臑、正脊一、脡脊一、横脊一、短胁一、正胁一、代胁一、肠一、胃一、祭肺一，载于一俎。羊肉湆，臑折、正脊一、正胁一、肠一、胃一、嚌肺一，载于南俎。司士朼豕，亦司士载，亦右体肩、臂、臑、骼、臑、正脊一、脡脊一、横脊一、短胁一、正胁一、代胁一、肤五、嚌肺一，载于一俎[10]。侑俎，羊左肩、左臑、正脊一、胁一、肠一、胃一、切肺一，载于一俎。侑俎，豕左肩折、正脊一、胁一、肤三、切肺一，载于一俎[11]。阼俎，羊肺一、祭肺一，载于一俎。羊肉湆，臂一[12]、脊一、胁一、肠一、胃一、嚌肺一，载于一俎。豕胾[13]，臂一、脊一、胁一、肤三、嚌肺一，载于一俎[14]。主妇俎，羊左臑、脊一、胁一、肠一、胃一、肤一、嚌羊肺一，载于一俎。司士朼鱼，亦司士载。尸俎五鱼，横载之。侑、主人皆一鱼，亦横载之。皆加胾祭于其上[15]。卒升[16]，宾长设羊俎于豆南[17]，宾降。尸升筵自西方，坐，左执爵，右取韭菹换于三豆[18]，祭于豆间[19]。尸取麷蕡。宰夫赞者取白黑以授尸。尸受，兼祭于豆祭。雍人授次宾疏匕与俎[20]。受于鼎西，左手执俎左廉[21]，缩之，却右手执匕枋，缩于俎上，以东面受于羊鼎之西。司马在羊鼎之东，二手执桃匕枋以挹溑[22]，注于疏匕，若是者三。尸兴，左执爵，右取肺坐祭之，祭酒，兴，左执爵。次宾缩执匕、俎以升，若是以授尸。尸却手受匕枋[23]，坐祭，哜之，兴，覆手以授宾。宾亦覆手以受，缩匕于俎上以降。尸席末坐，啐酒，兴，坐奠爵拜，告旨，执爵以兴。主人北面于东楹东答拜。司马羞羊肉溑，缩执俎。尸坐，奠爵，兴取肺，坐绝祭，哜之，兴，反加于俎。司马缩奠俎于羊溑俎南[24]，乃载于羊俎。卒载俎，缩执俎以降。尸坐，执爵以兴。次宾羞羊燔，缩执俎，缩一燔于俎上，盐在右。尸左执爵，受燔，换于盐，坐振祭，哜之，兴，加于羊俎。宾缩执俎以降。尸降筵，北面于西楹西坐，卒爵，执爵以兴，坐，奠爵，拜，执爵以兴。主人北面于东楹东答拜，主人受爵。尸升筵，立于筵末。

【注释】

〔1〕二手横执几，揖尸：案二手执几如何揖，不详。

〔2〕推拂：向外拂。

〔3〕还几缩之：还，旋。缩，纵。

〔4〕右手执外廉：廉，边。案右手执外廉，则左手执内廉可知，亦二手执之。

〔5〕醮：此为醮醮。

〔6〕昌菹、醢：昌菹，用昌本做的菹。醢，此指麋臡。

〔7〕鞖蕡：鞖，音 fēng，熬（经过熬焙炒的）麦。蕡，熬麻子。

〔8〕白黑：白，熬稻。黑，熬黍。稻，即稻米。

〔9〕初籩：谓盛鞖蕡之籩。

〔10〕载于一俎：案自此以上记尸俎，即将进献给尸的俎，凡载三

俎，一为羊俎，一为羊肉湇俎，一为豕俎。

〔11〕载于一俎：案以上记侑俎，即将进献给侑的俎，凡二俎，一为羊俎，一为豕俎。

〔12〕臂一：此为羊的左臂，因右体已为尸俎用完。下胁一亦为左胁。

〔13〕脊：俎。

〔14〕载于一俎：案以上记阼俎，即将进献给主人的俎，凡三俎，一为羊俎，一为羊肉湇俎，一为豕俎。

〔15〕胏祭：胏，音 hū，是从鱼腹取下来的大肉块，因是用于祭的，故名胏祭。

〔16〕卒升：谓为尸载俎已毕。案以上历述十一俎所载，是因司马为尸载俎而一并总述之，其实此时所卒升者，只有尸俎。

〔17〕宾长：在本篇中又称上宾，又称长宾，是宾中的最尊者。

〔18〕三豆：谓醓醢、昌菹和麋臡。

〔19〕豆间：谓韭菹、醓醢二豆间。

〔20〕次宾：次宾，即众宾长，在本篇中有时也叫宾长，其尊次于上宾。

〔21〕左廉：俎左端之边。

〔22〕桃匕：是一种有浅斗和长柄的匕，小于疏匕，可舀汤注于疏匕中。

〔23〕尸却手受匕枋：受，原文误作"授"。

〔24〕司马缩奠俎于羊湇俎南：湇，衍文。

【译文】

主人下堂，准备接受宰所授的几。尸、侑也随主人下堂。主人向尸辞降，尸回答了一番话。宰向主人授几，主人接受几，用两手握着几的两端横拿着，揖请尸升堂，然后主人升堂。尸、侑也升堂，回到堂上原位。主人面朝西用左手拿几，使几变为纵向，用右手衣袖向外拂几三次，再用两手横拿着几，进到尸席前授给尸。尸从西楹西边进到席前，用两手从主人的两手之间接过几。主人退回东楹东边原位。尸把几转成纵向拿着，右手握着几的外边，面朝北把几放在席上左端，使几面朝南而陈，陈毕仍立而不坐。主人在东楹东边面朝北行拜礼。尸回到西阶上原位，尸和侑都面朝北回礼答拜。主人下堂洗爵。尸、侑也随主人下堂。尸向主人辞洗，主人回答了一番话。主人洗爵毕，揖请尸升堂，然后主人先升堂。尸、侑也升堂。尸在西楹西边面朝北拜洗。主人在东楹东边面朝北把爵放在地上，回礼答拜，拜毕又下堂去盥手。尸、侑也随着下堂。主人向尸辞降，尸回答了一番话。盥手毕，主人揖请尸升堂，然后主人先升堂。尸、侑也升堂。主人坐下取爵，酌酒献尸。尸面朝北行拜礼而后受爵。主人回到东楹东边，面朝北行拜送礼。主妇从东房中进上韭菹和醢，在尸席前坐下，把菹、醢放在席前，菹放在醢的西边。主妇赞者拿着昌菹和醢授给主妇。主妇不起身接了过来，陪设在韭菹和醢的南边，昌菹放在醢的东边。主妇起身，到东房取笾，笾中盛着炒熟的麦和麻子；主妇在席前坐下，把笾放在昌菹和醢豆的西边，使之另外成一列，盛麦的笾放在盛麻子笾的东边。妇赞者又拿着炒熟的稻米和黍授给主妇。主妇不起身接过来，放在麦、麻二笾的南边，稻米放在黍的西边，然后起身退下。于是开始把牲肉从鼎中取出载到俎上。司马用匕从羊鼎中取羊牲肉，另一司马拿俎载牲肉，所载的是羊牲的右体，有肩、臂、臑、骼、臑、正脊一块、脡脊一块、横脊一块、短胁一块、正胁一块、代胁一块、肠一节、胃一条、祭肺一片，都载在一俎上。又有带羊肉羹的羊牲肉，即经过折分的臑、正脊一块、正胁一块、肠一节、胃一条、嚌肺一片，载在雍人所陈二俎中南边的俎上。司士用匕从猪鼎中取猪牲肉，另一名司士拿俎载猪牲肉，所载的也是猪牲的右体，有肩、臂、臑、骼、臑、正脊一块、脡脊一块、横脊一块、短胁一块、正胁一块、代胁一块、肤五条、嚌肺一片，都载在一俎上。将进献给侑的俎，载有羊牲的左肩、左臑、正脊一块、胁一块、肠一节、胃一条、切肺一片，都载在一俎上。将进献给侑的另一俎，载有经过折分的猪左肩、正脊一块、胁一块、肤三条、切肺一片，都载在一俎上。将进给主人的阼俎，载有羊的举肺一片、祭肺一片，载在一俎上。另有带羊肉羹的羊牲肉，即臂一块、脊一块、胁一块、肠一节、胃一条、嚌肺一片，载在一俎上。将进给主人的还有猪俎，载有猪牲体的臂一块、脊一块、胁一块、肤三条、嚌肺一片，载在一俎上。将进给主妇的俎，载有羊牲的左臑、脊一块、胁一块、肠一节、胃一条、肤一条、羊嚌肺一片，都载在一俎上。司士用匕从鱼鼎中取鱼，另一司士用俎载鱼。尸俎上载五条鱼，鱼横放在俎上。侑和主人的俎都各载一条鱼，也横放在俎上。鱼俎上都加放一块肤祭。为尸载俎完毕，宾长把尸的羊俎放在盛昌菹的豆的南边，然后宾长下堂。尸从席的西端升席而坐，左手拿爵，右手取韭菹在另外三只豆中都蘸了蘸，然后放在豆间祭先人。尸又取炒熟的麦和麻子。宰夫又取炒熟的稻米和黍授给尸。尸接过来，一起放在豆间祭先人。雍人把疏匕和俎授给次宾。次宾在羊鼎西边接受疏匕和俎，次宾用左手握着俎的左边，将俎纵向放置，又将右手掌朝上握住匕柄，将匕纵放在俎上，然后转成面朝东在羊鼎西边用匕接受羊肉羹。司马在羊鼎东边，用双手拿着桃匕柄从羊鼎中舀取肉羹注入疏匕中，这样向疏匕中注了三次。尸起身，左手拿爵，右手取肺坐下用以祭先人，接着又用酒祭先人，祭毕起身，左手拿着爵。次宾纵向搬着匕和俎升堂，就这样纵向授给尸。尸手掌朝上从次宾手中接过盛有羊肉羹的疏匕，坐下用肉羹祭先人，祭毕尝了尝肉羹，起身，手掌覆向下把匕授给次宾。次宾也手掌覆向下接受匕，把匕纵放在俎上，搬着俎匕下堂。尸在席的末端坐下，尝了尝爵中的酒，起身，又坐下，把爵放下，行拜礼向主人告旨，再拿爵站起来。主人在东楹东边面朝北回礼答拜。司马向尸进献带有羊肉羹的牲肉，纵向搬着俎。尸坐下，把爵放下，起身从司马所进的俎上取肺，坐下用以行绝祭礼，祭毕尝了尝肺，又把肺放回到俎上。司马把俎纵放在羊俎的南边，于是把带汤的牲俎上的牲肉都放到羊俎上，放毕，纵向搬着空俎下堂。尸坐下，拿爵站起来。次宾向尸进献羊燔，纵向搬着俎，一块羊燔纵放在俎上，盐放在俎的右端。尸左手拿着爵，右手接过燔，在盐上蘸了蘸，坐下用以振祭，祭毕尝了尝羊燔，起身把羊燔加放在羊俎上。次宾纵向搬着空俎下堂。尸下席，在西楹西边面朝北而坐，饮干爵中酒，拿爵站起来，又坐下，把爵放下，行拜礼，然后拿爵站起来。主人在东楹东边面朝北回礼答拜，然后主人接过尸的空爵。这时尸升席，站在席的末端。

5. 主人酌献侑。侑西楹西北面拜受爵。主人在其右，北面答拜。主妇荐韭菹、醢，坐奠于筵前，醢在南

方。妇赞者执二笾韭菹，以授主妇。主妇不兴受之，奠
韭于醓南，菁在韭东。主妇入于房。侑升筵自北方。司
马横执羊俎以升，设于豆东。侑坐，左执爵，右取菹擩
于醓，祭于豆间，又取韭菁，同祭于豆祭，兴，左执
爵，右取肺坐祭之，祭酒，兴，左执爵。次宾羞羊燔，
如尸礼。侑降筵自北方，北面于西楹西坐，卒爵，执爵
以兴，坐，奠爵拜。主人答拜。

【译文】

　　主人酌酒献侑。侑在西楹西边面朝北行拜礼而后受爵。主人
站在侑的右边，面朝北回礼答拜。主妇进上韭菹和醓醢，坐下放
在侑席前，醓醢放在韭菹的南边。主妇赞者拿着盛韭和菁的二
笾，授给主妇。主妇不起身接了过来，把韭放在醓醢的南边，醢放在
韭的东边。主妇进入房中。侑从席的北头升席。司马横搬着羊俎
升堂，放在盛韭菹的豆的东边。侑坐下，左手拿爵，右手取韭菹
在醓醢中蘸了蘸，放在两豆之间祭先人，又取炒熟的麦和麻子，
同放在豆间以祭，然后起身，左手拿爵，右手取肺坐下祭先人，
又用酒祭先人，祭毕起身，左手拿着爵。这时次宾进上羊燔，礼
仪同向尸进羊燔一样。侑从席的北头下席，面朝北在西楹西边坐
下，饮干爵中酒，饮毕，拿着爵起身，又坐下，把爵放下行拜礼。
主人回礼答拜。

　　6. 尸受侑爵，降洗。侑降，立于西阶西，东面。
主人降自阼阶，辞洗。尸坐，奠爵于篚，兴对。卒洗，
主人升。尸升自西阶。主人拜洗。尸北面于西楹西坐，
奠爵，答拜，降盥。主人降。尸辞，主人对。卒盥，主
人升。尸升，坐，取爵酌。司宫设席于东序，西面。主
人东楹东北面拜受爵。尸西楹西北面答拜。主妇荐韭

菹、醢，坐奠于筵前，菹在北方。妇赞者执二笾荠菱。
主妇不兴受，设荠于菹西北，菱在荠西。主人升筵自北
方。主妇入于房。长宾设羊俎于豆西。主人坐，左执
爵，祭豆、笾，如侑之祭，兴，左执爵，右取肺，坐祭
之，祭酒，兴。次宾羞匕湆[1]，如尸礼。席末坐，啐
酒，执爵以兴。司马羞羊肉湆[2]，缩执俎。主人坐，奠
爵于左，兴受肺，坐绝祭，嚌之，兴，反加于湆俎。司
马缩奠湆俎于羊俎西，乃载之。卒载，缩执虚俎以降。
主人坐，取爵以兴。次宾羞燔，主人受，如尸礼。主人
降筵自北方，北面于阼阶上坐，卒爵，执爵以兴，坐，
奠爵拜，执爵以兴。尸西楹西答拜。主人坐，奠爵于东
序南。侑升。尸、侑皆北面于西楹西。主人北面于东楹
东，再拜崇酒。尸、侑皆答再拜。主人及尸、侑皆升
就筵。

【注释】

　〔1〕匕湆：谓羊匕湆，也就是羊肉羹，因盛于匕，故名。匕湆也是
放在俎上进上(参见第4节)。

　〔2〕羊肉湆：这是为主人所载的羊肉湆，所载自臂一(羊左臂)至嚌
肺一，凡六物(见第4节)。

【译文】

　　尸接过侑手中的空爵，下堂去洗。侑也下堂，站在西阶西边，
面朝东。主人从阼阶下堂，向尸辞洗。尸坐下，把爵放进篚中，
起身回答了一番话。尸洗爵毕，主人升堂，尸也从西阶升堂。主
人向尸拜洗。尸面朝北在西楹西边坐下，把爵放在地上，回礼答
拜，拜毕又下堂盥手。主人也随着下堂。尸向主人辞降，主人回
答了一番话。尸盥手毕，主人升堂，尸也升堂，在西楹西边坐下，

取爵酌酒。司宫在东序前为主人设席，席面朝西。主人在东楹东边面朝北行拜礼，而后接受尸所授的爵。尸在西楹西边面朝北回礼答拜。主妇为主人荐上韭菹和醓醢，坐下放在主人席前，韭菹放在醓醢的北边。主妇赞者拿着两笾，笾中分别盛着炒熟的麦和麻子，授给主妇。主妇不起身接了过来，放在韭菹的西北边，其中麻子放在麦的西边。主人从席的北头升席。主妇进入房中。长宾在韭菹和醓醢二豆的西边为主人设羊俎。主人在席上坐下，左手拿爵，右手取豆和笾中的食物祭先人，如同侑用豆和笾中的食物祭先人的礼仪一样，祭毕起身，左手拿爵，右手取肺，坐下用以祭先人，又用酒祭先人，祭毕起身。次宾向主人进上羊肉羹，如同向尸进羊肉羹的礼仪一样。主人在席的末端坐下，尝了尝酒，拿着爵站起来。司马向主人进上带汤的羊牲肉，盛牲肉的俎是纵向搬着进上的。主人坐下，把爵放在席前左侧，起身接过俎上的肺，坐下用以绝祭，祭毕尝了尝，再起身把肺放回到羊肉湆俎上。司马把羊肉湆俎纵放在羊俎的西边，于是把羊肉湆俎上的牲肉都放到羊俎上，放完后，纵向搬着空俎下堂。主人坐下，拿爵站起来。次宾向主人进上羊燔。主人接受羊燔，也同尸接受次宾所授羊燔的礼仪一样。主人从席的北头下席，面朝北在阼阶上坐下，饮干爵中酒，饮毕拿爵起身，又坐下，把爵放下行拜礼，再拿爵站起来。尸在西楹西边回礼答拜。主人坐下，把爵放在东序南端。这时侑升堂。尸和侑都面朝北站在西楹西边。主人面朝北在东楹东边行再拜礼，感谢尸崇酒。尸和侑都回再拜礼。主人以及尸、侑都升席就位。

7. 司宫取爵于篚，以授妇赞者于房东[1]。以授主妇。主妇洗于房中，出，实爵尊南，西面拜，献尸。尸拜于筵上，受。主妇西面，于主人之席北拜送爵，入于房，取一羊铏，坐奠于韭菹西。主妇赞者执豕铏以从。主妇不兴，受，设于羊铏之西，兴，入于房，取糗与腵修，执以出坐设之，糗在蕡西，修在白西[2]，兴，立于

主人席北，西面。尸坐，左执爵，祭糗修，同祭于豆
祭。以羊铏之柶挹羊铏，遂以挹豕铏，祭于豆祭，祭
酒。次宾羞豕匕湆[3]，如羊匕湆之礼。尸坐，啐酒，左
执爵，尝上铏[4]，执爵以兴，坐，奠爵拜。主妇答拜。
执爵以兴。司士羞豕脀。尸坐，奠爵，兴受，如羊肉湆
之礼，坐取爵，兴。次宾羞豕燔。尸左执爵，受燔，如
羊燔之礼，坐，卒爵，拜。主妇答拜。

【注释】

〔1〕房东：谓东房门外之东。

〔2〕修：即腶修。

〔3〕羞豕匕湆：豕匕湆，盛于匕的猪肉羹，也是置于俎上而羞，待
尸尝毕即彻下。

〔4〕上铏：即羊铏。

【译文】

　　司官从筐中取爵，在房门东边授给主妇赞者。主妇赞者到房
中授给主妇。主妇在房中洗爵，出房，在甒的南边酌酒，酌毕面
朝西行拜礼，然后把爵献给尸。尸在席上行拜礼，然后接受爵。
主妇面朝西，在主人席的北边行拜送礼，拜毕进入房中，取一羊
肉羹铏出来，在尸席前坐下，把铏放在韭菹的西边。主妇赞者拿
一猪肉羹铏跟从着主妇。主妇不起身，接过猪肉羹铏，放在羊肉
羹铏的西边，再起身进入房中，取糗饵和腶修，拿出来在尸席前
坐下，把糗饵放在炒熟的麻子西边，腶修放在炒熟的稻米西边，
然后起身，站在主人席的北边，面朝西。尸在席上坐下，左手拿
爵，右手取糗饵和腶修祭先人，也放在豆间与前所放祭物一起用
以祭。尸又用羊肉羹铏中的柶舀取羊肉羹祭先人，接着又舀取猪
肉羹祭先人，都是把肉羹浇在豆间，与前所设祭物一起祭先人，
然后又用酒祭先人。次宾为尸进上盛在匕中的猪肉羹，如同向尸
进上盛在匕中的羊肉羹的礼仪一样。尸坐下，尝了尝酒，尝毕用

左手拿着爵，又尝盛在铏中的羊肉羹，然后拿爵起身，又坐下，把爵放下行拜礼。主妇回礼答拜。尸拿爵站起来。这时司士进上猪俎。尸坐下，把爵放下，起身接受猪俎，如同接受羊肉涪俎的礼仪，又坐下，拿爵站起来。次宾又向尸进上猪燔。尸左手拿爵，右手接受燔，如同接受羊燔的礼仪。尸坐下，饮干爵中酒然后行拜礼。主妇回礼答拜。

8. 受爵酌献侑。侑拜受爵。主妇主人之北西面答拜。主妇羞糗修，坐奠糗于韭菹南，修在蒉南。侑坐，左执爵，取糗修兼祭于豆祭。司士缩执豕胾以升[1]。侑兴，取肺坐祭之。司士缩奠豕胾于羊俎之东，载于羊俎，卒，乃缩执俎以降。侑兴。次宾羞豕燔。侑受，如尸礼，坐，卒爵，拜。主妇答拜。

【注释】

〔1〕豕胾：即豕俎，上载豕左肩折至切肺，凡五物（见第4节）。

【译文】

主妇接过尸的空爵，酌酒献给侑。侑行拜礼而后受爵。主妇在主人的北边面朝西回礼答拜。主妇向侑进上糗饵和腶修，在侑席前坐下，把糗饵放在炒熟的麦的南边，把腶修放在炒熟的麻子的南边。侑坐下，左手拿爵，右手取糗饵和腶修，一起放在豆间，和前所放在豆间的祭物一并用以祭先人。司士纵搬着猪俎升堂献给侑。侑起身，从俎上取肺，坐下祭先人。司士把猪俎纵放在羊俎的东边，把猪俎上的牲肉都放到羊俎上，放完后，于是又纵向搬着空俎下堂。侑站起来。次宾又向侑进上猪燔。侑接受猪燔，如同尸接受猪燔的礼仪，然后坐下，饮干爵中酒，行拜礼。主妇回礼答拜。

9. 受爵，酌以致于主人。主人筵上拜受爵。主妇北面于阼阶上答拜。主妇设二铏与糗、修，如尸礼。主人其祭糗、修，祭铏，祭酒，受豕匕湆，啐酒[1]，皆如尸礼。尝铏，不拜。其受豕脊，受豕燔，亦如尸礼。坐，卒爵，拜。主妇北面答拜，受爵。

【注释】

〔1〕啐酒："啐"上原衍"拜"字。

【译文】

主妇接过侑的空爵，酌酒送给主人。主人在席上行拜礼而后受爵。主妇面朝北在阼阶上回礼答拜。主妇在主人席前放置分别盛有羊肉羹和猪肉羹的二铏，以及糗饵和腵修，如同为尸放置时的礼仪。主人用糗饵、腵修祭先人，用二铏中所盛羹祭先人，用酒祭先人，接受盛在匕中的猪肉羹，以及啐酒等礼仪，都同尸一样。主人尝了尝铏中的羹，尝毕不行拜礼。主人接受猪俎，接受猪燔的礼仪，也同尸一样。主人坐下，饮干爵中酒，然后行拜礼。主妇面朝北回礼答拜，拜毕接过主人的空爵。

10. 尸降筵，受主妇爵以降。主人降。侑降。主妇入于房。主人立于洗东北，西面。侑东面于西阶西南。尸易爵于篚，盥，洗爵。主人揖尸、侑，主人升。尸升自西阶，侑从。主人北面立于东楹东。侑西楹西北面立。尸酌。主妇出于房，西面拜受爵。尸北面于侑东答拜。主妇入于房。司宫设席于房中，南面。主妇立于席西[1]。妇赞者荐韭菹、醢，坐奠于筵前，菹在西方。妇人赞者执枣薁以授妇赞者。妇赞者不兴受，设枣于菹西，蒉在韭菹南。主妇升筵。司马设羊俎于豆南[2]。主妇坐，左执爵，右取菹擩于醢，祭于豆间[3]。又取韭菹蒉兼祭于豆祭。主妇奠爵，兴，取肺，坐绝祭，哜之，兴，加于俎，坐，挩手，祭酒，啐酒。次宾羞羊燔。主妇兴受燔，如主人之礼。主妇执爵以出于房，西面于主人席北立卒爵，执爵拜。尸西楹西北面答拜。主妇入，立于房。尸、主人及侑皆就筵。

【注释】

〔1〕主妇立于席西：席西，原误倒为"西席"。

〔2〕设羊俎于豆南：羊俎，载羊左臑至哜羊肺，凡七物（见第4节）。豆南，谓韭菹豆南。

〔3〕豆间：谓韭菹、醓醢二豆之间。

【译文】

尸下席，接过主妇的空爵下堂。主人下堂。侑也下堂。主妇进入房中。主人站在洗的东北边，面朝西。侑面朝东站在西阶的西南边。尸从篚中另换一爵，然后盥手，洗爵。洗毕，主人揖请尸、侑升堂，揖毕主人升堂。尸从西阶升堂，侑跟从尸升堂。主人面朝北站在东楹东边。侑在西楹西边面朝北而立。尸酌酒。主妇出房，面朝西行拜礼而后受爵。尸面朝北在侑的东边回礼答拜。主妇进入房中。司宫在房中为主妇设席，席面朝南。主妇站在席的西边。主妇赞者进上韭菹和醓醢，坐下放在主妇席前，韭菹放在醓醢的西边。妇人赞者拿炒熟的麦和麻子授给主妇赞者。主妇赞者不起身接过来，把麦放在韭菹的西边，麻子放在麦的南边。主妇升席。司马把羊俎设在韭菹豆的南边。主妇坐下，左手拿爵，右手取韭菹在醓醢中蘸了蘸，放在两豆之间祭先人，又取麦和麻子一起放在豆间，和前所放韭菹一并用以祭先人。主妇把爵放下，起身，取肺，坐下用以绝祭，祭毕尝了尝肺，又起身，把肺放回俎上，再坐下，擦擦手，再用酒祭先人，祭毕尝了尝酒。次宾进上羊燔。

主妇起身受燔，如同主人受燔的礼仪。主妇拿爵出房，面朝西在主人席的北边站着饮干爵中酒，然后拿着爵行拜礼。尸在西楹西边面朝北回礼答拜。主妇进房，站在房中。尸、主人和侑都就席。

11. 上宾洗爵以升[1]，酌献尸。尸拜受爵。宾西楹西北面拜送爵。尸奠爵于荐左[2]。宾降。

【注释】

〔1〕上宾：宾长。

〔2〕荐左：谓醢醢东。

【译文】

上宾洗爵升堂，酌酒献尸。尸行拜礼而后受爵。上宾在西楹西边面朝北行拜送礼。尸把爵放在醢醢的左边。上宾下堂。

12. 主人降，洗觯[1]。尸、侑降。主人奠爵于篚[2]，辞。尸对。卒洗，揖。尸升，侑不升。主人实觯酬尸，东楹东北面坐，奠爵拜。尸西楹西北面答拜。坐祭，遂饮卒爵，拜。尸答拜。降洗。尸降辞。主人奠爵于篚，对。卒洗，主人升。尸升。主人实觯。尸拜受爵。主人反位，答拜。尸北面坐，奠爵于荐左。

【注释】

〔1〕洗觯：这是为将酬尸而洗觯。

〔2〕爵：谓觯，下同。

【译文】

主人下堂，洗觯。尸、侑也随着下堂。主人把觯放进篚中，向尸辞降。尸回答了一番话。主人洗爵毕,行揖礼而后升堂。尸也升堂,但侑不升。主人给觯酌酒以向尸进酬酒,在东楹东边面朝北而坐,把觯放下,行拜礼。尸在西楹西边面朝北回礼答拜。主人坐下,用酒祭先人,接着自己先饮干觯中酒,饮毕行拜礼。尸回礼答拜。主人又下堂洗觯。尸下堂向主人辞洗。主人把觯放进篚中,回答了一番话。洗觯毕,主人升堂。尸也升堂。主人酌觯进给尸。尸行拜礼而后受觯。主人返回东楹东边原位,回礼答拜。尸面朝北而坐,把觯放在醓醢的左边而不饮。

13. 尸、侑、主人皆升筵,乃羞。宰夫羞房中之羞于尸[1]、侑、主人、主妇,皆右之。司士羞庶羞于尸[2]、侑、主人、主妇,皆左之。

【注释】

〔1〕房中之羞:有糗饵、粉餈,这是笾实;酏食、糁食,这是豆实。

〔2〕庶羞:有羊臛、豕胾、胾、醢等。

【译文】

尸、侑、主人都升席。于是开始进献美味食物。宰夫向尸、侑、主人和主妇进献陈放在房中的美味食物,都放在他们席前的右边。司士又向尸、侑、主人和主妇进献各种美味,都放在他们席前的左边。

14. 主人降,南面拜众宾于门东,三拜。众宾门东北面皆答壹拜。主人洗爵。长宾辞。主人奠爵于篚,兴对。卒洗,升,酌,献宾于西阶上。长宾升,拜受爵。主人在其右,北面答拜。宰夫自东房荐脯醢,醢在西。司士设俎于豆北,羊骼一[1]、肠一、胃一、彻肺一、肤一。宾坐，左执爵，右取脯[2]，擩于醢祭之，执爵兴，取肺，坐祭之，祭酒，遂饮卒爵，执爵以兴[3]，坐，奠爵拜，执爵以兴。主人答拜，受爵。宾坐，取祭以降[4]，西面坐，委于西阶西南。宰夫执荐以从，设于祭东。司士执俎以从，设于荐东。

【注释】

〔1〕羊骼一：谓羊左骼。案"羊"字贯下肠、胃、肺三物。
〔2〕右取脯：脯，原误作"肺"。
〔3〕执爵以兴："执"下原脱"爵"字。
〔4〕祭：谓脯及肺。

【译文】

主人下堂，面朝南向门东的众宾行拜礼，拜了三拜。众宾在门东面朝北回礼，都拜了一拜。主人洗爵。长宾向主人辞洗。主人把爵放进篚中，然后起身回答了一番话。洗毕，主人升堂，酌酒，在西阶上献给长宾。长宾升堂，行拜礼而后受爵。主人站在长宾的右边，面朝北回礼答拜。宰夫从东房为长宾进上脯醢，醢放在脯的西边。司士在盛醢的豆的北边设俎，俎上盛有羊的左骼一块，肠一节，胃一条，切肺一片，肤一条。长宾坐下，左手拿爵，右手取脯，在醢中蘸了蘸，用以祭先人，祭毕拿爵起身，取肺，坐下用以祭先人，又用酒祭先人，接着饮干爵中酒，饮毕拿爵起身，又坐下，把爵放下，行拜礼，再拿爵站起来。主人回礼答拜，接过长宾的空爵。长宾坐下取祭脯和祭肺下堂，面朝西坐下，把祭脯和祭肺放在西阶西南边。宰夫拿着笾豆跟从长宾下堂，把笾豆放在祭脯和祭肺的东边。司士搬着俎跟从长宾下堂，把俎放在笾豆的东边。

15. 众宾长升，拜受爵。主人答拜。坐祭，立饮卒爵，不拜既爵。宰夫赞主人酌，若是以辩。辩受爵，其荐脯醢与肴，设于其位。其位继上宾而南，皆东面。其肴体，仪也[1]。

【注释】

〔1〕其肴体，仪也：仪，度，谓相度、察度。案因为牲体的尊贵部位都已经用尽，所以就仪度剩下的骨体可用者，亦分其尊卑而载之于众宾之俎。

【译文】

众宾长升到西阶上，行拜礼而后接受主人所授的爵。主人回礼答拜。众宾长坐下，用酒祭先人，然后站着饮干爵中酒，饮毕不行拜礼。宰夫帮主人酌酒献给宾，就这样每一位宾都献遍。向众宾遍献酒之后，有脯醢和俎进设在每个宾的位前。众宾位继上宾位向南排列，都面朝东。众宾俎上的牲体，都是拣剩下的牲体中可用者而载的。

16. 乃升长宾[1]。主人酌，酢于长宾西阶上[2]，北面。宾在左。主人坐，奠爵拜，执爵以兴。宾答拜。坐祭，遂饮卒爵，执爵以兴，坐，奠爵拜。宾答拜，宾降。

【注释】

〔1〕长宾：谓上宾。
〔2〕酢于长宾：案这是主人自酢，以达长宾之意。

【译文】

于是主人请长宾升堂。主人酌酒，在西阶上面朝北自酢以代长宾向己酢酒。长宾在主人的左边。主人坐下，把爵放下行拜礼，再拿爵站起来。长宾回礼答拜。主人坐下，用酒祭先人，接着饮干爵中酒，饮毕拿爵起身，又坐下，把爵放下行拜礼。长宾回礼答拜，然后下堂。

17. 宰夫洗觶以升。主人受，酌，降，酬长宾于西阶南，北面。宾在左。主人坐，奠爵拜。宾答拜。坐祭，遂饮卒爵，拜。宾答拜。主人洗。宾辞。主人坐奠爵于篚，对。卒洗，升酌，降复位。宾拜受爵。主人拜送爵。宾西面坐[1]，奠爵于荐左。

【注释】

〔1〕宾西面坐：面，原误作"西"。

【译文】

宰夫洗觶而后升堂。主人接过宰夫所授的觶，酌酒，下堂，在西阶南边向长宾进酬酒，面朝北。长宾在主人的左边。主人坐下，把觶放下行拜礼。长宾回礼答拜。主人坐下用酒祭先人，接着饮干觶中酒，饮毕行拜礼。长宾回礼答拜。主人洗觶。长宾向主人辞洗。主人坐下，把觶放进篚中，回答了一番话。主人洗觶毕，升堂酌酒，又下堂回到原位。长宾行拜礼而后受觶。主人授觶而后行拜送礼。长宾面朝西而坐，把觶放在脯醢的左边。

18. 主人洗，升，酌献兄弟于阼阶上。兄弟之长升，拜受爵。主人在其右，答拜。坐祭，立饮，不拜既爵。皆若是以辩。辩受爵，其位在洗东，西面，北上，升受爵，其荐、脀设于其位。其先生之脀[1]，折胁一，肤一。其众，仪也[2]。

【注释】

〔1〕先生：谓长兄弟。

〔2〕其众，仪也：众，谓众兄弟之脀。仪，意同第15节之"仪"。

【译文】

主人洗爵，升堂，酌酒在阼阶上献给兄弟们。长兄弟升堂，行拜礼而后受爵。主人在长兄弟的右边，回礼答拜。长兄弟坐下，用酒祭先人，祭毕站着饮干爵中酒，饮毕不行拜礼。众兄弟都像这样遍受主人献酒。众兄弟辩受献酒之后，有脯醢和俎进设在他们位前，众兄弟位在洗的东边，面朝西，以北边为上位，都是升到阼阶上受爵。长兄弟的俎上盛着经过折分的猪胁一块，肤一条。其他众兄弟的俎上，都是拣剩下的牲体中可用者而载的。

19. 主人洗，献内宾于房中[1]。南面拜受爵。主人南面于其右，答拜。坐祭，立饮，不拜既爵，若是以辩。亦有荐、脀。

【注释】

〔1〕献内宾于房中：内宾，姑姊妹及宗妇。房，东房。

【译文】

主人洗爵，酌酒到房中主妇席的东边献给内宾和宗妇。受献者到主妇席东面朝南行拜礼而后受爵。主人面朝南站在受献者在右边，回礼答拜。受献者坐下用酒祭先人，祭毕起身站着饮干爵中酒，饮毕不行拜礼，就这样内宾和宗妇都遍受献酒。也有脯醢和俎进设在内宾和宗妇所在位前。

20. 主人降洗，升，献私人于阼阶上[1]。拜于下，升受。主人答其长拜[2]。乃降，坐祭，立饮，不拜既爵，若是以辩。宰夫赞主人酌。主人于其群私人不答拜。其位继兄弟之南，亦北上，亦有荐、肴。主人就筵。

【注释】

〔1〕私人：是主人自己所谒除的私臣，异于君所命之公士。

〔2〕答其长拜：案私人之位卑，故主人仅答拜其长。

【译文】

主人下堂冼爵，洗毕升堂，酌酒在阼阶上献给私人。私人受献者先在阼阶下行拜礼，而后升堂受爵。主人对私人之长回礼答拜。受献者下阶，在阶前坐下用酒祭先人，祭毕起身站着饮干爵中酒，饮毕不行拜礼，就这样所有私人都遍受献酒。主人向私人献酒过程中由宰夫帮主人酌酒。主人对于他的群私人不回拜礼。私人受献后之位接续在兄弟位的南边，也以北边为上位，也有脯醢和俎进设在每个私人位前。献私人礼毕，主人就席。

21. 尸作三献之爵[1]。司士羞涪鱼[2]，缩执俎以升。尸取胏祭祭之，祭酒，卒爵。司士缩奠俎于羊俎南，横载于羊俎，卒，乃缩执俎以降。尸奠爵拜[3]。三献北面答拜，受爵，酌献侑。侑拜受。三献北面答拜。司士羞涪鱼一[4]，如尸礼。卒爵拜。三献答拜，受爵。酌致主人。主人拜受爵。三献东楹东，北面答拜。司士羞一涪鱼，如尸礼。卒爵拜。三献答拜，受爵。尸降筵，受三献爵，酌以酢之。三献西楹西，北面拜受爵。尸在其右以授之，尸升筵，南面答拜。坐祭，遂饮卒爵，拜。尸答拜。执爵以降，实于篚。

【注释】

〔1〕尸作三献之爵：作，举。三献，指代上宾，因上宾向尸献酒为三献，故即以其事称之。案此时尸席前奠有两爵，一为上宾所献（见第11节），一为主人所酬（见第12节），尸举其一。

〔2〕湆鱼：带鱼汤的鱼。

〔3〕尸奠爵拜：这是拜谢三献（即上宾）向己献酒。

〔4〕司士羞湆鱼一：司士，原误作"司马"。

【译文】

尸拿起上宾所献的爵。司士为尸进上带汤的鱼，纵向搬着鱼俎升堂。尸取鱼俎上的胏祭，用以祭先人，又用酒祭先人，祭毕饮干爵中酒。司士把鱼俎纵放在尸席前羊俎的南边，把鱼都横放到羊俎上，放完后，便纵向搬着俎下堂。尸把爵放下行拜礼。上宾升到西阶上面朝北回礼答拜，然后接过尸的空爵，酌酒献给侑。侑行拜礼而后受爵。上宾面朝北回礼答拜。司士向侑进上一条带汤的鱼，如同向尸进鱼俎的礼仪。侑饮干爵中酒，行拜礼。上宾回礼答拜，接过侑的空爵。上宾酌酒送给主人。主人行拜礼而后受爵。上宾在东楹的东边面朝北回礼答拜。司士又向主人进上一条带汤的鱼，也如同向尸进鱼俎的礼仪。主人饮干爵中酒，行拜礼。上宾回礼答拜，接过主人的空爵。尸下席，接过上宾手中的空爵，酌酒酢上宾。上宾在西楹西边面朝北行拜礼而后受爵。尸在上宾的右边向上宾授爵，授毕升席，面朝南回礼答拜。上宾坐下，用酒祭先人，接着饮干爵中酒，饮毕行拜礼。尸回礼答拜。上宾拿爵下堂，把爵放进筐中。

22. 二人洗觯[1]，升，实爵[2]，西楹西北面东上坐，奠爵拜，执爵以兴。尸、侑答拜。坐祭，遂饮卒爵，执爵以兴，坐，奠爵拜。尸、侑答拜。皆降。洗，升，酌，反位。尸、侑皆拜受爵。举觯者皆拜送。侑奠觯于右。尸遂执觯以兴，北面于阼阶上酬主人。主人在右。坐，奠爵拜。主人答拜。不祭，立饮卒爵，不拜既爵，酌[3]，就于阼阶上酬主人。主人拜受爵[4]。尸拜送，尸就筵。主人以酬侑于西楹西。侑在左。坐，奠爵拜，执爵兴。侑答拜。不祭，立饮卒爵，不拜既爵，酌，复位。侑拜受。主人拜送，主人复筵。乃升长宾。侑酬之如主人之礼。至于众宾，遂及兄弟，亦如之。皆饮于上[5]。遂及私人。拜受者升受，下饮，卒爵升，酌以之其位，相酬辩。卒饮者实爵于篚。乃羞庶羞于宾、兄弟、内宾及私人。

【注释】

〔1〕二人洗觯：二人，谓有司赞者。这是为行旅酬礼而洗觯。

〔2〕实爵：案此经"爵"字皆当作"觯"。

〔3〕酌：原误作"酬"。

〔4〕主人拜受爵：爵，衍字。

〔5〕皆饮于上：谓西阶上。

【译文】

　　二人洗觯，升堂，给觯酌酒，在西楹西边面朝北而坐，以东边为上位，把觯放下行拜礼，再拿觯站起来。尸和侑回礼答拜。二人坐下用酒祭先人，接着饮干觯中酒，饮毕拿觯起身，又坐下，把觯放下行拜礼。尸和侑回礼答拜。二人都下堂，洗觯，升堂，酌酒，返回西楹西边原位。尸和侑都行拜礼而后受觯。举觯者二人授觯后都行拜送礼。侑把觯放在席前右侧。尸受觯后接着就拿觯站起来，到阼阶上面朝北向主人进酬酒。主人在尸的右边。尸坐下，把觯放下行拜礼。主人回礼答拜。尸不用酒祭先人，就站着饮干觯中酒，饮毕不行拜礼，酌酒，就阼阶上向主人进酬酒。主人行拜礼而后受觯。尸行拜送礼，然后就席。主人到西楹西边向侑进酬酒。侑在主人的左边。主人坐下，把觯放下行拜礼，再拿觯站起来。侑回礼答拜。主人不用酒祭先人，站着饮干觯中酒，饮毕不行拜礼，又酌酒，然后回到西楹西边原位，以向侑进酬酒。侑行拜礼而后受觯。主人行拜送礼，然后回到席位上。有赞者呼长宾升堂。侑向长宾进酬酒，如同主人向己进酬酒的礼仪。就这样一直酬及众宾，接着又酬及兄弟们，也如同主人向侑进酬酒的礼仪。众宾和兄弟们接受酬酒后都是在西阶上饮酒。接着又酬及私人。私人之长在阶下行拜礼而后升堂受觯，再下堂回到原位饮酒，饮毕升堂，再酌酒下堂，到下一位私人的位前进酬酒，就这样众私人都酬遍。最后一位接受酬酒的私人饮毕，把觯放进筐中。于是向宾、兄弟、内宾和私人进上各种美味食物。

23. 兄弟之后生者举觯于其长[1]。洗，升酌，降，北面立于阼阶南。长在左。坐，奠爵拜，执爵以兴。长答拜。坐，祭，遂饮卒爵，执爵以兴，坐，奠爵拜，执爵以兴。长答拜。洗，升酌，降。长拜受于其位。举爵者东面答拜。爵止[2]。

【注释】

〔1〕兄弟之后生者：谓年少者。
〔2〕爵止：即奠觯，亦奠于荐左。

【译文】

兄弟中的后生拿觯将向长兄弟进酒。后生洗觯，升堂酌酒，再下堂，面朝北站在阼阶南边。长兄弟站在后生的左边。后生坐下，把觯放下行拜礼，再拿觯站起来。长兄弟回礼答拜。后生坐下，用酒祭先人，接着饮干觯中酒，饮毕拿觯起身，又坐下，把觯放下行拜礼，再拿觯站起来。长兄弟回礼答拜。后生又洗觯，升堂酌酒，再下堂授给长兄弟。长兄弟在阼阶东南原位行拜礼而后受觯。后生面朝东回礼答拜。长兄弟把觯放在自己位前而不饮。

24. 宾长献于尸如初[1]，无湆，爵不止[2]。

【注释】

〔1〕宾长献于尸如初：宾长，谓众宾之长，次于上宾。献于尸，亦献加爵。

〔2〕无湆，爵不止：湆，谓湆鱼。案上宾献尸、献侑、致爵主人皆进有湆鱼（见第21节），此则无之。

【译文】

众宾长向尸献酒，如同上宾向尸献酒的礼仪，但没有带汤的鱼进上，尸受爵后也不把爵放下而不饮。

25. 宾一人举爵于尸如初[1]。亦遂之于下。

【注释】

〔1〕宾一人举爵于尸如初：宾，谓众宾中位次于众宾长者。案前二人举觯于尸、侑，是初行旅酬（见第22节），此宾一人举觯于尸，是为再行旅酬发端。

【译文】

宾一人举觯向尸进酬酒以为再次行旅酬礼发端，如同二人举觯向尸、侑进酬酒以为旅酬发端的礼仪。尸也接着就用宾所进酬酒行旅酬礼，从主人以下至私人都酬遍。

26. 宾及兄弟交错其酬，皆遂及私人，爵无筭。

【译文】

宾与兄弟们用二觯相互交错进酬酒，二觯都酬及私人，所进酬酒不计数，酒醉而止。

27. 尸出，侑从。主人送于庙门之外，拜。尸不顾。拜侑与长宾亦如之。众宾从。司士归尸、侑之俎。主人退。有司彻[1]。

【注释】

〔1〕有司彻：案凡堂上、堂下之荐、俎及几、筵、器物之属皆彻之。

【译文】

尸出庙，侑跟从尸出庙。主人送尸、侑到庙门外，向尸行拜礼。尸不回顾而去。向侑和长宾行拜礼也是这样。众宾跟从长宾出庙。司士把尸、侑的牲俎分别送到他们家中。主人退去。有司们把堂上堂下的荐、俎、庶羞以及所用器物都彻去。

28. 若不宾尸[1]，则祝侑亦如之[2]。尸食[3]。乃盛俎臑、臂、肫、胳脊、横脊、短胁、代胁，皆牢。鱼七[4]。腊辩[5]，无脾。卒盛，乃举牢肩。尸受，振祭，哜之。佐食受，加于肵。佐食取一俎于堂下，以入奠于羊俎东。乃摭于鱼、腊俎，俎释三个[6]，其余皆取之实于一俎以出。祝、主人之鱼、腊取于是。尸不饭告饱。主人拜侑，不言。尸又三饭[7]。佐食受牢举[8]，如傧。

【注释】

〔1〕不宾尸：宾，读为"傧"。

〔2〕祝侑：谓尸七饭时。案上篇记尸七饭告饱时，尸独侑之曰："皇尸未实，侑。"（见彼第9节）

〔3〕尸食：谓八饭。

〔4〕鱼七：案鱼凡十五条，其一佐食已举以授尸，尸祭、哜之后已加放在肵俎上了（见上篇第9节），还有十四条，即以十四条的一半盛于

胠俎。

〔5〕腊辩：腊，谓麋腊。辩，读为"胖"，即麋腊牲体的一半。

〔6〕"乃摭"至"三个"：案鱼俎上还有七条鱼，释三个是取其四条放到刚搬进来的空俎上。腊俎已将右胖（包括脊骨）盛于胠俎，是已盛于胠俎十一体，所剩下的只有左胖的八体（参见上篇第6节），现在释三个，是取这八体的五体放到刚搬进来的空俎上。

〔7〕又三饭：案前已八饭，此又三饭，是十一饭。余参见上篇第9节。

〔8〕牢举：谓肺、脊。肺谓离肺，脊即正脊。

【译文】

如果不行傧尸礼，那么尸七饭告饱时祝同样劝尸继续享食。尸又吃一口饭。于是把羊俎和猪俎上的臑、臂、肫、脡脊、横脊、短胁和代胁放到胠俎上。把鱼俎上的鱼拿七条放在胠俎上。麋腊取一半放到胠俎上，腊的髀部不用。以上牲肉都在胠俎上放好后，佐食又拿起羊和猪的右肩授给尸。尸接过来，用以振祭，祭毕尝了尝，尝毕由佐食接过来加放在胠俎上。佐食从堂下搬取一空俎，入室放在尸席前羊俎的东边，于是拿取尸席前鱼俎上的鱼和腊俎上的腊牲体放在这只空俎上，使鱼俎上只留下三条鱼，腊俎上只留下三块腊牲体，其余的鱼和腊牲体都放到这只空俎上。祝、主人和主妇俎上的鱼、腊就取自这只俎。尸不再吃饭而向主人告饱。主人不说话，而拜请尸继续享食。尸又吃了三口饭。佐食接过尸授给的羊、猪的肺和正脊加放在胠俎上，如同有傧尸礼一样。

29. 主人洗，酌，酳尸，宾羞肝，皆如傧礼[1]。卒爵，主人拜。祝受尸爵。尸答拜。祝酌授尸，尸以醋主人，亦如傧。其绥祭，其嘏，亦如傧。其献祝与二佐食，其位，其荐、脀，皆如傧。

【注释】

〔1〕"主人"至"如傧礼"：这是说尸十一饭后主人初献之礼如同有傧礼者。酳尸，即向尸献酒。宾，谓众宾长。

【译文】

主人洗爵,酌酒献给尸漱口,以及宾长随从主人向尸进献羊肝和猪肝,礼仪都同有傧礼一样。尸饮干爵中酒,主人行拜礼。祝接过尸的空爵。尸向主人回礼答拜。祝酌酒授给尸,尸用以酢主人,也同有傧礼一样。上佐食帮助主人行祭先人之礼,以及尸命祝向主人祝福等,也同有傧礼一样。主人向祝和二位佐食献酒,献酒时的位置,献酒时向祝和佐食所进上的葵菹、蠃醢和俎,也都同有傧礼一样。

30. 主妇其洗、献于尸亦如傧。主妇反取笾于房中,执枣、糗坐设之,枣在稷南,糗在枣南。妇赞者执栗、脯。主妇不兴,受设之,栗在糗东,脯在枣东。主妇兴,反位。尸左执爵,取枣、糗,祝取栗、脯以授尸,尸兼祭于豆祭[1],祭酒,啐酒。次宾羞牢燔用俎[2],盐在右。尸兼取燔擩于盐,振祭,哜之。祝受,加于肵。卒爵。主妇拜。祝受尸爵。尸答拜。祝易爵洗,酌授尸。尸以醋主妇。主妇主人之北拜受爵。尸答拜。主妇反位,又拜。上佐食绥祭,如傧。卒爵,拜。尸答拜。主妇献祝,其酌如傧。拜,坐受爵。主妇主人之北答拜。宰夫荐枣、糗,坐设枣于菹西[3],糗在枣南。祝左执爵,取枣、糗祭于豆祭[4],祭酒,啐酒。次宾羞燔如尸礼[5]。卒爵。主妇受爵[6],酌献二佐食,亦如傧。主妇受爵以入于房。

【注释】

〔1〕尸兼祭于豆祭:案尸食饭前,已先后用韭菹、切肺、黍等祭于醓醢、蠃醢二豆间(参见上篇第9节),现在又用枣、糗、栗、脯等和豆

间原有的祭物放在一起以祭，故曰"兼祭于豆祭"。

　〔2〕次宾：谓众宾长。

　〔3〕菹：谓葵菹。

　〔4〕祭于豆祭：案主人献祝时，祝已用葵菹放在席前葵菹、蠃醢二豆间祭先人，现在又取枣、糗，用来和豆间原有的祭物放在一起祭先人。

　〔5〕次宾羞燔：案行傧尸礼主人向尸献酒时，有次宾向尸羞羊燔（见第4节），此处次宾向祝羞燔之礼亦如之。

　〔6〕主妇：原误作"主人"。

【译文】

　　主妇洗爵、酌酒向尸献酒的礼仪，也同有傧礼一样。主妇把酒授给尸之后，返回房中取二笾，一笾盛枣，一笾盛糗饵，到室中坐下摆设在尸席前，枣笾放在稷敦的南边，糗饵放在枣的南边。主妇赞者拿着盛栗、脯的二笾授给主妇。主妇不起身，接过笾来摆设，把栗笾放在糗饵笾的东边，脯笾放在枣笾的东边。主妇站起来，返回主人北边原位。尸左手拿爵，右手取枣和糗饵，祝取栗和脯授给尸，尸一并拿着放在醓醢和蠃醢二豆间，和豆间原有的祭物一起祭先人，又用酒祭先人，祭毕尝了尝酒。次宾用俎向尸进上羊燔和猪燔，盐放在俎的右边。尸把羊燔和猪燔一并拿起来，在盐上蘸了蘸，用以振祭，祭毕尝了尝燔。祝接过尸手中的燔，加放的胏俎上。尸饮干爵中酒。主妇行拜礼。祝接过尸的空爵。尸向主妇回礼答拜。祝下堂另换一爵来洗，洗毕酌酒授给尸。尸用以酢主妇。主妇在主人的北边行拜礼而后受爵。尸授爵后回礼答拜。主妇返回到主人北边原位，又行拜礼。上佐食帮助主妇行祭礼，如同有傧礼一样。主妇饮干爵中酒，行拜礼。尸回礼答拜。主妇向祝献酒，酌酒献祝的礼仪同有傧礼一样。祝行拜礼，坐着接受主妇所授的爵。主妇在主人的北边回礼答拜。宰夫向祝进上枣和糗饵，在祝席前坐下，把枣放在葵菹的西边，糗饵放在枣的南边。祝左手拿爵，右手取枣和糗饵放在葵菹和蠃醢二豆间，和原来放在豆间的祭物一起用以祭先人，又用酒祭先人，祭毕尝了尝酒。次宾向祝进上羊燔，如同行傧尸礼时向尸进羊燔的礼仪。祝饮干爵中酒。主妇接过祝的空爵，又先后酌酒向二佐食献酒，也同有傧礼一样。最后主妇接过下佐食的空爵，进入房中。

31. 宾长洗爵献于尸[1]。尸拜受。宾户西北面答拜。爵止。主妇洗于房中，酌致于主人。主人拜受。主妇户西北面拜送爵。司宫设席。主妇荐韭菹、醢，坐设于席前，菹在北方。妇赞者执枣、糗以从。主妇不兴受，设枣于菹北，糗在枣西。佐食设俎，臂[2]、脊、胁、肺[3]，皆牢，肤三，鱼一，腊臂。主人左执爵，右取菹㨛于醢，祭于豆间，遂祭笾[4]，奠爵，兴取牢肺，坐绝祭，哜之，兴加于俎，坐挩手，祭酒，执爵以兴，坐卒爵，拜。主妇答拜，受爵，酌以醋户内[5]，北面拜。主人答拜。卒爵，拜。主人答拜。主妇以爵入于房。尸作止爵[6]，祭酒，卒爵。宾拜。祝受爵。尸答拜。祝酌授尸。宾拜受爵。尸拜送。坐祭，遂饮卒爵，拜。尸答拜。献祝及二佐食。洗，致爵于主人。主人席上拜受爵。宾北面答拜。坐祭，遂饮卒爵，拜。宾答拜，受爵，酌致爵于主妇。主妇北堂[7]。司宫设席，东面。主妇席北东面拜受爵。宾西面答拜。妇赞者荐韭菹、醢，菹在南方。妇人赞者执枣、糗授妇赞者。妇赞者不兴受，设枣于菹南，糗在枣东。佐食设俎于豆东，羊臑，豕折[8]，羊脊、胁、肺一[9]，肤一，鱼一，腊臑。主妇升筵坐，左执爵，右取菹㨛于醢祭之，祭笾，奠爵，兴取肺，坐绝祭，哜之，兴加于俎，坐挩手，祭酒，执爵兴，筵北东面立卒爵，拜。宾答拜，宾受爵，易爵于篚，洗，酌醋于主人[10]，户西北面拜。主人答拜。卒爵，拜。主人答拜。宾以爵降，奠于篚。乃羞。宰夫羞房中之羞，司士羞庶羞，于尸、祝、主人、主妇。内羞在右[11]，庶羞在左。

【注释】

〔1〕宾长：谓上宾。

〔2〕臂：谓左臂。案牲体右臂已为尸所用。下胁和腊臂亦用左。

〔3〕肺：谓离肺。

〔4〕祭笾：笾谓枣和糗饵。

〔5〕酌以醋(酢)户内：这是主妇自酢，以代主人酢己。

〔6〕尸作止爵：案前宾长（即上宾）献尸之酒，尸止爵而未饮，到这时始举以祭而饮之。

〔7〕北堂：东房的北半部。

〔8〕豕折：谓折豕骨。然则所折为尸牲体之何骨，不详。

〔9〕肺一："肺"上原衍"祭"字。

〔10〕醋于主人：案前上宾向主人致酒，此时上宾自酢，以代主人酢己。

〔11〕内羞：即房中之羞。

【译文】

上宾洗爵，酌酒献尸。尸行拜礼而后受爵。上宾在室门西边面朝北回礼答拜。尸把爵放在席前而不饮。主妇在房中洗爵，酌酒送给主人。主人行拜礼而后受爵。主妇在室门西边面朝北行拜送礼。司官为主人设席。主妇为主人进上韭菹和醓醢，坐下来设在主人席前，韭菹放在醓醢的北边。主妇赞者拿着枣和糗饵跟从主妇。主妇不起身接过枣和糗饵，把枣放在韭菹的北边，糗饵放在枣的西边。佐食为主人设俎，俎上放着羊和猪的左臂、脊、左胁、肺，还有肤三条，鱼一条，以及麇腊的左臂。主人左手拿爵，右手取菹在醢中蘸了蘸，放在豆间祭先人，接着又用枣和糗饵祭先人，祭毕把爵放下，起身取肺，坐下用以绝祭，祭毕尝了尝肺，起身把肺放到俎上，再坐下擦擦手，用酒祭先人，祭毕拿爵起身，又坐下饮干爵中酒，然后行拜礼。主妇回礼答拜，接过主人的空爵，酌酒在室门内自酢。主妇面朝北行拜礼。主人回礼答拜。主妇饮干用以自酢的酒，行拜礼。主人回礼答拜。主妇拿着爵进入房中。这时尸拿起放在席前的爵，用酒祭先人，祭毕饮干爵中酒。上宾行拜礼。祝接过尸的空爵。尸回礼答拜。祝酌酒授给尸，以便尸酢上宾。上宾行拜礼而后受爵。尸授爵后行拜送礼。上宾坐下，用酒祭先人，接着饮干爵中酒，行拜礼。尸回礼答拜。上宾又先后酌酒献给祝和二位佐食。接着上宾又洗爵酌酒，送给主人。主人在席上行拜礼而后受爵。上宾面朝北回礼答拜。主人坐下，用酒祭先人，接着就饮干爵中酒，饮毕行拜礼。上宾回礼答拜，接过主人的空爵，又酌酒送给主妇。这时主妇站在东房中的北堂中间。司官为主妇设席，席面朝东。主妇在席的北边面朝东行拜礼而后受爵。上宾授爵后面朝西回礼答拜。主妇赞者为主妇进上韭菹和醓醢，韭菹放在醓醢的南边。妇人赞者拿着枣和糗饵授给主妇赞者。主妇赞者不起身接过来，把枣放在韭菹的南边，糗饵放在枣的东边。佐食为主妇在菹醢二豆的东边设俎，俎上放着羊的左臑，经过折分的猪左体骨，羊的脊、胁和肺一片，肤一条，鱼一条，还有麇腊的左臑。主妇升席而坐，左手拿爵，右手取韭菹在醢中蘸了蘸，用以祭先人，又用枣和糗饵祭先人，祭毕把爵放下，起身取肺，坐下用以绝祭，祭毕尝了尝肺，再起身把肺放到俎上，坐下擦擦手，又用酒祭先人，祭毕拿爵起身，在席的北边面朝东站着饮干爵中酒，然后行拜礼。上宾回礼答拜，接过主妇的空爵，从堂下筐中另换一只爵来洗，洗毕酌酒自酢以代主人向己酢酒，在室门西边面朝北行拜礼。主人回礼答拜。上宾饮干自酢的酒，行拜礼。主人回礼答拜。上宾拿着空爵下堂，放进筐中。于是进美味食物。宰夫进上原放在房中的美味，司士进上其他各种美味，进献给尸、祝、主人、主妇。房中的美味放在席前右边，其他美味放在左边。

32. 主人降拜众宾[1]，洗、献众宾，其荐、胥，其位，其酬、酢，皆如傧礼。主人洗，献兄弟与内宾、与私人[2]，皆如傧礼。其位，其荐、胥，皆如傧礼。卒，乃羞于宾、兄弟、内宾及私人辩[3]。

【注释】

〔1〕众宾：这里包括自上宾而下所有宾。下"众宾"同。

〔2〕献兄弟与内宾，与私人：案侯尸礼主人献兄弟、内宾、私人，分别见于第18、19、20节。

〔3〕"卒"至"私人辩"：案侯尸礼主人献酒毕，待二人举觯行旅酬礼之后，始羞庶羞（参见第22节），此则献毕即羞庶羞，是不侯尸者与行侯尸礼的不同处。

【译文】

主人下堂向众宾行拜礼，然后洗爵，向众宾献酒，献酒后向众宾所进的脯醢和俎，众宾所在的位置，主人向长宾进酬酒，以及主人自酢以代长宾向己酢酒等礼仪，都同行侯尸礼一样。主人洗爵，向兄弟、内宾和私人献酒，都同行侯尸礼一样。兄弟、内宾和私人所在的位置，所进的脯醢和俎等等，也都同行侯尸礼一样。主人献酒完毕之后，就向众宾、兄弟、内宾和私人遍进各种美味。

33. 宾长献于尸[1]，尸醋。献祝。致，醋。宾以爵降，实于篚。

【注释】

〔1〕宾长献于尸：宾长，此谓众宾长。献于尸，这是向尸献加爵。

【译文】

众宾长向尸献酒，尸向众宾长酢酒。众宾长又向祝献酒。向祝献酒后又向主人、主妇送酒，接着酌酒自酢以代主人向己酢酒。众宾长自酢毕，拿着空爵下堂，放进篚中。

34. 宾、兄弟交错其酬，无筭爵。

【译文】

宾和兄弟交错互进酬酒以行旅酬礼，接着又不计数地相互进酬酒，酒醉而止。

35. 利洗爵献于尸[1]，尸醋。献祝，祝受，祭酒，啐酒，奠之。

【注释】

〔1〕利洗爵献于尸：利，谓上佐食。这是佐食向尸进加爵。案傧尸则无佐食献加爵之礼。

【译文】

上佐食洗爵向尸献酒，尸也向上佐食进酢酒。上佐食又向祝献酒，祝受爵后，用酒祭先人，祭毕尝酒，然后把爵放在席前而不再饮。

36. 主人出，立于阼阶上，西面。祝出，立于西阶上，东面。祝告于主人曰："利成。"祝入。主人降，立于阼阶东，西面。尸谡。祝前，尸从，遂出于庙门。祝反，复位于室中，祝命佐食彻尸俎。佐食乃出尸俎于庙门外，有司受归之。彻阼荐、俎[1]。

【注释】

〔1〕彻阼荐、俎：谓彻主人之荐、俎。案荐谓进于主人席前的笾、豆(参见第31节)。

【译文】

主人出室，站在阼阶上，面朝西。祝出室，站在西阶上，面

朝东。祝向主人报告说:"利成。"祝进入室中。主人下堂,站在
阼阶东边,面朝西。尸起身。祝为尸做前导,尸跟从祝,于是出
庙门。祝又返回室中,回到原位,命佐食彻尸俎。于是佐食把尸
俎彻出到庙门外,有司接过尸俎送到尸家。佐食又彻主人席前的
笾、豆和俎。

37. 乃養,如侯[1]。

【注释】

〔1〕如侯:谓如上篇自"司宫设对席"以下所记四人馂之礼(参见第
22节)。

【译文】

于是二位佐食和二位宾长开始吃尸剩下的食物,礼仪同有侯
礼者一样。

38. 卒養,有司官彻馈[1],馔于室中西北隅,南
面,如馈之设。右几。扉用席。纳一尊于室中。司宫埽
祭[2]。主人出,立于阼阶上,西面。祝执俎以出,立于
西阶上,东面。司宫阖牖户。祝告利成[3],乃执俎以出
于庙门外,有司受,归之。众宾出,主人拜送于庙门
外,乃反。妇人乃彻[4],彻室中之馔[5]。

【注释】

〔1〕有司官彻馈:有司官,即有司,有司皆官。彻馈,案彻馈的目
的,是为改设阳厌,此亦不同于侯尸礼。
〔2〕埽祭:这是把豆间的祭物清扫掉。
〔3〕祝告利成:案祝两次告利成,第一次是为养尸礼成而告,这次
则是因改设阳厌毕而告。又案尸未入时设阴厌以飨神,此时改设阳厌实

为继前飨神之意而终之，是改设阳厌即飨神之礼成，飨神即养神，故再告利成。

〔4〕妇人：此谓主妇赞者与妇人赞者。

〔5〕彻室中之馔：谓有司所改设的阳厌，现在又由妇人彻之。案上祝告利成，是飨神之礼已终，故此时彻之。

【译文】

佐食和宾长吃尸剩余食物的礼仪完毕后，司马、司士、宰夫等彻馈神的祭物，在室中西北隅摆设起来，摆设的方式仍同馈神的时候一样。几放在席的右端。摆设好之后，用席把祭物隐蔽起来。从堂上搬一瓻酒到室中。司官把原来尸放在豆间祭先人的食物都清扫出去。主人出室，站在阼阶上，面朝西。祝搬着自己席前的俎出室，站在西阶上，面朝东。司官关上室的窗和门。祝向主人报告利成，然后搬着俎，到庙门外，由有司接过来送到祝家。众宾出庙，主人到庙门外行拜礼相送，然后返回寝中。妇人们于是又把室中和房中剩下的笾、豆、俎和美味等都彻下，接着又把改设在室西北隅的馈神祭物彻。

附　录

主要参考书目[*]

陈梦家　《武威汉简》(文物出版社 1964 年 9 月版)

凌廷堪　《礼经释例》(上海书店 1988 年影印《清经解》本，以下简
　　　　称《经解》本)

吴廷华　《仪礼章句》(《经解》本)

王引之　《经义述闻·仪礼》(《经解》本)

胡匡衷　《仪礼释官》(《经解》本)

胡培翚　《仪礼正义》(附杨大堉《补注》，上海书店影印 1988 年《清经
　　　　解续编》本，以下简称《续经解》本)

朱　熹　《仪礼经传通解》(文渊阁《四库全书》本，以下简称库本)

江　永　《仪礼释官增注》(《续经解》本)

蔡德晋　《礼经本义》(库本)

张惠言　《仪礼图》(《续经解》本)

李如圭　《仪礼集释》(库本)

敖继公　《仪礼集说》(库本)

褚寅亮　《仪礼管见》(《续经解》本)

夏　炘　《学礼管释》(《续经解》本)

马　衡　《汉石经集存》(科学出版社 1957 年版)

卢文弨　《仪礼注疏详校》(《丛书集成》本)

* 案此《书目》原依首次引用之先后为序，今仍之，而略有删减。

崔灵恩　《三礼义宗》(台湾艺文书馆影印《黄氏逸书考》本，以下简称《黄氏逸书》本)

沈文倬　《汉简〈服传〉考》(上、下，中华书局《文史》第24、25辑)

张尔岐　《仪礼郑注句读》(库本)

张　淳　《仪礼识误》(库本)

沈　彤　《仪礼小识》(《经解》本)

盛世佐　《仪礼集编》(库本)

王闿运　《礼经笺》(光绪丙申仲夏刊《王湘绮先生全集》本)

乾隆十三年敕撰　《仪礼义疏》　(库本)

魏了翁　《仪礼要义》(库本)

方　苞　《仪礼析疑》(库本)

聂崇义　《三礼图集注》(库本)

刘　绩　《三礼图》(库本)

江　永　《乡党图考》(《经解》本)

曾国藩　《读仪礼录》(《经解》本)

陈祥道　《礼书》(库本)

秦蕙田　《五礼通考》(库本)

程瑶田　《仪礼丧服足徵记》(《经解》本)

雷次宗　《仪礼丧服经传略注》(《黄氏逸书》本)

马　融　《仪礼丧服经传》(《黄氏逸书》本)

金　榜　《礼笺》(《经解》本)

张惠言　《读仪礼记》(《续经解》本)

惠　栋　《礼经古义》(《经解》本)

万斯大　《仪礼商》(库本)